警官高等职业教育"十三五"规划教材

编审委员会

主　任：胡来龙　尹树东

副主任：周善来　彭　晔

委　员：刘传兰　印　荣　阚明旗　姚亚辉

警官高等职业教育"十三五"规划教材

民法教程

MIN FA JIAO CHENG

主　编◎胡爱国

副主编◎沈友耀　王明霞

撰稿人◎（以编写章节先后为序）

胡爱国　高健雅　张文胜

徐东晖　陈　莉　沈友耀

汪美侠　胡兴元　王明霞

中国政法大学出版社

2021·北京

图书在版编目（ＣＩＰ）数据

民法教程/胡爱国主编. —北京：中国政法大学出版社，2021.7（2024.1重印）
ISBN 978-7-5620-9989-5

Ⅰ.①民…　Ⅱ.①胡…　Ⅲ.①民法－中国－教材　Ⅳ.①D923

中国版本图书馆CIP数据核字(2021)第110082号

出　版　者　　中国政法大学出版社
地　　　址　　北京市海淀区西土城路 25 号
邮寄地址　　北京 100088 信箱 8034 分箱　邮编 100088
网　　　址　　http://www.cuplpress.com (网络实名：中国政法大学出版社)
电　　　话　　010-58908435(第一编辑部) 58908334(邮购部)
承　　　印　　保定市中画美凯印刷有限公司
开　　　本　　720mm×960mm　1/16
印　　　张　　31.75
字　　　数　　658 千字
版　　　次　　2021 年 7 月第 1 版
印　　　次　　2024 年 1 月第 2 次印刷
印　　　数　　5001～10000 册
定　　　价　　79.00 元

❖ 主编简介

胡爱国 男，1963 年生，安徽桐城人，安徽警官职业学院党委副书记、副教授，安徽安泰达律师事务所兼职律师。曾任司法部全国高职高专法律类专业教学指导委员会委员，安徽省人民政府立法咨询员，2006年 10 月随司法部赴德国高等法律职业教育培训团参训。先后主编、参编《民法》《商事法学》《民法原理与实务》《合同法学》《民事法律原理与实务》《安全教育读本：为你的平安人生上保险》等公开出版教材 8 部；公开发表《试论合同法基本原则》《试论贷款合同抵押权的设立与实现》《皋陶与中国古代法律文化》等学术研究论文近 20 篇。承担并主持 2005 年度安徽省社科联立项资助课题"皋陶与中国传统法律文化研究"，承担并主持 2007 年度安徽省教育厅省级重点教学研究课题"文科类高职院校人才培养模式研究"。

⋯✦ 编写说明

作为高等职业教育的重要组成部分，警官高等职业教育正随着经济社会的快速发展和一线政法工作对专门人才的迫切需求而与时俱进。近年来，全国司法类高职院校都积极探索高职教育教学规律、完善专业人才培养模式，以适应经济社会发展对司法类专门人才的客观需求，创新内容涉及各个方面，包括专业建设、课程建设、师资队伍建设等，当然也少不了至关重要的教材建设。编写一套以促进就业为导向、以能力培养为核心、以服务学生职业生涯发展为目标、突出当前警官高等职业教育教学特点的系列规划教材就显得尤为重要。

为适应司法类专业人才培养的需要，安徽警官职业学院决定遴选理论功底扎实、教学能力突出、实践经验丰富的优秀教师组成编写组，对警官高等职业教育原有的系列教材进行重新编写。本次编写按照"就业导向、能力本位、任务驱动"等职业教育新理念的要求，紧紧围绕培养高素质技术技能型人才开展工作。基础课程教材体现以应用为目的，以必需、够用为度，以讲清概念、强化应用为教学重点；专业课程教材加强针对性和实用性。同时，遵循高职学生自身的认知规律，紧密联系司法工作实务、相关专业人才培养模式以及课程教学模式改革实践，对教材结构和内容进行了革故鼎新的整合，力求符合教育部提出的"注重基础、突出适用"的要求，在强调基本知识和专业技能的同时，强化社会能力（含职业道德）和应用能力的培养，把基础知识、基本技能和职业素养三者有机融合起来。

本系列教材的主要特点是：

1. 创新编写思路，培养职业能力。"以促进就业为导向，注重培养学生的职业能力"是高等职业教育课程改革的方向，也是职业教育的本质要求。本系列教材针对司法类高职院校学生的特点，在教材编写过程中突出实用性和职业性，以我国现行的法律、法规和司法解释为依据，使学生既掌握法学原理，又明晓现行法律制度，提高学生运用法律知识解决实际问题的能力。同时，在教材内容编排上，本系列教材遵循由浅入深和工作过程系统化的编写思路，为学生搭建合理的知识结构，以充分体现高职的办学要求。

2. 体例设计新颖，表现形式丰富。为了突出实践技能培养，践行以能力为本位的职业教育理念，本系列教材改变以往教材以理论讲述为主的教学模式，采用新颖的编写体例。除基本理论外，本系列教材在体例上设置了学习目标、工作任务、导入案例、案例评析、实务训练、延伸阅读等相关教学项目，并在每章结束时通过思考题的形式，启发学生巩固本章教学内容。该编写体例为学生课后复习和检验学习效果提供便利，对提高学生的学习兴趣、促进学以致用、丰富教学形式、拓宽学生视野、提升职业素养具有积极的推动作用。

3. 课程针对性强，职业特色明显。高等职业教育教材突出相关职业或岗位群所需实务能力的教育和培养，并针对专业职业能力构成来组织教材内容。法律实务类专业在社会活动中具有与各方面接触频繁、涉及面广的特点，要求学生具有较高的综合素质和良好的应变能力。因此，本系列教材采用案例教学法，通过案例导入，并辅以简洁的案例分析，提供规范的实务操作范例，使学生能够更为直观地体会法律的适用，体验工作的情境和流程，增强学生的综合能力。

4. 文字表述简洁，方便学生使用。本系列教材在概念等内容编写中，尽量采用简洁明了的语言表述，使学生明确概念的要点即可，从而避免教材"一个概念多个观点""理论争论较多"的现象。

本系列教材共 16 本，在其编写过程中借鉴吸收了相关教材、论著的成果和资料；中国政法大学出版社也给予作者们大力支持和指导，责任编辑在审读校阅过程中更是付出了辛勤的劳动，在此我们深表谢忱。同时，由于时间紧、任务重，教材中难免出现不足和疏漏，恳请广大师生和读者给予批评指教，以便我们再版时进一步改进和提高教材质量，更好地服务于警官高等职业教育事业的发展。

警官高等职业教育"十三五"规划教材编审委员会
2019 年 3 月

❖ 前 言

　　《民法教程》是在原警官高等职业教育"十二五"规划系列教材之一——《民法原理与实务》2014年7月第1版的基础上修订而成的。按照中国政法大学出版社的要求，结合于2021年1月1日生效实施的《中华人民共和国民法典》的条款之变化，本次修订在内容上有较大的变动。

　　1. 总体风格。本书是在广泛借鉴和吸收民法核心教学内容的基础上，结合警官高等职业教育的教学需要而修订的。在本书编修过程中，遵循高职教材应针对高职专科层次学生的特点，以"必需"、"够用"为原则。在内容的把握上，注重培养学生理论联系实际的能力，突出高职教育的实训性与岗位专业技能培养的要求，着重体现"工学结合"。为激发学生学习本课程的兴趣，同时兼顾高职学生的认知水平，本书语言文字力求简洁、通俗，做到准确、简明地阐述民事法律基本理论，融汇民事法律教学与科研的最新成果，辅之以实际案例与评析，以便学生学习和理解。

　　2. 创新体例。

　　(1) 本书的编写按照教学模块的方式进行，全书共分民法概说、民事主体、民事法律行为和民事权利四个大模块，以便学生学习、理解和掌握本书的体例结构。

　　(2) 在每章开头增加了学习目标与工作任务，添加了导入案例，围绕本章的内容要点设定问题，提示要点，以便学生更快地进入学习角色，更好地掌握本章的内容；在每章结尾添加了思考题、示范案例和习作案例。

　　(3) 鉴于《民法典》较之《民法总则》、《民法通则》及其他民事法律规范部分条款内容作了较大的变化，本书在编修的过程中，重点修订《民法典》较之《民法总则》、《民法通则》等民事法律新增和变化的内容，着重阐述《民法典》所体现的理念，使学生了解掌握两者之间在基本原则、民事主体、民事法律行为、民事权利、诉讼时效等方面规定的不同之处及变化的原因所在。

（4）在部分章节，针对教学内容多和教学课时少的矛盾，将部分内容放在延伸阅读中，以便学生有选择性地学习。

由于作者水平有限，教材中难免会有不妥之处，敬请各位专家及同仁不吝赐教。本书由安徽警官职业学院党委副书记、副教授胡爱国任主编，副教授沈友耀、王明霞任副主编。本书由主编胡爱国拟定编修提纲和要求，并统一修改、定稿。鉴于本书是多人合作编写的作品，写作风格上的不一致在所难免，敬请读者谅解和指正。

本书具体编写分工如下（以编写章节先后为序）：

胡爱国：第一章、第六章、第七章、第八章；

高健雅：第二章、第三章、第四章、第五章；第十八章；

张文胜：第九章、第十章、第十一章；

徐东晖：第十二章、第十五章、第十九章；

陈　莉：第十三章、第十四章；

沈友耀：第十六章、第二十章；

汪美侠：第十七章；

胡兴元：第二十一章、第二十三章、第二十四章；

王明霞：第二十二章、第二十五章、第二十六章、第二十七章、第二十八章、第二十九章。

胡爱国

2021 年 4 月

❖ 目　录

模块三 民事法律行为

模块四 民事权利

模块一　民法概说

第一章

民法概述

学习目标与工作任务

通过本章的学习，重点掌握民法的基本概念及其体系；理解民法的调整对象、适用范围；全面把握民法基本原则的内涵及其精神实质；学会民法基本原则在民事活动中的运用。

导入案例

2018 年 10 月 13 日，原告刘某得知被告某酒店专对高校教师及学生身份的消费者打 8.8 折。经原告上门询问，被告承认确有其事，原告当即提出这是对其他消费者的歧视，违反了公平原则。第二天，原告与朋友前往该酒店就餐，吃完付款时，被告工作人员再次申明需高校教师证或学生证方能对原告所消费的菜品打 8.8 折，原告交涉无果后，便支付了 1200 元。但原告认为被告涉嫌反向歧视原告，多收取的 144 元于情无理，于法无据，违反了法律规定，故起诉到法院，请求判令被告退还多收取的 144 元，公开赔礼道歉，并赔偿原告精神损害抚慰金 500 元。本案争议的焦点是被告未对原告实行打折优惠是否违背了公平、平等原则，是否侵犯了原告的知情权和公平交易权等权利，对原告是否构成其所述的"反向歧视"。法院经审理认为：原告与被告之间形成的餐饮消费服务合同，系双方当事人真实意思表示，且不违反国家法律、行政法规的强制性规定，合法有效，对当事人双方具有约束力，应受到法律保护。

本案知识点：民法的基本原则；平等原则；意思自治；公平原则。

第一节　民法的概念

一、民法的概念

"民法"一词来源于罗马法的市民法（jus civile）。在罗马法中，市民法是相对于万民法（jus gentium）而言的，它主要调整罗马公民之间的关系，而万民法主要调整罗马公民与外国人之间的关系。[1] 日本民法典用的"民法"一词由法国民法典的"droit civil"翻译而来。[2] "民法"一词传入我国是在清朝末年。当时，清政府聘请日本学者松冈正义等人起草民法，于1911年完成《大清民律草案》，"民法"一词遂传入我国，但当时不称"民法"，而称"民律"。在我国，多数学者认为"民法"一词源自日本，也有学者认为"民法"在我国古代就已经存在，而非引自东瀛[3]。我国法律上使用"民法"一词始自南京国民政府于1929年5月23日公布的《民法通则》（民法典的第一编）。[4] 人们在具体使用"民法"一词时，往往根据语境的不同而赋予其不同的含义。有时它指的是作为一个部门法的民法，有时它指的是作为一门法学学科的民法。作为一个部门法的民法时，它是指调整平等主体的自然人、法人、其他组织之间的财产关系和人身关系的法律规范的总称。作为一门法学学科的民法时，它是指研究民法规范及其相关学理的法律科学，亦即民法学。但严格来讲，民法与民法学是两个不同的概念，二者不能混淆。民法是民法规范的总称，是以国家强制力来保证实施的，其表现形式是法律、法规、司法解释、判例等。民法学则只是一种法律学说，不具有强制执行的效力，其表现形式是论文、专著、教科书等。民法与民法学虽是两个不同的概念，但它们也有着密切的联系。民法学的发展会影响到民事立法，民事立法的发展也同样会影响到民法学的研究。这种相互影响可能是积极的，也可能是消极的。当二者呈现良好的互动关系时，这种影响是积极的，会互相促进、共同发展；当其中一方出现失误或问题时，则会给另一方造成消极影响。

二、民法的含义

理论上而言，可将民法按一定的标准分为形式上的民法与实质上的民法，广义民法与狭义民法，普通民法与特别民法。

形式上的民法，是指以"民法"或者"民法典"命名的法律，如《法国民法典》《德国民法典》《中华人民共和国民法典》（以下简称《民法典》）等。由于形式意义上的民法是从法律规范的表现形式上来定义民法的，故一般只在大陆法系国家才有，英美法系国家一般并无直接以"民法"或"民法典"命名的法律。这里还应指出的是，形式上的民法直到近代才出现，以法国1804年颁布的《法国民法典》为肇始，形式上的民法才在大陆法系或受大陆法系影响的国家相继出现。实质上的民法是指所有调整民事关系的法律规范，它既包括直接以"民法"或"民法典"命名的法律、法规，也包括其他法律、法规中有关调整民事关系的法律规范。由于实质上的民法是以法律规范的内容来定义民法的，故与形式上的民法相比，其形成要

---

〔1〕 王利明主编：《民法》，中国人民大学出版社2000年版，第4页。

〔2〕 梅仲协：《民法要义》，中国政法大学出版社1998年版，第14页。

〔3〕 刘心稳主编：《中国民法》，中国政法大学出版社2012年版，第1页。

〔4〕 魏振瀛主编：《民法》，北京大学出版社、高等教育出版社2000年版，第1页。

早得多，即使在法律出现的初期，也有着大量的调整民事关系的民事法律规范。在民法理论上，一般以实质上的民法为研究对象，本书所称的民法如无特别说明，均是指实质上的民法。在现代社会，一个国家可以没有形式上的民法，但绝对不能没有实质上的民法。如英美法系国家虽无形式上的民法，但同样有着内容广泛、形式多样（如单行法律、判例、习惯、学说等）的实质上的民法，用以调整丰富多彩的民事关系。一个国家有无形式上的民法，既不取决于其政治、经济制度，也不取决于其社会发展水平，而在于本国的法律传统以及对本国法律传统的扬弃。一般而言，大陆法系国家或受大陆法系传统影响的国家，多采用形式民法。英美法系国家或受英美法系传统影响的国家，多没有形式上的民法。

广义民法与狭义民法的划分，是由于各国调整民事关系的法律体制（主要指私法体制）不同而形成的一种分类。广义民法，是指所有调整民事关系的法律规范。如意大利民法典，其规定调整的范围包括了物质资料占有关系、智慧财产专有关系、商品交换关系、劳动关系、继承关系、婚姻家庭关系等各种民事社会生活关系，此种民法便为广义的民法。[1] 从调整社会关系的范围来看，广义民法与实质民法并无不同。狭义民法仅指私法的一部分，其民法典除以总则形式对民事关系作出一般规定外，法典的分则部分只规定了对部分民事关系的调整，其他民事关系则另行制定法典或单行法律（如商法、劳动法、专利法、商标法、著作权法等）加以规范和调整，此种民法即为狭义民法。

普通民法与特别民法的划分，是以民法规范表现形式的不同为标准的。普通民法是指经过编纂，以民法或民法典的形式集中表现出来的民法规范，如法国《民法典》、德国《民法典》、我国《民法典》等。特别民法是指没有收入民法典之中，散见于其他法律、法规、司法解释、习惯之中的民法规范，如我国的《公司法》《专利法》《商标法》等。区分普通民法与特别民法对于民法规范的适用具有重要的意义。

第二节 民法的调整对象

一、民法的调整对象及意义

法律以调整对象的不同为标准而分为不同的法律部门。民法的调整对象是民法规范所调整的各种社会关系，[2] 即平等主体的自然人、法人和非法人组织之间的人身关系和财产关系。

研究民法调整对象的意义在于：其一，正确划分法律部门，区分民法和其他部门法，构建不同于其他部门基本法的民事法律体系。每一个不同的法律部门，都有

---

〔1〕 江平主编：《民法学》，中国政法大学出版社 2000 年版，第 3~4 页。

〔2〕 王利明：《民法总则研究》，中国人民大学出版社 2012 年版，第 25 页。

着自己特定的调整对象和适用范围，因而形成了特定的法域，并在此基础上构建整个法律体系。其二，根据民法不同于其他法律的法律调整对象，确定民法独特的法律调整方法，即主要是通过任意法的方法，赋予当事人以私法自治的权利，调整民事法律关系。其三，明确法院民事案件的管辖权限，对不同性质的诉讼案件适用不同的诉讼程序，在司法机关内部实行科学的分工。

二、民法调整对象的内容

按照《民法典》第2条的规定，民法调整的内容包括两个要素：一是主体范围，二是内容范围。主体范围是平等主体，内容范围是人身关系和财产关系。其中平等主体是民法调整内容的主体范围，人身关系和财产关系则是民法调整内容的两大类型。

概括起来，民法的调整对象分为两大类，一是平等主体之间的人身关系，二是平等主体之间的财产关系。

1. 平等主体之间的人身关系人身关系，是指与人身密切相联而不可分割的社会关系。平等主体之间的人身关系，是指平等主体之间与人身不可分离而无直接财产内容的社会关系。一般认为，人身中的"人"是指人格，是具有非财产性、专属性、固有性的社会关系，"身"是指身份，是亲属之间的非财产性、身份性和义务性的社会关系。民法调整的人身关系，就是人格关系和身份关系。这两类法律关系在民法上表现为人格权和身份权，我国《民法典》第四编具体规定了人格权关系。

民法调整人身关系坚持以人为本，突出对人格利益和身份利益等精神利益的保护，体现了人格尊严、人格平等和人格自由，实现了对人权的完善保护。

民法调整的人身关系具有如下特点：其一，主体地位平等。民法调整的人身关系的主体具有平等的法律地位，相互之间没有隶属关系，任何一方不得命令或者强迫另一方作出或者不作出某种行为。[1] 其二，与人身不可分离。人身关系是基于人身利益而发生的关系，离开了人身就不会发生人身关系。不论是自然人还是法人，离开了人格关系，就不能称其为人，就会丧失主体资格；同样，自然人如果离开了亲属之间的身份关系，也会丧失民事主体身份。其三，不直接体现财产利益。人身关系中权利人的权利和义务人的义务，都不直接体现财产利益，但人身关系又与财产利益有联系，有的人格利益可以转化为财产利益，例如企业名称权可以依法转让，有偿转让即可获得财产利益；有些人格利益经过合理授权使用，也会产生财产利益，例如公开权。[2] 在身份关系中，包含一定的财产利益，例如赡养、抚养和扶养都有财产的内容。

2. 平等主体之间的财产关系。财产关系是以财产为媒介而发生的社会关系，是指平等主体在物质资料的生产、分配、交换和消费过程中形成的具有财产内容的社

---

[1] [德] 卡尔·拉伦茨著：《德国民法通论》，谢怀栻等译，法律出版社2002年版，第5页。
[2] 参见杨立新：《人格权法》，法律出版社2011年版，第324页以下。

会关系。民法上的财产关系主要表现为两种，一种是财产的所有关系，另一种是财产的流转关系。财产的所有关系是人们在占有、使用、收益和处分物质财富过程中所发生的社会关系，表明财产的归属关系，体现某一种特定的财产归谁所有，以及其他人就该财产与财产权利人之间的利用关系。[1]财产的流转关系是指人们在转移物质财富过程中所发生的社会关系，是动态的财产关系，包括商品流转关系、遗产流转关系以及其他财产流转关系，其中商品流转关系是最主要的财产流转关系，当然还包括知识产权和股权等财产关系。

财产的所有关系主要着眼于利益的享有，是财产享有的安全，为静的安全，这种安全主要由《民法典》物权编等来保障。财产的流转关系着眼于利益的取得，是动的安全，是交易的安全，几乎所有的民法都调整财产流转秩序，最为重要的为《民法典》合同编。[2]民法调整财产归属关系的目的在于维护财产的归属秩序，以保护财产的静的安全，而调整财产的流转关系的目的在于维护财产的交易安全和秩序，以保护财产的动的安全。[3]

上述社会关系作为民法的调整内容，必须是在平等主体之间发生的，也就是说，民法调整的财产关系和人身关系，必须在主体上是平等的，不是平等的主体之间发生的财产关系和人身关系，不能作为民法调整的内容。主体平等，就是当事人之间互不隶属，处在同等的地位，保持自己独立的意志自由。

对于民法调整对象要不要使用"平等主体"这一概念，是有很大争论的。之所以现在我国民法在研究中一定要说民法的调整对象是平等主体，是因为在制定原《中华人民共和国民法通则》（以下简称《民法通则》）时，与经济法论战中产生的一个结果。当时，经济法主张自己是一个独立的法律部门，法人、所有权、合同等等制度都不是民法的制度，都是经济法的制度，而民法只是管管离婚和继承这些专属于民事的问题，甚至主张要规定民法通则就必须规定经济法通则。为了协调这种争论，立法机关提出，民法调整的对象就是平等主体之间的人身关系和财产关系，并且写在了《民法通则》的第 2 条，以此相区别。将来如果制定经济法通则，调整的是纵向的、不平等的法律关系，而不是横向的、平等的法律关系。我国《民法典》现在直接规定：民法调整平等主体的自然人、法人和非法人组织之间的人身关系和财产关系，条文简洁、明快，内容清楚、明白。

第三节　民法的体系和渊源

一、民法的体系

民法的体系即民法内部的组织结构，其是一国法律体系的重要组成部分。民法

---

〔1〕《物权法》第 2 条第 1 款规定："因物的归属和利用而产生的民事关系，适用本法。"

〔2〕郑玉波：《民商法问题研究（一）》，三民书局 1991 年版，第 415 页。

〔3〕王利明：《民法总则研究》，中国人民大学出版社 2012 年版，第 35 页。

体系应包括：

（一）民事主体制度

民事主体制度主要是对民事主体（自然人、法人和非法人组织）的资格及其参与民事法律关系、从事民事活动，享有民事权利、履行民事义务和承担民事责任等一般问题方面的规定。它包括民事主体的权利能力方面的规定、自然人、法人和其他组织等制度、代理制度和时效制度等。民事主体制度是民法体系的基础。

（二）物权制度

物权制度是规范财产的所有和使用关系的基本制度，它是我国民法体系的重要组成部分之一。其中所有权制度是物权制度的核心，它反映的是财产归属关系，即静态的财产关系，它既是财产流转关系的前提，也是财产流转关系的结果。当然，物权制度除所有权制度外，还包括用益物权和担保物权制度。前者表现为权利人对物的使用价值的支配性；后者则是以支配物的交换价值从而确保债权人债权的实现为目的。

（三）债权制度

债是财产流转关系在法律上的表现形式，也是商品交换中的最一般的法律规范。债法规范的对象是债之关系，传统民法中的债法体系是基于债的各种发生原因建立起来的，因各种债的发生能在形式上产生相同的法律效果，即"效果的同一性"，这为确立债的一般规则奠定了基础。债的一般规则是对各种债的形式的共同规则的概括，富有抽象性，也是规范交易过程、维护交易秩序的基本原则，它对各种具体之债有着宏观意义上的指导作用；而债的分则是各种具体之债的具体规则，它具有实用性、针对性的特点。债的分则包括合同之债、无因管理之债和不当得利之债，它与债的一般规则共同建构了我国民法的债法体系。

（四）人格权制度

人格权是民事主体为维护其独立人格所必备的最基本权利，也是民事主体取得、行使其他民事权利的前提和基础，它是民法体系的重要组成部分，这一点自无异议。基于人身权（主要是人格权）和财产权是民法的两大支柱，民事主体制度和侵权行为制度并不能概括、涵盖人格权制度的全部内容，只有单独设立人格权制度，才能全面展示人格权法的复杂内容，才能更有利于保护民事主体的人格权。所以，人格权应当成为一项独立的民事制度。

（五）知识产权制度

对于知识产权是否应纳入民法体系，在立法上和理论上争议都很大。我们认为，知识产权在本质上仍然是私权，是一种人身权与财产权相结合的民事权利。其调整的对象是因创造、使用智力成果而形成的财产关系和人身关系，其调整的手段和适用的原则也主要是民法的手段和原则，我国《民法典》第 123 条第 1 款规定，民事主体依法享有知识产权。所以应将知识产权制度纳入民法调整的范畴。

（六）侵权责任法律制度

侵权责任法是保障民事权利得以实现的法律。对人身权、物权、知识产权等权利或利益的侵害都将构成民法上的侵权，行为人都应承担相应的侵权法律责任。侵权责任法律制度是民法体系中的重要组成部分，属于民法的范畴。

（七）财产继承制度

继承法律制度是规定自然人生前的财产如何转移给他人的法律制度。它既与一国的政治、经济制度相关，更与一国的文化传统、婚姻家庭制度密切联系。继承是指基于自然人死亡而发生的财产转移，其产生的财产关系是民法调整的财产关系的一部分，所产生的财产继承权也是财产所有权的重要组成部分。因此，它是我国民法体系的一个重要组成部分。当然，我们也应当承认，由于财产继承权主要是发生在具有一定身份关系（如婚姻关系、血缘关系和收养关系）的自然人之间，民法调整财产关系的一些原则并不能完全适用于财产继承关系。

二、民法的渊源

民法的渊源就是指民法的表现形式。

（一）制定法

具体来讲，我国民法的渊源主要有：

1. 宪法。宪法是国家的根本大法，具有最高的法律效力，是其他法律的制定根据。我国现行宪法是 1982 年制定的，除序言外，共 4 章 138 条。宪法中有关民事活动的规范，如所有权制度的规定，公民基本权利中关于民事权利、婚姻家庭制度的规定等，既是宪法规范又是民法规范，是我国民法的渊源之一。从理论上讲，在民事法律没有规定的情况下，司法机关可直接依据宪法的规定处理案件。

2. 民事法律。民事法律是指由国家立法机关制定的有关民事活动的规范性文件。2020 年 5 月 28 日由十三届全国人民代表大会第三次会议通过、于 2021 年 1 月 1 日施行的《民法典》，该法共 1260 条，是我国最主要的民法渊源。

除《民法典》外，我国还有许多民事单行法和民事特别法，比较重要的有《收养法》《专利法》《商标法》《著作权法》等。此外，其他法律中有关民事活动的规定也是民法的渊源，如《土地管理法》《产品质量法》《消费者权益保护法》《城市房地产管理法》中有关民事活动的规定。

3. 行政法规、部门规章中的民法规范。国务院根据宪法和法律，有权制定行政法规。由于历史的原因，我国的行政权力一直很强大，行政立法也很受重视。与此相对应，行政法规在整个法律规范中也就占有相当重要的地位。行政法规中有关民事活动的规范也是民法的渊源之一，如《全民所有制工业企业承包经营责任制暂行条例》《城市私有房屋管理条例》《城镇国有土地使用权出让和转让暂行条例》《工矿产品购销合同条例》等行政法规中，就有部分关于民事活动的规范。

此外，根据全国人民代表大会及其常务委员会的授权，国务院还可制定具有法律效力的规范性文件。理论上，这些规范性文件不属于行政法规，而是授权立法，授权立法具有比行政法规更高的法律效力。授权立法中有关民事活动的规范也是民法的渊源。

部门规章是指国务院各部委根据宪法和法律、行政法规的规定，在其权限范围内所制定的规范性文件。部门规章中有关民事活动的规范也是民法的渊源。

4. 地方性法规、自治条例、单行条例中的民法规范。地方性法规是指省、自治区、直辖市以及省级人民政府所在地的市和经国务院批准的较大的市的人民代表大会及其常委会制定的适用于本地方的规范性文件。自治条例和单行条例是由民族自治地方的人民代表大会依照当地民族的政治、经济和文化的特点制定的规范性文件。地方性法规、自治条例、单行条例中的民法规范也是我国民法的渊源。

5. 最高人民法院所作的司法解释。最高人民法院是我国的最高审判机关，有权对法律进行司法解释。最高人民法院有关民事方面的司法解释一般是在总结民事审判工作经验，根据民法的原理、原则作出的，具有针对性强、便于操作的特点。

6. 国际条约。国际条约是指两个或两个以上的国家缔结的关于政治、经济、贸易、军事、法律、文化等方面的相互间权利与义务的协定，其名称有条约、公约、协定、协议等。国际条约是国际法的主要渊源，本不属国内法的范畴，但我国签订或加入的国际条约生效后，按照"条约必须遵守"的国际惯例，它在我国同样产生法律约束力，是我国的法律渊源之一。在当今经济全球化的趋势下，特别是在我国加入 WTO 之后，国际条约中有相当一部分属于民事规范，这些规范当属我国的民法渊源。

（二）民事习惯

习惯是独立于制定法之外的另一类法律渊源。我国《民法典》第 10 条规定："处理民事纠纷，应当依照法律；法律没有规定的，可以适用习惯，但是不得违背公序良俗。"习惯是指人们在长期的社会生活中自发形成的行为规范。从法律的发展过程来看，习惯先于法律而产生，当国家援用习惯来处理某些纠纷时，习惯就具有了法的属性。在人类社会早期，从习惯发展而来的习惯法在整个法律渊源中具有重要的地位，但到了近现代，随着制定法的发展，习惯作为法的渊源只起补充作用，只在制定法无明文规定时才适用，以弥补制定法之不足。

这里应注意的是，习惯作为民法之补充渊源，其适用应具备下述条件：一是须查明有该习惯之存在；二是该习惯得到社会普遍之确认和遵守；三是该习惯不违反民法的基本原则和善良风俗；四是制定法对该习惯须无明文规定，制定法已明文规定的习惯实际上已上升为制定法，不再属习惯的范围。

第四节　民法的适用范围

民法的适用范围又称民法的效力，是指民法在什么样的范围内发生作用。民法的适用范围具体包括对人的适用范围、对空间的适用范围和对时间的适用范围三个方面。正确理解民法的适用范围，对民法的具体适用有着重要的意义。

一、民法对人的适用范围

民法对人的适用范围是指民法适用于哪些人。这里所称的"人"，如无特别说明，通常是指所有民事主体，包括自然人、法人、非法人组织等。我国《民法典》第12条规定："中华人民共和国领域内的民事活动，适用中华人民共和国法律。法律另有规定的，依照其规定。"该法关于自然人的规定，适用于在中华人民共和国领域内的外国人、无国籍人，法律另有规定的除外。按此规定，在我国领域内的所有民事主体，包括自然人、法人、非法人组织，均适用我国民法。作为例外的是，外国人身份法上的行为，适用其本国法；外国驻我国的外交人员依法享有外交豁免权，不在我国民法的适用范围之内，其民事争议通过外交途径解决，但其自愿接受我国法律管辖的，我国民法对其有效。

至于我国自然人、法人、非法人组织在国外发生的民事关系，一般适用所在地国家的法律，法律另有规定的除外。

二、民法对空间的适用范围

民法对空间的适用范围，是指民法适用于哪些地方。按照属地管辖原则，一国的法律在其主权范围内均可适用。我国《民法典》第12条规定："中华人民共和国领域内的民事活动，适用中华人民共和国法律。法律另有规定的，依照其规定。"这里的另有规定主要包括三种情形：一是外国人身份法上的行为适用其本国法；二是外国驻我国的外交人员享有外交豁免权；三是在中国境内订立的涉外合同，当事人可以选择处理合同争议所适用的法律。

另外，根据民事法律的制定机关不同，其空间效力也有区别。凡国家最高立法机关和最高行政机关制定的民事法律、行政法规、行政规章，均适用于我国全部领域，法律、行政法规、行政规章明确规定仅适用于某一地区的除外。地方性的民事法规、自治条例、单行条例，仅适用于本辖区之内，对其他地方不产生效力。

三、民法对时间的适用范围

民法对时间的适用范围，是指民法的生效时间和失效时间，以及民事法律规范对其生效前发生的民事法律关系有无溯及力。

民法的生效时间主要有两种情形：一是自公布之日起生效，如1994年颁布的《婚姻登记管理条例》第34条规定："本条例自发布之日起施行。……"二是公布后经过一段时间再生效，如1986年4月12日通过的《民法通则》第156条规定："本法自1987年1月1日起施行。"

民法的失效时间主要有以下几种情形：一是新法直接废止旧法，如2020年5月28日通过的《民法典》第1260条规定："本法自2021年1月1日起施行。《中华人民共和国婚姻法》、《中华人民共和国继承法》、《中华人民共和国民法通则》、《中华人民共和国收养法》、《中华人民共和国担保法》、《中华人民共和国合同法》、《中华人民共和国物权法》、《中华人民共和国侵权责任法》、《中华人民共和国民法总则》

同时废止。"二是旧法规定与新法相抵触的部分失效，如 1982 年颁布的《中华人民共和国商标法》（以下简称《商标法》）第 43 条规定："本法自 1983 年 3 月 1 日起施行。……其他有关商标管理的规定，凡与本法抵触的，同时失效。本法施行以前已经注册的商标继续有效。"三是由国家机关颁布专门的决议规定，宣布某些法律失效，如 1987 年全国人民代表大会常务委员会就曾批准宣布 1978 年前颁布的部分法律失效。

关于民事法律规范的溯及力问题，按照法律不溯及既往的原则，民法一般没有溯及力，但也有例外。如最高人民法院《关于贯彻执行〈中华人民共和国继承法〉若干问题的意见》第 64 条第 2 款规定："人民法院对继承法生效前已经受理、生效时尚未审结的继承案件，适用继承法。但不得再以超过诉讼时效为由驳回起诉。"这赋予了我国《继承法》以一定的溯及力。

第五节　民法的基本原则

一、民法基本原则的概念

民法的基本原则是指在民事立法和司法中必须遵守的，其效力贯穿民法始终的根本性规则[1]。民法的基本原则是民法及其经济基础的本质和特征的集中体现，是高度抽象的、最一般的民事行为规范和价值判断准则。民法基本原则是民事立法的准则，是民事主体进行民事活动的基本准则，是法院解释法律、补充法律漏洞的基本依据，是解释、研究民法的出发点。

二、民法基本原则的内容

我国《民法典》第 4 条至第 9 条确立了以下几项民法的基本原则：

（一）平等原则

所谓平等原则，也称法律地位平等原则，是指在民事活动中当事人的法律地位平等，任何一方不得把自己的意志强加给对方。最早提出平等观念的是古希腊的政治家伯里克利，他在雅典阵亡将士国葬典礼上提出了"在公民私权利方面人人平等"的口号[2]。我国《民法典》第 4 条规定："民事主体在民事活动中的法律地位一律平等。"平等原则集中反映了民事法律关系的本质特征，是民事法律关系区别于其他法律关系的主要标志。它是指民事主体享有独立、平等的法律人格，其中平等以独立为前提，独立以平等为归宿。在具体的民事法律关系中，民事主体互不隶属，各自能独立地表达自己的意志，其合法权益平等地受到法律的保护。平等原则是市场经济的本质特征和内在要求在民法上的具体体现，是民法最基础、最根本的一项原则。现代社会，随着在生活、生产领域保护消费者和劳动者的呼声日渐提高，平

---

[1]　刘心稳主编：《中国民法》，中国政法大学出版社 2012 年版，第 3 页。
[2]　刘心稳主编：《中国民法》，中国政法大学出版社 2012 年版，第 3 页。

等原则的内涵正经历着从单纯谋求民事主体抽象的法律人格的平等，到兼顾在特定类型的民事活动中，谋求当事人具体法律地位平等的转变。我国民法典明文规定了这一原则，强调在民事活动中一切当事人的法律地位平等，任何一方不得把自己的意志强加给对方，意在以我国特殊的历史条件为背景，突出强调民法应反映社会主义市场经济的本质要求。

平等原则具体含义包括：①民事主体资格平等；②民事主体地位平等；③民事主体平等地享有权利、承担义务；④民事主体的民事权益平等地受法律保护。

（二）自愿原则

自愿原则，是指法律确认民事主体得自由地基于其意志去进行民事活动的基本准则。我国《民法典》第5条规定："民事主体从事民事活动，应当遵循自愿原则，按照自己的意思设立、变更、终止民事法律关系。"自愿原则的存在和实现，以平等原则的存在和实现为前提。只有在地位独立、平等的基础上，才能保障当事人从事民事活动时的意志自由。自愿原则同样也是市场经济对法律所提出的要求。在市场上，准入的当事人被假定为自身利益的最佳判断者，因此，民事主体自愿进行的各项自由选择，应当受到法律的保障，并排除国家和他人的非法干预。自愿原则的核心是合同自由原则。虽然有商品经济就有合同自由的观念，但合同自由作为一项法律原则却迟至近代民法才得以确立。当然，合同自由从来都不是绝对的、无限制的自由。我国实行社会主义市场经济，强调社会公平，注重社会公德，维护国家利益和社会公共利益，对合同的自由有诸多限制。例如在我国的邮政、电信、供用电、水、气、热力、交通运输、医疗等领域所存在的强制缔约，在保险、运输等许多领域盛行的格式合同，都是对合同自由的限制。

（三）公平原则

公平原则是指民事主体应依据社会公认的公平观念从事民事活动，以维持当事人之间的利益均衡。我国《民法典》第6条规定："民事主体从事民事活动，应当遵循公平原则，合理确定各方的权利和义务。"公平原则是进步和正义的道德观在法律上的体现。它对民事主体从事民事活动和国家处理民事纠纷起着指导作用，特别是在立法尚不健全的领域赋予了审判机关一定的自由裁量权，对于弥补法律规定的不足和纠正贯彻自愿原则过程中可能出现的一些弊端，有着重要意义。公平原则在民法上主要是针对当事人间的合同关系提出的要求，是当事人缔结合同关系，尤其是确定合同内容时，所应遵循的指导性原则。它具体到合同法上的基本原则就是合同正义原则。合同正义系属平均正义，要求维系合同双方当事人之间的利益均衡。作为自愿原则的有益补充，公平原则在市场交易中，为诚实信用原则和显失公平规则树立了判断的基准。但公平原则不能简单等同于等价有偿原则，因为在民法上就一方给付与对方的对待给付之间是否公平，是否具有等值性，其判断依据采主观等值原则，即当事人主观上愿以此给付换取对待给付，即为公平合理，至于客观上是否等值，在所不问。由此不难看出，公平原则的具体运用，必须以自愿原则的具体运用作为基础和前提，如果当事人之间利益关系的不均衡，系自主自愿的产物，就不能谓为有违公平。公平原则的具体含义包括：①当事人的民事权利和义务应按照公平合理的要求确定，不得偏向一方而加重对方的义务或责任，不得要求一方承担超出其享有的权利之外的义务或责任；②对处于优势一方当事人加以合理的限制；③合理地确定当事人间的责任，在追究民事责任时，既要保护受害人的利益，也要注意保护责任人的合法利益。

（四）诚信原则

在民法上，诚实信用原则是指民事主体进行民事活动必须意图诚实、善意、行使权利不侵害他人与社会的利益，履行义务信守承诺和法律规定，最终达到所有获取民事利益的活动，不仅应使当事人之间的利益得到平衡，而且也必须使当事人与社会之间的利益得到平衡的基本原则。我国《民法典》第7条规定："民事主体从事民事活动，应当遵循诚信原则，秉持诚实，恪守承诺。"诚实信用原则是市场伦理道德准则在民法上的反映。我国《民法典》将诚实信用原则规定为民法的一项基本原则，不难看出，诚实信用原则在我国民法上有适用于全部民法领域的效力。诚实信用原则常被奉为"帝王条款"，有"君临法域"的效力。作为一般条款，该原则一方面对当事人的民事活动起着指导作用，确立了当事人以善意方式行使权利、履行义务的行为规则，要求当事人在进行民事活动时遵循基本的交易道德，以平衡当事人之间的各种利益冲突和矛盾，以及当事人的利益与社会利益之间的冲突和矛盾。另一方面，该原则具有填补法律漏洞的功能。当人民法院在司法审判实践中遇到立法当时未预见到的新情况、新问题时，可直接依据诚实信用原则行使公平裁量权，调整当事人之间的权利义务关系。因此，诚信原则意味着承认司法活动的创造性与能动性。近代以来，作为诚实信用原则的延伸，各个国家和地区的民法上，又普遍承认了禁止权利滥用原则。该原则要求一切民事权利的行使，不能超过其正当界限，一旦超过，即构成滥用。这个正当界限，就是诚实信用原则。诚实信用原则主要表现为：①民事主体行使民事权利，与他人之间设立、变更或消灭民事法律关系，均应诚实，不作假，不欺诈，不损害他人利益和社会利益；②民事主体应恪守信用，履行义务；③法官及仲裁员处理民事案件时贯彻诚实信用原则，主要体现在以事实为依据，保护各方当事人的利益，平衡当事人的利益；④在立法上，不仅需要在民事基本法上确立诚实信用为基本原则，而且还应根据需要制定若干体现诚实信用原则的具体条款。[1]

（五）公序良俗原则

公序良俗是公共秩序和善良风俗的合称。公序良俗原则是现代民法一项重要的法律原则，是指一切民事活动应当遵守公共秩序及善良风俗。在现代市场经济社会，它有维护国家社会一般利益及一般道德观念的重要功能。我国《民法典》第8条规

---

〔1〕　魏振瀛主编：《民法》，北京大学出版社、高等教育出版社2000年版，第26~27页。

定："民事主体从事民事活动，不得违反法律，不得违背公序良俗。"民事活动应当尊重社会公德，不得扰乱社会经济秩序。经济的公序，是指为了调整当事人间的契约关系，而对经济自由予以限制的公序。经济的公序分为指导的公序和保护的公序两类。在市场经济条件下，指导的公序地位趋微，保护的公序逐渐占据了重要位置。与保护劳动者、消费者、承租人和接受高利贷的债务人等现代市场经济中的弱者相关的保护性公序，成为目前各个国家和地区判例学说上讨论、研究的焦点。良俗，即善良风俗，学界一般认为其系指为社会、国家的存在和发展所必要的一般道德，是特定社会所尊重的起码的伦理要求。不难看出，善良风俗是以道德要求为核心的。为了将公序良俗原则与诚实信用原则区别开来，应将善良风俗概念限定在非交易道德的范围内，从而与作为市场交易的道德准则的诚实信用原则各司其职。与诚实信用原则相似，公序良俗原则具有填补法律漏洞的功效。这是因为公序良俗原则包含了法官自由裁量的因素，具有极大的灵活性，因而能处理现代市场经济中发生的各种新问题，在确保国家一般利益、社会道德秩序，以及协调各种利益冲突、保护弱者、维护社会正义等方面发挥着极为重要的机能。一旦人民法院在司法审判实践中，遇到立法当时未能预见到的一些扰乱社会秩序、有违社会公德的行为，而又缺乏相应的禁止性规定时，可直接适用公序良俗原则认定该行为无效。在我国，违反公序良俗的常见类型有：①违反国家公序；②危害家庭关系；③违反性道德行为；④射幸行为；⑤违反人权和人格尊严的行为；⑥限制经济自由的行为；⑦违反公平竞争的行为；⑧违反消费者保护的行为；⑨违反劳动者保护的行为；⑩暴力行为。

（六）绿色原则

绿色原则也称为生态原则，是指民法要求民事主体在从事民事活动时，应当有利于节约资源，保护生态环境，实现人与资源关系的平衡，促进人与环境和谐相处的基本准则。我国《民法典》第9条规定："民事主体从事民事活动，应当有利于节约资源、保护生态环境。"

把绿色原则规定为民法的基本原则，其意义在于：任何民事主体从事民事活动，不仅要遵循公平、正义、平等、诚实信用、公序良俗的原则，还必须把保护生态环境、节约资源的基本精神，作为贯穿物权、债权、知识产权、婚姻家庭、继承以及侵权责任的基本准则。民法基本原则虽然不能直接适用于具体案件，但却是指导民事活动的指导思想所在。《民法典》规定绿色原则作为民法的基本原则，就是要把绿色原则与公平原则、平等原则、诚实信用原则、公序良俗原则并列在一起，使节约资源、保护生态环境成为贯彻民法始终的行为准则，进而使人与资源的关系达到平衡，人与环境和谐相处。

第六节　民法的性质及其与相邻法律部门的关系

一、民法的性质

研究民法的性质，旨在从法学理念的层面进一步提示民法的本质特征。与其他部门法相比，民法体系庞大、内容丰富、历史久远，学术界对其性质的归纳也见仁见智。在这里，仅就理论界对民法性质比较一致的看法作一介绍。

（一）民法原则上是私法

私法是相对于公法而言的。将法律划分为公法和私法，是西方法学著作中常用的一种法律分类方法。严格地说，这种分类法主要存在于大陆法系国家。这一分类理论最早由罗马法学家乌尔比安提出，他将凡以保护国家利益为目的的法律称为公法，凡以保护私人利益为目的的法律称为私法。[1] 在现代，关于公法和私法的分类标准众说纷纭，主要有四种分类方式：一是以目的进行分类，凡以保护公共利益、国家利益为目的的法律就是公法，凡以保护私人利益为目的的法律就是私法。二是以所调整的社会关系的性质进行分类，凡规定权利与服从关系的法律就是公法，凡规定平等主体之间关系的法律就是私法。三是以参与法律关系的主体进行分类，凡规定社会关系主体中至少一方为国家或公共权力者的法律就是公法，凡规定私人之间相互关系的法律就是私法。四是以法律关系的实质进行分类，凡所规定的法律关系的实质为国家组织生活之维持的法律为公法，凡所规定的法律关系的实质为私人生活之维持的法律为私法。尽管各种分类方式的侧重点不同，但无论按哪种标准，民法都属于私法的范畴。

我们强调民法是私法，但并不否认民法的某些规范具有公法性质。因为民法典中的许多规定，都是不能以当事人的合意加以变更的，属于强行法即公法，但它们不占据民法的主体，民法的大部分规定仍属于可以以当事人的合意加以变更的任意性规定，因此，民法原则上为私法。[2] 我国法学理论由于长期受苏联法学思想的影响，很长时间内不承认公法与私法的划分，认为任何法律都体现了国家意志，因而都属公法的范畴。事实证明，取消公法与私法的划分是失败的，它为国家权力不适当地干预私人领域提供了依据，进而导致民事主体的民事权利得不到有效的保护。因此，在实行市场经济，强调民主、平等、人权的今天，从理论上进一步明确民法的私法性质，对保障市场经济的顺利发展，减少国家权力对私人领域的不适当干预，加强对民事主体民事权利的保护有着重要的意义。

强调民法是私法，就要求严格区分公共领域和私人领域。在公共领域，国家基于其掌握的公共权力，可对公共领域的诸多事项履行行政管理职能，通过各种形式

---

〔1〕　胡旭晟、蒋先福主编：《法理学》，湖南人民出版社、湖南大学出版社2001年版，第78页。

〔2〕　彭万林主编：《民法学》，中国政法大学出版社2002年版，第25页。

进行调整或干预。在私人领域，国家则应充分尊重民事主体的意志和利益，由当事人自己决定行为方式和设定权利义务，尽量避免运用公共权力去处理私人事务。一般而言，只有在民事主体之间发生纠纷且不能协商解决时，国家才由司法机关出面以仲裁者的身份对当事人之间的纠纷进行裁决。

（二）民法是权利法

民法的基本内容就是对民事主体所享有的民事权利的确认和保护。我国《民法典》第1条即规定："为了保护民事主体的合法权益，调整民事关系，维护社会和经济秩序，适应中国特色社会主义发展要求，弘扬社会主义核心价值观，根据宪法，制定本法。"可见，确认和保障民事主体的民事权益是我国民事立法的根本理由之一。

民法之所以被称为权利法，是因为民法以权利为本位。从法律的具体内容来衡量，有的以规定义务为本位，有的以规定权利为本位。民法则是典型的以规定权利为本位的法律。无论是国外的民法典（如《法国民法典》《德国民法典》），还是我国的《民法典》，无不是以规定权利为其核心内容。我国的《民法典》就以专章的形式规定了民事权利，这些权利包括物权、债权、人格权、婚姻家庭权、继承权、知识产权等，其他规定也基本上是围绕如何保护民事权利的实现而展开的。

民法之所以被称为权利法，还因为民法的具体内容大多为授权性规范。法律规范按其调整方式的不同，可分为义务性规范、禁止性规范和授权性规范。其中义务性规范和禁止性规范也可统称为义务性规范，因为二者都是对主体行为的一种约束，其区别仅在于前者为积极义务，后者为消极义务。授权性规范则是一种用规定主体有权为一定行为或不为一定行为的方式来调整社会关系的法律规范，它授予主体以一定范围内的选择权。从民法的具体内容来看，其规范大多是授予民事主体以民事权利。因此，民法本质上是权利法。

强调民法是权利法，客观上要求国家和社会应通过各种方式和措施加强对民事权利的保护，防止侵害民事权利的情况发生。在民事权利遭受不法侵害后，国家和社会应采取有效措施帮助受侵害人获得法律救济，使其权利得以恢复或得到相应补偿。我国是一个没有民主传统、行政权力强大且权利意识淡薄的国家，国家权力不适当地侵入私人领域的情形十分普遍，且公民都对此习以为常。在这种社会氛围下，强调民法是权利法，就更有其实际意义。国家应尊重民事主体的各项民事权利，并为民事主体民事权利的实现提供必要的保障。

（三）民法是市民法

在我国的传统观念里，"市民"似乎是个贬义词，有思想境界不高，为人不够慷慨、大度之意。但民法里所称的"市民"应是中性词，指的是地位独立并追求自身经济利益的普通社会成员。在古罗马，市民指的是罗马公民，是相对于公务人员和道德人而言的一个概念。事实上，即使是公务人员，在他们从事公务以外的活动时，同样也是市民。一般来讲，社会不应对市民做过高的道德要求。因为对一个道德高尚的人来说，法律完全是多余的。因此，民法上所称的市民，只是一个有着七情六欲、有着自身利益追求的普通社会成员，他们面对的是法律而不是道德。

在现代社会，人类生活可区分为国家社会生活和市民社会生活。人都必须参加这两种社会生活，但人在这两种社会生活中的地位是不相同的。在国家社会生活中，人是国家的臣民，受国家权力的支配；在市民社会生活中，人则是独立、自由、平等的，他们有权处理属于自己的事务。民法就是以调整市民社会生活为己任的。民法的大部分规范都把民事主体设定为一个有着自身利益追求的市民，并对他们的这种利益加以肯定和保护。从民法的许多具体规定看，如财产所有权、债权、知识产权等，无不体现出民事主体对自己财产利益的追求，只要这种利益追求不违反法律和社会公共利益，民法就予以确认和保护。当然，民法也不是无原则地保护民事主体对自身利益的追求，如各国民法所确立的诚实信用原则，就是对民事主体追求自身利益的一种限制。它要求民事主体以对待自己事务的注意处理他人的事务，不得利用自己的优势地位强迫处于不利地位的相对人。民法的这种限制旨在维护社会的公平正义，实现社会的和谐发展。

作为市民法的民法，是对民事主体一种最起码的要求，是民事主体进行民事活动时必须要遵循的法律准则。在市场经济条件下，民法是市场交易的基本法律，它对市场主体、市场交易规则等均有明确规定，它在确认民事主体追求自身利益的合理性、合法性并对其予以有效保护的同时，也要求民事主体爱人如己、诚实不欺。

二、民法与相邻法律部门的关系

在一国的法律体系中，各法律部门并不是绝对独立、互无联系的。相反，各法律部门总是相互联系、相互影响、相互作用的，也正是由于这种相互联系和影响，使各法律部门有机地统一起来，构成一个井然有序的整体。就民法而言，它与其他法律部门也同样有着这样或那样的联系，其中，与民法关系最密切的是商法和经济法。

（一）民法与商法

所谓商法，是指调整商事组织和商事活动的法律。传统的商法产生于欧洲中世纪，原是维护商人利益、规范商人活动的习惯法。在欧洲资产阶级大革命胜利后，统治阶级为完善调整商品经济关系的法律，一方面，在继承和发展罗马法的基础上制定了民法典，另一方面，又在吸收商人习惯法的基础上制定了商法典，在私法领域内形成了民商分立的格局。在实行民商分立体制的国家中，商法一般包括总则、公司法、破产法、票据法、保险法和海商法等；而在民商合一的体制下，由民法统率商法，在民法典中吸收基本商事规范，不再另行制定商法典。

民法和商法同为私法，商法是民法的特别法，它们之间是普通法和特别法的关系。商法调整的对象是民法调整对象的一部分；商法的基本原则来源于民法；民法中许多基本制度也适用于商法，如法律行为，代理等。但它们之间的区别也很明显：

1. 主体不同。民法的主体是一般的人，包括自然人、法人和其他组织；而商法的主体必须是以营利为目的的商自然人和商法人。

2. 调整的对象不同。民法调整的对象不仅有财产关系，而且还有人身关系；而商法调整的几乎是纯粹的财产关系，并且是有偿的。

3. 适用范围不同。商法具有国际性；而民法中的许多制度则具有地域性，如婚姻家庭制度、物权法律制度。

（二）民法与民事诉讼法

民法与民事诉讼法之间的关系是实体法与程序法的关系。实体法和程序法是根据法所规定的内容不同对法进行的分类。所谓实体法，是指直接确认法律关系主体的具体权利和义务（或者职责、职权）的法律；而程序法则是保证法律关系主体的权利和义务得以实施的程序或方式的法律。民法是实体法，规定了民事主体的各种民事权利和民事义务；而民事诉讼法是程序法，是为执行民事实体法服务的，是辅助和保证民事实体法得以贯彻实施的法律。

（三）民法与经济法

经济法是调整国民经济运行中的经济关系的法律规范的总称。我们认为，经济法实际上就是经济行政法，即国家权利作用于经济生活，由国家行政机关对国民经济实行组织、管理、监督、调节的法律规范的总称。民法与经济法的区别主要表现为：民法调整的对象不仅包括财产关系，而且包括人身关系；而经济法仅仅调整经济关系；民法调整的是平等主体之间的横向财产关系；而经济法调整的是国家机关与企业、事业单位和自然人之间的纵向经济关系，主体之间不具有平等性；民法适用平等、自愿、等价有偿的基本原则；而经济法则更多地强调国家宏观调控，具有指令性、强制性。

（四）民法与行政法

行政法是指关于规范和调整国家行政关系的法律规范的总称，它是国家通过行政机关发挥组织、指挥、监督和管理职能的法律形式。民法和行政法虽然都是实体法，但其调整社会关系的性质和范围不同。民法调整的是平等主体之间的财产关系和人身关系；而行政法调整的是国家行政管理关系，在这种法律关系中，一方总是国家行政机关，而且这种行政法律关系具有不平等性、强制性和隶属性的特点。在调整的方法上，民法强调平等，尊重民事主体的意思自治；而行政法则强调的是命令与服从，体现为一定的国家意志，要求被管理者服从国家行政机关的管理。

（五）民法与劳动法

劳动法调整的是社会劳动关系，它要解决的是劳动关系中的劳动纪律、劳动报酬、劳动合同、劳动时间、劳动安全与保护、职业培训和劳动争议的解决等方面的问题，它是一个独立的法律部门。由于在劳动关系中，通常实行按劳分配的原则，因而它不是平等主体的等价有偿的财产关系，不属于民法调整的对象。鉴于劳动者与劳动组织地位的不平等，劳动组织天然处于优势地位，因此，劳动法贯彻着保护弱者一方——劳动者利益的基本原则，而且劳动法规范多为强制性规范；而民法则始终贯彻平等、自愿、公平、等价有偿的原则，民法规范也多为任意性规范。

（六）民法与婚姻法

婚姻法是指调整婚姻家庭关系规范的总称。婚姻家庭关系既包括因夫妻共同生活而形成的夫妻共有财产关系、家庭共有财产关系和家庭成员之间的抚养、扶养、赡养等财产关系，也包括因婚姻、血缘而形成的人身关系。这种财产关系和人身关系是民法调整的财产关系和人身关系的组成部分，因此，民法中的诸多制度如民事主体制度、所有权制度、人格权制度甚至是合同法中的有关规定，对于婚姻家庭关系中的许多问题都是适用的；民法中诸多原则如平等原则、自愿原则、公平原则、公序良俗原则等，对于婚姻法都是适用的。所以，从这个意义上来说，婚姻法可作为民法的组成部分，应当将其纳入民法体系中。但鉴于婚姻法已单独作为一门学科加以研究，本书不再做专门论述。

思考题

1. 简述民法的概念、特征及其调整对象。
2. 简述民法与商法的关系。
3. 试述民法基本原则的意义。
4. 试述诚实信用原则。

实务训练

（一）示范案例

案情：某城市花园是某市某区的一个高档住宅小区，2014年9月，开发商申报时，该市规划局以《建筑工程规划设计要点通知书》要求，其规划建筑应按机动车0.2车位/户，非机动车2车位/户配建停车库。小区建成后，3幢楼下建有连片整体地下车库，共有59个机动车泊位。开发商在销售住宅时也承诺：小区配建地下车库供业主停车。但业主们入住后却发现，只有购买车位才能取得停车权。开发商以至少8万元的单价卖掉了其中的37个车位，其余车位则被小区物管公司以每月250元的租金租了出去。2018年6月，该小区业主委员会向某区人民法院起诉开发商，请求法院判决确认该小区地下停车库的占有、使用、收益、处分的权利归全体业主所有。

分析：本案涉及诚实信用原则在案例当中的适用。市规划局发出的《建筑工程规划设计要点通知书》要求被告按标准建设车库，既明确了车库作为公共配套设施的功能，又将建设车库作为开发商的法定义务进行了确定。建成后的车库作为公共配套设施，应交付建筑物的所有人共同使用。小区土地面积已全部分摊到全体业主身上，小区的土地使用权为该小区业主享有。开发商不再享有该小区的土地使用权，因此也不能享有该土地上建筑物的所有权和支配权，而应由土地使用权人共有。由于开发商并无证据证明车库的建设成本未纳入商品房的成本，因此，开发商再行销售的行为违反了诚实信用原则。据此,法院判决:开发商将小区地下停车库移交给小区业主委员会管理,并由全体业主享有地下停车库的权益。

(二)习作案例

2017 年 8 月,甲公司与乙公司签订了一份水泥销售合同。合同约定:由甲公司供应乙公司水泥 160 吨,全年分 4 批由甲公司运送至乙公司,每批 40 吨,每吨 5000 元,运费与货款在每批收货后结算。

2018 年 2 月,甲公司向乙公司发运了 40 吨水泥,乙公司立即支付了货款及运费 20 万元。2018 年 6 月以后,议价水泥价格不断上涨,产品供不应求,甲公司为了充分满足议价水泥的供应,停止了向乙公司发货。2018 年 9 月至 11 月 3 个月内,乙公司多次催货仍未见甲公司发货。乙公司只得陆续购买高价水泥以应付市场急需。2019 年 1 月过后,水泥开始滞销,甲公司于 2019 年 2 月又向乙公司发运水泥 80 吨。其时,乙公司已不需如此多的水泥并且库容已达到饱和。货到后,乙公司立即电告甲公司:“停止发货,立即协商。”双方在协商过程中,乙公司提出合同中约定全年分 4 批发货即按季度发货。现仓库已满,水泥无存放地方,并且库存水泥完全够用还有节余,要求解除合同。甲公司则认为合同并未约定按季履行,而且自己第一批发货已按约履行,对方无权拒绝受领发运的 80 吨水泥,未履行的合同部分不能随意变更解除。双方在协商过程中,甲公司又将最后 40 吨水泥运至,乙公司只得把水泥堆放在仓库门口。时值夏季阴雨,水泥被雨水冲泡损失严重,乙公司为减少损失只得降价处理。

甲公司发货后,要求乙公司支付余款和运费。乙公司认为甲公司没有遵循公平、诚实信用原则,强迫别人受领,故拒付货款。甲公司索取不成,遂向人民法院起诉,要求乙公司履行合同,支付余款及运费。乙公司则反诉甲公司不恰当履行,应承担违约责任,并要求解除未履行的合同。

问:甲公司的行为违反了民法的什么原则?

民事法律关系

　　通过本章学习，要求掌握民事法律关系的概念和特征；了解民事法律关系的三要素；领会民事法律事实；熟悉民事权利、民事义务、民事责任的概念及其分类。并学会运用这些基本概念、基本知识和基本理论来分析、解决民事实践中的各类纠纷，从而达到理论和实践相结合的教学目的。

导入案例

　　甲向乙出售一批货物，委托丙送至乙处接受。待货物运到乙处时，乙已搬迁他处，丙只得将货物继续运往乙的新住处。途中，丙驾驶的车辆与丁车相撞而导致货物损毁，经交警部门认定肇事原因，丙和丁双方都有过错，负同等责任。

　　本案知识点：民事法律关系的概念；民事法律关系的构成。

第一节　民事法律关系概述

一、民事法律关系的概念和特征

（一）民事法律关系的概念

　　民事法律关系，是指由民法规范所调整的具有民事权利义务内容的平等的社会关系。人们在社会生活中常常会结成各种各样的社会关系，这些社会关系受各种不同规范的调整。其中，由民法规范调整而形成的社会关系就是民事法律关系，民事法律关系是现代社会中最重要的一类社会关系。

　　（二）民事法律关系的特征

　　1. 民事法律关系是一种人与人之间的社会关系。①民事法律关系是一种社会关系，是人类社会生活中所发生的各种各样的社会关系的一种。②民事法律关系作为一种社会关系，它是人与人之间的关系，而不是人与自然、人与物的关系，更不是物与物的关系。尽管民事法律关系通常离不开物，但物只能作为人与人之间的民事法律关系的客体，而不能是民事法律关系的主体。

2. 民事法律关系是平等主体之间的权利、义务关系。①民事法律关系是平等主体之间的关系，由于民法调整的社会关系是平等主体之间的财产关系和人身关系，所以，按民法规范确立的法律关系也就只能是平等主体之间的关系，而且这种法律关系一般是由当事人依自己的意愿设立的。②民事法律关系是以民事权利和民事义务为内容的法律关系，其一经确立，当事人一方即享有民事权利，而另一方便负有相应的民事义务。有的法律关系只有一方享有权利，另一方负担义务，如赠与、借用等。而大多数民事法律关系则是双方互享权利，互负义务，如买卖、租赁等。总之，民事法律关系是以民事权利和民事义务为内容的具有平等性的一种社会关系。

3. 民事法律关系是国家以强制力保证其实现的社会关系。民事法律关系是民法调整的结果，而民法规范是国家意志的体现，因此，民事法律关系必然受到国家强制力的保障。民事法律关系中的任何一方都必须履行其所承担的义务，任何破坏民事法律关系的行为，都应当受到相应的制裁。

二、民事法律关系的分类

民法调整平等主体之间的各种财产关系和人身关系，因此，也就会形成各种各样的民事法律关系，为了正确把握和区分各种民事法律关系，可根据不同的标准，将民事法律关系作如下分类：

（一）财产民事法律关系和人身民事法律关系

依据民事法律关系是否具有直接物质内容，可将其分为财产民事法律关系和人身民事法律关系，这是民事法律关系最基本的分类，也是民法调整的财产关系和人身关系在法律上的表现。

财产民事法律关系，是指民事主体在物质资料生产、分配、交换和消费过程中形成的社会关系。包括财产所有关系和财产流转关系，前者如所有权法律关系，后者如债权法律关系。

人身民事法律关系，是指与当事人的人身不可分离，以人格利益、身份利益为内容的民事法律关系。包括人格关系和身份关系两种。人身关系受法律调整后形成人身权，如姓名权、肖像权、名誉权等属于人格权，配偶权、亲属权等属于身份权。

此外，以继承权、知识产权为内容的民事法律关系兼有财产关系和人身关系的双重性质。

区分的意义在于：①财产法律关系中权利义务一般具有可让与性，而人身法律关系中的权利义务一般不具有可让与性；②对财产法律关系的保护主要采用财产救济方式，而对人身法律关系的保护则主要采取非财产救济的方式。

（二）物权关系和债权关系

这是对财产法律关系的进一步分类。根据权利人权利实现方式的不同，可将民事法律关系分为物权关系和债权关系。

物权关系，是指权利人可以按自己的意思直接支配物，无须义务人的配合即可行使并实现其权利的民事法律关系。所有权法律关系便是典型的物权关系。

债权关系，是指权利人必须依赖义务人的一定行为，才能行使和实现其权利的民事法律关系。在这种法律关系中，义务人的行为通常表现为实施一定积极的行为，在少数情况下，也可表现为消极地不为一定行为。合同法律关系就是最典型的债权关系。

区分的意义在于：掌握物权关系和债权关系的不同特点，有助于正确理解和把握民法中物权法和债权法这两大基本的财产权法律制度。

（三）绝对民事法律关系和相对民事法律关系

根据义务主体的范围不同，可将民事法律关系分为绝对民事法律关系和相对民事法律关系。

绝对民事法律关系，是指义务主体不特定，权利人以外的一切人均为义务人的民事法律关系。在这种法律关系中，权利人无须义务人的协助，即可直接行使和实现其权利，而义务人只需不实施任何妨碍权利人行使和实现其权利的行为即可，这种义务通常表现为不作为，如所有权法律关系。

相对民事法律关系，是指义务主体为特定人的民事法律关系。在这种法律关系中，权利人权利的实现须依赖义务人实施积极的行为，因此，其义务人通常是特定的一人或数人，并且义务人的义务通常表现为作为（即为一定行为），如债权法律关系。

区分的意义在于：正确确定某一民事法律关系义务人的范围及义务人义务的内容。在绝对民事法律关系中，义务主体是不特定的，权利人可向一切人主张权利，因而义务人的义务通常表现为不作为。在相对民事法律关系中，义务主体是特定的，权利人一般只能向特定的义务人主张权利，因而义务人的义务通常表现为实施一定的积极行为（即作为）。

（四）单一民事法律关系和复合民事法律关系

依据内容的复杂程度，可将民事法律关系分为单一民事法律关系和复合民事法律关系。

单一民事法律关系，是指只有一组对应的权利义务内容的民事法律关系。如在赠与法律关系中，受赠人享有接受赠与物的权利，赠与人负有移转赠与物及其所有权给受赠人的义务，当事人之间只有这一组对应的权利义务关系。

复合民事法律关系，是指由两组以上的互相对应的权利义务共同构成的民事法律关系。例如：在买卖合同关系中，买受人有权请求出卖人交付出卖物并移转出卖物的所有权给买受人，出卖人有义务交付出卖物并移转出卖物的所有权给买受人，这是一组权利义务。同时，出卖人享有请求买受人支付价款的权利和买受人负有支付价款的义务，这也是一组权利义务，买卖合同的内容就是由这两组互相对应的权利义务共同构成的。

区分的意义在于：合理确定当事人的权利、义务和责任，正确适用民法规范。

例如，在单一民事法律关系中，由于义务人只负担义务，不享有权利，所以对其履行义务可不作特别严格的要求。如赠与人可以不对赠与物负瑕疵担保责任。而在复合民事法律关系中，由于双方互负义务、互享权利，所以法律对双方的履行行为都设有严格的要求。

第二节　民事法律关系的要素

民事法律关系的要素，是指构成每一个具体的民事法律关系必须具备的因素或必要条件。包括主体、内容、客体，这三者缺一不可，"主体为权利义务之所属，客体为权利义务之所附"，[1] 内容为权利义务之具体化。

一、民事法律关系的主体

（一）民事法律关系主体的概念

民事法律关系的主体，简称民事主体，是指参加民事法律关系，享有民事权利和承担民事义务的人。主体是构成民事法律关系不可缺少的要素。

（二）民事法律关系主体的范围

根据《民法典》的规定，可以作为民事法律关系主体的，不仅包括自然人，而且还包括法人和非法人组织。实践中，个体工商户、农村承包经营户也以自己的名义参加民事活动而被视为一种特殊的民事主体。另外，国家在特定情况下也可以作为民事法律关系的主体，如发行国库券、接受无主财产等。

二、民事法律关系的内容

（一）民事法律关系内容的概念

民事法律关系的内容，是指民事法律关系的主体所享有的民事权利和负担的民事义务。民事法律关系是一种权利、义务关系，这种关系是否具有民事的权利义务内容，是民事法律关系与其他法律关系及一般社会关系的重要区别。

（二）正确确定民事法律关系内容的意义

作为民事法律关系内容的民事权利和民事义务，在民事法律关系中占有重要的地位。表现在：①民事法律关系的内容是我们识别民事法律关系性质和类别的重要依据，因为不同的民事法律关系有不同的内容，如买卖是有偿的，赠与是无偿的，正是这种不同的民事权利义务，成为我们识别不同民事法律关系的重要依据。②民事法律关系的内容还是判断一个具体的民事法律关系是否符合公平正义的重要依据。

三、民事法律关系的客体

（一）民事法律关系客体的概念

民事法律关系的客体，是指民事权利和民事义务所指向的对象。在通常情况下，民事主体是为了实现特定目的才建立民事法律关系的，而这种法律关系所指向的对

---

〔1〕　郑玉波：《民法总则》，三民书局 1979 年版，第 63 页。

象，便是民事法律关系的客体。如果民事法律关系仅有主体和内容，而没有具体指向的对象，那么权利义务也就失去了载体，所以客体也是构成民事法律关系不可缺少的要素。

（二）民事法律关系客体的范围

民事法律关系的客体主要有四类，即：物、行为、智力成果和人身利益。

1. 物（财产）。物（财产）是指能够满足人们某种需要，可以为人所控制，并且具有一定经济价值的物质对象。物是民事法律关系的重要客体，大量民事法律关系的客体都是物。如物权法律关系的客体、遗产继承法律关系的客体。应当强调的是《民法典》总则编第 127 条规定："法律对数据、网络虚拟财产的保护有规定的，依照其规定。"这是我国民法基本法第一次对网络虚拟财产的概念作出规定，可以看出，立法实际上确认了网络虚拟财产是网络时代的虚拟物，可以建立所有权，从而肯定网络虚拟财产是物权客体。《民法总则》这样规定网络虚拟财产，增加了物权客体即物的种类，为网络企业和网络用户的虚拟财产提供了物权保障，为网络交易平台服务法律关系提供了物质基础的法律保障，同时也为网络虚拟财产的继承提供了法律保障，因而具有重要的社会价值。[1]

2. 行为。行为是指民事主体有目的、有意识的活动（包括作为和不作为）。行为主要是债的法律关系的客体，如在保管合同中，保管人对被保管的财产妥善保管的行为，就是保管合同的客体。需要注意的是，在以行为为客体的法律关系中，行为在很多情况下涉及物，如保管行为指向的保管物、加工承揽行为指向的定做物等，上述这些物只是债务人履行义务的行为所涉及的物，通常被称为标的物，而不是法律关系的客体。

3. 智力成果。智力成果是指人类通过脑力劳动所创造的精神财富，也可以作为民事法律关系的客体。智力成果是知识产权法律关系的客体。

4. 人身利益。人身利益又称精神利益或非物质利益，是民事主体因享有人身权而获得的各种无形利益。如生命、健康、自由、荣誉等，人身利益是人身权民事法律关系的客体。

此外，某些权利也可以成为民事法律关系的客体，如国有土地使用权可以作为抵押权法律关系的客体。

第三节　民事法律关系的客体——物

一、物的概念和特征

（一）物的概念

民法上的物，是指能够满足人的某种需要，可以为人所控制，并且具有一定经

---

[1] 杨立新："民法总则规定网络虚拟财产的含义及重要价值"，载《东方法学》2017 年第 3 期。

济价值的财产。作为民事法律关系客体的物是十分广泛的，它既可以是天然物，也可以是劳动创造的物，但民法上的物又与一般意义上的物不同，它不仅应具有物质属性，而且应具有法律属性。

（二）物的特征

1. 物存在于人身之外。民法上的物是民事权利的客体之一，人类虽然也是动物的一种，但人是享有独立人格的民事主体，所以不能把人作为法律关系的客体，能作为法律关系客体的物只能是存在于人身之外的物。实践中，人身的组成部分如果与人体脱离，则可以成为法律关系的客体，如捐赠血液、器官等。此外，人死亡之后已无生命，主体资格已消灭，所以尸体可以成为物，如捐赠遗体用于医疗事业。

2. 物能够满足人们社会生活的需要。民法上的物须具有可使用性，即具有价值和使用价值，物只有具有一定的经济价值，能够满足人们的社会生活需要，人们才希望占有它，才会为此建立一定的法律关系。不能满足人们社会生活需要的物，在法律上没有意义。

3. 物能够为人力所实际控制或支配。民事法律关系是民事主体基于一定目的而建立的社会关系，如取得某项财产或转让某项财产，因此，只有能为人所控制或支配的物，人们才能按其意思通过建立一定的民事法律关系来对其进行处分，才能以物为客体建立各种权利、义务关系。

二、物的分类

（一）动产与不动产

根据物能否移动或移动是否会损害其价值，物可分为动产与不动产。

动产，是指能够移动并且移动后不会改变其用途或降低其价值的物。不动产，是指不能移动或移动后会损害其效用或降低其价值的物。不动产主要包括土地、附着于土地的建筑物及其他定着物。不动产之外的其他物为动产。另外，在法律上各种可以支配的自然力，也属于动产。[1]

区分的意义在于：①法律调整的原则不同。动产的交易，其权利变动一般以交付为要件；不动产交易，其权利变动则以登记为要件。②诉讼管辖不同。按《民事诉讼法》的规定，因不动产提起的诉讼，一般由不动产所在地法院专属管辖；而动产涉及的诉讼，则按普通管辖规则确定。③涉外继承的法律适用不同。动产一般适用被继承人住所地法律，不动产则适用不动产所在地法律。

（二）流通物与限制流通物

根据物在流通中是否受限制及受限制的程度，物可分为流通物与限制流通物。

流通物，是指法律允许在民事主体之间自由流转的物。限制流通物，是指法律对其流转给予一定程度的限制或者禁止私相转让的物。我国法律根据物的属性以及它对生产、生活的影响程度，规定下列物分别为禁止流通物和限制流通物，其中：

---

〔1〕　杨立新：《民法总则》，法律出版社2013年版，第214页。

专属于国家的财产（如矿藏、水流、海域）、假币、淫秽物品、毒品等为禁止流通物；金、银、文物、麻醉品等为限制流通物，其他法律未作限制流通或禁止流通规定的，则为流通物。

区分的意义在于：正确确定法律关系的主体及客体的合法性。流通物由于可以自由流通，所以民事主体可按其意思依法进行交易；而限制流通物由于只能在特定的范围内流转，所以只有具有一定主体资格的民事主体才能进行交易，否则无效；禁止流通物则不能作为交易的标的物。

（三）特定物与种类物

依据物是否具有单独特征或是否被权利人指定而特定化，物可分为特定物与种类物。

特定物，是指具有单独特征或被权利人指定而特定化，不能由其他物代替的物。包括在一定条件下独一无二的物以及从一类物中因民事主体的行为而特定化的物。种类物，是指具有共同特征，可以用度量衡加以确定的物。特定物与种类物的区分不是绝对的，种类物经过主体一定的行为，也可以转化为特定物。

区分的意义在于：①标的物意外灭失的法律后果不同。标的物为特定物，如在交付前灭失，债权人不得要求债务人实际履行，而只能要求赔偿损失；如标的物为种类物，出现交付前灭失的情形，债权人仍可以要求债务人继续履行或要求赔偿损失。②不同法律关系对标的物的要求不同，有些法律关系的标的物只能是特定物，如租赁合同、借用合同；有些法律关系的标的物既可以是特定物也可以是种类物，如买卖合同、赠与合同。

（四）可分物与不可分物

依据物能否分割及分割是否会损害其效用，物可分为可分物与不可分物。

可分物，是指能分割并且分割后不会损害其效用的物，如货币。不可分物，是指不能分割或分割将会损害其效用的物，如一台电视机。

区分的意义在于：正确确定分割共有财产的方式。当共有财产为可分物时，则可以采用实物分割的方法进行分割；当共有财产为不可分物时，则只能采用变价分割或作价补偿的方法进行分割。

（五）主物与从物

依据物在共同使用时的地位不同，物可分为主物与从物。主物与从物本身都是独立的物，只有在合并使用的情况下，才会有主物与从物之分。

主物，是指在必须结合使用才能发挥效用的两个独立物中起主要作用的物。从物，是指两个独立物结合使用时处于附属地位，起辅助作用的物。由于从物本身也是独立物，只有在依附于主物使用时才具有从物的属性，因此，在判断某物是否为从物时，应考虑以下因素：①从物须有独立性，不是主物的组成部分，如汽车与其轮胎就不构成主物与从物的关系；②从物与主物应同属于一个主体，如分别属于不同的主体，则不构成主物与从物的关系，如甲的汽车和乙的拖斗就不构成主物与从物的关系；③从物的效用必须是辅助性的，且具有一定的稳定性，否则也不构成主物与从物的关系。

区分的意义在于：正确确定主物转让时从物的归属。一般情况下，主物所有人处分主物时，效力及于从物，即主物所有权转移，则从物的所有权也随之转移。在当事人没有特别约定的情况下，因主物不符合要求而解除合同的，其效力及于从物，但反之不适用。

（六）原物与孳息

依据物相互之间是否有产出关系，物可分为原物和孳息。

原物，是指依照法律规定或依物的自然属性能够产生收益的物。孳息，是指因物或权益而产生的收益。孳息分为天然孳息和法定孳息，天然孳息是指依照物的自然性质而产生的收益，如果树结的果实。法定孳息是指依照法律规定而产生的收益，如租金、利息、股息。

区分的意义在于：正确确定孳息的归属。《民法典》第 321 条规定："天然孳息，由所有权人取得；既有所有权人又有用益物权人的，由用益物权人取得。当事人另有约定的，按照约定。法定孳息，当事人有约定的，按照约定取得；没有约定或者约定不明确的，按照交易习惯取得。"同时，《民法典》第 630 条规定："标的物在交付之前产生的孳息，归出卖人所有；交付之后产生的孳息，归买受人所有。但是，当事人另有约定的除外。"实践中，如果行为人非法占有他人财产，返还时应将原物和原物所生孳息一并返还，而不能留置孳息。

（七）单一物、合成物与集合物

依据物的构成状况不同，物可分为单一物、合成物与集合物。

单一物，是指独立成一体的物，如一枚金戒指。合成物，是指由数个单一物构成的物，其构成部分虽能识别，但在观念上将其视为一物，如嵌有钻石的戒指。集合物，是指由多个单一物或合成物聚合而成的物的总体，如一个企业的所有财产。

区分的意义在于：正确确定权利客体的范围。一般情况下，单一物、合成物的权利应存在于物的全部，物的部分不能成为权利客体；而集合物，既可以在其整体之上设定权利，如对企业法人实施整体拍卖，也可以在其中的部分物上设定权利，如单独转让企业法人的设备或单独转让某间厂房、店面等。

第四节　民事法律事实

一、民事法律事实概述

（一）民事法律事实的概念

民事法律事实，是指符合民法规范，能够引起民事法律关系发生、变更或者消灭的客观现象。任何民事法律关系都有一个发生、变更、终止的过程，而这种变动的过程，都须有一定的原因，这种原因就是民事法律事实。

（二）民事法律事实的特征

1. 民事法律事实是一种客观现象，具有客观性。民事法律关系是由民法规范调整而形成的，但民法规范本身并不能直接引起民事法律关系的发生、变更与消灭，只有一定的客观现象的出现，才能引起民法所调整的财产关系和人身关系的变动，这种客观现象在民法学上称为民事法律事实。

2. 民事法律事实是民法规范规定的能够引起民事法律后果的客观现象，具有法定性。虽然民事法律事实是一种客观现象，但并不是一切客观现象均能够成为民事法律事实，只有那些被民法规范规定的，能够引起民事法律关系产生、变更或消灭的客观现象，才是民事法律事实。

二、民事法律事实的分类

民事法律事实依据其是否与当事人的意志有关，分为自然事实和人的行为两大类。

（一）自然事实

自然事实，是指与人的意志无关的，能够引起民事法律关系产生、变更或消灭的客观现象。自然事实又可分为事件和状态。

事件，是指某种偶发的客观现象。常见的事件有：①人的出生、死亡的事实，它能够引起民事主体资格的产生和消灭、继承法律关系的发生等。②发生自然灾害和意外事故的事实，如地震、洪水、战争等，它能够引起合同关系的变更、解除以及免除民事责任等法律后果。

状态，是指某种客观现象的持续。如时间经过的法律事实，它可以引起一定的请求权的发生或消灭；生死不明的事实，它可以引起宣告失踪或宣告死亡的法律后果。

（二）人的行为

人的行为，是指与人的意志有关的，能够引起民事法律关系发生、变更或消灭的客观现象。无意识的活动，如人在睡梦中或昏迷状态下的动作不属于行为。一般来说，人们通过意思表示设立、变更、终止民事法律关系的行为即民事法律行为，是最主要的民事法律事实。但有时行为人实施的一定行为，一旦符合了法律的构成要件，不管当事人主观上是否有确立、变更或消灭某一民事法律关系的意思，都会基于法律的规定，产生一定的民事法律效果，此种行为称为事实行为，如拾得遗失物、发现埋藏物。事实行为也属于人的行为，也是民事法律事实。

行为依其合法与否可分为合法行为与违法行为。凡是符合法律规定或为国家法律所认可的行为就是合法行为，如订立合同，立遗嘱等；凡是违反法律规定，侵犯他人合法权益，依法应当承担民事责任的行为就是违法行为，如侵权行为、违约行为等。

此外，有关民事方面的行政行为、司法行为（如生效的判决、裁定），也是一种法律事实，也可以引起一定的民事法律关系的发生、变更或消灭。

三、民事法律事实的构成

民事法律事实的构成，是指引起民事法律关系发生、变更或消灭的几个法律事实的总和。如遗嘱继承法律关系的发生，须由被继承人死亡的事实、被继承人留有合法有效遗嘱的事实，以及继承人表示接受继承的事实共同构成。

一般情况下，一个法律事实足以构成一个民事法律关系发生、变更或消灭的原因，但在有些情况下，一个民事法律关系的变动，需要有两个或更多的民事法律事实作为原因。因此，当后一种情况出现时，该种法律关系就必须等所有的民事法律事实全部出现，才会有相应的变动，如果仅有部分法律事实出现，就不能发生变动的后果。

第五节　民事权利

一、民事权利的概念

一般认为，民事权利是指民事法律规范赋予民事主体满足其利益的法律手段。这一概念包括以下三层含义：①民事权利是权利人依法直接享有某种利益或自己实施一定行为的可能性；②民事权利是权利人请求他人为一定行为或不为一定行为，以满足自己利益的可能性；③民事权利是权利人在其利益受到侵害时，请求有关国家机关保护的可能性。

二、民事权利的分类

（一）人身权与财产权

根据是否以财产利益为内容，民事权利分为人身权与财产权。

人身权，是指以人身利益为内容，不具有直接的财产利益，与权利主体人身不可分离的权利。人身权具有人身依附性，一般不能转让或放弃，受到侵害时也主要以非财产的责任方式予以救济。人身权主要有人格权和身份权。

财产权，是指以财产利益为内容的权利。财产权不具有人身依附性，因此，权利主体可依其意思转让或放弃其享有的财产权。当财产权受到侵害时须以财产责任的方式予以救济。财产权主要包括物权和债权。

（二）支配权、请求权、形成权、抗辩权

根据作用的不同，民事权利分为支配权、请求权、形成权、抗辩权。

支配权，是指权利人可以自己直接支配其权利客体并有权排除他人妨碍其支配的权利。物权、知识产权、人格权属于支配权。支配权的特点是：一方面，权利人可以自己直接支配其权利客体，不需要他人的协助；另一方面，权利人有权禁止他人妨碍其对客体的支配。

请求权，是指权利人有权要求他人为一定行为或不为一定行为的权利。债权是最典型的请求权。请求权的特点是：权利人权利的实现必须依赖特定的义务人的行为，即通过义务人为一定行为或不为一定行为，权利人的权利才能实现。

形成权，是指权利人依自己单方的意思表示，使民事法律关系发生、变更或消灭的权利。如追认权、选择权、撤销权等都属于形成权。形成权的特点是：权利主体作出单方的意思表示后，就产生相应的法律后果，不需要对方相应的行为和表示。

抗辩权，是指对抗他人行使权利的权利。抗辩权的作用在于阻止请求权的效力，从而使抗辩权人能够在一定条件下拒绝向其债权人履行义务，但债权人的权利并不因此而消灭。抗辩权分为永久性抗辩权和延期性抗辩权，前者如诉讼时效期间届满的抗辩，后者如双务合同履行中的同时履行抗辩权等。

（三）绝对权与相对权

根据效力范围的不同，民事权利分为绝对权与相对权。

绝对权，是指效力及于一切人的权利。其权利主体是特定的人，义务主体是不特定的一切人，所以绝对权又称对世权。绝对权的特点是：权利人可向任何人主张权利，并且权利人的权利一般不需要通过义务主体的作为就可以实现，义务主体只要不实施妨碍权利主体实现权利的行为即可。物权、人格权、知识产权、继承权等属于绝对权。

相对权，是指其效力仅及于特定人的权利。相对权的权利主体和义务主体均是特定的人，所以相对权又称对人权。相对权的特点是：权利人只能向特定的义务人主张权利，并且权利人的权利须借助义务人为一定行为或不为一定行为才能实现。债权、身份权为相对权。

（四）主权利与从权利

根据权利之间是否有依存关系，民事权利分为主权利与从权利。

主权利，是指在两项有关联的权利中，不依赖另一权利可以独立存在的权利；从权利，是指在两项有关联的权利中，其效力受另一权利制约的权利。如某一借款合同的债权人享有抵押权，则该债权人享有的债权为主权利，而其同时享有的抵押权即为从权利。主权利与从权利的关系是：主权利存在从权利才能存在，主权利消灭，从权利同时消灭，并且从权利不能与主权利分离而单独转让。

（五）既得权与期待权

根据是否已完全具备成立要件，民事权利分为既得权与期待权。

既得权，是指其成立要件已全部实现的权利。一般民事权利，如物权、债权、人身权等都是既得权；期待权，是指其成立要件尚未全部实现，将来有可能会实现，也有可能不会实现的权利。如保险合同中受益人的权利就是期待权。

三、民事权利的行使和保护

（一）民事权利的行使

1. 民事权利行使的概念。民事权利的行使，是指权利人为实现自己的权利而实施的一定行为。权利的行使是权利人实现其权利的过程，其结果是权利实现，从而满足了自身的需要。

2. 民事权利行使的方式。民事权利行使的方式通常有两种，一是事实方式，二是法律方式。前者是指权利人通过一定的事实行为行使权利，如占有所有物、消费所有物、在自己的产品上使用自己的商标等。后者是指权利人通过民事法律行为行使权利，如出租房屋、转让专利权等。

3. 民事权利行使的限制。民事权利是一种私权，因此，其权利的行使一般由权利人按自己的意思决定。但任何权利的行使都不是毫无限制的，民事权利的主体也应在法律规定的范围内正当地行使其权利，不得滥用民事权利损害国家利益、社会公共利益或者他人合法权益，否则将会承担不利后果。

（二）民事权利的保护

1. 民事权利保护的概念。民事权利的保护是指权利人的民事权利受到侵害时，用民事保护方法，防止或减少权利所受到的侵害或使受到侵害的权利得到恢复。

2. 民事权利的保护方法。民事权利的保护方法有公力救济和私力救济两种：

公力救济，是指当民事权利受到侵害时，权利主体请求国家机关通过法定程序予以保护。公力救济是最主要的保护民事权利的方法，其最常见的方式就是通过诉讼来保护民事权利。

私力救济，是指民事权利受到侵害时，民事主体自己采取必要的措施保护其权利。私力救济只有在情况紧急，来不及采取公力救济的情况下，才可以采用，并且所采取的手段要适当，不能超过必要限度。正当防卫、紧急避险、行使留置权等都属于私力救济行为。

第六节　民事义务和民事责任

一、民事义务

（一）民事义务的概念

民事义务，是指义务主体为满足权利人的利益需要，在法律规定或当事人约定的范围内，为一定行为或不为一定行为的必要性。义务的特征在于其约束性和限定性，一方面，义务主体必须依据法律规定或合同约定为一定行为或不为一定行为，没有选择的自由；另一方面，义务人的义务仅限于一定范围，对于超出法定或约定范围的请求权，义务人有权拒绝。

（二）民事义务的分类

民事权利与民事义务相对应，有关民事权利的分类一般也可应用于民事义务的分类，因此，以下仅就民事权利分类未涉及的类型进行分类。

1. 法定义务与约定义务。根据民事义务的发生原因不同，可将其分为法定义务与约定义务。法定义务，是指直接根据法律规定而产生的义务，如民事主体的合法民事权利不得侵犯即为法定义务；约定义务，是指由当事人自行协商而确定的义务，如合同中债务人一方的义务即为约定义务。

2. 积极义务与消极义务。根据义务人行为的方式不同，可将民事义务分为积极义务与消极义务。积极义务又称作为义务，是指义务人应作出一定积极行为的义务（即为一定行为的义务），如买卖合同中的交付货物、支付价款等义务；消极义务又称不作为义务，是指义务人须不为一定行为（即不作为）的义务，如不泄露他人商业秘密的义务。

3. 专属义务与非专属义务。根据义务对义务人的依附性，可将民事义务分为专属义务与非专属义务。专属义务，是指义务人不得移转给他人代为履行的义务，如委托合同中受托人的义务；非专属义务，是指义务人可以移转给他人代为履行的义务，如买卖合同中支付价款的义务。

二、民事责任

（一）民事责任的概念和特征

民事责任属于法律责任的一种，是指民事主体因违反民事义务依法应承担的民事法律后果。它是一种由民法规范规定的，对民事违法行为人所采取的以恢复被损害的权利为目的，并与一定的民事制裁措施相联系的国家强制形式。民事责任与其他法律责任相比，有以下特征：

1. 民事责任以民事主体违反民事义务侵害他人的合法民事权益为前提。《民法典》第176条规定："民事主体依照法律规定或者按照当事人约定，履行民事义务，承担民事责任。"这一规定说明，发生民事责任，要以存在法律规定或当事人约定的民事义务为前提。但这并不等于说凡负有义务就必然产生民事责任，只有当事人负有义务并且没有履行义务，从而使他人的合法民事权益受到侵害的，才会产生民事责任。没有义务便不会产生民事责任，同时虽有义务，但义务人履行了义务，也不会发生民事责任。

2. 民事责任以恢复被侵害的权利为目的，具有补偿性。民事责任的主要功能就是通过强制义务人履行义务，使权利主体被损害的权利得到恢复，使受害人得到相应的补偿。因此，民事责任实际上就是一方当事人对另一方当事人的损失进行补偿的责任，一般不具有惩罚性。

3. 民事责任可以由当事人在法律允许的范围内协商。民法是私法，贯彻平等、自愿原则。因此，民事责任是否需要追究取决于民事权利主体的意思，法院一般不主动追究行为人的民事责任。同时，在民事责任的具体承担方式上，也给予当事人协商的自由和空间，如《民法典》第585条第1款规定："当事人可以约定一方违约时应当根据违约情况向对方支付一定数额的违约金，也可以约定因违约产生的损失赔偿额的计算方法。"另外，当事人还可以约定免责条件。当然，当事人上述协商的内容，不得超出法律允许的范围。

4. 民事责任主要是一种财产责任。民事责任以财产责任为主，这是由民法的任务和调整对象决定的，民法以平等主体间的财产关系和人身关系为其调整对象。因此，在民事主体的财产权受到侵害时，被侵权人所受的财产损失当然应以财产责任的方式来弥补，即便是民事主体的人身权受到侵害，当今各国也普遍承认精神损害物质赔偿的方式。可见，民事责任是一种以财产责任为主，以非财产责任为辅的责任体系。

（二）民事责任的分类

民事责任根据不同的标准，有以下几种分类：

1. 合同责任与非合同责任。根据民事责任的产生原因不同，可将其分为合同责任与非合同责任。合同责任，是指因违反合同当事人约定的义务或违反合同法规定的义务而产生的责任；非合同责任，是指非因合同关系所产生的民事责任，即合同责任之外的违反其他法定义务的民事责任，如侵权民事责任等。

2. 财产责任与非财产责任。根据民事责任的内容是否为财产给付，可将其分为财产责任和非财产责任。财产责任是指直接以一定财产的给付为内容的民事责任，如赔偿损失、支付违约金等；非财产责任是指不以财产给付为内容的民事责任，如赔礼道歉、消除影响、恢复名誉等。一般来说，财产损害产生财产责任，人身损害则主要产生非财产责任，但在一定条件下，侵害人身权也可以产生财产责任。

3. 单方责任与双方责任。根据责任是否由双方过错引起，民事责任可分为单方责任和双方责任。单方责任又称单方过错责任，是指基于一方的过错原因而发生应当由一方当事人承担的责任。在单方责任中，承担责任一方可以是一人，也可以是多人，所以单方责任不同于单独责任，后者是一人责任；双方责任，又称混合责任，是指当事人双方对损害后果均有过错，各自依其过错程度承担民事责任。双方责任通常为过错责任，因此责任的大小往往依据过错的程度来进行分配。如《民法典》第1173条规定："被侵权人对同一损害的发生或者扩大有过错的，可以减轻侵权人的责任。"

4. 按份责任、连带责任与补充责任。当责任人为二人以上时，根据责任人之间的关系不同，可分为按份责任、连带责任和补充责任。按份责任，是指在责任人为多人的情况下，各责任人按照一定的份额各自分别向债权人承担民事责任，各责任人之间无连带关系。即某一责任人承担了自己的份额后，其他人是否承担了各自的责任，与其无关。实践中，凡法律没有直接规定或者当事人没有明确约定责任种类的情况下，都适用按份责任。连带责任，是指责任人为多人时，每个人都负有清偿全部债务的责任，各责任人相互之间有连带关系。在连带责任中，每个责任人都负有对外不分份额、不分先后次序地根据权利人的请求，承担全部或部分义务的责任。当然，承担了超过自己应当承担份额的责任人有权向其他责任人行使追偿权。连带责任的承担，必须有法律的明确规定或当事人事先作出的约定为前提。补充责任，是指在应当承担赔偿责任的责任人自己的财产不足以给付时，由与其有关的人依法对不足部分予以补充的责任。《民法典》第1188条第2款规定："有财产的无民事行为能力人、限制民事行为能力人造成他人损害的，从本人财产中支付赔偿费用；不足部分，由监护人赔偿。"

5. 有限责任与无限责任。根据责任人承担责任的财产范围不同，民事责任可分为有限责任和无限责任。有限责任，是指责任人仅以其一定限额的财产承担责任。如法人的出资人仅以其出资为限对法人债务承担责任。无限责任，是指责任人要以其全部财产来承担的责任。如合伙企业的普通合伙人应以其个人或家庭的全部财产来清偿合伙债务。民事责任以无限责任为原则，以有限责任为例外，有限责任适用于法律有特别规定的场合。

思考题

1. 简述民事法律关系的概念和特征。
2. 民事权利有哪些基本分类？掌握各种分类所涉及的相关概念。
3. 什么是民事法律事实？掌握民事法律事实的类型。
4. 理解民法上的物的概念和特征。掌握各种具体分类涉及的概念。
5. 举例说明民事法律关系的三要素。

实务训练

（一）示范案例

案情：甲属于完全不能辨认自己行为的精神病人。某日，甲将其家人从银行刚取回的 1 万元人民币现金偷偷带到闹市区向路边撒去。试分析该事实的性质如何。

分析：本案例中，甲为完全不能辨认自己行为的精神病人，不具有意思能力，抛弃钱币的事实不是其意思表示行为。因此，该事实应定性为事件，该事件产生的法律后果是：其抛弃行为无效，拾得人不能基于先占的事实取得钱款的所有权，应向精神病人的监护人返还拾得的钱款。

（二）习作案例

1. 某厂司机开车不慎撞伤某甲，甲经抢救无效死亡。为此，某厂赔偿甲家属 30 万元。甲家属料理了后事并分割了甲的遗产。

就以上情节，试分析：

（1）上例中有几个民事法律关系？

（2）引起每个民事法律关系发生的法律事实是什么？

（3）每个民事法律关系的主体、内容、客体是什么？

2. 田某有一套带有院子的独栋别墅，院落中有一对田某专门请人定制的镇宅石象。田某将此房出售给赵某，并签订了买卖合同，合同对石象未进行约定。在办理了房屋过户登记手续后准备交付房屋时，田某欲将石象带走，赵某不同意并进行阻拦，赵某认为其支付的房款中当然包含了石象的价款。双方争执不下，遂诉至法院。

请问该案应如何处理，为什么？

3. 甲公司因转产需要，将厂房和机器设备转让给乙公司，双方协议厂房作价 5000 万元，设备作价 2000 万元，签订了合同。合同签订后，甲、乙对财产进行了清点，并办理了交接手续。但就厂房的转让一直未办理登记过户手续。后丙公司知道甲公司转让事宜，提出愿意出价 7500 万元购买该厂房和设备。甲公司认为自己吃亏，便以厂房和设备未办理过户登记手续为由，主张与乙的合同无效。为此引起纠纷。

　　本案中，甲的主张是否能得到支持？为什么？

模块二　民事主体

第三章

自然人

学习目标与工作任务

通过本章学习，要求掌握自然人的概念、自然人的主体地位及自然人的民事权利能力和民事行为能力；了解自然人住所的确定以及住所的法律意义；理解宣告失踪和宣告死亡制度设置的意义及法定程序；熟悉监护制度，能熟练地运用法律的相关规定解决实际问题。

导入案例

13 岁的初中学生小孙，一天在放学路上看到某超市正在进行有奖销售，消费 10 元即可得到一张奖券，最高奖为一部价值 4800 元的手机。小孙随即买了一盒 12 元的水彩笔，领取到一张奖券，现场刮奖，小孙所持奖券中了最高奖。小孙领取奖品时却遭到超市拒绝，理由是小孙是初中生尚未成年，其购买水彩笔的行为无效，因此其无权领取奖品。

本案知识点：民事行为能力的概念；民事行为能力的划分和认定。

第一节　自然人的民事权利能力

一、自然人和公民

自然人是基于自然生理规律出生，具有自然生命的人；公民是指具有一国国籍的自然人。我国《宪法》规定，凡具有我国国籍的人都是"中华人民共和国公民"。自然人与公民既有联系，也有区别，凡是公民，均为自然人，但自然人不仅包括本国公民，而且还包括外国人和无国籍人。在我国的民事主体中，不仅仅是我国公民，外国人和无国籍人依法也可以从事民事活动，成为我国的民事主体[1]。1986 年的《民法通则》使用"公民（自然人）"的概念，将公民等同于自然人。而《民法

---

〔1〕　刘心稳主编：《中国民法》，中国政法大学出版社 2012 年版，第 20 页。

典》则直接使用"自然人"。

二、自然人的民事权利能力

（一）自然人民事权利能力的概念

自然人的民事权利能力，是指法律赋予自然人享有民事权利和承担民事义务的资格。传统民法学认为，权利能力是人格的别称[1]。具有民事权利能力的人才享有法律上的人格，才能成为独立的民事主体，才能享有某项具体的民事权利和承担某项具体的民事义务。民事权利能力是自然人民事能力的重要组成部分，也是自然人其他民事能力的前提和基础。

（二）自然人民事权利能力的特征

自然人民事权利能力的特征表现在以下几个方面：

1. 平等性。《民法典》第 14 条规定："自然人的民事权利能力一律平等。"这就是说，在我国，自然人不分男女老少，无论职位高低、财产多少，均有平等的民事权利能力，非依法律规定，不得对自然人的民事权利能力加以限制和剥夺。

2. 广泛性。广泛性是指自然人享有广泛的民事权利能力，其内容涉及自然人生存和发展的一切方面。如自然人既可以依法取得物权和债权，也可以依法直接享有生命权、健康权、肖像权等人格权，还可以依据一定法律关系享有配偶权、亲权、亲属权等身份权。

3. 不可转让性。自然人的民事权利能力是法律赋予的，而不是依个人意志取得的，它与自然人的人身具有不可分离性，每个自然人从出生到死亡均享有民事权利能力。因此，任何转让或放弃民事权利能力的行为，在法律上都是无效的。

（三）自然人民事权利能力的开始

《民法典》第 13 条规定："自然人从出生时起到死亡时止，具有民事权利能力，依法享有民事权利，承担民事义务。"可见，自然人的民事权利能力始于出生。

自然人出生的认定。理论上有多种观点，如"阵痛说""露出说""初声说""独立呼吸说"等。一般认为，出生应具备两个要件，一为"出"，二为"生"。按照当代医学公认的出生标准，民事实践中通常认为，胎儿脱离母体并能独立呼吸就有了独立的生命。可见，我国采纳的是独立呼吸说的标准。

（四）胎儿利益的保护

自然人的民事权利能力始于出生，胎儿既然没有出生，当然也就不可能具有民事权利能力。但考虑到胎儿出生后即为婴儿的事实，为了保护胎儿的利益，民法实行预先保护主义。为此《民法典》第 16 条规定："涉及遗产继承、接受赠与等胎儿利益保护的，胎儿视为具有民事权利能力。但是，胎儿娩出时为死体的，其民事权利能力自始不存在。"这一规定既坚持了民事权利能力始于出生的原则，又对胎儿的利益给予了适当的保护。

---

〔1〕　梅仲协：《民法要义》，中国政法大学出版社 1998 年版，第 53 页。

（五）自然人民事权利能力的终止

《民法典》第 13 条规定，自然人的民事权利能力终止于死亡。死亡是导致自然人民事权利能力消灭的法律事实，死亡分为自然死亡和宣告死亡。《民法典》第 49 条规定："自然人被宣告死亡但是并未死亡的，不影响该自然人在被宣告死亡期间实施的民事法律行为的效力。"所以，一般认为，导致民事权利能力终止的原因，仅限于生理死亡。

自然人生理死亡的认定。生理死亡是自然人生命的终结，生理死亡的认定也有多种观点，如"脉搏停止说""呼吸停止说""心跳停止说""脑死亡说"等。生理死亡的认定，通常应以医学上确定的状态为准。目前我国一般是以呼吸和心脏鼓动均告停止作为认定自然人生理死亡的标准。

（六）自然人出生时间和死亡时间的确定

由于自然人出生和死亡的时间关系到其民事主体资格何时产生、何时终止，其参与的民事法律关系何时开始、何时终止及遗产继承的开始时间等问题。因而，自然人出生时间以及生理死亡时间的确认就显得尤为重要。《民法典》第 15 条规定："自然人的出生时间和死亡时间，以出生证明、死亡证明记载的时间为准；没有出生证明、死亡证明的，以户籍登记或者其他有效身份登记记载的时间为准。有其他证据足以推翻以上记载时间的，以该证据证明的时间为准。"

另外，相互有继承关系的数人在同一事件中死亡，难以确定死亡时间的，推定没有其他继承人的人先死亡。都有其他继承人，辈份不同的，推定长辈先死亡；辈份相同的，推定同时死亡，相互不发生继承。

第二节 自然人的民事行为能力

一、自然人民事行为能力概述

（一）自然人民事行为能力的概念

自然人的民事行为能力，是指自然人能够以自己的独立行为参与民事法律关系，取得民事权利和承担民事义务的资格。自然人的行为能力不仅包括其实施合法行为的能力，而且也包括其对违法行为承担责任的能力。

（二）自然人民事权利能力与民事行为能力的关系

自然人民事权利能力与民事行为能力都是由法律赋予的一种资格，非依法律规定，任何人都不得对其加以限制或剥夺，但二者又是有区别的：①民事权利能力是每一个自然人都具备的享有权利承担义务的资格。而民事行为能力则是自然人通过自己独立的行为取得权利承担义务的资格，这种资格并非每个自然人都能具备。②自然人民事权利能力始于出生，终于死亡；而自然人的行为能力却受到年龄、智力的限制，即自然人须达到一定年龄，并且智力正常才能取得行为能力。虽然民事权利能力与民事行为能力是两种不同的资格，但这两种资格又互为因果，相互联系。

具体来说，民事权利能力是民事行为能力的前提和基础，而民事行为能力则是民事权利能力得以实现的手段。所以，自然人有民事行为能力的则必然有民事权利能力，但有民事权利能力的不一定有民事行为能力。

（三）自然人民事行为能力确定的依据

自然人要具备民事行为能力，就必须有正确认识事物和判断事物的能力。而自然人是否有认识能力和判断能力，一方面取决于年龄，即随着年龄的增长所积累的经验，达到一定年龄，则通常认为其具有一定社会经验，从而具有了相应的判断能力。另一方面，则取决于其精神健康状况，只有具备正常精神状况的自然人，才能有正确的判断能力。所以，自然人的行为能力取决于年龄和智力。

二、自然人民事行为能力的划分

我国民法典根据自然人的年龄、智力，将自然人的民事行为能力划分为完全民事行为能力、限制民事行为能力和无民事行为能力三种。

（一）完全民事行为能力

完全民事行为能力，是指自然人能够通过自己独立的行为行使民事权利，履行民事义务的能力。完全民事行为能力人包括以下两类：

《民法典》第18条第1款规定："成年人为完全民事行为能力人，可以独立实施民事法律行为。"这一规定，是18周岁以上的自然人，即成年人具有完全民事行为能力的法律依据。该条第2款又规定："16周岁以上的未成年人，以自己的劳动收入为主要生活来源的，视为完全民事行为能力人。"所谓"以自己的劳动收入为主要生活来源"，是指16周岁以上、不满18周岁的自然人，能够以自己的劳动取得收入，并能维持当地群众一般生活水平。

（二）限制民事行为能力

限制民事行为能力又称部分民事行为能力，是指自然人在一定范围内具有民事行为能力，超出一定范围，便不具有相应的民事行为能力。限制民事行为能力人包括两类：

《民法典》第19条规定："8周岁以上的未成年人为限制民事行为能力人，实施民事法律行为由其法定代理人代理或者经其法定代理人同意、追认，但是可以独立实施纯获利益的民事法律行为或者与其年龄、智力相适应的民事法律行为。"

《民法典》第22条规定："不能完全辨认自己行为的成年人为限制民事行为能力人，实施民事法律行为由其法定代理人代理或者经其法定代理人同意、追认，但是，可以独立实施纯获利益的民事法律行为或者与其智力、精神健康状况相适应的民事法律行为。"可见，不能完全辨认自己行为的成年人，也是限制民事行为能力的人，可以进行与其智力和精神健康状况相适应的民事活动。

需要说明的是，对限制民事行为能力人的行为范围进行限制，完全是为了保护他们的合法权益，以免其在缺乏相应的认识能力和判断能力的情况下，实施对自己不利的行为。所以《民法典》规定，纯获利益的行为由于对限制民事行为能力人本人有利而又不会影响他人的利益及社会公共利益，所以限制民事行为能力人可以独立实施上述行为，不论其标的金额的大小，都应该是有效的。

（三）无民事行为能力

无民事行为能力，是指自然人不具有以自己的行为取得民事权利和承担民事义务的能力。无民事行为能力人也包括两类：

《民法典》第 20 条规定："不满 8 周岁的未成年人为无民事行为能力人，由其法定代理人代理实施民事法律行为。"

《民法典》第 21 条规定："不能辨认自己行为的成年人为无民事行为能力人，由其法定代理人代理实施民事法律行为。8 周岁以上的未成年人不能辨认自己行为的，适用前款规定。"该类人由于其完全不具有认识能力和判断能力，从保护其利益出发，法律规定其为无民事行为能力人，不能独立进行民事活动。这一类人的民事活动应由他的法定代理人代理进行。

（四）成年精神病人（包括痴呆症人）行为能力的认定及宣告

理论上讲，自然人满一定年龄就应具有相应的民事行为能力，但实际情况是，有的自然人虽已成年，却因精神健康状况而不具有相应的认识能力和判断能力，因而也就不具有相应的行为能力。实践中应如何判断或证明行为人在进行某种行为时是否具有相应的行为能力，《民法典》第 24 条作了相应的规定，其中第 1 款规定："不能辨认或者不能完全辨认自己行为的成年人，其利害关系人或者有关组织，可以向人民法院申请认定该成年人为无民事行为能力人或者限制民事行为能力人。"通过法院认定，可以事先明确精神病人的认识能力和判断能力，有利于相对人作出正确判断，从而维护交易安全，也有利于正确处理相关纠纷。同时，该条第 2 款又规定："被人民法院认定为无民事行为能力人或者限制民事行为能力人的，经本人、利害关系人或者有关组织申请，人民法院可以根据其智力、精神健康恢复的状况，认定该成年人恢复为限制民事行为能力人或者完全民事行为能力人。"由于精神病是可以治愈的，所以不能辨认自己行为的精神病人，如果通过治疗，部分或全部恢复了认识能力和判断能力，经由本人、利害关系人或有关组织提出申请，法院可以认定该成年人为限制民事行为能力人或者完全民事行为能力人。

第三节　监护制度

一、监护制度概述

（一）监护的概念

监护，是指对无民事行为能力人或者限制民事行为能力人的人身、财产以及其他一切合法权益进行监督和保护的制度。在监护法律关系中，履行监督和保护职责的人，称为监护人；受监护人保护的无民事行为能力人或者限制民事行为能力人，称为被监护人。监护制度起源于罗马法，在罗马法中，对未成年人设置保护人，对精神病人设置照管人。保护人的职责在于保护未成年人的身体，照管人的职责在于照管被照管人的财产。对保护人和照管人总称为监护人[1]。

（二）设置监护制度的目的

设置监护制度的目的主要有：①保护无民事行为能力人和限制民事行为能力人的利益。无民事行为能力人和限制民事行为能力人，由于其尚未成年或虽成年却智力有障碍，以至不能取得相应的民事行为能力。为了帮助其实现权利能力，保障其生存和发展，就需要为其设立监护人。由监护人帮助或代替无民事行为能力人、限制民事行为能力人进行民事活动，并保护其合法权益。②维护经济秩序，保障交易安全。无民事行为能力人、限制民事行为能力人由于不具有相应的判断能力，因此由其单独实施的行为有的可能无效，有的可能效力待定，而该类行为的相对人就可能要承担此类行为所带来的不利后果，因此而影响交易秩序的稳定。另外，该类自然人在日常生活中，还可能会对他人财产或人身造成损害，由于其不具有责任能力，如果没有监护人，就可能导致被侵害人的损害得不到赔偿。为了避免上述情形的发生，应为该类自然人设置监护人，以约束其行为，代理其进行民事活动。只有这样，交易秩序和交易安全才会有保障。

二、监护的设定

监护的设定也就是为无民事行为能力人和限制民事行为能力人确定监护人。依据《民法典》的规定，我国设定监护人的方式主要有法定监护、遗嘱监护、协议监护、指定监护、意定监护等。法定监护是指由法律直接规定无民事行为能力人和限制民事行为能力人的监护人；遗嘱监护是指被监护人的父母以遗嘱方式选定监护人；协议监护是指由具有监护资格的人协商确定监护人；指定监护是当法定监护人之间对担任监护人有争议时，由有关单位或法院指定监护人；而意定监护是指依据《民法典》第33条之规定，具有完全民事行为能力的成年人可以与其近亲属、其他愿意担任监护人的个人或者组织事先协商，以书面形式确定自己的监护人。

（一）为未成年人设立监护人

根据《民法典》第27条、第29条、第31条、第32条规定，未成年人的监护人包括：①未成年人的父母。未成年人的父母是未成年人的当然法定监护人，这种监护人资格是基于子女出生的事实产生的，即使父母离婚，其监护人的资格也不会改变。②未成年人的父母已经死亡或者没有监护能力的情况下，由下列有监护能力的人按顺序担任未成年人的监护人：一是祖父母、外祖父母；二是兄、姐；三是其他愿意担任监护人的个人或者组织。需要注意的是，其他愿意担任监护人的个人或者组织，必须以他们自愿承担监护责任，并经未成年人住所地的居民委员会、村民委员会或者民政部门同意作为条件。规定这样的条件其目的在于保护未成年人的合法权益。③未成年人的父母不能履行监护职责或去世前，可以为被监护子女设立委

---

[1]　刘心稳主编：《中国民法》，中国政法大学出版社2012年版，第25页。

托监护或者遗嘱监护。④对监护人的确定有争议的，由被监护未成年人住所地的居民委员会、村民委员会或者民政部门指定监护人，有关当事人对指定不服的，可以向人民法院申请指定监护人；有关当事人也可以直接向人民法院申请指定监护人。指定监护人前，被监护人的人身权利、财产权利以及其他合法权益处于无人保护状态的，由被监护人住所地的居民委员会、村民委员会、法律规定的有关组织或者民政部门担任临时监护人。⑤没有依法具有监护资格的人的，监护人由民政部门担任，也可以由具备履行监护职责条件的被监护人住所地的居民委员会、村民委员会担任。这一规定，无疑是给未成年人的保护提供了最为充分的保障。

（二）为成年人设立监护人

根据《民法典》第28条、第31条、第32条、第33条规定，无民事行为能力或限制民事行为能力的成年人的监护人包括：①一般情况下，由下列有监护能力的人按顺序担任：一是配偶；二是父母、子女；三是其他近亲属；四是其他愿意担任监护人的个人或者组织。这里的配偶、父母、子女、其他近亲属（兄弟姐妹、祖父母、外祖父母）均为法定监护人，具有监护的法定义务。而其他愿意担任监护人的个人或者组织担任监护人，须以他们自愿承担监护责任，并经被监护人住所地的居民委员会、村民委员会或者民政部门同意作为条件。②具有完全民事行为能力的成年人，可以与其近亲属、其他愿意担任监护人的个人或者组织事先协商，以书面形式确定自己的监护人。协商确定的监护人在该成年人丧失或者部分丧失民事行为能力时，履行监护职责。这是《民法典》新设的意定监护。③对监护人的确定有争议的，由被监护人住所地的居民委员会、村民委员会或者民政部门指定监护人，有关当事人对指定不服的，可以向人民法院申请指定监护人；有关当事人也可以直接向人民法院申请指定监护人。指定监护人前，被监护人的人身权利、财产权利以及其他合法权益处于无人保护状态的，由被监护人住所地的居民委员会、村民委员会、法律规定的有关组织或者民政部门担任临时监护人。④没有上述监护人的，由民政部门担任监护人，也可以由具备履行监护职责条件的被监护人住所地的居民委员会、村民委员会担任。

三、监护人的职责

（一）监护职责的内容

1. 保护被监护人的身体健康，照顾被监护人的生活，对被监护人进行管理和教育。被监护人由于缺乏相应的行为能力，不可能像完全民事行为能力人那样具备自我保护能力，因此，需要监护人在日常生活中对被监护人给予相应的关心、照料和保护，不仅要保障其物质和文化生活的最基本需要，而且要保护他们的身体健康和人身安全，防止被监护人受到不法侵害。同时还要对被监护人的行为进行管束，以免其实施侵害国家、集体和他人合法利益的行为，并在被监护人致人损害的情况下，承担被监护人致人损害的侵权责任。

2. 管理和保护被监护人的财产。监护人应当妥善管理和保护被监护人的财产，对被监护人财产的管理行为主要包括：①对被监护人的财产进行经营、处分，但该种管理方式应该是安全的，要体现保护被监护人的利益。如果擅自处分，损害了被监护人的利益，应负赔偿责任。②否定或追认被监护人进行的与其年龄、智力及精神健康状况不相适应的行为。③排除他人对被监护人财产权益的侵犯。

3. 代理被监护人进行民事活动及民事诉讼活动。《民法典》第23条规定："无民事行为能力人、限制民事行为能力人的监护人是其法定代理人。"因此，无民事行为能力人的全部民事活动都应由监护人代理，限制民事行为能力人自己不能独立实施的民事行为，由监护人代理或者征得监护人同意后进行。同时在被监护人的合法权益受到侵害或者被监护人侵害他人合法权益或与他人发生其他争议时，监护人应当代理被监护人进行诉讼，以维护其合法利益。

（二）监护人不履行职责的法律后果

《民法典》第34条第3款规定："监护人不履行监护职责或者侵害被监护人合法权益的，应当承担法律责任。"具体民事法律责任的性质，可以按照《民法典》第七编侵权责任之一般规定加以判断和认定，构成侵权责任的，应当承担赔偿责任。

四、监护的终止

监护终止的原因有以下几种情形：

1. 被监护人取得或恢复完全民事行为能力。未成年人成年，其自己具备了完全民事行为能力，不再需要他人监护，因此，为他们设置的监护当然终止；成年精神病人通过治疗恢复为健康的精神状况，同时也恢复了民事行为能力，此时由法院依法定程序宣告其为完全民事行为能力人，那么为其设置的监护也即终止。

2. 监护人丧失了监护能力。监护人资格的取得是以其自己为完全民事行为能力人为前提的，如果监护人自己丧失了行为能力，其监护人资格也当然消灭，监护关系自然终止。

3. 被监护人或监护人死亡。被监护人或监护人一方死亡（包括宣告死亡），缺少一方当事人，这种法律关系当然消灭。

4. 人民法院认定监护关系终止的其他情形。如：收养关系解除，导致养父母对养子女监护人资格的消灭；被监护人的户口迁移、住所地变更导致有关组织的监护人资格消灭等。

第四节　自然人的户籍与住所

一、自然人的户籍与身份证

（一）自然人的户籍

户籍是确定自然人作为民事主体的法律地位的基本法律依据。户籍记载了公民的姓名、出生时间、出生地点、籍贯、住所、亲属关系、婚姻状况、职业及死亡等基本情况。户籍制度对了解、掌握公民的基本情况，维护公民权利，积累人口资料，为国家制定各项计划提供准确的人口数据，都具有重要意义。

按照《中华人民共和国户口登记条例》的规定，公民出生后，应当向户籍管理机关进行户籍登记。户籍登记可以确定自然人民事权利能力和民事行为能力开始和终止的时间，确定法定继承人的范围和顺序，确定监护责任的承担者以及确定自然人的住所等。

（二）自然人的身份证

身份证是 16 周岁以上的自然人证明其个人身份的法律文件。身份证记录的事项包括自然人的姓名、性别、民族、出生日期、住址等。因此，身份证不仅能证明个人身份，而且还克服了"户口簿"每户一本的局限性，极大地方便了自然人参加民事活动和行使民事权利。

二、自然人的住所

（一）住所的概念

住所，是指自然人生活和进行民事活动的主要基地和中心场所，是一个人生活的中心地。近代各国住所的设立通常有两个标准：一是自然人长久居住的事实，即体素；另一个是自然人长久居住的意思，即心素。大陆法系比较强调前者，一般以实际的长期居住地为住所；英美法系比较强调后者，一般以具有长期居住意思的地方为住所。

（二）住所的确定

1. 住所与居所。居所是自然人居住的处所，通常是指自然人为特定目的暂时居住的地点。居所可以有两个以上，但如果自然人经常居住某一居所，并且有久住的意思，那么该经常居住地视为住所，一个自然人只能有一个住所。

2. 住所的确定。《民法典》第 25 条规定："自然人以户籍登记或者其他有效身份登记记载的居所为住所；经常居所与住所不一致的，经常居所视为住所。"所谓"经常居所"，是指自然人离开住所地最后连续居住 1 年以上的地方，但住医院治病的除外。另外，自然人由其户籍所在地迁出后至迁入另一地之前，无经常居住地的，仍以其原户籍所在地为住所。

（三）住所的法律意义

住所在民法及其他法律上具有重要意义，主要表现在：①住所是确定自然人失踪的标准之一。自然人离开住所，音讯消失，达到一定年限，可申请宣告其失踪。②住所是确定诉讼管辖的依据之一。在民事诉讼法中，一般案件实行的是"原告就被告原则"，即原告到被告住所地法院起诉。③住所是确定继承活动进行地点的依据，通常来说，继承是在被继承人死亡时的住所地进行。④住所是决定婚姻登记管辖的依据，按《婚姻登记条例》的规定，自然人办理结婚或离婚登记手续，必须到双方或一方住所地，即户籍所在地的婚姻登记机关进行。此外，户籍还是确定债务履行地、诉讼文书送达地以及在涉外民事法律关系中确定所要适用的法律的依据。

第五节　宣告失踪与宣告死亡

一、宣告失踪

（一）宣告失踪的概念

宣告失踪，是指公民离开自己的住所，下落不明达到法定期限，经利害关系人申请，由人民法院宣告其为失踪人的民事法律制度。宣告失踪是对自然人已经失踪这一事实的确认。现实生活中，自然人由于种种原因，离开自己的住所地长期音讯全无，这种状态延续下去就会导致其参加的法律关系处于停滞状态，其既不能实现享有的民事权利，也无法履行应承担的义务。宣告失踪的目的就在于结束这种不正常的状态，保护失踪人的利益。同时，也使利害关系人尽早地摆脱这种不确定状态的束缚，从而维护自然人的合法权益和社会经济秩序的稳定。

（二）宣告失踪的条件和程序

宣告失踪必须具备一定的条件，并经法定的程序确定才能生效。根据《民法典》第40条的规定，宣告失踪必须具备以下三个条件：

1. 须自然人下落不明满2年。所谓下落不明，是指自然人离开其住所或最后居住地后没有任何音讯的状况。可以从两个方面判断：①音讯全无；②这种音讯全无的状态持续达到2年。需要注意的是，2年的起算有不同规定：自然人在一般情况下下落不明的，应自其失去音讯之日起计算；自然人在战争期间下落不明的，下落不明的时间自战争结束之日或有关机关确定的下落不明之日起计算。

2. 须经利害关系人申请。根据相关法律规定，申请宣告失踪的利害关系人，一般包括被申请宣告失踪人的配偶、父母、子女、兄弟姐妹、祖父母、外祖父母、孙子女、外孙子女以及其他与被申请人有民事权利义务关系的人。其中"与被申请人有民事权利义务关系的人"一般应理解为被申请宣告失踪人的债权人、合伙人等。宣告失踪的申请可由这些利害关系人中的一人提出或数人同时提出，利害关系人没有先后顺序的区别。

3. 须由人民法院依照法定的程序宣告。宣告失踪只能由人民法院作出判决，其他任何机关或个人都无权作出宣告失踪的决定。根据《民事诉讼法》第183条的规定，利害关系人应向下落不明人住所地的基层人民法院提出申请，申请书应当写明失踪的事实、时间和请求，并附有公安机关或者其他有关机关关于该公民下落不明的书面证明，人民法院依法受理了利害关系人的申请后，应当发出寻找下落不明人的公告，公告期为3个月。公告期满后，人民法院应当根据被宣告失踪的事实是否得到确认，作出宣告失踪的判决或者驳回申请的判决。

（三）宣告失踪的法律后果

自然人被宣告失踪后，其民事主体资格并未丧失，与其有关的人身关系并不会发生改变。所以，宣告失踪所要解决的主要就是财产代管及债务履行的问题。

1. 为失踪人设立财产代管人。《民法典》第 42 条规定："失踪人的财产由其配偶、成年子女、父母或者其他愿意担任财产代管人的人代管。代管有争议，没有前款规定的人，或者前款规定的人无代管能力的，由人民法院指定的人代管。"关于代管人的设定，须注意以下几点：①失踪人的财产代管人应当是具有完全民事行为能力的人。②在选定代管人时没有顺序限制，主要是考虑对失踪人财产行使管理权方便、有利的原则确定代管人。③无民事行为能力人、限制民事行为能力人失踪的，其监护人即为财产代管人。④财产代管人在管理失踪人的财产时，应当尽其代管职责，妥善管理失踪人财产，不得擅自使用和处分失踪人的财产，或将失踪人的财产据为己有。如果财产代管人不履行代管职责、侵害失踪人财产权益或者丧失代管能力的，失踪人的利害关系人可以向人民法院申请变更财产代管人。财产代管人有正当理由的，也可以向人民法院申请变更财产代管人。人民法院变更财产代管人的，变更后的财产代管人有权要求原财产代管人及时移交有关财产并报告财产代管情况。

2. 以失踪人的财产清偿失踪人的债务。《民法典》第 43 条第 2 款规定："失踪人所欠税款、债务和应付的其他费用，由财产代管人从失踪人的财产中支付。"该条中所指的"其他费用"，是指赡养费、扶养费、抚育费和因代管财产所需要的管理费等必要费用。如果失踪人的财产代管人拒绝支付失踪人所欠的税款、债务和其他费用，债权人提起诉讼的，人民法院应当将代管人列为被告。

3. 为失踪人追索债权。失踪人所享有的债权，也属于失踪人财产的范围，代管人行使代管权的内容之一就是代失踪人行使债权，要求失踪人的债务人清偿其债务，由此取得的财产，列入失踪人的财产范围内，由代管人代管。如果失踪人的债务人拒不清偿债务，财产代管人可以作为原告提起诉讼。

（四）宣告失踪的撤销及效力

《民法典》第 45 条第 1 款规定："失踪人重新出现，经本人或者利害关系人申请，人民法院应当撤销失踪宣告。"这一规定既表明了宣告失踪撤销的条件，又表明了宣告失踪撤销的程序。概括起来看有以下三点：①必须有被宣告失踪的人重新出现（也包括确知其下落）的事实存在；②要由被宣告失踪人本人或其利害关系人提出要求撤销失踪宣告的申请；③必须由法院依法定程序撤销。

失踪宣告被撤销后，财产代管人的代管权即行终止。重新出现的失踪人有权请求财产代管人及时移交有关财产并报告财产代管情况。

二、宣告死亡

（一）宣告死亡的概念

宣告死亡，是指自然人下落不明达到法定期限，经利害关系人申请，人民法院宣告其死亡的法律制度。宣告死亡是对生死不明的失踪人所作的死亡推定。因为失踪人长期下落不明，虽然可以对其宣告失踪，并为其设立财产代管人，但这并不能结束其参加的其他法律关系的不稳定状态，如配偶关系、继承关系等，而宣告死亡制度则使这一问题得到解决。可以说宣告失踪制度主要是保护失踪人的利益，而宣告死亡制度则重在保护利害关系人的利益。通过宣告死亡制度结束失踪人以原住所为中心的法律关系，从而稳定社会秩序，保护利害关系人的利益和社会公共利益。

（二）宣告死亡的条件和程序

1. 被申请人须下落不明持续满一定期限。宣告死亡与宣告失踪一样，也必须有自然人失踪的事实，但对失踪的时间条件的要求有所不同，依照《民法典》第46条的规定，具体有下列情形：①一般情况下，自然人须下落不明满4年，从自然人失去音讯之日起算。②因意外事件下落不明的，从事件发生之日起满2年。此外，自然人因意外事件下落不明，经有关机关证明该自然人不可能生存的，申请宣告死亡不受2年时间的限制。战争期间下落不明的，申请宣告死亡的失踪期间适用4年的规定。

2. 须有利害关系人的申请。申请宣告死亡的利害关系人包括配偶、父母、子女、兄弟姐妹、祖父母、外祖父母、孙子女、外孙子女、其他有民事权利义务关系的人。宣告失踪不是宣告死亡的必经程序，自然人下落不明，符合申请宣告死亡条件的，利害关系人可以不经申请宣告失踪而直接申请宣告死亡，但利害关系人只申请宣告失踪的，应当宣告失踪。对于同一自然人，有的利害关系人申请宣告死亡，有的利害关系人申请宣告失踪，符合《民法典》第46条规定的宣告死亡条件的，人民法院应当宣告死亡。

3. 须人民法院依法定程序宣告。宣告死亡只能由人民法院依法作出，《民事诉讼法》第185条规定，人民法院受理了利害关系人申请宣告死亡的书面申请后，应当发出寻找下落不明人的公告，公告期间为1年。但自然人因意外事故下落不明，经有关机关证明其不可能生存的，公告期间为3个月。公告期满，被申请宣告死亡的失踪人仍未出现并且也未获得其确切消息的，法院可作出宣告该自然人死亡的判决。被宣告死亡的人，人民法院宣告死亡的判决作出之日视为其死亡的日期；因意外事件下落不明宣告死亡的，意外事件发生之日视为其死亡的日期。

（三）宣告死亡的法律后果

一般认为，宣告死亡发生与自然死亡相同的法律后果，即被宣告死亡人民事主体资格丧失，其民事权利能力和民事行为能力终止；其原先参加的民事法律关系，包括一切财产关系和人身关系都归于终止，如被宣告死亡人的合法个人财产转变为遗产，继承开始；其与配偶的婚姻关系自死亡宣告之日起自然终止。

但宣告死亡毕竟不同于自然死亡，宣告死亡只是依法对失踪人死亡的推定，如果被宣告死亡的自然人事实上还活着，则其在生存地仍然享有民事权利能力和民事行为能力。因此，《民法典》第49条规定："自然人被宣告死亡但是并未死亡的，不影响该自然人在被宣告死亡期间实施的民事法律行为的效力。"可见，宣告死亡的法律后果应限于被宣告死亡自然人所参加的以其住所地为中心的民事法律关系，而不涉及其在生存地所参加的民事活动。

（四）宣告死亡的撤销及效力

1. 宣告死亡撤销的条件和程序。《民法典》第 50 条规定："被宣告死亡的人重新出现，经本人或者利害关系人申请，人民法院应当撤销死亡宣告。"根据该条规定，撤销死亡宣告应具备以下条件：①要有被宣告死亡人重新出现的事实；②要由被宣告死亡人本人或其利害关系人提出撤销死亡宣告的申请；③由人民法院依法撤销。

2. 宣告死亡撤销的法律后果。根据《民法典》第 51~53 条的规定，宣告死亡撤销的法律后果从总体上看，是恢复原状。具体包括以下几个方面：①死亡宣告被撤销后，婚姻关系自撤销死亡宣告之日起自行恢复；但是其配偶再婚或者向婚姻登记机关书面声明不愿意恢复的除外。②被宣告死亡的人在被宣告死亡期间，其子女被他人依法收养的，在死亡宣告被撤销后，不得以未经本人同意为由主张收养行为无效。③死亡宣告被撤销后，被撤销死亡宣告的人有权请求依照民法典继承编取得其财产的民事主体返还财产。无法返还的，应当给予适当补偿。利害关系人隐瞒真实情况，致使他人被宣告死亡取得其财产的，除应当返还财产外，还应当对由此造成的损失承担赔偿责任。

第六节　个体工商户和农村承包经营户

一、个体工商户和农村承包经营户概述

（一）个体工商户的概念和特征

个体工商户是指在法律允许的范围内，依法经核准登记，从事工商业经营的自然人。个体工商户的特征有：

1. 个体工商户的主体是个体劳动者。个体工商户的主体既可以是单个的自然人，也可以是以家庭为单位的经营户，但不论是个人经营，还是家庭经营，在工商登记上都是以"户"为单位的。单个自然人申请个体经营的，必须是享有劳动权的自然人，而以家庭为单位申请个体经营的，其户主应是具有行为能力的自然人，而其他家庭成员可以不受限制。

2. 个体工商户须依法进行核准登记。申请从事个体工商业经营的个人或家庭，应当经所在地的工商行政管理机关核准登记，领取营业执照后才可以从事经营活动。领取了营业执照的个体工商户在经营活动中可以起字号，并对其字号享有名称权。

3. 个体工商户在法律允许的范围内从事工商业经营活动。所谓法律允许的范围，包括三层含义：①个体工商户应在法律和政策允许个体经营的行业范围内从事经营活动。按照国务院有关规定，个体工商户可从事的经营范围有：工业、手工业、建筑业、交通运输业、商业、饮食业、服务业、修理业及其他行业。②个体工商户要依照其在工商行政管理机关核准的经营范围进行生产经营活动。③个体工商户在生产经营活动中还必须遵守国家法律、法规，接受国家管理部门的监督。

（二）农村承包经营户的概念和特征

农村承包经营户是指在法律允许的范围内，按照农村土地承包经营合同的约定从事家庭承包经营的农村集体经济组织的成员。农村承包经营户的特征如下：

1. 农村承包经营户是农村集体经济组织的成员。农村承包经营户可以是个人经营，也可以是家庭经营，但在承包合同中均以"户"的名义进行。承包经营是农村集体经济的一种经营形式，因此，承包经营户一般为农村集体经济组织的成员。

2. 农村承包经营户是依据土地承包经营合同产生的。农村承包经营户与集体经济组织以平等主体的身份，在协商一致的基础上签订承包合同。承包合同订立后，农村承包经营户取得农村土地承包经营权。

3. 农村承包经营户必须在法律允许的范围内利用集体土地，从事土地承包合同约定的农业或副业生产经营活动。农村承包经营户虽然不需要进行工商登记，但其应在法律和政策允许的范围内按照承包合同的约定从事经营活动。农村承包经营户不得买卖土地，不得在承包的土地上建房、起土、建坟，更不得哄抢、私分属于国家或集体的财产。从事承包经营的个人或者家庭，在承包期间对其承包的自然资源和其他资产应合理使用，妥善管理，并不得擅自改变其用途。如果违反了法律、法规的规定，应承担相应的法律责任。

二、个体工商户、农村承包经营户的债务承担

（一）个体工商户的债务承担

《民法典》第56条第1款规定："个体工商户的债务，个人经营的，以个人财产承担；家庭经营的，以家庭财产承担；无法区分的，以家庭财产承担。"从该条规定中可以看出：①个体工商户应以其个人的或家庭的全部财产对外承担财产责任，清偿债务，而不是仅以其投入到经营中的财产为限承担责任。也就是说，个体工商户在财产责任的方式上是无限责任。②个体工商户有个人经营和家庭经营两种情况。因此，在承担财产责任时的具体情况也有所区别，即个人经营的，以个人财产承担责任，家庭经营的，以家庭财产承担责任。

实践中，如何区分个人经营或家庭经营呢？一般我们认为：①以公民个人名义申请登记的个体工商户，用家庭共有财产投资，或者收益的主要部分供家庭成员享用的，其债务应以家庭共有财产清偿。②在夫妻关系存续期间，一方从事个体经营的，其收入为夫妻共有财产，债务也应以夫妻共有财产清偿。需要注意的是，以家庭共有财产承担责任时，应当保留家庭成员的生活必需品和必要的生产工具。

如果个体工商户在经营中无法区分是个人经营还是家庭经营的，则应当按照有利于债务人的原则来予以确认，认定为家庭经营，以家庭财产承担无限责任。

（二）农村承包经营户的债务承担

农村承包经营户通常以家庭为单位进行经营活动。依据《民法典》第56条第2款规定，处理农村承包经营户的债务负担责任分两种情况：①农村承包经营户的债务，以从事农村土地承包经营的农户财产承担，并承担无限清偿责任。②土地承包经营活动事实上由农户部分成员经营的，以该部分成员的财产承担无限责任。

延伸阅读

关于胎儿利益的保护

自然人的权利能力始于出生。胎儿尚未出生，当然不能取得权利能力，不能成为民事主体。但是，胎儿一旦出生，即为民事主体，因此，自罗马法以来，各国民法均对胎儿的利益设有特殊保护。近代民法关于胎儿利益保护的立法模式选择主要有三种：

1. 总括保护主义（概括主义）。即凡涉及胎儿利益保护时，视为其已经出生。如我国台湾地区"民法典"第7条规定："胎儿以将来非死产者为限，关于其个人利益之保护，视为既已出生。"

2. 个别保护主义（个别规定主义）。即胎儿原则上无权利能力，但在若干例外情形之下视为有权利能力。如《德国民法典》第1923条第2项规定："在继承开始时尚未出生但是已经受孕者，视为在继承开始之前已出生。"第844条第2项之后段规定："抚养人被杀时，其应受抚养之第三人，虽于其时尚为胎儿，对于加害人亦有赔偿请求权。"

3. 绝对主义。即绝对否认胎儿具有权利能力。我国1986年《民法通则》未承认胎儿具有权利能力。1985年《继承法》第28条规定："遗产分割时，应当保留胎儿的继承份额。胎儿出生时是死体的，保留的份额按照法定继承办理。"按照这一规定，遗产分割时，胎儿的继承份额应当予以"保留"，即遗产权利并非由胎儿即时取得。很显然，《继承法》虽然规定了胎儿的特留份，但胎儿享有遗产权利却必须从出生时开始，即不承认胎儿的民事主体资格。

2020年通过的《民法典》第16条规定："涉及遗产继承、接受赠与等胎儿利益保护的，胎儿视为具有民事权利能力。但是，胎儿娩出时为死体的，其民事权利能力自始不存在。"此条规定实现了与世界主流立法的并轨，一般性地赋予了胎儿以民事权利能力，既填补了1986年《民法通则》关于胎儿法律地位规定的空白，又超越了《继承法》第28条仅在遗产继承方面设定胎儿利益保护规则的局限，无疑是我国胎儿利益保护立法的重大突破，凸显了民法的人文关怀，体现出对生命的敬畏与尊重。

思考题

1. 如何理解自然人的民事权利能力？其开始与终止如何确定？
2. 自然人的民事行为能力是如何划分的？掌握民事行为能力的具体类型。
3. 为什么要设置监护制度？监护人如何确定？监护人有哪些职责？
4. 宣告失踪和宣告死亡应具备哪些条件和程序，其后果有哪些？
5. 简述住所的含义。如何确定住所？

实务训练

（一）示范案例

案情：张某 17 岁，被某工厂录用，每月有 3500 元的收入。为了上班方便，张某在镇里租了一间房。当年 7 月，张某未经其父母同意，欲花 800 元钱从李某处买一台旧彩电，此事遭到了其父母的强烈反对，但张某还是买了下来。同年 10 月，张某因患精神分裂症丧失了民事行为能力。随后，其父找到李某，认为他们之间的买卖无效，要求李某返还钱款，拿走彩电。此买卖是否有效？

分析：此买卖合同完全有效。因为合同成立时张某已满 16 周岁，并以自己的劳动收入为其主要生活来源，我国《民法典》第 18 条第 2 款规定："16 周岁以上的未成年人，以自己的劳动收入为主要生活来源的，视为完全民事行为能力人。"所以张某已经是完全民事行为能力人，可以独立实施民事行为，无须征得其父母同意。张某患上精神病、丧失行为能力是在合同成立之后，这不影响他在此前所作出的民事法律行为的效力。故此买卖有效，张某的父母要求解除合同的请求不能得到支持。

（二）习作案例

1. 2015 年，周某在丈夫去世后经人介绍与丧偶的老刘结婚，但他们的婚事一直遭到老刘儿子小刘的反对。2018 年，老刘患上精神病，并久治无效，生病期间一直由周某悉心照料。2019 年 5 月，小刘提出要担任父亲的监护人，保管父亲的所有财产，并要以其父的名义向法院提起诉讼，要求其父与周某离婚。

试分析：

（1）老刘的财产应该由谁来保管？

（2）小刘提起的诉讼，法院是否应予以受理？

2. 1998 年，郑某离家出走，杳无音讯。2004 年，其妻张某申请宣告郑某死亡，法院依法作出宣告郑某死亡的判决。2008 年，张某经人介绍与冯某（2012 年病逝）结婚。2014 年春节，郑某突然回到家中。随后郑某向法院申请撤销死亡宣告，并请求恢复其与张某的婚姻关系。

请问郑某的请求能否得到法院支持？为什么？

3. 张家为其孙子张小勇的出生日期犯愁。其母亲记得他是 3 月 15 日傍晚出生的，医院的记载簿上是 3 月 16 日，而医院的出生证上记载的是 3 月 17 日，其户口簿上记载的是 3 月 18 日。

请你帮助他们确定张小勇的出生日期，并说明理由。

第四章

法 人

学习目标与工作任务

通过本章学习，要求掌握法人的概念与特征；领会法人的民事权利能力和民事行为能力的特点；了解法人设立、变更、终止的条件和程序及法人登记制度的意义；掌握法人机关的概念、特点及法人机关的构成；能熟练地运用法律的相关规定解决民事实践中的各种具体问题。

导入案例

包甲、冯乙、张丙经协商共同成立红日搬家有限责任公司，包甲为董事长并担任公司法定代表人，冯乙为业务经理，张丙为财务负责人。公司章程约定：购置公司财产超过 10 万元的，应当经三人协商同意。为公司更好地承接业务，包甲未与冯乙、张丙协商即增购了一辆价值 20 万元的运货车。在一次搬运的过程中，公司员工王某、李某工作中打闹嬉戏不慎将客户赵某阳台上的花盆碰落，恰好砸在路人刘某的头上，为此刘某支付了医药费和其他费用 8 万元。在购车及对刘某责任的承担上，包甲、冯乙、张丙三人产生纠纷。

本案知识点：法人的概念；法人的民事责任能力；法定代表人。

第一节 法人概述

一、法人的概念

法人是相对于自然人而言的另一类民事主体。《民法典》第 57 条规定："法人是具有民事权利能力和民事行为能力，依法独立享有民事权利和承担民事义务的组织。"这一规定不仅揭示了法人是一种社会组织，有独立的主体资格，而且也指明了不是任何社会组织都能取得法人资格，只有那些具备了法定条件，被依法赋予了法人资格的社会组织才能成为法人。现代法人制度是民商法中的重要制度，它在社会经济生活中具有重要的地位，法人具有自然人无法具有的作用[1]。

二、法人的特征

（一）法人是一种独立的社会组织

法人与自然人的根本区别在于，法人是组织体，是社会组织在法律上的地位。作为一种社会组织，法人应有明确的活动目的和内容，有一定的组织机构，并且这些机构要有明确的职能和权限，这是法人能够成为民事主体的前提。同时，取得了法人资格的社会组织，只有在参加民事活动的过程中，才能以法人的身份取得民事权利，承担民事义务。

（二）法人有独立的财产

法人的独立财产，是指法人享有所有权或经营管理权的全部财产。法人的独立财产，应当与其创立人的其他财产、与法人成员的财产、与其他组织和自然人的财产相分离，并完全独立地由法人支配。非依法律规定，任何组成法人的个人、集体或者创立法人的国家都无权占有、使用、处分属于法人的独立财产。同时，每个法人都对自己的财产享有所有权或经营管理权，每个法人也仅能支配自己的财产，无权支配其他法人的财产。法人财产上的独立性是法人能以自己的名义进行民事活动的物质前提和保障。

（三）法人有独立的民事主体资格

正因为法人有独立的财产，是独立的社会组织，所以法人与其出资人的人格是分开的，法人有自己的名称，法人在民事活动中是以自己的名义参加民事活动，享有民事权利，承担民事义务的。如果法人参加民事活动要以所有出资人的名义，那将会造成极大的不便，所以法人应当有独立的民事主体资格。

（四）法人有独立的民事权利、义务、责任

法人有独立的人格，与其出资人及内部工作人员各是不同的民事主体，法人的权利由法人享有，他人不得侵犯；法人的义务也由法人以自己的名义去履行，他人没有代为履行的义务；法人的责任，由法人以其全部财产承担，除法律另有规定，法人的出资人或创设法人的国家对法人的债务不承担责任，法人成员对法人的债务也不承担责任。

三、法人应具备的条件

如前所述，法人是一种社会组织，但社会组织并非都是法人，一个社会组织要成为法人，必须具备一定的条件。依照《民法典》第58条的规定，法人应具备以下条件：

（一）依法成立

所谓依法成立，是指法人须依照法律的规定成立。它包括以下几个方面的要求：①法人必须是法律允许设立的组织。也就是说，法人设立的目的、宗旨、组织形式、

---

[1]　刘心稳主编：《中国民法》，中国政法大学出版社2012年版，第47页。

活动范围等都必须符合国家法律、政策及社会公共利益的要求。②法人必须依照法律规定的程序成立。非依法定程序成立的组织，不能成为法人。③设立法人，法律、行政法规规定须经有关机关批准的，依照其规定。

（二）有必要的财产或经费

法人作为独立的民事主体，要独立进行民事活动并独立承担其活动的后果和责任，就必须要有一定的财产作基础。所以，必要的财产和经费，是法人作为民事主体独立进行民事活动的物质基础，也是法人独立承担民事责任的财产保障。所谓"必要"，是指法人的财产或经费须与其宗旨、性质、规模、活动范围等相适应，并符合相关法律所要求的最低限制。如《中华人民共和国商业银行法》第13条规定："设立全国性商业银行的注册资本最低限额为10亿元人民币。设立城市商业银行的注册资本最低限额为1亿元人民币，设立农村商业银行的注册资本最低限额为5千万元人民币。注册资本应当是实缴资本。国务院银行业监督管理机构根据审慎监管的要求可以调整注册资本最低限额，但不得少于前款规定的限额。"可见，有必要的财产，是法人应具备的重要条件。

（三）有自己的名称、组织机构和住所

法人的名称是法人之间相互区别的标志。法人只有具有自己的名称，才能以自己的名义进行民事活动，并以自己的名义享有民事权利和承担民事义务。如根据《企业名称登记管理规定》，企业的名称应当由字号（或商号）、行业或者经营特点、组织形式组成，并在企业名称前冠以企业所在地省或市或县行政区划名称。另外，企业法人只准使用一个名称，所登记的名称应与其印章、银行账户的名称相一致。企业法人对其登记注册的名称，在规定的范围内享有专用权，即在登记主管机关管辖区域内，同行业的其他企业不得使用与其相同或近似的名称。同时，企业法人对其享有专用权的名称还可以依法转让或许可其他法人使用，即行使转让权。

法人的组织机构是对内管理法人事务，对外代表法人从事民事活动的机构总称。由于法人是社会组织，所以法人的意思表示必须由法人的组织机构来完成。每一个法人都应该有自己的组织机构，法人的组织机构一般包括三个层次：产生法人意志的决策机构，如股份有限公司的股东大会；实现法人意志的执行机构，如股份有限公司的董事会；行使监督职能的监督机构，如股份有限公司的监事会。法人的组织机构，代表法人进行相应的民事活动，完成法人的职能。所以，如果没有组织机构，就不能构成法人。

法人应该有自己的住所。法人要从事生产经营活动，就必须有自己固定的场所。法人的场所既可以是自有的，也可以是租赁的，既可以是一处，也可以是多处。但法人的住所只能有一处，《民法典》第63条规定："法人以其主要办事机构所在地为住所。依法需要办理法人登记的，应当将主要办事机构所在地登记为住所。"

社会组织具备上述条件，还应依照法律规定，经一定程序才能最终成立。法人成立的程序详见本章第四节。

四、法人的分类

（一）《民法典》对法人的分类

我国《民法典》将法人分为营利法人、非营利法人和特别法人。

1. 营利法人。营利法人是指依法成立，以取得利润并分配给股东等出资人为目的成立的法人。营利法人是典型的法人类型，经依法登记成立。营利法人以从事生产、流通、科技等经营性活动为内容，其终极目的在于追求利润并将所获得的利益分配给股东等出资人。如果法人的最终目的不是把他的利益分配给他的社员，而是在于互助或者公益，那么他虽然是以营利为其手段，也不能视为营利法人。[1]。

《民法典》第76条第2款规定，营利法人包括有限责任公司、股份有限公司和其他企业法人等。依据《公司法》的规定，有限责任公司是指由50个以下的股东出资设立，每个股东以其所认缴的出资额为限对公司承担有限责任，公司以其全部资产对其债务承担责任的企业法人。股份有限公司是指全部注册资本由等额股份构成并通过发行股票（或股权证）筹集资本，股东以其所认购股份对公司承担有限责任，公司以其全部资产对公司债务承担有限责任的企业法人。其他企业法人是根据《中华人民共和国中外合作经营企业法》《中华人民共和国中外合资经营企业法》《中华人民共和国外商独资企业法》等法律设立的，具有企业法人资格的中外合作经营企业、中外合资经营企业和外商独资企业等。[2]

2. 非营利法人。非营利法人是指为公益目的或者其他非营利目的成立，不向出资人、设立人或者会员分配所取得利润的法人。其包括事业单位、社会团体、基金会、社会服务机构等。非营利法人与营利法人的最大区别在于，非营利法人的设立是为公益目的或者其他非营利目的，而营利法人所有的经营活动都是为了赚取利润，完全出于经济目的。二者的设立基础具有鲜明的区别。

事业单位法人是指为适应经济社会发展需要，提供公益服务设立的具备法人条件的事业单位。事业单位法人的特点是：①以公益为目的，而非以营利为目的。事业单位一般不参与商品生产和经营活动，虽然其从事的活动有时也可收取一定费用，但其收益只能用于其目的的事业，而不能分配给出资人。②有独立经费，其经费大部分来源于国家拨款，也可通过入股或集体出资等方式取得。③依照法律或行政命令设立。其中，需要办理法人登记的，从登记之日起取得事业单位法人资格，不需要办理法人登记的，从成立之日起即具有事业单位法人资格。

社会团体法人是指基于会员共同意愿，为公益目的或者会员共同利益等非营利目的设立的具备法人条件的社会团体。社会团体法人的特点是：①社会团体法人主要从事公益、学术、宗教等活动。②由自然人、法人自愿组成。依法不需要办理法人登记的，从成立之日起具有社会团体法人资格；需要办理法人登记的，自登记之

---

〔1〕 施天涛：《公司法论》，法律出版社 2014 年版，第 7 页。

〔2〕 栾兆安：《民法总则简明知识例解》，中国民主法制出版社 2017 年版，第 87 页。

日起取得社会团体法人资格。③有独立的财产或经费，其经费有的来源于国家的拨款，有的是自筹资金方式形成的，如募捐、赞助、成员出资等。④依法制定法人章程，并按章程开展活动。⑤社会团体不得从事营利性活动，某些社会团体虽然也可以收费或赚取一定利润，但其收入只能以扩展事业、增加投资为目的，而不能以分配给出资人作为其目的。

捐助法人是指为公益目的以捐助财产设立的具备法人条件的基金会、社会服务机构等。这些基金会、社会服务机构等经依法登记，取得捐助法人资格。依法设立的宗教活动场所，具备法人条件的，可以申请法人登记，取得捐助法人资格。

3. 特别法人。特别法人是指既不属于营利法人也不属于非营利法人，具有民事权利能力和民事行为能力，依法独立享有民事权利和承担民事义务的社会组织。其包括机关法人、农村集体经济组织法人、城镇农村的合作经济组织法人、基层群众性自治组织法人。

机关法人是指依法享有国家赋予的公权力，从事国家管理活动，具备相应的民事权利能力和民事行为能力的各类、各级国家机关。机关法人的特点是：①机关法人不需要办理登记，从成立之日起即具有机关法人资格；②机关法人代表国家从事各种行政管理工作，不得从事营利性活动；③机关法人的独立经费来源于国家拨款；④机关法人只有在为行使职权的需要从事必要的民事活动时，才能作为民事主体。机关法人包括权力机关法人、行政机关法人、司法机关法人和军事机关法人。

农村集体经济组织、城镇农村的合作经济组织依法取得法人资格。居民委员会、村民委员会具有基层群众性自治组织法人资格，可以从事为履行职能所需要的民事活动。未设立村集体经济组织的，村民委员会可以依法代行村集体经济组织的职能。

（二）民法理论上对法人的分类

1. 公法人与私法人。以法人设立所依据的法律为标准，法人可分为公法人与私法人。公法人是指依据公法组织起来的法人。公法人主要以行使或分担国家权力或政府职能为目的，国家机关法人是典型的公法人。私法人是指依据私法组织起来的法人。私法人所追求的是私人目的，如营利性目的，互助性、公益性目的等，各种公司、社会团体都是私法人。

2. 社团法人与财团法人。根据法人成立的基础不同，法人又可以分为社团法人与财团法人，这是对私法人的分类，也是民法理论上对法人的一种基本划分方法。社团法人是指以社员权为基础的人的集合体，以有一定成员为成立条件，又称人的组合。如各种公司、协会、学会都是社团法人。财团法人是指为一定目的而设立，并由专门委任的人按照规定目的使用的各种财产的集合体，称为财产的组合。财团法人以捐助的一定财产为基础，以一定的捐助行为为成立条件，并按捐助者的意思，由专门委任的人按照规定的公益目的使用捐助财产，所以财团法人只能是公益法人。基金会、寺院、慈善组织等都是典型的财团法人。

3. 营利法人与公益法人。根据法人设立目的不同，法人可分为营利法人与公益法人，这也是对私法人的一种分类。营利法人是指以营利并分配给其成员为活动目的的法人，这种法人只能采取社团法人的形式，大部分公司都是营利法人。公益法人是指以从事公益事业为目的的法人，这种法人既可以是社团法人形式也可以是财团法人形式，如学校、医院、慈善组织等。

此外，理论上对于一些既不以营利为目的，又不以从事公益事业为目的的团体，将其称为中间法人，如校友会、同乡会等。

4. 本国法人与外国法人。根据其国籍不同，法人又可以分为本国法人与外国法人。本国法人是指根据本国法设立的具有本国国籍的法人。外国法人是指不具有本国国籍的法人，即本国法人之外的法人。凡是依照我国法律在我国境内设立的法人，均为我国法人。所以外国投资人在中国境内依照我国法律设立的法人，如外资企业，应为中国法人。另外，外国法人可以在我国设立分支机构，但该分支机构不具有中国法人资格，因此，其在外国的公司应对分支机构的经营活动承担民事责任。

第二节　法人的民事能力

一、法人的民事权利能力

（一）法人民事权利能力的概念

法人的民事权利能力，是指法律赋予法人作为民事主体参与民事活动，享有民事权利并承担民事义务的资格。《民法典》第 57 条规定：“法人是具有民事权利能力和民事行为能力，依法独立享有民事权利和承担民事义务的组织。”同时第 59 条规定：“法人的民事权利能力和民事行为能力，从法人成立时产生，到法人终止时消灭。”

（二）法人民事权利能力的特点

法人与自然人是两种不同的民事主体。与自然人的民事权利能力相比，法人的主要特点如下：

1. 权利能力开始与终止的原因不同。自然人的民事权利能力始于出生终于死亡，而法人的民事权利能力从成立时开始，至终止时消灭。从存续期间上看，自然人的权利能力只能存在于人的生存期间，长度有限，而法人的权利能力一般可以长期存在，延续几代人的现象也是常有的。

2. 权利能力的范围不同。法人是一个社会组织体，所以法人不能享有与自然人的人身不可分离的专属性的民事权利，如自然人享有的生命健康权、肖像权、亲属权、配偶权、继承权等，法人都不能享有。当然，作为普通的自然人，也不能从事某些只有法人能够从事的经营活动，如某些特许经营的领域，自然人是不能涉足的。

3. 权利能力的限制不同。自然人的民事权利能力由法律统一规定，一律平等，人人相同，一般不受其自身条件的限制。而法人的权利能力的内容，不是由法律直接规定的，而是由法人的成立宗旨及国家主管机关批准的业务范围决定的。因此，每个法人的民事权利能力都受其业务范围的限制，并且各个法人享有不同的权利能力。

二、法人的民事行为能力

（一）法人民事行为能力的概念

法人的民事行为能力，是指法人以自己的意思进行民事活动，取得民事权利、承担民事义务的资格。法人的民事行为能力也是法律赋予法人的一种资格，是法人成为独立民事主体的必要条件。

（二）法人民事行为能力的特点

法人的民事行为能力与自然人的民事行为能力相比，具有以下特征：

1. 法人的民事行为能力与其民事权利能力同时产生，同时终止。法人的民事行为能力始于法人成立，终于法人消灭，在法人存续期间始终存在。而自然人由于受到年龄、智力的影响，有权利能力却不一定有行为能力，只有达到一定年龄并且智力健全的人才能既具有民事权利能力又具有民事行为能力。

2. 同一法人的民事行为能力范围与民事权利能力的范围是一致的。不同的法人，其民事权利能力的范围是有区别的，但就某一个具体的法人而言，一旦其权利能力的范围确定，其行为能力的范围也随之确定，并且二者的范围是一致的。而对于自然人而言，其民事行为能力的范围与民事权利能力的范围在自然人取得完全民事行为能力之前是不一致的。无民事行为能力的人，依法直接享有民事权利能力，却不具有民事行为能力，二者的范围显然是不一致的。

3. 不同法人的民事行为能力范围大小不尽相同。法人的民事行为能力的范围，是法人可以进行民事活动的范围，由于不同的法人担负的社会职能不同，发起人设立法人的目的不同，法律对不同法人的条件要求也不相同。因此，每个法人都有其不同的经营范围和活动目的。法人应在其目的范围内进行相应的民事活动。只有这样，才能维持正常的经济秩序，才能实现发起人和投资者的目的。而自然人的民事行为能力仅受其年龄和智力状况的限制，一旦自然人取得完全民事行为能力，每个自然人的行为能力的范围就是相同的。

4. 法人的民事行为能力由其机关实现。法人作为组织体，不具有自然人的思维和意思能力，所以法人的意思只能通过法人的机关或代表人来形成和实现，法人机关或代表人在其权限范围内以法人名义实施的行为，就是法人的行为，其法律后果由法人承担。而自然人在其取得行为能力后，都是通过自己的行为来参与民事活动，取得民事权利，承担民事义务，从而实现其民事行为能力。

三、法人的民事责任能力

（一）法人民事责任能力的概念

法人的民事责任能力，是指法人对自己的不合法行为承担民事责任的能力，它是法人据以承担民事责任的资格。

受法人本质学说的影响，法人有无责任能力历来有所争议。否认说认为法人无意思能力，所以法人无民事责任能力；肯定说认为，法人有意思机关，所以有意思能力，故法人有民事责任能力。我国《民法典》第 60 条规定："法人以其全部财产独立承担民事责任。"可见，我国立法对法人的民事责任能力采取的是肯定态度。

（二）法人承担民事责任的条件

1. 法人承担民事责任的一般条件。《民法典》第 176 条规定："民事主体依照法律规定或者按照当事人约定，履行民事义务，承担民事责任。"法人作为民事主体，其在承担民事责任的条件上与自然人承担民事责任的条件并无差异，即都应符合民事责任的一般构成要件。

2. 法人承担民事责任的特别要求。由于法人是组织体，法人的行为能力是依靠法人机关来实现的，因此，法人在承担民事责任的条件上还须具备以下两点特别要求：①从行为主体上看，法人的违法行为必须是法人机关或其他工作人员所实施的行为，包括法人组织机构的行为、法定代表人的行为、法人工作人员的行为及法人代理人的行为。②从行为的性质上看，法人的违法行为必须是因执行职务而形成的违法行为，不应包括上述人员实施的私人行为。法人的法定代表人或其他工作人员只有在执行职务时所为的行为，才视为法人的行为，由法人承担责任。而上述人员实施的与职务行为无关的私人行为，只能由其本人承担责任。

（三）法人民事责任的认定

1. 法人民事责任的特点。法人责任的特点是法人以其全部财产独立承担民事责任，其独立性表现在以登记的法人为单位承担责任，责任范围为法人的全部财产。除法律另有规定外，法人的上级主管机关、法人的出资人、法人的法定代表人和其他工作人员对法人债务都不负清偿责任。

2. 法人承担民事责任的财产范围。《民法典》第 60 条规定："法人以其全部财产独立承担民事责任。"法人一旦登记设立，成为独立的民事主体，法人财产即独立于其设立人或者股东，法人民事责任的承担仅以法人的独立财产为限。如《公司法》第 3 条第 1 款规定，公司以其全部财产对公司的债务承担责任。对于其他类型的法人，从理论上讲，可以比照上述原则来确定。

3. 法人民事责任的认定规则。法人是由自然人组成的集合体，法人的意思、法人的行为通常都是由组成法人的机关、代表和法人成员来完成的。《民法典》第 61 条第 2 款规定，法定代表人以法人名义从事的民事活动，其法律后果由法人承受。同时第 62 条进一步确认，法定代表人因执行职务造成他人损害的，由法人承担民事责任。法人承担民事责任后，依照法律或者法人章程的规定，可以向有过错的法定代表人追偿。至于不具有法定代表人身份的其他法人成员，因执行职务给他人造成损害的，应当依照《民法典》第 1191 条第 1 款"用人单位的工作人员因执行工作任务造成他人损害的，由用人单位承担侵权责任"的规定，由作为使用人的法人对被使用人的侵权行为承担责任。据此，除法律特别规定外，法人承担侵权责任是代表责任或替代责任，即其法定代表人或者其他工作人员执行职务的行为造成他人的损害，由法人承担责任。而法定代表人或者其他工作人员的与执行职务无关的行为造成他人损害的，不应由法人承担责任。

第三节　法人机关

一、法人机关的概念和特征

（一）法人机关的概念

法人机关，是指根据法律、章程或条例的规定，于法人成立时产生，不需要特别委托授权就能够以法人的名义对内负责法人的生产经营或业务管理，对外代表法人进行民事活动的集体或个人。

（二）法人机关的特征

1. 法人机关是形成、表示和实现法人意志的机构。法人是组织体，法人的独立意志要通过一定的机关来形成、表示和实现，所以法人必须有相应的组织机构，至少要有意思机关和执行机关，只有这样才能形成法人意志，并将法人意志付诸实施，从而实现法人的目的及宗旨。

2. 法人机关是法人的有机组成部分。法人机关不是独立于法人之外的组织，而是法人的组成部分，是使法人取得主体资格的必要条件。

3. 法人机关是根据法律、章程或条例的规定而设立的。法人机关的设立条件和要求及法人机关的权限都是由相关法律或法人的内部章程直接规定的。因此，法人机关一旦产生，就有权代表法人实施民事行为，不需要另行授权。

4. 法人机关由单个个人或集体组成。由单个个人形成的法人机关为独任机关；由两个以上自然人组成的法人机关，称为合议制机关。前者如国有企业的厂长、经理、股份公司的董事长等，后者如股份有限公司的股东大会、董事会、监事会、一般企业法人的职工代表大会等。

5. 法人机关是法人的领导或代表机关。它对内负责法人的生产经营或业务管理，对外代表法人进行民事活动，在法律、章程规定的范围内，法人机关的行为就是法人的行为，法人将承担这些行为的法律后果。

6. 法人机关的活动具有连续性。充当法人机关的自然人更替，其继任者应当受前任行为的约束。

二、法人机关的构成

各类法人的法人机关有所不同，一般来说，法人机关由权力机关、执行机关和监督机关三部分构成。

1. 法人的权力机关，又称法人的意思机关或法人的决策机关，它是法人自身意思的形成机关，有权决定法人的生产经营或业务管理等重大问题，具体形式有股东大会、职工代表大会等。

2. 法人的执行机关，是法人权力机关的执行机关，有权执行法人章程、条例或设立命令所规定的事项以及法人权力机关所决定的事项，法人的对内进行管理、对外进行民事活动的功能，也是由执行机关来完成的。具体的形式有董事会、厂长、经理等。

3. 法人的监督机关，是对法人执行机关的行为进行监督检查的机关。其设立的宗旨在于维护法人的出资人的利益，通过行使监督权，保障法人权力机关决定的重大事项得以正确贯彻执行，其具体形式是监事会或监事。

法人的类型不同，是否都具有这三类机关，也并不相同。

三、法人的法定代表人

（一）法定代表人的概念

法定代表人是指依照法律或法人章程的规定，代表法人行使职权，从事民事活动的负责人。法定代表人是法人机关的组成之一，法定代表人可以由法律直接规定产生，也可以由法人的成员根据章程来确定。

（二）法定代表人的特点

1. 法定代表人的资格是法定的。如《公司法》第13条规定："公司法定代表人依照公司章程的规定，由董事长、执行董事或者经理担任，并依法登记。公司法定代表人变更，应当办理变更登记。"

2. 法定代表人是代表法人行使职权的负责人。法人通常都是通过法定代表人来表达自己的意思，从事民事活动的。法定代表人依法代表法人行为时，法定代表人的行为就是法人的行为。

3. 法定代表人是代表法人从事业务活动的自然人。法定代表人只能由自然人担当，并且该自然人只有在代表法人从事民事活动和民事诉讼活动时，才具有法定代表人身份，其行为也才是法人的行为。若该自然人的行为不是代表法人所进行的活动，其行为属于自然人的个人行为，其后果应当由自然人用其个人财产来承担。

（三）法定代表人应具备的条件

法定代表人是代表法人行使职权的自然人，该自然人须具备一定的条件，才能依法律或章程的规定，成为法人的法定代表人。条件是：①自然人必须具有完全民事行为能力；②必须具有一定的经营管理能力和业务知识；③不存在不得担任法定代表人的情形，如《公司法》第146条的相关禁止性规定。

（四）对法定代表人的要求

法人的法定代表人是法人的主要负责人，法定代表人的行为直接关系法人目的、宗旨的实现程度，因此法定代表人在行使其职权时，必须做到：严格按照法人章程和规章行使职权；严格在核准的业务范围、经营范围内进行民事活动；正确地组织、领导法人的经营活动；正确执行国家的法律和政策。《民法典》第62条规定，法定代表人因执行职务造成他人损害的，由法人承担民事责任。法人承担民事责任后，依照法律或者法人章程的规定，可以向有过错的法定代表人追偿。

第四节 法人的成立、变更和终止

一、法人的成立

法人成立是法人取得民事权利能力和民事行为能力的法律事实。法人成立须经过法人的设立和法人资格的取得（法人成立）两个阶段。

（一）法人设立

法人设立是指为创办法人组织，使其具有民事主体资格而进行的多种连续准备行为，它是法人成立的前置阶段。法人设立不同于法人成立，法人设立是法人成立的前提和必经阶段，法人的成立是法人设立行为的结果和结束。法人于其设立后，才有成立的可能，但法人设立并不当然导致法人成立的结果。法人成立是指已设立的社会组织取得法人资格。有的法人于设立后即取得法人资格，一经设立，也就成立；有的法人于设立后须经法人登记才能取得法人资格，设立与成立是两个不同的阶段。

1. 法人设立的原则。法人产生，须经设立人设立，由于法人的类型不同，各国在不同时期分别规定了不同的设立原则。主要有：①自由设立主义，又称放任设立主义，是指国家对法人的设立不作任何干预，完全由当事人自由设立，现代各国立法上都不采纳此原则。②特许设立主义，是指法人的设立须经专门的法令或国家元首的许可。此种主义对法人的设立采取遏制、禁止态度，限制过于严格，现代各国鲜有采用。③许可设立主义，又称行政许可主义，是指法人的设立须经行政机关的许可。④准则设立主义，又称登记主义，是指法律预先规定法人成立的条件，设立人一旦符合法人成立的条件，无须经主管部门批准，只须到登记机关登记，法人即告成立。⑤强制设立主义，是指国家对法人的设立采取强制性规定的政策。强制设立主义仅适用于特殊产业或特殊团体，如根据我国相关法律，企业法人必须设立工会组织。

2. 我国法人的设立原则。

（1）营利法人的设立原则。我国依据营利法人是公司法人还是非公司企业法人，设立原则有所不同。根据《公司法》的规定，设立有限责任公司法人和股份有限公司法人，除法律、行政法规规定必须报经批准的外，仅须向公司登记机关申请设立登记，属准则设立主义。非公司企业法人，依据《中华人民共和国企业法人登记管理条例》的规定，首先须经主管部门或有关审批机关批准，然后向登记机关申请登记，属于行政许可主义。

（2）非营利法人的设立原则。我国非营利法人包括事业单位法人、社会团体法人和捐助法人。其中事业单位法人和社会团体法人的设立，分为两种情况：一类依法不需要办理法人登记，从成立之日即具有法人资格，如中华全国总工会、中华全国妇女联合会等，其是按照法律和行政命令来设立的，属于特许设立主义。还有一类是依法需要办理法人登记的，如各种学会、行业团体等，须经主管部门审查同意，依法登记成立，取得法人资格，属于许可设立主义。捐助法人包括基金会、社会服务机构、宗教活动场所，依据《民法典》《基金会管理条例》等有关规定，须经依法登记，取得法人资格，采准则设立主义。

（3）特别法人的设立原则。特别法人的设立原则不尽一致。其中机关法人的设立，取决于宪法和相关国家机构组织法的规定，在设立原则上采用的是特许设立主义。机关法人从成立之日起，即具有法人资格。农村集体经济组织、城镇和农村合作经济组织在《民法典》中只是规定"依法取得法人资格"，而其登记及成立问题，按照《民法典》第99条、第100条的规定，应当是留给其他特别法规定。《民法典》第101条第1款规定："居民委员会、村民委员会具有基层群众性自治组织法人资格，可以从事为履行职能所需要的民事活动。"据此，其法人资格为法律直接赋予，无须办理法人登记。

（二）法人成立

法人设立后依法取得了法人资格的，即为法人成立。如《民法典》第77条规定："营利法人经依法登记成立。"再如第88条规定："具备法人条件，为适应经济社会发展需要，提供公益服务设立的事业单位，经依法登记成立，取得事业单位法人资格；依法不需要办理法人登记的，从成立之日起，具有事业单位法人资格。"

二、法人的变更

（一）法人变更的概念

法人变更，是指法人成立后，在其存续期间内因各种原因而发生的组织机构、活动宗旨、业务范围以及名称、住所等重要事项上的变化。

（二）法人变更的类型

1. 法人组织体的变更。法人组织体的变更包括法人合并和法人分立两种情形：

（1）法人合并，是指两个以上的法人合并为一个法人。法人合并分为吸收合并和新设合并。吸收合并是指一个法人归并到另一个现存的法人中去，被归并的法人主体资格消灭，另一个法人吸收了已消灭法人的人格，并继续存在。新设合并是指两个以上的法人合并为一个新法人，原来的法人主体资格消灭，新的法人产生。

（2）法人分立，是指一个法人分成两个或两个以上的法人。法人分立也有新设分立和派生分立两种。新设分立是指原法人主体资格消灭，被消灭的法人分成了两个或两个以上的法人。派生分立是指原法人主体资格不变，仅仅是分出一部分财产设立新法人。

《民法典》第67条规定，法人合并的，其权利和义务由合并后的法人享有和承担。法人分立的，其权利和义务由分立后的法人享有连带债权，承担连带债务，但是债权人和债务人另有约定的除外。

2. 法人其他重要事项的变更。《中华人民共和国企业法人登记管理条例》第17条规定："企业法人改变名称、住所、经营场所、法定代表人、经济性质、经营范围、经营方式、注册资金、经营期限，以及增设或者撤销分支机构，应当申请办理变更登记。"上述事项的变更，属于法人其他重要事项的变更。

法人的变更，有的会影响到法人的民事权利能力和民事行为能力，如法人经营范围的变更；有的仅涉及法人的财产关系的性质，如经济性质的变更；有的还会导致原法人的消灭和新的法人的产生，如合并、分立等。但无论法人的变更形式如何，都不能导致法人的权利和义务的消失，即变更后的法人要依据法律、行政法规或者协议承受原法人所享有的权利以及其所承担的全部义务。

三、法人的终止

（一）法人终止的概念

法人的终止，又称法人的消灭，是指法人的民事主体资格不再存在，其民事权利能力和民事行为能力终止。

（二）法人终止的原因

依据《民法典》第 68 条的规定，法人终止的原因有：①法人解散。②法人被宣告破产。③法律规定的其他原因，如合并、分类等引起的法人终止。

（三）法人的清算

1. 法人清算的概念。法人的清算，是指于法人终止时由依法成立的清算组织，依职权清理该法人的财产，了结其参与的财产法律关系。《民法典》第 70 条第 1 款规定："法人解散的，除合并或者分立的情形外，清算义务人应当及时组成清算组进行清算。"第 72 条第 3 款规定："清算结束并完成法人注销登记时，法人终止；依法不需要办理法人登记的，清算结束时，法人终止。"因此，法人清算是法人消灭的必要程序。

2. 法人清算的种类。就企业法人而言，清算分为破产清算和非破产清算。破产清算是指法人在被宣告破产后，由人民法院依法组织清算组，按破产法的规定进行清算的程序。非破产清算是指法人因破产以外的原因终止，由主管机关组织清算组或自行组织清算组，按照民法、公司法等进行清算的程序。法人在清算时，如发现其具有破产原因的，应申请破产，适用破产程序清算。

3. 清算组织。清算组织是指依法成立的对终止法人进行清算的组织，又称清算人。法人在清算期间，其人格并不消灭，清算组织就是法人在清算期间的意思机关和执行机构，代表法人行使职权。清算组织的职责是进行清算活动，具体包括：①对内清理法人的现有财产，处理法人的有关事务。②对外代表法人了结债权、债务。属于法人的债权，清算人应予以收取，属于法人对他人所负的债务，应由清算人予以清偿。在清偿债务、追索债权的过程中，涉及诉讼的，应由清算人代表法人起诉、应诉。③清偿债务后，剩余的财产应移交给享有权利的人，如法人的出资人或法人的主管机关等。

4. 清算终结。清算组织于清算结束后，应按有关规定向有关部门或人员报告清算情况，同时，向工商行政管理机关办理法人注销登记并公告，法人即告消灭。依法不需要办理法人登记的，清算结束时，法人终止。

延伸阅读

关于法人登记

法人登记，是法人取得、变更、消灭民事权利能力和民事行为能力的条件。法人登记通常包括法人设立登记、法人变更登记和法人注销登记。除依法不需要登记的机关法人及部分事业单位法人、社会团体法人外，法人成立的应办理设立登记，法人变更的应办理变更登记，法人终止的应办理注销登记。法人的设立登记具有生效效力，法人的其他登记仅具有对抗效力。

1. 法人的设立登记。法人的设立登记是法人依法成立，取得民事权利能力和民事行为能力的条件。在我国，营利法人、非营利法人中的部分事业单位法人和绝大多数社会团体法人应依法进行设立登记。

公司法人和其他非公司企业法人设立登记的主管机关是国家工商行政管理局和地方各级工商行政管理局。事业单位法人设立登记的管理机关是国家机构编制管理机关和县级以上地方各级人民政府机构编制管理机关。民办的事业单位申请法人设立登记的，其登记管理机关为国务院民政部门和县级以上人民政府的民政部门。社会团体法人依法办理设立登记的，其登记管理机关是国务院民政部门和县级以上地方人民政府的民政部门。

2. 法人的变更登记。法人的变更登记，是指法人将其重要事项的变化情况向登记机关办理变更登记手续。法人变更登记的目的在于保护相对人的利益，维护交易安全。《民法典》第64条规定，法人存续期间登记事项发生变化的，应当依法向登记机关申请变更登记。对于非因登记而取得法人资格的机关法人及部分社会团体法人和事业单位法人，其变更则不需要登记。

法人变更登记的重要事项通常包括：合并与分立、变更组织形式，增设或撤销分支机构、变更经营范围、注册资本、法定代表人、经营方式、名称、住所、经费来源等。对于设立登记时不要求登记的事项，变更时一般也不要求办理变更登记。

3. 法人的注销登记。法人的注销登记是法人依法终止时所办理的一种登记手续，是法人消灭其民事权利能力和民事行为能力的要件。凡是依登记程序而设立的法人，其终止应办理注销登记并公告。

法人注销登记的机关与其设立登记时的机关相同。法人注销登记后，其民事权利能力和民事行为能力消灭，法人资格终止。

思考题

1. 如何理解法人的概念？法人应具备哪些条件？
2. 法人的民事权利能力和民事行为能力有何特点？
3. 如何理解法定代表人？法定代表人有何特点？

4. 试述法人的清算。

实务训练

（一）示范案例

案情： 甲公司经理刘某派工作人员王某去邮局寄送急件，王某骑着事前找其好友张某借用的摩托车赶往邮局。途中王某出了车祸，不仅摩托车报废，而且还致一行人高某重伤。经交通部门事故鉴定，是因为王某超速行驶而撞伤行人高某，后又撞在一石头上致使摩托车损坏。于是，张某、高某向法院提起诉讼，要求甲公司承担赔偿责任。

请问：

（1）本案中张某摩托车的损失应由谁承担？为什么？

（2）行人高某的医药费损失应由谁承担？为什么？

分析： ①本案中，王某向张某借用摩托车的行为不是以公司的名义进行的，而是以自己的名义进行的，并且其行为也未得到公司的授权。该行为与执行职务没有本质的关联，在外观上也不具有执行职务的特征，因此，其借用行为应属于个人行为。因个人行为造成的损失，应由其个人承担。所以，张某摩托车的损失应由王某用其个人财产承担赔偿责任。②行人高某的医药费损失应由甲公司承担。因为该损害是王某在执行工作任务过程中的行为导致的，则该行为视为法人的行为，由法人承担责任。

（二）习作案例

1. 潘某某是卓越装饰有限公司的法定代表人，一天在为客户刘某家维修墙面时，不慎将刘某家书架上价值 28 000 元的景泰蓝摆件打碎。刘某要求卓越装饰有限公司赔偿但遭到该公司的拒绝。刘某向法院提起诉讼，要求赔偿。

问：卓越装饰有限公司是否应当承担赔偿责任，为什么？

2. 甲公司因业务发展分立成丙公司和丁公司，分立后的双方约定，原甲公司欠某银行的 100 万元贷款由丙公司负责偿还，丁公司不负清偿责任。后由于丙公司无力偿还该笔贷款而发生纠纷。

请分析该笔贷款应如何清偿，并说明理由。

第五章

非法人组织

学习目标与工作任务

通过本章学习，了解非法人组织的概念和种类；理解合伙企业制度设置的意义，熟悉合伙企业的设立方式、内部关系以及合伙企业财产责任特点，能熟练地运用法律的相关规定解决民事实务中的合伙问题。

导入案例

朱氏兄弟与周某共同出资 20 万元合伙开办一小型超市，其中周某出资 10 万元，朱氏兄弟俩各出资 5 万元。领取合伙企业营业执照后超市开业，日常具体业务主要由朱氏兄弟负责。2015 年底，超市经营满一年，共赢利 12 万元，按照当初的合伙协议，周某分得了 6 万元的红利，朱氏兄弟则一人分得 3 万元。弟兄俩见超市利润可观，便以"周某不懂经营"为借口，将周某的出资从超市提出，退还给周某，并强制将周某从该超市除名。周某多次找朱氏兄弟俩质问，没有结果，遂诉至法院。

本案知识点：合伙企业的概念；合伙企业的特征；合伙人的退伙。

第一节　非法人组织概述

一、非法人组织的概念和特征

（一）非法人组织的概念

依据《民法典》第 102 条规定，非法人组织是指不具有法人资格，但是能够依法以自己的名义从事民事活动的组织。非法人组织包括个人独资企业、合伙企业、不具有法人资格的专业服务机构等。

（二）非法人组织的法律特征

1. 非法人组织是独立的民事主体，具有独立的民法地位。非法人组织有自己的名称、组织机构、组织规则，依照法律规定履行登记手续，法律、行政法规规定须经有关机关批准的，依规定报经批准设立。非法人组织以自己的名义独立进行民事活动，是独立于自然人、法人之外的又一类民事主体。

2. 非法人组织的民事责任一般情况下是无限连带责任，与法人承担的有限责任完全不同。《民法典》第 104 条规定："非法人组织的财产不足以清偿债务的，其出资人或者设立人承担无限责任。法律另有规定的，依照其规定。"可见，非法人组织的责任主体是出资人或者设立人，他们对非法人组织的债务承担无限责任。如果出资人或者设立人为二人以上的，则承担无限连带责任。责任承担方式的不同是非法人组织与法人的根本区别之一。

二、非法人组织的设立和解散

（一）非法人组织的设立

依据《民法典》第 103 条的规定，非法人组织应当依照法律的规定登记。法律、行政法规规定须经有关机关批准的，依规定报经批准设立。可见，非法人组织采取准则主义和许可主义两种设立方式。例如，依照《中华人民共和国合伙企业法》（以下简称《合伙企业法》）的规定，合伙企业应当依法履行设立登记手续，方可取得非法人组织的民事主体资格。而根据《中华人民共和国律师法》第 18 条的规定，设立律师事务所须经司法行政部门批准，才能取得非法人组织的资格，成为民事主体。

（二）非法人组织的解散

《民法典》第 106 条规定，有下列情形之一的，非法人组织解散：①章程规定的存续期间届满或者章程规定的其他解散事由出现；②出资人或者设立人决定解散；③法律规定的其他情形。

《民法典》第 107 条规定，非法人组织解散的，应当依法进行清算。

第二节　合伙企业

一、合伙企业的概念

合伙企业是指自然人、法人和其他组织依法在中国境内设立的普通合伙企业和有限合伙企业。

普通合伙企业是指由普通合伙人组成，合伙人对合伙企业债务承担无限连带责任的组织。有限合伙企业是指由普通合伙人和有限合伙人组成，普通合伙人对合伙企业债务承担无限连带责任，有限合伙人以其认缴的出资额为限对合伙企业债务承担责任的组织。《合伙企业法》第 61 条第 2 款规定，有限合伙企业至少应当有一个普通合伙人。该法第 62 条又规定，有限合伙企业名称中应当标明"有限合伙"字样。

二、合伙企业的特征

合伙企业具有以下特征：

1. 合伙企业是当事人按照合伙协议成立的组织体。依照《合伙企业法》的规定，建立合伙企业，必须由合伙人订立书面合伙协议，并且书面合伙协议是合伙企业登记的必要条件之一。合伙协议应当载明的事项包括：合伙企业的名称和主要经营场所的地点；合伙目的和合伙企业的经营范围；合伙人的姓名或者名称、住所；合伙人出资的方式、数额及缴付期限；利润分配和亏损分担方式；合伙事务的执行；入伙与退伙；争议解决办法；合伙企业的解散与清算；违约责任等。合伙协议对全体合伙人具有约束力，是合伙得以成立的法律基础。

2. 合伙企业是相对独立的从事经营活动的组织体。合伙企业既不同于自然人，也不同于法人，它是一种独立的民事主体，虽然合伙企业与自然人个体紧密相连，但其有独立的组织体，有自己的名称和营利目的，因此它不同于自然人。同时，合伙企业又没有达到公司的严密组织程度，不能像公司那样独立承担民事责任，所以合伙企业也不能成为法人。它只能是自然人、法人之外的一种独立地从事经营活动的组织体。

3. 合伙企业的财产来源于合伙人的共同出资。合伙人的出资是合伙企业进行业务活动的物质基础，也是合伙人资格取得的前提。合伙人违反约定不履行出资义务的，应承担违约责任。《合伙企业法》第16条第1款规定，合伙人可以用货币、实物、知识产权、土地使用权或者其他财产权利出资，也可以用劳务出资。合伙人不论用什么形式出资，都应在合伙协议中明确约定各自所占的份额，从而据以确定每个合伙人在合伙中分享利润和分担亏损的份额。

4. 合伙人共同经营、共享收益。合伙人的共同经营，是实现合伙事业目的的基础，《合伙企业法》第26条第1款规定，合伙人对执行合伙事务享有同等的权利。合伙人既是出资者又是经营者，合伙人相互信赖，共同出资，直接参与经营，在经营中具有同等的地位。同时，合伙人共享收益，这是合伙企业的共同目的。合伙企业在生产经营活动中所取得、积累的财产，归合伙人共有，合伙人可以依照合伙协议的约定来确定其归属。

5. 合伙人共担风险，对合伙债务负无限连带责任。这是合伙企业所体现的合伙关系的一个基本特征。合伙企业是以合伙人个人财产为基础建立的，合伙财产为合伙人所共有，与合伙人的个人财产密切联系；合伙企业由合伙人共同经营，风险共担，要求各合伙人用其个人财产来共同保障合伙企业的信誉，承担合伙企业的债务责任。当合伙企业财产不足以清偿合伙债务时，除有限合伙人外，全体普通合伙人要以其个人财产来清偿债务，即承担无限责任，而且任何一个合伙人都有义务清偿全部合伙债务，即承担连带责任。合伙人对合伙企业债务承担无限连带责任主要是为了保护合伙企业债权人的合法权利。

三、合伙企业的财产关系

1. 合伙财产的构成。《合伙企业法》第20条规定："合伙人的出资、以合伙企业名义取得的收益和依法取得的其他财产，均为合伙企业的财产。"可见，合伙企业的财产由两部分构成：一部分是合伙人的出资，另一部分是以合伙企业名义取得的收益。尽管合伙企业的财产由这两部分构成，但合伙企业法将出资与以合伙名义取得的财产统一规定不做区分，提出了"合伙企业财产"的概念，使其独立于合伙人之外，作为合伙企业经营、运转的经济基础。这是由合伙企业的稳定性、长期性和营利性等特点决定的。为方便在市场中的运作，财产只有归属于合伙企业而不是每一个合伙人，才更方便交易，只需交易人能代表该合伙，交易相对方即可放心从事交易。由此可见，合伙企业财产只有作为一个整体，才能在市场瞬息万变的情况下，占得先机。而且，合伙企业财产独立于合伙人，使合伙人对其已投入合伙企业的财产，不能随意处置，也有利于维护合伙企业经营的稳定性和交易的安全性。

2. 合伙的盈余分配及债务清偿。合伙经营所得的盈余归全体合伙人共有，《合伙企业法》第33条规定："合伙企业的利润分配、亏损分担，按照合伙协议的约定办理；合伙协议未约定或者约定不明确的，由合伙人协商决定；协商不成的，由合伙人按照实缴出资比例分配、分担；无法确定出资比例的，由合伙人平均分配、分担。合伙协议不得约定将全部利润分配给部分合伙人或者由部分合伙人承担全部亏损。"该法第39条规定："合伙企业不能清偿到期债务的，合伙人承担无限连带责任。"可见，合伙人对合伙企业的债务应以自己的全部财产承担债务的清偿责任，并且每一个合伙人均负有清偿全部合伙债务的义务。但有限合伙人仅以其认缴的出资额为限对合伙企业债务承担责任。当然，偿还合伙债务超过自己应当承担份额的合伙人，有权向其他合伙人追偿。

四、合伙企业的内部关系

1. 合伙事务的执行及监督权。《合伙企业法》第26条规定："合伙人对执行合伙事务享有同等的权利。按照合伙协议的约定或者经全体合伙人决定，可以委托一个或者数个合伙人对外代表合伙企业，执行合伙事务。作为合伙人的法人、其他组织执行合伙事务的，由其委派的代表执行。"同时，该法第27条又规定："不执行合伙事务的合伙人有权监督执行事务合伙人执行合伙事务的情况。"

2. 入伙。入伙是指合伙存续期间，第三人加入合伙并取得合伙人的资格。依据《合伙企业法》第43条的规定，入伙必须经全体合伙人一致同意，并依法订立书面入伙协议。同时，原合伙人在与入伙人签订入伙协议时，应将合伙企业的经营状况和财务状况如实地告诉准备入伙的第三人，以便第三人决定是否入伙。

入伙人与原合伙人依法签订入伙协议后，即取得合伙人资格，如果入伙协议无特别约定，入伙人与原合伙人享有同等权利，承担同等的义务，并且新入伙的合伙人对入伙前合伙企业的债务承担无限连带责任，目的是保护合伙债权人的利益，维护交易安全。

3. 退伙。退伙是指合伙人在合伙企业存续期间退出合伙，消灭其合伙人资格的行为。退伙，根据其发生的原因不同，可分为任意退伙、法定退伙和强制退伙。

（1）任意退伙，是指合伙人依约定或单方面向其他合伙人表明其退伙的意思，从而退出合伙的一种方式，又称声明退伙。《合伙企业法》第45条规定："合伙协议约定合伙期限的，在合伙企业存续期间，有下列情形之一的，合伙人可以退伙：①合伙协议约定的退伙事由出现；②经全体合伙人一致同意；③发生合伙人难以继续参加合伙的事由；④其他合伙人严重违反合伙协议约定的义务。"同时，《合伙企业法》第46条规定："合伙协议未约定合伙期限的，合伙人在不给合伙企业事务执行造成不利影响的情况下，可以退伙，但应当提前30日通知其他合伙人。"

（2）法定退伙，是指基于法律的直接规定而退伙，又称当然退伙。《合伙企业法》第48条第1款规定："合伙人有下列情形之一的，当然退伙：①作为合伙人的自然人死亡或者被依法宣告死亡；②个人丧失偿债能力；③作为合伙人的法人或者其他组织依法被吊销营业执照、责令关闭、撤销，或者被宣告破产；④法律规定或者合伙协议约定合伙人必须具有相关资格而丧失该资格；⑤合伙人在合伙企业中的全部财产份额被人民法院强制执行。"上述事由的实际发生之日为退伙生效日。

（3）强制退伙，是指合伙人不履行法定或约定义务，损害合伙利益，由其他合伙人决定该合伙人退伙。《合伙企业法》第49条规定："合伙人有下列情形之一的，经其他合伙人一致同意，可以决议将其除名：①未履行出资义务；②因故意或者重大过失给合伙企业造成损失；③执行合伙事务时有不正当行为；④发生合伙协议约定的事由。对合伙人的除名决议应当书面通知被除名人。被除名人接到除名通知之日，除名生效，被除名人退伙。被除名人对除名决议有异议的，可以自接到除名通知之日起30日内，向人民法院起诉。"

退伙人退伙后，其合伙人资格丧失，退伙人有权要求分割合伙财产，包括入伙时投入的财产和合伙期间的收益，入伙时的原物，退伙时原则上应给予退还；一次退还有困难的，可以分批分期退还，退还原物确有困难的，可以折价退还。同时，退伙人对退伙时已经存在的合伙债务，应与其他合伙人一起负无限连带责任。

五、合伙的终止

1. 合伙终止的概念。合伙终止，又称合伙解散，是指由于法定原因的出现或全体合伙人的约定使合伙关系消灭，合伙主体资格不复存在。

2. 合伙终止的原因。《合伙企业法》第85条规定："合伙企业有下列情形之一的，应当解散：①合伙期限届满，合伙人决定不再经营；②合伙协议约定的解散事由出现；③全体合伙人决定解散；④合伙人已不具备法定人数满30天；⑤合伙协议约定的合伙目的已经实现或者无法实现；⑥依法被吊销营业执照、责令关闭或者被撤销；⑦法律、行政法规规定的其他原因。"

3. 合伙终止的效力。合伙企业解散后应当进行清算，并通知或公告债权人。合伙企业清算时，清算人由全体合伙人担任；未能由全体合伙人担任清算人的，经全体合伙人过半数同意，可以自合伙企业解散事由出现后15日内指定1名或者数名合伙人，或者委托第三人担任清算人。15日内未确定清算人的，合伙人或者其他利害关系人可以申请人民法院指定清算人。清算人在清算期间执行下列事务：①清理合伙企业财产，分别编制资产负债表和财产清单；②处理与清算有关的合伙企业未了结的事务；③清缴所欠税款；④清理债权、债务；⑤处理合伙企业清偿债务后的剩余财产；⑥代表合伙企业参加诉讼或者仲裁活动。清算期间，合伙企业存续，但不得开展与清算无关的经营活动。清算结束，应当编制清算报告，经全体合伙人签名、盖章后，在 15 日内向企业登记机关报送清算报告，办理合伙企业注销登记。

《合伙企业法》第 91 条规定："合伙企业注销后，原普通合伙人对合伙企业存续期间的债务仍应承担无限连带责任。"

第三节 个人独资企业与不具有法人资格的专业服务机构

一、个人独资企业

（一）个人独资企业的概念

《个人独资企业法》第 2 条规定，个人独资企业是指依法在中国境内设立，由一个自然人投资，其财产属于投资人个人所有，投资人以其个人财产对企业债务承担无限责任的经营实体。

（二）个人独资企业的特征

1. 个人独资企业由一个自然人出资，财产为投资者个人所有。

2. 个人独资企业应具有一定的生产经营规模，雇工经营。

3. 个人独资企业须依法进行登记，以自己的名义进行民事活动。

4. 个人独资企业不能独立承担民事责任。

（三）个人独资企业的法律地位

依据我国现行法律和政策，一方面，个人独资企业有自己的名称，有相对独立的财产，有一定数量的从业人员和依法登记的经营范围，并在经营范围内以自己的名义，而不是以企业业主的名义或者投资人的名义从事经营活动；另一方面，个人独资企业不能独立承担民事责任，其投资者应以个人财产对企业债务负无限责任，所以个人独资企业是非法人组织。

二、不具有法人资格的专业服务机构

不具有法人资格的专业服务机构主要是指不具有法人资格，运用专业知识和专门技能为客户提供有偿服务的律师事务所、会计师事务所等。民法典将其规定为与个人独资企业、合伙企业并列的一类非法人组织，具有独立的民事主体地位，为更好地发挥这类专业服务机构在经济社会生活中的作用提供了新的法律保障。

思考题

1. 简述非法人组织的概念和特征。

2. 合伙企业有何特点？合伙企业如何承担财产责任？

3. 试分析合伙的内部关系。

4. 分析个人独资企业及不具有法人资格的专业服务机构的法律地位。

实务训练

（一）示范案例

案情： 甲、乙、丙三人达成一份书面合伙协议，约定各自出资 2 万元开饭馆，盈余亏损均分。饭馆装修时与宏达装饰公司签订合同，所欠装修款在饭馆开张后一年内归还。2006 年 7 月 18 日饭馆开张营业，经营半年后一直未盈利。由于甲和其他合伙人的意见不一致，便提出退伙，乙、丙不同意。甲于 2007 年 2 月底提走其出资 2 万元自行退出。乙、丙重新制定了饭馆的经营策略，为招揽顾客，招聘了四川名厨，推出了四川火锅系列，但苦于资金不足，又向丁借款 2 万元，约定于 2008 年 1 月 1 日还款。丁虽同意借款，但提出一个条件：若饭馆盈利，除了还本息之外，还应将所得利润分与其一份；若不盈利，乙、丙届时还本付息。经营到年底，饭馆不仅没有盈利，还亏损了 1 万元。2008 年 2 月 1 日，宏达公司向乙、丙索要欠款，丁也起诉要求乙、丙还本付息。法院把两案合并审理。

问：此案依法应当如何处理？为什么？

分析： ①宏达公司的欠款应当由甲、乙、丙三人共同承担无限连带责任。因为宏达公司的债务是甲、乙、丙三人合伙开业装修时所欠，尽管甲后来退伙，但应对合伙期间的债务负连带责任。②丁的债务应当由乙、丙二人负责偿还。因为丁不是乙、丙的合伙人，而是一种附条件的借款合同关系，同时乙、丙向丁借款时甲已经退伙，而且甲的退伙有效，所以甲不再负责偿还责任。

（二）习作案例

1. 甲、乙、丙三人合伙经营一餐厅，该店经核准登记，并起有字号。合伙协议约定由甲作为合伙事务执行人，同时约定盈余平均分配，亏损由甲一人承担。餐厅经营一年后，负债 6 万元，丁为债权人。此时，甲要求退伙，乙、丙表示同意。经查明，乙个人资产为 3 万元，同时乙个人欠戊 4 万元。

试分析：

（1）甲、乙、丙约定合伙亏损由甲一人承担是否有效？为什么？

（2）丁能否要求甲清偿合伙债务？为什么？

（3）乙欠戊的个人债务应如何清偿？为什么？

2. 魏某出资购买一辆货车，与朋友吴某一起成立了一家从事货运业务的合伙企业。二人商定由魏某负责对外联系业务，吴某负责开车送货，所得收入按 4∶1 的比例分成。2013 年 5 月，吴某送货途中由于失误造成货主齐某某货物损失 2 万元，解决纠纷时吴某同魏某意见分歧发生争执，吴某随即于 6 月 2 日退伙，并交付 4000 元赔偿费给魏某。很快魏某又找到涂某接替吴某开车送货，协商收入分配仍按 4∶1 的比例。6 月 17 日，魏某在与齐某某交涉解决赔偿事宜时，冲动之下将齐某某打伤并潜逃外地。齐某某家人随后找到吴某和涂某，要求二人负责赔偿货物损失 2 万元及医药费 6000 元，但吴、涂二人认为他们是替魏某打工的，赔偿之事应找魏某。齐某某遂向人民法院起诉。

试问：

（1）魏某与吴某、涂某之间是否成立合伙关系？

（2）齐某某的货物损失及受伤花费的医药费应当由谁承担？

3. 邓某是某高校的在读大学生，2000年8月，其在工商行政管理机关注册成立了一家主营信息咨询的个人独资企业，取名为"高飞信息咨询有限公司"。公司开业后经营状况良好，随后邓某的好友章某经协议投资5万元人民币加入该个人独资企业并参与经营。半年后，高飞公司经营不善导致负债10万元。邓某决定于2001年10月自行解散企业，但因为公司财产不足以清偿债务而被债权人诉诸人民法院。法院审理后认为邓某与章某形成事实上的合伙关系，判决责令邓、章二人对高飞公司的债务承担无限连带责任。

问题：

（1）该企业的设立是否合法？

（2）邓某是否有权自行解散企业？

（3）章某是否应当对公司债务承担责任？

模块三　民事法律行为

第六章

民事法律行为

学习目标与工作任务

通过本章的学习，重点理解民事法律行为的概念及法律特征；全面掌握民事法律行为的效力；学会运用民事法律行为的相关原理，解决在实践中出现的无效法律行为、可撤销的法律行为、效力待定的法律行为等方面问题的能力。

导入案例

甲去某地旅游，当地玉石资源丰富，且盛行"赌石"活动，买者购买原石后自行剖切，损益自负。甲花5000元向商家购买了两块原石，切开后发现其中一块为极品玉石，市场估价上百万元。双方订立的合同是否有效？

本案知识点：意思表示；法律行为的效力。

第一节　民事法律行为概述

一、民事法律行为的概念

《民法典》第133条对民事法律行为这样定义："民事法律行为是民事主体通过意思表示设立、变更、终止民事法律关系的行为。"该定义与《民法通则》相比较，不同点主要表现在：①明确了"意思表示"在法律行为中的作用和核心地位。"意思表示"是法律行为的核心，由于《民法通则》没有"意思表示"的表达，也就没有定义出"法律行为"的实质，因此，难以将"法律行为"与其他概念和制度清楚地区分。②法律行为不作"合法性"要求，这是吸收学理关于法律行为研究的具体体现。《民法通则》第54条曾将民事法律行为局限于"合法行为"，许多学者提出了批判，认为"合法性"要求不必要。《民法典》第133条不再作此要求，扩大了民事法律行为概念的适用范围，即凡是基于意思表示而变动权利义务的行为，都属于民事法律行为的范畴，等同于《民法通则》中的"民事行为"概念。

二、民事法律行为的特征

（一）民事法律行为以意思表示为要素

所谓意思表示，是指行为人把要求设立、变更、终止民事权利义务关系的内心意思以一定的方式表示于外部的行为。该行为的成立应具备两个要素：一是"意思"，行为人要有希望设立、变更或终止某种民事权利义务关系的内心想法和主观愿望，即行为人进行民事法律行为的初衷；二是"表示"，即行为人将其"意思"通过一定的方式表现于外部，否则难以为他人所知晓，也难以获得法律的承认，当然也就不会产生任何预期的法律后果。

法律行为作为最重要的法律事实，是人的一种有意识的活动，这种意识即表现为行为人的意思表示，行为人以法律的方式将其内心愿望表达为法律行为，因此，意思表示成为法律行为的最基本要素。

法律行为以"意思表示"为要素，从而使其区别于其他同样能够引起法律上权利义务的事实，例如，侵权行为、不当得利、无因管理等。《民法典》第133条"民事主体通过意思表示设立、变更、终止民事法律关系的行为"正是这一思想的体现。

（二）民事法律行为的目的在于引起一定民事法律后果

法律行为的目的在于产生具体的私法上的权利义务关系，并且这种法律后果是主体意思表示中所预设的希望发生的并且积极追求的，而不是法律强加于当事人的，法律只是被动认可。行为作为人的一种有意识的活动，都具有其目的性，而且都能引起某种后果的出现。也就是说，是一种能够引起行为人在进行该项民事法律行为时所希望发生的民事法律后果。在现实生活中，有的行为，如邀请朋友来家里做客，虽然是一种有意识的活动，但行为因主观上并没有希望产生某种民事权利义务关系的目的，当然不是民事法律行为。有些人的民事行为虽然也产生法律后果，但这种法律后果并非基于行为人的意思及效果预设，而是基于法律规定，如侵权行为虽然是人的行为，但却是典型的非法律行为，其侵权行为的赔偿责任后果是基于法律的强制性规定，而不是基于行为人积极的预设。

（三）法律行为的本质为私法自治

几乎所有学者都认识到了这一点，即法律行为是实现私法自治的工具，如梅迪库斯指出："意思表示是法律行为的工具，而法律行为又是私法自治的工具。"[1]法律行为的这一本质在其作用范围中明显地体现了出来：凡是允许私法自治的领域才适用法律行为，因此，法律行为在民法中具体表现为合同行为、婚姻行为与遗嘱行为。自然地，法律行为也就作为合同行为、婚姻行为与遗嘱行为的上位概念。这三种行为的共同规则就是法律行为的规则，反过来说，法律行为的制度规则对于这三种行为是通用的。

---

〔1〕〔德〕迪特尔·梅迪库斯：《德国民法总论》，邵建东译，法律出版社2000版，第142~143页。

（四）法律行为是法律事实的一种

法律行为是法律事实的一种，法律事实包括以人的意志为转移的行为和不以人的意志为转移的事件，前者为法律行为，后者就是非法律行为。美国学者梅利曼指出，法律行为概念是以"法律事实"为基础的。我们知道，法律规范中包含着一个典型的事实状态和一个法律后果的表述。如果与典型事实状态相吻合的具体事实发生，那么，法律后果就随之出现。法律事实是指一个事件（如人的出生或者死亡，一个契约的订立等）。这个事件同典型的事实状态相吻合，因而就带来一定的法律后果。他是一个与法律有关的事实，有别于那些无任何法律意义的事件。法律事实包含了"不以人的意志为转移而自然发生的事实（如人因疾病、地震而死亡）以及人的自愿、审慎的法律行为"。因此，法律事实分为两种：严格意义上的法律事实（即纯粹的法律事实）和自愿、审慎的法律行为。[1] 我们所说的法律行为，是在后一种意义上使用的。

第二节 民事法律行为的分类

导入案例

王某与张某签订了一份书面合同，约定由王某在签约后 3 日借给张某 2 万元，张某于半年后偿还该 2 万元并支付 10% 的利息。该行为属于何种民事法律行为？依民事法律行为有无对价为标准，可分为有偿行为和无偿行为。有偿行为是指行为人双方须为对价的行为；无偿行为是指没有对价的行为。本题中，王某与张某之间的借贷合同，张某取得借款是以支付 10% 的利息为对价的，故为有偿行为；以民事法律行为于意思表示之外是否还必须交付实物为标准，可分为诺成性行为与实践性行为。仅以意思表示为成立要件的民事法律行为为诺成性行为；除意思表示外，还需要以物的交付作为成立要件的民事法律行为为实践性行为。王某与张某之间的借贷合同为民间借贷合同，依《合同法》第 210 条规定，应为实践性合同，须于提供借款时才生效。

本案知识点：借贷行为；民事法律行为分类。

民事法律行为，可以从不同的角度，按照不同的标准，作不同的分类。对民事法律行为作出科学的分类，有利于我们了解和掌握民事法律规范对不同种类的民事法律行为的不同适用，以便分析判断现实生活中发生的各种民事活动是否具备民事法律行为的成立要件。

一、单方民事法律行为与多方民事法律行为

《民法典》第 134 条第 1 款规定："民事法律行为可以基于双方或者多方的意思

---

〔1〕 ［美］约翰·亨利·梅利曼：《大陆法系》，顾培东、禄正平译，法律出版社 2004 版，第 79 页。

表示一致成立，也可以基于单方的意思表示成立。"这是在法律行为成立时依赖意思表示而作的分类。因此，根据民事法律行为的成立是由单方还是双方或者多方的意思表示，可将民事法律行为分为单方民事法律行为与多方民事法律行为。

单方民事法律行为，是基于当事人一方的意思表示而成立的法律行为。这种法律行为的特点是：仅凭一方的意思表示而不需要对方或其他任何人的同意，便能发生行为人预期的法律后果。

单方法律行为大致可分为三种：①仅仅以单方行为处分自己的权利，如所有权抛弃。②为他人设权的行为，如授予代理权的行为、立遗嘱的行为。③行使法律规定或者当事人约定的权利，如解除权、撤销权、追认权等形成权。

多方民事法律行为必须包括有两个或者两个以上的意思表示才能成立法律行为。由于在多方法律行为中情况比较复杂，因此，学理一般要对多方法律行为再分类，即双方法律行为、多方法律行为与决议。

1. 双方民事法律行为。双方民事法律行为一般是指契约，由两个意思表示一致而成立的法律行为。契约的当事人可以是多个，这多个当事人必须形成对立双方。当事人虽为多数人，但却仅仅能够形成两个意思表示，例如，A、B、C 三方当事人，AB 为一方，C 为一方，双方所期待的法律后果是因为他们之间相互一致意思表示而产生的。[1] 这种法律行为的特点是：必须由双方当事人作出意思表示，而且双方的意思表示还必须相一致或者相对应，才能发生行为人所预期的法律后果。买卖合同、赠与合同等属于双方民事法律行为。

2. 多方民事法律行为。多方法律行为应称为"共同行为"，即因当事人多个方向相同的意思表示趋于一致而形成的法律行为，因其特征为多数意思表示的平行一致，故也称为合同行为。[2] 这就是合同与契约的区别（即多方法律行为与双方法律行为的区别），如合伙协议、公司发起协议等，属于多方法律行为。

3. 决议。《民法典》第 134 条第 2 款规定："法人、非法人组织依照法律或者章程规定的议事方式和表决程序作出决议的，该决议行为成立。"德国学者一般认为，应把决议从合同中分离出来。决议是人合组织、合伙、法人等由若干人组成的机构（如社团的董事会）通过语言形式表达出来的意思所形成的结果。决议可以以全票通过的方式作出，也可以多数票通过的方式作出。[3]

区分单方法律行为与多方法律行为的意义在于：对把握各种不同法律行为的成立和不同法律行为的效力具有重要意义。

二、诺成性民事法律行为与实践性民事法律行为

根据民事法律行为的成立是否以交付实物为条件，可将民事法律行为分为诺成

---

〔1〕　［德］卡尔·拉伦茨：《德国民法通论》，谢怀栻等译，法律出版社 2002 版，第 432 页。

〔2〕　邱聪智：《民法总则（上）》，三民书局股份有限公司 2005 版，第 463 页。

〔3〕　［德］卡尔·拉伦茨：《德国民法通论》，谢怀栻等译，法律出版社 2002 版，第 433 页。

性民事法律行为与实践性民事法律行为。

诺成性民事法律行为，是指双方当事人意思表示一致即可成立的法律行为，一方当事人向另一方作出建立某种法律关系的建议，另一方对此表示同意，法律行为即可成立。如买卖、租赁等都是诺成性法律行为。除法律规定或双方当事人有特别约定外，双方意思表示达成协议即发生法律行为的效力。

实践性民事法律行为，是指除了双方当事人意思表示相一致以外，还要交付实物才能成立的法律行为，所以又称为要物法律行为。这种法律行为的特点是：仅有双方当事人意思表示相一致或相对应，不能在双方当事人之间产生民事权利义务关系。只有将标的物交付给对方当事人时，民事法律行为才算成立。如赠与等，通常认为属于要物法律行为。

区分诺成性法律行为与实践性法律行为，掌握这两种民事法律行为的成立要件，可以帮助人们识别哪些民事法律行为已经成立、具有了法律效力，哪些还不具备民事法律行为的成立要件，双方所确定的民事权利义务还不能发生法律效力。另外，这种分类对我们认定民事法律行为成立的时间以及标的物所有权转移的时间均有重要意义。

三、有偿民事法律行为与无偿民事法律行为

根据一方当事人的民事法律行为是否要求对方给予相应的报偿来划分，可将民事法律行为分为有偿民事法律行为与无偿民事法律行为。

有偿民事法律行为，是指一方当事人为对方承担某种民事义务时，有权要求对方当事人承担对等给付的民事义务，即当事人一方以付出某种利益为代价交换所获得的利益。如买卖、租赁、承揽等均属于有偿法律行为。现实生活中，大多数民事法律行为都属于有偿民事法律行为。

无偿民事法律行为，是指一方当事人向对方承担某种民事义务时，并不要求对方当事人承担对等给付的民事义务，即不要求对方当事人给予补偿。如赠与合同即属此类。现实生活中，无偿民事法律行为所占比例较小，这主要是由民法所调整的财产关系本质上属于商品经济关系这一基本特征所决定的。

区分有偿法律行为与无偿法律行为的意义在于，可据此来确定当事人责任的大小及其范围。一般来说，有偿民事法律行为的义务人的民事责任较之无偿民事行为要重。

四、要式民事法律行为与不要式民事法律行为

以民事法律行为的成立是否必须依照某种特定的形式为标准，可以将民事法律行为分为要式民事法律行为与不要式民事法律行为。

要式民事法律行为，是指依照法律规定，必须采用某种特定的行为或履行某种特定的程序才能成立的民事法律行为。这种民事法律行为的特点是：行为人如果不按照法律规定的形式进行，该行为便由于形式要件欠缺而不能发生法律效力。当事人双方约定其法律行为必须采取某种形式时，也具有要式行为的性质，双方必须遵

守。如房屋买卖，当事人不仅需要采取书面形式签订买卖合同，而且还要到房屋所在地的房管部门办理房屋所有权转移的过户登记手续方能发生法律效力。

不要式民事法律行为，是指法律不要求采用特定形式，当事人可自由选择某种形式即能成立的民事法律行为。对于不要式民事法律行为，可不拘泥于形式要件，只要在事实上能够证明某种法律行为确实存在，就能够发生法律效力，行为人究竟采用何种形式，可由当事人自由选定。如即时清洁的买卖合同等，通常都属于不要式法律行为。

五、主民事法律行为与从民事法律行为

以民事法律行为之间的相互关系为标准，可将民事法律行为分为主民事法律行为与从民事法律行为。

主民事法律行为，是指不需要借助其他法律行为的存在就可独立成立的民事法律行为。这种法律行为的特点是：其可独立成立而存在，而不需依附于其他的民事法律行为。

从民事法律行为，是指依附于其他民事法律行为的存在而存在的民事法律行为。这种法律行为的特点是：其成立及效力均取决于主法律行为的成立及效力。主法律行为不成立，从法律行为即无从成立；主法律行为无效，将会直接导致从法律行为不能生效。如借贷合同订立时，出借方为了保证借贷方能够到期还本付息，而要求借贷方提供抵押物作为债权的担保，从而又订立了抵押合同。在这两个合同关系中，借贷合同是主法律行为，而依附于借贷合同的存在而存在的抵押合同则属于从法律行为。

六、有因民事法律行为与无因民事法律行为

根据财产行为中是否以给付原因作为成立要件，可将民事法律行为分为有因民事法律行为与无因民事法律行为。

有因民事法律行为是指与原因不可分离的行为。所说的原因就是民事法律行为的目的，对于有因行为，原因不存在，行为就不能生效。

无因民事法律行为是指行为与原因可以分离，不以原因为要素的行为。例如票据行为就是无因行为。无因法律行为并非没有原因，而是指原因无效并不影响行为的效力。例如债权转让或债务承担合同行为即为无因法律行为，委托代理关系中委托人的授权行为也是无因法律行为。

例如，甲欠乙的债务 100 万元，乙将其对甲的债权转让给丙，乙、丙之间订立债权转让合同是有原因的，比如赠与、偿还债务等。但债权转让行为与上述原因彼此分离，原因的瑕疵并不影响债权转让合同本身的效力。

区分有因民事法律行为与无因民事法律行为的意义在于：有因民事法律行为如原因不存在，则行为无效；无因民事法律行为，原因不存在或原因有瑕疵时，行为本身有效，仅发生不当得利问题。另外，这种分类只限于财产法上的行为，身份行为不存在此种区分。

七、财产民事法律行为与身份民事法律行为

根据法律行为引起变化的法律关系的性质，可将民事法律行为分为财产民事法律行为与身份民事法律行为。

财产民事法律行为，是指导致财产关系发生、变更、终止的民事法律行为。其特点是导致发生、变更、终止的法律关系的内容具有直接的财产属性。如买卖、赠与等。

身份民事法律行为，是指导致身份关系发生、变更、终止的民事法律行为。其特点是导致发生、变更、终止的法律关系的内容表现为某种特定的身份关系，具有人身属性。如婚姻、收养等行为即为身份民事法律行为。

八、财产处分民事法律行为与财产负担民事法律行为

以财产民事法律行为的效果是否直接引起财产权的转移和消灭为标准，可将民事法律行为分为财产处分民事法律行为与财产负担民事法律行为。

财产处分民事法律行为，是指能够直接引起财产权转移和消灭，而无须有义务人履行的民事法律行为。如动产的交付、转让或放弃债权等。

财产负担民事法律行为，是指能够发生债务给付义务效果，据此可产生请求权的民事法律行为。如签订买卖合同等。

第三节　意思表示

一、意思表示的概念

意思表示是指表意人向他人发出的表示，据此向他人表明，某项特定的法律后果应该发生效力。[1] 我国学者一般将其表述为：意思表示是行为人把进行某一项民事法律行为的内心意愿，以一定方式表达于外部的行为。[2]

二、意思表示的方法

意思表示由效果意思、表示意识与表示行为三个要素构成。此处意思表示的方法，当然是指表示行为的方法。我国《民法典》第140条第1款规定："行为人可以明示或者默示作出意思表示。"第2款规定："沉默只有在有法律规定、当事人约定或者符合当事人之间的交易习惯时，才可以视为意思表示。" 因此，意思表示有明示、默示和沉默三种方式。

明示的意思表示是指表意人以语言、文字、符号、手势或者其他方式，其效果意思直接表示于外部的行为，又称为直接的意思表示。

默示的意思表示，是指表意人以某种行动或者态度所显示的意思，学理上称之为意思证实。例如：在租赁合同期满以后，出租人继续接受承租人交付的租金，则

---

〔1〕 [德] 卡尔·拉伦茨：《德国民法通论》，谢怀栻等译，法律出版社2002版，第451页。

〔2〕 佟柔主编：《中国民法学·民法总则》，中国人民公安大学出版社1990版，第218页。

视为同意延期的意思表示。法律有时甚至明确规定有些意思表示必须采取明示的方式。我国《民法典》第 480 条规定："承诺应当以通知的方式作出；但是，根据交易习惯或者要约表明可以通过行为作出承诺的除外。"

沉默的意思表示，是指行为人以不作为或者有特定意义的沉默，间接表示其内在意思的表达形式。在民法上，沉默与默示不同，默示是一种表达意思的方式，而沉默根本就不构成表示，它既不构成同意，也不构成拒绝。根据《民法典》第 140 条第 2 款的规定，沉默需要在三种特定情形下才能发生意思表示的效力：一是法律规定，二是当事人约定，三是交易习惯。如我国《民法典》第 638 条规定："试用买卖的买受人在试用期内可以购买标的物，也可以拒绝购买。试用期限届满，买受人对是否购买标的物未作表示的，视为购买。"

三、意思表示的生效

意思表示的目的在于引起预设的法律后果，意思表示何时生效？根据我国《民法典》第 137 条、138 条、139 条的规定，意思表示的生效时间有以下三种情况：

（一）有相对人的意思表示

有相对人的意思表示，是指需送达给相对人才能生效的意思表示。如要约、承诺、解除合同的通知等。有相对人的意思表示分为对话意思表示和非对话意思表示。

1. 对话意思表示。我国《民法典》第 137 条第 1 款规定："以对话方式作出的意思表示，相对人知道其内容时生效。"对话意思表示可以实现即时沟通的，如以当面交谈、哑语、打电话、打旗语等方式作出的意思表示，其生效时间采取了解主义原则，即相对人知道其内容时生效。

2. 非对话意思表示。我国《民法典》第 137 条第 2 款规定："以非对话方式作出的意思表示，到达相对人时生效。以非对话方式作出的采用数据电文形式的意思表示，相对人指定特定系统接收数据电文的，该数据电文进入该特定系统时生效；未指定特定系统的，相对人知道或者应当知道该数据电文进入其系统时生效。当事人对采用数据电文形式的意思表示的生效时间另有约定的，按照其约定。"非对话意思表示无法实现及时沟通的，如以信件、邮件、数据电文等方式作出的意思表示，其生效时间采取到达主义原则。

（二）无相对人的意思表示

无相对人的意思表示，是指无需送达给他人即可生效的意思表示。例如，遗嘱、动产的抛弃。无相对人的意思表示不涉及相对方信赖，在意思表示完成时即生效。法律对生效时间有特别规定的，依照其规定，如继承法上的遗嘱为死因行为，自遗嘱人死亡时发生法律效力。

（三）以公告作出意思表示

以公告作出意思表示，有的有相对人，有的无相对人。由于公告的特殊性，一经发出，即视为到达。《民法典》第 139 条规定："以公告方式作出的意思表示，公告发布时生效。"因此，无论是否具有相对人，以公告方式作出的意思表示，公告发布时生效。如悬赏广告在发布时发生法律效力。

四、意思表示的撤回

意思表示撤回，是指在意思表示人发出意思表示之后，意思表示生效之前，宣告收回发出的意思表示，取消其效力的行为。

有相对人意思表示采取"到达主义"的场合，在发出意思表示与到达相对人之间有一段时间，在这段时间段内，法律允许表意人撤回意思表示。《民法典》第141条规定："行为人可以撤回意思表示。撤回意思表示的通知应当在意思表示到达相对人前或者与意思表示同时到达相对人。"

无相对人的意思表示的撤回，因其发出即可产生效力，因此，与有相对人的意思表示的撤回不同，一般应采用与发出意思表示同样的方式或者其他特别方法才能撤回。

五、意思表示的解释

我国《民法典》第142条规定了意思表示的解释，有相对人的意思表示的解释，应当按照所使用的词句，结合相关条款、行为的性质和目的、习惯以及诚实信用原则，确定意思表示的含义。无相对人的意思表示的解释，不能拘泥于所使用的词句，而应当结合相关条款、行为的性质和目的、习惯以及诚实信用原则，确定行为人的真实意思。

第四节　民事法律行为的效力

一、民事法律行为效力的概述

一个法律行为成立后，并不一定能够发生行为人预设的法律后果。根据我国《民法典》第143~160条的规定，法律行为的效力状态可能会出现以下几种情况：其一，成立后生效（有效）。其二，完全不发生当事人预设的效果（无效）。其三，虽然生效，但违背当事人的真实意思，法律赋予当事人自我决定是否让其无效的权利（可撤销）。其四，效力待定。当然，法律行为的当事人还可以自己设定生效或者失效的条件来控制法律行为的效力（附条件和附期限的法律行为）。

二、民事法律行为的生效

民事法律行为的生效，是指法律行为应符合法律规定，而能够引起民事法律关系的设立、变更或者终止的法律效力。民事法律行为成立之后，需具备生效的要件，才能使法律行为发生法律上的效力，发生设立、变更或者消灭民事法律关系的法律后果。《民法典》第143条规定的就是民事法律行为生效的要件。包括：

（一）行为人具有相应的民事行为能力

民事法律行为以行为人的意思表示为要素，当事人必须具有健全的理智和判断能力，因而必须具有相应的民事行为能力。例如，完全民事行为能力人可以实施民事法律行为；限制民事行为能力人不具有相应的行为能力，实施的法律行为需要经过其法定代理人的同意或者追认。法人必须在核准登记的经营范围内从事经营活动。

（二）意思表示真实

意思表示真实，是指当事人的内心意思与外部表示相一致。换言之，当事人必须在意思自由、能够辨认自己行为的法律效果的情况下进行意思表示，不存在胁迫、误解等情况。

（三）不违反法律、行政法规的效力性强制规定，不违背公序良俗

法律行为必须符合法律、行政法规的效力性强制规定，并且在不违反公序良俗的情况下，才能具有法律效力。不违反法律、行政法规是不违反效力性强制性的法律和行政法规，违反管理性强制性法律、行政法规的规定，要根据具体情况确定，而不是一律无效。《民法典》第8条也规定了公序良俗原则，要求民事主体从事民事活动，不得违反法律，不得违反公序良俗，因此违反法律、违反公序良俗的民事法律行为无效。

三、民事法律行为的无效

民事法律行为的无效是指法律按照一定条件对于已经成立的法律行为进行评价后所得的否定性结论。即法律行为因不具备生效条件而使当事人预设的法律后果不能发生。引起民事法律行为无效的原因有：

（一）法律行为因欠缺行为能力而无效

《民法典》第144条规定："无民事行为能力人实施的民事法律行为无效。"本条规定的是无民事行为能力人实施的民事法律行为的效力。无民事行为能力人实施的行为是绝对无效的法律行为，其行为自始无效。民事法律行为的核心是意思表示，意思表示的前提是有行为能力。无行为能力，意味着意思表示的前提不存在，因此，这种法律行为当然无效。

（二）法律行为因违反法律、行政法规的强制性规定而无效

《民法典》第153条规定："违反法律、行政法规的强制性规定的民事法律行为无效。但是，该强制性规定不导致该民事法律行为无效的除外。"

规定违反法律、行政法规的强制性规定的民事法律行为无效的基础是：《民法典》第8条把民事主体从事民事活动不得违反法律，不得违背公序良俗作为民法的基本原则；同时，《民法典》第143条规定了民事法律行为的生效要件，其中包括不得违反法律、行政法规的强制性规定，不得违背公序良俗。正是在这样的基础上，规定民事法律行为违反法律、行政法规的强制性规定，就当然无效。

（三）违背公序良俗的民事法律行为无效

《民法典》第153条第2款规定："违背公序良俗的民事法律行为无效。"

《民法典》第8条把公序良俗作为民法的基本原则。其基本作用是：在非交易的民事法律行为和民事活动中，把公序良俗作为衡量利益冲突的一般标准。平衡民事主体之间的利益冲突，确保正常的社会公共秩序，强调善良风俗的道德标准，也是衡量民事法律行为效力的准则，以此达到保护弱者，维护社会正义的目的。

（四）法律行为因虚假意思表示而无效

《民法典》第 146 条规定："行为人与相对人以虚假的意思表示实施的民事法律行为无效。以虚假的意思表示隐藏的民事法律行为的效力，依照有关法律规定处理。"

1. 虚假行为。虚假行为，又称为伪装行为，是指行为人与相对人通谋而为虚假的意思表示。虚假表示是双方行为，是双方进行串通的行为，是双方当事人的意思表示都不真实，而不是一方当事人的意思表示不真实。因双方当事人欠缺受拘束的效果意思，虚假行为是无效的。

2. 隐藏行为。隐藏行为，是指行为人将其真意隐藏在虚假的意思表示中。表意人与相对人之间因碍于情面或者其他原因，所为的意思表示虽非出于真意，却隐藏他项法律行为的真正效果，其实质，就是同谋虚伪的意思表示中，隐藏着他项法律行为。例如，为了逃避税法而将买卖行为表示为赠与行为，赠与行为是虚假意思表示，买卖行为是真实意思表示。

（五）法律行为因恶意串通损害他人利益而无效

《民法典》第 154 条规定："行为人与相对人恶意串通，损害他人合法权益的民事法律行为无效。"

1. 恶意串通行为的概念。恶意串通，是当事人为实现某种目的，进行串通，共同订立民事法律行为，造成国家、集体或者第三人利益损害的违法行为。

2. 恶意串通的构成要件。

（1）当事人在主观上具有恶意。构成恶意串通，在主体上应当是参加该民事行为的当事人都具有恶意，而不是只有一方当事人具有恶意。恶意的内容，是当事人对于牟取非法利益的恶意，至于对损害国家、集体、第三人的利益的后果，则可以是希望、追求，或者是放任其发生。这样的恶意是主观上的故意，恶意串通不能由过失构成。

（2）当事人之间互相串通。串通是指相互串连、勾通，使当事人之间在行为的动机、目的、行为以及行为的结果上达成一致，共同实现非法目的。具体表现可以是经过串通，双方当事人共同达成一项协议，也可以是一方当事人提出某种实现非法目的的意思表示，另一方当事人明知其恶意而予以接受。在实现非法目的的意思表示达成一致后，当事人约定互相配合或者共同实施该种民事法律行为。

（3）双方当事人串通实施的行为损害他人的合法权益。恶意串通的结果，应当是自然人、法人或者非法人组织的合法权益受到损害。损害他人合法权益应当是恶意串通的损害结果。

3. 恶意串通行为的法律后果。恶意串通订立的民事法律行为是绝对无效的民事法律行为，发生民事法律行为无效的法律后果。

（六）民事法律行为无效的法律后果

上述民事法律行为无效的法律后果，根据我国《民法典》第 155～157 条的规定，其效力有以下几种：

1. 法律行为自始无效。《民法典》第 155 条规定："无效的或者被撤销的民事法律行为自始没有法律约束力。"

2. 法律行为部分无效。《民法典》第 156 条规定："民事法律行为部分无效，不影响其他部分效力的，其他部分仍然有效。"

3. 恢复原状。包括返还财产、赔偿损失。《民法典》第 157 条规定："民事法律行为无效、被撤销或者确定不发生效力后，行为人因该行为取得的财产，应当予以返还；不能返还或者没有必要返还的，应当折价补偿。有过错的一方应当赔偿对方由此所受到的损失；各方都有过错的，应当各自承担相应的责任。法律另有规定的，依照其规定。"

四、法律行为的可撤销

法律行为的可撤销是指表意人因为自身或者外在因素导致的意思与表示不一致，可以请求法院或者仲裁机构撤销该意思表示，从而使法律行为溯及地消灭。引起民事法律行为可撤销的原因有：

（一）法律行为因重大误解而可撤销

《民法典》第 147 条规定："基于重大误解实施的民事法律行为，行为人有权请求人民法院或者仲裁机构予以撤销。"

1. 重大误解的概念。所谓重大误解，是指行为人对于与法律行为有关的重大事项所作的错误认识并使行为与自己的意思相悖的情形。按照《最高人民法院关于贯彻执行〈中华人民共和国民法通则〉若干问题的意见（试行）》（以下简称《民通意见》）第 71 条，行为人因对行为的性质、对方当事人、标的物的品种、质量、规格和数量等产生错误认识，使行为的后果与自己的意思相悖，并造成重大损失的，可以认定为重大误解。

2. 重大误解的构成要件。

（1）须是当事人因为误解作出了意思表示。首先是当事人已经作出了意思表示，其次是当事人的意思表示是由于误解而作出的。意思表示是外在的表现，支配这种意思表示的，是误解。误解可以是一方当事人的误解，但并不排除双方当事人都有误解的情况。

（2）重大误解的对象须是民事法律行为的内容。重大误解的对象主要是民事法律行为的主要条款，对非主要条款发生误解的，如果关系到当事人的重大利益，也认为是重大误解。例如对民事法律行为的性质、民事法律行为的当事人、民事法律行为标的物的质量、民事法律行为标的物的品种、民事法律行为的价金和费用等发生的误解，都可以构成重大误解。

（3）误解是由当事人自己的过失造成的。重大误解这种错误认识是由于当事人自己的过失造成的，而不是对方当事人的过失造成的。误解与误传是不一样的，误解是由于自己的错误理解所致，误传则是由于前手的错误造成自己的误解，是数名当事人的错误。

3. 重大误解的后果。当事人由于重大误解而实施的民事法律行为，其法律后果是相对无效，重大误解的一方行为人，有权请求人民法院或者仲裁机构予以撤销。撤销权是行为人所享有的，他可以行使这个权利，也可以不行使这个权利。如果行为人不行使撤销权，不请求对该民事法律行为予以撤销，该重大误解的民事法律行为就继续有效。

（二）法律行为因欺诈而可撤销

《民法典》第148条规定："一方以欺诈手段，使对方在违背真实意思的情况下实施的民事法律行为，受欺诈方有权请求人民法院或者仲裁机构予以撤销。"

1. 欺诈的概念。欺诈是指故意向对方提供虚假情况或者有说明义务时，故意隐瞒事实或违反说明义务。

2. 欺诈的类型。根据《民法典》第148条和第149条两个不同的条文规定，欺诈分为两种情况，一是法律行为当事人一方欺诈；二是第三人（当事人之外的人）的欺诈。《民法典》第149条规定："第三人实施欺诈行为，使一方在违背真实意思的情况下实施的民事法律行为，对方知道或者应当知道该欺诈行为的，受欺诈方有权请求人民法院或者仲裁机构予以撤销。"

（1）一方欺诈行为的概念和构成要件。当事人一方的欺诈，是指民事法律关系的当事人一方故意实施某种欺骗他人的行为，并使该他人陷入错误而与欺诈行为人实施的民事法律行为。一方欺诈的构成要件是：

第一，欺诈的一方须出于故意。欺诈也称为诈欺，当事人在主观上必须是故意所为，过失不构成欺诈。欺诈行为要求欺诈行为人在主观上明知自己与对方当事人订立民事法律行为的意图就是欺骗对方，仍然在追求这样的结果实现。欺诈可以表现为两种形式，一种是以欺诈为手段，引诱对方当事人与其订立民事法律行为；另一种是订立民事法律行为的行为本身就是欺诈。

第二，欺诈行为人在客观上实施了欺诈的行为。欺诈行为可以分为两种，一种是积极欺诈行为，就是行为人故意捏造事实，虚构情况，诱使对方当事人上当受骗，与其订立民事法律行为。例如，称赝品为真品、伪造原产地证明等。另一种是消极欺诈行为，即行为人故意隐瞒真实情况，不将真实情况告知对方当事人，使对方当事人上当受骗，与其订立民事法律行为。例如，对交付的民事法律行为标的物的瑕疵，应当告知而不告知。

第三，受欺诈一方是在违背真实意思的情况下实施民事法律行为。在受欺诈订立的民事法律行为中，一方当事人是受行为人的欺诈，而使自己陷入错误的认识之中，由此作出错误的意思表示，与行为人订立民事法律行为。

具备以上三个要件，就构成一方欺诈行为，这也是民事法律行为相对无效的条件。

一方欺诈行为的法律后果是：受欺诈方有权请求人民法院或者仲裁机构予以撤

销。既是可撤销的民事法律行为，对此，受欺诈的对方就享有撤销权，可以行使撤销权，向人民法院或者仲裁机构请求撤销该意思表示。

不过，民事欺诈往往与诈骗犯罪相联系。一般而言，诈骗犯罪都是民事欺诈，但民事欺诈并不都是诈骗犯罪。

（2）第三人欺诈行为的概念和构成。第三人欺诈行为，是指民事法律行为当事人以外的第三人，对一方当事人故意实施欺诈行为，致使该方当事人在违背真实意思的情况下，与对方当事人实施的民事法律行为。第三人欺诈行为的构成要件是：

第一，实施欺诈行为的欺诈行为人，是民事法律行为双方当事人之外的第三人，而不是民事法律行为的双方当事人。

第二，第三人实施欺诈行为是对民事法律行为当事人的一方进行欺诈，而不是对民事法律行为当事人的双方进行欺诈。

第三，受欺诈的一方当事人由于受第三人的欺诈，在违背真实意思的情况下，与对方当事人实施了民事法律行为。

第四，尽管第三人不是对受欺诈人的对方当事人实施的欺诈行为，但是对方当事人在与受欺诈一方当事人实施民事法律行为时，可能知道或者应当知道第三人的欺诈行为，但是也可能不知道这种欺诈行为。

第三人欺诈行为的法律效力，分为两种类型：一是因第三人欺诈行为而实施的民事法律行为，对方当事人知道或者应当知道该欺诈行为的，该行为属于可撤销的民事法律行为，受欺诈一方当事人享有撤销权，有权请求人民法院或者仲裁机构对该民事法律行为予以撤销；二是因第三人欺诈行为而实施的民事法律行为，如果对方当事人不知道或者不应当知道欺诈行为的，该民事法律行为有效，受欺诈的一方当事人不享有撤销权，不得请求人民法院或者仲裁机构撤销该民事法律行为。如果受欺诈的一方当事人因第三人的欺诈行为，在实施该民事法律行为中受到损害的，可以依照《民法典》第1165条第1款的规定，请求第三人承担侵权责任，补偿自己的损失。

3. 因欺诈而撤销的法律行为的后果。只有受欺诈一方享有撤销权，且必须以仲裁或诉讼方式行使。法律行为因欺诈而撤销后，撤销权人对于相对人无缔约过失的赔偿义务，也就是说，相对方无缔约过失赔偿请求权。

（三）法律行为因胁迫而可撤销

《民法典》第150条规定："一方或者第三人以胁迫手段，使对方在违背真实意思的情况下实施的民事法律行为，受胁迫方有权请求人民法院或者仲裁机构予以撤销。"

1. 胁迫的概念。胁迫是指行为人以将来发生的祸害或者实施不法行为，给另一方当事人以心理上的恐吓或者直接造成损害，迫使对方当事人与其实施民事法律行为。

2. 胁迫的类型。根据《民法典》第150条的规定，胁迫分为两种，一是当事人胁迫；二是第三人胁迫。前者主要是行为人以将来发生的祸害相威胁，使相对人产生心理上的恐怖，不得不与其订立民事法律行为。后者是以直接实施的不法行为相威胁，给相对人造成人身伤害或财产损害，使相对人不得不与其订立民事法律行为。

3. 胁迫行为的构成要件。

（1）必须有胁迫行为。其一，胁迫行为是指不法加害，或者预告危害。前者例如，如果不以低价出售货物，将受到胁迫人毒打或杀害。后者例如，如果你不购买某种货物，上天就要惩罚你等。其二，胁迫的对象可以是被胁迫人本人或者其财产，也可以是他的亲属，或者其他有可能使受胁迫的人产生心理恐惧的人或者财产。其三，胁迫人既可以是法律行为的当事人，也可以是第三人。

（2）胁迫的非法性。胁迫的非法性包括目的非法与手段非法。目的非法，如以检举被胁迫人的犯罪事实为手段而胁迫对方签订有利于胁迫人的合同，此处使用的手段合法，但追求的目的非法；手段非法，是指追求的目的合法，但使用的方法为法律所禁止。如债权人以债务人生命或者健康相威胁，逼迫债务人偿还债务。

（3）胁迫与受胁迫的意思表示之间应当具有因果关系。也就是说，胁迫人的胁迫对受胁迫人来说，产生了实质性的作用和效果，即使得受胁迫人在心理上产生了恐惧，从而实施订立民事法律行为的行为。

具备上述三个要件，即构成民事法律行为相对无效。

4. 受胁迫行为的法律后果。胁迫行为的性质，是可撤销的民事法律行为，受胁迫方对该民事法律行为享有撤销权，有权请求人民法院或者仲裁机构予以撤销。只有受胁迫一方享有撤销权，且必须以仲裁或诉讼方式行使。

（四）法律行为因显失公平而可撤销

《民法典》第151条规定："一方利用对方处于危困状态、缺乏判断能力等情形，致使民事法律行为成立时显失公平的，受损害方有权请求人民法院或者仲裁机构予以撤销。"该条将乘人之危归并在显失公平之中，统一称为"显失公平。"《民法典》不再沿用《民法通则》与《合同法》的模式，而仅仅规定了"显示公平"的法律行为，将乘人之危作为显失公平的内在因素。

1. 显失公平的概念。显失公平，是指一方当事人利用对方处于困境，或者缺乏判断能力等情况，与对方当事人实施的对自己明显有重大利益而使对方明显不利的民事法律行为。

2. 显失公平的构成要件。

（1）双方权利义务明显不对等。

（2）双方权利义务不对等是在民事法律行为成立时。如果法律行为成立以后发生的不对等，则不适用可撤销。

（3）导致显失公平的原因必须是受害人缔约时处于明显不利的地位并受到损害。

3. 受胁迫行为的法律后果。按照《民法典》第151条的规定，受到损害的一方基于显失公平的民事法律行为，享有撤销权，有权向人民法院或者仲裁机构请求行使撤销权，撤销显失公平的民事法律行为。只有受损害方享有撤销权，且必须以仲裁或诉讼方式行使。

（五）撤销权的行使

从我国《民法典》第 152 条的规定看，撤销权的行使采取"差别制"，不仅区分不同情况规定了期间，也区分主观与客观情况规定了行使期间。

撤销权消灭的期间因知道或者不知道而有所差别，而且区分不同事由也有所不同。具体来说：

1. 在不考虑当事人主观因素的情况下，当事人自民事法律行为发生之日起 5 年内没有行使撤销权的，撤销权消灭。（《民法典》第 152 条第 2 款）

2. 在有当事人主观因素影响的情况下，撤销权消灭的期间如下：①当事人自知道或者应当知道撤销事由之日起 1 年内、重大误解的当事人自知道或者应当知道撤销事由之日起 90 日内没有行使撤销权；②当事人受胁迫，自胁迫行为终止之日起 1 年内没有行使撤销权；③当事人知道撤销事由后明确表示或者以自己的行为表明放弃撤销权。（《民法典》第 152 条第 1 款）

五、法律行为的效力待定

（一）效力待定的法律行为的概念

效力待定的民事行为，是指某些民事行为成立后，能否按照行为人的愿望发生法律效力，尚不能确定，需要等待享有追认权的第三人作出追认或拒绝的意思表示以后，才能确定其效力的民事行为。在学理上，又将此类民事行为称为民事行为的效力未定。

（二）效力待定的法律行为的特征

1. 其法律效力处于悬而未决的不确定状态，即既非有效，也非无效。

2. 其法律效力可以补救，一经有追认权人的追认便可自始有效。

3. 若有追认权人不予追认或明示拒绝追认，则行为确定不发生法律效力。

（三）效力待定的法律行为的类型

效力待定的法律行为通常包括：限制民事行为能力人实施的依法不能独立实施的法律行为、无权代理、无权处分、欠缺同意承担债务的行为。

1. 限制民事行为能力人实施的依法不能独立实施的法律行为。限制民事行为能力人实

施的效力待定的民事法律行为的效力确定，分为以下几种情形：

（1）限制民事行为能力人实施的民事法律行为，经法定代理人同意或者追认后有效。限制民事行为能力人实施的民事法律行为，其法律效力状态是效力待定，从行为人一方可以考虑有两种方式使其有效：一是在限制民事行为能力人实施该民事法律行为时，是否征得或者经过法定代理人的同意。只要是法定代理人同意的限制民事行为能力人实施的民事法律行为，就发生法律效力，否则就是效力待定。二是

在限制民事行为能力人实施了民事法律行为之后，虽然没有在当时征得或者经过同意，但是在行为实施之后，法定代理人对限制民事行为能力人实施的民事法律行为予以追认，该民事法律行为同样有效。

（2）限制民事行为能力人实施的纯获利益的民事法律行为或者与其年龄、智力、精神健康状况相适应的民事法律行为有效。《民法典》第145条第1款规定的除外条款，就是规定限制民事行为能力人实施的两种民事法律行为是有效的，一是纯获利益的民事法律行为，例如接受赠与、接受遗赠等。二是与限制民事行为能力人的年龄、智力、精神健康状况相适应的民事法律行为，因为限制民事行为能力人还是具有一定的辨认自己行为的能力的，因此他们自己实施的民事法律行为，只要与他们的年龄、智力、精神健康状况相适应，就应当认定为有效，例如限制民事行为能力的成年人实施一般性的民事法律行为，都应当认为有效。限制民事行为能力人实施这样的民事法律行为，不必经过法定代理人的同意或者追认。

（3）相对人可以催告法定代理人自收到通知之日起30日内予以追认。所谓催告权，是指相对人在得知民事行为有效力欠缺的事实后，将此事实告知追认权人并催其在一定期限内作出追认或拒绝的确定意思表示的行为。催告可以口头作出，也可以书面作出，但须向追认权人作出．催告追认权人答复，应给其合理的期限。对此，《民法典》145条第2款规定："相对人可以催告法定代理人自收到通知之日起30日内予以追认。法定代理人未作表示的，视为拒绝追认。……"限制民事行为能力人实施的民事法律行为，如果不是经过其法定代理人同意的，其法定代理人又没有明确的态度予以追认，该法律行为的相对人可以催告法定代理人予以追认。该催告权适用除斥期间的规定，除斥期间为30日内。如果经过相对人的催告，法定代理人未作表示，即可视为其拒绝追认，限制民事行为能力人实施的这一民事法律行为因未经其法定代理人追认而无效。

（4）民事法律行为被追认前，善意相对人有撤销的权利。所谓撤销权，是指效力未定的民事行为的相对人主动撤销其意思表示的权利。撤销应当以通知的方式作出。对此，《民法典》145条第2款规定："……民事法律行为被追认前，善意相对人有撤销的权利。撤销应当以通知的方式作出。"在限制民事行为能力人实施了民事法律行为之后，如果该民事法律行为的相对人是善意无过失，该相对人享有对该民事法律行为的撤销权。善意相对人行使该撤销权的时间期限，是在限制民事行为能力人的法定代理人追认该民事法律行为之前，只要在这个期限内行使撤销权，该限制民事行为能力人实施的民事法律行为就会被撤销，自始不发生法律效力。

2. 无权代理人以他人名义从事的民事行为。无权代理是指代理人无代理权、超越代理权或者在代理权终止后以被代理人名义从事的法律行为。这种法律行为，因为是以被代理人名义从事的，而被代理人却未给以授权，因此，代理的法律后果就难以归属于被代理人。故代理的后果要对被代理人生效，就必须得到被代理人的追认。（《民法典》第171条）

3. 无权处分人从事的法律行为。无处分权的行为，是指既无法律根据又未经权利人授权，而以自己名义处分他人财产或权益的行为。因欠缺处分权而实施的行为并非绝对无效，其效力取决于权利人的意思表示和无权处分人的事后权益状况。《民法典》第 505 条规定："当事人超越经营范围订立的合同的效力，应当依照本法第一编第六章第三节和本编的有关规定确定，不得仅以超越经营范围确认合同无效。"由此可见，对欠缺处分权的行为的救济手段有两种：①经权利人追认；②由无处分权人事后依法取得处分权。

4. 欠缺同意承担债务的行为。应当事先取得权利人的同意而为的行为，若未取得同意，为同意欠缺，该行为理当无效；若权利人追认的，则行为有效。《民法典》第 551 条规定："债务人将债务的全部或者部分转移给第三人的，应当经债权人同意。债务人或者第三人可以催告债权人在合理期限内予以同意，债权人未作表示的，视为不同意。"未经同意而转移，该转移行为无效。如若债权人事后予以追认，则转移行为有效。《民法典》第 546 条规定："债权人转让债权，未通知债务人的，该转让对债务人不发生效力。债权转让的通知不得撤销，但是经受让人同意的除外。"债权人擅自撤销转让权利的通知，该撤销行为无效，但若受让人表示同意，则该撤销行为有效。

对于效力未定的民事行为，按照法律规定，有追认权的人既可依法追认，又可予以拒绝，即享有最终的选择权。

若被追认，追认人必须以明示的方式向相对人作出追认，不能以默认或推定的方式进行追认，追认的意思表示自到达相对人时生效。效力未定的民事行为，一经追认，便自始具有法律效力。

若被拒绝，行为人既可以明示的方式，也可以默示或推定方式向相对人作出。如果在法律期限内不作出追认或者拒绝的意思表示的，视为拒绝。效力未定的民事行为一经拒绝，便自始不发生法律效力。

如果决定效力未定，民事行为的权利完全交由权利人自由行使，相对人只能听从其命，使相对人处于相对不利地位，故法律在赋予权利人享有追认权和拒绝权的同时，也赋予了相对人催告权和撤销权。

第五节　民事法律行为无效、被撤销或者确定不发生效力后的返还财产责任

《民法典》第 157 条规定："民事法律行为无效、被撤销或者确定不发生效力后，行为人因该行为取得的财产，应当予以返还；不能返还或者没有必要返还的，应当折价补偿。有过错的一方应当赔偿对方由此所受到的损失；各方都有过错的，应当各自承担相应的责任。法律另有规定的，依照其规定。"

民事法律行为无效、被撤销或者确定不发生法律效力后，其法律后果是《民法

典》第 157 条规定的后果，即返还或者折价补偿。

（一）财产返还

返还是恢复原状的一种处理方式，即无效的民事法律行为和被撤销的民事法律行为自始没有法律约束力，已经按照约定进行的履行因无法律效力而需要恢复到没有履行前的状况，已接受履行的一方将其所接受的履行返还给对方，是恢复原状的最基本的方式。例如，已实际履行的买卖民事法律行为因欺诈被确认无效或者被撤销后，买方和卖方应当分别返还其物品和价款。返还财产不同于退货。买卖民事法律行为因标的物瑕疵需要退货的，是有效民事法律行为的责任方式，是消费者的合法权益。

但是，并不是所有的已经履行的无效民事法律行为都能够或者需要采取返还方式。有些法律行为的性质决定了无法采取返还方式，如提供劳务的无效民事法律行为，提供工作成果的民事法律行为（如建设工程承包民事法律行为），有些民事法律行为适用返还不经济，如返还需要的费用较高，强制返还带来经济上的极大浪费。因此，不能返还或者没有必要返还的，应当折价补偿，这是对返还原则的一种补充。

（二）折价补偿

无效民事法律行为和民事法律行为被撤销后造成损失的，有过错的一方应当对对方因此所受到的损失折价补偿，双方都有过错的，应当各自承担相应的责任。承担折价补偿责任的构成要件是过错，如果没有过错，则不承担折价补偿责任。

第六节　附条件和附期限的民事法律行为

导入案例

2012 年 12 月 1 日，刘某与王某签订了一份房屋租赁合同。合同约定：刘某将房屋 10 间出租给王某开餐馆，每月租金人民币 1 万元。合同还约定，本合同自 2013 年 1 月 1 日起生效。合同签订后，王某要求刘某于 10 日内将房屋交付其使用，因刘某的房屋腾空需要一定时间，直到 2012 年 12 月 31 日，刘某才将房屋交付王某使用。王某因装修花去 1 个月的时间，直到 2013 年 1 月底餐馆才开业。王某认为，因刘某的原因致使其晚开业 1 个月，要求刘某免收 1 个月的房租，而刘某不同意免收房租，双方发生纠纷。本案中，刘某与王某所签订的房屋租赁合同是附始期的合同。该合同于 2013 年 1 月 1 日起生效，表明当事人双方约定了合同的生效期限，在 2012 年 12 月 1 日至 2013 年 1 月 1 日之前，刘某与王某之间的合同虽已成立，其权利义务关系虽已确定，但效力处于停止状态。故王某与刘某之间的合同为附始期的合同。该合同的生效时间为 2013 年 1 月 1 日，刘某于 2012 年 12 月 31 日将房屋交付王某使用，符合合同约定，因此，王某无权要求刘某免收 1 个月房租。

本案知识点：房屋租赁合同行为；始期。

民事法律行为原则上自成立之日起生效，但是，在法律有规定或者当事人另有约定的情况下，该法律行为的效力则因此而受到一定因素的限制。在条件由法律规定的情况下，即产生附法定条件的法律行为。在条件由当事人约定的情况下，会产生附约定条件的法律行为。这里所附的约定条件，实际上就是前面所述之法律行为的特别生效条件，旨在以不确定事实限制法律行为的效力，使行为人的行为动机获得法律意义。

一、附条件的民事法律行为

（一）附条件的民事法律行为的概念

附条件的民事法律行为，是指在民事法律行为中规定一定的条件，并且把该条件的成就或者不成就作为确定当事人的民事权利和民事义务发生法律效力或者失去法律效力的根据的民事法律行为。也就是说，这种法律行为的生效或失效，取决于将来的一定客观事实是否发生。例如，某甲为激励其侄儿乙好好学习，而告知乙，若乙今年考上大学，即赠送其一台收录机以作学习之用。在该赠与合同中，赠送收录机的法律行为并不立即产生效力，而是在合同中附加了乙今年考上大学，该赠与行为方生效的条件。又如，丙与丁签订了房屋租赁合同，但作为出租人的丙考虑到其儿子可能从国外回来要居住该房的情况，故在合同中附有"如其儿子回国定居，该项房屋租赁关系即行终止"的条件。在前一个事例中，甲与乙之间虽成立了赠与合同，但不愿使该项合同立即生效，而是在该合同所附的条件成就时，即乙考上大学的事实发生时，该赠与合同才生效。而在后一个事例中，丙的儿子从国外回来定居的事实，就是该租赁合同失效的条件。

在通常情况下，只有行为人的某种实际需要才能作为设立民事权利义务关系的根据，而行为人该项需要的动机是不能作为设立民事权利义务关系的根据的。但由于现实生活的错综复杂性，有时行为人的需要由于条件尚不成熟，还不能作为设立民事权利义务关系的根据。为了解决这个问题，行为人只要把促使自己设立某种民事权利义务关系的动机作为条件规定到民事法律行为中就行了。这样，就使行为人的动机具有了法律效力，并且可以使行为人将来才能得到满足的需要事先获得保障。《民法典》第158条规定："民事法律行为可以附条件，但是根据其性质不得附条件的除外。附生效条件的民事法律行为，自条件成就时生效。附解除条件的民事法律行为，自条件成就时失效。"

一般来说，除了法律明文规定不得附条件的民事行为外，其他民事法律行为均可以由行为人设定条件，以此来限制民事法律行为效力的效力，从而满足行为人的各种不同需要。不得附条件的民事法律行为主要包括两种情况：①妨碍相对人权利行使的。这主要是指形成权的行使。如《民法典》第568条第2款规定，法定抵销不得附条件或期限。②违背社会公德或社会公共利益的。这主要有结婚、离婚、收养、接受继承、票据行为等。如《中华人民共和国票据法》第33条第1款规定，背书不得附有条件。

（二）对设定条件的要求

民事法律行为所附的条件，是指决定民事法律行为的效力发生和消灭的特定事实，这种法律事实既可以是事件，也可以是行为，但均应符合下列要求：

1. 条件是未来发生的事实。能够作为附条件的民事法律行为的条件，必须是行为人实施民事法律行为时尚未发生的事实，如果在为民事法律行为时已经发生的事实，则不能作为民事法律行为所附的条件。行为人把已知的、已发生的事实作为条件时，若该条件决定着法律行为效力的产生，则视为该法律行为未附加任何条件；若该条件决定着民事法律行为效力的消灭，则视为行为人并不希望从事该民事行为，因而该民事行为应宣告无效。

2. 条件是当事人任意选择的事实。行为人可以通过协议决定是否附有条件及附条件的内容，因而它是属于任意性的条款。法律规定某项法律行为必须具备的条款，是该项法律行为生效或失效的法定条件而非附条件。所附条件既为双方当事人约定的事实，则以意思表示为必要。如当事人仅有意思而无表示，则不构成所附条件。

3. 条件是否发生具有不确定性。民事法律行为中的条件应是将来可能发生或可能不发生的事实，也就是说，条件在将来是否必然发生，行为人在约定时是不能肯定的，如果能够肯定将来必定会发生或者能够肯定将来根本不会发生的事实，那就不能作为民事法律行为所附的条件。正是因为人们对尚未发生的事实难以预料或确定，才有必要把它作为附条件以便对法律行为的效力进行必要的限制。若在民事行为成立时，行为人已经确定民事行为的条件是根本不可能发生的，则视为行为人根本就不希望从事该项民事行为，已经成立的民事行为无效。相反，若行为人把不可能发生的事实作为民事行为失效的条件，则视为未附加任何条件。

4. 条件是合法的事实。作为附条件的民事法律行为的条件，其设立目的在于决定民事法律行为效力的效力，因此，违反法律和社会公共利益的违法条件不能作为民事法律行为所附的条件。按照《民法典》基本原则的要求，当事人不得以有损社会公共利益和公共秩序的事实或有损他人合法权益的事实作为法律行为的附条件，法律行为的一方也不能用附条件剥夺他方的合法权益。如甲与乙素有积怨，为了报复乙，甲私下与丙协商并承诺：如果丙将乙打伤，则赠与丙 500 元。由于该民事行为附有违法条件，该行为当然无效。

（三）附条件的分类

1. 延缓条件与解除条件。根据条件对法律行为效力所起的不同作用，可将所附条件分为延缓条件与解除条件。

（1）延缓条件。延缓条件是指民事法律行为中所确定的民事权利和民事义务，要在所附条件成就时才能发生法律效力的条件。即该条件对于法律行为效力的发生起着延缓或推迟作用，在条件成就前，尽管法律行为已经成立，但其效力处于抑制状态，权利人尚不能行使权利，义务人也无须履行义务，法律行为的效力因被延缓而处于相对停止状态。如前所述乙考上大学即为甲赠与乙收录机之法律行为的延缓条件。

（2）解除条件。解除条件是指民事法律行为中所确定的民事权利和民事义务，在所附的条件成就时失去法律效力的条件。即该所附条件成就以前，法律行为的效力已经发生，行为人已经开始行使其民事权利和民事义务，当约定的解除条件成就时，则导致法律行为的效力归于消灭。可见，解除条件所限制的是对已经生效的法律行为的效力的终止或继续有效的问题。如前所述，丙的儿子回国定居即为该房屋租赁合同失效的解除条件。

2. 肯定条件与否定条件。以某种客观事实的发生或不发生为标准，可将所附条件分为肯定条件与否定条件。

（1）肯定条件。肯定条件是指以发生某种客观事实为其条件的内容。该肯定条件以一定的客观事实的发生为条件成就，而以所附事实的不发生为条件不成就，因而肯定条件又可分为肯定的延缓条件和肯定的解除条件。前述两项事例中所附条件均为附肯定条件的民事法律行为，前者为附肯定的延缓条件，后者为附肯定的解除条件。

（2）否定条件。否定条件是指以不发生某种事实为条件的内容。否定条件与肯定条件相反，它是以一定事实的不发生为条件成就，而以一定事实的发生为条件不成就，因而否定条件又可分为否定的延缓条件和否定的解除条件。如甲、乙签订粮食供应合同，在合同中附有"如今年不发生旱灾即供应给乙小麦若干"，该买卖行为即属于附否定的延缓条件。再如，甲、乙签订种子供应合同，乙考虑到种子尚未通过有关部门的鉴定，故在合同中附上"如未通过鉴定，则合同终止"的条款。该条件即为附否定的解除条件。

（四）附条件的效力

1. 条件成就及其效力。条件成就是指构成条件的内容已经实现。对于肯定条件，以条件事实的发生为条件成就。条件成就后，民事法律行为当然发生效力，不须再有当事人的意思表示或其他行为。但应注意的是，在要式法律行为中，仅仅约定条件成就并不直接发生法律效力，尚需履行法律规定的要式行为后才发生法律效力。

2. 条件不成就及其效力。条件不成就是指构成条件的内容确定的不实现。对于肯定条件，以该事实的不发生为条件不成就。对于否定条件，以该事实的发生为条件不成就。附延缓条件的民事法律行为，条件不成就时，该民事法律行为视为不存在。附解除条件的民事法律行为，条件不成就时，视为该民事法律行为不再附有条件，维持该民事法律行为的原有效力。

3. 条件成就与否的拟制。条件成就与否的拟制，是指当事人为自己的利益不正当地阻止条件成就的，视为条件已成就；不正当地促成条件成就的，视为条件不成就。其构成要件有二：①阻止条件成就或不成就的人，须为因条件成就或不成就而受益的当事人；②此当事人须以不正当行为阻止条件的成就或不成就。何为不正当，应以诚实信用原则来衡量。《民法典》159条规定："附条件的民事法律行为，当事人为自己的利益不正当地阻止条件成就的，视为条件已经成就；不正当地促成条件成就的，视为条件不成就。"该条是对附条件法律行为的当事人恶意阻止或者恶意促成条件的法律后果的规定。这样规定，有利于保护非恶意的一方当事人的利益，制裁恶意的当事人，维护交易秩序，保护交易安全。

二、附期限的民事法律行为

（一）附期限的民事法律行为的概念

附期限的民事法律行为，是指当事人在法律行为中设定一定的期限，并把该期限的到来作为法律行为效力的发生或消灭的依据的民事法律行为。《民法典》第160条规定："民事法律行为可以附期限，但是根据其性质不得附期限的除外。附生效期限的民事法律行为，自期限届至时生效。附终止期限的民事法律行为，自期限届满时失效。"

附期限与所附条件都是对民事法律行为效力的发生予以某种限制。但是，二者又具有明显不同的特点：条件的成就与不成就，是当事人所不能预知的，它在将来可能发生，也可能不发生，具有不确定性。而任何期限均具有确定性，是确定要到来的。

（二）期限的分类

按照期限对法律行为效力所起的不同限制作用，可将所附期限分为以下两类：

1. 延缓期限。延缓期限是指在民事法律行为中规定的期限到来之前，该行为已经成立，但其效力处于暂时的抑制状态，所确定的民事权利和民事义务尚不能发生法律效力，一旦期限届至，法律行为随之生效，当事人即可依约定享受权利并承担义务。因此延缓期限又称之为生效期限或者始期。如甲同意借1万元钱给乙做生意之用，但因数量较大，提出让乙10天后来取款，即为附延缓期限的民事法律行为。

2. 解除期限。解除期限是指在民事法律行为中约定的期限到来之前，该行为已经成立并生效，但一旦该期限届至，民事法律行为所确定的民事权利和民事义务的法律效力即行消灭。因此，解除期限又可称为失效期限或终期。如有期限的房屋租赁合同即为附解除期限的民事法律关系。

（三）对期限的限制

民事法律行为中所附期限一般应明确具体。另外，法律不允许对法律行为附加不能期限。期限违法的，则视为法律行为完全未附期限。

思考题

1. 简述民事法律行为的概念和特征。

2. 简述民事法律行为的有效要件。

3. 无效民事行为和可撤销的民事法律行为各包括哪些种类？

4. 效力待定的民事行为的效力如何确定？

5. 附条件和附期限的民事行为的效力如何确定？

实务训练

（一）示范案例

案情：甲被乙打成重伤，支付医药费9万元，甲与乙达成如下协议："乙向甲赔偿医药费9万元，甲不得告发乙。"甲获得9万元赔偿后，向公安机关报案，后乙被判刑。判断分析甲乙协议是否有效？

分析：本案涉及民事法律行为的效力。

1. 甲乙达成的协议，部分有效，部分无效。

2. 和解协议中，双方关于"甲不得告发乙"的封口协议部分因违反社会公共利益而无效；但不影响其他部分效力的"向甲赔偿医药费9万元"的赔偿协议部分应认定有效。

（二）习作案例

1. 甲扮成建筑工人模样，在工地摆放一尊廉价购得的旧蟾蜍石雕，冒充新挖出文物，等待买主。乙曾以6000元从甲处买过一尊同款石雕，发现被骗后正在和甲交涉时，丙过来询问。乙有意让丙也上当，以便要回被骗款项，未等甲开口便对丙说："我从前从他这里买了一个貔貅，转手就赚了，这个你不要我就要了。"丙信以为真，以6000元买下石雕。

本案中，丙是否有权向甲主张撤销合同？

2. 甲父患癌症急需用钱，乙趁机以低价收购甲收藏的1幅名画，甲无奈与乙签订了买卖合同。是否构成显示公平？

代　理

　　通过学习，重点掌握我国民事代理的概念、特征；全面了解代理的种类、条件及其后果；理解关于代理行为中连带责任的承担。通过对代理制度的了解，学会运用代理的法律原理解决现实生活中的民事纠纷。

　　甲公司员工李某受公司委托从乙公司订购一批空气净化机，甲公司对净化机单价未作明确限定。李某与乙公司私下商定将净化机单价比正常售价提高 300 元，乙公司给李某每台 100 元回扣。商定后，李某以甲公司名义与乙公司签订了买卖合同。该代理是否有效？

　　本案知识点：委托代理；有权代理；连带责任。

第一节　代理概述

一、代理的概念

　　代理是指代理人在代理权限范围内，以被代理人的名义与第三人进行民事法律行为，而该法律行为的法律后果由被代理人承担的法律制度。

　　在代理制度中，为他人利益实施法律行为的人，叫代理人；由他人代替自己实施民事法律行为的人称为被代理人，也可以称为本人；与代理人实施民事法律行为的人，称为第三人。代理人的使命，在于代替他人实施民事法律行为。因而代理一般涉及三种民事法律关系：①代理人与被代理人之间的代理关系，这一关系被称为代理的内部关系；②代理人与第三人之间的表意关系，即代理行为关系，这一关系被称为代理的外部关系；③被代理人与第三人之间的权利义务关系，这一关系被称为代理的结果关系。

二、代理的特征

(一) 代理人须在代理权限之内独立实施代理行为

代理人进行代理活动的依据是代理权，代理权是代理人代被代理人进行民事行为的基础，代理人必须依据代理权，并在代理权限范围内为意思表示，体现被代理人的意志，为被代理人实现利益。这是因为，代理人从事代理活动的目的是实现被代理人的利益，代理人只有在代理权限范围内活动，才能体现被代理人的意志。[1] 因此，代理人在代理权限范围内，应当独立进行民事行为，只要是在代理权限范围内进行的民事行为，都认为是被代理人的行为，被代理人都要承担后果责任。代理人超出代理权范围进行的民事行为，是无权代理。

(二) 代理行为必须是具有法律意义的行为

代理是一种民事法律行为，因此，通过代理行为，必然会在被代理人和相对人之间发生一定的法律关系，或者变更、终止被代理人与相对人之间的已经存在的民事法律关系。例如，代理人代替被代理人与第三人签订购销合同，就会在被代理人与第三人之间建立购销的民事法律关系。这样具有法律意义的民事法律行为，才是代理行为。代理的这一特征，就将代理同日常生活中委托他人代替办理的行为区别开来。如替他人整理资料、投寄信件、抄写论文等，这些属于事实上的代办行为，而不属于民法上的代理行为。

(三) 代理人是否以被代理人的名义进行活动须区别对待

代理有狭义代理和广义代理之分。狭义的代理仅指直接代理，即代理人以被代理人的名义所进行的代理；广义的代理不仅包括直接代理，而且包括间接代理，即受托人以自己的名义代他人为民事行为。我国现行的代理制度采取了广义代理的概念。

(四) 被代理人对代理行为承担民事责任

代理是被代理人通过代理人所为的民事法律行为来取得民事权利和承担民事义务的一种方式。被代理人通过被代理人实施民事行为的目的，是利用代理人的技能、经验等为自己服务，因此，代理人在代理权限内以本人的名义向第三人为意思表示或者接受意思表示的行为一旦生效，即在第三人与被代理人之间形成法律关系，由此发生的法律后果直接归属于被代理人，由被代理人承担相应的责任。

三、代理的适用范围

代理的适用范围非常广泛，无论是自然人或者法人还是非法人组织，都可以通过代理人实施民事法律行为和其他有法律意义的行为，以便实现自己的民事权利和履行自己的民事义务。代理主要适用于民事法律行为，即"民事主体可以通过代理人实施民事法律行为"。因此，代理的适用范围包括：

---

[1] 苏号朋：《民法总论》，法律出版社 2006 年版，第 336 页。

（一）代理各种民事法律行为

这是最常见的代理行为，包括进行各种具有债务关系性质或财产意义的法律行为。凡是民事主体有关权利、义务的设立、变更、消灭的民事法律行为，都可以适用代理制度。具体包括：①双方或者多方的法律行为，如买卖、租赁、借贷、承揽、保险等；②单方法律行为，例如代理他人行使追认权、撤销权等；③准法律行为，例如代理他人进行要约邀请、要约撤回、承诺撤回、债权的主张和承认等。

（二）代理进行民事诉讼行为

没有诉讼行为能力的当事人由其法定代理人代为诉讼；没有法定代理人或者法定代理人互相推诿代理责任的，由人民法院指定代理人代为诉讼；有诉讼行为能力的当事人、法人的法定代表人和没有诉讼行为能力的当事人的法定代理人，均可委托代理人代为诉讼。尽管诉讼代理中的很多行为是代理人是以自己的名义进行，如发表法律意见、提交代理词等，并在其他方面也有自己的特点，但诉讼代理权的取得及运用与民事法律行为的代理并无二致，其相互间的权利义务关系仍适用民事代理的规定。

（三）代理进行某些行政、财政行为

尽管代理人所代理的某些行政、财政行为不是民事法律行为，而是行政法上的行为，但委托人与受托人之间存在委托合同关系仍然适用民法有关代理制度的规定。如代理法人登记、代理商业注册、代理专利申请、代理纳税等。

代理的适用范围虽然十分广泛，但并非任何民事法律行为或者任何具有法律意义的行为都能适用代理。《民法典》第161条第2款规定："依照法律规定、当事人约定或者民事法律行为的性质，应当由本人亲自实施的民事法律行为，不得代理。"一般认为，下列民事行为不得代理：

1. 具有人身性质的民事法律行为。应由本人亲自实施的行为不得代理。例如，设立遗嘱、收养子女、放弃继承或放弃受遗赠、约稿、预约绘画、预约演出、缔结或解除婚姻关系等民事法律行为，与特定的人身紧密相联，必须由当事人亲自进行，不适用代理。

2. 内容违法的行为、侵权行为。因为这类行为是为法律所禁止的，任何人都不得实施。如果有人"代理"实施内容违法的行为或者侵权行为，则这项"代理"不能成立，"被代理人"与"代理人"均要承担相应的法律责任。

3. 当事人约定只能由义务人亲自履行的债务，如加工承揽合同中明确约定必须由承揽人亲自完成加工任务，则承揽人必须亲自加工而不得委托他人完成。

4. 代理适用于民事法律行为，事实行为不适用代理制度。例如，代人抄写作业、撰写发言稿、主持会议等并非代理。

四、代理制度的意义

1. 对于自然人来说，代理制度是保证自然人组织取得民事权利和承担民事义务的重要手段，并能有效地弥补民事主体行为能力之不足。通常来说，民事主体的民事活动由自己亲自进行，但是，在某些特殊情况下，自然人的民事活动需要由他人代理进行。如自然人中的无民事行为能力和限制行为能力人，由于欠缺行为能力而不能参与法律行为或不能参与全部的法律行为，出于对其生活、劳动、教育等诸多方面的考虑，由其法定代理人进行代理，就可以帮助自然人解决上述困难，以保证该自然人取得合法的民事权利，履行必要的民事义务，从而使其行为能力通过代理得以补救。

2. 对于法人和非法人组织来说，代理制度是保证其充分开展业务活动的必要手段。由于代表其进行民事法律行为的法定代理人的人数十分有限，不可能事事亲自去办，也是没必要的。有了代理制度，就可以通过众多的代理人，大大增加法人的活跃度。对于开展国际贸易和科学技术交流来说，代理制度也是必不可少的重要手段。国际贸易和科技交流，涉及的业务活动范围很广泛，涉及的法律问题极为复杂，再加上语言上、习惯上、地理上的障碍，离开代理人的活动十分困难。因此，通过代理制度，借助于他人之手，能使人们更好地实现民事权利，真正能做到运筹帷幄而决胜千里，克服个人在知识、能力以及时间、空间上的局限，获得更多的社会效益。

第二节　代理的种类

代理可以依不同的标准作如下不同分类：

一、委托代理、法定代理和指定代理

根据代理权产生的根据不同可分为委托代理、法定代理和指定代理。这是法律上对代理最基本、最重要的分类。

（一）委托代理

委托代理是基于被代理人的委托授权所发生的代理，也称为授权代理或意定代理。委托代理人所享有的代理权，是被代理人授予的，所以委托代理又称为授权代理或意定代理。这里的委托授权是一种单方的民事法律行为，仅凭被代理人一方授权的意思表示，代理人就取得代理权。相对而言，代理人对于被代理人的授权行为也有权拒绝，仅凭代理人一方的意思表示即可发生法律效力，代理人有权自主决定是否担任被代理人的代理人。委托代理是在实践中运用最广泛、最典型的代理制度，在市场经济中意义重大。

《民法典》第 165 条规定："委托代理授权采用书面形式的，授权委托书应当载明代理人的姓名或者名称、代理事项、权限和期限，并由被代理人签名或者盖章。"

委托代理必须有委托授权，即被代理人将代理权授予代理人，使代理人有权代理被代理人实施民事法律行为。委托代理的授权是要式行为，被代理人和代理人首先应当签订书面合同，并依据该合同，由被代理人向代理人出具授权委托书。授权的书面形式称为授权委托书。授权委托书中应当载明下列内容：代理人的姓名或名

称、代理事项、权限范围、期限，并由委托人签名或盖章。对于委托书授权不明的，被代理人应当向第三人承担民事责任，代理人负连带责任。

职务代理是委托代理的一种特殊形式。所谓职务代理，是指根据代理人所担任的职务而产生的代理。《民法典》第170条根据实际情况规定了职务代理及其后果：执行法人或者非法人组织工作任务的人员，就其职权范围内的事项，以法人或者非法人组织的名义实施民事法律行为，对法人或者非法人组织发生效力。法人或者非法人组织对执行其工作任务的人员职权范围的限制，不得对抗善意相对人。

尽管职务代理也是基于法人或非法人组织的委托而产生的代理权，但是这种委托与委托代理的委托是不同的。委托代理是基于委托合同，由于被代理人的授权，而使代理人产生代理权。职务代理并不是根据委托合同产生代理权，而是基于代理人在法人和非法人组织中的职务，经由法人和非法人组织的授权而产生代理权。因此可见，尽管职务代理也是一种授权代理，但是授权的主体是不同的，委托代理的授权人是任何民事主体，而职务代理只能是代理人作为组织成员的法人或者非法人组织的授权，授权的主体是法人或者非法人组织。

职务代理的代理人，是执行法人或者非法人组织的工作任务的人员。职务代理的代理人执行的事务是其职权范围的事项。职务代理的代理人执行职务实施的民事法律行为，应当以法人或者非法人组织的名义实施。职务代理人在其职责范围内实施的民事法律行为，性质属于代理行为，因此其自己代理的一切事项，都对法人或者非法人组织发生法律效力，其后果按照委托代理的规则，都由职务代理人所在的法人或者非法人组织承受。

（二）法定代理

法定代理是指根据法律的直接规定而发生的代理。在法定代理中，代理人所享有的代理权，是由法律直接规定的，与被代理人的意志无关。法定代理主要是为无民事行为能力人和限制民事行为能力人而设立的代理。这主要是因为他们没有民事行为能力或不具备完全的民事行为能力，不能为自己委托代理人。法律规定法定代理的目的，一是保护处于特定情况下的民事主体的利益，二是为了维护交易安全。法定代理产生的根据是代理人与被代理人之间存在的血缘关系、婚姻关系、组织关系等。

法定代理分为实体法上的法定代理和程序法上的法定代理。实体法上的法定代理，是对无民事行为能力人或者限制民事行为能力人实施民事法律行为的代理，这种代理如监护人对于被监护人身份行为的代理和财产行为的代理。程序法上的法定代理，是在诉讼中对于无民事行为能力人或者限制民事行为能力人实施民事诉讼行为或者行政诉讼行为以及刑事诉讼行为，其监护人作为法定代理人参加诉讼，其诉讼结果归属于被代理人的代理。

除此之外，我国劳动法规定，工会可以代理其会员签订集体劳务合同，参加有关劳动争议的诉讼，这是基于工会与其会员之间的组织关系而规定的法定代理。

（三）指定代理

指定代理是指代理人根据人民法院或其他有权指定的机关的指定而进行的代理。法院有权为无民事行为能力人或者限制民事行为能力人指定代理人。"有关机关"则是对被代理人的合法权益负有保护义务的组织，如未成年人所在地的居民委员会、村民委员会、民政部门等。另外还有：法院为失踪人所指定的代管人、破产清算人，在法律规定的范围内也有指定代理权。尽管《民法典》对指定代理没有规定，但是指定代理现实存在的问题，研究代理问题不能对其予以忽视。

二、一般代理与特别代理

根据代理权限范围不同，可将代理分为一般代理与特别代理。

一般代理是指代理权范围及于代理事项的全部的代理，其代理权未经特别限制，代理人可以实施按交易习惯允许的一切代理行为，故又称为概括代理或全权代理。特别代理是一般代理的对称，是指代理权被限定在一定范围或一定事项的某些方面的代理，其代理权在授权时被委托人加以特别限制，代理人只能在所允许的范围以内实施代理行为，故又称为部分代理或特定代理。

在实践中，如未指明为特别代理，无法确定代理权限范围，则推定为一般代理，被代理人需对代理人的一切代理行为承担责任。

三、单独代理与共同代理

根据代理权是授予一人还是数人，可将代理分为单独代理与共同代理。

单独代理是指代理权仅授予一人的代理，又称独立代理。在委托代理中，被代理人把代理权授予一人，就是单独代理。在法定代理中，法定代理人只有一人的，也属于单独代理。共同代理是指代理权授予二人以上的代理。在对未成年人的法定代理中，通常是由父母共同作为法定代理人，共同行使代理权。在委托代理中，如果被代理人把代理权授予两个以上的人行使，数个代理人共同接受委托，也构成共同代理。共同代理的本质，是数人为同一委托事项作为代理人。在被代理人授权时，就应当把代理权授予数人，被授予代理权的数人应当都接受授权委托，共同为被代理人作为代理人。

在多数代理人的情况下，各代理人的代理权限范围应在授权时明确规定，指明各代理人的代理事项及权限。如果法律或授权人没有特别规定，则应认为多数代理人为共同代理人，代理人之间形成共同关系，享有的代理权是同等的，对代理事项共同负代理责任。每个代理人均有权行使全部代理权，每个代理人的代理行为的法律后果均由被代理人承担。凡未共同行使代理权者，该行为人属行为人自己的行为，而非共同代理行为。如其中一人或数人未与其他代理人协商，其实施的行为侵害被代理人权益的，由实施行为的代理人承担民事责任。

四、本代理与再代理

根据代理权是直接授权产生还是转托产生，可将代理分为本代理与再代理。

本代理是基于委托人的直接授权或法律的直接规定而产生的代理，又称原代理。

再代理是指代理人为被代理人的利益而将代理权部分或全部转托他人而产生的代理，又称为复代理。本代理是再代理存在的前提。

再代理人是被代理人的代理人，不是代理人的代理人，只能以被代理人的名义为法律行为，其行为的法律后果也归属于被代理人，而不经过代理人的中间环节。

在发生再代理后，再代理人并不取代代理人，代理人的地位不变，只是由再代理人分担了其部分职责。代理人的代理权并未让给再代理人，而只是在代理权之下，派生出另一个代理权。选任再代理人后，代理人仍然可以继续行使代理权。

《民法典》第169条规定："代理人需要转委托第三人代理的，应当取得被代理人的同意或者追认。转委托代理经被代理人同意或者追认的，被代理人可以就代理事务直接指示转委托的第三人，代理人仅就第三人的选任以及对第三人的指示承担责任。转委托代理未经被代理人同意或者追认的，代理人应当对转委托的第三人的行为承担责任；但是，在紧急情况下代理人为了维护被代理人的利益需要转委托第三人代理的除外。"因此，我国有条件地承认再代理。

由于被代理人与代理人之间存在着人身信赖关系，代理人因此负有亲自执行代理事务，不得转委托他人处理代理事务的义务。在以下两种情形下，可以设定再代理：

1. 紧急情况。在紧急情况下，代理人不能亲自处理代理事务，如此下去又会损害被代理人的利益时，法律允许进行再代理。所谓的紧急情况，是指代理人身患急病、与被代理人通讯联络中断等特殊原因，代理人不能办理代理事项，又不能与被代理人及时取得联系，如果不及时转托他人代理，就会给被代理人的利益造成损失或者扩大损失的情况。

2. 被代理人事先同意或者事后认可。如果被代理人事先同意或者事后认可再代理，法律也允许再代理。由于再代理人总是先由代理人选择，因此，再代理也是行使代理权的一种方式。被代理人的事先同意，属于复任权的内容，是在原代理权限内包括复任权，代理人委托复代理人进行代理，自然符合被代理人的意志，为有效。如果代理人没有复任权，但进行了复代理之后，被代理人予以认可的，也发生再代理的效力。

转委托产生的再代理经被代理人同意或者追认的，被代理人可以就代理事务直接指示转委托的第三人（即再代理人），他们之间发生的代理关系，由他们自己负责。在这种情况下，代理人仅就第三人（即再代理人）的选任以及对第三人（即再代理人）的指示承担责任，对于被代理人直接与再代理人之间发生的代理关系，代理人不承担责任。

转委托的再代理未经被代理人同意或者追认的，代理人应当对转委托的第三人即再代理人的行为承担责任，但是在紧急情况下，代理人为了维护被代理人的利益需要转委托第三人作为再代理人代理的除外。

在法定代理中，法定代理人应无条件享有复任权。因为法定代理发生的基础不是特定当事人之间的信任关系，而是法律的直接规定，同时法定代理权具有概括性，又不允许代理人任意辞任，而且被代理人往往无同意表示的意思能力。

五、无权代理与表见代理

关于无权代理与表见代理，具体内容请参阅本章第五节。

第三节　代理权的行使

导入案例

2018 年 10 月 8 日，原告江州市画店请松石为其作画。当时双方约定：被告松石在年内为原告江州市画店作 6 幅国画（2 幅仕女、2 幅山水、2 幅花鸟），纸张、笔墨等由原告江州市画店提供。被告松石所作国画规格以原告提供的七尺宣纸为准。每幅国画，原告江州市画店先行给付被告松石人民币 5000 元。第二天，原告江州市画店将预付款 30 000 元及纸张笔墨等送交松石处。但由于松石正专心于超长山水画卷的创作，一直无暇为原告江州市画店作画。2018 年 12 月 4 日，被告松石应某国之邀出访。临行，将印章、纸墨等留给学生谷麟，要其代为作画 6 幅，于年内送到原告江州市画店。谷麟按松石的吩咐赶作国画 6 幅，于 2018 年 12 月 28 日将画送到江州市画店。但经该画店鉴定，发现这 6 幅国画无论从哪一方面，都与松石的作品有很大差距，肯定不是松石所作。该画店经理李宝华先后两次去松石处，但均未见到松石（此时松石出访未归）。2019 年 1 月 4 日，松石从国外归来后，李宝华又来到松石处，与松石商量，要求重作，松石执意不肯。于是，江州市画店诉至江州市人民法院。法院经过鉴定，确认该 6 幅国画确非松石本人所作。经法院调解，被告松石同意将原画收回，并于 2 个月之内亲自给江州市画店作画 6 幅。

本案知识点：代理权；转托代理。

一、代理权行使的概念

代理权的行使是指代理人在代理权限范围内，以被代理人的名义独立、依法有效地实施民事法律行为，代替被代理人行使民事权利和承担民事义务，以达到被代理人所希望的或者客观上符合被代理人利益的法律效果。

二、代理权行使的原则

代理人通过行使代理权的行为履行代理义务，代理人就实现了设立代理的目的。根据《民法典》第 163 条第 2 款关于"委托代理人按照被代理人的委托行使代理权。法定代理人依照法律的规定行使代理权"的规定，代理人在行使代理权的过程中应当遵循以下原则：

（一）不得擅自转委托的原则

这一原则主要适用于委托代理。由于委托代理关系的建立是基于被代理人对代理人的信任，这种信任具有人格意义。因此，在一般情况下，代理人应当亲自行使代理权，积极、认真、负责地完成代理任务，而不得把代理权转托给他人。当然，在法定代理与指定代理中，由于代理人与被代理人之间的身份关系，同样要求代理人在行使代理权时亲自进行，而不得任意将代理权转由他人行使。

被代理人委托特定的代理人为自己服务，是基于对代理人的知识、技能、信用的信赖，因而代理人必须亲自实施代理行为，才符合被代理人的愿望。并不排除在特别情况下为被代理人利益进行的转委托，但需事先取得被代理人的同意或经被代理人追认。在紧急情况下，例如代理人由于急病、通信联络中断等特殊原因，如不转委托会给被代理人的利益造成损失或者扩大损失的，可以进行转委托，被代理人不得拒绝承担转委托的后果。

（二）禁止代理权滥用原则

代理权滥用，是指代理人在行使代理权时，违背代理权的设定宗旨、代理行为的基本准则以及诚实信用原则，作出有损被代理人利益的行为。代理权滥用的构成一般应当具备以下三项要件：①以代理人有代理权为前提。这一要件使之与无权代理行为区别开来；②代理人在行使代理权时，作出了违背诚实信用原则以及代理权的设定宗旨和基本准则的行为；③代理人的代理行为造成了对被代理人不利的后果。

实践中，代理权滥用主要包括以下三种类型：

1. 自己代理。自己代理是指代理人以被代理人的名义与自己进行民事行为。在这种情况下，代理人同时为代理关系中的代理人和第三人，交易双方的交易行为实际上只由一个人实施。在某些情况下，自己代理也可能满足代理人和被代理人双方的利益，甚至及时实现被代理人的利益。但在通常情况下，由于交易双方都追求自身利益的最大化，因此很难避免发生代理人为自己利益而牺牲被代理人利益的情况，除非事前得到被代理人同意或事后得到其追认，法律对此种情况不予承认。

2. 双方代理。双方代理是指一人同时担任双方的代理人进行民事行为，又称同时代理。例如，甲委托乙购房，丙又委托乙卖房，乙遂以代理人的身份代理甲、丙之间订立房屋买卖合同。在有些情况下，这种"一手托两家"的双方代理行为，可能满足两个被代理人的利益，甚至能够及时实现他们的利益。但在通常情况下，双方代理由于没有第三人参加进来，交易完全由一人操作，一个人同时代表双方利益，与自己代理一样存在代理人从中损害委托人利益之嫌，难免顾此失彼，从而难以达到利益平衡，故亦为法律所禁止。

3. 恶意串通。恶意串通是指代理人与第三人进行恶意通谋，双方获利而使被代理人利益受损的行为。代理人的职责是为被代理人进行一定的民事法律行为，维护被代理人的利益。代理人与第三人恶意串通损害被代理人的利益，显然与其职责不相称，违背了代理关系中被代理人对代理人的信任，属于滥用代理权的极端表现，与代理制度的宗旨背道而驰。例如，代理人甲受被代理人的委托出售3间房屋，甲利用这个方便条件，同丙串通，故意降低房屋的出售价格，再由第三人丙付给甲一定数额的回扣。

《民法典》第 164 条第 2 款规定："代理人和相对人恶意串通，损害被代理人合法权益的，代理人和相对人应当承担连带责任。"因此，恶意串通是严重违背诚实信用原则的行为。这种责任的性质属于共同侵权行为，而且是具有共同故意的共同侵权行为，因而属于多数人侵权，其行为后果是承担连带责任。连带责任的主体是代理人和第三人，受到损害的被代理人可以请求代理人或者第三人，也可以要求代理人和第三人共同承担连带责任。代理人和第三人共同向被代理人承担责任，每一个人都有责任承担被代理人的全部损害的赔偿责任，但最终责任应当依照代理人和第三人的过错程度和损害的原因来确定。如果代理人或者第三人一方承担的中间责任超出了自己责任份额的，可以向另一方要求追偿。

如果代理人和第三人之间不存在损害被代理人利益的通谋，则不负连带责任。是否造成损害了被代理人利益的事实，则应依客观标准确定。

在处理以上滥用代理权纠纷时，应当在查清事实的基础上，首先确认该项代理行为无效，对被代理人没有法律约束力，然后根据不同情况依法进行处理。

（三）禁止违法代理的原则

违法代理是指代理违法事务或者利用代理进行违法活动。代理违法事务指代理法律所禁止的事务。利用代理进行违法活动，也就是行为人借用代理这种合法方式进行违法活动。《民法典》第 167 条规定："代理人知道或者应当知道代理事项违法仍然实施代理行为，或者被代理人知道或者应当知道代理人的代理行为违法未作反对表示的，被代理人和代理人应当承担连带责任。"其中，代理人"知道或者应当知道"，扩大了知道代理违法的连带责任的适用范围，不仅包括明知代理事项违法，而且也包括应当知道代理事项违法。

（四）禁止越权代理原则

作为代理人身份标志的代理权，不论是产生于被代理人的授权，还是产生于法律规定或者指定机关的指定，其权限范围都是决定于被代理人的合法利益。因此，代理人必须在代理权限范围内行使权利。实施代理行为，不得超出代理权的范围进行代理行为。行为人超越代理范围进行的代理是无权代理，除非被代理人追认或默认，否则，对被代理人不产生任何法律效力，代理人应当对其越权行为承担相应的民事责任。

第四节　代理权的消灭

代理权的消灭，又称代理权的终止，是指代理人代理资格的丧失，代理人与被代理人之间的代理关系结束，代理人不得再以被代理人的名义进行民事法律行为。

由于代理权发生的根据和代理的种类不同，引起代理权终止的原因也不一样。依据《民法典》第 173 条的规定，委托代理可分别因下列原因而消灭：

一、代理权的消灭原因

1. 代理期限届满或者代理事务完成。委托代理，通常都是明确规定代理的期间和代理的任务的。期限届满或事务完成的时间，有代理证书的依代理证书，无代理证书或代理证书记载不明的，依委托合同。代理权授予时未明确代理期间或者代理事务范围的，被代理人有权随时以单方面的意思表示加以确定。当代理期间届满且被代理人又没有继续委托授权的意思表示时，或者代理人根据被代理人的委托授权，已经完成了代理任务，使被代理人因而取得了一定的民事权利和承担了一定的民事义务时，代理人的代理权即行终止，被代理人与代理人之间的代理关系即行终止。

2. 被代理人取消委托或者代理人辞去委托。委托代理关系是代理人和被代理人之间基于相互信任而自愿建立的，一旦这种信任发生动摇，导致委托代理关系的基础消灭，任何一方都可以终止这种委托代理关系。在这种情况下，被代理人可以取消委托，代理人则可以辞去委托。取消和辞去委托的行为，均属于单方的民事法律行为，只要被代理人或代理人将其撤销或辞去委托的决定通知对方，即会发生终止代理关系的法律效力，不必征得对方的同意。不过，为了避免因取消委托或者辞去委托而给对方造成不必要的损失，代理权的撤销或辞去，均应事先通知对方，使对方有充足的准备时间，否则将对由此造成的他方损失承担民事责任。对于在代理权撤销或辞去之前，代理人与第三人所为的代理行为，被代理人不能因代理权之撤销或辞去而拒绝承担责任。

3. 代理人丧失民事行为能力。在代理关系中，代理人的职责是代理被代理人进行民事法律行为，这就要求代理人必须具有民事行为能力。只有如此，代理人才能履行自己的代理职责，完成其代理任务。如果代理人不具备或者丧失了民事行为能力，也就丧失了代理他人实施民事法律行为的资格，因而导致代理权的终止和代理关系的消灭。

4. 代理人死亡。代理关系是代理人与被代理人之间的一种人身信任关系。因此，代理人与代理人的人身不能分离，当代理人死亡，只能引起代理权终止的法律后果，而不能引起代理权继承的法律后果。

5. 作为被代理人或者代理人的法人、非法人组织终止。在法人或者非法人组织之间建立代理关系，或者被代理人或代理人是法人或者非法人组织的代理关系中，如果作为一方当事人的民事主体是法人或者非法人组织，并且这个法人或者非法人组织终止，代理关系也不再存在，代理权消灭。

二、法定代理权的消灭原因

1. 被代理人取得或恢复民事行为能力。法定代理或指定代理是为未成年人或丧失民事行为能力人设定的，因此，这两种代理是以被代理人无民事行为能力或只有限制民事行为能力为前提条件的。当被代理人已经成年而具有民事行为能力，或者精神病人精神恢复正常，依法撤销无民事行为能力、限制民事行为能力的宣告时，被代理人便具备了处理自己事务的民事行为能力，原法定代理或指定代理关系即告终止。

2. 被代理人或者代理人死亡。法定代理人和指定代理人与被代理人之间存在一定的身份关系，具有严格的人身属性。而一旦被代理人或者代理人死亡，致使代理关系的一方失去了主体，则导致代理关系消灭。根据《民法典》第 174 条的规定，被代理人死亡后，有下列情形之一的，委托代理人实施的代理行为有效：①代理人不知道并且不应当知道被代理人死亡；②被代理人的继承人予以承认的；③授权中明确代理权在代理事项完成时终止；④在被代理人死亡前已经实施，为了被代理人的继承人的利益继续代理。作为被代理人的法人、非法人组织终止的，参照适用前述规定。

3. 代理人丧失民事行为能力。同委托代理一样，法定代理人或指定代理人的职责，是代理被代理的无民事行为能力人或者限制民事行为能力人实施民事法律行为，这就要求代理人必须具有民事行为能力。如果代理人丧失了民事行为能力，也就丧失了作为代理人的资格，因而必然会引起法定代理权或指定代理权的终止。

4. 法律规定的其他情形。在代理关系存续期间，也可以由其他原因引起被代理人和代理人之间代理关系的消灭。例如，如果人民法院或者其他指定代理的机关取消该指定代理，则丧失了法定代理的法律基础，因此消灭代理关系。

第五节　无权代理

导入案例

2017 年 2 月，甲公司因业务需要，将原圆形合同专用章更换成方形合同专用章。但由于工作疏忽，当时未登记收回或销毁，由李某保管。两个月后，李某辞职。不久前，甲公司收到一份法院送达的诉状副本，才知道李某用甲公司作废公章，同一家商场订立了购销合同，李某在收到商场 30 万元的定金后，下落不明。商场遂以违约为由起诉至法院，要求甲公司双倍返还定金 60 万元。本案中，由于印鉴已在工商行政管理机关登记备案，甲公司在更换合同专用章后，却并未由工商行政管理机关登记收回或销毁，说明该合同专用章对外仍具有法律效力。加之甲公司对该印鉴未妥善保管，表明甲公司存在明显过错。而商场并不知内情，当然有理由相信手持仍具有法律效力的合同专用章的李某具有代理权，所订合同当然有效，故甲公司应承担返还定金的责任。

本案知识点：无权代理；表见代理。

一、无权代理的概念和特征

（一）无权代理的概念

无权代理是指没有代理权而以他人的名义与第三人进行民事活动。

我国《民法典》第 171 条规定了无权代理的三种类型：没有代理权的无权代理，

超越代理权的无权代理，代理权终止后以被代理人名义从事活动的无权代理。此三种代理在后果上并无不同。

由于无权代理中包括了表见代理，因此，无权代理又分为两种：一是广义的无权代理；二是狭义的无权代理。后者是指行为人没有代理权、超越代理权或者代理权终止后，仍然实施代理行为，又没有理由使人相信其有代理权的代理。

（二）无权代理的特征

1. 无权代理人所实施的民事活动，符合代理行为的表面特征及要件，涉及三方当事人，即行为人（代理人）、他人（被代理人）和相对人（第三人）。若不具备代理行为的表面特征，则不属于代理行为，而属于代理行为以外的行为，当然也不为无权代理。

2. 行为人实施的"代理"行为不具有代理权。包括未经授权、超越代理权、代理权终止等三种情况。如果行为人有代理权，则为有权代理。

3. 无权代理行为既非绝对无效，也非绝对有效，即并非绝对不能产生代理的法律效果，从性质上讲，亦属于效力待定的行为。由于无权代理的行为未必对本人或相对人不利，同时为了维护交易安全和保护善意第三人的利益，狭义的无权代理行为若经本人予以追认，则为有权代理，发生与有权代理相同的法律后果；如果本人不予追认，则会产生其他责任效果。因此，在无权代理的情况下，由当事人特别是被代理人决定其效力更为妥当。

二、无权代理的种类

（一）自始不具有代理权的"代理"行为

行为人既未获得过授权，也未经有权机关指定为代理人，更无法律上的依据成为代理人，但行为人却以本人的名义与第三人实施民事行为，这是典型的无权代理。如乙未经甲的委托授权而以甲之名义将甲所有的三间房屋出售给丙。

（二）超越代理权的"代理"行为

在委托代理中，代理人本来有代理权，且委托人有明确的授权范围，但代理人擅自超越代理权范围进行代理活动。行为人超越代理权与授权不明不同。在超越代理权中，委托人授权是明确的，但行为人不顾委托人明确的授权与第三人进行授权范围以外的民事行为。因此，授权不明的代理行为，其法律后果应由委托人承担，但超越代理权的行为，其超越授权范围的部分代理活动属无权代理，除本人追认的以外，应由行为人承担。

（三）代理权终止后的"代理"行为

在委托代理中，如果代理权期限已届满或委托事务已完成，以及委托人取消委托或代理人辞去委托，委托代理权均终止。在法定代理中，如果本人成年或者恢复民事行为能力等，法定代理权终止。在指定代理中，如果指定机关撤销指定，指定代理权亦随之终止。在代理权终止以后，行为人仍然以代理人的名义与第三人进行民事行为，则属于代理权终止以后的代理。这种代理因无代理权而成为无权代理。

三、无权代理的法律后果

无权代理本身不具有法律效力，不发生代理的法律效果。这是无权代理法律效力的基本规则。不过，《民法典》认可无权代理在一定条件下可以转化为有权代理。依据《民法典》的相关规定，对于无权代理行为，只有经过本人追认，无权代理的后果才对本人发生效力，产生与有权代理相同的法律后果，代理人、被代理人与第三人各依法律规定和约定享有权利、承担义务。

（一）发生与有权代理相同的法律效果

无权代理设立的民事行为，如果经过被代理人的追认，使无权代理性质发生改变，其所欠缺的代理权得到补足，转化为有权代理，则发生与有权代理同样的法律效果，等于是有权代理。追认无权代理行为为有效的权利，是被代理人基于意思自治原则所享有的权利，其法律性质为形成权。权利的行使，可以向交易相对人作出，也可以向无权代理人作出。一经追认，无权代理行为如同有权代理一样发生代理的法律效力，效力溯及既往，无权代理行为自始有效，被代理人应当承受无权代理行为所发生的一切后果。相对人可以催告被代理人在一个月内予以追认。这就是相对人对无权代理行为的追认催告权。据此，除被代理人追认之外，无权代理的法律后果由无权代理人自己承担。

（二）不发生与有权代理相同的法律效果

《民法典》第 171 条第 2 款规定："相对人可以催告被代理人自收到通知之日起30 日内予以追认。被代理人未作表示的，视为拒绝追认。……"对此规则，相对人要求被代理人追认无权代理行为的通知称为催告。这里规定的就是拒绝追认和撤销权。

1. 被代理人行使拒绝追认权。无权代理行为发生之后，被代理人享有追认或者拒绝追认的选择权，因此代理行为处于效力未定的状态。这时，相对人可以进行催告。被代理人如果明确表示拒绝追认，或者在交易相对人确定的催告期间内不作出追认表示的，无权代理行为即不发生效力。

2. 视为拒绝追认。《民法典》第 171 条第 2 款规定，被代理人未作表示的，视为拒绝追认。视为拒绝追认也就不发生代理的后果。按照《民法典》的规定，追认的除斥期间是 30 日内，只有在此期间内去追认的，才有追认的权利。

3. 交易的善意相对人行使撤销权。为了平衡当事人之间的利益关系，与被代理人享有的追认权相对应，交易相对人与无权代理人订立民事法律行为时，如果其不知也不应知其为无权代理的，则为善意交易相对人，享有对无权代理行为的撤销权。行使这一撤销权，就会直接确定该无权代理行为不发生法律效力。行使该种撤销权，应当注意的是：①应当在被代理人行使追认权之前行使撤销权，追认权行使之后，不得再行使撤销权。②被撤销的无权代理行为，被代理人不得再为追认。③善意的交易相对人关于撤销的意思表示，一般应当向被代理人作出。

四、表见代理

（一）表见代理的概念

表见代理是指行为人无代理权，但因本人的行为而使无权代理行为具有外表授权的特征，足以使相对人有理由相信行为人有代理权，并因此与行为人进行民事法律行为，该行为与有权代理发生相同的法律后果。《民法典》第 172 条规定："行为人没有代理权、超越代理权或者代理权终止后，仍然实施代理行为，相对人有理由相信行为人有代理权的，代理行为有效。"《民法典》第 503 条规定："无权代理人以被代理人的名义订立合同，被代理人已经开始履行合同义务或者接受相对人履行的，视为对合同的追认。"以上规定为我国表见代理制度的立法根据。设立表见代理制度的意义，在于确保交易安全和市场信用，保护善意第三人的合法权益，同时起到规范授权行为、严格授权程序以维护代理制度的信用与稳定的作用。

（二）表见代理的特征

就代理人是否具有真实的代理权而言，表见代理与无权代理是完全相同的，即行为人并不具有代理权，而与相对人实施了法律行为。但与狭义的无权代理相比，表见代理具有自己的特征：①表见代理的发生，过错在于本人的过失，即本人的行为不仅使得行为人能以代理人的身份去与相对人实施民事行为，而且更主要的是足以使第三人确信行为人已获得本人的授权。而狭义的无权代理之发生，过错在于行为人，即行为人冒充代理人或越权代理所致。②在表见代理中，第三人必须是善意的，即其确信行为人已获本人的授权，能以本人名义进行法律行为，否则不能构成表见代理。而在无权代理中，相对人主观上的状态在所不问，即相对人是否知道行为人为无权代理，不影响无权代理的成立。

（三）表见代理的构成要件

表见代理的构成要件分为一般要件和特别要件。

1. 一般要件：①无权代理人须以本人的名义进行民事活动，能够出示证明自己接受委托，为本人办理事务的文件；②行为人一般应具有相应的民事行为能力；③无权代理人所为行为的内容不违反法律或社会公共利益；④无权代理人所为的民事行为应是向相对人为意思表示或受领相对人的意思表示。

2. 特别要件：①须行为人无代理权。无代理权是指实施代理行为时无代理权或对于所实施的代理行为无代理权。此乃表见代理的第一要件。如果代理人拥有代理权，则属于有权代理，不发生表见代理的问题。②须存在使相对人相信行为人有代理权的事实与理由。这是构成表见代理的客观要件。所谓使相对人相信行为人有代理权的事实与理由，一般是指行为人与本人之间的某种事实上或法律上的联系，而依照交易习惯，这种联系足以使相对人相信行为人就是本人的代理人。通常情况下，行为人持有本人发出的证明文件，如本人的介绍信、盖有合同专用章或盖有公章的空白合同书，或者有本人向相对人所作的授予其代理权的通知或公告等，这些事实尽管不是直接的授权行为，但客观上足以使相对人相信行为与本人之间存在代理关系，行为人已获取本人的授权。这是构成认定表见代理的客观依据。此外，行为人与本人之间的亲属关系、合伙关系、雇佣关系等，也可成为使相对人相信行为人有代理权的事实与理由。在我国司法实践中，对于上述客观依据，相对人应负有举证责任。③须本人存在过失。即本人因自己的过失行为而使第三人确信行为人有代理权，这是构成表见代理的主观条件。本人的过失表现为本人应当预见自己的行为会使第三人误认为行为人有代理权而未能预见，或虽已预见但未采取适当措施加以避免。如本人用通知的方式告之第三人将委托某人为其代理人，虽事后实际并未向某人授权，但未将此事实通知第三人。④须相对人为善意。即相对人不知行为人所为的行为系无权代理行为。这亦是构成表见代理的主观条件。如果相对人出于恶意，即明知他人为无权代理，仍与其实施民事行为，或者人应当知道他人为无权代理却因过失而未知，并与行为人实施民事行为的，就失去了法律保护的必要，故不能成立表见代理。

（四）表见代理的效力

表见代理行为在相对人作出选择前，既非绝对有效，也非绝对无效，其性质应属效力待定，是否有效取决于善意相对人的选择。

1. 对本人的效力。表见代理对本人产生有权代理的效力，即在相对人与本人之间产生民事法律关系，本人应受表见代理人与相对人之间实施的民事法律行为的约束，享有该行为设定的权利和履行该行为约定的义务。本人不得以无权代理进行抗辩。不得以行为人具有故意或过失为理由而拒绝承受表见代理的后果，也不得以自己没有过失进行抗辩。

2. 对相对人的效力。表见代理对相对人来说，既可主张狭义无权代理，也可主张表见代理，享有选择权。若主张狭义的无权代理，则相对人应向行为人主张权利和追究责任。若主张表见代理，则相对人可向本人主张权利和追究责任，关键在于相对人要主张何种代理对其更为有利。

思考题

1. 简述代理的概念和特征。
2. 简述代理权行使的原则。
3. 简述无权代理的概念、特征和种类。
4. 何谓表见代理？其构成要件是什么？

实务训练

（一）示范案例

案情： 王立生是某单位后勤处的负责人。2018 年 9 月，其亲戚家的一头牛得了一种传染病，且使其他 15 头牛全部被传染，王立生利便用职权之便以该单位食堂的名义买下其亲戚家中 16 头病牛，随后又找人将该 16 头病牛全部杀掉，并把牛皮送其亲戚，牛肉运回本单位食堂，其亲戚送给他 2000 元作为酬谢。由于牛肉感染病毒，本单位职工食用后发生 9 人中毒，食堂只好将剩余的牛肉倒掉，造成经济损失 50 000 余元。有人将此事向单位反映后，单位责令王立生追回牛肉款。王立生表示，牛肉是其亲戚的，他是代理单位购买牛肉，发生损失应当由单位负责，与其个人没有关系。其所在单位遂起诉至区人民法院，要求王立生及其亲戚归还牛肉款。

分析：本案涉及的是代理行为无效的问题。我国《民法典》第 164 条第 2 款规定："代理人和相对人恶意串通，损害被代理人合法权益的，代理人和相对人应当承担连带责任。"构成无效代理必须符合三个要件：①代理人和第三人有主观上损害被代理人的故意，即恶意通谋；②代理人和第三人客观上都实施了损害被代理人利益的共同行为，并且实际上也给被代理人造成了损害；③代理人与第三人恶意串通与被代理人利益受到损害之间有因果关系。以上要件缺一不可。该案中，王立生作为单位后勤处的负责人，明知买下这 16 头病牛会给单位造成很大的经济损失，但仍然与其亲戚通谋，具备了主观上损害本单位利益的故意。在客观上，牛肉被本单位的职工食用后不仅造成了食物中毒，而且给本单位造成的直接经济损失达 50 000 余元，损害已实际发生。在因果关系上，该单位的经济损失正是由于王立生及其亲戚的恶意串通将病牛卖给该单位食堂而直接造成的。因此，王立生的行为虽然在形式上是代理该单位的行为，但根据《民法典》第 164 条第 2 款的规定，在本质上是一种无效的代理行为，因而王立生应与其亲戚对该单位的损失负连带赔偿责任。

（二）习作案例

1. 2018 年 10 月 12 日，神州贸易公司业务员林某以神州贸易公司的名义，与某县建筑公司签订木材购销合同一份。合同约定：由神州贸易公司提供给某县建筑公司落叶松小径木 300 立方米，货款总额为 198 000 元，交货期限为 2018 年 11 月 18日，某县建筑公司预付货款 3 万元，其余货款于货到后 7 日内一次付清。2018 年 10月 27 日，某建筑公司将预付货款 5 万元交给业务员林某，林某收到货款后存入其表弟王某个体经营的明新木器加工厂账内。时至 2018 年 11 月 20 日，林某未向某建筑公司供货。虽经多次催促，亦无货可供，且不退还货款。为此，某县建筑公司起诉至人民法院，要求神州贸易公司退还货款并赔偿货款利息。

请问：

（1）林某以神州贸易公司的名义与某县建筑公司签订的木材购销合同是否有效？为什么？

（2）法院是否支持某县建筑公司的诉讼请求？

2. 某时装公司产品积压，急于推销产品，周转资金，便号召每个职工都去销售时装，并宣布，凡本公司职工推销出去的时装一定按合同标的总额的百分比发给奖金。该公司女职员张某有一位朋友李某在某百货公司当业务员，张某就去找李某帮忙。某百货公司进货都得领导批准，最近某百货公司刚进了几批时装，所以领导不会同意进货。但李某有盖过章的空白合同书，为讨好张某，李某就用它和张某签订了一份购买某时装公司 10 万元时装的服装买卖合同，交给了张某。张某向领导交差后，某时装公司很高兴，按规定发给了张某一大笔奖金。不久，某时装公司按这份合同给某百货公司发去了价值 10 万元的时装，并通过银行托收货款。某百货公司的负责人得知此事后，认为其从未授权李某购买过这批货，所以他们不能对此负责，并通知银行拒付货款。某时装公司则说，合同上盖了某百货公司的公章，怎么能说没有授权呢？某时装公司为了履行这一合同，开支了一大笔钱，因此他们坚持合同必须履行，双方协商不成，某时装公司起诉至人民法院。

请问：

（1）某百货公司与某时装公司签订的时装买卖合同是否具有法律效力？

（2）本案应如何处理？为什么？

第八章

诉讼时效和期限

学习目标与工作任务

通过本章的学习，全面掌握民事法律关于诉讼时效的相关规定；重点把握诉讼时效的起算点、诉讼时效中止和中断的法定条件和计算方法。学会运用诉讼时效的法律规定解决现实生活中因不了解诉讼时效而产生的民事纠纷，并据以保护自己的合法民事权益。

第一节　时效概述

一、时效制度的概念

时效制度，简称时效，是指一定的事实状态持续经过一定的时间，即导致一定的法律后果的法律制度。法律关于时效的规定属于强制性规范，任何人都必须遵守，双方当事人不得就时效的长短进行协商[1]。

时效制度由三个要素组成：①一定事实状态的存在。所谓一定的事实状态，是指对财产的占有和不行使权利的客观状况。②该事实状态一直持续达到法定期间。即法律规定的占有财产或不行使权利的事实状态持续进行的时间。③导致一定的法律后果。即占有财产或不行使权利的事实状态持续不间断达到法律规定的时间后，发生当事人取得权利或权利失去法律保护的法律后果。

二、时效的分类

1. 根据引起时效发生的事实状态的不同以及由此导致的法律效果的不同，可将时效区分为取得时效与消灭时效。取得时效，是指占有他人财产，持续达到法定期间，即可依法取得该项财产所有权的时效。因其事实状态必须占有他人财产，故又称"占有时效"。消灭时效，是指因不行使权利的事实状态经过法定期间，依法发生权利消灭或权利不受法律保护的后果的时效。对消灭时效的法律后果，因其仅涉

---

[1] 刘心稳主编：《中国民法》，中国政法大学出版社 2012 年版，第 73 页。

及诉讼法上的效力，故又称为"诉讼时效"。我国现行民事立法并未设立取得时效制度，只规定了诉讼时效制度。

2. 根据时效所适用的对象不同，可将时效分为普通时效与特殊时效。普通时效是指对一般民事法律关系都可适用的时效；而特殊时效则是指针对某些法律规定的特别民事法律关系才能适用的时效。

3. 根据时效期间的长短不同，时效可分为一般时效、短期时效与长期时效。一般时效是指法律规定适用于大多数情况的时效，而短期时效和长期时效是相对于一般时效的期间长短而言，适用于法律规定的特殊情况。

三、时效的性质和作用

（一）时效的性质

1. 时效是一种具体的法律事实。不论时效的法律后果是引起权利取得，或引起权利消灭，还是引起权利不受保护的后果，时效均为法律关系产生、变更、消灭的根据。因此，时效属于法律事实。

2. 时效是事件。时效的法律后果是因一定的事实状态持续不间断地经过法定期间而当然发生的，其与当事人的意志无关，因而时效是事件而非行为。同时，时效期间又不同于一般期间，它以一定的事实状态的存在为前提，是一定的事实状态与一定时间的结合，而非单纯的时间的经过。

3. 时效具有强行性。时效制度是基于维护社会秩序的公益上的理由而设的。故关于时效的规定为强行法，当事人不得通过约定加长或缩短时效期间。时效的利益，亦不得预先抛弃。

（二）时效的作用

1. 确立时效制度，有利于促使权利人积极行使权利。诉讼时效表面上看起来是使得权利人在经过一定的时间后丧失了权利，但正是这一后果反过来起到了促使权利人及时、认真行使权利，发挥权利的应有价值，防止权利的闲置与浪费的作用。

2. 确立时效制度，有利于稳定社会经济关系，确保交易安全。社会经济关系和法律关系必须处于有序状态，才能促进社会经济的发展，而权利义务关系在法律上处于相对稳定的状态是社会关系有序化的条件。如果权利人长期不行使权利或义务人长期不履行义务，事实上就形成了权利人没有权利，义务人没有义务的事实状态，而此时法律再去认可原来的权利义务关系，就必然会导致社会关系不稳定，影响经济秩序与交易安全，所以法律必须对这种权利义务关系的事实状态与法律状态不一致的现实加以确认，即否定旧的权利义务关系，确认新的权利义务关系，以稳定社会经济秩序和确保交易安全。

3. 确立时效制度，有利于司法机关公正司法。司法机关裁判案件须以证据证明的法律事实为依据，而证据是以一定方式存在于客观世界的。如果经过的时间过长，则当事人难以就自己的主张举证，司法机关也难以确认案件事实。而诉讼时效的确立，则较好地解决了这一问题。一方面防止因年代久远而使得司法机关难以公正裁判，一方面使义务人能以已过时效而直接作为证据抗辩。

第二节　诉讼时效

一、民法规定诉讼时效制度的目的

我国《民法典》第九章从第 188 条到第 199 条规定的是"诉讼时效"，其中除了第 199 条规定的是除斥期间，其他的规定都是诉讼时效的内容。这个立法体例，仍然是沿袭《民法通则》的做法，只是增加规定了除斥期间而已。

诉讼时效是一种能够引起民事法律关系发生变化的法律事实。作为一种法律制度，诉讼时效又称消灭时效，是指权利人在一定期间内不行使权利，即在某种程度上丧失请求利益的时效制度。

诉讼时效制度起源于罗马的裁判官法，在罗马法早期，诉讼是没有期限限制的，但随着裁判官管辖权的发展，出现了"无限期诉讼"（也称为永久性诉讼）和"时效诉讼"（也称为法定期限诉讼）之分。[1] 到了罗马帝国时期，则认为诉讼均有时效，权利人如果不在期限内提起诉讼，只是丧失诉讼上的救济而并不丧失实体上的权利，权利人仍可以依诉讼外的方法寻求救济。这种超过诉讼时效期间的债权，在罗马法上称为自然债务，以区别于法定债务，这就成为正式的诉讼时效制度，一直沿用下来。在中世纪，教会法排斥时效制度，认为不论实际立法如何变动，凡是一种权利，纵使经过长期的忽视，在实际上也是不可毁灭的。寺院法虽然承认时效制度，但对于不得为诉讼之人时效不进行，凡是法律上或事实上不能提起诉讼，或者诉讼的提起有困难的，都是时效停止的事由。到了 11 世纪后期，随着注释法学派的兴起，罗马法复兴之时，时效制度理论才逐渐传播开来。

设立诉讼时效制度的主要目的，是为了客观地促进法律关系安定，及时结束权利义务的不确定状态，稳定法律秩序，降低社会交易成本。一方面，由于权利人长久不行使权利，很可能会导致证据灭失，如果任由当事人无限期地在诉讼上主张权利，不仅会推翻长期已经存在的事实状态以及基于此事实状态而形成的各种法律关系，造成社会经济秩序的紊乱，也会导致诉讼久拖不决的后果，对义务人有失公平。而以诉讼时效期间替代证据，也可以简化法律关系，避免诉讼上的举证责任。另一方面，诉讼时效制度可以很好地平衡实际权利人与非实际权利人之间的利益关系，督促真正的权利人及时行使权利以避免不利后果，同时在其存在时效过失时，使利益有利于非真正权利人，从而体现"法律帮助勤勉人，不帮助睡眠人"的法谚精神。

---

〔1〕〔意〕彼德罗·彭梵得：《罗马法教科书》，黄风译，中国政法大学出版社 1992 年版，第 107 页。

二、诉讼时效期间的类型

《民法典》根据诉讼时效期间的不同，分为三种。

（一）一般诉讼时效

一般诉讼时效，是指由民法统一规定的，普遍适用于法律没有作特殊诉讼时效规定的各种民事法律关系的消灭时效。

由于保护利益的基点不同，各国规定的诉讼时效期间的长短也有所不同，当偏重于保护债权人利益时，其期间规定得较长；当意在促使权利积极行使、加快民事流转时，则规定较短的期间。并且期间的长短随社会经济的发展而可能有所变化。多数国家规定了较长的普通诉讼时效期间，体现了对权利人权利的尊重。

《民法通则》第135条规定一般诉讼时效的期间为2年，这一期间比较短暂，其立法目的在于促使权利人尽快行使其权利，以利于加速社会经济流转，但从另一角度而言，对权利人来说未免有些苛刻。因此，《民法典》将一般诉讼时效规定为3年，这样对保护债权人的利益更为有利。

（二）特别诉讼时效

特别诉讼时效，也称为特殊诉讼时效，是指由民法或民法单行法特别规定的，只适用于某些特殊民事法律关系的消灭时效。

规定这种特殊诉讼时效，是因为这种诉讼时效所适用的民事法律关系对确定性的要求较强，必须在更短或者更长的期间内将其确定化。因此，它的期间通常短于但是也有长于一般诉讼时效的期间，只适用于法律特别规定的民事法律关系，不具有一般意义，并且优先于一般时效适用。

《民法典》没有规定特别诉讼时效，但其他法律中存在一些规定，如《环境保护法》规定，因环境污染损害赔偿提起诉讼的时效期间为3年；《民法典》第594条规定，因国际货物买卖合同和技术进出口合同争议提起的诉讼或者申请仲裁的时效期间为4年；此外《产品质量法》《保险法》《海商法》《食品卫生法》《药品管理法》等法律中也规定了特殊的时效期间。

（三）最长诉讼时效

最长诉讼时效，也称为绝对诉讼时效，是指不适用诉讼时效中止、中断、延长规定的诉讼时效期间。20年的最长诉讼时效期间的规定，是针对那些不知道或者不应当知道其权利被侵害的权利人作出的。因为他们既然不知道或者也不应当知道其权利被侵害的事实，其诉讼时效便不可能按照《民法典》第188条第2款的规定，自"诉讼时效期间自权利人知道或者应当知道权利受到损害以及义务人之日起计算"。这样就需要规定较长的时效期间，才能达到保护当事人合法权益的目的。最长诉讼时效的特点是：①期间的固定性。其设立宗旨就是要对民事权利设立一个最长的固定期限，权利超过这个期限不行使的，则对该民事权利不再予以法律保护。因此，它不适用诉讼时效期间中止、中断的规定。②期间起算点的确定性。即从权利发生之日起计算，而不是从知道或者应当知道权利受到侵害之时起计算。

三、诉讼时效期间起算的规定

诉讼时效是一个持续的事实状态，因此诉讼时效期间的起算决定了时效制度如何适用。时效期间起算点的不同会对双方当事人利益产生重要影响。

《民法典》关于诉讼时效期间的起算，包括一般规定和特别规定。一般性规定是第 188 条第 2 款前段："诉讼时效期间自权利人知道或者应当知道权利受到损害以及义务人之日起计算。法律另有规定的，依照其规定。"特别规定是第 189~191 条的规定。

权利被侵害、权利受到损害究竟有何区别，笔者认为这特别关系到诉讼时效期间的起算的时间点。权利被侵害，通常应当理解为权利受到侵害，侵害权利的行为应当是侵权行为。而权利受到损害，损害权利的行为并不一定是侵权行为，包括所有损害对方权利的义务人的行为，特别是不履行债务的行为。

诉讼时效期间起算的一般规则是：

1. 在客观上，权利受到侵害。权利受到侵害是一个客观事实，是必须存在的事实。只有权利受到侵害，才能够确定诉讼时效的起算时间。

2. 在主观上，权利人知道或应当知道权利受到侵害。知道就是已知，应当知道就是应知。已知和应知都是权利人知道。其中应知是一种法律上的推定，即不管当事人实际上是否知道其权利受到侵害，只要客观上存在着知道的条件和可能，由于当事人主观上的过错，应当知道而未知道，诉讼时效期间仍应开始计算。

3. 在主观上，权利人知道或者应当知道与自己相对的义务人。在通常情况下，民事法律关系都有权利主体和义务主体，当权利受到损害，受害人虽然知道或者应当知道这一客观事实，但是并不知道义务人是谁。在这种情况下，权利人一方面无法向其主张权利，另一方面也无法向法院、仲裁机构及其他相关部门提出自己的主张，要求进行保护。

4. 坚持主客观相统一的标准。在权利受侵害的客观事实和权利人已知或者应知权利受侵害以及义务人的主观方面，有时候是一致的，有时候是不一致的。主观方面和客观方面相一致的时候，按照同一的时间点起算诉讼时效；主观方面和客观方面不相一致的时候，肯定是客观事实发生在前，已知或者应知发生在后，则应当以主观吸收客观，在已知或者应知的时候，以已知和应知作为起算诉讼时效期间的时间点。

诉讼时效的起算受到最长期间的限制。请求权人不知道或不应当知道权利受到损害及其义务人，从权利受到损害之日起超过 20 年的，人民法院不予保护。

对于分期债务诉讼时效期间起算，诉讼时效期间是最后一期履行期限届满之日起计算。《民法典》第 189 条规定的是分期债务。当事人约定同一债务分期履行的，就是分期债务。原来就是一个债务，但是把它分开几次履行，就是分期债务。例如分期付款就是典型的分期债务。这里究竟包不包括定期租金这种分期的债务，立法专家都认为不包括，因为定期租金，一个租金的清偿期间就是一个请求权，而不是把一个债务分成几个不同的债务履行。只有把一个债务分成几期清偿，才是分期债务。分期债务的诉讼时效期间，是最后一期履行期限届满之日起计算，但是租金不是这样，每笔租金就是一个诉讼时效期间。

对于无民事行为能力人或者限制民事行为能力人起诉法定代理人的诉讼时效期间起算的规定。《民法典》第190条规定的是无民事行为能力人或者限制民事行为能力人对自己的法定代理人侵害自己的合法权益时，对自己的法定代理人提起的诉讼。这里规定的法定代理人，包括未成年人的父母，以及无民事行为能力或者限制民事行为能力的成年人的监护人。未成年人的父母是未成年人的亲权人，是其当然的法定代理人。《民法典》第23条规定："无民事行为能力人、限制民事行为能力人的监护人是其法定代理人。"因此，所有的成年无民事行为能力人和限制民事行为能力人的监护人，都是其法定代理人。

无民事行为能力人或者限制民事行为能力人对其法定代理人的请求权，究竟如何产生？这一条文法律没有明确规定。《民法典》第34条第2、3款规定："监护人依法履行监护职责产生的权利，受法律保护。""监护人不履行监护职责或者侵害被监护人合法权益的，应当承担法律责任。"该条第2款就是无民事行为能力人或者限制民事行为对其法定代理人的请求权的产生根据。无民事行为能力人或者限制民事行为能力人的法定代理人侵害了无民事权利能力人或者限制民事行为能力人的合法权益，权利人就产生保护自己权利的请求权，可以向自己的法定代理人主张损害赔偿请求权。

法定代理人侵害其监护下的无民事行为能力人或者限制民事行为能力人的具体行为，可以参考《民法典》第36条规定的内容，即实施严重损害被监护人身心健康行为，怠于履行监护职责，或者无法履行监护职责，并且拒绝交接职责，部分或者全部委托给他人，但是被监护人处于危困状态，或者有严重侵害被监护人合法权益的其他行为。概括起来可以分为两部分，一是侵害无民事行为能力人或者限制民事行为能力人的人身权利的行为，二是侵害无民事行为能力人或者限制民事行为能力人的财产权利的行为。无民事行为能力人或者限制民事行为能力人的监护人实施上述行为，造成无民事行为能力人或者限制民事行为能力人的权益受到损害，该请求权即产生。

无民事行为能力人或者限制民事行为能力人对自己的法定代理人行使请求权，其诉讼时效期间的起算，不适用《民法典》第188条第2款规定的自权利人知道或者应当知道权利受到损害以及义务人之日起计算，而是自该法定代理终止之日起计算。也就是说，这种法定代理关系何日终止，就从何日开始计算诉讼时效期间。其理由是：无民事行为能力人或者限制民事行为能力人，他们在法定代理人履行职责期间并不具有民事行为能力或者民事行为能力受到限制，无法判断自己的权益是否受到损害，如果按照诉讼时效期间起算的一般规则，将会严重损害他们的合法权益。只有当他们已经恢复了民事权利能力，法定代理关系已经终止，他们对自己的行为已经具有了辨别能力，因此从这个时候开始计算诉讼时效期间，才能够更好地保护自己的合法权益。

对于未成年人遭受性侵损害赔偿请求权诉讼时效期间起算的特别规定。对于性侵未成年人的诉讼时效期间从18岁起算的规定，有人提出，这个规定的可操作性不强，因为时隔多年，当年的罪证极有可能已经消失，当事人将会面临取证难的问题。这个问题怎么解决呢？笔者对此问题提出的意见是：对于这个规定应当正确地理解，它是说，未成年人被性侵，其诉讼时效起算时间比较晚，起算时间是从她成年时开始算，这样就对保护未成年人有利。而不是说受害人一定要等到18周岁才可以起诉，其实只要是未成年人被性侵，其权利就遭受到了损害，其就可以马上起诉，干嘛非得要说时间这么长了，证据就消失了呢？怎么就一定会面临取证难的问题呢？其实不是这个问题。比方说8岁的未成年人受到了性侵，到她18岁就有10年的时间，完全可以行使损害赔偿请求权，即使这10年你都没主张权利，到了18岁以后，还有3年的诉讼时效期间可以主张权利。这样规定不好吗？对这一规定不要误解，它不是说一定要到18周岁才可以去主张权利。这正像立法机关所解释的那样：这样的规定，"增加了未成年人遭受性侵害后诉讼时效的特殊期单点，给受性侵害的未成年人成年后提供寻求法律救济的机会，保护未成年人利益"。[1]

四、诉讼时效期间中止

时效制度意在敦促权利人及时行使权利，但其适用以权利人可以行使权利而怠于行使为前提，如果出现客观障碍而使权利人无法行使权利，则继续计算时效未免有失公平，因此应暂停计算期间以保证权利人有行使权利的必要时间，从而保护其权益。

（一）引起诉讼时效期间中止的具体事由

《民法典》规定的法定事由是"不可抗力或者其他障碍"，其中不可抗力是指当事人不能预见、不能避免并不能克服的客观情况，如严重的自然灾害和战争等。发生不可抗力时，权利人在客观上无法行使权利。其他障碍是指除不可抗力以外足以使权利人无法行使请求权的客观情况，如权利被侵害的无民事行为能力人、限制行为能力人没有法定代理人，或者法定代理人死亡、丧失代理权或者法定代理人本人丧失行为能力的情况。

1. 不可抗力。在诉讼时效期间的最后6个月内，如果发生《民法典》第180条第2款规定的"不能预见、不能避免且不能克服的客观情况"即不可抗力，诉讼时效期间中止。

2. 无民事行为能力人或者限制民事行为能力人没有法定代理人，或者法定代理人死亡、丧失代理权或者丧失民事行为能力。在诉讼时效期间的最后6个月内，如果权利人是无民事行为能力人或者限制民事行为能力人，没有法定代理人，或者有

---

〔1〕《中华人民共和国民法典·含草案说明》，中国法制出版社2017年版，第59页。

法定代理人，但是法定代理人已经死亡、丧失代理权或者丧失民事行为能力，都会使正在进行的诉讼行为不能正常进行，一旦继续进行，就会损害权利人的合法权益，因此必须中止诉讼时效期间，待这些事由消灭后，再恢复诉讼时效期间。这里的无民事行为能力人或者限制民事行为能力人没有法定代理人，通常不是指未成年，而是指成年人丧失或者部分丧失民事行为能力，在这个期间里，又没有法定代理人，因而使权利人无法正常行使权利，因而诉讼时效期间中止。

3. 继承开始后未确定继承人或者遗产管理人。在继承已经开始，但是在诉讼时效期间的最后 6 个月内，还没有确定被继承人的继承人或者遗产管理人，无法确定继承法律关系的主体，或者无法确定遗产管理人的，无法进行正常的继承纠纷的诉讼活动。例如被继承人的债权人在继承开始后主张债权，无法确定请求或者起诉的相对人，或者不知道相对人是谁，因而必须中止诉讼时效期间。[1] 这里有两个问题，一是继承人或者管理人须同时未确定，还是只要其中一个未确定就适用诉讼时效期间中止呢？笔者认为，只要继承人或者遗产管理人有一方未确定，就应当适用诉讼时效期间中止，这样从宽解释，有利于保障权利人的权利。二是在一个继承纠纷中，继承人通常不止一个，这里的继承人未确定，是指某一个继承人未确定还是全体继承人都未确定呢？当继承人只有一人时，可能发生的纠纷是涉及遗嘱继承或者遗赠扶养协议，这时的继承人未确定，应当认为是诉讼时效期间中止；如果继承人是多人，其中有的继承人未确定，也应当认为是诉讼时效期间中止。继承开始后，在诉讼时效期间的最后 6 个月内未确定继承人或者遗产管理人的，诉讼时效期间中止。

4. 权利人被义务人或者其他人控制。所谓的权利人被义务人或者其他人控制，实际上就是对继承权利人的强制。这种强制或者控制，包括两种情形，一种是身体强制，即对权利人的身体进行拘束，限制人身自由，使其无法主张权利；另一种是对权利人的精神进行强制，使其不敢或者不能主张权利。凡是在诉讼时效期间最后 6 个月内出现上述两种情况之一，诉讼时效期间都应中止。

5. 其他导致权利人不能行使请求权的障碍。除了上述情形之外，凡是在诉讼时效期间的最后 6 个月内，出现其他能够导致权利人不能行使请求权的障碍的，都适用诉讼时效期间中止。对此法律没有列举，最高人民法院有关司法解释中也没有规定。有的法官列举了两种情形，一是有正当理由的给付延期，列举的是《德国民法典》规定的应给付延期和义务人由于其他原因暂时有权拒绝给付而停止进行诉讼时效期间。二是原告或者被告正在处于战争状态的武装部队服役，《苏俄民法典》规定了这一种诉讼时效期间中止的理由。[2] 这些内容可以参酌。

《民法典》要求中止发生在时效期间最后 6 个月内，这是考虑了我国实际国情与

---

〔1〕 张驰："诉讼时效中止事由范围及其效力"，载《法学》1997 年第 6 期。
〔2〕 张驰："诉讼时效中止事由范围及其效力"，载《法学》1997 年第 6 期。

权利人保护必要性的结果，因为在这种情形下权利人还有足够的时间去行使权利。

（二）中止事由消除后的时效期间计算

《民法典》第 194 条第 2 款规定，自中止时效的原因消除之日起满 6 个月，诉讼时效期间届满。这样的规定意味着，只要在诉讼时效期间的最后 6 个月内出现中止时效的原因，就一律在中止时效的原因消除之日起再加上 6 个月，诉讼时效期间就届满了。这是一个比较重大的改变，这样的规定更有利于保护请求权人的合法权益。

五、诉讼时效期间中断及其后果的规定

（一）诉讼时效期间中断的具体事由

《民法通则》第 140 条规定："诉讼时效因提起诉讼、当事人一方提出要求或者同意履行义务而中断。从中断时起，诉讼时效期间重新计算"。《民法典》第 195 条对诉讼时效中断作了新的规定，主要是增加了法定的诉讼时效中断的事由。

我国规定的法定事由主要有起诉、权利人一方提出要求、义务人同意履行义务。

《民法典》195 条规定，有下列情形之一的，诉讼时效中断，从中断、有关程序终结时起，诉讼时效期间重新计算：①权利人向义务人提出履行请求；②义务人同意履行义务；③权利人提起诉讼或者申请仲裁；④与提起诉讼或者申请仲裁具有同等效力的其他情形。

（二）中断事由须发生于诉讼时效期间进行之中

这种时间要求，较之于中止更为宽泛，只要是在诉讼期间范围内，无论事由发生于哪一个具体时间点均发生中断效果。可见，中断制度的存在，实际上使得权利人在某种意义上大大超越了时效期间的制约。

（三）中断事由消除后诉讼时效期间重新计算

诉讼时效中断，以前经过的期间归于消灭，时效重新开始计算。《民法典》第 195 条规定，诉讼时效中断，从中断、有关程序终结时起，诉讼时效期间重新计算。

重新计算的时效期间的起算点的确定方法是：一是以起诉或提请仲裁、调解而中断的，自判决、裁定、调解协议生效之时起重新计算。即诉讼、仲裁期间，诉讼时效停止计算。二是以其他方式主张权利而中断的，自中断原因发生时重新计算。三是因债务人同意履行债务而中断的，自中断原因发生时重新计算。[1]

此外，《最高人民法院关于审理民事案件适用诉讼时效制度若干问题的规定》第 13 条规定："权利人向公安机关、人民检察院、人民法院报案或者控告，请求保护其民事权利的，诉讼时效从其报案或者控告之日起中断。上述机关决定不立案、撤销案件、不起诉的，诉讼时效期间从权利人知道或者应当知道不立案、撤销案件或者不起诉之日重新计算；刑事案件进入审理阶段，诉讼时效期间从刑事裁判文书生效之日起重新计算。"这样的规定应当继续有效。

---

[1] 参见梁慧星：《民法总论》，法律出版社 2001 年版，第 279 页。

六、对不适用诉讼时效期间的请求权范围的规定。

1. 请求停止侵害、排除妨碍、消除危险；

2. 不动产物权和登记的动产物权的权利人请求返还财产；

3. 请求支付抚养费、赡养费或者扶养费；

4. 依法不适用诉讼时效的其他请求权。

七、诉讼时效与除斥期间的区别

诉讼时效，是指权利人不行使权利的事实状态，持续经过一段时间直至法定期间届满，丧失其请求法院依诉讼程序强制义务人履行义务的权利的时效制度。除斥期间，是指法定权利的存续期间，因该期间的经过，发生实体权利消灭的法律效果。如《合同法》第 193 条规定，因受赠人的违法行为致使赠与人死亡或丧失民事行为能力的，赠与人的继承人或者法定代理人可以撤销赠与，但撤销权人应当在其知道或应当知道撤销原因之日起 6 个月内行使。该 6 个月即为除斥期间。

诉讼时效与除斥期间的区别表现在诸多方面：

1. 二者的法律后果不同。虽然诉讼时效和除斥期间的法律后果都表现为某种权利的消灭，但是，诉讼时效所消灭的是权利人享有的胜诉权，而除斥期间则消灭的是权利人享有的实体民事权利本身，如追认权、撤销权、解除权等。

2. 二者的期间不同。虽然诉讼时效和除斥期间都以一定事实状态存续一定时间为内容。但是，诉讼时效是可变期间，适用中止、中断或延长的规定，而除斥期间则一般是不变期间。不因任何事由而中止、中断或者延长。

3. 二者的适用依据不同。诉讼时效规定的是权利受害人请求法律保护的期限，仅适用于权利受到侵害的权利人不行使请求权的情况，而除斥期间规定的是权利人行使某项权利的期限，以权利人不行使该实体民事权利作为适用依据。

4. 二者的适用条件不同。诉讼时效是在当事人主张时，人民法院予以援用，而除斥期间则是由人民法院依职权予以援用，不论当事人是否主张。

5. 二者的起算时间不同。诉讼时效的起算始自权利人能够行使请求权（请求权产生之时），我国《民法通则》规定从权利人知道或者应当知道其权利被侵害时起算。而除斥期间则是自相应的实体权利成立之时起算。

第三节　期　限

一、期限的概述

期限也称时间，是民法中的一项重要内容。期限是指能引起民事权利义务关系发生、变更或终止等一定法律后果的时间。期限分为期日和期间。期日是指不可分的一定时间，如某年、某月、某日、某时。凡在观念上认为其属于不可分的时间，均为期日，通常也称为一定的时间点。以一定的时间点为起点，以另一时间点为终点，持续延续的时间，均为期间，也称为一定的时间段。如：6 月 1 日至 8 月 1 日、

4 个月、30 天等表述均为期间。

依期限的确定根据不同，期限可分为法定期限、指定期限和约定期限。

法定期限是由法律直接规定的期限。如：诉讼时效期间，公民成年之期日等。

指定期限是指由法院或有关机关根据民事法律关系的具体情况确定的期限。例如，法院或仲裁机关在判决、裁决中指定的偿还债务的期限（期日或期间）；宣告死亡的期日；等等。

约定期限是指当事人自行约定的期限。约定期限是根据当事人的意志确定的期限，又称意定期限。

二、期限的意义

时间在民法上有着重要的意义。任何民事法律关系的设立、变更和消灭都是在一定的时间内发生的。没有期限，便没有法律关系确定与存续的时间，便没有法律关系本身。民事主体的民事权利能力、民事行为能力、民事权利、民事义务，无不与时间相联系。因此，期限是一种重要的法律事实，有着极重要的法律意义。期限的法律意义如下：

1. 期限是确定民事主体权利能力和行为能力开始与终止的尺度。

2. 期限是作出法律推定的根据。例如，失踪人下落不明的期间，便是作出宣告死亡推定的根据。

3. 期限是确定权利的取得或丧失的根据。例如，已过诉讼时效期间便是权利人丧失胜诉权的根据。

4. 期限是当事人行使权利和履行义务的时间要求，也是权利义务的组成部分之一。

5. 期限是民事法律行为效力的起点和终点。

三、期限的确定与计算方法

（一）期限的确定方式

1. 规定某一具体日期，如某年某月某日。

2. 规定一定的具体期间，如 1 年。

3. 规定以当事人提出请求的时间为准。

4. 规定某一必然到来或必然发生的时刻。

（二）期限的计算方法

对于期日，一般依法定期日、判决指定期日和约定期日为准。

对于期间，其计算比较复杂。计算方法如下：

1. 关于起点：①按小时计算的，从规定时开始计算；②按日、月、年计算的，开始的当天不算入，从下一天开始计算，即次日为期间的起点。

2. 关于终点：①期间的最后一天的截止时间为 24 点；②有业务时间的，到停止业务活动的时间截止；③如果期间的最后一天是星期日或者其他法定休假日的，以休假日的次日为期限的最后一天。

当事人非以月、年的始日为起点，而以月、年规定期间的，一月以 30 天计算，一年以 365 天计算。

对当事人约定了期间的计算的，其起算时间从其约定。

此外，民法典中所称的"以上""以下""以内""届满"，均包括本数在内，所称的"不满""以外"则不包括本数在内。

思考题

1. 何谓诉讼时效？它有哪些种类？
2. 简述诉讼时效中止的概念、条件和法律后果。
3. 试比较诉讼时效的中止和中断。
4. 法律设立期限有何意义？

实务训练

（一）示范案例

案情： 1994 年 1 月 4 日，R 公司和 J 银行签订借款合同，借款 50 万元，借款期限为 1994 年 1 月 4 日至 1994 年 4 月 3 日。期内贷款利率为年化 16.2%，逾期则加收 20%。G 公司为 R 公司借款担保，担保"在 R 公司还款超过合同规定期限，逾期 3 个月仍无力清偿贷款时"，由 G 公司负责清偿。债务人 R 公司因未按规定年检，被工商局于 2005 年 1 月 26 日吊销营业执照。J 银行于 2004 年 6 月将 R 公司所欠的上述借款本金余额 41 万元及相应利息转让给某一资产管理公司，并进行债权转让暨催收公告。2004 年 12 月，某一资产管理公司又将该笔债权转让给某二资产管理公司，同样进行了债权转让暨催收公告。2008 年 4 月，某二资产管理公司资产又将该笔债权转让给 A，且进行了公告和催收。公告截至 2008 年 4 月 30 日，该笔债权本息合计 72.55 万元。A 于 2010 年 3 月至 2018 年 3 月，每隔 2 年向 G 公司发函催收。

分析： 对于本案，G 公司至少可主张保证期间的抗辩、普通诉讼时效的抗辩以及最长诉讼时效的抗辩。

在论述上述问题之前，我们有必要先对本案 G 公司的担保性质进行一个简单的分析：

本案保证责任的方式为一般保证。《最高人民法院关于涉及担保纠纷案件的司法解释的适用和保证责任方式认定问题的批复》（法释〔2002〕38 号）第 2 条第 1 款规定："担保法生效之前订立的保证合同中对保证责任方式没有约定或者约定不明的，应当认定为一般保证。保证合同中明确约定保证人在债务人不能履行债务时始承担保证责任的，视为一般保证。保证合同中明确约定保证人在被保证人不履行债务时承担保证责任，且根据当事人订立合同的本意推定不出为一般保证责任的，视为连带责任保证。"本案的保证明确是债务人无力清偿贷款时，保证人才承担责任，因此，保证的性质是一般保证。只是本案的一般保证与通常的一般保证还略有一点小差别，就是本案的债权人银行不能在一开始对债务人不能执行时就可以要求保证人承担担保责任，而是要在债务逾期达到了 3 个月以后才能要求保证人承担责任。不过，这一差别一是对保证的性质的确定没有影响，二是 3 个月的期限也基本不构成债权人对保证人主张权利的期限有影响，因为对保证人主张责任有一个前置程序，就是要债务人履行不能，证明债务人履行不能一般是要启动对债务人的诉讼程序和执行程序，这一时间通常是要超过 3 个月的。

以下就 G 公司的抗辩权逐项进行分析：

1. 保证期间和普通诉讼时效的抗辩权。

第一，在 G 公司提出诉讼时效的问题后，A 对主债权未过诉讼时效负有举证责任。就主债权的诉讼时效而言，G 需要举证在还款期限届满之日起 2 年内（即自 1994 年 4 月 5 日至 1996 年 4 月 5 日）向 R 公司主张过权利，且此后也连续向该公司催收贷款，使该笔主债权保持在诉讼时效内。初步估计，2004 年 6 月以后，由于债权的转让，资产管理公司和 A 均应不会产生新的诉讼时效瑕疵，但 2004 年 6 月之前存在诉讼时效瑕疵的可能性则较大。

第二，若该笔主债权未过诉讼时效，G 还可以主张保证期间经过的抗辩权，对此，A 还需要证明其在保证期间内向 G 公司主张过保证的权利来对抗 G 公司。具体来说，根据《最高人民法院关于处理担保法生效前发生保证行为的保证期间问题的通知》（法〔2002〕144 号）的规定，"对于当事人在担保法生效前签订的保证合同中没有约定保证期限或者约定不明确的，如果债权人已经在法定诉讼时效期间内向主债务人主张权利，使主债务没有超过诉讼时效期间，但未向保证人主张权利的，债权人可以自本通知发布之日起 6 个月（自 2002 年 8 月 1 日至 2003 年 1 月 31 日）内，向保证人主张权利。逾期不主张的，保证人不再承担责任。"故 A 须举证在 2002 年 8 月 1 日至 2003 年 1 月 31 日期间内，曾向 G 公司主张过担保权利。

需要注意的是，在一般的保证担保案件中，保证人还有自己保证债务的诉讼时效的抗辩权，但本案由于发生得较早，G 公司基本没有担保债务这一从债务的诉讼时效抗辩权。因为保证期间已经持续至 2003 年 1 月 31 日，在保证期间尚未起算的情况下，保证债务是无诉讼时效起算一说的，只有在保证期间内债权人主张了保证权利，保证债务的诉讼时效才起算，而本案 2004 年的公告即开始了资产管理公司的债权转让公告和对保证人的催款公告。

2. 最长诉讼时效过期。如果说，对于 G 公司，上述诉讼时效的抗辩权和保证期间的抗辩权存在一定的不确定性，但本案的最长诉讼时效的抗辩权则是确凿无疑的。

根据《民法典》第 188 条第 2 款的规定，"……自权利受到损害之日起超过 20 年的，人民法院不予保护……"。超过最长 20 年还没起诉或申请仲裁的，债权人将丧失实体的胜诉权。此 20 年最长诉讼时效为客观标准，不适用中断、中止的规定，除特殊情况外无法延长。而根据《民通意见》第 169 条的规定，"特殊情况"是指"权利人由于客观的障碍在法定诉讼时效期间不能行使请求权"。即使考虑本案的诉讼时效跨越民法通则至民法典，民法典对诉讼时效的起算点进行了修改，该修改也只是增加了起算点包括知晓义务人这一要素（第 188 条第 2 款"诉讼时效期间自权利人知道或者应当知道权利受到损害以及义务人之日起计算"），对于本案没有任何影响。

A 的该笔债权的履行期间届满之日为 1994 年 4 月 5 日，此日开始了最长诉讼时效的起算，至今已近 24 年，远远超过 20 年的最长诉讼时效，且可以判断 A（包括之前的银行和资产管理公司）并不存在客观行权的障碍，无法要求法院延长该期间。故，A 的该笔债权已超过法定最长保护期间，即使其证明其债权普通诉讼时效和保证期间均未过期，该笔债权亦无法胜诉，无法得到法院的 保护。

最长诉讼时效，由于不存在中止、中断，其判断的依据非常简单和客观，因此，不会像普通诉讼时效那样可能出现例外，而且延长的标准也相对客观，所以，最长诉讼时效的抗辩是绝对有效的抗辩。

（二）习作案例

甲与乙系邻居，2013 年 5 月 18 日，甲搭乘乙的摩托车时，由于乙刹车时误踩油门与大树相撞，甲被摔倒在地上，造成颅骨骨折。在医院治疗后，甲花去医疗费 14 500 元。甲出院后，乙经常去探望，甲未向其要求支付医疗费，但乙于 2014 年 4 月主动给甲送来了 8000 元医疗费。2015 年 3 月，甲向乙要求支付住院期间剩余的医疗费 6500 元，遭到乙的拒绝。2016 年 2 月 2 日，甲向法院提起诉讼，要求乙承担剩余的医疗费 6500 元。

甲提起诉讼是否超过了诉讼时效？如何确定本案的诉讼时效？并说明理由。

模块四　民事权利

第九章

人身权概述

学习目标与工作任务

通过本章的学习，要求大家把握人身权的概念、特征和分类；明确人身权法律制度的意义并能熟练地运用民法原理解决实践中所发生的侵害人身权纠纷。

案例导入

李小姐和同事赵先生参加公司聚会，晚宴后李小姐搭乘赵先生的车回家，途中不幸发生交通事故，致使李小姐受伤，花费医疗费5万余元。后经过交警认定，赵先生承担事故的全部责任。李小姐治疗期间，对自己独自承担巨额医疗费心有不甘。问：李小姐可以要求赵先生赔偿吗？

本案知识点：侵权行为；人身权；精神损害赔偿。

第一节　人身权的概念和特征

一、人身权的概念

人身权，即人格权和身份权的合称，是指民事主体依法享有的与其人身不可分离的，并以特定人身利益为客体的民事权利。这里的人身利益，既包括人格利益，也包括身份利益，前者如生命、健康、身体、姓名、名誉、肖像、隐私、荣誉、个人信息等；后者如亲属、配偶等。

人身权是民事主体依法享有的最基本的民事权利，也是我国民法确认和重点保护的民事权利。近代意义上的人身权是在资产阶级革命运动中提出的，是"人权运动"的产物。[1] 它是民事主体实施民事法律行为，取得、行使或放弃财产权利的前提和基础，是现代文明社会人们赖以生存的不可缺少的最基本的民事权利。一个自然人可能因为某种原因而丧失某些财产权或政治权利，但不能丧失其基本的人

---

〔1〕　刘心稳主编：《中国民法》，中国政法大学出版社2012年版，第36页。

身权。

人身权是与财产权相并列的民事权利，其所形成的人身权法律关系则是民法调整对象的重要组成部分。国家通过法律手段对人身权法律关系进行调整，对民事主体的人身权利进行保护，有利于维护民事主体的人格利益和身份利益，也有利于民事主体通过自己独立的活动充分实现自身的价值，以满足人类社会不断发展进步的需要，促进和维护社会关系的稳定、协调发展。同时，它也是现代社会文明的重要标志。

二、人身权的法律特征

人身权作为民事主体最为重要的民事权利，与其他民事权利相比，具有以下法律特征：

1. 人身权与民事主体的人身紧密相连，密不可分。人身权是保障民事主体的人身利益得以实现的法律形式，而该人身利益又是以民事主体为载体的。因此，人身权与民事主体同时存在，并且与其人身紧密相连，密不可分。自然人从出生时起，法人和非法人组织从成立之日起，就自然地享有人身权（人格权），并且不论权利主体是否意识到，人身权（人格权）都客观地存在着。

2. 人身权是以特定的人身利益为客体的。人身权以满足和维护民事主体的人身利益为目的，所以，民事主体的人身利益是该权利的客体。人身利益包括人格利益和身份利益。前者如人格尊严、人格独立、姓名、身体、健康、生命、肖像、隐私、荣誉、名誉等；后者如配偶等。它体现的是民事主体的精神利益。

3. 人身权具有非财产性、专属性和不可放弃性。人身权所体现的是人们的道德情感、精神利益、社会评价等，其本身并不直接具有财产内容，也不以满足权利主体的物质利益为目的。人身权虽然无直接的财产内容，但它与财产权又有着密切的联系。一方面，它是某些财产权取得的前提和依据。例如，亲权是遗产继承权取得的前提。另一方面，人身权在一定的条件下可以体现为一定的财产利益。

人身权与民事主体的不可分离性决定了人身权具有专属性，它只能由特定的民事主体享有，除法律另有规定外，既不能转让、赠与，也不能继承；人身权也具有不可放弃性。根据我国《合同法》第53条的规定，禁止当事人通过约定的方式排除造成人身伤害民事责任的法律适用。

4. 人身权具有绝对性和支配性。人身权是绝对权，其权利主体是特定的，义务主体是除权利主体以外的任何人，义务主体的义务是不作为的消极义务，即负有不得侵害、不得妨害权利主体人身权的法定义务。同时，该权利也无须他人的协助，权利人即可实现，与相对权需要义务人协助方可实现明显不同。人身权又是支配权，权利人在法律规定的范围内可以以法律允许的方式直接支配其人格利益和身份利益。

第二节 人身权的分类

根据不同的标准，人身权可有不同的分类。以权利主体为标准，人身权可分为自然人的人身权和非自然人的人身权。此种分类的意义在于有些人身权专属于自然人，只能由自然人享有，非自然人不能享有该类权利，如生命权、健康权、身体权、隐私权和身份权。以权利的客体为标准，人身权可分为人格权和身份权，这是人身权最重要也是最具有意义的分类。

一、人格权

所谓人格权，是指民事主体作为法律意义上的人所必须具备的以人格利益为客体的固有的民事权利。我国《民法典》第990条规定："人格权是民事主体享有的生命权、身体权、健康权、姓名权、名称权、肖像权、名誉权、荣誉权、隐私权等权利。除前款规定的人格权外，自然人享有基于人身自由、人格尊严产生的其他人格权益。"其内涵有三：

1. 人格权是民事主体依法固有的权利。所谓固有，即始终享有。自然人从出生时起，法人和非法人组织从成立之日起，就依法享有人格权。在民事主体存续期间，人格权与主体不可分离，无论民事主体是否具有独立意思，或是否意识到，该权利都是客观存在的，直至主体死亡或终止。该权利也无须民事主体实施一定的积极行为去实际取得。对于自然人而言，无论其在年龄、智力、性别、财产状况等方面存在何种差别，都平等地享有人格权。

2. 人格权以人格利益为客体。人格利益可分为一般人格利益和具体人格利益。前者是指民事主体所享有的基于人身自由、人格尊严产生的其他人格权益，如人格自由、人格独立、人格平等和人格尊严，它具有概括性和抽象性；后者则是指由法律明确规定的各种具体人格利益，如生命、身体、健康、姓名、名誉、肖像、隐私、荣誉、个人信息等。人格权也因此可分为一般人格权和各种具体人格权。

3. 人格权是民事主体维护其独立人格所必需的权利。所谓人格，是指民事主体在民事法律关系中享有民事权利、承担民事义务的资格，它是享有人格权的基础。因而法律赋予自然人以人格权，就在于维护民事主体作为法律意义上的人所必须具备的资格，以保障民事主体的人格独立。它不仅能使民事主体时刻意识到自己独立的人格和自身的价值，而且还能使其尊重和保护他人的人格独立和人格尊严，使人的价值得到最充分的体现。

人格权可分为一般人格权和各种具体人格权。前者包括人格独立、人格平等、人格自由和人格尊严；后者又可分为物质性的人格权和精神性的人格权。物质性的人格权包括生命权、身体权和健康权等；精神性的人格权包括姓名权和名称权、名誉权、肖像权、隐私权和婚姻自主权等。

基于人格权受到侵害后具有难以恢复原状的后果，为进一步保障民事主体的人格权，我国《民法典》第997条规定："民事主体有证据证明行为人正在实施或者即将实施侵害其人格权的违法行为，不及时制止将使其合法权益受到难以弥补的损害的，有权依法向人民法院申请采取责令行为人停止有关行为的措施。"

二、身份权

民法上的"身份"，是指民事主体在家庭、亲属团体和特定的社会关系中所享有的地位或者资格。所谓身份权，是指民事主体基于某种特定的身份而依法享有的民事权利。从本质上说，身份权只是借用了权利一词的表象，实则为权利和义务的集合体。这是因为，民事主体在家庭和亲属团体中，基于特定的身份既享有一定的权利，同时也应承担一定的义务。而且从权利的内容来看，有些权利名为权利，实则既是权利又是义务。如在亲权中，对未成年子女进行抚养、教育、保护不仅是父母的权利，更是父母的法定义务。

身份权包括亲权、亲属权、配偶权等。

三、人格权与身份权的区别

人格权和身份权都属于人身权的范畴，它们都具有专属性、绝对性、支配性和不具有直接的财产内容等特点。法律对这两类权利的保护，旨在维护民事主体的人格尊严和人身价值，以保护民事主体对其人身利益的充分享有和支配。但它们仍有很大的不同，其区别主要表现在：

1. 权利的性质不同。人格权是民事主体为维护其独立人格所必备的权利，这些权利不仅为民事主体所固有，并且是平等享有，是人之所以为人应具有的权利；而身份权并不是每一个民事主体都同等享有，即使享有也会因民事主体不同而内容有所差别，民事主体不享有或丧失某种身份权，并不影响其民事主体的资格，也不会使其丧失人格权。

2. 权利取得的方式不同。民事主体在其出生或成立后就依法享有人格权，并不需要权利主体去实施一定的行为方可取得；而身份权取得的方式则各不相同，有些身份权的取得，不仅要求行为人具有一定的行为能力，而且还要实施一定的行为，如配偶权的取得就是如此。

3. 权利的主体不同。人格权主体可以是自然人、法人和其他组织；而身份权则因其主要是基于亲属法上的身份关系所产生，通常只能由自然人享有。作为例外，对于非亲属法上的身份权，社会组织、单位甚至是家庭也可享有，如社会组织可享有荣誉权从而成为身份权的主体。

4. 权利的客体不同。人格权以人格利益为客体，包括维护自然人生理活动能力的安全利益、主体人身专有标志的安全利益和主体所获得的社会评价等；而身份权的客体则是基于一定的身份所取得的利益，即身份利益。

5. 权利的存续期间不同。人格权的存续期间与民事主体作为独立的人格地位紧密相连。它因主体的出生（或成立）而取得，随主体的死亡（或终止）而丧失，权利本身并没有特别的期限限制；而身份权则以一定的身份为其存在前提，因而身份的存续期间为权利的存续期间。

第三节　确立人身权法律制度的意义

随着现代社会经济的飞速发展，社会结构日趋复杂，作为社会主体的人，其社会价值和自身价值也日益凸显。同时，其自身安全和个体利益也愈来愈受到来自各方面的威胁，侵害人身权的各种危险无时不有，无处不在。因此，确立人身权法律制度就具有重要的现实意义。

1. 有利于进一步保障民事主体的合法权益。我国《宪法》规定，"公民的人身自由不受侵犯"、"人格尊严不受侵犯"，这是对自然人基本权利中的人身权的原则规定，而《民法总则》对人身权的规定，则使这一原则具体化了，使人身权成为我国民法体系中一个独具特色的、完整的权利系统，有利于更进一步保护民事主体的合法权益。

2. 有利于人们同侵害人身权的各种违法行为作斗争。我国《民法总则》和《侵权责任法》采用列举的方式，规定了各种具体的人身权利。这不仅有利于民事主体明确自己和他人人身权的范围，同各种侵害人身权的行为作斗争，以保护自己的人身权，尊重他人的人身权；同时也为法官行使自由裁量权提供了法律依据。

3. 有利于提高人们的维权意识。人身权是人权的重要组成部分。人身权制度要求每一个民事主体都要尊重他人的人格尊严、人格自由以及各种具体的人身权利，为发展个人之间的和睦关系、协调个人之间利益及个人利益与社会利益的冲突提供了条件。尤其是随着社会的发展，人身权的内容在不断地丰富和完善，对提高人们的维权意识具有重要的意义。

4. 有利于推动社会主义民主法制建设，促进社会进步。人身权制度在现代社会的作用，就在于它维护了民事主体的社会价值和自身价值，保障了民事主体的安全、尊严和自由，促进了民事主体的自身完善和发展，有利于社会的进步和时代的发展。

当然，民法对人身权的重视，绝不意味着民事主体可以滥用人身权。相反，随着私权的社会化，基于维护共同生活、减少权利摩擦、消除利益纷争、安定社会秩序的需要，法律应当对人身权的范围、权能、行使的方式等作出必要限制，以在社会秩序和个人权利、社会利益和个人利益之间寻求平衡。

全国首例性权利受侵害案　南京秋菊打赢性官司

2001 年 4 月，南京某环卫所驾驶员徐某驾驶东风牌自卸车在某土场内倒车时，车轮从原告张某的大腿根部碾过。经中级人民法院和省高级人民法院两级法院科学技术鉴定，张某因外伤致性功能障碍，构成六级伤残。原告张某之妻王某认为，由于被告的过错，使其作为一个正常人的性权利因此而受到侵害，自己应是本案的直接利害关系人，被告的侵权行为使自己的生理及心理健康受到了侵害，今后将陷入漫长的、不完整的夫妻生活的精神痛苦中。遂以第二原告的身份向南京市雨花台区人民法院提起诉讼，要求被告赔偿精神损失抚慰金 1 万元。

法庭经审理认为，被告应负该案的全部责任。性权利是公民健康权的一部分，徐某的行为使原告张某之妻王某的性权利受到了侵害，王某完全有理由作为受害人要求被告赔偿精神损失，因此，王某作为该案原告共同参加诉讼并无不妥。为了缓和及减轻原告王某因不健全的夫妻生活而产生的精神痛苦，给予其适当的精神损害赔偿金是合法、合理、合情的。法院由此作出一审判决，被告某环卫所于判决生效后 10 日内付给原告张某医疗费、残疾者生活补助费、残疾赔偿金等各项费用共计 10 万余元，付给原告王某精神损失赔偿金 1 万元。

本案是我国首例"性权利"受侵害主张精神索赔获得法律全面支持的案例，是我国民事审判实践体现人性化的重大突破，彰显出时代的进步和人们维权意识的凸显，昭示着我国法律越来越重视对权利的尊重，意义十分重大。

思考题

1. 简述人身权的概念和法律特征。
2. 什么是人格权？它与身份权有何区别？
3. 法律为什么要赋予民事主体以人身权？

实务训练

（一）示范案例

案情： 原告吕某与被告颜某相邻而居，2012 年 10 月 10 日下午，安平镇塘田村老一组的尹某在自家责任田里收割晚稻，并将收割包装好的稻谷堆放在被告颜某的禾坪里，准备用车拖走，原告吕某见状就进行阻止，认为其屋侧的路不是车道，不能过车，被告颜某见此情形，就过来将原告堆放在路边上的柴、砖及石灰搬开，原告吕某遂冲上去阻止被告颜某搬砖和柴，随后双方发生纠纷。在纠纷中，原告吕某捡起一块石灰砸到被告禾坪里，旋即双方扭打在一起，过程中，被告颜某将原告吕某头、颈、胸部多处打伤，原告于当日入住安仁县第二人民医院住院治疗，被诊断为脑震荡，多处软组织挫伤，头皮血肿。经治疗，于 2012 年 10 月 15 日出院，花费医药费 1503.5 元，出院时医生嘱咐其休息 2 周并加强营养。原告吕某现居住的房屋与老屋之间的部分路段属原告合法审批的集体土地建设用地，准备用来建造厅屋。请问本案该如何处理？

分析： 本案中，被告颜某在没有车路的情况下，将原告堆放在路边上的砖、石灰搬开，导致纠纷的发生，并在纠纷中致伤原告，被告应承担相应的赔偿责任。原告在与被告理论过程中，捡起石灰砸到被告禾坪里，致使矛盾激化，继而发生打架，原告对损害的发生存在一定的过错，对损害的结果也要承担一定的民事责任。依照《民法通则》第 119 条、第 131 条，《最高人民法院关于审理人身损害赔偿案件适用法律若干问题的解释》第 19 条、第 20 条、第 21 条、第 23 条和第 24 条之规定，原告吕某可纳入赔偿范围的费用包括医药费、误工费、护理费、营养费等，由被告颜某承担一半，另一半由原告自己负担。

（二）习作案例

林某是福州市平潭人，农村户口。2015 年 6 月到厦门务工。2017 年 4 月 6 日，林某在厦门东浦路一个建筑工地施工时，吴某驾驶一辆重型货车行驶至工地附近，为避让迎面开来的车辆，其驶入右侧的泥土路面，碰到道路右侧围墙后，围墙倒塌导致车辆翻车，将工地内的林某压在车下致其当场死亡。根据交警作出的事故认定书，吴某对事故负全部责任，肇事车辆车主为周某。林某家属遂将吴某和周某告上法院。吴某和周某提出，林某是农村户口，死亡赔偿金应该按事故发生前一年的农村居民人均纯收入计算，而林某的家属认为，林某自 2015 年 6 月就一直在厦门务工，应该按照城镇居民标准计算死亡赔偿金。

请问：本案该如何处理？说明理由。

第十章

人格权

通过本章学习，使学生理解一般人格权的概念和特点，明确各种具体人格权的内涵，掌握侵害各种人格权的构成并能运用其解决实践中发生的各种侵权案件。

导入案例

原、被告系夫妻，于 2010 年 11 月 23 日登记结婚，2013 年 11 月 16 日生育一子名某丙。2016 年 8 月经上海市某区人民法院调解离婚，离婚时某丙随被告共同生活，原告自 2016 年 8 月起每月给付抚养费 1500 元。2017 年 11 月原告突然从他处得知某丙并非自己亲子，随后通过亲子鉴定，排除了原告为某丙生物学父亲。原告得知真相后，十分痛苦，认为被告与他人通奸生子，侵害了其人格尊严，致使原告在精神上遭受巨大的痛苦，故起诉要求被告赔偿原告精神损失 25 万元。

本案知识点：人格尊严；精神损失；精神损害赔偿。

第一节　一般人格权

一、一般人格权的概念和特征

一般人格权，是相对于各种具体的人格权而言的，是指以民事主体全部人格利益为客体的概括性权利。它是各种具体人格权的基础。与各种具体人格权相比，一般人格权具有以下法律特征：

1. 权利主体的普遍性。一般人格权的主体是所有的民事主体，包括自然人、法人和其他组织，而且各主体都平等地、普遍地享有一般人格权。在具体人格权中，有些权利为所有民事主体所共同享有；而有些权利则仅为自然人所享有，如生命权等。

2. 权利客体的高度概括性。这种概括性体现在两个方面：一方面是一般人格利益本身的概括性，如人格独立、人格尊严、人格平等都不能转化为具体的人格利益；

另一方面是任何一种具体人格权的客体，都概括在一般人格利益之中。可以说，一般人格权是具体人格权的渊源和基础。而具体人格权的客体则都有独特性，如生命权的客体是生命利益；名誉权的客体是名誉；等等。

3. 权利内容的广泛性。一般人格权的内容不仅包括具体人格权的内容，而且还包括具体人格权所不能包含的人格利益。因此，一般人格权的内容极其广泛，是不可能列举穷尽的[1]。据此，当民事主体的人格利益遭受损害，而又不能为具体人格权所救济时，就可以依据一般人格权的规定寻求法律上的保护。

4. 权利的专属性。一般人格权的客体是民事主体全部人格利益的总和，它依附于民事主体的人身，是民事主体的人身不可缺少的内容。因此，一般人格权与民事主体的自然属性终身相随，直至其死亡或消灭。一般人格权与权利主体的不可分性，决定了它只能由权利人本人才能享有和行使，不可转让、继承和放弃。

二、一般人格权的内容

学界通说认为，一般人格权的内容应包括：人格自由、人格独立、人格平等和人格尊严。

（一）人格自由

人格自由是私法上的抽象自由，是指民事主体的人格不受约束、不受控制的状态。它既指民事主体人格的自由地位，也指民事主体人格的自由权利。我国《民法典》第109条明确规定："自然人的人身自由、人格尊严受法律保护。"

人格自由是民事主体自主参加社会活动，享有权利和行使权利的基本前提和基础。民事主体丧失了人格自由，就无法行使任何权利，也不能从事任何社会活动，可以说，人格自由是一切具体自由权的基础和根源。作为一般人格权的人格自由，包括以下两个方面的内容：①保持人格的自由；②发展人格的自由。

（二）人格独立

人格独立是指民事主体在人格上一律平等，人人都平等地享有独立的人格，不受他人的支配、干涉和控制。即人人都享有平等的人格权，人人都有保卫、捍卫自己独立人格的权利。

人格独立是商品经济社会对市场主体的必然要求，民事主体只有具备独立的人格，才能依照自己的意志自由地进行民事活动，不受他人的干涉和控制，才能在商品交易的过程中享有平等的地位。因此，从这个意义上来说，意志自由是人格独立的体现。

人格平等以人格独立为前提，人格独立以人格平等为归宿。究其实质，人格独立是"法律面前人人平等"的原则在人格权上的体现，它是民事主体自由地参与各种民事法律关系，行使权利和履行义务的必然要求，也是商品经济乃至市场经济的必然要求。

---

〔1〕　王利明主编：《人格权法新论》，吉林人民出版社1994年版，第161页。

（三）人格平等

人格平等是指民事主体无论在社会上的身份、财产和地位如何，都平等地享有人格权。

在传统民法中，平等的要求以及平等的主体资格，既是商品经济的必然要求，也是商品经济的必然产物。法律面前人人平等，作为一种理念，其实质就是人格平等。当然，人格平等并不意味着民事主体在具体的民事法律关系中，享受的权利和承担的义务均等。因为后者与民事主体的能力、智力、财产状况、机会的把握能力、风险的防范能力等密切相关。

（四）人格尊严

人格尊严是指民事主体作为一个人所应有的最起码的社会地位，并且应当受到社会和他人最起码的尊重。这是一般人格权中最重要的内容。我国《宪法》第38条规定，"中华人民共和国公民的人格尊严不受侵犯"；《民法典》第109条也明确规定："自然人的人身自由、人格尊严受法律保护。"

人格尊严在性质上与人格独立、人格自由并不相同。人格独立是人的客观地位，人格自由是人的主观状态，而人格尊严则是一种主观认识与客观评价的综合。人是具有自然属性和社会属性的生物，当人参加社会各项活动时，其社会属性比自然属性显得更为重要，而人格是人社会属性最基本的、必然的要求，没有人格就不能享有各种权利，也就不能彰显人的本质和体现人的社会属性。人格尊严还表现为一个社会和社会中具体的人对民事主体作为"人"应有的尊重，这种尊重有利于展现个人的人格价值，促进个人的自主性人格的释放。所以，人格尊严是个人价值的主客观评价的统一，是人皆有之的最基本权利。

值得关注的是，我国《民法典》首次对性骚扰、非法搜查身体等严重侵害人格尊严的侵权行为作出了明确规定。《民法典》第1010条规定："违背他人意愿，以言语、文字、图像、肢体行为等方式对他人实施性骚扰的，受害人有权依法请求行为人承担民事责任。机关、企业、学校等单位应当采取合理的预防、受理投诉、调查处置等措施，防止和制止利用职权、从属关系等实施性骚扰。"第1011条规定："以非法拘禁等方式剥夺、限制他人的行动自由，或者非法搜查他人身体的，受害人有权依法请求行为人承担民事责任。"

第二节　生命权

导入案例

原告王学才、何玉红系夫妻关系。死者王杰系二原告之子。2016年5月1日下午6时许，被告贺世龙、潘玉龙打电话邀请王杰喝酒。当日晚9时许，王杰酒后驾驶摩托车与二被告一同回家。当车行至甘州区大满镇訾家寨村八社路口时，王杰所骑摩托车不慎撞在路边桥墩上，王杰摔倒在地当即昏迷，二被告不但不通知二原告并及时抢救王杰，反而拖延时间，先打电话叫来二被告之父商议解决办法，然后才将王杰送往大满镇卫生院救治，王杰终因抢救不及时而死亡。二原告认为二被告明知我国法律禁止酒后驾车和无证驾车，王杰没有驾照而二被告邀请王杰喝酒，其行为虽出于善意，但客观上造成了其子交通肇事死亡，二被告对王杰死亡存在过错，为维护自身合法权益，二原告提起诉讼，要求二被告赔偿王杰丧葬费、误工费、被抚养人生活补助费、死亡赔偿金等。

本案知识点：生命权；丧葬费；死亡赔偿金。

一、生命权的概念和特征

生命权是以自然人的生命安全的利益为内容的权利，它是自然人最基本的人格权。《民法典》第 1002 条规定："自然人享有生命权。自然人的生命安全和生命尊严受法律保护。任何组织或者个人不得侵害他人的生命权。"生命权的主要特征有：

1. 生命权的客体是自然人的生命安全和生命尊严。生命权与身体权是两种相互依赖的人格权。生命存在于身体之内，身体依赖于生命的存在而存在。生命权的客体则是生命安全和生命尊严。身体权和生命权因客体不同，在受到侵害时的表现形态也不同，"身体权因创伤而受侵害，生命权则非有死亡发生，不能认为受侵害，故二者应分别视之"。[1]

2. 生命权的内容是保护自然人的生命活动能力，维护自然人的生命活动的延续。生命是自然人具有民事权利能力的基础。生命权与健康权相互依存，人体生命活动的延续依赖于人的健康状况，而人的健康状况又以人体生命活动的存在为前提。生命权受到侵害时，人的生命活动不能延续，其结果必然是死亡。

3. 生命权只有在生命安全受到威胁，或处于危险状态时才能行使，而且生命权一旦受到实际侵害，任何法律救济对于权利主体而言都是毫无意义的。鉴于生命的不可替代性和生命权受到侵害的后果是自然人的死亡，因此，出于人类繁衍的需要和对生命的尊重，任何侵害他人生命的行为都是犯罪，应受到法律的惩罚；任何放弃生命的行为都是违背生命伦理的，应为法律所否定。对于生命权受到侵害，法律救济的唯一功能在于使死者的近亲属获得财产上的补偿和精神上的抚慰，于权利的主体无任何实际意义。

二、生命权的内容

（一）生命安全的维护权

生命安全的维护权的主要内容包括：

1. 自然人有维护其生命安全利益和生命尊严，禁止他人非法剥夺其生命，从而使其生命按照自然规律得以延续的权利。

2. 当有非法侵害其生命的行为或危害其生命的危险发生时，权利人有权采取一

---

〔1〕　龙显铭编著：《私法上人格权之保护》，中华书局 1949 年版，第 42~43 页。

切相应的措施，排除危险，保护自己，以维护其生命安全。如正当防卫、紧急避险等。

3. 当环境对生命构成危险时，即使该危险尚未实际发生，权利人有要求改变危险环境、消除危险的权利。值得注意的是，对于负有特定职责的人，不得以危险环境危及生命为由而拒绝履行职责，如消防队员不得因环境危险而拒绝进入火区。

（二）司法保护请求权

当生命受到非法侵害或面临危险时，权利人除采取自我保护的手段外，还有权请求司法保护。《民法典》第 1005 条规定："自然人的生命权、身体权、健康权受到侵害或者处于其他危难情形的，负有法定救助义务的组织或者个人应当及时施救。"在生命权受到实际侵害后，权利人的近亲属有获得法律保护的权利，包括刑事惩罚和民事救济。

由于生命利益支配权在本质上意味着权利人有权处分自己的生命，因此，对于生命权中是否包含生命利益支配权，传统的民法理论一直持否定态度，这无疑有一定的合理性。但我们认为应当在为公共利益、他人利益或为个人气节而慷慨献身、舍己救人和安乐死的问题上，赋予权利人有限的生命利益支配权。

第三节　身体权

导入案例

2017 年 12 月 26 日，原告所在的市直机关篮球队与被告所在的篮球俱乐部相约娱乐性比赛。在比赛过程中，原告依规持球快攻，到对方篮板下三步起跳勾手侧身上篮，这时被告从原告身后赶到并从原告身后起跳封盖，在空中触碰到原告身体，致使原告失去重心，右腿落地并造成右腿胫骨平台粉碎性骨折和右股骨内侧骨踝撕脱性骨折及其他附带损伤。伤后，原告住院治疗 21 天，先后花费医疗费 3 万余元，其中原告自己支付部分为 12 955 元。经司法鉴定，原告损伤程度为 10 级伤残。原告出院后，多次就此事与被告协商未果。后原告向法院提起诉讼，请求被告赔偿其医疗费、后期治疗费、伤残赔偿金等合计 100 000 元。

本案知识点：身体权；财产权；赔偿损失。

一、身体权的概念和特征

所谓身体权，是指自然人维护其身体完整、完全并支配其肢体、器官和其他组织的具体人格权，它是自然人的基本人格权。我国《民法典》第 1003 条规定："自然人享有身体权。自然人的身体完整和行动自由受法律保护。任何组织或者个人不得侵害他人的身体权。"其法律特征包括：

1. 身体权以自然人的身体及其利益为客体。身体是自然人享有法律人格的物质基础，离开了身体，自然人无任何权利可言，也谈不上具备法律上的人格。身体包括两个部分：①主体部分，即人的头颅、躯干和肢体的总体构成，包括肢体、器官和其他组织，是身体的基本内容；②附属部分，如毛发、体液、指（趾）甲等附着于身体的其他人体组织。

2. 身体权还表现为自然人对自己的肢体、器官和其他组织的支配。传统民法理论并不认为身体权中包含有自然人对自己的肢体、器官和其他组织的支配权。但是，随着科学技术的发展和现代法律伦理的进化，允许自然人将自己的血液、骨髓甚至是个别器官捐赠给他人。对此，《民法典》第1006条第1款规定："完全民事行为能力人有权依法自主决定无偿捐献其人体细胞、人体组织、人体器官、遗体。任何组织或者个人不得强迫、欺骗、利诱其捐献。"因此，承认自然人对自己的身体组织享有适当的支配权，是社会进步的标志，也是人类文明的重要体现。

3. 身体权是自然人享有的一项独立的人格权。身体权表现的是自然人对于物质性人格要素的不可转让性支配权。[1] 虽与所有权同为支配权，但所有权支配的是物，而身体权支配的是自身的物质性人格要素，属于人格权的范畴。

二、身体权的内容

身体权的内容主要有：

（一）身体完整维护权

身体权是自然人享有生命权和健康权的保证，侵害身体权将侵害健康权乃至生命权。因此，自然人保持其身体整体的完整性和完全性，是身体权中最为重要的内容。任何人都有权维护自己身体的完整、完全，并禁止他人以任何非法的方式侵害这种完整性、完全性。

（二）对身体组织的适当支配权

随着现代医疗技术的发展和医学水平的提高，赋予自然人对自己身体的体液、器官、其他组织和死后遗体以适当的支配权，有利于社会的进步和时代的发展。当然，自然人在行使这种支配权时，必须有法律的明确规定，并且不违反社会公共利益。《民法典》第1006条对人体捐献作出了明确规定，该条规定："完全民事行为能力人有权依法自主决定无偿捐献其人体细胞、人体组织、人体器官、遗体。任何组织或者个人不得强迫、欺骗、利诱其捐献。完全民事行为能力人依据前款规定同意捐献的，应当采用书面形式，也可以订立遗嘱。自然人生前未表示不同意捐献的，该自然人死亡后，其配偶、成年子女、父母可以共同决定捐献，决定捐献应当采用书面形式。"同时，第1007条也明确规定："禁止以任何形式买卖人体细胞、人体组织、人体器官、遗体。违反前款规定的买卖行为无效。"

---

〔1〕 张俊浩主编：《民法学原理》，中国政法大学出版社2000年版，第142页。

第四节　健康权

导入案例

2016 年 8 月 30 日，年仅 6 岁的女患者王×因腹泻、呕吐、发烧、腹痛等症状到被告电子工业部某医院就诊，被告以"急性阑尾炎"并"阑尾周围炎"收入该院外科治疗。9 月 4 日 11 时，被告对原告进行手术，"切除 3×0.8cm 大小阑尾共两段，0.8×0.6cm 大小粪石一块"，术后将切除物送病理科检验。《病理检验报告》显示，送检物为卵巢组织两小块及粪石一粒，卵巢组织未见炎症反应，未见阑尾组织。2016 年 10 月 29 日，原告经北京中医大学东直门医院 B 超检查：左侧卵巢未见异常，右侧卵巢未探及。又经首都儿科研究所附属儿童医院 B 超检查结论同前。2017 年 2 月 26 日，《中国人民解放军总医院：病理检查报告单》病理诊断记明：电子工业部某医院病理属 6943 切片一节可见正常卵巢组织。2017 年 5 月 23 日，北京市医疗事故鉴定委员会作出了《关于原告在电子工业部某医院医疗问题的技术鉴定》结论为：三级医疗技术事故。2017 年 5 月 30 日，北京市高级人民法院法医室对原告伤情出具了《法医学鉴定意见书》，原告伤残程度为 7 级。为此，原告以健康权受到侵害为由向北京市某人民法院提起诉讼，要求被告赔偿医疗费、护理费、营养费、误工费、交通费、公证费、彩扩费、通讯费、后续检查治疗费、残疾赔偿金及精神损失费等。

本案知识点：健康权；医疗事故鉴定；残疾赔偿金。

一、健康权的概念和特征

所谓健康权，是指自然人以其机体生理机能正常运作和功能完善发挥，并以其维持人体生命活动的利益为内容的人格权。我国《民法典》第 1004 条规定："自然人享有健康权。自然人的身心健康受法律保护。任何组织或者个人不得侵害他人的健康权。"健康权具有以下法律特征：

1. 健康权以人体的生理机能正常运作和功能正常发挥为具体内容，但不以人体的整体构造为客体。健康权与身体权的区别就在于健康权的客体是健康；而身体权的客体则是身体。因此，健康受到损害并不意味着身体也受到损害；当身体受到侵害并进而损害到健康时，应认定为侵害健康权，而不是身体权。

2. 健康权以维持人体的正常生命活动为根本利益，但不以人的生命安全和生命价值为客体，这是健康权与生命权的重要区别。尽管生命与健康紧密相连，但健康权以维持人体的正常生命活动为根本利益，而生命权则是以维护人的生命活动的延续为根本利益。侵害生命权是以人的死亡为判断标准，没有造成死亡，侵害的只能是健康权或身体权。

3. 健康权保护的是自然人身体功能的正常发挥，使其行动自如，运动自主，而不是保护身体、意志不受外界约束，这是健康权与人身自由权的区别。

二、健康权的内容

健康权的基本内容包括：

（一）健康维护权

健康维护权包含两个方面的含义：一是任何自然人都有保持自己身心健康的权利；二是当自然人的健康权受到威胁或遭到不法侵害时，有权获得司法保护。健康权是绝对权，任何义务主体都负有不得侵害他人健康权的法定义务。违反这一义务，致使他人的健康状况受到损害的，权利人都有权要求侵害人承担相应的民事责任或刑事责任。同时，我国《民法典》对从事人体临床试验和医学科研活动作出了严格的规定。该法典第 1008 条第 1 款规定："为研制新药、医疗器械或者发展新的预防和治疗方法，需要进行临床试验的，应当依法经相关主管部门批准并经伦理委员会审查同意，向受试者或者受试者的监护人告知试验目的、用途和可能产生的风险等详细情况，并经其书面同意。"第 1009 条规定："从事与人体基因、人体胚胎等有关的医学和科研活动，应当遵守法律、行政法规和国家有关规定，不得危害人体健康，不得违背伦理道德，不得损害公共利益。"

（二）劳动能力保持权

劳动能力是指自然人创造物质财富与精神财富的能力，是自然人体力和脑力的总和。它是自然人获取物质财富，维护其身心健康的前提和基础，是健康权的一项基本人格利益。任何人都有权保持这种利益，并利用它来满足自己及社会的需要。当这种利益受到侵害时，权利人有权要求侵害人承担损害赔偿责任。

第五节　姓名权和名称权

导入案例

2016 年 3 月底，江某（被告，女，24 岁）为能赶上参加男友林某（被告，男，28 岁）所在单位的集资购房，以购买进口药品需用某市居民身份证为借口，通过他人向张某（原告，女，28 岁）借用身份证，谎称自己的身份证已丢失。随后，江某假冒张某之名到其单位开出婚姻登记介绍信，与林某一起到区民政局办理了结婚登记手续。同年 6 月，江某再次冒用张某的名义到其单位办理其他手续时被发现。张某遂向有关部门要求撤销有关结婚证明，宣告该婚姻无效。区民政局于同年 11 月确认此婚姻关系无效，撤销了张某和林某的结婚登记，收回了《结婚证》。后张某向某市区人民法院提起诉讼，称由于姓名被冒用，其不能及时登记结婚，丧失了参加单位购房的机会，同时还承受了强大的社会压力和精神打击，要求被告赔偿由此造成的经济损失 5 万元，支付精神抚慰金 4 万元，并登报向其赔礼道歉。

本案知识点：姓名权；结婚登记；精神抚慰金。

一、姓名权

（一）姓名权的概念

姓名权，是指自然人决定、使用和依照法律规定改变自己姓名的权利。我国《民法典》第 1012 条规定："自然人享有姓名权，有权依法决定、使用、变更或者许可他人使用自己的姓名，但是不得违背公序良俗"。

作为象征权利主体的抽象人格符号，姓名权具有专属性，只能由自然人享有，其客体是自然人的姓名及其与姓名相关联的人格利益，姓名权的基本义务是任何组织或者个人不得以干涉、盗用、假冒等方式侵害他人的姓名权。

（二）姓名权的内容

1. 姓名决定权。姓名决定权是指自然人有决定自己姓名的权利，任何人都无权干涉。自然人完全可以根据自己的意志和愿望，来选择决定其登记姓名以外的笔名、别名、化名、艺名等名字，他人无权干涉。但对于姓氏的选取，我国《民法典》第 1015 条规定："自然人应当随父姓或者母姓，但是有下列情形之一的，可以在父姓和母姓之外选取姓氏：①选取其他直系长辈血亲的姓氏；②因由法定扶养人以外的人扶养而选取扶养人姓氏；③有不违背公序良俗的其他正当理由。少数民族自然人的姓氏可以遵从本民族的文化传统和风俗习惯。"

2. 姓名使用权。姓名使用权是指自然人有依法使用自己的姓名而不受他人干涉的权利。在署名的场合，有决定使用正式姓名或者是笔名、别名、艺名等的权利。《民法典》第 1117 条规定："具有一定社会知名度，被他人使用足以造成公众混淆的笔名、艺名、网名、译名、字号、姓名和名称的简称等，参照适用姓名权和名称权保护的有关规定。"当然，法律对自然人使用姓名有特殊要求的，应当遵守法律的规定。

3. 姓名变更权。姓名变更权是指自然人有依照法律的有关规定改变自己的姓名而不受他人干涉的权利，也称改名权。在实际生活中，自然人最初的姓名往往是在其出生后，由其父母决定的，但这并不妨碍自然人意识到姓名对自己的影响时，可以根据自己的意志来改变其姓名。

值得注意的是，自然人变更姓名的行为，不仅关系到本人的利益，而且会牵涉到他人的利益甚至是社会的利益。因此我国《民法典》第 1016 条规定："自然人决定、变更姓名，或者法人、非法人组织决定、变更、转让名称的，应当依法向有关机关办理登记手续，但是法律另有规定的除外。民事主体变更姓名、名称的，变更前实施的民事法律行为对其具有法律约束力。"同时，我国《民法典》还首次规定自然人可以许可他人使用自己的姓名。

二、名称权

（一）名称权的概念和特征

所谓名称权，是指由法人和其他组织依法享有的决定、使用、改变自己的名称，依法转让自己的名称并排除他人非法干涉、盗用或冒用的人格权。我国《民法典》

第 1013 条规定："法人、非法人组织享有名称权，有权依法决定、使用、变更、转让或者许可他人使用自己的名称。"名称权有以下法律特征：

1. 名称权的主体只能是自然人以外的民事主体，包括法人和非法人组织。这是名称权与姓名权的最重要的区别之一。

2. 名称权的客体具有间接的财产利益因素。这主要表现在商业名称上，老字号、老商号、品牌企业效益好、信誉高，必然带来高利润。因此，商业名称一般都具有较高的使用价值。

3. 名称权可以依法转让，而且其商业性决定了转让通常是有偿的。这是名称权与姓名权最重要的区别之一。

（二）名称权的内容

名称权的内容，应包括四个方面：

1. 名称设定权。名称设定权是指法人或其他组织有为自己设定名称的权利，他人不得干涉。这是名称权最基本的内容。对于名称的设定，我国采取折衷主义，对于法人尤其是企业法人，必须设定名称，并须登记，否则不发生效力，不能取得名称权。

2. 名称使用权。名称使用权是指法人和其他组织对其名称享有独占使用的权利，任何个人和组织都不得非法使用。名称一旦依法登记公示后，即在登记的区域和核准登记的范围内产生独占性的排他效力。

3. 名称变更权。名称变更权是指法人和其他组织在使用名称的过程中，有依法变更自己名称的权利。对于变更的范围，可以是部分变更，也可以是全部变更。对于变更的程序，我国《民法典》第 1016 条第 1 款规定："法人、非法人组织决定、变更、转让名称的，应当依法向有关机关办理登记手续，但是法律另有规定的除外。"

4. 名称转让权。名称转让权是指法人和非法人组织有依法转让自己名称的权利，即许可他人使用自己的名称。名称权转让，既可以是全部转让，也可以是部分转让。

第六节 肖像权

导入案例

肖某系业余女模特，曾在某学校被画家陈某画了几张人体艺术画，但只限于学院美术专业的师生知道，从未向外界公开过。之后，某美术馆举办"优化人体艺术大展"，将肖某的几张裸体艺术油画也公开进行了展览，同时有多家出版社印刷出售裸体画册、明信片、幻灯片。肖某在大展之后，受到了社会和亲友们的白眼、嘲讽、辱骂。饱受丈夫要求离婚的苦楚，造成原告精神上、肉体上的痛苦，肖某遂诉至法院要求法律保护其肖像权。法院认为，油画的所有权固然属于作者，但是公开展览时必须征得模特的同意；没有征得肖像权人的同意而展出其裸体肖像的行为，不仅侵犯了肖像权人的肖像权，而且侵犯了其隐私权。

本案知识点：肖像权；赔礼道歉；精神损害。

一、肖像权的概念和特征

（一）肖像的概念和特征

法律意义上的肖像，是指通过影像、雕塑、绘画等方式在一定载体上所反映的特定自然人可以被识别的外部形象。作为肖像权的客体，它具有如下法律特征：

1. 肖像是自然人外部形象的再现。再现的方式包括影像、雕塑、绘画等艺术形式；再现的部位，应以自然人的面部为主，但如果再现的是侧面或其他部位，而社会上一般人均能够判断出所再现的是谁，也同样构成肖像。

2. 肖像具有民法上物的属性。这主要体现在：①肖像必须与肖像人相分离，并固着于特定的物质载体上；②固着肖像的物质载体能够为人力所支配；③肖像具有一定的财产利益。

3. 肖像是自然人人格利益的体现。如同姓名一样，肖像也属于标表型人格利益，只不过姓名是以文字标识特定的自然人，肖像则是以形象标识而已。

（二）肖像权的概念和特征

所谓肖像权，是指自然人对自己的肖像享有拥有、再现、使用和许可他人使用，并排斥他人侵害的权利。我国《民法典》第 1018 条第 1 款规定："自然人享有肖像权，有权依法制作、使用、公开或者许可他人使用自己的肖像。"

作为一种具体人格权，肖像权是以肖像所体现的精神利益和物质利益为内容的民事权利。其法律特征主要是：

1. 肖像权的主体只能是自然人。因为只有自然人才具有反映其生理特征、人格利益的外貌属性，法人和其他组织都不具有这种属性，因而不具有肖像权。

2. 肖像权的基本利益是精神利益。肖像权是人格权，维护的是以形象作为自然人表现形式的人格利益，它直接关系到自然人的人格尊严及其形象的社会评价。对肖像权的保护即是对自然人人格尊严的保护。

3. 肖像权是自然人所享有的具有专属性的民事权利。这种专属性首先体现在形象再现的专属性上，即自然人享有是否准许他人再现其形象的权利。其次体现在肖像使用的专属性上，即自然人有权自己使用，也可以许可他人使用。未经权利人本人同意而使用他人肖像的，是侵权行为。

4. 肖像权还体现为一定的物质利益。与其他具体人格权不同，肖像权是一种具有一定财产利益的人格权。这种财产利益是从肖像的美学价值转化而来的，将具有美学价值的肖像应用到市场经济中，其美学价值就会转化为经济价值，创造出财产价值。

二、肖像权的内容

肖像权的内容，主要包括：

（一）形象制作（再现）权

形象再现权，即自然人有权借助一定的物质载体通过一定的艺术形式将自己的形象加以再现，他人不得干涉。同时，未经肖像权人同意，不得制作、使用、公开肖像权人的肖像，但是法律另有规定的除外。

（二）肖像使用权

肖像使用权，即自然人有权通过使用自己的肖像以获得精神利益和物质利益。既可以是肖像权人自己使用，也可以是许可他人使用。对于肖像许可使用合同的解除，我国《民法典》第1022条规定："当事人对肖像许可使用期限没有约定或者约定不明确的，任何一方当事人可以随时解除肖像许可使用合同，但是应当在合理期限之前通知对方。当事人对肖像许可使用期限有明确约定，肖像权人有正当理由的，可以解除肖像许可使用合同，但是应当在合理期限之前通知对方。因解除合同造成对方损失的，除不可归责于肖像权人的事由外，应当赔偿损失。"

（三）肖像利益维护权

肖像权是绝对权，任何人都负有不得侵害他人肖像的义务。我国《民法典》第1019条明确规定："任何组织或者个人不得以丑化、污损，或者利用信息技术手段伪造等方式侵害他人的肖像权。未经肖像权人同意，不得制作、使用、公开肖像权人的肖像，但是法律另有规定的除外。未经肖像权人同意，肖像作品权利人不得以发表、复制、发行、出租、展览等方式使用或者公开肖像权人的肖像。"因此，当肖像权受到他人侵害时，肖像权人有权要求停止侵害，采取必要的措施以防止侵害的扩大，并有权要求侵害人承担相应的民事责任。

当然，以丑化、污损，或者利用信息技术手段伪造等方式侵害他人的肖像权，还可能构成对他人名誉权的侵害。

三、肖像的合理使用

肖像权是自然人享有的一种重要的人格权，具有绝对性、专属性和排他性。但是，在某些特定的场合，基于国家和社会公共利益的需要，肖像权的行使也会受到一定的限制，这种限制被称为肖像的合理使用。对此，我国《民法典》第1020条作出了明确的规定，即合理实施下列行为的，可以不经肖像权人同意：

①为个人学习、艺术欣赏、课堂教学或者科学研究，在必要范围内使用肖像权人已经公开的肖像；②为实施新闻报道，不可避免地制作、使用、公开肖像权人的肖像；③为依法履行职责，国家机关在必要范围内制作、使用、公开肖像权人的肖像；④为展示特定公共环境，不可避免地制作、使用、公开肖像权人的肖像；⑤为维护公共利益或者肖像权人合法权益，制作、使用、公开肖像权人的肖像的其他行为。

第七节 名誉权和荣誉权

导入案例

原告陈秀琴系新中国成立前天津市已故曲艺演员吉文贞（艺名"荷花女"）之母。吉文贞自幼随父学艺，15 岁起在天津登台，有一定名气。1944 年 19 岁时病故。被告魏锡林从 1985 年开始创作以吉文贞为原型、表现旧社会艺人苦难生活的小说。在创作期间，魏锡林曾先后三次采访原告陈秀琴，并给吉文贞的弟弟写信了解吉文贞的生平及从艺情况，索要了吉文贞的照片，但未将写小说之事告诉原告及其家人。被告魏锡林写完小说《荷花女》后，投稿于天津《今晚报》，该报于 1987 年 4 月至 6 月在其副刊上连载了小说《荷花女》。小说刊登不久，原告陈秀琴及其亲属即以小说内容及插图有损吉文贞名誉为由，先后两次到《今晚报》报社要求停止刊登该小说，但均被报社以对读者负责为由予以拒绝。经查，小说中确实虚构有不利于原告陈秀琴及其已故女儿吉文贞的情节，且使用了吉文贞的真实姓名并将原告称为陈氏。后原告后以其和吉文贞名誉权受到侵害为由提起诉讼。

本案知识点：名誉；名誉权。

一、名誉权

（一）名誉权的概念和特征

所谓名誉，是指对民事主体的品德、声望、才能、信用等的社会评价。名誉权是指民事主体就其自身属性和人格价值所获得的社会评价享有的保有和维护的人格权，它是人格权中内容最为丰富和复杂的权利之一。我国《民法典》第 1024 条第 1 款规定："民事主体享有名誉权。任何组织或者个人不得以侮辱、诽谤等方式侵害他人的名誉权。"

名誉权除了具有人格权的一般共性以外，还有如下法律特征：

1. 名誉权的主体包括自然人、法人和非法人组织。在具体人格权中，大多数权利主体仅限于自然人，如生命权、健康权、身体权、肖像权等。只有少数人格权的主体包括所有的民事主体，名誉权就属于其中之一。

2. 名誉权的客体是名誉或名誉利益。所谓名誉利益，就是指民事主体就其自身属性和人格价值所获得的社会评价。就自然人而言，自身属性包括自然人的品德、才能、道德修养、知识水平和其他素质；就法人和其他组织而言，自身属性包括其财产状况、经营能力、履约能力、经济效益、商业信誉、是否尽社会责任等状况。这是名誉权区别于其他具体人格权的最基本特征。

3. 名誉权的内容是民事主体就其名誉享有利益并排除他人的非法侵害。鉴于名誉是一种良好的社会评价，它体现的是民事主体重要的精神利益，并且这种精神利益与财产利益紧密相关，同时名誉常常是民事主体从事正常经济活动，获得广泛经济联系的前提，因而决定了名誉权的本质在于权利人有权要求他人对其进行客观公正的评价，并有权排除他人对其享有的名誉权利的侵害。

4. 名誉权虽不具有财产性，但与财产利益相关联。名誉权不同于肖像权、名称权那样具有使用价值，它是非财产性的人格权，不具有直接的财产价值，也不能产生直接的经济利益，但它具有一定的财产利益因素。这不仅表现在名誉权受到损害之后，权利人因补救损害而受到一定的经济损失，同时还表现在可能导致自然人在就业、晋级、加薪、奖励等方面受到负面影响；对法人和其他组织而言，可能会导致其社会信誉降低、利润减少等不良后果。

（二）名誉权的内容

名誉权的内容主要包括以下几项：

1. 名誉保有权。民事主体对于自己的名誉有保有的权利。名誉是一种客观的社会评价，权利人无法凭借其主观的力量去左右它，只能对已经获得的名誉予以保有。名誉保有权包括两方面的内容：①权利人有权保持自己的名誉不降低、不丧失；②权利人在知悉自己的名誉不佳时，有权通过自己的实际行为去改变它，使其向良好的方向转变。

2. 名誉维护权。民事主体对于自己的名誉有维护的权利。名誉权是绝对权，任何人都负有不得侵害他人名誉权的法定义务；对于侵害他人名誉权的行为，权利人可以基于名誉维护权而寻求司法保护。

3. 名誉利益支配权。民事主体虽然不能支配社会公众对自己的人格价值的客观评价，但是对于名誉权所体现的利益却能进行支配。民事主体可以利用自己良好的名誉，与他人进行广泛的政治、经济和文化交流，从而使自己获得更好的社会效益和经济效益。

（三）关于侵害名誉权的相关问题

1. 侵害名誉权行为的方式。一般来说，侵害名誉权行为的方式是积极的作为，如捏造、歪曲事实；使用侮辱性言辞等贬损他人名誉。但在特殊情况下，消极的不作为也能构成侵权，如对他人提供的严重失实内容未尽到合理核实义务。值得注意的是，构成侵害他人名誉权须有侵权行为导致他人名誉降低或贬损的后果，否则不能构成侵害名誉权，只能构成侵害其他人格权。

2. 侵害名誉权行为的指向。名誉只能由特定的民事主体享有，所以侵害名誉权的行为只能是指向特定的人（包括自然人、法人和非法人组织）。这种指向可以是指名道姓的明确指向，也可以是以暗示等方法让他人识别到具体的人。如果是泛指，不能让人确定到某个具体的受害人，一般不构成侵权。

3. 侵害名誉权行为的形态。根据我国《民法典》第1024条的规定，侵害名誉权行为的形态有：①诽谤。诽谤是侵害名誉权的典型行为。所谓诽谤，是指行为人故意或过失散布某种虚假事实，损害他人名誉的行为。它可以是口头的，也可以是书面的。如以匿名信、口头传播等方式散布某些虚假的事实，损害他人名誉。②侮辱。所谓侮辱，是指故意以暴力、语言、文字等方式贬低他人人格，毁损他人名誉的行为。与诽谤相比，侮辱行为通常表明行为人主观上具有恶意。它有三种方式：一是以口头语言和动作侮辱他人；二是暴力侮辱；三是文字侮辱。

4. 新闻、文学作品侵权案件的认定。对于新闻报道、舆论监督等行为侵权的认定，我国《民法典》第 1025 条规定："行为人为公共利益实施新闻报道、舆论监督等行为，影响他人名誉的，不承担民事责任，但是有下列情形之一的除外：①捏造、歪曲事实；②对他人提供的严重失实内容未尽到合理核实义务；③使用侮辱性言辞等贬损他人名誉。"而对于"对他人提供的严重失实内容未尽到合理核实义务"的认定，《民法典》第 1026 条认为，应当考虑下列因素：内容来源的可信度；对明显可能引发争议的内容是否进行了必要的调查；内容的时限性；内容与公序良俗的关联性；受害人名誉受贬损的可能性；核实能力和核实成本。

对于文学作品侵权行为的认定，我国《民法典》第 1027 条规定："行为人发表的文学、艺术作品以真人真事或者特定人为描述对象，含有侮辱、诽谤内容，侵害他人名誉权的，受害人有权依法请求该行为人承担民事责任。行为人发表的文学、艺术作品不以特定人为描述对象，仅其中的情节与该特定人的情况相似的，不承担民事责任。"同时，《民法典》第 1028 条对媒体报道内容失实侵害名誉权的补救也作出了明确规定，即民事主体有证据证明报刊、网络等媒体报道的内容失实，侵害其名誉权的，有权请求该媒体及时采取更正或者删除等必要措施。

鉴于名誉权是民事主体就自身属性和人格价值所获得的社会评价所享有的保有和维护的权利，是否构成侵害名誉权，应当根据受害人确有名誉被损害的事实、行为人行为的违法性、违法行为与损害后果之间有因果关系、行为人主观上有过错来认定。因此，下列情形可以成为侵害名誉权责任的抗辩事由，具体包括：行为人散布内容真实的事实，此种情形虽不构成侵害他人名誉权，但有可能构成侵害他人隐私权；经受害人同意的行为，即受害人事先明确作出自愿承担名誉损害后果的意思表示；正当行使权利的行为；正当的舆论监督行为；第三人的过错。

二、荣誉权

导入案例

1998 年毕业于湖州中学的张某参加高考，由于发挥失常，仅以 2 分之差未能进入重点大学。但是，张某在高中期间一向品学兼优，年年被评为"三好学生"并荣获湖州市"优秀学生干部"称号。按当年高考招生政策规定，获市级以上优秀学生干部的考生可享受加 10 分的待遇。而湖州市教委在整理审核学生档案时，把"优秀学生干部"换成了"三好学生"，致使该生不能享受到这种荣誉待遇。后张某向法院提起诉讼，要求湖州市教委恢复其荣誉、赔礼道歉并赔偿损失。

本案知识点：荣誉权；恢复名誉；赔礼道歉。

（一）荣誉权的概念和特征

荣誉是指特定的民事主体从特定的组织依照法定程序获得的积极评价。

所谓荣誉权，是指民事主体对自己获得的荣誉享有利益并排除他人非法侵害的权利。与名誉权相比，荣誉权具有以下法律特征：

1. 荣誉权是一种身份权。荣誉权并非所有的民事主体都能享有，它必须以具有一定的身份为取得的前提；而名誉权属于人格权的范畴，是任何民事主体都固有的民事权利。

2. 荣誉权的主体不仅包括自然人、法人和其他组织，而且还包括某些团体，如法人的分支机构、职能部门甚至是家庭；而名誉权的主体一般只包括自然人、法人和其他组织。

3. 荣誉权的取得除了法律另有规定的外，民事主体必须通过自己的劳动，对社会作出重大贡献并受到国家机关或社会组织的表彰授予荣誉称号时才能取得；而名誉权的取得则无须民事主体去实施任何积极行为就可取得。

4. 荣誉权可因荣誉被剥夺或取消而消灭；而名誉权在民事主体存续期间则不能被剥夺或受到限制，直至主体消亡，名誉权才归于消灭。

（二）荣誉权的内容

《民法典》第1031条明确规定："民事主体享有荣誉权。任何组织或者个人不得非法剥夺他人的荣誉称号，不得诋毁、贬损他人的荣誉。获得的荣誉称号应当记载而没有记载的，民事主体可以请求记载；获得的荣誉称号记载错误的，民事主体可以请求更正。"

荣誉权的内容应包括：

1. 荣誉获取权。荣誉获取权，是指民事主体有权获取基于其行为而被有关国家机关或社会组织授予荣誉以及荣誉所生利益的权利，任何第三人不得妨害、阻挠其获取，也不得侵占其应当获得的荣誉及利益。

2. 荣誉保持权。荣誉保持权，是指民事主体对于已经获得的荣誉有权保持归自己享有，非经一定程序不得被剥夺或取消。它包括两个方面的内容：一是民事主体对自己已获得的荣誉保持归自己享有，非经法定程序不得取消；二是荣誉权以外的任何人都负有不得侵害他人荣誉权的义务，包括授予荣誉的国家机关或社会组织。侵害了该项权利，都要承担相应的民事责任。

3. 荣誉利用权。荣誉利用权，是指民事主体有权利用其所获得的荣誉以获取利益。如某公司在其大门入口悬挂其获得的荣誉称号，以增强其信誉；某企业在其产品广告上注明其获得的荣誉，以增强该产品的可信度，从而增加销售量。当然民事主体在利用自己的荣誉时，应遵守法律和社会公德，禁止滥用荣誉权。

第八节 隐私权和个人信息保护

导入案例

李某应聘到深圳市某手表厂做工，上班第二天上厕所时，发现厕所上方有一个电视探头在来回转动，吓得她赶紧逃走了。后来她用一台照相机，拍下了"探头"监视的镜头作为证据。在与其他工人联络后，她还得知，其他工人因工作需要进入装有闭路监视器的写字楼办公大厅，好几次透过玻璃窗看到厂方老板办公室里的两台闭路监视器正在放映女厕所内部的情形。于是，李某等18人向法院提起侵害隐私权赔偿诉讼请求，要求判令被告在媒体上赔礼道歉，支付原告精神抚慰金每人5000元。

本案知识点：隐私权；赔礼道歉；赔偿损失。

一、隐私权的概念和特征

所谓隐私，是指自然人的私人生活安宁和不愿为他人所知晓的私密空间、私密活动、私密信息。构成隐私有两个要件：①"私"；②"隐"。隐私有三种形态：①私密信息，为无形隐私；②私密活动（个人私事），为动态隐私；③私密领域（空间），为有形隐私。[1]

隐私权，是指自然人享有的对其私人信息、私人活动和私人领域（空间）进行支配并排除他人干涉的人格权。我国《民法典》第1032条第1款明确规定："自然人享有隐私权。任何组织或者个人不得以刺探、侵扰、泄露、公开等方式侵害他人的隐私权。"隐私权是人格权中内容较为复杂的权利之一。

隐私权的概念和理论，一般认为是由美国私法学者布兰戴斯和沃伦于1890年在《哈佛法学评论》上发表的《论隐私权》一文中正式提出的。随着世界人权运动的发展，隐私权的理论逐渐得到各国的重视，这是人类文明的重大进步。

我国《民法通则》没有规定隐私权，相关司法解释也不承认其是一项独立的人格权，而是将其混同于名誉权。例如，《民通意见》第140条和《关于审理名誉权案件若干问题的解答》第7条第3款，均将侵害隐私权按照侵害名誉权处理。但是，2009年12月26日通过的《中华人民共和国侵权责任法》明确规定隐私权是一项独立的人格权，并对其加以保护。隐私权具有以下法律特征：

1. 隐私权的主体只能是自然人。隐私权是自然人个人的私权利，是基于对个人与社会相互关系的处理而产生的，保有个人的内心世界的安宁以及与外界相隔离的宁居环境的权利。[2] 其产生和存在的依据，均是基于自然人的精神活动而产生的各

---

〔1〕 王利明主编：《中国民法典学者建议稿及立法理由》，中国法制出版社2004年版，第343页。

〔2〕 王利明、杨立新、姚辉编著：《人格权法》，法律出版社1997年版，第147页。

种需求。法人和其他组织无精神活动，故不享有隐私权。

2. 隐私权的客体是个人隐私。它包括私人信息、私人活动和私人领域（空间）。在司法实践中，人们常惯用"阴私"一词。但实际上阴私仅指有关人体或性关系方面的秘密，它是私生活的一种，但不足以涵盖隐私权的全部。

3. 隐私权的保护范围受社会公共利益的限制。隐私的内容具有真实性和隐秘性，但任何个人隐私都应当囿于法律和社会公共道德之内，对于违反法律和社会公共利益的行为，任何人都有权予以揭露和干涉，所以隐私权应当受到社会公共利益的限制。

二、隐私权的内容

隐私权是以自然人的隐私为客体的人格权。因此，隐私权的内容取决于隐私的范围。作为一种新兴的人格权制度，其内容也必将随着社会的进步、时代的发展而不断地丰富和完善。一般认为，隐私权的内容主要包括：

（一）个人生活安宁权

个人生活安宁权，是指权利人有权依照自己的意志从事或不从事与社会公共利益无关或无害于社会公共利益的活动，有权保持自己的安宁生活不受他人干涉、侵扰和破坏，并禁止以电话、短信、即时通讯工具、电子邮件、传单等方式侵扰自己的私人生活安宁。同时，禁止他人进入、拍摄、窥视自己的住宅、宾馆房间等私密空间；禁止他人拍摄、窥视、窃听、公开自己的私密活动。

（二）个人生活信息保密权

个人生活信息保密权，是指权利人对自己的个人生活信息有保密的权利，未经权利人同意，他人不得偷看、披露、传播或提供给他人使用自己的个人生活信息。禁止他人拍摄、窥视自己身体的私密部位。否则即构成侵权。个人生活信息是指与特定人相联系的信息和资料，如年龄、身高、体重、女性三围、日记、病历、生理缺陷、健康状况、生活经历、财产状况、社会关系、信仰、嗜好、婚姻等情况。

（三）个人通信秘密权

个人通信秘密权，是指权利主体有权对个人信件、电报、电话、电子邮件、传真的内容加以保密，禁止他人擅自查看、刺探、窃取、窃听和非法披露。随着现代信息技术的发展，通过非法手段来获取他人通信秘密的情形越来越多，有效保护个人通信秘密权，就成为隐私权的重要内容。

（四）个人对其隐私的利用权

权利主体有权依照自己的意志利用其隐私，以满足自身的各种需要，不受他人的非法干涉。但值得注意的是，民事主体对隐私的利用不得违反法律的强制性规定，也不得有悖于社会公共利益和善良之风俗。如利用自己身体的隐秘部分制作淫秽物品，即属非法利用隐私，是违法行为。

值得注意的是，随着网络技术的飞速发展，网络隐私权受到侵害的现象越来越多。所谓网络隐私权，是指自然人在网上享有私人生活安宁和私人信息依法受到保护，不被他人非法侵犯、知悉、搜集、复制、利用和公开的一种人格权，也包括禁止在网上泄露某些个人相关的敏感信息，包括事实、图像以及诽谤的意见等。网络隐私权，作为隐私权发展到网络时代的产物，对于科技信息时代的每一个人来说都具有重要的意义。如被媒体冠为"人肉搜索第一案"或"网络暴力第一案"（又称为"死亡博客"案）的就是一起典型的侵犯网络隐私权的案件，值得每一个媒体人、每一个公民反省和深思。

三、个人信息保护

所谓个人信息，是指以电子或者其他方式记录的能够单独或者与其他信息结合识别特定自然人的各种信息，包括自然人的姓名、出生日期、身份证件号码、生物识别信息、住址、电话号码、电子邮箱、健康信息、行踪信息等。它具有如下法律特征：①个人性。个人信息的主体是指作为个人信息被收集的主体，限于自然人，不包括法人和非法人组织。个人信息涉及的范围非常广泛，包括个人已被识别和可被识别的所有信息。②隐秘性。即民事主体不愿公开、不想公开的信息。③识别性。个人信息须与特定个人相关联，根据这些信息可以直接或间接地识别某人。④客观性。个人信息在本质上仍属于信息，可以被固定和保存，也可以储存和传播。

对于个人信息处理的原则和条件，我国《民法典》第 1035 条规定："处理个人信息的，应当遵循合法、正当、必要原则，不得过度处理，并符合下列条件：①征得该自然人或者其监护人同意，但是法律、行政法规另有规定的除外；②公开处理信息的规则；③明示处理信息的目的、方式和范围；④不违反法律、行政法规的规定和双方的约定。个人信息的处理包括个人信息的收集、存储、使用、加工、传输、提供、公开等。"同时，该法典第 1038 条还规定了个人信息处理者负有信息安全保障义务，即信息处理者不得泄露或者篡改其收集、存储的个人信息；未经自然人同意，不得向他人非法提供其个人信息，但是经过加工无法识别特定个人且不能复原的除外。信息处理者应当采取技术措施和其他必要措施，确保其收集、存储的个人信息安全，防止信息泄露、篡改、丢失；发生或者可能发生个人信息泄露、篡改、丢失的，应当及时采取补救措施，按照规定告知自然人并向有关主管部门报告。该法典第 1039 条还规定了国家机关、承担行政职能的法定机构及其工作人员对于履行职责过程中知悉的自然人的隐私和个人信息，应当予以保密，不得泄露或者向他人非法提供的法定义务。

第九节　婚姻自主权

导入案例

小美（化名）年芳 23 岁，已到结婚年龄，本打算在今年秋天结婚却因父亲把持户口本不给，致使其无法领取结婚证，小美以干涉婚姻自由为由将父亲张老汉起诉至顺义法院。法院经审理后认为，公民享有婚姻自主权，禁止买卖、包办婚姻和其他干涉婚姻自由的行为。小美自愿决定与他人登记结婚不违反我国民法通则及婚姻法的相关规定，张老汉拒绝提供户口本，理由不成立，故判决当小美与他人进行结婚登记时，被告张老汉负有提供户口本的协助义务。

本案知识点：婚姻自主权；婚姻自由。

一、婚姻自主权的一般概述

所谓婚姻自主权，是指自然人依法享有婚姻自由的权利，即公民依法按照自己的意志，自愿地结婚或离婚，不受他人干涉的自主的权利。我国《宪法》第49条第4款规定："禁止破坏婚姻自由。"《民法典》第110条规定，自然人享有婚姻自主权；《民法典》第1042条第1款规定，"禁止包办、买卖婚姻和其他干涉婚姻自由的行为"。

婚姻自主权包括结婚自主权和离婚自主权。

所谓结婚自主权，是指自然人自主决定自己的婚姻，禁止任何一方对他方加以强迫或者任何第三者加以干涉的权利。从主体上讲，达到法定婚龄的未婚男女、离婚或丧偶的男女均享有结婚自主权，复婚与再婚自由是结婚自主权的重要内容。从内容上讲，结婚自主权是指结婚必须由男女双方自主决定。一方不得强迫另一方与之结婚；同时，结婚应由男女双方自主决定，其他任何第三人包括父母、子女、组织都不得干涉和代为决定。结婚自主权是对自然人结婚自由的保障，更是对自然人精神利益的重要保障，并进而保障了自然人人格独立与自由。因此，婚姻自由权是自然人一项重要的人格权。

所谓离婚自主权，是指夫妻双方有权依法自主解除夫妻关系而不受对方或其他任何人的非法干涉。离婚自由是婚姻自由的另一方面。法律保障离婚自由是为了使那些感情确已破裂、无法和好的夫妻，能够通过法定的正当途径解除婚姻关系，使他们有可能重新建立新的幸福美满的家庭。离婚虽然导致某些婚姻的解体，但从整体上看，它却使全社会的婚姻家庭关系得到了改善和巩固。

二、侵害婚姻自主权的构成

侵害婚姻自主权的责任构成，应具备一般侵权行为责任构成的全部要件：

1. 须有侵害婚姻自主权的违法行为。该行为首先须违反保护婚姻自主权的有关法律规定，其次一般须有暴力、胁迫、限制自由、强制干涉等行为特征。

2. 须有侵害婚姻自主权的损害事实。即权利人无法行使或不能行使结婚或离婚权利。

3. 侵害婚姻自主权的行为与损害事实之间有因果关系。即违法行为必须为该损害事实的原因，而该损害事实正是其违法行为的结果。在侵害婚姻自主权的因果关系中，行为与婚姻自主权利行使受限的损害事实之间的因果关系，至为明显，容易判断。

4. 侵害婚姻自主权行为人的主观过错，必须是故意，过失不构成侵害婚姻自主权的侵权责任。应注意的是，侵害婚姻自主权的责任确定，只适用过错责任原则，不适用过错推定原则、无过错责任原则和公平责任原则。

第十节 侵害人格权的民事责任

导入案例

原告张某系香港某娱乐制作有限公司艺人。2017 年 2 月 28 日，张某在上海进行其首张唱片的宣传活动途中，因其乘坐的小客车司机李某违章掉头，而与陈某驾驶的大货车激烈碰撞，因此造成张某脑外伤、肋骨骨折、肝、脾等多个脏器损伤等严重后果，经鉴定构成多等级复合伤残。交通事故责任认定书认定李某应负主要责任，陈某负次要责任，张某不负责任。后因双方协商调解不成，张某向法院起诉，要求小客车所属的中青旅公司、李某、陈某承担连带赔偿责任。

本案知识点：交通事故；赔偿范围；连带赔偿。

一、侵害人格权民事责任的构成

根据我国《民法典》第 991 条、第 995 条之规定，民事主体的人格权受法律保护，任何组织或者个人不得侵害。人格权受到侵害的，受害人有权依照民法典和其他法律的规定请求行为人承担民事责任。同时，该法典第 994 条对于死者人格利益的保护也作出了明确规定，即死者的姓名、肖像、名誉、荣誉、隐私、遗体等受到侵害的，其配偶、子女、父母有权依法请求行为人承担民事责任；死者没有配偶、子女且父母已经死亡的，其他近亲属有权依法请求行为人承担民事责任。

对于侵害人格权民事责任的构成，应根据侵权行为的类型不同而有所区别。一般侵权行为应符合一般侵权民事责任的构成，即包括侵害行为、损害事实、违法行为与损害事实之间的因果关系、行为人主观上有过错四个要件；特殊侵权行为应符合特殊侵权民事责任构成要件，即包括侵害行为、损害事实、违法行为与损害事实之间的因果关系（详细内容请参阅本书第十八章第三节）。

二、侵害人格权的民事责任

（一）侵害生命权、身体权和健康权的民事责任

根据我国《民法典》第 1179 条的规定，侵害生命权、身体权和健康权的民事责任以损害赔偿为主要责任形式。其主要内容包括：

1. 一般伤害的损害赔偿。应当赔偿医疗费、护理费、交通费、营养费、住院伙食补助费等为治疗和康复支出的合理费用，以及因误工减少的收入。

2. 致人伤残的损害赔偿。除应赔偿受害人因就医治疗支出的各项费用以及因误工减少的收入外，还应赔偿其因增加生活上需要所支出的必要费用和因丧失劳动能力导致的收入损失。包括残疾赔偿金、残疾辅助器具费，以及因康复护理、继续治疗实际发生的必要的康复费、护理费、后续治疗费。

残疾赔偿金根据受害人丧失劳动能力程度或者伤残等级，按照受诉法院所在地上一年度城镇居民人均可支配收入或者农村居民人均纯收入标准，自定残之日起按20年计算。但60周岁以上的，年龄每增加一岁减少一年；75周岁以上的，按5年计算。

受害人因伤致残但实际收入没有减少，或者伤残等级较轻但造成职业妨害严重影响其劳动就业的，可以对残疾赔偿金作相应调整。

3. 致人死亡的损害赔偿。除应当根据抢救治疗情况赔偿因治疗支出的各项费用以及因误工减少的收入外，还应当赔偿丧葬费、死亡赔偿金以及受害人亲属办理丧葬事宜支出的交通费、住宿费和误工损失等其他合理费用。

丧葬费按照受诉法院所在地上一年度职工月平均工资标准，以6个月总额计算。

死亡赔偿金按照受诉法院所在地上一年度城镇居民人均可支配收入或者农村居民人均纯收入标准，按20年计算。但60周岁以上的，年龄每增加一岁减少一年；75周岁以上的，按5年计算。

4. 精神损害抚慰金。侵害他人人身权益，造成他人严重精神损害的，被侵权人可以请求精神损害赔偿。

（二）侵害其他人格权的民事责任

《民法典》第991条规定："民事主体的人格权受法律保护，任何组织或者个人不得侵害。"第995条规定："人格权受到侵害的，受害人有权依照本法和其他法律的规定请求行为人承担民事责任。……"同时，第998条还规定："认定行为人承担侵害除生命权、身体权和健康权外的人格权的民事责任，应当考虑行为人和受害人的职业、影响范围、过错程度，以及行为的目的、方式、后果等因素。"因此，侵害其他人格权的民事责任，可分为人格利益损害赔偿责任和非财产性的民事责任。

侵害其他人格利益损害赔偿责任，包括因人格权受到侵害后而产生的误工损失、为恢复权利所支付的必要费用等财产损害赔偿和精神损害赔偿。

非财产性的民事责任包括：停止侵害、排除妨碍、消除危险、恢复名誉、消除影响和赔礼道歉。并且此类请求权不受诉讼时效的限制。

三、关于侵害人格权的精神损害赔偿

（一）侵害人格权精神损害赔偿的概念

侵害人格权的精神损害赔偿，是指自然人因其人格权受到不法侵害而导致精神痛苦，所获得的一定的财产赔偿以制裁侵害人并对受害人予以精神上的抚慰。

对于自然人的精神损害能否予以物质赔偿，在我国民法界历来有反对说和赞同说两种对立的观点。《民法典》第1183条规定："侵害自然人人身权益造成严重精神损害的，被侵权人有权请求精神损害赔偿。因故意或者重大过失侵害自然人具有人身意义的特定物造成严重精神损害的，被侵权人有权请求精神损害赔偿。"同时，《民法典》第996条还规定："因当事人一方的违约行为，损害对方人格权并造成严重精神损害，受损害方选择请求其承担违约责任的，不影响受损害方请求精神损害

赔偿。"可见，我国民法对于严重侵害人格权的行为是支持受害人请求精神损害赔偿的。

（二）侵害人格权精神损害赔偿的范围

根据《最高人民法院关于确定民事侵权精神损害赔偿责任若干问题的解释》（以下简称《精神损害赔偿解释》）第关于审理名誉权案件若干问题的解答1、3、4条之规定，精神损害赔偿的范围应包括：

1. 自然人因生命权、健康权、身体权、姓名权、肖像权、名誉权、人格尊严权和人身自由权遭受非法侵害的。

2. 违反社会公共利益、社会公德侵害他人隐私或其他人格利益的。

3. 以侮辱、诽谤、贬损、丑化或者违反社会公共利益、社会公德的其他方式，侵害死者姓名、肖像、名誉、荣誉的。

4. 非法披露、利用死者隐私，或者以违反社会公共利益、社会公德的其他方式，侵害死者隐私的。

5. 非法利用、损害遗体、遗骨，或者以违反社会公共利益、社会公德的其他方式，侵害遗体、遗骨的。

值得注意的是，法人或者其他组织以人格权利遭受侵害为由，向人民法院起诉请求赔偿精神损害的，人民法院不予受理。

（三）确定侵害人格权精神损害赔偿的依据

《精神损害赔偿解释》第5条规定，确定侵害人格权精神损害赔偿的数额，应根据：

1. 侵权人的过错程度，法律另有规定的除外。

2. 侵害的手段、场合、行为方式等具体情节。

3. 侵权行为所造成的后果。

4. 侵权人的获利情况。

5. 侵权人承担责任的经济能力。

6. 受诉法院所在地平均生活水平。

法律、行政法规对残疾赔偿金、死亡赔偿金等有明确规定的，适用法律、行政法规的规定。

《精神损害赔偿解释》第11条规定，受害人对损害事实和损害后果的发生有过错的，可以根据其过错程度减轻或者免除侵权人的精神损害赔偿责任。

四、关于对死者人格利益的保护

对于死者是否享有人格权，在学理上一直存在着两种不同的观点。

我们认为，自然人死后，法律保护的是其人格利益，而不是其人格权。尽管人格利益是人格权的客体，没有人格利益，人格权也就失去了存在的意义。但它们却是两个不同的概念，应当区别开来。人格权作为人身权的组成部分，只能由活着的人享有，而人格利益作为法律保护的权益则不会随着主体的死亡而消灭。人格利益是自然人自身的利益和社会利益（包括近亲属的利益）的结合。自然人生前，其人格利益更多地体现为自身的利益，存在于人格权之中；而自然人死亡以后，尽管其自身的利益已不再具有，但其社会利益却更多地体现出来。如侵害死者的遗体、遗骨、名誉、肖像、隐私等会给死者近亲属造成精神上的痛苦，但从更深层次的意义上看，是对社会善良风气和良好道德秩序的破坏，是对社会利益的侵害。所以，从社会的角度来看，自然人死亡后，其人格利益应受到他人的尊重和法律的保护。也正因为如此，我国《民法典》第 994 条规定："死者的姓名、肖像、名誉、荣誉、隐私、遗体等受到侵害的，其配偶、子女、父母有权依法请求行为人承担民事责任；死者没有配偶、子女且父母已经死亡的，其他近亲属有权依法请求行为人承担民事责任。"值得注意的是，民法典对死者的范围作出了限定，并非所有的死者的人格利益受到侵害都可以请求损害赔偿，从请求权人为配偶、子女、父母或其他近亲属可以看出，死者的范围限定在三代以内。

延伸阅读

人肉搜索引擎与隐私权的保护

一、人肉搜索的内涵

人肉搜索，是一种以互联网为媒介，部分基于人工方式对搜索引擎所提供的信息逐个甄别真伪，部分又基于通过知情人匿名或公开"爆料"的方式搜集信息以查找人物或者事件真相的群众运动。一般来说，人肉搜索的起因是一起事件。

案例一：2008 年 1 月 9 日，天涯论坛一位网友在"天涯八卦"义愤发帖《看到一个 MM 自杀前的博客因为小三……她从 24 楼跳下去了，好惨》，帖子全文转载了姜岩自杀前的博文。1 月 10 日晚，一个自称姜岩的朋友的朋友的网友发了题为《哀莫大于心死，从 24 楼跳下自杀 MM 最后的 BLOG 日记，是我朋友的朋友》的帖子。2008 年的第一场网络风暴由此展开。网友在漫骂谴责之后，动用了所谓的"人肉搜索"，公布了王菲和第三者的详细资料，在网上号召其所在行业驱逐他们，有的甚至找到了王菲父母的家，在其门口用油漆写下了"逼死贤妻"等字样。很多网友将此事闹到王菲的单位，王菲因此遭到辞退，其他单位一遇到王菲求职也退避三舍。王菲父母的住宅被人多次骚扰，门口被贴满诬陷恐吓的标语。王菲请求法院判令大旗网、天涯社区、北飞的候鸟 3 家网站停止侵害自己的名誉权，消除不良影响，公开赔礼道歉，并承担自己的工资损失、精神损失共计 13.5 万元。

案例二：南京市江宁区原房产局局长周久耕因 2008 年 12 月份对媒体说了一些被视为不当的言论后，引起各方批评质疑。网民随之发动了所谓的"人肉搜索"引擎，经在网上搜索发现，周久耕抽 1500 元人民币一条的"九五至尊"香烟，戴价值10 万元人民币的名表。12 月底，当地政府免去了周久耕房产局局长的职务，随之对他展开了调查，取得了阶段性进展，初步掌握其涉嫌严重违纪的证据。江宁区纪委日前决定对周久耕进行立案调查。周久耕是经网民搜索而曝光落马的又一名官员，显示了中国网民利用互联网进行人肉搜索发挥政治作用的强大力量。

二、人肉搜索的合法性思考

一方面，网民进行人肉搜索，是言论自由的表现，同时也是在行使《宪法》第41条赋予他们的监督权，"网民也是公民，他们在网络上搜索一些东西并予以公布的时候，就是在行使一项权利，就是宪法赋予公民的监督权。也就是对一些政府官员的日常行为、言论进行监督"。

中国官员如周久耕和林嘉祥等被人肉搜索，跟普通老百姓如王永健等被人肉搜索是两回事，官员本身都是公共人物，必然会失去相当部分的隐私权。被关注的人，不论他是作为一名官员，还是他引发了一个有公共性质的事件，在这个过程当中有一个隐私权的让步，他就应该让出这些隐私权来接受公众的监督和评判。但是，对于普通老百姓来说，人肉搜索导致其姓名、身份、家庭地址等个人资料被广泛公布，其隐私权被侵犯，这就与法律相抵触了。

因此，我们在看到其积极的一面，诸如曝光腐败、造假等不良社会行为等的同时，我们也更应该反思它不理性的一面，如过度暴露个人隐私，侵害他人隐私权的事实。

尤其是如果网民在网络上公布的情况不实，则可能构成诽谤而侵害他人的名誉权。但是与散布虚假信息损害名誉不同的是，如果这些事实是他人不愿意被披露出来的隐私，那就构成对隐私权的侵害。

隐私权乃是人身权的主要组成部分，把隐私权纳入人格权的保护范围，一方面可以使公民明确知道个人的隐私权是受法律保护的，增强自我保护意识和维护隐私权的自觉性，做到有法可依，推动法制建设；另一方面可以使司法、执法机关有法必依，以法律强制手段制裁侵犯隐私权的行为，实现对公民人格权的深层次保护。

目前我国民法典已经制成，应该贯彻以人为本，充分体现对个人人格尊严、人身自由的尊重与保护的精神。人格权保障了人格尊严与人身自由不受侵犯，而人格尊严与人身自由是实现主体其他民事权利的前提和基础，也是实现个人人格的最直接的途径。[1]

思考题

1. 如何评价新闻舆论监督与隐私权保护之间的关系？
2. 试分析精神损害赔偿的正当性与合法性。
3. 死者享有人格权吗？请说明理由。
4. 试分析"同命不同价"的法律现象。
5. 试分析死亡赔偿金的法律性质。

---

〔1〕 "人肉搜索和公民隐私权的保护"，载 http://www.66law.cn/laws/8960.aspx，2013 年 5 月 10 日访问，有删节。

实务训练

（一）示范案例

案情： 被告张某本姓段，自幼其父段某即因病去世。后其母段张氏改嫁与黄某某结婚，张某随其母生活，黄某某与段张氏婚后无子，遂于1964年抱养刚出生的原告黄某，一家四口生活。张某22岁时与本镇某村村民张某某结婚，并到张某某家定居生活，改名张某。1996年，段张氏去世，黄某为其操办了丧事，张某按当地农村风俗前来悼念，并拿出丧礼，段张氏被安葬在本村大运河边。2006年4月，黄某某去世，黄某为其举行了葬礼，并与段张氏合葬在本村大运河边，葬礼当日，张某没有前往悼念，亦未出丧礼。2006年5月的一天夜里，张某前往大运河边墓地将其母段张氏的尸骨转移与其父段某合葬，原告黄某知道后要求张某归还养母尸骨仍与养父合葬，并要求张某公开赔礼道歉和赔偿精神损害抚慰金30 000元。

分析：

1. 人是具有自然属性和社会属性的高级动物，人活着的时候，是生命的载体，享有民事权利，是法律关系的主体。人一旦生命结束，其法律关系主体本体消失，但其所承载的民事法律利益仍将在一定时期内客观存在。但其尸体、尸骨已经不具有财产法上"物"的本质属性，其仅体现权利主体的人身利益在人死亡后的客观延续，仅体现权利主体本体所形成的社会属性功能影响的客观存在。

2. 段张氏去世后，原告黄某按着农村当地习俗为老人举行葬礼，被告张某亦按当地习俗前来悼念，应认为对原告送葬行为和对死者尸体处分行为的认可。黄某某死亡后，原、被告同居一村，张某是明知的，但原告操办丧事时并未提出异议和出面阻止，应视为对原告将养父、养母合葬行为的认可。

3. 被告张某私自转移母亲尸骨，漠视了原告黄某养父、养母的人身延续法益，对原告黄某造成了痛苦和精神伤害，应依法给予精神赔偿。但鉴于被告张某已将其父、母合葬，且其父、母合葬亦在社会伦理范围之内，如若再将尸骨强行挖出迁移，同样违背了"入土为安"的风俗习惯，亦是对死者的不敬。所以对于原告要求判决归还其养母尸骨与其养父合葬，亦不能得到法律的支持。

4. 本案中，虽然被告张某转移生母尸骨对原告黄某构成侵权，但侵害的是原告黄某的人身权而不是原告黄某对尸骨的所有权，不适用返还尸骨的保护方法。

5. 从原告受到伤害的程度、被告的过错程度及被告的实际赔偿能力等考虑，原告要求被告给付精神损害赔偿金30 000元数额过高，应予以调整为5000元。同时，判决赔偿精神损害抚慰金即可达到补偿原告精神损失的效果，对原告要求公开赔礼道歉的诉讼请求不再予以支持。

（二）习作案例

2018年7月的一天，高某驾驶二轮摩托车在路上行驶时，被同向行驶的汪某驾驶的一辆轿车撞倒，身体多处受伤。事故发生后，高某被送往医院住院治疗，花费医疗费 1 万余元。此事故经过交警部门认定为高某、汪某负事故的同等责任。后来，高某了解到汪某的肇事车辆是借用胡某的，于是高某一纸诉状起诉到法院，要求汪某及胡某连带赔偿医疗费、护理费、交通费、误工费等共计 2 万余元。

高某的诉求能否得到法院支持？请说明理由。

第十一章

身份权

学习目标与工作任务

通过本章的学习，要求学生了解身份权的概念和特征；理解各种具体身份权的内容；掌握侵害各种身份权的构成要件并能据以解决在实践中发生的侵权纠纷。

导入案例

周××与王××原系夫妻，2010年4月结婚，2013年7月生一子周×。2014年10月，王××因与邻居沈××产生纠纷，沈××传出周×并非亲生子，而是王×与王××所生。为此，在2015年4月，王××、周×、周××及王×同去上海某司法鉴定科学技术研究所做亲子鉴定。鉴定结论确认周××与周×没有血缘关系，周×系王×与王××所生。此事给周××造成了极大的精神伤害，2016年8月，周××与王××协议离婚并获1万元精神损害赔偿金。

本案知识点：身份权；配偶权；精神损害赔偿。

第一节 身份权的概念和特征

一、身份权的概念

"身份"一词在民法上是指民事主体在特定的家庭、亲属团体以及社会关系中所享有的地位或者资格。所谓身份权，是指民事主体基于某种特定的身份而依法享有的民事权利，它与人格权共同构成了人身权法律体系。尽管从身份权的起源看，其主体是自然人，但在现代社会，法人和其他组织在市场经济中扮演着重要的角色，它们基于其特定的地位也会有身份利益，应享有身份权。另外，鉴于近现代民法都取消了身份继承制度，因此，身份权不包括继承权。我国《民法典》第1001条规定："对自然人因婚姻家庭关系等产生的身份权利的保护，适用本法第一编、第五编和其他法律的相关规定；没有规定的，可以根据其性质参照适用本编人格权保护的有关规定。"

二、身份权的特征

1. 身份权的客体是身份利益。所谓身份利益，即民事主体基于特定的身份而产生的受法律保护的利益，法律对身份利益的保护旨在维护民事主体之间相互形成的稳定的社会关系。

2. 身份权不是民事主体的必备权利。没有身份权或丧失身份权，民事主体的资格依然存在，其仍然可以参与各种民事活动，享有权利，承担相应的义务。

3. 身份权也不是民事主体所固有的权利。民事主体享有身份权是以其取得一定的身份为前提的，而身份的取得则必须通过一定的行为或法律事实。当然，民事主体身份的丧失也必然会导致其身份权的消灭。另外，身份权还可因民事主体严重的违法行为而被剥夺。如荣誉权就可因民事主体实施违法行为被剥夺。

4. 身份权的内容具有权利义务的一体性。身份权虽然名为权利，其实处于权利与权限的过渡之中，是边缘形态的权利，因而含有义务的成分。对于某些权利而言，不仅是权利，而且也是义务，是权利与义务的统一。如配偶权、亲权等。

5. 身份权虽不具有直接的财产性，但与财产利益相关联。身份权中的某些具体权利，如抚养、扶养、赡养的请求权等就具有明显的财产因素。当然，这些权利并不是以财产的占有、使用、处分为目的，而是基于一定的身份所享有的权利。

第二节　亲　权

导入案例

20 多年前，赵某的妻子、孙某的妻子同时在医院生孩子。20 多年后，赵的儿子在大学献血，经检验，其血型是 AB 型。赵某及妻子的血型都是 B 型，不可能生出血型为 AB 型的孩子。他们费尽周折，终于查明当日在该医院出生了 8 个男孩，有迹象表明赵家和孙家的孩子有抱错的可能。经亲子鉴定，结果孙家的孩子是赵家的亲生子，但赵家的孩子不是孙家的亲生子。经反复寻找，均没有结果。之后，涉案六人向法院提起诉讼，请求因亲权受损的精神损害赔偿。

本案知识点：亲权；亲子关系。

一、亲权的概念和特征

亲权，是指父母基于其身份对未成年子女人身、财产方面的管教和保护的权利。它是源于父母子女这一特定的身份关系而产生的一种专属于父母的权利。从其内容来看，该权利实际上是权利与义务的统一体。亲权制度的设立旨在对未成年子女进行教育和管理，保护其人身和财产权利免受不法侵害，以保障其健康成长。

亲权制度渊源于罗马法和日耳曼法。现代亲权制度不仅是建立在父母子女人格平等的基础上，子女具有独立的人格尊严和人格自由，父母不再对子女的人身、财产享有支配权；而且随着男女平等的实现和妇女地位的提高，现代亲权制度还确立了父母平等、共同权利的亲权共同原则。

我国《民法总则》和相关的司法解释也没有明文规定亲权制度，而是将亲权的内容置于监护权之中。但事实上，二者有很大的差异：①亲权的主体范围较监护权小；②法律基于对父母的高度信任，对亲权采取的是放任主义，而对监护权采取的是限制主义；③亲权因父母子女的身份关系自然发生，而监护则可因法定程序而发生；④亲权是纯粹的私权利；而监护则具有公法性质。鉴于亲权和监护权是两种不同的制度，因此，大多数学者认为，我国应当建立起完整的亲权制度。

作为身份权的一种，亲权具有以下特征：

1. 亲权的主体是未成年子女的父母。这种父母与未成年子女的身份关系是亲权存在的前提，除父母外，任何人都不享有亲权。父母的身份消灭或未成年子女的成年，都会导致亲权的丧失。

2. 亲权的内容具有权利和义务的统一性。亲权名为权利，实则为权利义务的集合，是父母一种不可推卸也无法放弃的法定职责。

3. 亲权具有专属性。亲权是父母对未成年子女的人身和财产进行管教和保护的权利，也是父母应当履行的法定义务和职责，它具有严格的人身性，因而不得转让、继承，也不得放弃。

4. 亲权的设立是为了教育和保护未成年子女的利益，以保障其健康成长。根据我国法律的规定，不满 18 岁的自然人是未成年人。因此，未成年就成为确定亲权有无的唯一标准，与民事行为能力无关。

5. 亲权具有绝对性和支配性。亲权的绝对性是指任何人都负有不得侵害亲权的法定义务，亲权的行使无须借助他人的积极行为。亲权的支配性主要体现为父母有权对未成年子女的财产进行占有、使用、收益和处分，但必须以保护未成年子女的利益为前提，并不得滥用。

二、亲权的内容

因我国没有建立起独立的亲权制度，亲权的内容主要分散见于《民法典》《中华人民共和国未成年人保护法》《中华人民共和国义务教育法》等相关的法律法规中。亲权的内容一般可分为人身和财产两个方面。

（一）对子女人身享有的权利

1. 保护权。保护权是指父母对未成年子女的身心健康及生命安全负有保护的权利与义务。父母对未成年子女的日常生活应给予必要的关心和照顾，不得虐待或遗弃；对于未成年子女的生命安全，父母有维护的义务，以防止其遭受到不法侵害。

2. 教育权。教育权是指父母对未成年子女的学习、身心和品德操行等方面负有培育和管教的权利与义务。父母应当使未成年子女按照义务教育法规定接受义务教育；父母应当对未成年子女的日常行为进行监督、管教，以防止其受到社会不良行为的诱导，沾染不良的习气。

3. 同意权和法定代理权。根据我国《民法典》第 19 条、20 条之规定，8 周岁以上的未成年人为限制民事行为能力人，实施民事法律行为由其法定代理人代理或者经其法定代理人同意、追认，但是，可以独立实施纯获利益的民事法律行为或者与其年龄、智力相适应的民事法律行为；不满 8 周岁的未成年人为无民事行为能力人，由其法定代理人代理实施民事法律行为。在未成年子女的合法权益受到侵害或者与他人发生争议时，法定代理人代理其进行诉讼。可见，父母对未成年子女实施的民事行为享有同意权和法定代理权。

（二）对子女财产享有的权利

1. 管理权。依据我国《民法典》第 34 条、35 条之规定，父母对未成年子女的财产有管理的权利与义务，以保护其财产利益免受不法侵害。

2. 处分权。监护人除为维护被监护人利益外，不得处分被监护人的财产。

3. 使用和收益权。父母在不毁坏、变更未成年子女财产性质以及不损害未成年子女财产利益的前提下，有权使用该财产，并有权获得该财产上产生的天然孳息和法定孳息。

三、亲权的消灭

亲权可因下列原因而消灭：

1. 子女成年。一旦子女成年，亲权就自然消灭。但同时父母对该子女享有亲属权。

2. 生父母对亲生子女的亲权一般不能消灭，除非其子女被他人合法收养。《婚姻法》第 26 条第 2 款规定："养子女和与生父母间的权利和义务，因收养关系的成立而消除。"因此，当亲生子女被他人合法收养后，其父母对该子女的亲权也就消灭。

3. 继父母对与其形成抚养关系的继子女的亲权能否解除，应视具体情况而定。继父母与生父母的婚姻关系解除，则继父母对继子女的亲权消灭；当与继父或继母生活的继子女的生母或生父死亡，该子女生存的生父或生母将子女领回抚养后，继父母对继子女的亲权也归于消灭。

4. 养父母对养子女的亲权，因收养关系的解除而消灭。收养关系解除后，生父母对未成年的养子女享有的亲权自然恢复，养父母的亲权归于消灭。

亲权还可因父母丧失行为能力、对未成年子女实施犯罪或教唆未成年子女犯罪、虐待或遗弃未成年子女等情形而丧失。但我国相关法律法规对此无明文规定。

第三节　配偶权

导入案例

甲男、乙女是大学同学，婚后感情较好。但自从甲男出任某公司经理后便与本公司的女雇员丙女多次发生两性关系。为了达到与丙女结婚的目的，甲男便向人民法院起诉，要求与乙女离婚；乙女则以丙女和甲男通奸，破坏他人婚姻家庭关系，侵害其配偶权并给自己造成精神上的巨大痛苦和感情上的严重创伤为由，向人民法院起诉，要求甲男和丙女赔偿其精神上所遭受的损害。

本案知识点：配偶权；离婚；精神损害。

一、配偶权的概念和特征

配偶是具有合法婚姻关系的夫妻相互间的同一称谓和地位。它是血亲和姻亲赖以发生的基础。前者是因血缘关系产生的亲属，包括自然血亲和拟制血亲；后者是以婚姻为中介而形成的亲属关系。

配偶权，是指婚姻关系存续期间，夫与妻互为配偶的一种身份权。它是从亲属权中分离出来的一种独立的权利，也是一种新兴的内容较为复杂的民事权利。我国《民法通则》对配偶权没有明文规定，配偶权的内容主要集中于婚姻法夫妻双方的权利和义务之中。

配偶权具有以下法律特征：

1. 配偶权主体的特定性。配偶权是夫妻双方基于配偶的身份而享有的一种权利。因而其权利主体只能是合法婚姻中的男女双方。

2. 配偶权的客体是配偶利益。配偶利益的直接内容是身份利益，但不仅仅限于身份利益，还包括因身份利益而产生的财产利益。配偶权是身份权，属于人身权的范畴，这种因身份利益而产生的财产利益，并不能改变配偶权的属性。

3. 配偶权具有排他性。基于婚姻的排他性，配偶权也具有排他性。配偶任何一方都不能容忍另一方对自己的背叛以及任何第三者的介入。鉴于婚姻关系中配偶的特定化，其他任何人都负有不得侵害该配偶权的义务，违反该义务，即构成对配偶权的侵害。

4. 配偶权是权利和义务的统一。配偶权虽是夫对妻以及妻对夫享有的身份权，但从权利的内容看，则为权利与义务的统一。如忠实请求权，夫妻任何一方都有要求对方保持忠实的权利，同时也负有向对方保持忠实的义务。

二、配偶权的内容

一般认为，配偶权的内容应包括：

（一）姓名权

姓名权是自然人所享有的基本人格权。我国《民法典》第1056条规定："夫妻双方都有各自使用自己姓名的权利。"夫妻平等的姓名权还会影响到子女的姓氏，对确定子女的姓氏有重要的意义。因为我国《民法典》第1015条第1款规定，"自然人应当随父姓或者母姓"。

（二）人身自由权

《民法典》第1057条规定："夫妻双方都有参加生产、工作、学习和社会活动的自由，一方不得对另一方加以限制或者干涉。"可见，夫妻结婚后，双方仍然享有充分的人身自由，都有权依照自己的意志，参加工作、学习、社交和其他社会活动。

（三）扶养权

《民法典》第 1059 条规定："夫妻有相互扶养的义务。需要扶养的一方，在另一方不履行扶养义务时，有要求其给付扶养费的权利。"据此，夫妻之间有相互扶养、扶助的权利和义务。

（四）忠实请求权

忠实请求权也称贞操请求权，是指夫妻双方互有要求对方保持忠实（贞操）的权利，亦即对方必须承担忠实的义务。《民法典》第 1043 条第 2 款规定，"夫妻应当互相忠实，互相尊重，互相关爱"，表明配偶有义务不为婚外性行为。配偶一方与他人有通奸、姘居、重婚等婚外性行为，都是对忠实请求权的破坏，从而构成对配偶权的侵害。

（五）离婚权

离婚权即夫妻双方都有解除婚姻关系的权利。《民法典》第 1041 条规定的婚姻自由，既包括结婚自由，也包括离婚自由。当夫妻双方感情确已破裂，无法再继续共同生活时，夫妻双方都有解除婚姻关系的权利。

第四节　亲属权

导入案例

　　吴 A、吴 B 与吴 C 系同胞姐妹。吴 C 与丈夫高×婚后无子女，高×于 1997 年前后去世。1983 年苏×因租用吴 C 邻居吴 D 的房屋与吴 C 相识。吴 C 认苏×为其干儿子。同年 5 月 6 日，吴 C 与苏×在淮安市清浦区浦楼法律服务所签订了《赠与书》1 份，并由该所进行了见证。《赠与书》载明：①赠与人吴 C 将其所有的坐落在淮安市 E 小区的两套房屋产权和土地使用权同时赠与苏×所有。②受赠与人苏×自愿接受吴 C 的房产，并在吴 C 年迈后为其养老送终。2005 年 5 月 15 日零点后，苏×发现吴 C 死亡。后苏×将吴 C 遗体送到殡仪馆火化，并为吴 C 买了棺材和墓地，对吴 C 进行了安葬。2006 年 5 月 15 日，吴 A、吴 B 向人民法院起诉，认为殡仪馆在不通知死者亲属的情况下，也不认真审查必要的证明材料，违反了相关规定，就给予火化，致使吴 C 死亡真实原因不能查明，也使他们不能瞻仰吴 C 的遗容，侵犯了他们作为死者亲属对遗体享有的管理权、处分权、吊唁权。吴 A、吴 B 现要求殡仪馆公开赔礼道歉，并赔偿其精神损害赔偿金 2 万元。

　　本案知识点：亲属权；处分权；管理权。

一、亲属权的概念

亲属，是指基于婚姻、血缘和法律拟制而形成的社会关系。广义的亲属包括血亲、配偶和姻亲；狭义的亲属不包括配偶关系，仅指血亲和姻亲。血亲是指因血缘关系而产生的亲属，包括自然血亲和拟制血亲。姻亲是指以婚姻为中介而形成的亲属，但不包括配偶本身。亲属还可依亲疏程度分为近亲属和其他亲属。依照我国现行法律的规定，近亲属是指配偶、父母、子女、兄弟姐妹、祖父母、外祖父母、孙子女、外孙子女；近亲属以外都属于其他亲属。

亲属权仅指父母与成年子女、祖父母与孙子女、外祖父母与外孙子女、兄弟姐妹之间的身份权。与配偶权、亲权相比，它具有如下法律特征：

1. 亲属权是基于血缘或者婚姻形成的亲属关系而产生的一种身份权。当然，作为身份权，它与其他身份权如配偶权、亲权一样，也具有绝对性和专属性的特点。

2. 亲属权具有一定的依附性。亲属权虽然是一种独立的身份权，但它以配偶权或亲权的存在为其产生的前提，也会随着配偶权或亲权的丧失而消灭。

3. 亲属权具有补充效力。尽管法律对亲属权作了明确的规定，但其权利的效力并不必然地体现出来，只有当亲权、配偶权不能或无法行使时，亲属权的权能才能实现。因此，相对于亲权和配偶权而言，亲属权具有补充性。

4. 亲属权的主体受一定范围的限制。法律并不是赋予所有的亲属以亲属权，而是根据亲等赋予一定范围内的亲属以亲属权。因为亲等不同，与自身关系的紧密程度自然会有所差别。

二、亲属权的内容

与世界各国法律相似，我国法律对亲属权也无专门的统一规定。亲属权的内容散见于《民法典》的总则编、婚姻家庭编、继承编之中。主要包括以下内容：

（一）父母与成年子女之间的权利

父母对患有精神病的成年子女享有监护权、法定代理权和抚养权；成年子女对父母负有赡养的义务；父母子女之间有相互继承权；父母子女之间有互相尊重、帮助和体谅的权利与义务，禁止家庭暴力，禁止虐待和遗弃家庭成员；子女应当尊重父母的婚姻权利；当父母或子女有丧失民事行为能力、下落不明的情形时，相互有宣告无行为能力、宣告失踪、宣告死亡的申请权，当一方被宣告失踪后，另一方享有财产代管权；等等。

（二）祖父母、外祖父母与孙子女、外孙子女之间的权利

《民法典》第 1074 条规定，有负担能力的祖父母、外祖父母，对于父母已经死亡或父母无力抚养的未成年的孙子女、外孙子女，有抚养的义务。有负担能力的孙子女、外孙子女，对于子女已经死亡或子女无力赡养的祖父母、外祖父母，有赡养的义务。他们相互间有继承权，而且孙子女、外孙子女在父母死亡的情况下对祖父母、外祖父母的财产享有代位继承权；对于父母已经死亡或父母没有监护能力的未成年子女，其祖父母、外祖父母可以担任监护人，享有监护权；同时他们相互间也享有行为能力宣告、失踪宣告、死亡宣告的申请权以及一方被宣告失踪后的财产代管权。

（三）兄弟姐妹之间的权利

《民法典》第 1075 条规定，有负担能力的兄、姐，对于父母已经死亡或父母无

力抚养的未成年的弟、妹，有扶养的义务。由兄、姐扶养长大的有负担能力的弟、妹，对于缺乏劳动能力又缺乏生活来源的兄、姐，有扶养的义务。根据《民法典》第 1127 条的规定，兄弟姐妹之间互有继承权；对于父母已经死亡或父母没有监护能力的弟、妹，其兄、姐可以担任监护人，享有监护权；同时他们相互之间还享有行为能力宣告、失踪宣告、死亡宣告的申请权，以及在一方被宣告失踪后的财产代管权；等等。

家庭成员之间的各项身份权受法律保护。任何对家庭成员实施暴力、虐待、遗弃的行为，以及对家庭成员负有扶养、抚养、扶助、赡养等义务而拒不履行的行为，都是对亲属权的侵害。受害一方有权要求侵害人承担停止侵害、履行义务和赔偿损失等相关的民事责任，对于情节严重，构成犯罪的，应依法追究其刑事责任。

作为人身权的组成部分，如同人格权一样，身份权也具有绝对性和支配性。任何义务主体都负有不得侵害他人身份权的法定义务，违反该义务，都要承担相应的民事责任。因为任何侵害身份权的行为，都可能使受害人遭受财产上或者精神上的损害，所以，侵害身份权的民事责任也可分为损害赔偿责任和非财产性的民事责任。

损害赔偿民事责任包括财产损害赔偿责任和精神损害赔偿责任。前者是指因身份权受到侵害而使受害人遭受的直接财产损失和间接财产损失；后者是指自然人因身份权受到非法侵害而导致精神痛苦所获得一定的财产赔偿，以给予其心理或精神上抚慰。对此，《精神损害赔偿解释》第 2 条规定，非法使被监护人脱离监护，导致亲子关系或者近亲属间的亲属关系遭受严重损害的，监护人可以向人民法院起诉请求精神损害赔偿。根据《婚姻法》第 46 条的规定，侵害配偶权而导致离婚的，无过错方有权请求损害赔偿。

非财产性民事责任包括：停止侵害、排除妨碍、消除危险、恢复名誉、消除影响和赔礼道歉。

延伸阅读

妻子流产是否构成对丈夫生育权的侵害

案例：原告叶某（男）和被告朱某（女）系夫妻。2011 年 7 月 5 日，被告未经原告同意，擅自到医院将腹中胎儿流产。原告认为被告的行为侵犯了他的生育权，向浙江省某市人民法院提起诉讼，要求被告赔礼道歉并支付精神损害抚慰金 2 万元。被告称，流产是因为与原告之间长期感情不和，使其对原告丧失信心之下的无奈之举。故请求驳回原告诉请。

裁判：法院审理后认为，《中华人民共和国妇女权益保障法》第 51 条明确规定了妇女有生育的权利，也有不生育的自由。因此，被告对腹中胎儿进行流产手术，不构成对原告生育权的伤害。原告方基于配偶权所享有的生育权仍然可以待以实现。故判决驳回原告叶某的诉讼请求。

评析：

一、男性是否享有生育权

生育权作为一种带有自然属性的权利，是公民的基本人权，从属于公民的人身权。对于男性来说，从男女平等及法律面前人人平等的角度看，男性和女性所享有的生育权是一致的，也是平等的。本案中，原告作为一个成年男性，理所当然享有既定的生育权，而且与其妻子所享有的权利是平等的。

二、男性生育权与女性生育权之冲突及解决

从男性生育权的实现和社会现实的角度分析，双方就此意见不一致时，理应更多地保护弱势方女性的人身权益。理由如下：

1. 男女生育权实现的条件不同。对于女性来说，生育权的实现在于自身的人身权；而对于男性来说，合法生育权的实现首先依赖于合法配偶权的实现，男性只能在配偶权的实现基础上获得生育权的保护。任何违背女性意志的男性强权都是违反妇女人权的违法行为。

2. 生育不是婚姻的必然结果，女性也并非生育工具，公民既然有生育的权利，同样应享有"不生育的自由"。妻子自主人流是对自己身体的一种处分，是对"不生育"的一种自由选择。妻子无论是自主避孕还是堕胎，都不构成对丈夫的侵权。

3. 女性不仅在照顾、抚育子女方面履行更多的义务，而且怀孕、生育和哺乳更无法由男人替代而只能由女性独自承担艰辛和风险。因此，更多地赋权于女性，既是对生育主体妇女的人文关怀和特殊保护，也是法律公正的体现。夸大或强调男人的生育决定权无疑会带来负面效应，并在一定程度上使"婚内强奸"合法化。总之，夫妻之间享有平等的生育权，但当两个平等的权利相冲突时，无论从何种角度出发，都应当首先保护妇女的权益。

思考题

1. 什么是亲权？它与亲属权、监护权有何区别？
2. 何谓配偶权？目前我国法律明确规定的配偶权的内容有哪些？
3. 什么是荣誉权？它与名誉权有何不同？
4. 侵害身份权行为人应承担哪些民事责任？

实务训练

（一）示范案例

案情：原告张某与案外人罗某原为夫妻，共同开办并经营一家通讯经营部。2011年4月，被告王某被聘为该经营部的员工。上班不久，被告王某便得知张某与罗某为夫妻关系。由于工作上的接触及其他原因，被告王某与罗某逐渐产生相互爱慕之情，并于2012年3月发生性关系。2012年4月2日晚，罗某约被告王某在一家酒店客房相会。此事被张某及其家人知悉后向公安机关报警，公安机关派员到酒店将二人带回进行询问。在询问过程中，被告王某承认了与罗某有婚外性行为的事实。原告张某与罗某于4月17日办理了协议离婚登记。2012年4月28日，张某向某区人民法院起诉，认为被告王某在自己与罗某婚姻关系存续期间和罗某发生性关系的行为，侵犯了自己的配偶权并导致离婚的后果，请求责令被告王某向其赔礼道歉，并赔偿精神抚慰金3万元。请问原告张某的诉求能否得到法院的支持？

分析：我国《婚姻法》第4条规定的夫妻应当互相忠实属于倡导性条款，不得以此条款单独提起诉讼。《最高人民法院关于适用〈中华人民共和国婚姻法〉若干问题的解释（一）》第3条亦规定："当事人仅以婚姻法第4条为依据提起诉讼的，人民法院不予受理；已经受理的，裁定驳回起诉。"第29条第1款亦明确规定："承担婚姻法第46条规定的损害赔偿责任的主体，为离婚诉讼当事人中无过错方的配偶。"据此，本案原告张某与罗某在婚姻登记机关办理离婚登记手续后，以婚姻关系之外的王某为当事人提起诉讼，请求王某给予损害赔偿，无法律依据，欠缺请求权基础。故原告张某的诉求不能得到法院的支持。

（二）习作案例

秦芳与黎明恋爱时，黎明父母就强烈反对，最后二人冲破阻力，还是于2010年3月8日结了婚。婚后，夫妻俩为还债，决定分别外出打工。2011年10月13日，黎明由于工伤事故突然死去。黎明父母觉得都是怪秦芳"八字"不好，为让儿子"死能瞑目"、"阴魂不被狐狸精纠缠"，黎明父母将黎明火化后，即将黎明的骨灰悄悄掩埋了。秦芳得知噩耗后赶回家中，但无论怎样跟黎明的父母沟通，他们就是不肯说出骨灰的埋藏地点。此事致使秦芳痛不欲生，却又无法祭奠亡灵、表达哀思，甚至多次晕倒、吐血。无奈之下，秦芳以黎明父母未经其同意擅自处理丈夫骨灰、侵犯其"悼念权"为由，要求黎明父母给予精神损害赔偿。

秦芳的主张能否得到法院的支持？请说明理由。

第十二章

物权的一般原理

学习目标与工作任务

通过本章的学习，了解并掌握物权的概念、特征、物权的效力、物权公示及变动的方法、不动产登记的功能等基本内容；在实践中准确区分物权及建立在物上的债权，运用物权的效力解决具体问题。

导入案例

王女士有一只金毛犬，因孩子对狗毛过敏欲将犬出卖，但不知道能卖多少钱。王女士先与甲谈好 2000 元并收取了价款，第二天与乙谈好 2500 元也收取了价款，第三天与丙谈好 3000 元收取了价款并将金毛犬交付给了丙。现甲和乙均以自己权利在先为由主张王女士将金毛犬交付给丙无效。

本案知识点：物权的概念；物权的效力；物权公示及变动。

第一节　物权的概念和特征

一、物权的概念

近现代各国民法关于物权的概念一般不作定义性规定，关于物权的概念有多种学说。如对物关系说、对人关系说、权利归属说等。对物关系说认为物权是人对物的关系，而债权是人与人的关系；对人关系说认为物权和债权都是人与人的关系，区别在于债权作为对人权只能对抗特定的人，而物权作为对世权可以对抗一般的人，物权人有权排除任何他人对其权利的侵害；权利归属说认为物权人对物的支配和对他人的排斥来源于物权的归属功能。这些学说在物权人对物的支配、物权人对物的利益享受、物权人对他人的排斥即对物享有的排他性的权利上各有侧重。

我国学者一般认为，物权的成立具有两个要素：①物权人对于物支配的权利，即积极的要素；②物权人排除他人干涉的权利，即消极的要素。《民法典》第 205 条规定："本编调整因物的归属和利用产生的民事关系。"即因物的归属和利用产生的民事关系是物权关系，因物的归属和利用产生的权利是物权。

物权的种类和内容，由法律规定。当事人只能依照物权法和其他法律的规定享有物权，而不得自己创设或与他人协议创设物权，即所谓的物权法定主义。《民法典》虽未明确写明物权法定原则，但一般认为物权法定是物权的基本原则。《民法典》第208条规定："不动产物权的设立、变更、转让和消灭，应当依照法律规定登记。动产物权的设立和转让，应当依照法律规定交付。"这实际上是将物权法定原则写入了《民法典》。

二、物权的特征

（一）物权是对世权，具有保护的绝对性

对世权又称绝对权。它是指权利人是特定的人，而义务人是不特定的多数人。物权是典型的对世权，物权人直接支配物，有权排除其他任何人对其干涉；除物权人以外的其他任何人均为义务人，负有不得对物权人构成侵害或妨碍的消极义务。物权人还可以行使物上请求权，使遭受侵害的物权恢复原状。

（二）物权是权利人直接支配物的权利

物权人可以依据自己的意思对物直接行使占有、使用、收益、处分的权利中的一种或几种，而且物权人在行使这些权利时无须征得他人的同意，也不需要借助义务人履行义务的行为。也就是说，物权人行使物权不需要与他人意思表示一致，也不需要他人行为的支持。

（三）物权是物权人享受物之利益的权利

物权属于财产权的范畴，当然以一定的利益为其内容的必要构成要素。表现在：所有权人对物享有占有、使用、收益和处分的利益，并由此产生买卖、租赁、互易等债权上的利益；用益物权人对物享有占有、使用、收益的利益，依据法律规定或经所有权人同意也可产生一定的债权上的利益，如承租人转租租赁物；担保物权人享有的利益是物的交换价值，在债务人到期不履行债务时可以变卖担保物，在价款中优先受偿。

（四）物权的客体是物

物是指存在于人体之外，能够为人所实际控制和支配，具有一定价值和使用价值的财产。作为物权客体的物一般是有载体的有体物，对于无体物，除法律、法规另有规定以外，应当准用物权法关于物权的规定。

（五）物权是排他性的权利

物权的排他性是指在同一物上不能同时成立两个以上内容不相容的物权。如：在一个物上不能同时存在两个以上的所有权。物权的排他性决定了物权的优先效力。

三、物权与债权的区别

1. 物权的发生实行法定主义，不允许当事人自行创设。债权的创设实行当事人自由主义，除法定之债（侵权之债、不当得利之债、无因管理之债）外，当事人的创设只要不违反法律的强制性规定和禁止性规定及公序良俗即为有效。

2. 物权是对世权，权利主体是特定的，义务主体是不特定的。债权是对人权，权利主体和义务主体都是特定的。

3. 物权是支配权，权利主体实现权利无须与他人合意，也无须借助义务人履行义务的行为。债权是请求权，权利人实现权利必须借助义务人履行义务的行为。

4. 物权的效力是支配力，并由此产生排他的效力、优先的效力和追及的效力。债权的效力是请求的效力，债权人不能依据请求的效力产生其他延伸的效力。

5. 物权具有排他性，在一项财产上不能同时存在两个以上内容不相容的物权。债权不具有排他性，在一项财产上可以同时并存多个债权。

6. 不动产物权未经公示不得对抗第三人，动产物权未经交付不生效。债权通常自当事人意思表示一致时起生效。

7. 物权中的所有权是无期限的，部分用益物权期满后可续期，实际上也是永久性的权利。债权都是有期限的。

8. 物权的客体只能是物，债权的客体可以是物、行为、智力成果。

第二节　物权的效力

物权的效力是指物权在法律上产生的效果，也就是指物权的功能和作用。物权的效力分为共有效力和特有效力，共有效力是所有的物权都具有的效力，是由物权的性质决定的；特有效力是各种物权各自具备的效力。本节只就物权的共有效力进行阐述，特有效力见其他章节。

一、物权的排他效力

物权的排他效力是指一物之上只能设定一个所有权和一物之上不得设立两个以上内容相冲突的物权。作为自物权的所有权在一个物上只能设定一个，在共有关系中，虽然有两个或两个以上的所有权人，每一个所有权人享有的都是不完整的所有权，他们的所有权的集合才是一个完整的所有权。虽然两个以上的他物权可以并存于一个物上，但它们的内容必须相容，不得冲突。

物权的排他效力的法律依据是物权法上的一物一权原则。排他性既是物权固有的特征，也是物权的效力，这是由物权的性质所决定的。物权的排他效力具体表现为：①一物之上只能设定一个所有权；②他人依取得时效或善意有偿取得制度对同一物取得所有权的（仅适用于动产），先前的所有权消灭并不得对抗后取得的所有权；③在同一物上不得设立两个以上的用益物权，因为用益物权以占有为内容，在同一物上设立两个用益物权在内容上是冲突的；④在同一物上设立两个以上担保物权时，依据先后顺序确定效力。

二、物权的优先效力

物权的优先效力又称为物权的优先权，这种优先效力既包括物权优先于债权的效力，也包括物权与物权相互之间的优先效力。

（一）物权优先于债权的效力

在同一标的物上同时存在物权和债权时，物权优先，但法律另有规定的除外。物权相对于债权具有优先效力的原因是：物权是支配权，权利人可以直接支配物，而债权是请求权，权利人实现权利必须借助义务人履行义务的行为。物权不论设立在债权之前还是设立在债权之后，其效力均优先于债权。

在动产买卖中，如果出卖人一物数卖，标的物已经交付给其中一个买受人，则该买受人依交付取得了标的物的所有权，无论该买受人与出卖人的协议是先订立的还是后订立的，均具有优先效力。其他买受人不能对标的物主张权利，只能依据其对出卖人的债权主张出卖人承担违约责任或侵权责任。

在不动产买卖中，如果出卖人一物数卖，已经办理过户登记手续的买受人的权利优先，其他买受人只能依据其对出卖人的债权主张出卖人承担违约责任或侵权责任。

另外，用益物权和担保物权与债权并存时具有优先的效力。如：担保物权人有权在标的物变卖后优先于其他债权人受偿。

在法律另有规定时，物权的效力并不优先于债权。如《合同法》第229条规定："租赁物在租赁期间发生所有权变动的，不影响租赁合同的效力。"

（二）物权相互间的优先效力

同一物上有多项物权并存时，应当根据物权设立的时间先后确立优先的效力，但法律另有规定的除外。物权设立在先即效力在先的法则表现为两个方面：

1. 先设立的物权的权利人优先享受其权利。如甲在同一间房屋上先后设立两次抵押，先设立的抵押权人在实现权利后，后设立的抵押权人才能实现权利。

2. 先设立的物权排斥后设立的物权。如前例，先设立的抵押权人实现权利后，甲的房屋变卖所得的价款已不能满足后设立的抵押权人的权利，后设立的抵押权人只能在余额范围内实现权利。

先设立的物权优先于后设立的物权的例外：

1. 民法上的"定限物权优于所有权"的规则。在这种情况下，他物权通常是根据法律规定或所有权人的意志产生的，他物权存在的本身对所有权构成限制，具有对抗所有权的效力。如：农户的土地承包经营权（占有、使用、收益）优先于农村集体组织对土地的所有权。

2. 法律基于特别理由，规定设立在后的物权优先于设立在先的物权。如：海商法上的船舶优先权优先于船舶抵押权。

三、物权的追及效力

"追及"的含义可以理解为"追到为止"。物权的追及效力是指无论标的物流转到何人并被其占有，只要占有人未合法取得标的物的所有权，物权人均有权要求占有人返还原物。物权人享有的追及权可以对抗占有人的占有理由。

有的学者认为物权追及权不是一项独立存在的权利，而是包含在物上请求权之中，或者应当包含在物权的优先效力之中。我们认为，物权追及权是一项独立存在的权利：①物权追及权是相对于债权而言，债权人在标的物被第三人占有时不能请求第三人返还，只能请求债务人继续履行或承担违约责任。②物权的追及效力是物上请求权的基础。③承认追及权是一项独立存在的权利，才能充分保障物权人的权利。

占有人若因取得时效制度或善意有偿取得制度对标的物取得了所有权，物权人的物权归于消灭，当然不再有追及权。

四、物上请求权（物权的保护）

物上请求权又称为物权请求权，从其性质上说是存在于物权上的独立的请求权。它是指当物权的圆满状态遭受侵害或有遭受侵害的危险时，权利人有权请求恢复圆满状态或停止侵害。

物上请求权作为物权效力的一个方面，从根本上说是由物权的排他性决定的。法律为了保障物权人对物充分的支配权，赋予物权人请求他人返还财产、排除妨碍、恢复原状的权利。在《物权法》上，物上请求权表现为以下几个方面：

（一）物权纠纷解决方式

物权受到侵害的，权利人可以通过和解、调解、仲裁、诉讼等途径解决。

（二）确认物权的请求权

物权人在与他人就物权的存在或者物权的范围发生争议时，可以请求确认其权利。确认物权的请求权不受诉讼时效的限制。

（三）返还请求权

物权人对无权占有其不动产或动产的任何人，可以直接请求其返还原物。①返还原物时应当将孳息和收益一并返还。②若依通常经营方法可以收取收益而不收取的，应当对返还请求权人（物权人）适当赔偿收益的损失。③占有人返还不动产或者动产时有权取走原物上的自有物，自有物与原物不能分割的，占有人可以请求返还请求权人（物权人）给予适当补偿。④返还费用由无权占有人支付，但无权占有人为善意的除外。⑤占有的不动产或者动产毁损、灭失，权利人请求赔偿的，占有人应当将因毁损、灭失取得的保险金、赔偿金或者补偿金等返还给权利人；权利人的损害未得到足够弥补的，恶意占有人还应当赔偿损失。⑥权利人在请求返还原物和孳息时应当支付善意占有人因维护该不动产或者动产支出的必要费用。在其补偿前，现时占有人可以暂时扣留原物及其孳息。

（四）排除妨害请求权

物权人在他人妨害其权利正常行使时，包括对其物权构成妨害或者可能构成妨害，可以请求排除妨害。排除妨害的费用由妨害人承担。排除妨害请求权的行使不受诉讼时效的限制。

（五）消除危险请求权

物权人在他人的行为或设施可能造成自己占有物的损害时，可以请求消除危险。

消除危险的费用由危险制造人承担。消除危险请求权的行使不受诉讼时效的限制。

（六）恢复原状请求权

他人对于物权人占有的财产造成毁损的，权利人可以依法请求修理、重作、更换或者恢复原状。

（七）损害赔偿的请求权

物权人行使上述请求权时，如果受有损害，可以同时向侵害人请求损害赔偿，也可以依法请求承担其他民事责任。如双方事先有合同的，也可以请求承担违约责任。

《民法典》第 239 条规定，物权保护方式可以单独适用，也可以根据权利被侵害的情形合并适用。

第三节　物权的分类

一、民法学上物权的分类

（一）所有权和定限物权

这是以物权人对标的物的支配范围为标准所作的划分。所有权是所有权人对其物享有的占有、使用、收益和处分的权利。所有权又称自物权，是最全面、最完备的物权，它是所有权人对其物全面支配的物权。

定限物权是指权利人仅可以在一定范围内对物进行支配的物权。定限物权以权利人能够支配的范围为标准，可分为用益物权和担保物权。用益物权和担保物权在理论上与所有权相对应，又称为他物权。用益物权是以支配标的物的使用价值为内容的，如典权、地上权等。担保物权是以支配标的物的交换价值为内容的，如抵押权、留置权等。

法律区分所有权和定限物权的意义在于：定限物权有限制所有权的作用，具有优先的效力。

（二）动产物权和不动产物权

这是以标的物的种类为标准所作的划分。物权的标的物为动产的为动产物权，如动产所有权、动产抵押权等。物权的标的物为不动产的为不动产物权，如地上权、典权等。

法律区分动产物权和不动产物权的意义在于：这些物权的成立要件，效力的取得、丧失及变动有所不同。

（三）主物权和从物权

这是以物权的存在是否以主体享有其他民事权利为前提为标准所作的划分。不以主体享有其他民事权利为前提，能够独立存在的物权是主物权，如所有权、典权等。不能独立存在，以主体享有其他民事权利为存在前提的物权是从物权，如担保物权。从物权往往是以债权为存在前提的。

法律区分主物权和从物权的意义在于：主物权能够独立存在，从物权从属于主权利而存在。

（四）意定物权和法定物权

这是以物权的发生是否依据当事人的意思表示为标准所作的划分。依据当事人的意思表示一致而发生的物权是意定物权，如质权、抵押权等。不依当事人的意思表示，而是基于法律规定发生的物权是法定物权，如留置权等。

法律区分意定物权和法定物权的意义在于：在当事人未予协商时，物权人得依据法律规定主张其法定物权。

（五）登记物权和非登记物权

这是以物权是否需登记才能产生相应效力为标准所作的划分。物权的设立、变更、终止需经登记机关登记才能产生相应效力的是登记物权，如房屋所有权、土地使用权、采矿权等。物权的设立、变更、终止无须登记就能产生相应效力的是非登记物权，如动产物权一般都是非登记物权。

法律区分登记物权和非登记物权的意义在于：物权的公示方法和变动规则不同。

二、《民法典》关于物权的分类

我国《民法典》建立了比较完整的物权体系，其将物权分为：

（一）所有权

包括国家专属所有权、集体所有权、个人所有权、建筑物区分所有权、共有。

（二）用益物权

包括土地承包经营权、建设用地使用权、宅基地使用权、居住权、地役权。

（三）担保物权

包括抵押权、质权、留置权。

第四节 物权变动

一、物权变动概述

（一）物权变动的概念

物权变动是关于物权从产生到终止整个运动过程的统称。是主体之间关于物权客体的支配和归属关系的变动。就物权自身而言，是指物权设立、变更、转让和消灭的运动状态。

（二）物权的取得

物权取得是指权人取得了物权，是在特定的权利主体与不特定的义务主体之间形成物权法律关系，并使特定的物与特定的物权人结合。这是由物权是绝对权的特征所决定的。因为物权的义务主体是不特定的多数人，即除权利人以外的其他人，这些义务人的义务就只能是不作为的消极义务，表现为不妨害、不侵害、不影响、不干涉物权人行使物权。

物权人取得物权分为原始取得和继受取得两种方式：①原始取得是指物权人不以他人的既存权利和意思表示为前提而取得物权。也就是说，物权人不是从他人处取得物权，也不需要征求任何人的同意。对标的物来说，物权人是首次取得物权，即在物权人取得物权之前，标的物根本不存在或者没有任何人对同一个标的物取得过物权。工厂对其生产的产品的物权、对无主财产取得物权、因添附取得物权等都是原始取得。②继受取得是物权人以他人的既存权利和意思表示为前提而取得的物权。也就是说，在物权人取得物权之前，标的物已经存在并且至少有一人对同一个标的物取得过物权。继受取得又分为移转的继受取得和创设的继受取得，前者是指通过一定的法律行为取得物权，如买受人、受赠人取得物权；后者是指物权人在标的物上为他人创设物权，如房屋所有权人在房屋上设立抵押，抵押权人取得物权。

（三）物权的变更

广义上的物权变更包括物权主体的变更、内容的变更和客体的变更，狭义上的物权变更只包括物权内容的变更和客体的变更。因物权主体的变更往往导致物权的取得和消灭，这里只就狭义的变更予以说明。

物权内容的变更也叫作物权质的变更，是不影响物权整体的有关物权内容方面的变化，如物权期限的延长、物权行使方式的变化等。物权客体的变更也叫作物权量的变更，是指物权的标的物发生了变化，如财产附合使客体增加、抵押物部分灭失等。

（四）物权的消灭

物权消灭是指物权人丧失物权，即物权与物权人分离。物权消灭理论上分为物权的绝对消灭和物权的相对消灭。绝对消灭是指物权与物权人分离，他人也未对同一个标的物享有物权，如标的物灭失导致物权消灭。相对消灭是指物权与物权人分离，他人对同一个标的物取得了物权，如他人通过继受取得的方式取得物权而原物权人的物权消灭。

二、物权变动的原因

物权变动的原因有法律行为和法律行为以外的原因（包括某些公法上的原因）。

（一）物权取得的原因

1. 买卖、互易、赠与、设立抵押、设立地役权等民事法律行为。

2. 民事法律行为以外的原因。如取得时效、征用、没收、依法享有（如留置权）、添附、继承、取得无主财产所有权等。

（二）物权消灭的原因

1. 抛弃、合同、撤销权和解除权的行使（如承租人不按约定用途使用房屋，出租人解除合同）、买卖、互易、赠与等民事法律行为。

2. 民事法律行为以外的原因。如标的物的灭失、物权期间届满、混同等。

三、物权行为

物权行为是指民事主体设立、变更、终止物权的法律行为。物权行为是民事法律行为的一种，民事法律行为的成立要件同样可以用于判断物权行为是否成立。物权行为具有独立性，这是指在物权变动的法律行为中，债权法上的原因行为和物权法上的履行行为（如租赁合同和交付租赁物）是两种不同的行为，物权行为独立于债权行为而存在。但是，物权行为的效力受债权行为效力的影响，当债权行为被确认为无效或被撤销后，将影响到物权行为的效力（如买卖合同被确认为无效后，买受人应当返还标的物，出卖人交付标的物的物权行为亦被确认为无效）。主张物权具有无因性的观点即主张物权行为的效力不受债权行为效力影响的观点是不可取的。如果买卖合同被确认为无效，而买受人取得标的物的所有权却有效，那么出卖人将处于非常不利的地位，他只能依据债权法按不当得利主张买受人返还，而不能享受物权法对物权人的特别保护。

第五节　物权的公示

物权公示是指在物权发生和变动时，将物权发生和变动的事实以一定的方式向社会公开，使第三人知道物权发生和变动的情况，以避免第三人遭受损失并保护交易安全。由于物权具有排他性和较之其他民事权利优先的效力，所以在物权发生和变动时需要公示，否则不知情的第三人很容易遭受损害，也会严重妨害交易安全。如甲将房屋抵押给乙后又出卖给丙，如果没有物权公示，丙的利益将遭受损害，而通过抵押登记这一物权公示方式，可以使丙在履行合同前标的物实际不能履行，从而避免损害。物权公示的方法主要有两种，即不动产登记和动产交付。

一、不动产登记

（一）不动产登记的概念

《民法典》第 209 条第 1 款规定："不动产物权的设立、变更、转让和消灭，经依法登记，发生效力；未经登记，不发生效力，但是法律另有规定的除外。"不动产登记是权利人申请国家登记机关将不动产发生和变更的事项记载于不动产登记簿，国家登记机关经审查后予以登记的行为。国家登记机关登记后向权利人颁发不动产权利证书。

（二）不动产登记的功能

1. 物权设立的公示功能。除了少数法定物权（如留置权）以外，物权的发生都以公示为条件。物权的公示制度如果不存在，则物权也就无法存在。即使当事人之间订立协议，也无法将物权的状态告知第三人，不能对抗第三人。如果没有物权公示制度，就无法处理一个标的物上并存两个以上内容不相容的物权的情形，无法按照设立的先后顺序确立哪个物权的效力优先，从而违反物权法的基本原则。

2. 物权变动的公示功能。如果物权的内容发生了变动，没有公示，第三人无法确知物权的内容是否发生了变动，则不能对抗第三人。从法理上说，没有公示的物权变动可以视为未变动，经过公示的物权变动即使事实上未变动也应视为已变动。

3. 权利正确性的推定功能。登记记载的权利人推定其为真正的权利人，其他人推定为不享有该项权利的人。一般来说，登记记载的权利人与实际权利人是一致的。如果登记的权利人与实际的权利人不符，在有关当事人依法定程序请求更正以前，应当推定登记的权利人是真正的权利人。

权利人及利害关系人有权对登记所记载的内容提出异议，但必须向人民法院提起诉讼，请求人民法院裁定变更登记。提出异议的期限不受诉讼时效的限制。如果人民法院作出变更的裁定，登记机关必须依据裁定予以变更。变更登记以前，第三人因信赖登记内容而进行的交易依然有效（即登记的更正）。在这里，法院的裁定是确权的依据，但不是物权变动的凭证；登记机关依据法院裁定办理的变更登记手续是物权变动的法定公示方式，是物权变动的凭证。

4. 他人对登记内容的信赖功能（不动产登记的公信力）。在不动产登记簿上记载的权利人依法享有该项物权。权利人处分该项物权受法律保护。但受让人明知权利人不应当取得该项物权，仍然与之从事交易的，不在此限。信赖登记所记载的权利而与权利人进行交易的人，推定其具有善意。这是因为：①不动产登记的内容在被依法定程序变更或撤销之前，他人有理由信赖登记的权利人就是真正的权利人；②除非有证据证明相对人明知或应当知道登记的权利人不是真正的权利人以外，均应将相对人视为善意；③物权法在保护相对人的这种信赖利益时，只保护善意的相对人，不保护恶意的相对人。

（三）不动产登记机关

不动产登记由不动产所在地的登记机构办理。国家对不动产实行统一登记制度，统一的登记范围、登记机构和登记方法，由法律、行政法规规定。

当事人申请登记，应当根据不同的登记事项提供权属证明和不动产界址、面积等必要材料。登记机构应当履行下列职责：①查验申请人提供的权属证明和其他必要材料；②就有关登记事项询问申请人；③如实、及时登记有关事项；④法律、行政法规规定的其他职责。

《民法典》第213条规定，登记机构不得从事下列行为：①要求对不动产进行评估；②以年检等名义进行重复登记；③超出登记职责范围的其他行为。

不动产物权的设立、变更、转让和消灭，依照法律规定应当登记的，自记载于不动产登记簿时发生效力。不动产登记簿是物权归属和内容的根据，不动产登记簿由登记机构管理。

（四）不动产权属证书

不动产权属证书是不动产登记机构依据不动产登记簿的内容制作的，是权利人享有该不动产物权的证明。不动产权属证书记载的事项，应当与不动产登记簿一致；记载不一致的，除有证据证明不动产登记簿确有错误外，以不动产登记簿为准。

不动产物权转移的，当事人应当办理登记手续，当事人未就不动产物权的转移及时办理登记手续的，在下列情况下，允许当事人继续补办登记：①合同合法有效；

②双方已经履行合同或者愿意受合同约束；③补办登记不损害第三人的利益。

（五）不动产登记的效力

不动产物权的设立、转移、变更和消灭，依法应当公示的，必须经登记公示，未经公示的，不得对抗第三人。不动产登记是不动产公示的唯一方式，也是在法律上确定权利人是否享有不动产物权的标准。如果不动产物权人与他人订立了移转不动产物权的合同而未办理变更登记手续，应当确认合同有效，但受让人依合同主张其享有不动产物权的不予支持。如果不动产物权人与受让人订立合同后，又将不动产物权移转给第三人并办理了登记手续，不动产物权归属于第三人，前一合同的受让人可以追究不动产物权人的违约责任。

以上关于不动产登记效力的论述是针对依法律行为设立、转移、变更、消灭的不动产物权而言的，非依法律行为发生的不动产物权的变动，不以登记为生效条件。另外，依法律规定直接取得的不动产物权，如法定抵押权，也不以登记为生效条件。

本章的导入案例就是关于不动产登记的效力的。王女士将房屋过户给丙之后，依物权法定原则，丙取得了该房屋的所有权，发生了不动产物权变动的效力，具有了排他效力。甲和乙的权利虽然先设立，都是债权，无法对抗丙的物权，丙的权利比甲和乙的权利优先并可排斥甲和乙的权利。甲和乙可以要求王小姐退还房款并承担违约或侵权责任。

（六）更正登记和异议登记

更正登记是指权利人、利害关系人认为不动产登记簿记载的事项错误的，权利人、利害关系人可以向登记机构申请更正登记。不动产登记簿记载的权利人书面同意更正或者有证据证明登记确有错误的，登记机构应当予以更正。

不动产登记簿记载的权利人不同意更正的，利害关系人可以申请异议登记。申请人自异议登记之日起15日内不提起诉讼的，异议登记失效。

（七）预告登记

预告登记是指为保全债权的实现、保全物权的顺位请求权而进行的提前登记。不动产登记是不动产物权在已经完成的状态下所进行的登记，预告登记是为了保全将来发生的不动产物权而进行的登记。

当事人签订房屋买卖合同或者其他不动产物权的协议，为保障将来实现物权，按照约定可以向登记机构申请预告登记。预告登记后，未经预告登记的权利人同意，处分该不动产的，不发生物权效力。

预告登记后，债权消灭或者自能够进行不动产登记之日起90日内未申请登记的，预告登记失效。

（八）不动产登记错误的赔偿

当事人提供虚假材料申请登记，给他人造成损害的，由提供虚假材料的当事人承担赔偿责任。因登记错误造成他人损害的，登记机构应当承担赔偿责任。登记机构赔偿后，可以向造成登记错误的人追偿。

二、动产的占有与交付

《民法典》第 224 条规定："动产物权的设立和转让，自交付时发生效力，但是法律另有规定的除外。"即动产物权的法定公示方式是占有交付。动产的占有交付具有与不动产的登记类似的功能，它也是动产物权变动的生效要件，具有物权变动的公示功能、权利正确性推定功能和公信力。

（一）交付的概念

交付是指动产物权人将自己占有的物或权利凭证移转给其他人占有的行为，即占有的移转。在当事人事先没有协议转移标的物所有权的情况下，占有的移转导致所有权的权能与所有权人分离，所有权的部分权能如占有权、使用权发生转移，而所有权不发生转移；在当事人事先达成转移所有权的协议的情况下，占有的移转导致所有权的转移。

（二）交付的意义

交付是动产物权变动的公示方法。但交付只能作为基于法律行为的动产物权变动的公示方式，动产物权的其他变动形式均不以交付为其公示方式。这是因为，以其他的变动形式取得动产的所有权，要么根本不发生交付，要么交付没有任何法律意义。如以原始取得的方式取得动产的所有权不发生交付；以继承方式取得动产所有权的，交付没有法律意义。再如，留置权是债权人先占有债务人的财产，在债务人不履行债务时取得的物权。所以，财产的交付不是留置权取得的公示手段。

（三）交付的时间

1. 当事人约定由受让人自己取走动产的，受让人取走动产的时间为交付时间。

2. 合同约定由所有人送交动产的，所有人在交付地点送交受让人，并经受让人点收完毕，交付完成。

3. 合同约定由所有人将动产交给第一承运人或者邮局的，以交给第一承运人或者邮局的时间为交付时间。

（四）交付的方式

1. 直接交付：出让人将标的物直接交给受让人，物权自受让人实际占有时发生效力。

2. 简易交付：动产物权设立和转让前，权利人已经依法占有该动产的，物权自法律行为生效时发生效力。

3. 指示交付：动产物权设立和转让前，第三人依法占有该动产的，负有交付义务的人可以通过转让请求第三人返还原物的权利代替交付。移转返还请求权，出让人应当将物权的转移通知第三人。

4. 占有改定：动产物权转让时，双方又约定由出让人继续占有该动产的，物权自该约定生效时发生效力。占有改定的目的是使出让人继续占有标的物，从而既满足出让人的要求又继续发挥物的效用。

5. 有价证券的交付：依法可以转让的无记名有价证券，随有价证券的交付而发生权利的转移。

6. 动产所有权的保留：动产所有权人可以与受让人约定，在转让的动产交付后仍保留该动产的所有权（即动产交付后，仍由出让人享有所有权），但牲畜的买卖不得保留所有权。

动产所有权的保留是在买卖合同中，买受人虽先占有、使用标的物，但在双方当事人约定的特定条件成就以前，出卖人仍保留标的物的所有权。在特定条件成就以前，买受人对标的物只享有期待权，而无权要求出卖人交付标的物，所以买受人对标的物享有期待权。这种期待权具有债权的效力。

在动产买卖中，保留所有权的出卖人仍然享有标的物的所有权，而买受人的期待权只有债权的效力，所以出卖人享有解除合同的权利，出卖人将受让人（买受人）给付的金额在扣除租金及实际损失费后如数交还给受让人的，有权解除合同，并请求受让人返还该财产。但当事人特别约定禁止解除合同的除外。

三、特殊动产登记的效力

《民法典》第 225 条规定，船舶、航空器和机动车是特殊动产，其物权的设立、变更、转让和消灭，应当登记，未经登记的，不得对抗善意第三人。可以认为的是，我国将该类特殊动产纳入不动产的管理。

思考题

《民法典》第 213 条规定，登记机构不得有下列行为：①要求对不动产进行评估；②以年检等名义进行重复登记；③超出登记职责范围的其他行为。在我国，机动车是纳入不动产管理的，公安部门规定：家用小汽车在 6 年内每两年年审一次，6 年后每年年审一次。请分析二者规定是否矛盾，实践中应如何处理？

实务训练

（一）示范案例

案情：甲将其所有的一套住房卖给乙，双方签订了《存量房买卖合同》，对房屋的价款、价款支付、房屋交付、过户、违约责任等作了明确约定。在合同履行过程中，当地房市波动，房价大涨，甲即不愿卖房并通知乙退回已收房款。乙不允，诉至法院，要求继续履行合同。

问题一：乙要求继续履行的诉请有无法律依据？

问题二：法院是否应当判决双方继续履行合同？

分析：甲乙双方所签合同是双方真实意思表示，合法有效。乙要求继续履行符合《合同法》规定，继续履行是《合同法》规定的五种承担违约责任的方式之一，所以乙要求继续履行有法律依据。但是，因房屋没有过户，乙对房屋的权利是债权，甲对房屋的权利是物权；物权优先于债权并对债权有排他效力，若判决继续履行实际上是以债权否定物权，这显然是错误的！所以，乙诉请继续履行合同不应得到支持，乙应当诉请甲承担违约责任如赔偿损失等。

（二）习作案例

李女士在商场看中一套时装，觉得特别适合在她即将出席的一个大型活动上穿，正欲买下发现钱没带够，商场也只有这一件了。李女士要求商场帮她留下，千万不能卖给别人，并付了200元定金。商场答应留给李女士并收取了定金。第二天李女士再来时，商场已经将时装高价卖给了他人。

请你为李女士出主意，教她如何维权，告诉她能提出哪些请求。

第十三章

所有权

通过本章学习，要求大家理解所有权的概念、内容和特征；重点掌握所有权的取得和消灭方式，掌握所有权的民法保护方法；了解建筑物区分所有权的概念和内容；了解共同共有、按份共有的概念和内容。

导入案例

江某与郑某就郑某手中的一枚宝石戒指的归属发生争议。江某称该戒指是其在2016 年 5 月 1 日外出旅游时让郑某保管，属江某所有，现要求郑某归还。郑某称该戒指为自己所有，拒不返还。江某无法证明对该戒指拥有所有权，但能证明在 2016 年 5 月 1 日前一直合法占有该戒指，郑某则拒绝提供自 2016 年 5 月 1 日后从江某处合法取得戒指的任何证据。问该案应如何处理？

本案中，郑某作为戒指的占有人推定其享有合法权利。但江某提出反证，且郑某拒绝提供 2016 年 5 月 1 日后从江某处合法取得戒指的任何证据。因此，该种占有的推定效力被江某的反证推翻。因江某证明了自己的先前占有，应认定其对戒指享有合法权利。

本案知识点：所有权；先占的权利推定效力。

第一节　所有权概述

一、所有权的概念和特征

（一）所有权的概念

所有权是指所有人依法对其财产享有占有、使用、收益和处分的权利。

所有权是一项重要的民事权利。要理解所有权的概念，必须正确理解财产权、物权、所有权、他物权、债权这几个概念之间的逻辑关系。财产权是多项民事权利的集合，即物权、债权、知识产权、继承权等的集合。所有权是财产权的一种，相对于财产权来说，财产权是上位概念，所有权是下位概念。所有权属于物权，所有权和他物权制度构成民法中一项相对独立的制度，统称为物权。简而言之，所有权属于物权的范畴，物权又属于财产权的范畴。

（二）所有权的特征

所有权除具备物权的一切特征外，还具有以下显著特征：

1. 所有权具有绝对性。所有权的绝对性是与债权相比较而言的，所有权的权利主体是所有权人，是特定的，而义务主体是除所有权人以外的一切人，是不特定的；而债权的权利主体和义务主体则是特定的。在权利的实现方面，债权的实现必须依靠债务人履行债务的行为（主要是作为）；而所有权的实现则不需要他人的积极行为，只要他人不加干涉，所有权人便能实现其所有权。基于所有权与债权的这种区别，法学上把所有权称为绝对权，把债权称为相对权。

2. 所有权具有全面性。所有权的全面性，是指所有人对其所有物可为占有、使用、收益、处分的权利。因此，所有权的全面性又称为所有人对物的全面支配权，是所有权区别于他物权的根本标志。所有权作为一种最完全的权利，是他物权的源泉。与之相比较，地上权、地役权、抵押权、质权、留置权等他物权，仅仅是就占有、使用、收益某一特定的方面对物所行使的权利，只是享有所有权的部分权能，且须受所有权人的一定制约。例如，在房屋租赁法律关系中，房屋租赁人只享有对所租赁房屋进行占有、使用的权利，而不享有对所租赁房屋进行买卖、再租赁等处分权能；房屋租赁人要对所租房屋进行转租，必须征得房屋所有人的同意，否则，转租行为无效。

3. 所有权具有排他性。所有权的排他性，是指所有权是独立的支配权，非所有人不得对所有人的财产享有所有权。换言之，所有权人有权排除他人对其所有物的干涉，并且同一物上只能有一个所有权存在，而不能同时并存两个或两个以上的所有权。当然，所有权的排他性并不是绝对的，特别是在我国，为了社会公共利益而对集体所有权或私人所有权进行干预是常见的。但是，对所有权的限制，可以理解为所有权排他性的例外情况。

4. 所有权具有弹力性。所有权的弹力性，是指所有权内容可自由伸缩。例如，所有人在其所有的财产上为他人设定地役权、抵押权等权利，虽然占有、使用、收益甚至处分权能与所有人发生全部或部分的分离，但只要没有发生使所有权消灭的法律事实（如转让、所有物灭失），所有人仍然保持着对其所有的财产的支配权，所有权并不消灭。当所有物上设定的其他权利消灭，所有权的负担除去的时候，则所有权自动恢复其圆满状态，即分离出去的权利仍然复归于所有权人，这称为所有权的弹力性。所有权的弹力性，为所有权权能的分离和他物权的发生提供了可能性。

5. 所有权具有永久性。所有权的永久性，是指所有权不得预定其存续期间。所有权除因标的物灭失、取得时效、所有人抛弃及其他法定事由而消灭外，可永久存续。

二、所有权的内容

所有权的内容，又称所有权的权能，是指财产所有人在法律规定的范围内，对其所有的财产可以行使的权能。所有权的权能包括积极权能和消极权能两个方面。《民法典》第 240 条规定："所有权人对自己的不动产或者动产，依法享有占有、使用、收益和处分的权利。"根据该规定，所有权的积极权能包括：占有、使用、收益、处分。除此之外，所有权尚有消极权能，即排除他人干涉、妨害的权能。

（一）所有权的积极权能

1. 占有权。占有权，是指对物的实际控制和管领的权利，它既是实际占有关系在法律上的表现，也是所有者对自己的财产进行生产消费、生活消费或投入流通的前提。财物可以由所有人自己占有，也可以由非所有人占有。所有人占有，是指所有人在事实上控制属于自己所有的财产，直接行使占有权能。例如，公民对自己所有的房屋、汽车、家具的占有，企业对自己所有的厂房、机器、产品的占有等。非所有人占有，是指由所有人以外的其他人对财物的事实上的控制。

2. 使用权。使用权，是指民事主体依照物的性能和用途对其加以利用，以满足生产或生活的某种需要的权利。它是所有权的一项独立权能。所有人可以在法律规定的范围内，依自己的意志使用其物。在大多数情况下，拥有所有权的目的正是对物加以利用，实现物的使用价值，满足人们的需要，如使用机器进行生产。使用权能一般是由所有人自己行使，也可以由非所有人行使。非所有人依照法律的规定或合同的约定使用他人财产，是合法使用。例如，国有企业使用国家授予其经营管理的国有资产，承租人依租赁合同使用租赁物，等等。非所有人无法律依据而使用他人财产为非法使用。例如，未经允许而居住他人房屋，未经批准在国家或集体所有的土地上进行建筑，等等，都是非法使用。

3. 收益权。收益权，是指民事主体通过合法途径获取基于财产而产生的经济利益的权利。这里所讲的经济利益，并不限于物的天然孳息和法定孳息，还包括在生产经营活动中的劳动收益和利润。

4. 处分权。处分权，是指所有人对其财产依法进行处置的权利。处分包括事实上的处分和法律上的处分。事实上的处分是指对物进行实质性的变形、改造或者毁损等物理上的事实行为，比如拆除房屋、消费可消耗物等。法律上的处分是指使标的物所有权发生转移、限制或者消灭，从而使所有权发生变动的法律行为，比如出卖、赠与标的物等。所以，处分权决定着财产的归属，它是所有权的核心，也是所有权区别于他物权的一个重要特征。

占有、使用、收益和处分四项权能，构成了完整的财产所有权的内容。财产所有人可以将这四项权能集于一身统一行使，也有权将这四项权能中的若干权能交由他人行使，即财产所有权的四项权能与财产所有人相分离。在社会生活中，财产所有人正是通过这四项权能与自己的不断分离和回复的方式，发挥财产的效益，来实现其生活和生产的特定目的。

（二）所有权的消极权能

所有权的消极权能，是指所有人享有的排除他人干涉、妨害的权利。它是实现所有权的各项积极权能的必要条件。我国《民法典》明文规定了所有权排除他人干涉、妨害的权能。根据此项权能，当所有人对其所有物行使占有、使用、收益、处分权能时，如遇他人之非法干涉与妨害，可以根据其受干涉、妨害的具体情况，请求排除妨碍、返还原物、恢复原状、赔偿损失。但所有人行使此项权能时，与行使其他权能一样，须受法律、社会公共利益的限制，对根据法律规定或出于社会公共利益的需要而对所有权行使的干涉、妨害，所有人不得排除。

消极权能的行使，须有他人非法干涉、妨害行为的存在，表现为在他人干涉、妨害时为维护所有权而被迫采取救济措施的被动行为。如无他人干涉、妨害，此项权能则处于不发动之停止状态。

三、所有权的限制

限制所有权的目的在于保护社会公共利益与他人的正当权益。自罗马法到《法国民法典》时代，所有权就一直被看成是绝对权，主张私有财产神圣不可侵犯，以致权利人滥用权利，以行使自己的所有权为由，妨害他人利益和社会公共利益的发展。从19世纪开始，随着社会本位思潮的兴起，世界各国均认识到，过分强调所有权排他性弊大于利，因此纷纷立法对其予以限制。这些立法中最著名的，是德国1919年《魏玛宪法》规定的"所有权承担义务、所有权的行使必须服务于公共利益"的原则。我国《民法典》第132条规定："民事主体不得滥用民事权利损害国家利益、社会公共利益或者他人合法权益。"

目前，"所有权负有义务"已经成为引导个人合理行使权利的公理性原则，其具体表现是以公法和私法的规范限制所有权。

（一）私法规范对所有权的限制

途径主要有：

1. 禁止权利滥用原则。当事人在行使权利时，必须实现个人利益、他人利益和社会公共利益的平衡，要将所有权的绝对权性质限制在社会利益所许可的范围内。例如，法律禁止流通之物，所有人不得随意转让；所有人出租财产不得违法收取高额租金；所有人不得将其财产用于违法犯罪活动；等等。

2. 设定他物权。所有人以在自己的所有物上设定的用益物权和担保物权来限制其所有权。

3. 行使所有权不得妨害相邻关系。例如，房屋所有人应本着有利生产、方便生活的原则，维护和照顾相邻方的合法权益，不得滥用权利，损害他方的利益。

4. 无过错责任。侵权法上的无过错责任要求没有过错的所有权人在一定条件下也要承担侵权责任。

5. 从主体角度对所有权进行的限制。例如，土地等部分资源类的物只能由国家或者集体享有，详见下文所有权的种类。

（二）公法规范对所有权的限制

关于公法对所有权的限制，主要包括所有权的征收、征用制度。

1. 征收。根据《民法典》第243条的规定，所谓征收，是指为了公共利益的需要，依照法律规定的权限和程序可以征收集体所有的土地和组织、个人的房屋及其他不动产。

征收集体所有的土地，应依法及时足额支付土地补偿费、安置补助费以及农村村民住宅、其他地上附着物和青苗的补偿费等费用，并安排被征地农民的社会保障费用，保障被征地农民的生活，维护被征地农民的合法权益。

征收组织、个人房屋及其他不动产，应当依法给予征收补偿，维护被征收人的合法权益；征收个人住宅的，还应当保障被征收人的居住条件。

任何组织或者个人不得贪污、挪用、私分、截留、拖欠征收补偿费等费用。

《民法典》第244条还规定，国家对耕地实行特殊保护，严格限制农用地转为建设用地，控制建设用地总量。不得违反法律规定的权限和程序征收集体所有的土地。

2. 征用。根据《民法典》第245条的规定，所谓征用，是指因抢险、救灾等紧急需要，依照法律规定的权限和程序可以征用组织、个人的动产或者不动产。被征用的不动产或者动产使用后，应当返还被征用人。组织、个人的不动产或者动产被征用或者征用后毁损、灭失的，应当给予补偿。《民法典》第117条规定，为了公共利益的需要，依照法律规定的权限和程序征收、征用不动产或者动产的，应当给予公平、合理的补偿。

从以上论述中可以看出，征用与征收的区别在于：①征用是针对集体、组织、个人财产的使用权，而征收则是针对被征收财产的所有权；②征用是为抢险、救灾等紧急需要，征收则是为公共利益需要；③征用的对象是不动产或动产，征收的对象是不动产。

第二节　所有权的取得和消灭

一、所有权的取得

（一）所有权取得的概念

财产所有权的取得，是指民事主体获得财产所有权的合法方式和根据。显然，财产所有权的取得必须是合法取得，否则，不受法律的承认与保护。

财产所有权的合法取得方式可分为原始取得和继受取得两种。

（二）原始取得

原始取得，是指根据法律规定，最初取得财产的所有权或不依赖于原所有人的意志而取得财产的所有权。原始取得的根据主要包括：

1. 生产和收益。生产是指人类通过劳动创造社会财富的过程。在所有权的取得方式中，生产和扩大再生产是其主要手段。收益是指民事主体通过合法途径取得的物质利益，包括天然孳息和法定孳息。

（1）孳息。所谓孳息，是指财产上产生的收益。孳息分为两种：天然孳息和法定孳息。所谓天然孳息，是指原物因自然规律而产生的，或者按物的用法而收获的物，如母鸡生蛋、树上结果。天然孳息可以是自然的，也可以是人工的（例如从羊身上剪下羊毛等）。但人工产生的物是指未对出产物进行改造加工的物，如进行加工改造（例如，将牛乳制成乳酪），就不是天然孳息。所谓法定孳息，是指根据法律的规定，依据法律关系所产生的收益，如存款的利息、出租房屋的租金。

在孳息的归属方面，我国《民法典》第321条作了明确规定，天然孳息，由所有权人取得；既有所有权人又有用益物权人的，由用益物权人取得。当事人另有约定的，按照其约定。法定孳息，当事人有约定的，按照约定取得；没有约定或者约定不明确的，按照交易习惯取得。原物所有权转移以后，对孳息的取得权也随之转移，物的原所有人无权请求新所有人返还物的孳息。

（2）利润。利润是指把物投入社会生产过程、流通过程所取得的利益。在现代化社会大生产的今天，孳息在物的收益中所占的份额是极为有限的，绝大多数收益则是指物的利润。由于现代社会生产力的提高，已经形成大规模的所有和占有。在经营规模扩大的条件下，所有者和具体的经营者是必须分开的。所有者不需要而且也不可能自己去直接占有、使用财产，他可以按照自己的意志把具体的占有和使用权能转让给他人。这样，所有者和经营者发生分离，必然会形成所有人和经营者在经济利益上的分化，这就必然使收益权显得特别突出。在大规模的生产活动中，所有人获得对物的收益，必然要通过物的价值形态变化，使固定资产和流动资金向商品资金转化，并将价值凝聚在新产品中。所有人最后通过交换分得的是产品价值中的投入资金价值部分和必要的利润。

2. 添附。添附是指民事主体把不同所有人的财产或劳动成果合并在一起，从而形成另一种新形态的财产，如果要恢复原状在事实上不可能或者在经济上不合理，在此情况下，则要确认该新财产的归属问题。

根据《民法典》第322条的规定，添附主要有混合、附合、加工三种方式。混合，是指不同所有人的财产互相混合，难以分开并形成新财产。例如，米与米混合。附合，是指不同所有人的财产密切结合在一起而形成新的财产，虽未达到混合程度，但非经拆毁不能恢复原来的状态。附合与混合的区别在于：在混合的情况下，已无法识别原各所有人的财产；在附合的情况下，则原各所有人的财产仍然能够识别。加工，是指一方使用他人的财产，将其加工改造为具有更高价值的财产，原物因为加工人的劳动而成为新物（加工物）。如在他人的木板上雕刻等。

根据我国司法实践，非所有人只有在取得所有人的同意之后，才能在他人的财产上从事添附行为，如果未取得他人的同意，故意在他人财产上从事添附行为，就构成对他人所有权的侵犯，行为人应承担恢复原状和赔偿损失的民事责任。《民法典》322条规定："因加工、附合、混合而产生的物的归属，有约定的，按照约定；

没有约定或者约定不明确的，依照法律规定；法律没有规定的，按照充分发挥物的效用以及保护无过错当事人的原则确定。因一方当事人的过错或者确定物的归属造成另一方当事人损害的，应当给予赔偿或者补偿。"一方从事添附行为时，虽然取得了另一方的同意，但双方并未就添附后财产的归属达成协议的，也可以通过协商，将新物归原财产价值较大的一方所有，原财产价值较小的一方应取得与其财产价值相当的补偿。如果加工价值显然大于原物的价值，新物也可以归加工人所有，但加工人应对原财产所有人按其财产价值给予补偿。

3. 善意取得。善意取得又称即时取得，是指无权处分他人财产的占有人，在将其不法占有的他人不动产或者动产让与第三人后，如果受让人在取得该不动产或者动产时出于善意，原不动产或动产所有人不得要求受让人返还。

善意取得是物权公信原则的具体体现，是牺牲原权利人的权利而保护交易安全的制度，法律严格限制其构成要件。根据《民法典》第311条规定和我国司法实践，善意取得的构成要件包括以下四个方面：

（1）客观要件，即无权处分他人动产或不动产。在理解和把握客观要件时，要注意以下三个方面：①无权处分既包括没有处分权的情形，如承租人、保管人、借用人等对其占有的标的物没有处分权；也包括处分权不足的情形，如夫妻一方未经他方同意而处分夫妻共有的房屋。②遗失物、盗赃物等占有脱离物原则上不适用善意取得。③如果当事人是有权处分的，排除善意取得的适用。

（2）主观要件，即受让人受让该不动产或者动产时是善意的。在理解和把握主观要件时，要注意以下两个方面：①"善意"，是指受让人不知道转让人无处分权，且无重大过失。对受让人有无重大过失的判定，应当从不动产和动产两个方面来把握：真实权利人有证据证明不动产受让人无处分权的，应当认定受让人有重大过失；受让人受让动产时，交易的对象、场所或者时机等不符合交易习惯的，应当认定受让人具有重大过失。②判断受让人是否善意的时间点是依法完成不动产物权转移登记或者动产物权交付之时。

（3）价格要件，即以合理的价格有偿转让。在理解和把握价格要件时，要注意以下三个方面：①所谓"合理的价格"，应当根据转让标的物的性质、数量以及价款方式等具体情况，参考转让时交易地市场价格以及交易习惯等因素综合认定。②无偿转让财产的，不适用善意取得。③合同约定价格合理即可，受让人无需已经实际支付全额价款。

（4）法律要件，即完成了法定的公示方法，不动产完成登记或动产完成交付。在理解和把握法律要件时，要注意以下三个方面：①不动产完成登记，是指法律规定的相关权利登记部门依照法律、法规规定的登记程序，已经完成相关登记行为。②动产交付，可以现实交付，也可以简易交付或指示交付，但不得是占有改变。③机动车等特殊动产的善意取得，以交付为法定公示方式。

4. 拾得遗失物。所谓遗失物，是指非基于动产所有人的意志而遗忘于某处，丧失占有的物。遗失物只能是动产，不动产不存在遗失问题。遗失物也不是无主财产。拾得是指发现并实际占有遗失物，发现和占有两个因素缺一不可。拾得遗失物属于法律事实中的事实行为，不以拾得人有行为能力为构成要件。根据《民法典》的有关规定，拾得遗失物有以下法律效果：

（1）拾得人的义务。①通知义务。根据《民法典》第314条、第315条的规定，拾得遗失物应当返还权利人。拾得人应当及时通知权利人领取，或者送交公安等有关部门。有关部门收到遗失物，知道权利人的，应当及时通知其领取；不知道的，应当及时发布招领公告。②保管义务。《民法典》第316条规定，拾得人在遗失物送交有关部门前，有关部门在遗失物被领取前，应当妥善保管遗失物。因故意或重大过失致使遗失物毁损、灭失的，应当承担民事责任。③返还义务。拾得人拾得遗失物，不能取得遗失物所有权，拾得人应当返还遗失物给权利人。遗失物权利人享有遗失物返还请求权。

（2）拾得人的权利。①费用偿还请求权。拾得人、有关机关为保管遗失物所支付的必要费用，应当由失主偿还。《民法典》第317条第1款规定："权利人领取遗失物时，应当向拾得人或者有关部门支付保管遗失物等支出的必要费用。"②报酬请求权。拾得人返还遗失物的，没有法定的报酬请求权。由此可见，拾得人并不当然享有报酬请求权，只有在权利人悬赏寻找遗失物的情形下，在权利人领取遗失物时，拾得人（不包括有关机关）有权要求权利人支付承诺的报酬。《民法典》第317条第2款规定："权利人悬赏寻找遗失物的，领取遗失物时应当按照承诺履行义务。"如果权利人拒绝支付悬赏报酬，拾得人无权留置遗失物。

值得注意的是，拾得人有侵占遗失物行为的，同时丧失必要费用和悬赏报酬请求权。《民法典》第317条第3款规定："拾得人侵占遗失物的，无权请求保管遗失物等支出的费用，也无权请求权利人按照承诺履行义务。"

（3）处分遗失物的效力。根据《民法典》第312条的规定，可以从以下三个方面来理解处分遗失物的法律效力：①遗失物原则上不适用善意取得，所有权人或者其他权利人有权追回遗失物。②该遗失物通过转让被他人占有的，所有权享有选择权，一是向无处分权人请求损害赔偿；二是在知道或者应该知道受让人之日起2年内向受让人请求返还原物。2年内未主张返还的，原权利人所有权消灭，遗失物被例外地善意取得。③受让人通过正规渠道购得该遗失物的，交易安全保护的价值不能忽略。即受让人通过拍卖或者向有经营资格的经营者购得该遗失物的，权利人请求返还原物时应当支付受让人所付的费用。权利人向受让人支付所付费用后，有权向无处分权人追偿。

（4）遗失物的公告期间。《民法典》第318条规定，如果遗失物经公安机关或有关机关发布招领公告之日起1年内无人认领的，收归国有。此时，国家取得遗失物的所有权。

5. 漂流物、埋藏物、隐藏物。所谓漂流物，是指所有人不明，漂流于江、河、湖、海、溪、沟上的物品。所谓埋藏物，是指包藏于他物之中，不容易从外部发现的物。所谓隐藏物，是指放置在隐蔽的场所，不易被发现的物。埋藏物、隐藏物并非无主物，只是所有权暂时不能判明。需要注意的是，具有历史、艺术和科学价值的文物，是国家所有的财产，并不是所有人不明的物。

对于埋藏物、隐藏物，如果发现人能够证明其合法的所有权或者继承权，且根据现行法律、政策也允许由其所有时，可以归其所有。所有人不明的埋藏物与隐藏物归国家所有。

《民法典》第319条规定，拾得漂流物、发现埋藏物或隐藏物的，参照适用拾得遗失物的有关规定。法律另有规定的，依照其规定。

6. 国家强制取得所有权。国家从社会的公共利益出发，凭借其依法享有的公共权力，可以不依赖原所有人的意志，采用国有化、没收、征税等强制手段取得财产所有权。国家取得所有权的这些方法，虽然具有不同的性质，但它们有一个共同特征：都具有不依赖原所有人意志的强制性，都不是按平等、自愿的原则取得所有权，因而都属于所有权的原始取得。

（1）国有化。国有化是国家颁布法令将属于私人所有或社会组织所有的财产强制收归国有的一种措施。任何一个主权国家都有权采取这种措施。新中国成立以后，我国颁布了《企业中公股公产清理办法》的国有化法令，凡属法令规定范围内的财产都将属于国有。对被国有化的外国法人和自然人的财产，国家有权不予补偿，或者给予"适当的"或"合理的"补偿。

（2）没收。没收是指依据法律规定，强制将财产收归国有的一种措施。根据我国现行刑法和有关行政法规，没收是刑法和行政法中的一种法律责任形式。对于当事人的违法犯罪行为，司法机关和有关行政机关有权通过一定程序，将其非法所得的财产收归国有。

（3）征税。征税是指国家参与社会产品分配和再分配的重要手段，税收收入是国家财政收入的最重要来源，税收具有强制性、固定性和无偿性。没有税收，国家机器就不能有效运转，公共物品也不能有效供给，国家也难以存续。

（三）所有权的继受取得

所有权的继受取得，是指以原所有人的权利为依据，通过权利转移的方式而取得所有权，又称传来取得。这种取得方式，意味着原所有人的所有权基于一定的法律事实转归新的所有人，亦即所有权的转移。所有权继受取得的方法主要包括买卖、互易、接受赠与、接受继承和遗赠。

二、所有权的消灭

所有权的消灭又称所有权的丧失，是指所有人的所有权基于一定的法律事实或法律行为而不复存在。在绝大多数情况下，所有权的消灭是所有人行使所有权的结果，但是所有权也可因所有人意志以外的其他法律事实的出现而消灭。

根据引起所有权消灭的法律事实的不同，可以将所有权的消灭分为以下几种情况：

1. 所有权的客体消灭。作为所有权客体的物被所有人消费掉，或是由于自然灾害或第三人的过错而灭失时，所有人对该物的所有权自然归于消灭。

2. 所有权的主体消灭。所谓主体消灭，是指自然人死亡（包括宣告死亡）和法人终止两种情况。不过在大多数情况下，原所有权主体的消灭，会有新所有权主体来代替。例如，自然人死亡后，继承即宣告开始，继承人可取得被继承人遗产的所有权。

3. 所有权因转让而消灭。所有权的转让是指按照法律规定，依照所有权人的意志将权利转移给他人。这种转让对原所有人来说，即产生所有权消灭的结果，但对受让人来说则因此而取得该物的所有权。

4. 所有权因抛弃而消灭。所有权的抛弃有两种情况：①抛弃享有的权利；②抛弃已有的物。所有人抛弃其财产后，即丧失对财产的所有权。

5. 所有权依强制措施而消灭。这里的强制措施在性质上既可以是行政行为，也可以是司法行为。例如，国家因公共利益需要而对所有人的土地、房屋予以征用、拆迁均可导致原所有人所有权的消灭。

三、所有权的民法保护

根据所有人在其所有权受到侵害以后提起的诉讼或请求的内容不同，可以将保护所有权的民法方法分为如下几种：

（一）请求确认所有权

确认所有权，就是指因所有权归属不清而发生争执时，当事人可以向人民法院提起诉讼，请求确认所有权。确认所有权只能由当事人向人民法院提出，并通过民事诉讼程序解决。

确认所有权是民法保护所有权的一种独立的方法，并且是其他保护方法的前提。在司法实践中，人民法院审理侵犯所有权的案件，首先应该明确所有权的归属，然后才能根据所有权受侵犯的情况，采取其他的保护方法。

（二）请求返还原物

请求返还原物，是指所有人在其所有物被他人非法占有时，可以依法请求不法占有人返还原物，或请求人民法院责令不法占有人承担返还原物的责任。非法占有有两种情况：①无权占有所有物。如甲的房屋被乙租用，租期届满后，乙不返还承租的房屋。②非法侵占。如甲抢夺乙的财产据为己有。所有人请求返还原物，必须原物依然存在。如果原物已经灭失，返还原物客观上已经不可能，所有人就只能要求赔偿损失，而不能要求返还原物。

（三）请求排除妨害

请求排除妨害，是指所有人在其所有物遭受损害和其所有权的行使遭受妨害时，可以请求不法侵害人排除妨害，或请求人民法院责令侵害人排除妨害。需要注意的是，无论妨害人的妨害行为是出于故意，还是出于过失，均不影响所有人提出请求。

但请求排除的妨害行为必须是非法的，如果妨害行为是合法的，即正当行使权利的行为，如从邻居的土地上通行，则"妨害人"可以拒绝所有人的请求。

行使排除妨害和返还原物请求权的条件是不同的，二者间主要区别在于：在请求排除妨害的情况下，所有人一般没有丧失对所有物的占有；在请求返还原物的情况下，所有人已丧失对所有物的占有。

（四）请求停止侵害

请求停止侵害，是指所有人在其财产直接受到他人的不法侵害时，有权要求侵害人停止正在进行的侵害，或请求人民法院责令侵害人停止侵害。如果侵害行为并没有直接造成对所有人财产的损害，或者虽然造成了损害，但是侵害行为已经终止，则所有人不能请求停止侵害，而只能提出其他请求。

（五）请求恢复原状

请求恢复原状，是指所有人的财产被他人非法侵害而遭到损坏时，如果能够修理，则所有人有权要求加害人通过修理恢复财产原来的状态。加害人不修理时，所有人有权请求法院责令加害人恢复原状。恢复原状一般是通过修理的方法，使遭受损害的财产在价值和使用价值上与原来的状态大体相等，而无法使财产在内容和形式上与以前的状况完全一致。恢复原状不仅要在实际上可能，而且要在经济上合理，否则就不应该采取这种方法。

（六）赔偿损失

请求赔偿损失，是指所有人的财产遭受他人的不法侵害，致使财产损坏不能修复，或者原物已经灭失，不能返还的，所有人可以请求不法侵害人赔偿损失，亦可请求人民法院责令侵害人赔偿损失。通过恢复原状、返还原物等方法不足以补偿所有人的损失时，所有人在请求恢复原状、返还原物的同时，可以请求侵害人赔偿损失。

在以上六种方法中，前五种方法属于物权的保护方法，后一种是债权的保护方法。以上几种方法可以同时采用，也可以只适用其中一种。《民法典》第 239 条规定："本章规定的物权保护方式，可以单独适用，也可以根据权利被侵害的情形合并适用。"因此，在责令加害人承担民事责任以后，根据具体情况，还可以追究加害人的行政或刑事责任。

第三节　所有权的种类

所有权的种类就是指所有权的不同类型，其是所有制形式的反映。我国公有制为主体、多种所有制经济共同发展的基本经济制度，决定了我国所有权的形式主要有国家所有权、集体所有权、私人所有权和其他主体所有权等四种形式。

一、国家所有权

国家所有权是指国家对全民所有的财产进行占有、使用、收益、处分的权利。

对于国家所有权，应注意把握以下几点：

1. 国家所有权的主体。中华人民共和国是国家所有权的唯一主体。国家是国有财产的唯一所有人，凡属国家所有的财产，不论在什么地方，在谁手里掌管，都属于国家所有即全民所有。因此，从中央到地方的各级政府主管机关、国有企事业单位对国有财产享有的权利都是派生的和从属的，其取得要依赖于国家的授权。因此，在国家所有权的结构中，所有权权利主体的唯一性是和占有主体的多元性是密切结合在一起的。

2. 国家所有权的客体。国家所有权的客体具有广泛性，但集体组织、个人所有的财产，非经法定程序，国家不可以任意取得。根据《民法典》第 246~254 条的规定，国有财产可分为以下几类：

（1）矿藏、水流、海域属于国家所有；

（2）无居民海岛属于国家所有，国务院代表国家行使无居民海岛所有权；

（3）城市的土地，属于国家所有，法律规定属于国家所有的农村和城市郊区的土地，属于国家所有；

（4）森林、山岭、草原、荒地、滩涂等自然资源，属于国家所有，但法律规定属于集体所有的除外；

（5）法律规定属于国家所有的野生动植物资源，属于国家所有；

（6）无线电频谱资源属于国家所有；

（7）法律规定属于国家所有的文物，属于国家所有；

（8）国防资产属于国家所有。

铁路、公路、电力设施、电信设施和油气管道等基础设施，依照法律规定为国家所有的，属于国家所有。

应当指出的是，有些财产只能作为国家所有权的客体，如矿藏、水流、海域、城市市区的土地、国防资产、无线电频谱资源等。法律规定专属于国家所有的动产和不动产，任何单位或者个人不能取得其所有权。

有些财产既可以属于国家所有，也可以属于集体所有，如森林、草原、山岭、荒地、滩涂、野生动植物等自然资源；有的还可以属于私人所有，具体情况应依照法律的规定。

3. 国家所有权的行使。《民法典》第 246 条第 2 款规定："国有财产由国务院代表国家行使所有权。法律另有规定的，依照其规定。"因此，原则上，国有财产由国务院代表国家行使所有权，法律另有规定的依照其规定。

（1）国家机关对其直接支配的动产和不动产，享有占有、使用以及依照法律和国务院的有关规定处分的权利。

（2）国家举办的事业单位对其直接支配的动产和不动产，享有占有、使用以及依照法律和国务院的有关规定收益、处分的权利。

（3）国家出资的企业，由国务院、地方人民政府依照法律、行政法规规定分别代表国家履行出资人职责，享有出资人权益。

（4）履行国家财产管理、监督职责的机构及其工作人员，应当依法加强对国有财产的管理、监督，促进国有财产保值增值，防止国有财产损失。

需要注意的是，对于国有财产，国家机关没有收益的权利，国有事业单位则有收益的权利；就国家出资的企业而言，国家不是所有权人而是出资人，享有的不是所有权而是股权。

4. 国家所有权的保护。国家所有的财产受法律保护，禁止任何组织或者个人侵占、哄抢、私分、截留、破坏。履行国家财产管理、监督职责的机构及其工作人员，滥用职权，玩忽职守，造成国有财产损失的，应当依法承担法律责任。违反国有财产管理规定，在企业改制、合并分立、关联交易等过程中，低价转让、合谋私分、擅自担保或者以其他方式造成国有财产损失的，应当依法承担法律责任。

二、集体所有权

集体所有权是集体组织对其所有的财产依法享有的占有、使用、收益和处分的权利。对于集体所有权，应注意把握以下几点：

1. 集体所有权的主体。集体所有权的最大特点在于其主体是各个集体组织，既包括农村集体组织，也包括城镇集体组织。在我国，集体组织是具有法人资格的主体。在法律上，集体所有的财产和集体组织成员的个人财产是分开的。集体组织的某个成员或某部分成员都不能成为集体所有权的主体。

就农村集体组织而言，我国农民集体所有的土地、森林等自然资源三级所有，当前主要表现为村民小组、村集体、乡镇集体三级所有。就城镇集体组织而言，主要指各种集体所有制企业。

（1）集体所有权的主体主要是农村集体组织，也包括城镇集体企业和合作社集体组织。农民集体所有的物，属于本集体成员集体所有。

（2）集体所有权属于集体组织，其成员个人不是集体组织财产的所有人，对集体组织的财产无处分权。城镇集体所有的物，依法由本集体享有占有、使用、收益、处分权。

2. 集体所有权的客体。集体所有权客体具有广泛性和限定性。根据《民法典》第260条的规定，集体所有的动产和不动产包括：

（1）法律规定属于集体所有的土地和森林、山岭、草原、荒地、滩涂。

（2）集体所有的建筑物、生产设施、农田水利设施。

（3）集体所有的教育、科学、文化、卫生、体育等设施。

（4）集体所有的其他不动产和动产。

3. 集体所有权的行使。集体所有权由该集体组织享有，但由于集体组织是由众多成员组成的，不可能由每个成员亲自行使所有权，这就需要一个机构来代表该集体组织行使所有权。根据《民法典》第262条的规定，农民集体所有权的行使规则可以概括如下：

（1）属于村农民集体所有的，由村集体经济组织或者村民委员会依法代表村集体行使所有权。

（2）分别属于村内两个以上农民集体所有的，由村内各该集体经济组织或者村民小组依法代表集体行使所有权。

（3）属于乡镇农民集体所有的，由乡镇集体经济组织代表集体行使所有权。

那么，代表集体组织行使集体所有权的机构，在实际行使所有权的过程中，权限如何？哪些事项可以由代表机构直接决定？哪些事项必须由集体组织全体成员讨论决定？对此，《民法典》第261条规定，下列事项应当依照法定程序经本集体成员决定：①土地承包方案以及将土地发包给本集体以外的单位或者个人承包；②个别土地承包经营权人之间承包地的调整；③土地补偿费等费用的使用、分配办法；④集体出资的企业的所有权变动等事项；⑤法律规定的其他事项。

4. 集体所有权的保护。《民法典》第265条规定，集体所有的财产受法律保护，禁止任何组织或者个人侵占、哄抢、私分、破坏。农村集体经济组织、村民委员会或者其负责人作出的决定侵害集体成员合法权益的，受侵害的集体成员可以请求人民法院予以撤销。

保护集体所有的财产不受侵害的有效手段，就是及时公开集体财产状况。为此，《民法典》第264条规定，农村集体经济组织或者村民委员会、村民小组应当依照法律、行政法规以及章程、村规民约向本集体成员公布集体财产的状况。集体成员有权查阅、复制相关资料。

三、私人所有权

私人所有权是自然人对其财产依法享有的占有、使用、收益和处分的权利。私人所有权也受到法律的平等保护。根据《民法典》第266条的规定，自然人财产所有权的客体主要包括合法收入、房屋、生活用品、生产工具、原材料等不动产和动产所有权。

私人在法律规定的范围内行使其生产资料所有权，从事正当的生产经营活动，或利用其生活资料满足个人的需要，都受法律的保护。对于各种非法摊派和收费，公民有权予以拒绝。私人在其所有权受到侵犯时，有权要求侵权行为人停止侵害、返还财产、排除妨害、恢复原状、赔偿损失，或依法向人民法院提起诉讼。但在行使自己的权利时，应遵守以下原则：

1. 私人行使所有权时，不得损害其他人的合法权利，不得违反社会公共利益，不得违背社会公德，不得扰乱社会经济秩序。

2. 私人在行使所有权时，应当遵守有关的法律规定。对流通时需办理特定手续的财产，必须依法履行特定程序。例如出卖私有房屋，必须到有关机关办理过户登记手续，合同方有效。

3. 私人行使所有权时，应当尊重社会习惯，注意照顾相邻方的合法权益。

四、其他主体的所有权

1. 营利法人对其不动产和动产依照法律、行政法规以及章程享有占有、使用、收益和处分的权利。营利法人以外的法人，对其不动产和动产的权利，适用有关法律、行政法规以及章程的规定。

2. 社会团体法人、捐助法人依法所有的不动产和动产，受法律保护。宗教团体作为社会团体的一种，依法享有财产所有权。根据有关政策规定，宗教团体的房屋和其他财产属于宗教团体所有，教会人员、僧尼、道士等一般只有使用权，而无权出卖、抵押或相互赠送的权利。法律保护各类社会团体的财产所有权，对于切实贯彻党和国家的各项政策包括宗教政策，发展我国的科学文化教育事业，促进国家的安定团结，发展国际的交往等，都是十分必要的。

第四节　建筑物区分所有权

一、建筑物区分所有权的概念及法律特征

（一）建筑物区分所有的由来

在现代社会，城市人口的急剧增加，对住房需求的不断增长和城市土地面积的有限性，都促使建筑物不断向多层、高空发展。一栋建筑物常常被分割为许多独立的部分而为众多的主体所分别所有，此种现象即是建筑物区分所有。

建筑物区分所有制度在德国法上称为"住宅所有权"，瑞士法称为"楼层所有权"，英美法称为"公寓所有权"。我国台湾地区称为"区分所有权"，我国内地学者一般采纳"建筑物区分所有权"概念。《民法典》第六章确立了建筑物区分所有制度，从而完善了我国不动产法律制度。

（二）建筑物区分所有权的概念及法律特征

建筑物区分所有权，是指业主享有的对区分所有建筑物的专有部分所有权、共有部分的共有权以及因共有关系所产生的成员权所组成的一种复合所有权。由于我国法律采纳了"地随房走"的规则，因而一般认为建筑物区分所有权包括了土地使用权。建筑物区分所有权具有如下法律特征：

1. 权利内容的复合性。建筑物区分所有权，由业主对专有部分的所有权、对共有部分的共有权以及因共有关系所产生的成员权构成，具有复合性。这种复合性决定了在适用法律时除涉及《民法典》第六章的专门规定外，还涉及所有权、共有以及民事主体的相关内容。在建筑物区分所有权的三项权利中，专有所有权具有主导性。主要表现在：①专有所有权是基本权利，共有部分的共有权和成员权都以对专有部分的专有权为基础。②专有所有权的大小决定共有所有权和成员权的大小。③在区分所有权的登记上，只登记专有所有权，共有所有权和成员权不需单独登记。④专有所有权、共有所有权、成员权这三部分权利具有一体性，不可分离。

2. 权利主体身份的多重性。与建筑物区分所有权在内容上的复合性相关，建筑

物区分所有权人，既是专有部分的专有所有权人，又是共有部分的共有所有权人，还是业主大会的团体成员。

3. 权利客体的多样性。建筑物区分所有权的客体因组成部分不同而不尽相同。单独所有权的客体是建筑物的专有部分，共有权的客体是建筑物的共有部分，成员权的客体是业主大会的成员资格。区分所就是要确认每个单独所有人对其专有部分享有所有权，同时享有完全的法律上的处分权，可以对该部分通过赠与、买卖或其他方式予以转让，而无须征得其他区分所有权人的同意。

业主在建筑物区分所有权理论中被称为建筑物区分所有权人，是《民法典》第六章中的基础性概念之一，明确业主身份的界定标准，对贯彻执行《民法典》第六章的规定具有重要意义。2009 年 5 月 14 日，最高人民法院公布了《最高人民法院关于审理建筑物区分所有权纠纷案件具体应用法律若干问题的解释》（以下简称《建筑物区分所有权司法解释》），该解释第 1 条第 1 款确定依法登记取得或者依据生效法律文书、继承或者受遗赠，以及合法建造房屋等事实行为取得专有部分所有权的人，应当认定为《民法典》第六章所称的业主。

二、建筑物区分所有权的内容

建筑物区分所有权的内容，是指建筑物区分所有权人对专有部分和共有部分所享有的占有、使用、收益和处分的权利，以及作为共有部分管理团体的成员而享有的权利。

（一）对专有部分的专有所有权

1. 概念。所谓专有部分，是指具有构造上及使用上的独立性，并能够成为区分所有权客体的部分。专有部分通常是在将建筑物分割为各个部分的基础上形成的，是各个区分所有人所单独享有的所有权客体。构成建筑物的专有部分，必须具备以下三个条件：①需要有构造上的独立性；②需要有利用上的独立性；③需要能够登记为特定业主所有权的客体。

2. 业主对专有部分的权利。业主对其专有部分享有单独所有权。专有部分的所有权在性质上与一般所有权并无本质区分，所以，根据《民法典》第 272 条的规定，业主即权利人可以行使完全的占有、使用、收益与处分权。专有部分既然归业主所有，其修缮、管理和维护自应由业主负责，相关费用自然也应由业主承担。

3. 对业主专有部分权利的限制。①业主在占有、使用、收益、处分其专有所有权时，不得危及建筑物的安全，不得损害其他业主的合法权益。②业主欲将住宅改为经营性住房的，需要遵守法律、行政法规和管理规约的要求，包括经营项目限制、审批程序限制等。除此之外，应当经本栋建筑物内的其他业主以及房屋改变用途将影响其权利和合法权益的本栋建筑物之外的其他有利害关系的业主的同意。有利害关系的业主反对住宅商用的，无需说明理由；业主不得以未实际影响其他利害关系业主而进行抗辩。未经有利害关系的业主同意，违反法律、法规或者管理规约，将住宅改变为经营性用房的，有利害关系的业主可以主张排除妨害、消除危险、恢复原状，受损害的业主还可以请求损害赔偿。

4. 关于专有部分所有人之间的相互关系。专有部分所有人对其专有部分享有完全的占有、使用、收益和处分权，某一专有权人在出售其专有部分时，其他权利人不享有优先购买权。但是，由于多个专有部分在构造上相互关联，使用上形成密切的相邻关系，各个专有部分所有人也形成了一定的共同利益，任何专有部分所有人在行使权利时，都要考虑到全体区分所有权人的共同利益，不得滥用其专有部分所有权，损害其他所有人的利益。例如，就专有部分的改良、使用，足以影响区分所有建筑物的安全时，不得自行为之。再如，就专有部分为保存、改良或管理的必要时，有权使用他人的专有部分。专有部分的所有权人滥用其专有部分所有权的，受害人可要求其停止侵害、排除妨碍、恢复原状、赔偿损失。

（二）对共有部分的共有所有权

1. 概念。所谓共有部分，是指区分所有人所拥有的单独所有部分以外的建筑物其他部分。对共有部分享有的权利称为共有权。在共有范围上，共有部分有法定共用部分、天然共有部分和约定共用部分。主要包括三个方面：①建筑物的基本构造部分，例如支柱、屋顶、外墙、地下室等。②建筑物的共有部分及附属物，例如楼梯、消防设备、走廊、水塔、自来水管道、小区内的道路和绿化，以及其他公共场所、公用设施和物业服务用房等。③仅为部分区分所有人共有的部分，例如各层楼之间的楼板，仅属于相邻部分的所有人共有。在某些情况下，区别共有部分归全体区分所有人共有还是部分区分所有人共有，对确定维护和修缮等义务有着重要意义。

法定共用是性质上属于业主共同使用的部分和属于维持建筑物本身牢固安全与完整的部分，即区分所有建筑物在物质或构造上当然共用的部分，如门厅、走廊等。天然共有部分即法律没有规定，合同也没有约定，而且一般也不具备登记条件，但从其属性上天然属于共有的部分，包括建筑物的基本结构部分、公共通行部分、公共设施设备部分和公共空间等。《建筑物区分所有权司法解释》第 3 条第 1 款第 1 项对天然共有部分作出了规定。其中明确列举外墙、屋顶、通道等属于共有部分，是为了便于解决审判实践中的纠纷。当然，独栋别墅外墙的归属，应当属于独栋别墅的所有权人。约定共用部分是对那些在构造、利用上具有独立性的建筑物、设施，由业主约定为共用的部分。除法定共有部分、天然共有部分外，其他不属于业主专有部分，也不属于市政公用部分或者其他权利人所有的场所及设施，就属于约定共有部分。因共有部分很难通过列举的方法予以穷尽，按照"非特定权利人所有即为业主共有"的思路，《建筑物区分所有权司法解释》第 3 条第 1 款第 2 项作出了兜底性的规定。

需要注意的是，专有部分和共有部分的区分并非绝对，建筑物区分所有权人可以约定某专有部分供大家共用，比如约定将某专有部分作为会议室、游戏室等；也可以约定某共有部分由某人专有，比如约定某车库归某人专享，甚至由建筑物区分所有权人以外的其他人使用，如允许商家在外墙面设置广告牌。

2. 业主对共有部分的权利。建筑物的共有部分为相关区分所有人所共有，共有部分财产不能单独转让、抵押、出租；业主转让其专有部分所有权的，其对共有部分享有的共有和共同管理的权利一并转让。

建筑物区分所有权人对共有部分所享有的权利可以分为约定和法定两大类。一般情况下，区分所有人对共有部分所享有的权利大都是法定的，但在特殊情况下，也可以依约定产生。一旦区分所有人作出了特别约定，则此种约定优先于法律规定而适用。

建筑物及其附属设施的管理。业主可以自行管理建筑物及其附属设施，也可以委托物业服务企业或者其他管理人管理。对建设单位聘请的物业服务企业或者其他管理人，业主有权依法更换。

车位、车库的归属及管理、使用。《民法典》第 275 条、276 条规定，建筑区划内，规划用于停放汽车的车位、车库的归属，由当事人通过出售、附赠或者出租等方式约定。占用业主共有的道路或者其他场地用于停放汽车的车位，属于业主共有。建筑区划内，规划用于停放汽车的车位、车库应当首先满足业主的需要。

维修资金的归属及使用。《民法典》第 281 条规定，建筑物及其附属设施的维修资金，属于全体业主共有。经业主共同决定，可以用于电梯、屋顶、外墙、无障碍设施等共有部分的维修、更新和改造。维修资金的筹集、使用情况应当定期公布。紧急情况下需要维修建筑物及其附属设施的，业主大会或者业主委员会可以依法申请使用建筑物及其附属设施的维修资金。

费用分摊和收益分配。《民法典》第 282 条、283 条规定，建筑物及其附属设施的费用分摊、收益分配等事项，全体业主有约定的，按照约定处理；没有约定或约定不明确的，按照业主专有部分占建筑物总面积的比例确定。建设单位、物业服务企业等利用业主的共有部分产生的收入，在扣除合理成本之后，属于业主共有。

3. 对业主共有部分权利的限制。业主在行使其共有部分所有权时，不得妨碍其他共有人的正常使用，比如未经其他共有人同意，部分业主不得擅自开发利用共有地下空间，否则其他业主可以主张恢复原状。具体而言，业主对共有部分的事实处分，应当与其他业主通过业主大会等形式共同行使；就其法律上的处分而言，业主不得独立于专有部分的处分而单独处分其共有部分。

建筑物区分所有权人对共有部分享有权利的同时，也对共有部分负有管理、修缮的义务，不得以放弃权利为由不履行义务。共有部分在保修期满需要维修的，业主可以自行维修，也可以委托他人维修。

（三）成员权

成员权，是指业主根据共有部分的构造、权利归属以及使用上的密切联系等因素而享有的作为共有部分管理团体的成员的权利。业主的成员权是团体法上的权利，并不属于财产权，与业主的专有所有权以及共有所有权均不相同。而且，只要建筑物存在，成员权就存在。区分所有权人成员权包括表决权、选举权和被选举权、建议权、监督权等。

成员权通过业主大会行使，业主大会选举产生业主委员会。业主大会和业主委员会成员可以就具体事项进行表决。《民法典》第286条第2款规定，业主大会或者业主委员会，对任意弃置垃圾、排放污染物或者噪声、违反规定饲养动物、违章搭建、侵占通道、拒付物业费等损害他人合法权益的行为，有权依照法律、法规以及管理规约，请求行为人停止侵害、排除妨碍、消除危险、恢复原状、赔偿损失。业主大会或者业主委员会的决定，对业主具有约束力。业主大会或者业主委员会作出的决定侵害业主合法权益的，受侵害的业主可以请求人民法院予以撤销。

对于业主实施的违反法律法规或管理规约的行为，业主大会及业主委员会有权进行事实处置，但原则上不得以自己的名义提起诉讼。如果建设单位或者其他业主的不法行为侵害特定业主的合法权益的，该业主可以依法向人民法院提起诉讼。

业主的共同事务可以分为特别事务和一般事务，对于不同事务，要求不同比例表决权的同意。根据《民法典》第278条第1款的规定，下列事项由业主共同决定：①制定和修改业主大会议事规则；②制定和修改管理规约；③选举业主委员会或者更换业主委员会成员；④选聘和解聘物业服务企业或者其他管理人；⑤使用建筑物及其附属设施的维修资金；⑥筹集建筑物及其附属设施的维修资金；⑦改建、重建建筑物及其附属设施；⑧改变共有部分的用途或利用共有部分从事经营活动；⑨有关共有和共同管理权利的其他重大事项。根据《民法典》第278条第2款的规定，业主共同决定事项，须经专有部分占建筑物总面积2/3以上的业主且占总人数2/3以上的业主参与表决。决定第⑥至第⑧事项，应当经参与表决专有部分面积3/4以上的业主且参与表决人数3/4以上的业主同意。决定以上其他事项，应当经参与表决专有部分面积过半数的业主且参与表决人数过半数的业主同意。

第五节　共　有

一、共有的概念和特征

（一）共有的概念

共有是指某项财产由两个或两个以上的组织、个人享有所有权。换言之，在共有中，两个或两个以上的共有人对同一物分享同一个所有权，其权利义务及于共有物的整体。

共有的权利主体称为共有人，客体称为共有财产或共有物，各共有人之间因财产共有而形成的权利义务关系称为共有关系。

对于共有的形式，《民法典》第297条确认了两种，即按份共有和共同共有。

（二）共有的法律特征

共有具有以下法律特征：

1. 共有的主体是两个或两个以上的组织、个人。也就是说，共有的主体不是一个人或一个组织，而是多个人或多个组织。多个主体共有一物，并不是说共有是多个所有权。在法律上，共有财产只有一个所有权，且由多人或多个组织享有该所有权。

2. 共有的客体即共有物是特定的，它可以是独立物，也可以是集合物（如夫妻共同财产）。共有物在共有关系存续期间不能分割，不能由各个共有人分别对共有物的某一部分享有所有权，每个共有人的权利及于整个共有财产，因此共有不是分别所有。

3. 在内容方面，共有人对共有物按照各自的份额享有权利并承担义务，或者平等地享有权利、承担义务。但是，共有人对于自己权利的行使，并不是完全独立的，在许多情况下要体现全体共有人的意志，要受其他共有人的利益的制约。

二、按份共有

（一）按份共有的概念和特征

按份共有，是指两个或两个以上的共有人按照各自的份额分别对共有财产享有权利、承担义务的一种共有关系。《民法典》第 298 条规定："按份共有人对共有的不动产或者动产按照其份额享有所有权。"

在按份共有中，各共有人对共有物享有不同的份额。各共有人的份额，又称应有份，其具体数额一般是由共有人的意志决定的。例如，按出资比例决定各自的份额。法律要求共有人在共有关系产生时明确各自的份额，如果各共有人的份额不明确，则推定其份额均等。在按份共有中，每个共有人对共有财产享有的权利和承担的义务，是依据其不同的份额确定的。共有人的份额决定了其权利义务的范围，共有人对共有物持有多大的份额，就对共有物享有多大权利和承担多大义务，份额不同，对共有财产的权利义务也就不同。

按份共有具有以下三个法律特征：

1. 每个共有人的权利不是局限于共有财产的某一部分，而是及于整个财产。

2. 各个共有人的权利表现在一定份额上，这个份额既可以相等，也可以不相等。按份共有并不是把共有物分为若干份，各共有人各享有一个所有权，而是共有人对共有物按各自的份额享有权利和承担义务。

3. 各共有人及其所享权利之间既是独立的，又是互相联系的，且相互间可以转让、继承。

（二）按份共有的产生和消灭

按份共有关系的产生原因有很多，既可以因合伙、联营和共同投资而产生，也可以由共同购置而产生。

按份共有法律关系，可以因基于共有人需求而进行的分出、出让和赠与等消灭，也可因全体共有人的协议终止而消灭。

（三）按份共有人的权利和义务

1. 按份共有人的权利。

（1）对共有财产进行占有、使用和处分的权利。为维护全体共有人的利益，对共有财产的使用和收益方法，应由全体共有人协商决定，不能由每个共有人随心所欲地行使其对共有财产的权利。任何共有人未经其他共有人的同意，不得擅自占有和使用共有财产。各共有人对共有财产进行占有、使用、经营管理时，都必须在预先确定的范围内行使权利，否则，视为对其他共有人合法权益的侵犯。《民法典》第301条规定，处分共有的不动产或者动产以及对共有的不动产或者动产作重大修缮、变更性质或者用途的，应当经占份额2/3以上的按份共有人或者全体共同共有人同意，但是共有人之间另有约定的除外。

（2）按各自的份额对共有财产分享收益的权利。按份共有人对基于共有财产所产生的各种经济利益，一般应按照各自所提供的财产份额进行分配。法律另有规定或当事人另有约定的除外。

（3）对自己享有的份额进行处分的权利。共有人对共有财产的处分与共有人对自己享有的份额的处分是完全不同的。《民法典》第303条规定："共有人约定不得分割共有的不动产或者动产，以维持共有关系的，应当按照约定，但是共有人有重大理由需要分割的，可以请求分割；没有约定或者约定不明确的，按份共有人可以随时请求分割……"根据《民法典》第304条的规定，共有人可以协商确定分割方式。根据法律规定和司法实践，按份共有财产的分割方式有两种，即分出和转让。分出和转让是共有人对自己享有的份额进行处分的方法。所谓分出，是指按份共有人退出共有，将自己在共有财产中的份额分割出去。在分出份额时，通常要对共有财产进行分割。所谓转让，是指共有人依法将自己在共有财产中的份额转让给他人。如果没有约定或者约定不明确，共有人可以自由参加或退出共有；各共有人对于共有财产中属于自己的份额，有权按照自己的意志将其转让给他人或遗留给他人继承，其他共有人不得干涉。如果共有是因合伙形成的，则共有人退出共有和转让份额，都要受合伙契约的约束。但共有人转让其份额，不得损害其他共有人的利益，因分割对其他共有人造成损害的，应当给予赔偿。

（4）有优先购买权。为防止某一按份共有人转让其份额造成对其他共有人利益的损害，《民法典》第305条规定，"按份共有人可以转让其享有的共有的不动产或者动产份额。其他共有人在同等条件下享有优先购买的权利"。所谓同等条件，是指转让人向其他共有人提出的转让份额的条件，与向非共有人提出的转让条件完全相同。对"同等条件"的判定，应当综合共有份额的转让价格、价款履行方式及期限等因素确定。按份共有人之间转让共有份额，其他共有人主张优先购买权的，不予支持，但按份共有人之间另有约定的除外。两个以上的按份共有人均主张优先购买权且协商不成的，应当按照转让时各自份额比例行使优先购买权。共有人的优先购买权，可以优先于房屋承租人的优先购买权。另外，共有份额的权利主体因继承、遗赠等原因发生变化时，其他按份共有人主张优先购买权的，不予支持，但按份共有人之间另有约定的除外。

优先购买权性质上属于形成权，受除斥期间限制。换句话说，优先购买必须在一定期限内行使，否则自行消灭。并且其他共有人一经宣布放弃优先购买权，以后便不得申请恢复。

2. 按份共有人的义务。

（1）承担共有物的管理费用及其他负担。对共有物的管理费用和其他负担，有约定的，按照约定；没有约定或者约定不明确的，由按份共有人按照其份额负担。

（2）对外承担连带责任。在对外关系上，因共有的不动产或者动产产生的债务，共有人承担连带责任。但法律另有规定或者第三人知道共有人不具有连带债务关系的除外。

（3）对内按份承担债务。在共有人内部关系上，除共有人另有约定外，按份共有人按照份额承担债务。偿还债务超过自己应当承担份额的按份共有人，有权向其他共有人追偿。

（4）尊重他人的优先购买权。共有人在出售自己的财产份额时，必须首先通知其他共有人。如果其他共有人和非共有人都愿意购买，在同等条件下，出卖人应主动卖给其他共有人。如不尊重其他共有人的优先购买权，将共有财产擅自卖给非共有人时，其他共有人可以向出卖人主张其优先购买权，并请求法院确认该转让关系无效。第三人因此受到损失，可以要求出卖人予以补偿。如果几个共有人都想买下一个或几个共有人欲出卖的份额，则可由卖主自由选择买主。

三、共同共有

（一）共同共有的概念和特征

共同共有是指两个或两个以上的共有人，根据某种共同关系，对全部共有财产平等地、不分份额地共同享有权利并承担义务。它具有以下法律特征：

1. 共同共有根据共同关系而产生，是以共同关系的存在为前提的。没有共同关系这个前提，共同共有就不会产生，而丧失这个前提，共同共有就会解体。共同共有一般发生在互有特殊身份的当事人之间。

2. 在共同共有中，共有财产不分份额，只要共同共有存在，共有人对共有的财产就不划分各人的份额。只有在共同共有关系终止以后，才能确定各共有人的份额，以分割共有财产。这是共同共有与按份共有的主要区别。

3. 在共同共有中，各共有人平等地享受权利和承担义务。在共有关系存续期间，每个共有人都对共有财产享有平等的权利，承担平等的义务。在权利义务的享有和分担上，既没有份额之分，也不存在厚此薄彼的问题。

（二）共同共有与按份共有的区别

在司法实践中，应正确区分共同共有和按份共有，以利于共有纠纷的处理。根据《民法典》第308条的规定，"共有人对共有的不动产或者动产没有约定为按份共有或者共同共有，或者约定不明确的，除共有人具有家庭关系等外，视为按份共有"。共同共有与按份共有的区别主要有：

1. 享有所有权的方式和内容不同。按份共有人是按照预先确定的份额享有权利和承担义务；而共同共有人则是对全部共有财产不分份额地平等享受权利和承担义务。

2. 共有关系发生的范围不同。共同共有一般只发生在夫妻共有财产和家庭共有财产中；而按份共有可以在非常广泛的范围内存在。

3. 对共有人权利的限制不同。在共有关系存续期间，如果没有约定，按份共有人可以将自己的份额部分转让给他人；而共同共有人则不享有此权利，即在共有关系未解除的情况下，共同共有人不得要求分出或转让自己的份额。

4. 终止的要求不同。按份共有关系可以基于共有财产的分割或各共有人的协议一致而终止；而共同共有关系，除法律有特别规定或当事人有特别约定外，一般不得终止。

（三）共同共有人的权利和义务

共同共有人对共有财产享有平等的占有、使用权。对共有财产的收益，不是按比例分配，而是共同共有。处分共有财产或者对共有财产作重大修缮的，除另有约定外，必须征得全体共有人的同意。

共同共有人对共有财产共同承担义务。因对共有财产进行维护、保管、改良等所支付的费用由各共有人共同分担。各共有人因经营共同财产对外发生债务或对第三人造成损害的，由全体共有人承担连带责任。

共同共有关系存续期间，共有人约定不得分割共有的不动产或者动产，以维持共有关系的，应当按照约定，但共有人有重大理由需要分割的，可以请求分割；没有约定或者约定不明确的，共同共有人在共有的基础丧失或者有重大理由需要分割时可以请求分割。因分割对其他共有人造成损害的，应当给予赔偿。部分共有人擅自划分份额并分割共有财产的，应认定为无效。

共同共有的消灭主要是因共同关系的终止而引起的，例如婚姻关系终止引起夫妻共有关系的消灭；共同共有也可以因其他原因而消灭，如共有物灭失、转让给他人等。

（四）共同共有的类型

在我国，常见的共同共有类型有如下几种：

1. 夫妻共有财产。我国《民法典》第 1062 条第 1 款规定，夫妻双方在婚姻关系存续期间所得的下列财产，为夫妻的共同财产，归夫妻共同所有：工资、奖金和其他劳动报酬；生产、经营、投资的收益；知识产权的收益；继承或赠与所得的财产，但是遗嘱或赠与合同中确定只归夫或妻一方的财产除外；其他应当归夫妻共同所有的财产。其他应当归夫妻双方共同所有的财产包括夫妻双方用合法收入共同购买的财产等。《民法典》第 1063 条规定，一方的婚前财产、一方因受到人身损害获得的赔偿和补偿、遗嘱或赠与合同中只归一方的财产、一方专用的生活用品、其他应当归一方的财产，不是夫妻共同财产。但是婚前财产在婚后如果用共有财产进行重大修缮，通过修缮新增加的价值部分，应认定为夫妻共有财产。此外，夫妻双方通过协商，以其他方式确定夫妻间财产归属的，如不违背法律规定，可依夫妻双方的约定。例如，《民法典》第 1065 条第 1 款规定，夫妻可以约定婚姻关系存续期间所得的财产以及婚前财产归各自所有、共同所有或部分各自所有、部分共同所有。

《民法典》第 1062 条第 2 款规定："夫妻对共同财产，有平等的处理权。"夫妻双方对夫妻共有财产，享有平等的占有、使用、收益、处分的权利。尤其是对共有财产的处分，应当经过协商，取得一致意见后进行。夫妻一方在处分共有财产时，另一方明知而不作否认表示的，视为同意。例如，出卖夫妻共有的房屋，一般应由夫妻双方在合同上签字或盖章，但民间习惯上往往由夫妻中一人出面签订合同。另一方虽未签订合同，但知道买卖的事实并未表示异议的，应当认为其默示同意。夫妻共同财产只有在夫妻离婚或夫妻一方死亡，遗产开始继承时，才能进行分割。

2. 家庭共有财产。在我国，家庭关系不限于夫妻关系，还包括父母子女、祖父母、外祖父母和孙子女、外孙子女、兄弟姐妹等之间的关系。家庭共有财产是指家庭成员在家庭共同生活关系存续期间，共同创造、共同所得的财产。例如，家庭成员交给家庭的财产，家庭成员共同受赠的财产，以及在此基础上购置和积累起来的财产，等等。概言之，家庭共有财产是家庭成员的共同劳动收入和所得。

家庭共有财产以维持家庭成员共同生活或生产为目的，每个家庭成员都对其享有平等的权利。除法律另有规定或家庭成员间另有约定外，对于家庭共有财产的使用、处分或分割，应取得全体家庭成员的同意。家庭共有财产只有在家庭共同生活关系终止以后，才能进行分割。

家庭共有财产和家庭财产的概念是不同的。家庭财产是指家庭成员共同所有和各自所有的财产的总和，包括家庭成员共同所有的财产、夫妻共有财产和夫妻个人财产、成年子女个人所有的财产、其家庭成员各自所有的财产等。而家庭共有财产则不包括家庭成员各自所有的财产。

区分家庭共有财产与家庭成员个人财产的主要意义在于：①在分家析产时，只能对家庭共有财产而不能对个人财产进行分割。家庭共有财产的某一共有人死亡，财产继承开始时，必须把死者在家庭共有财产中的应有部分分出，作为遗产继承，而不能把家庭共有财产都作为遗产继承。②因生产经营活动而负债时，个人经营的，以个人财产承担债务清偿责任；家庭经营的，以家庭共有财产承担债务清偿责任。③在家庭共同生活期间，为家庭共同生活和生产需要所付出的开支，由家庭共有财产负担。不是为家庭的共同生活和生产的需要，而是为满足个人需要作出的开支，应由个人财产负担。

3. 共同继承的财产。继承开始后，遗产分割前，数继承人对遗产共同享有所有权。一般情况下，这种共有是共同共有。

四、共有财产的分割

（一）分割的原则

分割共有财产时，需要坚持以下原则：

1. 遵守法律的原则。在分割共有财产时，除遵守《民法典》的有关规定外，还需要遵守其他法律的有关规定。例如，分割合伙财产需要遵守合伙制度的有关规定等。

2. 遵守约定的原则。共有人对相互间的共有关系有约定的，分割共有财产时应遵守其约定。例如，夫妻之间对共有财产的约定，应作为分割共有财产的依据。

3. 平等协商、和睦团结的原则。共有财产的分割直接涉及各共有人的物质利益，容易引起纠纷、影响团结，因此在分割共有财产时，对有争议的问题就要本着平等协商、和睦团结的原则来处理。凡能够在平等协商的基础上取得一致意见的，应充分协商，尽量争取达成协议。实在不能达成协议的，在分割按份共有财产时，可按占半数以上份额的共有人的意见处理。

（二）分割的方法

在分割共有财产时，可采取以下三种方法：

1. 实物分割。如果共有财产为可分物，且在分割以后无损于原物的价值的，可按各自的财产份额进行实物分割，使各共有人分得应得的财产部分。

2. 作价补偿。如果各共有人中有一人愿意取得共有财产的实物时，可把共有物作价，扣除自己应得的部分，按各自所应得的份额补偿其他共有人，从而使一个共有人取得原共有物的全部所有权。如果几个共有人均想取得共有财产，且共有财产又为不可分物时，该共有财产的具体归属，由各共有人按经济合理和充分发挥物的经济效用的原则进行商定，或诉请法院裁决。然后由取得共有物的人给其他共有人以补偿。

3. 变价分割。如果各共有人都不愿意取得共有财产时，可将共有物变卖，然后对变卖的价金进行分割。

（三）分割的效力

共有财产分割后，共有关系归于消灭，各共有人对其分得的财产取得单独的所有权，由共有人对全部共有财产的共同所有变为各共有人对其分得的份额的单独所有。这便是分割共有财产的效力。但是，分割以后属于某个共有人的财产由于分割以前的原因而被第三人追索或发现有瑕疵的，原共有人都要承担责任。因为原共有人有义务担保各共有人分得的共有财产不受第三人的追索，并对原共有财产负有瑕疵担保责任。例如，甲、乙在分割共有财产以后，发现甲分得的财物是甲、乙原来借用丙的财产，那么，甲应将该项财产返还给丙，而乙则应补偿甲相应的损失。

思考题

1. 简述所有权的概念、特征。

2. 简述所有权消灭的原因。

3. 试述所有权的内容。

4. 试述建筑物区分所有权的内容。

5. 简述按份共有与共同共有的区别。

实务训练

（一）示范案例

案情： 甲遗失的名表被乙拾得。1年后，乙将该表卖给了丙。再过一年，丙将该表卖给了丁。丁将该表交给不知情的戊维修，因丁不付维修费与戊发生争执，甲方知原委。甲可向谁请求返还手表？

分析： 本案涉及善意取得、返还原物请求权、留置权的规定。

1. 《民法典》第235条规定："无权占有不动产或者动产的，权利人可以请求返还原物。"《民法典》第312条规定，所有权人或者其他权利人有权追回遗失物。该遗失物通过转让被他人占有的，权利人有权向无处分权人请求损害赔偿，或者自知道或者应当知道受让人之日起2年内向受让人请求返还原物。本案中，甲遗失名表，其在丁不付维修费与戊发生争执时才知道原委，其有权向受让人请求返还原物，因乙、丙均已丧失占有，甲无法请求乙、丙二人返还。

2. 占有人既包括直接占有人也包括间接占有人，丁作为间接占有人，甲有权请求其返还手表。

3. 根据法律规定，债权人合法占有债务人交付的动产时，不知债务人无处分该动产的权利，债权人可以按照法律规定行使留置权。留置权可善意取得，因此戊因丁不付修理费而留置手表为有权占有，甲无权请求戊返还手表。

（二）习作案例

赵某、钱某、王某、刘某按份共有某商铺，各自份额均为25%。后因经营理念发生分歧，赵某与王某商定将其份额以100万元转让给王某，通知了钱某、刘某；钱某与第三人陈某约定将其份额以120万元转让给陈某，未通知赵某、王某、刘某。

请问：

（1）钱某、刘某对赵某的份额是否享有优先购买权？

（2）赵某、王某、刘某对钱某的份额是否享有优先购买权？

（3）王某、刘某是否可请求认定钱某与第三人陈某之间的份额转让合同无效？如王某、刘某对钱某的份额主张优先购买权，双方是否可协商确定各自购买的份额？

第十四章

相邻关系

学习目标与工作任务

通过本章学习，要求大家理解相邻关系的概念和特征；了解主要的相邻关系类型，掌握相邻关系的处理原则。

导入案例

某村村民李某和王某平日关系和睦。2017 年初，李某在王某房屋后面建房时，没有留出足够的空间，其房屋的滴水檐距王某房屋后墙太近，以致下雨时，王某房屋后墙墙体因滴水受潮而导致屋内墙皮脱落，王某多次要求李某采取措施，李某不听，两家关系交恶，最终王某将李某告上法庭。问：该案该如何处理？本案中，李某所建房屋确实距王某住房太近，既不符合情理，也不符合相关的法律规定。因此，李某应赔偿王某的损失，并加固王某的房屋。根据相邻关系的处理原则，在案件的具体处理中，人民法院应在查清事实、分清是非的基础上，着重进行调解，实在调解不成的，才进行判决。

本案知识点：相邻权；相邻关系的处理。

第一节 相邻关系的概念和特征

一、相邻关系的概念

相邻关系，是指两个以上相互毗邻的不动产的所有人或使用人，在行使不动产的所有权或使用权时，因行使权利的延伸或限制而发生的权利义务关系。例如，甲有一块承包地处于乙的地块中间，甲要行使自己的土地使用权，必须经过乙使用的土地，这样甲乙之间就产生了相邻关系。对于一方来说，因为依法提供给对方必要的便利，就使自己的权利受到了限制；对于另一方来说，因为依法取得了必要的便利，则使自己的权利得到了延伸。

相邻关系中一方的权利，称为相邻权。相邻权是不动产所有权和使用权的扩张，是行使不动产所有权和使用权所需要的。它在我国民法上不是独立的物权。

二、相邻关系的特征

相邻关系，由其性质所决定，具有以下特征：

1. 相邻关系的主体是两个以上的不动产的所有人和使用人。只有相邻不动产分属于不同主体所有或者由不同主体使用时，才可能基于彼此提供方便而产生相邻关系。如果相邻不动产由同一主体所有和使用，则不发生相邻关系。

2. 相邻关系是因为不动产的毗邻关系而产生的。相邻关系是法律直接规定的，而不是当事人约定的。不同主体的不动产在地理位置上的毗邻是引起相邻关系发生的法定条件，不具备这个条件便不能产生相邻关系。不过这里所要求的"毗邻"，即包括不同主体的不动产的相互"毗连"，又包括不同主体的不动产的相互"邻近"。无论毗连还是邻近，只要一方行使不动产所有权或使用权影响到另一方的利益（如排放"三废"污染到对方的生活环境）或必须由对方提供某种方便（如需要使用水源地的水源），均构成毗邻，产生法律规定的相邻关系。

3. 在内容上，相邻关系因种类不同而有不同的内容，但基本上是相邻一方有权要求他方提供必要的便利，他方应给予必要的方便。所谓必要的便利，是指非从相邻方得到便利，就不能正常行使其所有权或使用权，例如，在相邻排水关系中，其基本内容便表现为高地所有人或使用人需要低地所有人或使用人给予排水方便的权利和低地所有人或使用人应当给予这种方便的义务。

4. 相邻关系的客体是行使不动产所有权或使用权所体现的利益。这种利益可能是经济利益，也可能是非经济利益。这种利益与行使不动产所有权或使用权相关，且需要在相邻方给予必要方便的条件下才能实现。例如，相邻环保关系的客体是享受舒适环境的利益，但这种利益需要在相邻各方不向邻地排放有毒废水、废气、废渣的条件下才能实现。

第二节　相邻关系的种类

人们在生产、生活中基于不动产的毗邻而发生的相邻关系，按其性质和内容，可分为以下几类：

一、相邻地界和地界上林木归属关系

相邻各方对其享有所有权或使用权的土地、山岭、森林、草原、荒地、滩涂、水面等自然资源，都必须合理利用，认真保护和管理，不得滥用其所有权和使用权，损害相邻他方的利益。

为预防地界纠纷的发生，相邻各方可以协商在地界上共同修建分界墙、分界篱、分界沟或安设分界石。共同修建的分界墙、分界篱、分界沟归双方共有，并由双方共同维修。单方面修建分界墙、分界篱、分界沟应在地界线自己一方一侧的土地上进行，不得越界占用对方的土地。单方面建立的分界墙、分界篱、分界沟归修建方所有。相邻土地疆界线上的竹木、分界墙、分界沟、分界篱以及其他设施，如因所有权或使用权不明发生争执并无法查证的，应推定为相邻各方的共有财产，有关权利义务关系依据按份共有的原则确定。

相邻一方在地界一侧栽植竹木时，应与地界线保持适当的距离，预防竹木根枝越界侵入对方土地。竹木根枝越界影响他方土地使用的，他方有权请求竹木所有人或管理人剔除越界根枝。竹木所有人或管理人不剔除越界根枝的，他方有权剔除。超越地界在他方土地上种植的竹木，应依法归他方所有。

二、相邻通行关系

相邻通行关系是指不动产相互毗邻的两个或两个以上的所有者或使用者之间，基于不动产的利用而发生的通行关系，它一般包括两种：①邻地通行关系。邻地通行关系是指所有人或占有人使用的土地被他人的土地所包围或不具备通行的条件时，他方应允许其通行。依法享有通行权的一方叫通行权人；提供通行方便的一方，称为邻地所有人。通行权人通过邻地，是行使所有权的表现，如果邻地所有人加以妨碍，通行权人有请求允许通行的权利。但是，通行权人在选择道路时，必须选择对邻地所有人损失最小和最必要的路线，以减少不必要的损失。如果给邻地所有人造成了损失，应给予补偿。②建筑物通行关系。这是指因建筑物毗邻，一方需要在邻地所有人的建筑物上通过而发生的关系，邻地所有人应允许其通行。

在邻地或建筑物通行关系中，对于历史上形成的通道，土地或毗邻建筑物的所有人或占有人都不得任意堵塞，妨碍他人的正常通行。如果因自然条件或新建建筑物等原因必须改道的，应事先与邻地所有人协商，征得同意。

三、相邻用水、排水关系

（一）相邻用水关系

不动产相邻人之间因取水而发生的相互关系，就是相邻用水关系。多方共临一水源时，各方均可以自由使用水源，但不得因此影响邻地的用水。对相邻各方都有权利用的自然流水，应当尊重自然形成的流向，不得擅自加以改变。如果一方需要改变流向，应征得他方同意，因改变流向造成他方损失的，应负责赔偿。相邻各方对自然流水的利用，应当在充分发挥经济效益的前提下，合理分配，共同使用。当水流有余时，低地所有人不得擅自筑坝堵截，使水倒流，影响排水；当水流不足时，高地所有人不得控制水源，断绝低地的用水。用水一般应按"由近到远，由高到低"的原则，依次灌溉、使用，任何一方不得独占。

（二）相邻排水关系

相邻的不动产所有人或占有人，因排水而发生的相互关系，就是相邻排水关系。对于自然流水，高地所有人有排水的权利，低地所有人有承水的义务。若低地所有人妨碍高地排水，高地所有人有请求排除妨碍的权利。相反，低地所有人需要用水时，高地所有人则负排水的义务，低地所有人有受水的权利。对于人工流水，高地所有人虽有排水的权利，但低地所有人原则上没有承水的义务。高地所有人若蓄水工程损坏，堤堰破溃，损害低地所有人土地，应负赔偿责任。尽管损害事实尚未发生，只要有损害的可能，低地所有人就有请求排除危险的权利，高地所有人有预防工程损坏的义务。否则，因排水而造成他人损害的，应负赔偿责任。相邻一方在修建房屋或营造其他建筑物时，不得使自己的屋檐滴水注于邻人的房屋或其他建筑上，以免使他人遭受财产损失。

四、相邻环保关系

根据环境保护法和有关法令的规定，一切企业和事业单位排放"三废"（即废水、废气、废渣）和放射性物质，不得超过国家规定的标准，以确保相邻单位和个人的合法权益。相邻关系人在修建厕所、粪池、污水池或堆放腐朽物、有毒物、恶臭物、垃圾时，应当与邻人的建筑物保持一定的距离，并采取相应的预防措施，防止污染，以免影响邻人的生产和生活。相邻关系人不得以高音、噪音、喧嚣、震动等妨害邻人的工作和生活，对于一些轻微的、正常的音响和震动，相邻他方则应给予谅解。对于企业和事业单位排放的"三废"和放射性物质，达到国家规定的排放标准的，相邻他方应准予排放。总之，相邻各方互有义务，应尽力营造一个清洁、舒适的生活和工作环境。

对于违反上述要求的单位和个人，应根据不同的情节给予不同的处理。对于情节轻微，造成一般损失的，应负责赔偿；对于情节严重，造成重大经济损失的，除追究经济责任外，还应依法追究其行政责任和刑事责任。

五、相邻防险关系

所谓相邻防险关系，是指相邻关系中的任何一方当事人在自己的建筑或经营工事可能给对方造成危险时，应事先予以排除，以免给对方造成损害。相邻一方在自己的土地上营造建筑物或挖掘水沟、水池、水井、地窖等，应注意对方的人身和财产安全，不得因此动摇邻人的地基，或者损坏邻人的建筑物。如果建筑物或其他设施因设计或施工有严重缺陷，成为危险工程，或因年久失修及其他原因有倾覆危险，致使相邻人可能遭受损失时，相邻人有权请求排除危险。

六、相邻建筑物施工关系

相邻一方因修建施工、架设电线、埋设管道等，需要临时占用他人土地的，他人应当允许。但是施工应选择对他人损失最小的方案，并按照双方约定的范围、用途和期限使用，施工完毕后应及时清理现场，恢复原状，因此而给他人造成损失的，施工一方应当给予适当补偿。

七、相邻通风、采光、日照关系

相邻各方修建房屋和其他建筑物，必须与邻近建筑物保持适当的距离，不得违反国家有关工程建设标准，妨碍相邻建筑物的通风、采光和日照。相邻一方违反有关规定修建建筑物，影响他人通风、采光和日照的，受害人有权要求停止侵害、恢复原状或赔偿损失。

第三节　相邻关系的处理原则

《民法典》第288条规定："不动产的相邻权利人应当按照有利生产、方便生活、团结互助、公平合理的原则，正确处理相邻关系。"根据立法的这一规定和相邻关系的性质、特征，处理相邻关系应遵循以下基本原则：

一、有利于发展生产的原则

在现代化大生产条件下，相邻各方必然会发生各种联系，因此相邻关系的纠纷也会有所增加。处理这类纠纷，应当从有利于生产的角度出发，妥善解决有关问题，调动各方面的积极性，尽量减少和避免损失，提高经济效益。例如，在处理企事业单位因基建施工、铺设管道而临时占用邻人土地时，就应当既从保证施工顺利进行的角度出发，又要考虑相邻方的合法权利，公平解决有关经济补偿问题，坚决反对乘人急需索要高额补偿，不达到目的便不给方便，阻碍施工的行为。

二、团结互助、方便生活的原则

我国民族众多，风俗习惯各异，社会情况复杂，在处理相邻关系时，要发扬社会主义道德风尚，互谅互让，团结互助，照顾各方面的利益。没有团结互助的精神，只要求别人给自己方便，自己却不肯给别人方便，就不可能处理好相邻关系。例如，在甲必须通过乙的土地才能到达甲的土地时，乙应当允许。

三、公平合理、协商解决的原则

由于相邻关系涉及相邻各方的利益，因此对各方的合法权益都要加以保护，无论何方当事人，都必须正确地行使权利，不得只顾自己方便而妨害或损害他方利益。享受权利、获得利益的一方应当给承担义务、受到损失的另一方以合理的经济补偿。在处理纠纷时，要考虑各方的利益，做到公平合理，不得偏袒任何一方，并且在查清事实、分清是非的基础上做好调解工作，协商解决。提起诉讼的，人民法院应在查清事实、分清是非的基础上，着重进行调解，实在调解不成的，才进行判决。

四、尊重历史和习惯的原则

尊重历史和习惯，对妥善处理相邻关系具有重要意义。对于历史形成的用水、排水、通行等相邻关系以及历史形成的分界墙、分界篱、分界沟、建筑物公用墙、通道、间隔等，相邻一方未经他方同意，均不得擅自变更。法院在处理有关纠纷时，无合法依据，一般也不应判决变更。处理相邻关系还应尊重习惯。习惯是由历史形成的，已在实践中反复应用，易于为广大人民群众所接受。

思考题

1. 简述相邻关系的概念、特征。
2. 试述处理相邻关系的原则。

实务训练

（一）示范案例

案情： 原告宋某某与被告骆某某是邻居，分别为各自房屋的所有权人。2018年，原被告双方口头约定：原告同意被告在天井内搭建房屋、被告出资为原告安装栅栏式防盗窗。在被告按约为原告安装栅栏式防盗窗后，原告认为被告在其天井内搭建建筑物，对原告安全造成影响，遂诉至法院，请求判令被告拆除其天井内搭建的建筑物。被告骆某某辩称，在天井内搭建建筑物时已经过原告同意，并为原告安装了防盗窗，因此不同意原告的诉讼请求。该案该如何处理？

分析： 此处涉及相邻关系的处理原则。

1. 不动产的相邻各方应当按照有利生产、方便生活、团结互助、公平合理的精神，正确处理好各方面的相邻关系，给相邻方造成妨碍的，应当停止侵害，排除妨碍。

2. 相邻关系的处理不得违反法律禁止性规定。原被告约定原告同意被告在天井内搭建房屋并由被告出资为原告安装防盗窗的约定违反相关法律的禁止性规定，属无效合同，对此双方均有过错。因建筑物是被告所建，原告仅是表示同意，故被告应承担主要责任。

3. 原告以被告在天井内搭建的建筑物影响原告安全为由要求被告拆除该建筑物，因该建筑物对原告安全确实存在影响，故对原告要求被告拆除该建筑物的诉讼请求应予以支持。又因原告同意被告在天井内搭建建筑物存在过错，故原告应对被告拆除该建筑物的损失承担一定的责任。

（二）习作案例

2013年11月，王某在某小区购入一套房屋。王某购房后，将其阳台封闭，并将洗衣机放置在阳台内使用，另外，王某还拆除了其厨房、卫生间之间的墙体，改造成移门。2017年9月，程某在该小区购入一套房屋，与王某为上下邻居关系。2017年12月，程某装修其房屋时发现：由于王某当初在装修房屋时用水泥、砖块和钢窗、玻璃封闭了阳台，并将洗衣机移位至阳台使用，造成阳台承重过度，引发墙体开裂、渗水，给程某带来了严重的安全隐患；王某拆除卫生间、厨房之间的墙体，改造为移门，再加上野蛮施工，造成了程某卫生间和厨房房顶开裂，以致漏水漏粪。发现上述问题后，程某当即向物业及居委会反映，物业及居委会曾进行调解，但程某、王某未能达成一致。2018年4月17日，物业公司在确认王某存在封阳台及卫生间、厨房漏水的情况后，向王某出具了整改通知书及限期修理通知书，要求王某于15天内修复卫生间、厨房漏水部位，消除阳台安全隐患。王某置若罔闻。无奈之下，程某诉至法院，要求判令王某修复卫生间、厨房漏水部位，消除阳台安全隐患。

请问：

1. 王某是否有义务修复卫生间、厨房漏水部位，消除阳台安全隐患？

2. 程某卫生间和厨房房顶开裂而给程某造成的经济损失应由谁承担？

用益物权

通过本章的学习，了解和掌握物权法规定的用益物权的种类以及每一种用益物权所包含的具体内容，运用所学知识解决实践中对用益物权保护不力的问题。

导入案例

某市为了旧城改造，将老城区的大片国有土地出让给甲房地产开发公司，以便于统一开发。现有几户居民因对补偿安置的条件不满意不愿搬迁。居民们说：我们的房子办了《房屋产权证》，也办了《国有土地使用权证》，在双方达成一致并签订《拆迁协议》以前，我们有权利不搬走，你们也不能强制拆迁。甲公司说：国家是这片土地的所有权人，现在已将使用权出让给我公司，你们的土地使用权也就丧失了，只能要求获得补偿；既然没有地权了，你们的房屋产权也就不能继续享有了，所以你们不搬迁是违法的。

本案知识点：用益物权的概念；土地承包经营权；建设用地使用权；宅基地使用权；地役权。

第一节　用益物权概述

一、用益物权的概念

根据《民法典》第323条的规定，用益物权是指用益物权人对他人所有的不动产或者动产，依法享有占有、使用和收益的权利。即对他人的物在一定范围内，加以使用和收益的定限物权。

需要说明的是，虽然《民法典》第323条规定了在不动产和动产上可以设立用益物权，但是，世界各国的民法极少有规定在动产上设立用益物权的。绝大多数的民法学者认为，对他人的动产享有的使用和收益的权利通常是依当事人的约定而发生的，是债权。

另外，并不是所有的在他人的不动产上设立的使用和收益的权利都是用益物权，那些依合同约定而对他人的不动产享有的使用和收益的权利（如房屋租赁合同承租人的权利）就不是用益物权，应当是债权。这是因为：①依物权法定原则，合同约定不是物权的设立方式；②用益物权的期限不应受《合同法》第 214 条规定的 20 年最长租赁期限的限制；③用益物权可以自由转让和设立抵押，不动产承租人转租要经出租人同意，且其对不动产的使用和收益的权利不能抵押。

用益物权具有以下特征：

1. 用益物权是一种定限物权。用益物权人对标的物的支配范围只包括对标的物的占有、使用和收益，因而有一定的限制，所以它是定限物权。

2. 用益物权是以对标的物的使用和收益为目的的定限物权。用益物权是对标的物加以利用的物权，用益物权人支配的是标的物的使用价值。担保物权人支配的是标的物的交换价值。

3. 用益物权一般是在他人的物上设立的物权，和担保物权一样，用益物权是他物权的一种。自物权人对自己的物享有的物权已经包含了使用和收益的权能，所以无须再设立用益物权。

4. 用益物权以对物的占有为前提。只有在事实上实际控制和支配了物，才可能对物使用和收益，所以用益物权实际上包含了占有、使用和收益三项权能。

5. 用益物权是独立物权。它不以权利人享有的其他民事权利为前提，即用益物权可以独立存在。

6. 用益物权的客体一般是不动产，《物权法》有规定的用益物权的客体均为不动产。

二、用益物权与担保物权的区别

1. 对物的控制和支配不同。用益物权支配的是物的使用价值，担保物权支配的是物的交换价值。这种区别有时是相对的，在有些用益物权上也可以设立担保，比如，可以在国有土地使用权上设立抵押。

2. 用益物权是独立物权，可以独立存在。担保物权是从属物权，不能独立存在，它以债权人享有的债权为存在前提。

3. 权利实现的时间不同。用益物权人在取得用益物权时即可实现对标的物的使用和收益。担保物权人在取得担保物权时不能实现权利，只有在其担保的债权逾期不能受偿时才能实现权利。

4. 用益物权的享有以占有为前提，只有在用益物权人占有标的物的前提下，才能实现对标的物的使用和收益。担保物权中的抵押权不以占有标的物为前提，留置权和质权一般以占有为前提。

5. 用益物权的标的物灭失的，用益物权归于消灭，用益物权人不得请求所有权人另行提供替代物。担保物权的标的物灭失、毁损的，担保物权人可以要求债务人提供替代物重新设立担保。

三、传统民法上的用益物权

传统民法上的用益物权包括国有土地使用权、农村土地承包经营权、宅基地使用权、地役权、典权、空间利用权等。

我国现行《民法典》规定了土地承包经营权、建设用地使用权、宅基地使用权、居住权、地役权五种。其他的用益物权如海域使用权、探矿权、采矿权、取水权等和使用水域、滩涂从事养殖、捕捞的权利，《民法典》未作明确规定，由其他法律法规另行规定。

第二节　土地承包经营权

一、土地承包经营权的概念

根据《民法典》第331条的规定，土地承包经营权是指土地承包经营权人依法对其承包经营的耕地、林地、草地等享有占有、使用和收益的权利，有权从事种植业、林业、畜牧业等农业生产。土地承包经营权具有以下特征：

1. 土地承包经营权的主体是农业生产者。通常来说，承包经营的主体是土地所属的农村集体经济组织的成员，由本集体经济组织以外的单位或者个人承包经营的，必须经村民会议2/3以上成员或者2/3以上村民代表的同意，并报乡（镇）人民政府批准。

2. 土地承包经营权的标的物是农民集体所有和国家所有的，由农民集体使用的耕地、林地、草地以及其他用于农业的土地。不包括水面、地下和空间。

3. 土地承包经营权的行使方式是在农民集体所有和国家所有的，由农民集体使用的土地上从事农业生产活动。

二、土地承包经营权的设立和期限

土地承包经营权自土地承包经营合同生效时设立。登记机构应当向土地承包经营权人发放土地承包经营权证、林权证等证书并登记造册，确认土地承包经营权。土地承包经营合同的发包人是农村集体经济组织，承包人是以家庭为单位的农户。

土地承包经营权的期限因承包经营的客体不同而不同。其中，耕地的承包期为30年；草地的承包期为30~50年；林地的承包期为30~70年。

规定的承包期限届满，由土地承包经营权人依照农村土地承包的法律规定继续承包。值得注意的是：土地承包经营权人在承包期限届满后继续承包是土地承包经营权人享有的物权，是定限物权，国家有关机关只能规定如何继续承包，而不得剥夺和限制土地承包经营权人继续承包的物权。

三、土地承包经营权的效力

（一）土地承包经营权人的权利

1. 对土地的使用权和收益权。土地承包经营权人有权按照土地的属性、用途为农业生产目的而使用土地，并有权获得收益。土地承包经营权人为行使土地承包经营权，可以在土地上修建必要的附属设施，其所有权归土地承包经营权人享有。

2. 流转权。土地承包经营权人有权将土地承包经营权采取互换、转让等方式流转。流转的期限不得超过承包期的剩余期限，流转后的承包地也应当用于农业生产，未经依法批准，不得将承包地用于非农建设。土地承包经营权人将土地承包经营权进行互换、转让，当事人可以向登记机构申请登记，未经登记，不得对抗善意第三人。

《民法典》第 339 条还规定，土地承包经营权人可以自主决定依法采取出租、入股或者其他方式向他人流转土地经营权。

通过招标、拍卖、公开协商等方式承包荒地等农村土地，经依法登记取得权属证书的，可以依法采取出租、入股、抵押或者其他方式流转土地经营权。

3. 获得征收补偿的权利。承包地被征收的，土地承包经营权人有权获得相应的补偿，有权要求征收人足额支付土地补偿费、安置补助费以及农村村民住宅、其他地上附着物和青苗等的补偿费用，并安排被征地农民的社会保障费用，保障被征地农民的生活，维护被征地农民的合法权益。

征收组织、个人的房屋以及其他不动产，应当依法给予征收补偿，维护被征收人的合法权益；征收个人住宅的，还应当保障被征收人的居住条件。

4. 《民法典》第 336、337 条规定，在承包期内，发包人不得调整承包地。因自然灾害严重毁损承包地等特殊情形，需要适当调整承包的耕地和草地的，应当依照农村土地承包的法律规定办理。承包期内，发包人不得收回承包地。法律另有规定的，依照其规定。

（二）土地承包经营权人的义务

1. 合理使用义务。土地承包经营权人应当保护和合理使用土地，维持地力。

2. 缴纳承包经营费用的义务。土地承包经营权人应当按照法律规定或合同约定缴纳承包金、税款等费用。因不可抗力导致收益减少，土地承包经营权人有权要求减少承包金。

第三节 建设用地使用权

一、建设用地使用权的概念

根据《民法典》第 344 条的规定，建设用地使用权是指建设用地使用权人依法对国家所有的土地享有占有、使用和收益的权利，有权利用该土地上建造建筑物、构筑物及其附属设施。依据上述概念，建设用地使用权具有下列特征：

1. 建设用地使用权设立的目的是对土地进行开发利用、生产经营或用于社会公益的目的。这是将建设用地使用权与土地承包经营权和宅基地使用权区别开来的标志。

2. 建设用地使用权的标的物是国家所有的土地，但法律禁止设立建设用地使用权的土地除外。

3. 建设用地使用权可以在土地的地表、地上或者地下分别设立。使用土地的方式仅包括在土地上营造建筑物、构筑物及其附属设施，不包括种植竹木、养殖等。建筑物是指在土地上建造的房屋，构筑物是土地上除建筑物之外的人为建造的设施，包括桥梁、堤坝、隧道、池塘、沟渠等。

二、建设用地使用权的设立

建设用地使用权可以在土地的地表、地上或者地下分别设立。设立建设用地使用权，应当符合节约资源、保护生态环境的要求，遵守法律、行政法规关于土地用途的规定，不得损害已经设立的用益物权。

（一）建设用地使用权的设立可以采用出让和划拨两种方式

1. 建设用地使用权的出让。建设用地使用权的出让是国家将土地使用权在一定年限内出让给建设用地使用权人，由建设用地使用权人向国家支付建设用地使用权出让金的行为。

工业、商业、旅游、娱乐和商品住宅等经营性用地以及同一土地有两个以上意向用地者的，应当采取招标、拍卖等公开竞价的方式出让。以出让的方式设立建设用地使用权的，当事人应当订立书面形式的《建设用地使用权出让合同》，该合同应包括以下条款：①当事人的名称和住所；②土地界址、面积等；③建筑物、构筑物及其附属设施占用的空间；④土地用途；⑤使用期限；⑥出让金等费用及其支付方式；⑦解决争议的方法。

2. 建设用地使用权的划拨。建设用地使用权的划拨是县级以上人民政府依法批准，建设用地使用权人缴纳补偿、安置等费用后，将国有土地交付给其使用，或者将建设用地使用权无偿交付给建设用地使用权人使用的行为。即建设用地使用权的划拨有缴纳补偿、安置费用后取得建设用地使用权和无偿取得建设用地使用权两种途径。就其性质而言，划拨属于行政行为而不是民事行为，因为在划拨关系中，国家和建设用地使用权人不是平等的主体。

建设用地使用权的划拨与出让，是取得建设用地使用权的两种不同方式，不论通过哪种方式，建设用地使用权人取得的都是《民法典》规定的用益物权。但是，正是由于建设用地使用权人取得建设用地使用权的方式和支付的代价不同，法律对他们行使权利的方式当然要作出不同的规定：以划拨的方式取得建设用地使用权的，不得以营利为目的使用国有土地，而应当从事社会公益事业；一般也不得将其建设用地使用权转让、出租或设立抵押。

（二）建设用地使用权的设立登记

建设用地使用权是不动产物权，登记是不动产物权的公示方式，所以设立登记是建设用地使用权人取得建设用地使用权的标志。

《民法典》第349条规定："设立建设用地使用权的，应当向登记机构申请建设用地使用权登记。建设用地使用权自登记时设立。登记机构应当向建设用地使用权人发放权属证书。"

三、建设用地使用权的效力

（一）建设用地使用权人享有的权利

1. 对土地的占有权、使用权和收益权。建设用地使用权是用益物权的一种，如前所述，用益物权是以占有标的物为前提的，表现为权利人对标的物的使用和收益，所以建设用地使用权人对土地享有占有权、使用权和收益权。建设用地使用权人应当合理利用土地，不得改变土地用途；需要改变土地用途的，应当依法经有关行政主管部门批准。

2. 对其土地上建造的建筑物、构筑物及其附属设施享有所有权。建设用地使用权人建造的建筑物、构筑物及其附属设施的所有权属于建设用地使用权人，但有相反证据证明的除外。

3. 依法流转建设用地使用权的权利。建设用地使用权人有权将建设用地使用权转让、互换、出资、赠与或者抵押，但是法律另有规定的除外。

（1）建设用地使用权人将其建设用地使用权流转的，当事人应当采用书面形式订立相应的合同，使用期限由当事人约定，但不得超过建设用地使用权的剩余期限。

（2）建设用地使用权转让、互换、出资或者赠与的，应当向登记机构申请变更登记。未经登记不发生流转的效力。

（3）建设用地使用权转让、互换、出资或者赠与的，附着于该土地上的建筑物、构筑物及其附属设施一并处分。

（4）建筑物、构筑物及其附属设施转让、互换、出资或者赠与的，该建筑物、构筑物及其附属设施占用范围内的建设用地使用权一并处分。

4. 建设用地使用权的抵押设定权。以出让方式取得的建设用地使用权，可以设立抵押；以划拨方式取得的建设用地使用权在办理了建设用地使用权出让手续后，可以设立抵押。关于建设用地使用权抵押的具体问题，适用《民法典》关于抵押物权的规定。

5. 获得征收补偿的权利。建设用地使用权期间届满前，因公共利益需要收回该土地的，应当对该土地上的房屋及其他不动产给予补偿，并退还相应的建设用地使用权出让金。

6. 住宅建设用地使用权期间届满的，自动续期。这里"自动续期"的含义是住宅建设用地使用权人（包括房屋产权登记的权利人及其继承人）无须办理任何手续和交纳任何费用即重新取得住宅建设用地使用权。有关机构只能规定自动续期的方式和续期后的期间，不得限制和剥夺住宅建设用地使用权人重新获得的住宅建设用地使用权。续期费用的缴纳或者减免，依照法律、行政法规的规定办理。

非住宅建设用地使用权期间届满后不能自动续期，应当依照法律规定办理。该土地上的房屋以及其他不动产的归属，有约定的，按照约定；没有约定或者约定不明确的，依照法律、行政法规的规定办理。

本章的导入案例就是关于居民的住宅用地使用权与其他物权的效力比较问题。居民们对其房屋享有所有权，对房屋所对应的土地享有住宅用地使用权（在《物权法》颁布之前也被称为国有土地使用权）。住宅用地使用权是定限物权，优先于所有权，国家也是住宅用地使用权的义务人。在居民们的住宅用地使用权撤销以前，将土地使用权出让给甲公司实际上就在同一块土地上设立了两个内容相抵触的物权，这是违反物权法规定的。

（二）建设用地使用权人应当承担的义务

1. 支付出让金的义务。建设用地使用权人应当依照法律规定以及合同约定支付出让金等费用。

2. 对土地的使用和保护义务。建设用地使用权人应当合理利用土地，不得改变土地用途；需要改变土地用途的，应当依法经有关行政主管部门批准。

四、建设用地使用权的消灭

建设用地使用权消灭的，出让人应当及时办理注销登记。登记机关应当收回权属证书。建设用地使用权的消灭一般有以下原因：

1. 建设用地使用权的撤销。建设用地使用权的撤销是指土地所有权人撤销建设用地使用权人的建设用地使用权，使其建设用地使用权归于消灭的行为。

建设用地使用权撤销的情形一般有：①未按约定支付出让金或未支付使用费的；②擅自变更土地用途，经警告仍不改正的；③未在约定期限内实施目的行为的。

2. 建设用地使用权期间届满。建设用地使用权期间届满的，建设用地使用权消灭。（不适用于住宅建设用地使用权）期满后续期的，需要重新订立建设用地使用权出让合同，重新取得建设用地使用权。

3. 建设用地使用权与土地所有权的混同。从理论上说，建设用地使用权与土地所有权混同的，建设用地使用权因丧失存在的必要而消灭。

4. 国家为了社会公共利益的需要，可以征收建设用地使用权。

5. 土地灭失。土地全部灭失或者部分灭失的，导致不能实现建设用地使用权设立的目的，建设用地使用权消灭。

第四节　宅基地使用权

一、宅基地使用权的概念

根据《民法典》第362条的规定，宅基地使用权是指宅基地使用权人依法对集体所有的土地享有占有和使用，并依法利用该土地建造住宅及其附属设施的权利。

可以作为宅基地使用的土地只能是集体所有土地。《民法典》未对宅基地使用权人作明确规定，一般来说，宅基地使用权人应是农村居民。

二、宅基地使用权的取得、行使和转让

《民法典》363条规定，宅基地使用权的取得、行使和转让，适用土地管理的法律和国家有关规定。

自然人经审批可以取得宅基地使用权。宅基地使用权的审批，不得损害国家的土地利用整体规划。农村居民只能以户的形式申请宅基地，并且一户只能享有一处宅基地使用权。因转让房屋所有权或实现抵押权而使宅基地发生转移的，权利人不得再申请宅基地使用权。

审批机关的批准文件应当载明宅基地的位置和四至范围。自然人在取得审批机关的批准文件后，应当到土地管理部门进行登记。

自然人取得宅基地使用权后，不得转让、出租、抵押，只能用于建筑房屋、供作居住的用途。但转让房屋所有权时，宅基地使用权应当一并转让；当实现房屋的抵押权导致房屋的所有权发生转移时，宅基地使用权一并转移。受让人和因实现抵押权取得房屋所有权的人应当到登记机关办理变更登记手续。

三、宅基地使用权的消灭

宅基地使用权因下列原因而消灭：

1. 宅基地的收回和调整。土地所有权人根据城镇或乡村的发展规划，可以收回或调整宅基地使用权。土地所有权人收回宅基地使用权的，应当另行批准相应的宅基地使用权。

2. 宅基地的征收。国家为了社会公共利益的需要，可以征收宅基地使用权，并就宅基地上的建筑物给予相应的补偿。宅基地使用权被征收的，经原宅基地使用权人的申请，土地所有权人应当另行给予相当的宅基地使用权。

3. 宅基地的灭失。宅基地因自然灾害等原因灭失的，宅基地使用权消灭，对于失去宅基地的村民，应当重新分配宅基地。宅基地上的建筑物或其他附着物灭失的，宅基地使用权不消灭，宅基地使用权人只能在宅基地上重新建造建筑物及其附属设施。

第五节　居住权

一、居住权的概念

《民法典》第 366 条规定，居住权是居住权人按照合同的约定，对他人的住宅享有占有、使用的用益物权。设立居住权是为了满足居住权人生活居住的需要。

二、居住权合同

设立居住权，当事人应当采用书面形式订立居住权合同。居住权合同一般应包含以下条款：①当事人的姓名或者名称和住所；②住宅的位置；③居住的条件和要求；④居住权期限；⑤解决争议的方法。

居住权合同与房屋租赁合同是完全不同的。居住权人依据居住权合同取得的是用益物权，承租人依据房屋租赁合同取得的是债权。

三、居住权的设立

设立居住权，应当向登记机构申请居住权登记，居住权自登记时设立。居住权的设立系无偿设立，但是当事人也可以约定为有偿的。

居住权设立后，不得转让、继承。设立居住权的住宅不得出租，但是当事人另有约定的除外。

四、居住权的消灭

居住权期限届满或者居住权人死亡的，居住权消灭。居住权消灭的，应当及时办理注销登记。

第六节　地役权

一、地役权的概念

地役权是地役权人（土地所有人、建设用地使用权人、土地承包经营权人、宅基地使用权人）为提高自己的不动产的效益而依照合同约定利用他人的不动产的权利。

为提高自己不动产的效益而利用他人不动产的人称为需役地人（地役权人），将自己的不动产供给他人利用的人称为供役地权利人（地役权中所称的不动产一般是土地）；获得效益提高的土地是需役地，被他人利用的土地是供役地。地役权反映的是相邻土地间的利用关系，所以地役权人和供役地权利人既可以是土地的所有权人，也可以是土地的用益物权人。物权法规定的需役地的效益是指方便与利益，包括在供役地上通行、取水、排水、铺设管线、眺望，以及其他需要供役地人负容忍或不作为义务的便利。

二、地役权的设立

设立地役权，当事人应当采用书面形式订立地役权合同，地役权自地役权合同生效时设立。地役权合同一般包括以下条款：①当事人的姓名或者名称和住所；②供役地和需役地的位置；③利用目的和方法；④利用期限；⑤费用及其支付方式；⑥解决争议的方法。

设立地役权后，当事人要求登记的，可以向登记机构申请地役权登记；未经登记不得对抗善意第三人。

地役权的性质决定了地役权不得单独转让也不得单独抵押。土地承包经营权、建设用地使用权等转让的，地役权一并转让，但合同另有约定的除外。土地承包经营权、建设用地使用权等抵押的，在实现抵押权时，地役权一并转让。

地役权的期限由当事人约定，但是不得超过土地承包经营权、建设用地使用权等用益物权的剩余期限。

土地所有权人享有地役权或者负担地役权的，设立土地承包经营权、宅基地使用权等用益物权的，未经用益物权人同意，土地所有权人不得设立地役权。

土地上已经设立土地承包经营权、建设用地使用权、宅基地使用权等用益物权的，未经用益物权人同意，土地所有权人不得设立地役权。

三、地役权的效力

（一）地役权人的权利义务

1. 供役地的使用权。地役权设立的目的就是地役权人为提高自己不动产的效益而利用他人的土地，所以地役权人显然享有对供役地的使用权。地役权人应当按照合同约定的利用目的和方法利用供役地，尽量减少对供役地权利人物权的限制。

2. 为附属行为的权利。地役权人为实现地役权的设定目的，有权在供役地上实施必要的附属行为（如土地承包经营权人为灌溉的需要，在供役地上开挖水渠），但应采取对供役地损害最小的方式。

3. 支付租金的义务。地役权人使用供役地，可以与供役地权利人约定为有偿的，也可以约定为无偿的。地役权的设定约定有租金的，地役权人应当按照约定支付租金。

4. 对附属设施的保养维修义务。地役权人应当保养维修其附属设施。因未尽保养维修义务致使供役地权利人受到损害的，地役权人应当负赔偿责任。这里的附属设施既包括供役地人修建的附属设施，也包括地役权人修建的附属设施。因为在地役权期满时，供役地权利人有权按时价购买地役权人修建的附属设施。

（二）供役地权利人的权利义务

1. 附属设施的使用权及费用分担义务。供役地权利人在不影响地役权人使用的前提下，可以使用地役权人修建的附属设施，但应当按其收益的比例，分担附属设施的保养维修费用。

2. 变更利用场所及方法的权利。供役地权利人为使用土地的需要，在不影响地役权设定目的的前提下，可以请求变更地役权的利用场所及方法，地役权人不得拒绝。因此支出的费用由供役地权利人承担。例如，供役地权利人要求将地役权人开挖的水渠改道，以利于其灌溉。只要水渠仍然到达地役权人的需役地，并且不影响地役权人灌溉的，地役权人应当同意，不得拒绝。

四、地役权消灭的原因

1. 地役权期限届满。地役权期限的设定，由当事人约定，但不得超过土地承包经营权、建设用地使用权等用益物权的剩余期限。

2. 地役权被撤销。地役权人有下列情形之一的，供役地权利人有权解除地役权合同，地役权消灭：①违反法律规定或者合同约定，滥用地役权；②有偿利用供役地，约定的付款期间届满后在合理期限内经两次催告未支付费用。

3. 目的不能实现。供役地因自然原因的变化导致地役权设定的目的不能实现的，地役权消灭。如，水源枯竭导致取水地役权消灭。

4. 地役权还可因土地灭失、国家征收等原因消灭。

思考题

1. 农村居民的土地承包经营权和城镇居民的住宅用地使用权到期后，该权利是丧失还是延期？你认为应当办理什么样的手续？

2. 老王家在江南，其承包了十亩水田种植水稻并在稻田里从事水产养殖。老李家在内蒙古，其承包经营了一大片草场喂养牛羊和马匹。两家通过互联网相识后想将两家的稻田和草场互相交换，老王去放马，老李去种稻，尝试不同的生活。你认为他们的想法是否符合《物权法》的规定？能不能实现？

实务训练

（一）示范案例

案情： 陶某 3 年前与村委会签订了为期 30 年的土地承包合同。但近两年陶某一直在县城做生意，没有时间管理土地。今年春天陶某与邻居李某协商后，签订了土地转包协议，将承包土地转包给了李某经营。村委会得知后，以此事没有征得村委会同意为由，认定转包协议无效，并说陶某要是不承包土地，村委会就要提前收回承包土地。双方争执不下，陶某起诉到法院，请求法院保护其承包土地的转包权。法院依据《农村土地承包法》的相关规定判定：陶某与李某签订的土地转包协议不需经村委会同意，只要到村委会备案即可。

分析：《农村土地承包法》第 10 条明确规定："国家保护承包方依法、自愿、有偿流转土地承包经营权。……"第 32 条规定："通过家庭承包取得的土地承包经营权可以依法采取转包、出租、互换、转让或者其他方式流转。"第 34 条又规定："土地承包经营权流转的主体是承包方。承包方有权依法自主决定土地承包经营权是否流转和流转的方式。"第 37 条第 1 款规定："土地承包经营权采取转包、出租、互换、转让或者其他方式流转，当事人双方应当签订书面合同。采取转让方式流转的，应当经发包方同意；采取转包、出租、互换或者其他方式流转的，应当报发包方备案。"根据上述规定，可以明确的是，陶某与李某签订的土地转包协议是有效的。陶某与邻居李某签订的是土地转包协议，不必经原发包方即村委会同意，只要报村委会备案即可。村委会以陶某不承包土地就要提前收回承包地的说法没有法律依据。

（二）习作案例

1981 年 2 月，黄某以一户三人（黄某与妻子张某、大儿子）名义申请了宅基地建房。1981 年 12 月，小儿子出生。2002 年，大儿子结婚，黄某因车祸去世。2003 年，小儿子因结婚另行申请了宅基地建房；大儿子也将房屋拆除，在原宅基地上建了新房，张某随大儿子居住。2004 年，大儿子居住房屋面临拆迁，获得了拆迁补偿款 10 万余元和宅基地使用权补偿款 36 万余元。小儿子得知后，认为宅基地补偿款属于申请宅基地时的黄某、张某和大儿子共同所有，三人应各享有 12 万余元。父亲黄某已经去世，其享有的 12 万余元应作为遗产由母亲、哥哥和自己共同继承。大儿子反对，双方对簿公堂。

黄某小儿子要求分割宅基地补偿款的诉求能否得到法院的支持？为什么？

第十六章

担保物权

学习目标与工作任务

通过本章的学习，要求大家了解我国法律关于担保物权的有关规定；理解担保物权、抵押权、质权、留置权的概念、特点、权利的有关内容；掌握各担保物权类型在民事活动中的具体运用并据以解决民事实践活动中所发生的因抵押、质押、留置而产生的民事纠纷。

导入案例

2017 年 8 月 20 日，被告王某向原告刘某借款 50 万元，双方签订了借款抵押协议并办理登记，约定于 2018 年 4 月 20 日还本付息，王某以其所有的一幢价值 90 万元的二层楼房作为借款抵押物。借款期满后，刘某多次向王某催还借款，王某始终借口推脱不还。2018 年 7 月 21 日，王某又将上述抵押房屋连同附属物品以 100 万元的价格变卖给了张某，并办理了房屋产权转移手续。刘某得知情况后即向法院起诉，要求判令王某与张某之间的房屋买卖关系无效。本案中，刘某与王某之间的借款抵押协议有效。王某与张某之间的房屋买卖行为无效，因为刘某与王某双方已经签订了抵押协议并办理登记。

本案知识点：担保物权的概念；效力。

第一节　担保物权的概念和特征

一、担保物权的概念

担保物权，是指为确保债权的实现而在债务人或第三人的特定物或权利上所设定的物权。担保物权是与用益物权相对应的他物权。

《民法典》第 386 条规定："担保物权人在债务人不履行到期债务或者发生当事人约定的实现担保物权的情形，依法享有就担保财产优先受偿的权利，但是法律另有规定的除外。"

随着我国社会主义市场经济的发展，以债权债务关系的形式发生的自然人、法人、非法人组织之间的经济联系日益频繁，保障债尤其是合同之债的履行，对于维护社会主义商品流通秩序、保护民事主体合法权益而言至关重要。但是在债的实际履行过程中，当债务人不履行或不适当履行时，虽然债权人可以请求人民法院依照法定程序变卖债务人的财产，以其价金清偿债权，却因为债权不具有排他性和追及性的特点，仍存在债权人的债权得不到清偿的危险。债权人为避免这种实质性的危险，就必须依靠某些特别的担保方法来保障债权。

依照《民法典》的规定，特别担保方法包括人的担保、物的担保、金钱担保三种。人的担保就是保证，金钱担保就是定金。物的担保是指以债务人或第三人的特定物或权利作为债务履行的担保。这种担保具有极强效力，即不论债务人是否负担其他债务，也不论债务人是否将此担保物让与他人，债权人都有权对该担保物优先直接行使其权利，用以清偿债权，这就是担保物权。

担保物权制度为罗马法颁布以来在民法中形成的一项重要制度，是现代民法体系构成中的一个重要组成部分，其原因就在于担保物权在社会经济生活中的积极作用。它可以促进资金融通和商品流通，保障债权的实现，发展社会主义市场经济，特别是在借贷、买卖、货物运输、加工承揽等经济活动中，需要设定担保物权。

二、担保物权的特征

担保物权是传统民法中典型的物权形式，具有以下法律特征：

1. 担保物权以确保债的履行为目的。其设立就是为了保证主债债务得以真正履行，使得债权人对设立担保的财产享有优先受偿权。

2. 担保物权是在债务人或第三人的特定财产上设定的权利。担保物权是一种他物权，担保物的所有人是债务人或第三人。对于债权人来说，担保物是他人的所有物。同时，担保物权的标的物必须是特定物，否则，就无法从其价值中优先得到清偿，设立担保的意义也就无法体现。

3. 担保物权是以取得或支配他人特定财产的交换价值为内容的权利。担保物权虽然与一般物权属于同一范畴，但又有所不同。一般物权是以对特定标的物直接占有、使用、收益、处分为内容的支配权，即以支配物的本身为目的，而担保物权则是以取得一定的交换价值为目的，是一种确保债的清偿的价值权。

4. 担保物权具有从属性。担保物权是以担保债权的清偿为目的的物权，需从属于债权而存在，随主债的转移而转移。在实现担保物权时，须存在合法的被担保债权。

第二节　抵押权

导入案例

2016 年 6 月 23 日，某甲向当地工商银行贷款，工商银行要求其提供担保，某甲即同意以其所有的一套住房作为抵押物。双方签订了借款合同及抵押合同。由于银行工作人员的疏忽，双方并未到有关登记部门办理登记手续。根据我国法律关于房屋抵押权的登记制度，本案房屋抵押权并未生效；工商银行可要求某甲补办抵押登记。

本案知识点：担保；抵押权；抵押登记制度。

一、抵押权的概念和特征

（一）抵押权的概念

抵押权，是指债权人对于债务人或者第三人不转移占有而提供的、作为债务履行担保的财产，在债务人不履行债务或者发生当事人约定的实现抵押权的情形时，依法享有的就该财产优先受偿的权利。在抵押关系中，提供担保财产的债务人或第三人，称为抵押人；享有抵押权的债权人称为抵押权人；抵押人提供的担保财产称为抵押物，抵押物主要是不动产，也可以是动产。

（二）抵押权的特征

1. 抵押权是一种担保物权。抵押权是抵押权人直接对物享有的权利，可以对抗物的所有人及第三人。因此，抵押权是一种物权，但其目的在于担保债的履行，而不在于对物的使用和收益。

2. 抵押权是不移转标的物的占有的物权。抵押权的成立不以对标的物的实际占有为要件。就抵押人而言，不必将抵押物的占有移转给抵押权人，除取得融通的资金外，还可以由自己继续对抵押物进行占有、使用、收益，发挥物的效用。就抵押权人而言，其不仅无占有、使用、保管标的物的繁累，而且还能通过对抵押物的折价、变卖、拍卖，实现优先清偿的权利。因此，抵押权在实践中不失为一种良好的担保方式。

3. 抵押权是就债务人或第三人的财产而设定的物权。

4. 抵押权是以抵押财产的变价优先受偿的权利。抵押设定后，当债务人不履行债务时，抵押权人有权依法从抵押物折价、拍卖、变卖所得的价金中优先得到清偿，可排除无抵押权的债权人就抵押物优先受偿；对于债务人的其他抵押权人而言，次序在先的抵押权人有优先于次序在后的抵押权人就抵押物折价、拍卖、变卖所得价金受偿的权利；当债务人受到破产宣告时，抵押权设立在先的，不受破产宣告的影响，抵押权人仍然可以就抵押物卖得的价金优先得到清偿。

二、抵押权的取得

（一）依法律的规定取得抵押权

依法律的直接规定而取得的抵押权，称为法定抵押权。法定抵押权，一般无须登记，当符合相关法律规定的条件时，便可以发生取得的效力。

（二）依法律行为取得抵押权

1. 因设立而取得抵押权。因设立而取得抵押权，称为约定抵押权，这是最常见的取得抵押权的方式。抵押权因抵押行为而设立，抵押行为是当事人（抵押人和抵押权人）通过意思表示设定抵押权的双方民事法律行为，其具体表现形式为抵押合同。抵押权的设立，通常在双方当事人达成合意，订立书面合同，并办理登记后发生效力。

（1）抵押合同。实践中存在的抵押权主要为约定抵押，是通过抵押合同而产生的。根据我国《民法典》第400条的规定，抵押人和抵押权人应当以书面形式订立抵押合同，作为主债权债务合同的从合同。当事人签订的抵押合同应当包括以下内容：被担保的主债权种类、数额；债务人履行债务的期限；抵押物的名称、数量、质量、状况、所在地、所有权权属或者使用权权属等情况；抵押担保的范围；当事人认为需要约定的其他事项。抵押合同不完全具备上述内容的，可以补正。但对抵押合同的补正，必须符合法律要求的要件方为有效。

（2）抵押物。抵押物是债务人或第三人提供担保的财产。我国《民法典》第395条规定了可以用以抵押的财产的范围。债务人或者第三人有权处分的下列财产可以抵押：①建筑物和其他土地附着物；②建设用地使用权；③海域使用权；④生产设备、原材料、半成品、产品；⑤正在建造的建筑物、船舶、航空器；⑥交通运输工具；⑦法律、行政法规未禁止抵押的其他财产。抵押人可以将上述财产一并抵押。第396条规定，企业、个体工商户、农业生产经营者可以将现有的以及将有的生产设备、原材料、半成品、产品抵押，债务人不履行到期债务或者发生当事人约定的实现抵押权的情形，债权人有权就抵押财产确定时的动产优先受偿。

同时，我国《民法典》第399条还规定了不得用以抵押的财产范围，包括：①土地所有权；②宅基地、自留地、自留山等集体所有土地的使用权，但法律规定可以抵押的除外；③学校、幼儿园、医疗机构等为公益目的成立的非营利法人的教育设施、医疗卫生设施和其他公益设施；④所有权、使用权不明或者有争议的财产；⑤依法被查封、扣押、监管的财产；⑥法律、行政法规规定不得抵押的其他财产。

（3）抵押登记。由于抵押权设立的法律效果不仅直接涉及抵押人和抵押权人，而且还及于抵押人的一般债权人和其他与抵押物有利害关系的人。因此，法律对抵押权的设立要求具备严格的形式要件。

根据我国《民法典》第402条的规定，以下列财产抵押的，应当向有关部门办理抵押登记：①建筑物和其他土地附着物；②建设用地使用权；③海域使用权；④正在建造的建筑物。抵押权自登记时设立。第403条规定，以动产抵押的，抵押权自抵押合同生效时设立；未经登记，不得对抗善意第三人。

当事人以上述财产以外的其他财产抵押的，可以自愿办理抵押物登记。登记部门为抵押人所在地的公证部门。抵押合同自签订之日起生效。当事人未办理抵押物登记的，不得对抗第三人。对这些财产是否进行抵押登记，完全由当事人决定。无论是否登记，抵押合同均自签订之日起生效，并对当事人产生约束力，但是未经登记的抵押权不能对抗第三人。

当事人办理抵押登记，应当向登记部门提交主合同和抵押合同以及抵押物的所有权或者使用权证书等文件或其复印件。

2. 因转让而取得抵押权。债权转让的，担保该债权的抵押权随之转让，受让人可以因此而取得抵押权，但当事人另有约定的除外。因转让而取得抵押权的，须进行登记，非经登记的，不发生取得抵押权的效力。因为抵押权从属于债权而存在，在转让附有抵押权担保的债权时，即便没有表明转让抵押权的意思表示，受让人也同时取得抵押权。

三、抵押权的效力

（一）抵押权担保的债权范围

抵押权担保的债权范围，指抵押权人行使抵押权时，可以受优先清偿的债权的范围。

我国《民法典》第389条规定，担保物权的担保范围包括主债权及利息、违约金、损害赔偿金、保管担保财产和实现担保物权的费用。当事人另有约定的，按照其约定。这里的主债权，是指抵押权设立时，其所担保的原本债权，应在抵押权设立时予以登记，以便使之确定下来。利息，是指由主债权所生的孳息。抵押权的实现费用，是指抵押权人因实现抵押权而支出的费用，包括取得执行名义的费用和申请强制执行的费用。因这些费用完全是因债务人不履行债务而引起的，故应当属于抵押权担保的债权范围。但当事人另有约定的，从其约定。此外，债务人不履行债务时应支付给债权人的违约金或者损害赔偿金，也在抵押权的担保范围内。

（二）抵押权人的权利、义务

抵押权人的权利，是指抵押权对于抵押权人所具有的效力。其具体包括：

1. 抵押物的保全权。在抵押担保设定期间，抵押权人并不直接占有抵押物，因此法律赋予抵押权人保全抵押物的权利。①抵押物价值减少的防止权。抵押权是债务人到期不清偿债务时，抵押权人可以将抵押物变卖并以其所得价金优先受偿的权利。因此，在行使抵押权之前，如果抵押人的行为足以使抵押物的价值减少时，抵押权人有权要求抵押人停止其行为。如情况紧迫，抵押权人还可为必要的保全处分。我国《民法典》第408条规定，抵押人的行为足以使抵押物的价值减少的，抵押权人有权请求抵押人停止其行为。法律为防止抵押物价值减少而赋予抵押权人的这些权利，学理上称为抵押物价值减少防止权。[1] ②抵押物价值减少的恢复价值请求权或增加担保请求权。我国《民法典》第408条规定，抵押财产价值减少的，抵押权人有权请求恢复抵押财产的价值，或者提供与减少的价值相应的担保。学说将其称为抵押物价值减少的恢复原状或增加担保请求权。[2] 抵押物价值减少时，抵押权人有权要求抵押人恢复抵押物的价值，或者提供与减少的价值相当的担保。抵押权人有权选择行使恢复抵押物原状或提供与减少价值相当的担保的请求权。抵押人对于抵押物价值的减少无过错的，抵押权人有权在抵押人因损害而得到的赔偿范围内要求提供担保。抵押物价值未减少的部分，仍作为债权的担保。

2. 对抵押权的处分权。①让与抵押权，指抵押权人将其抵押权转让给他人。但因抵押权是从属于受担保的债权而存在的，具有不可分性，所以抵押权不得与所担保的债权分离而让与。抵押权与债权一并让与时，除应遵守有关债权让与的规定外，关于抵押权的部分，一般须经登记才发生让与的效力。②放弃抵押权，指抵押权设定后，抵押权人主动放弃优先受偿的权利。③供作债权的担保。抵押权是从属于债权而存在的附属性权利，它虽然不得与债权分离而为其他债权的担保，但可连同债权而成为其他债权的担保。

3. 孳息收取权。在抵押期间，抵押物所产生的孳息一般由抵押人收取。但债务履行期届满，债务人不履行债务致使抵押物被人民法院依法扣押的，自扣押之日起，抵押权人有权收取从抵押物分离的天然孳息或者法定孳息。抵押权人未将扣押抵押物的事实通知应当清偿法定孳息的义务人的，抵押权的效力不及于该孳息。

4. 优先受偿权。根据我国《民法典》第410条第1、2款的规定，债务人不履行到期债务或者发生当事人约定的实现抵押权的情形，抵押权人可以与抵押人协议以抵押财产折价或者以拍卖、变卖该抵押财产所得的价款优先受偿。抵押物折价或者拍卖、变卖后，其价款超过债权数额的部分归抵押人所有，不足部分由债务人清偿。但根据该法第401条的规定，抵押权人在债务履行期限届满前，与抵押人约定债务人不履行到期债务时抵押财产归债权人所有的，只能依法就抵押财产优先受偿。

抵押权人的主要义务是严格依据法定或约定的方式及程序实现抵押权，不得非法干预或者妨碍抵押人对抵押物的使用、收益而损害抵押人和其他人的合法利益。

（三）抵押人的权利、义务

抵押人的权利主要有：

1. 对抵押物的占有权。在设定抵押后，抵押人仍有权继续占有、使用抵押物，并有权收取抵押物所生的孳息。

2. 对抵押物的处分权。在设定抵押后，抵押人并不丧失对抵押物的所有权，因此抵押人仍享有对抵押物的处分权，包括：①让与抵押物所有权。在抵押期间，抵

---

〔1〕 梁慧星、陈华彬编著：《物权法》，法律出版社2003年版，第324页。
〔2〕 梁慧星、陈华彬编著：《物权法》，法律出版社2003年版，第325页。

押人转让已办理登记的抵押物的，应当通知抵押权人并告知受让人转让物已抵押的情况；抵押人未通知抵押权人或者未告知受让人的，转让行为无效。转让抵押物的价款明显低于其价值的，抵押权人可以要求抵押人提供相应的担保；抵押人不提供的，不得转让抵押物。抵押人转让抵押物所得的价款，应当向抵押权人提前清偿所担保的债权或者向与抵押权人约定的第三人提存，超过债权数额的部分，归抵押人所有，不足部分由债务人清偿。②设立数个抵押权。抵押人可以在自己的同一个财产上设立数个抵押权。因抵押权的设立并不移转标的物的占有给债权人，因此，可以允许抵押人在设定抵押后以该抵押物的价值剩余部分再次设定一个或数个抵押权，但不得超过其价值剩余部分，以使该财产尽量发挥担保价值。同一抵押物有数个抵押权的，如果抵押合同已登记生效的，则按抵押物登记的先后顺序清偿；顺序相同的，按照债权比例清偿。如果抵押合同自签订之日起生效的，该抵押物已登记的，按登记的先后顺序清偿；未登记的，按合同生效时间的先后顺序清偿；顺序相同的，按照债权比例清偿。抵押物已登记的先于未登记的受偿。

抵押人的主要义务是妥善保管好抵押物。在抵押期间，由于抵押人继续占有抵押物，因此，抵押人应当负有保管抵押物的义务，并应采取各种必要的措施，以防止抵押物的毁损丢失和价值减少。

四、抵押权的实现

（一）抵押权实现的概念

抵押权的实现，是指抵押权人在债权已届清偿期而未获得清偿时，通过行使抵押权，以求得优先受偿权的实现。因此，抵押权的实现是发挥抵押权作用的方式和途径，也是抵押权人最主要的权利。如无此效力，则抵押权将没有存在的价值。

（二）抵押权实现的要件

抵押权的实现，必须具备以下两大要件：

1. 抵押权的有效存在。所谓抵押权的有效存在，指依法律行为取得抵押权的，其抵押权业已登记，并已载明所担保的债权；依法律规定取得抵押权的，只需该抵押权有明文规定，且抵押权人所主张的抵押权已满足法律规定的要件。若抵押权无效，如法律规定应登记设立的抵押权未经登记，或抵押权已经消灭，或抵押权人已经抛弃抵押权，则不能实现抵押权。

2. 债权已届清偿期而存在未获清偿的事实。所谓未获清偿，不仅指债权全部未获清偿，而且也指债权部分未获清偿。抵押权只是担保债务履行的方法，在债务清偿期未到，债务人还不必履行债务时，抵押权人自然没有实现其抵押权的权利。如果债务已届清偿期，债务人已如期履行债务，抵押权所担保的债权消灭，抵押权自应随之消灭。只有在债务已届清偿期，债务人不履行债务时，抵押权人才可以实现其抵押权。

（三）抵押权实现的方式

债务履行期届满，抵押权人未受清偿的，可以与抵押人协议以抵押物折价或者以拍卖、变卖该抵押物所得的价款受偿。协议不成的，抵押权人可以向人民法院提起诉讼。据此规定，抵押权的实现方式主要有以下三种：

1. 折价。在债权清偿期届满后，抵押权人和抵押人签订合同，由抵押权人取得抵押物的所有权，将抵押物价值高于债权额的部分，返还给抵押人。

这种方式只能在抵押权得以实现时适用，在抵押权实现之前，当事人不得约定以抵押物折价。

2. 拍卖。拍卖是指以公平竞争的方式，由多个竞买者对该抵押物竞相报价，出售给报价最高的人的一种买卖方式。抵押权人在债权已届清偿期而未受清偿时，可以依一定的程序拍卖抵押物，就其所卖得的价金优先受偿。

抵押物的拍卖是实现抵押权的一种主要方式。以拍卖的方式处分抵押物，不仅可以通过竞买使抵押物充分实现其价值，而且因拍卖由法院或公共拍卖机构主持进行，所以对于抵押权人和抵押人而言也较为公平。按照我国现行法律的有关规定，债务人到期不履行债务的，抵押权人有权请求拍卖抵押财产，而且也可依照我国《拍卖法》的规定，委托拍卖企业拍卖抵押物。

拍卖抵押物所得的价金，在扣除拍卖的费用后交付抵押权人。如果抵押权人有数人，应按其抵押权的次序分配，次序在先的优先受偿，次序相同的按债权额的比例受偿。抵押权人就价金受偿后，其债权和抵押权即归于消灭。如果价金超过抵押权人应受偿的债权额时，应将受偿后的剩余部分交付抵押人。当然抵押权人受到分配的抵押物价金不足以清偿其债权额时，债权已受清偿的部分消灭，其余未受清偿的部分仍存续，但抵押权却因抵押物的拍卖而消灭。

抵押物被拍卖后，抵押人对抵押物享有的所有权消灭。

3. 变卖。变卖，即用一般的买卖方法，将抵押物出卖，以所卖得的价金受偿。这种方式在抵押权人不愿意拍卖抵押物，也不愿意取得抵押物的所有权时予以适用。

五、抵押权的终止

出现下列情况之一的，抵押权即终止其效力：

1. 因主债权的消灭而消灭。抵押权是为担保主债权而存在的，与主债权属于主从关系，具有从属性，所以当债权因清偿、抵销、免除等原因消灭时，抵押权也随之而全部消灭。抵押权因主债权的消灭而消灭，是抵押权消灭的一项重要原因。

2. 因抵押物的灭失而灭失。这里的灭失，包括法律上的灭失和事实上的灭失。但是，如果抵押人因抵押物的灭失而获得赔偿金时，则抵押权并不因此而消灭，抵押权人仍可对该赔偿金行使权利。

3. 因抵押权的实现而消灭。抵押权人对于抵押物已经实现其抵押权，无论其债权是否得到全部清偿，抵押权都归于消灭。

六、最高额抵押权

（一）最高额抵押权的概念

根据我国《民法典》第420条的规定，最高额抵押权是指为担保债务的履行，债务人或者第三人对一定期间内将要连续发生的债权提供担保财产的，债务人不履行到期债务或者发生当事人约定的实现抵押权的情形，抵押权人有权在最高债权额限度内就该担保财产优先受偿。最高额抵押权与一般抵押权有所不同，一般抵押权是先有债权，然后再设定抵押权，而最高额抵押权是为将来的债权而设定的抵押权。最高额抵押权主要适用于连续的交易关系、劳务提供关系和连续的借款关系。

（二）最高额抵押权的特征

1. 最高额抵押权，一般是为将来发生的债权作担保。最高额抵押权设立前已经存在的债权，经当事人同意，可以转入最高额抵押担保的债权范围。

2. 在设定最高额抵押时，预定最高限额。所谓最高限额，是指抵押权人基于最高额抵押权可以优先受偿的债权的最高限度数额。[1] 这里的最高限额，不是指最高额抵押权所担保的实际债权额。一般担保的债权是特定的，但由于最高额抵押权所担保的是未来所发生的债权，该债权是不特定的，必须到了决算期，才能确定抵押权担保的实际债权数额。在债权数额未确定前，担保债权的数额增增减减，变动不已。当债权数额得以确定时，如实际的债权额超过最高限额的，则超过部分不在担保的范围内；如不及最高限额的，则以实际的债权额为担保的数额。

3. 最高额抵押权是对一定期限内连续发生的债权作担保。其所担保的债权，是基础法律关系不断发生的不特定债权。只有在决算期届满，通过决算确定债的实际数额，同时债也已经到了清偿期时，债权人才能实现其抵押权。

（三）最高额抵押权的设定

最高额抵押，依普通抵押权的设立程序设立，在当事人作出设定行为并办理登记后，始成立并生效。

设立最高额抵押，应订立最高额抵押合同。合同应具备一般抵押合同的内容，同时还应包括最高额抵押权所担保的债权范围、最高限额和决算期。所谓决算期，是指最高额抵押所担保债权的实际数额的确定日期。由于最高额抵押合同规定的最高限额并非实际担保额，实际担保额须在决算期届满时方可确定，所以最高额抵押合同一般应当规定决算期。如果未规定决算期，一般依最高额抵押所担保的债权的基础法律关系确定决算期。最高额抵押合同定有存续期间并已登记的，存续期间届满时为决算期。

第三节　质　权

导入案例

甲为电脑销售商，因临时出国，其将尚未出售的一批电脑委托好友乙暂时保管。

---

〔1〕　梁慧星、陈华彬编著：《物权法》，法律出版社 2003 年版，第 332 页。

乙因经商急需而向丙借款，丙要求提供担保，乙遂将甲委托其保管的电脑出质于丙。丙将该电脑委托于丁保管，费用 1000 元。后甲发现此事，认为乙未经同意擅自将电脑出质的行为无效，双方发生纠纷并诉至法院。法院认为，质权适用善意取得制度。本案中，甲为财产的所有人，乙为财产的保管人，乙本无权利将甲的电脑出质于丙，但丙不知乙无权出质该电脑，乙将该电脑出质于丙，丙可因善意而取得对电脑的质权。

本案知识点：质权的概念；效力；善意取得制度。

一、质权的概念和特征

（一）质权的概念

所谓质权，是指为了担保债权的履行，债务人或第三人将其动产或权利凭证移交给债权人占有，当债务人不履行债务或者发生当事人约定的实现质权的情形，债权人有权就该动产优先受偿。在质权法律关系中，享有权利的债权人称为质权人；将财产或权利凭证移转给质权人占有而供作担保的债务人或第三人，称为出质人；出质人移转给质权人占有以供债权担保的财产，称为质物或质押物。

（二）质权的特征

质权与抵押权均属于民法上的担保物权，但相比较而言，两者有明显不同：

1. 质权的标的物为动产和权利，不动产不能成为质权的标的物，即当事人不能就不动产设定质权。而抵押权的标的物既包括动产，也包括不动产。

2. 设定质权时，须转移对质押物的占有，质权的成立以质权人实际占有和控制标的物为成立要件。而抵押权的设立则不以标的物的占有移转为要件，抵押人无须移转标的物的占有给抵押权人，在抵押设定期间，抵押人仍然实际占有和控制抵押物。

3. 除相关法律作特殊规定的财产在设定质押时须办理登记手续外，一般的动产和权利在设定质权时，仅以移转对质押物的占有作为公示方法。而抵押权的设定则主要采用登记方法，以登记为公示。

4. 因质押物移转给质押权人占有的，质押权人可直接对质物行使占有权，并有权收取质押物在质权设定期间所生的孳息，同时负有保管质物的义务。而抵押权人则无此权利和义务。

二、动产质权

（一）动产质权的概念

根据我国《民法典》第 425 条的规定，动产质权是指为担保债务的履行，债务人或者第三人将其动产出质给债权人占有的，债务人不履行到期债务或者发生当事人约定的实现质权的情形，债权人有权就该动产优先受偿。

（二）动产质权的特征

1. 动产质权是以他人的动产作为标的物的质权。这里的动产，指具有财产价值，并可依法定程序予以变卖的财产。权利人通过变卖出质人移交的动产，就其卖得价金而予以优先受偿。无财产价值的动产和不能依法定程序变卖的财产,均不得作为动产质权的标的物。另外,动产质权的标的物须属于他人所有,动产质权是在他人之物上存在的权利,属于一种定限物权。

2. 动产质权是质权人占有债务人或第三人移交的动产的权利。动产质权的设立与存在,以质权人占有债务人或第三人移交的动产为前提,动产质权的标的物既可由债务人提供,也可由第三人提供。

3. 动产质权是质权人就该动产折价、拍卖、变卖所得价金优先受偿的权利,是一种价值权。动产质权属担保物权,是为确保债权的清偿而设定的,所以当债权届期未获清偿时,质权人就可变卖质物,并就质物卖得的价金,较之一般债权予以优先受偿。因此,动产质权除因占有质物而具有留置效力外,还有优先受偿的效力。

（三）动产质权的设定

动产质权的设定,通常由质权人（债权人）与出质人（债务人或第三人）自愿依合同进行。依据我国《民法典》第427条的规定,设立质权,质权人与出质人应当采用书面形式订立质押合同。因此,动产质押合同属于要式合同,当事人必须以书面形式订立,如果当事人采用口头形式订立质押合同,该质权的设定应属无效。

当事人签订的动产质押合同一般包括下列条款:

1. 被担保债权的种类和数额。

2. 债务人履行债务的期限。

3. 质押财产的名称、数量等情况。

4. 担保的范围。包括主债权及利息、违约金、损害赔偿金、质物保管费用和实现质权的费用。质权合同另有约定的,按照其约定。

5. 质押财产交付的时间、方式。

质押合同不完全具备上述规定内容的,可以补正。

动产质押的设定不仅要订立书面合同,还必须转移动产的占有,动产质押合同自质押物移交于质权人占有时始生效力。

我国《民法典》第428条的规定,质权人在债务履行期限届满前,与出质人约定债务人不履行到期债务时质押财产归债权人所有的,只能依法就质押财产优先受偿。

（四）动产质权的效力

1. 动产质权所担保的债权范围

动产质权所担保的债权的范围,由当事人通过订立合同予以确定。一般包括主债权及其利息、违约金、损害赔偿金、保管担保财产和实现担保物权的费用。当事人另有约定的,按照其约定。

2. 质权人的权利、义务

质权人的权利主要有以下几种:①质物占有权和留置权。质权人对质物的占有,既是质权的成立要件,也是质权的存续要件,质权人有权在债权受清偿前占有质物。

同时，在主债务没有得到清偿以前，质权人有权留置质物。即使质物所有权已经由出质人转让给他人，质权人仍然享有留置权，并有权拒绝任何第三人提出的交付质物的要求。②收取质物孳息权。孳息，即原物所产生的财产利益，包括天然孳息和法定孳息。在质权法律关系中，除当事人约定质物的孳息由出质人或第三人收取以外，原则上质权人可以收取质物的孳息。这里需要说明的是，所谓质权人可以收取质物所生的孳息，并非指该孳息即归质权人所有。该孳息，为动产质权的效力所及的标的物之一，应使它首先抵充收取孳息的费用，其次抵充原债权的利息，最后抵充原债权。[1] ③质权保全权。在质权设定期间，如果质物有损坏或者价值明显减少的可能，足以危害质权人利益的，质权人可以要求出质人提供相应的担保。出质人不提供的，质权人可以拍卖或者变卖质物，并与出质人协议，将拍卖或变卖所得的价款用于提前清偿所担保的债权，或者向与出质人约定的第三人提存。④优先受偿权。债务履行期届满，质权人未受清偿的，可以与出质人协议以质物折价，也可以依法拍卖、变卖质物，从价款中优先受偿以满足债权。在质物折价或者拍卖、变卖以后，其价款超过债权数额的部分归出质人所有，不足部分由债务人清偿。

质权人的主要义务是妥善保管质物。因保管不善使质物受损或灭失的，质权人应当承担民事责任。同时债务履行期满，债务人履行债务的，或者出质人提前清偿所担保的债权的，质权人应当返还质物。

3. 出质人的权利、义务

出质人的权利主要有以下几种：①收取质物收益权。质权设定后，质物虽已移转质权人占有，但在有约定的情况下，出质人可依合同约定继续享有对质物的收益权。②质物处分权。出质人虽将质物的占有移转于质权人，但并不因此丧失对质物的所有权，在法律上其仍享有质物的所有权，因此仍有权将质物转让或赠与他人。但出质人行使对质物的处分权，不应当影响原有的质权。③对主债务人的求偿权与代位权。在动产质权法律关系中，当出质人非主债务人而是第三人时，第三人在代位清偿债务后对主债务人享有求偿权与代位权。第三人如因质权的实行丧失质物所有权时，有权依照保证制度的规定向主债务人请求补偿。

出质人的主要义务是不得妨害质权人享有并行使对质物的权利。

4. 动产质权的实现

动产质权的实现，是动产质权最主要的效力。它是指质权人在其债权已届清偿期而未获清偿时，为了债权的优先受偿的实现，而处分质物的行为。我国《民法典》第436条第2款规定，债务人不履行到期债务或者发生当事人约定的实现质权的情形，质权人可以与出质人协议以质押财产折价，也可以就拍卖、变卖质押财产所得的价款优先受偿。①折价。质权人与出质人协议，以质物折价后所得价款归质权人所有。质权人在债权清偿期届满后，为受清偿，可以订立合同取得质物的所有

---

[1] 梁慧星、陈华彬编著：《物权法》，法律出版社2003年版，第343页

权。②拍卖。拍卖质物，是动产质权实现的最主要方式。质权实现的拍卖，由质权人自行为之。为保护出质人的利益，质权人在拍卖质物时，一般应在拍卖前通知出质人。质权人如能通知而没有通知的，对出质人因此所受的损害，应负赔偿责任。动产质权人在其债权未受全部清偿前，可以就质物的全部行使权利，债务人不得以已经为债务的一部分或大部分清偿为借口而阻止质权人拍卖质物。③变卖。这主要指以一般的买卖方法来实现质权。采取这种方法实现质权的，以无害于其他质权人的利益为前提，否则不得依这种方法处分质物，实现质权。

三、权利质权

（一）权利质权的概念

权利质权，是指为了担保债权清偿，以可转让的财产权利为标的物的质权。

权利质权，是与动产质权相并列的另一类质权，两者均为以取得标的物的交换价值为目的的价值权，只不过权利质权是以权利为标的物的质权。须说明的是，并非任何权利均可以为权利质权的标的，一般只有具备以下性质的权利，才能成为权利质权的标的：①须为财产权。非财产权因不具有经济价值，无法实现对债权的优先清偿，故不得成为权利质权的标的。②作为标的的财产权须可让与。设定权利质权的目的是就该权利优先受偿，如果该权利不能让与，不仅不能就该权利的变卖价金受偿，也无法由质权人取得权利，这样的权利质权就毫无意义。③该财产权必须是不违背质权性质的财产权，不动产不能设定权利质押。

（二）可以质押的权利的种类

1. 有价证券。以汇票、本票、支票、债券、存款单、仓单、提单出质的，应当在合同约定的期限内，将权利凭证交付质权人。质权自该权利凭证交付质权人时设立。没有权利凭证的，质权自办理出质登记时设立。法律另有规定的，依照其规定。

以载明兑现或者提货日期的汇票、支票、本票、债券、存款单、仓单、提单出质的，汇票、支票、本票、债券、存款单、仓单、提单兑现或者提货日期先于债务履行期到期的，质权人可以在债务履行期届满前兑现或者提货，并与出质人协议将兑现的价款或者提取货物用于提前清偿所担保的债权，或者向与出质人约定的第三人提存。

2. 依法可以转让的基金份额、股权。以基金份额、股权出质的，质权自办理出质登记时设立。

3. 依法可以转让的知识产权中的财产权。以注册商标专用权、专利权、著作权等知识产权中的财产权出质的，质权自办理出质登记时设立。

以依法可以转让的商标专用权、专利权、著作权中的财产权出质后，出质人不得转让或者许可他人使用，但经出质人与质权人协商同意的，可以转让或许可他人使用。出质人所得的转让费、许可费应当向质权人提前清偿所担保的债权，或者向与质权人约定的第三人提存。

4. 现有的以及将有的应收账款。以应收账款出质的，质权自办理出质登记时设立。应收账款出质后，不得转让，但经出质人与质权人协商同意的除外。出质人转让应收账款所得的价款，应当向质权人提前清偿债务或者提存。

5. 法律、行政法规规定可以出质的其他财产权利。

（三）权利质权与动产质权的比较

权利质权与动产质权的设立均转移对标的的占有，当出质人到期不清偿债务时，质权人均可就该标的变卖所得价金优先受偿。同时，担保法将权利质权与动产质权共同规定在质权中，是考虑到两者的相似性，因而未对权利质权的一般性问题作出规定，而仅仅就权利质押作了一些特殊规定。因此，凡是在权利质权中未作特殊规定的，应适用动产质权的规定。

但是，将两者加以比较，存在以下区别：

1. 标的不同。动产质权的标的为有形的动产，而权利质权的标的一般为无形的权利。

2. 质权设立的方式不尽相同。质权的设立虽然都要订立质押合同和向质权人移转标的物的占有，但由于有形动产和无形权利之间的区别，二者在移转占有的方式上仍然有很大的不同。一般而言，在设定动产质权时，移转动产占有的方式只有一种，即交付。而在设定权利质权时，移转占有的方式则依照权利移转的特殊规定进行。例如，以依法可以转让的知识产权中的财产权出质的，除双方订立书面合同外，还应向有关管理部门办理登记，方可发生出质的效力。

3. 质权实现的方式不尽相同。动产质权实现的方式，是质权人折价、拍卖、变卖质押物并以卖得价金优先受偿。而权利质权的实现，除采用这些方式外，还有另一类方式，即取代出质人的地位，向入质权利的义务主体直接行使入质权利，并通过直接行使入质权利使被担保的债权优先受偿。

四、质权的消灭

质权消灭的原因主要有以下几种：

1. 主债权消灭，作为从权利的质权也随之消灭。

2. 质押物灭失。质权的效力以质押物的存在为前提，质权因质押物灭失而消灭，但因灭失所得的赔偿金，应当作为出质财产。

3. 丧失占有。质权人如果丧失了对质押物的占有，并且不能请求返还时，质权消灭。

4. 质权实现。在债务履行期届满，出质人不能履行债务时，质权人有权就质押物变卖所得价金优先受偿。质权人实现质权利益，质权即告消灭。

第四节　留置权

导入案例

甲钢铁厂向乙电机厂订购了一台DQ-338型电机，双方约定：由乙方办理托运，交某铁路分局承运，运费由乙方先行支付，待甲方收到电机支付货款时一并结清。乙电机厂按合同约定将电机交某铁路分局承运，但一直未付运费。后甲钢铁厂又将一批进口的铁矿砂交某铁路分局承运。在甲方运输车队去取该批货物时，某铁路分局扣住不给，要求甲方付清运费再运走货物。押运员向某铁路分局管理员出示了运费付讫的单据，管理员说："不是这笔钱，上次托运电机，货已经拿走好几个月了，运费到现在还未付清，我们要行使留置权。"本案中的某铁路分局不能行使留置权。因为，留置权成立须以留置财产与债权有牵连关系为要件，本案中的铁矿砂是铁矿砂运输合同的标的物，属于另外一个法律关系，与电机运输合同无牵连关系。电机运费的支付人应是乙电机厂，因为甲钢铁厂与乙电机厂已经约定由乙电机厂负责托运，因此在电机运输合同中，乙电机厂是托运人，是运输合同当事人；甲钢铁厂只享有收货的权利，并不负担支付运费的义务。

本案知识点：留置权概念；成立要件；催告期。

一、留置权的概念和特征

（一）留置权的概念

根据我国《民法典》第447条的规定，留置权，是指当债务人不履行到期债务时，债权人可以留置已经合法占有的债务人的动产，并有权就该动产优先受偿的权利。

（二）留置权的特征

1. 留置权是一种法定担保物权。我国《民法典》对留置权的成立作了明确的规定，可见，我国现行法上的留置权，是依法律的直接规定而产生的担保物权，只要债权人依合同约定占有了债务人的财产，且债务人届期不履行合同约定的债务，债权人对其已占有的债务人财产便当然取得留置权。

2. 留置权是以动产为标的物的担保物权。留置权是债权人留置债务人动产的权利，其作用在于促进担保债权的实现。这里的动产，是指债务人的动产，而非债务人以外的其他人的动产。如果债权人占有的动产不是债务人的动产，而是债务人以外的其他人的动产，则不得成立留置权。债权人在自己的质权受到清偿前，有权拒绝返还其所占有的债务人的财产。留置权不仅可以对债务人主张权利，而且可以对抗留置标的物的受让人。

3. 债权人行使留置权留置的动产，应当与债权属于同一法律关系，但是企业之间留置的除外。留置权是一种法定担保物权，当留置权符合一定条件时，依法律规定产生。但当事人可以在合同中约定不得留置的物。

4. 留置权可以发生两次效力。第一次效力是成立留置权，即在债权人债权到期没有得到清偿时，债权人有权留置债务人的财产。第二次效力是实现留置权，即在债务人超过规定的期限不履行其债务，留置权人可以依法以留置物折价、拍卖、变卖的价金优先受偿，以实现债权。

二、留置权的成立要件

留置权是一种法定担保物权，当事人基于法律的规定才能取得留置权。留置权的成立应当具备以下要件：

1. 债权人合法占有债务人的动产。留置权的目的，在于担保债的履行，因此享有留置权的应当是债权人，同时债权人占有的财产还必须是依法归债务人所有并可以进行交易的动产，从而保障该财产可以买卖、变卖。占有方式可以是直接占有，也可以是间接占有，但必须根据合同合法占有。如果是因侵权行为等非法占有他人的动产，则不发生留置权。

2. 债权人占有他人的财产与其债权有牵连关系，即债权人占有的债务人的财产，与债务人未清偿的债务有关。债权人不得利用本合同的权利对其他无牵连的债的标的物行使留置权。债权与标的物的占有的取得基于同一合同关系，当债务人不履行债务时，才可能出现留置权。但是企业之间留置的除外。

3. 债权已届清偿期而债务人未按规定的期限履行义务时，债权人方可留置该动产。在合同履行期间内，债权人虽占有债务人的动产，但在债权未届清偿期时，此时尚未发生债务人不履行债务的问题，亦无法确定债务人是否构成违约，因此不发生留置权。留置权的成立须以债权已届清偿期而债务人仍不履行债务为前提，债权人因自己的债权不能得以实现，才可以留置债务人的动产，以此作为自己债权实现的担保。

4. 留置权人与债务人应当约定留置财产后的债务履行期限；没有约定或者约定不明确的，留置权人应当给债务人 60 日以上履行债务的期限，但是鲜活易腐等不易保管的动产除外。债务人逾期未履行的，留置权人可以与债务人协议以留置财产折价，也可以就拍卖、变卖留置财产所得的价款优先受偿。

三、留置权的效力

（一）留置权所担保的债权的范围

一般而言，留置权所担保的债权是：主债权及其利息、违约金、因留置物隐有瑕疵而生的损害赔偿金、留置物的保管费用和实现留置权的费用。因留置权为法定担保物权，所以它所担保的债权必须与留置物有牵连关系，而不得由当事人自由约定。

（二）留置权人的权利、义务

1. 留置权人的权利。①对留置物的占有权。留置权是债权人占有债务人的动产，在债权未受清偿前，可以将动产留置的权利。所以，留置权人在债权未受清偿前，应享有将标的物扣留、拒绝返还的权利。当留置物被第三人侵夺时，留置权人可以行使占有物返还之诉请求返还。但是，如果留置物为可分物的，债权人只能留置与自己的债权额相当的部分，其余部分应当交还债务人。②收取留置物所生孳息的权利。因留置权不是用益物权而是担保物权，所以债权人对留置物没有使用权和收益权。但留置权人在占有留置物期间内，有权收取留置物的孳息的权利。收取留置物孳息的作用仍然在于担保债权人债权的实现，而并非完全归债权人所有。处理的原则是，如果该孳息是天然孳息，经双方协议估价后可抵偿债权，或将其依法拍卖，以所得价金抵偿。如果该孳息是法定孳息且与自己的债权种类相同的，则可以直接抵偿。③请求偿还必要费用的权利。债权人因保管留置物所支出的必要费用，有权向债务人请求返还。留置权人对留置物虽无用益的权利，但对留置物负有以善良管理人的注意加以保管的义务。所以对于因保管所生的费用，当然可以请求返还。这里的费用，主要指为维持或保管留置物的现状所不可缺少的费用。④实现留置权。即留置权人实现留置权，以优先清偿其债权的权利。这里须作说明的是，债权已届清偿期只是留置权的成立条件，而非实现条件。留置权人若要实际变卖或者以留置物折价从而使自己的债权得到清偿，还需以债务人不履行债务超过一定的期限为必要。根据我国《民法典》的规定，这里的"期限"应为不少于60天，自债权已届清偿期时起算。

2. 留置权人的义务。①留置物的保管义务。留置权人应以善良保管人的注意保管留置物。因保管不善而造成留置物毁损或灭失的，应当承担损害赔偿责任。我国《民法典》第451条明文规定，留置权人负有妥善保管留置财产的义务；因保管不善致使留置财产毁损、灭失的，应当承担赔偿责任。留置权人是否尽到了注意义务，是判断其是否有过错的标准。如留置权人未尽到注意义务，则表明其具有过错，并对其造成的损失负赔偿责任。但是，留置物因不可抗力或意外事故遭受的风险损失，由债务人负担。②返还留置物。留置权人在留置权所担保的债权消灭时，应将留置物返还给留置物的所有人。另外，债权虽未消灭，但债务人已另行提供担保而使留置权的成立原因消灭时，留置权人也负有返还留置物的义务。

（三）留置物所有人的权利、义务

1. 留置物所有人的权利。①损害赔偿请求权。在留置权关系中，留置权人因负有保管留置物的义务，因此，当留置物因保管不善而致毁损或灭失时，留置物所有人即享有留置物的损害赔偿请求权。②留置物返还请求权。当留置物所担保的债权归于消灭或债权虽未消灭，但已另行提供担保时，留置物所有人可请求留置权人返还留置物。③对留置物为法律上的处分的权利。债务人的动产，虽被债权人留置，但其对留置物的所有权并不因此而丧失。故在留置权法律关系存续过程中，作为留置物所有人的债务人可以将留置物的所有权让与他人。

2. 留置物所有人的义务。①留置物所有人有向留置权人偿还因保管留置物而支出的必要费用的义务。②因留置物的隐有瑕疵而致留置权人遭到损害时，留置物的所有人负有损害赔偿的义务。

四、留置权的消灭

留置权消灭的主要原因有以下四种：

1. 主债权的消灭。留置权是为担保主债权的实现而设定的法定担保权，当主债权消灭时，留置权亦随之归于消灭。

2. 留置权实现。

3. 留置物灭失。

4. 债务人另行提供担保并被债权人接受。在留置权法律关系中，债权人留置债务人的动产，旨在对债务人造成心理上的压力，促其清偿债务。所以，如债务人为债权的清偿已另行提出相当的担保的，该担保即为留置物的代替物，债权人的留置权消灭。

思考题

1. 简述担保物权的概念及特征。
2. 简述抵押权的取得及效力。
3. 比较权利质权与动产质权。
4. 简述留置权的概念及成立要件。

实务训练

（一）示范案例

案情： 王先生的朋友李某因做生意资金周转不灵而向王先生借钱，李某答应以其名下的一套 90 平方米的房子作为抵押，该房子市值约 110 万元。于是，王先生与李某签订借款协议，并订立房屋抵押协议，由王先生借给李某 70 万元，并约定了利率，于 1 年后归还本息。李某将其房产证拿来交给王先生保管。王先生和李某共同到某公证处办理房产抵押的公证，但未到房管局办理抵押登记。借款到期后，王先生要求李某还钱，但李某还不出钱，后该房屋被他人依法保全查封。王先生问，当初签订借款协议时李某以其房屋作为抵押并办理了公证，王先生对该抵押房屋享有优先受偿权吗？

分析： 本案涉及抵押登记效力。

王先生对李先生的房屋所享有的抵押权虽已办理公证，但未到房管局办理抵押登记，并没有取得他项权证，所以抵押合同尚未生效。根据法律规定，当事人以房产抵押的，应当办理抵押物登记。抵押合同自登记之日起生效。未经登记，抵押权尚未发生法律效力。

《中华人民共和国城市房地产管理法》第 62 条第 1 款规定：房地产抵押时，应当向县级以上地方人民政府规定的部门办理抵押登记。办理房屋抵押登记的部门为县级以上的房屋管理行政部门，而不是公证机关。因此，虽然王先生与李某签订借款合同，但是王先生对李某的房屋所享有的抵押权尚未生效，王先生对该抵押房屋不能享有优先受偿权。

（二）习作案例

1. 小张为向银行申请个人消费贷款，用其一辆丰田轿车作抵押，该车价值 15 万元。在借款合同签订当日，双方就该车办理了抵押登记手续。后小张在驾车外出途中，被一辆货车在后面追尾，造成丰田轿车严重损坏，价值减至 9 万元。经查，造成该起交通事故的全部责任在货车司机。此外，货车司机已准备赔偿小张经济损失 5 万元。

请问：

（1）如果建设银行要求小张另外提供担保，以确保其到期还本付息，这种要求是否合理？

（2）对于赔偿费 5 万元，建设银行能否用其作为担保？为什么？

2. 甲有限公司为某一项目的开发，拟斥资 5000 万元购买专利、采购设备兴建厂房等，为此需要向银行贷款 1000 万元。后甲公司遂与乙银行达成协议，由该银行提供贷款，借款期限为 1 年，甲公司以 1 栋办公楼（价值 900 万元）和 2 辆加长奔驰轿车（价值 200 万元）设定抵押，均办理了抵押登记。1 年后，由于市场竞争激烈，甲公司开发的产品市场需求冷淡而致其损失惨重，无力偿还乙银行的贷款。乙银行拟行使抵押权，经查，该办公楼有一层已经于半年前出租给丙公司，租期 2 年；轿车之一已经准备出卖给丁，双方签订了买卖合同，尚未办理过户登记手续，但车已经交付丁使用；轿车之二因某次董事长驾车外出，被违章驾驶的戊的卡车撞击损毁，正在索赔中，估计可获得保险金 60 万元。

请问：

（1）本案中，甲公司与乙银行间的抵押是否有效？为什么？

（2）本案应如何处理？为什么？

第十七章

债的一般原理

学习目标与工作任务

通过本章的学习，了解我国法律关于债的有关规定；理解债的履行原则、债的保全制度、债的担保制度和债的消灭原因；掌握债权人的代位权和撤销权，以及债的担保方式之保证在民事活动中的具体运用，并据以解决在民事活动实践中所发生的因债的不履行而产生的民事纠纷。

导入案例

2015 年，张某借王某 85 万，拖延近两年未还。2018 年 2 月，王某到法院起诉，法院判决张某在判决书生效后 10 日还款 85 万。2018 年 6 月，因张某未履行义务，王某申请强制执行，并且提供张某有两套房产的财产线索。后在执行过程中发现张某于 2018 年 1 月 3 日将名下两套房产出售给儿子，并办理了过户手续。王某觉得该房屋买卖合同涉嫌虚假，听取执行法官的建议，诉至江苏省徐州市鼓楼区人民法院，申请撤销房屋买卖合同。

本案知识点：债的保全；债权人撤销权的成立要件；债权人撤销权行使的效力。

第一节　债的概述

一、债的概念

债，是指存在于特定当事人之间，以一方请求另一方为一定行为或不为一定行为的法律关系。在这种民事法律关系中，享有请求他方为一定行为或不为一定行为的权利叫做债权，应他方的请求必须为一定行为或不为一定行为的义务叫做债务。债的关系的主要内容由债权和债务构成，其中享有权利的一方称为债权人，负有义务的一方称为债务人。

现代民法上的债的概念源于古罗马法，如《法学阶梯》认为："债是拘束我们根据国家的法律而为的一定给付的法锁。"所谓法锁，即指特定当事人之间的法律关系。这与现代民法上债的含义已经大体相同。

民法上的债的概念不同于民间所谓的债，也不同于我国固有法上的债。我国民间所称的债，专指债务，如借债、欠债、还债等，不包括债权。在我国固有法上，债的含义同样很狭窄，专指借贷等。在我国现行法上，债的概念不仅指债务，还包括债权，表示的是特定当事人之间以债权债务为内容的民事法律关系。

二、债的法律特征

债作为一种民事法律关系，除具有民事法律关系的共同属性外，还具有如下法律特征：

1. 债是具有财产属性的法律关系。债的关系是建立于债权人和债务人之间的利益关系，这种利益关系或直接体现为财产关系或最终与财产关系有关，且能以货币进行衡量评价。债虽是具有财产属性的法律关系，但这并不意味着在人身关系中不涉及财产性的内容。人身关系往往涉及主体间的财产关系（如因侵犯人身性质的权利而产生的财产损害赔偿和精神损害赔偿）或者具有财产内容（如夫妻之间的相互扶养关系）。

2. 债是特定主体之间的法律关系。债是存在于特定主体之间的法律关系，其权利主体和义务主体都是特定的。而在物权关系、人身权关系和知识产权关系中，其权利主体虽然特定，但义务主体却是不特定的，即权利主体可以向一切人主张权利。

3. 债是以债务人的特定行为为客体的民事法律关系。债作为一种民事法律关系，其客体是债权、债务所共同指向的对象，即债务人应为一定的行为或不为一定的行为（作为或不作为）。债的客体表现为债务人应当履行的交付财产、转让智力成果或提供劳务等行为。而物权关系是以物权人对物的直接支配为内容，人身权是以支配人身利益为内容，知识产权则是以支配智力成果为内容，只有债权关系是以债务人的特定行为为内容。

4. 债是必须通过债务人为特定行为才能实现其目的的法律关系。民事法律关系是为当事人实现其特定利益提供法律手段。保障债的关系的实现，有助于促进财产流转、优化资源配置、保护公民不受非法侵害、维护公序良俗。但法律保护债的关系的根本目的，始终在于使当事人的意思自治得到尊重，或者使当事人遭受的损害得以填补。[1] 债权人为实现债的利益这一目的，只有通过请求债务人为特定行为才能达到；没有债务人为其应为的特定行为，债权人的利益就不能最终得以实现。

5. 债的发生具有任意性和多样性。在法律没有明文禁止的前提下，经过当事人自由协商一致，就可以任意创设债权。例如，法律没有明文规定的无名合同，同样受法律保护。而物权关系只能依合法行为取得，并且其种类和内容均具有法定性，当事人不能自行任意设定。

6. 债具有平等性和相容性。债的关系具有平等性和相容性，是指在同一标的物

---

[1]　张广兴：《债法总论》，法律出版社 1997 年版，第 21 页。

上，可以先后或同时设定数个内容相同的债权，且数个债权之间一律平等，不存在优先性和排他性。而物权则具有优先性和排他性，在同一物上不能成立内容相冲突的数个物权，且其效力有先后之分，如不允许在同一物上同时存在两个所有权，即"一物一权原则"。

三、债的要素

债的要素，即构成债所必须具备的要件，包括债的主体、债的内容和债的客体。

（一）债的主体

债的主体，是指参与债的法律关系的当事人。其中，享有债权的主体称为债权人，负有债务的主体称为债务人。在某些债的法律关系中，一方当事人仅享有债权而不负有债务，另一方当事人仅负有债务而不享有债权。而在多数情况中，双方当事人既享有债权，同时也负有债务。债权人和债务人是相互对立、相互依存的，缺少任何一方，债的关系就不能成立和存续。

（二）债的内容

债的内容是指债的主体所享有的权利和负担的义务，即债权和债务。

1. 债权。债权是债权人享有的请求债务人为特定行为或不为特定行为的权利。债权具有如下法律特征：

（1）债权为请求权。债权是债权人请求债务人为一定给付的权利。在债务人给付之前，债权人不能直接支配债务人应给付的标的物，也不能支配债务人的行为，其只能通过请求债务人履行债务、交付标的物或提供劳务来实现自己的债权利益。当然，债权和请求权并不完全重叠，两者之间有着不同的内涵和外延：①请求权不局限于债法领域，除债权请求权外，还包括物上请求权、知识产权请求权和人身权请求权等。②债权的权能也不局限于请求权，债权的权能除包括请求权外，还包括其他类型的权能，如债权人享有的代位权和撤销权等。

（2）债权为相对权。债作为特定主体之间的法律关系，债权人只能向特定的债务人主张权利，请求其履行债务，而不能向债务人以外的其他人主张债权。这一特征也使其与物权、知识产权、人身权等以不特定人为义务人的民事权利区别开来。

（3）债权为有期限的权利。债权的存在是有期限的，债权的存续期限由当事人约定或者依法律规定。期限届满，债权归于消灭。但物权中的所有权不存在期限性，可以永久存续。

（4）债权具有平等性和相容性。如前所述，债具有平等性和相容性的特点。在同一物上可以设定多个债权，且数个债权不论成立先后顺序如何，均具有同等的效力。例如，在债务人破产时，其财产不足以清偿全部债权人的债权，无论这些债权成立先后顺序如何，均可依其债权比例平均受偿。

2. 债务。债务，是指债务人依约定或法定应为给付的义务。债务的内容包括作为义务，也包括不作为义务。债务作为一种义务，具有如下特征：

（1）债务的内容具有特定性。债务的内容具有特定性，债务的内容或者由当事人协商确定，或者依法律规定来确定。每一个具体的债务，都有具体和确定的标的、质量、数量等内容，使之特定化。

（2）债务的存续具有期限性。任何债务都不被允许永久存在，债务作为一种法律上的拘束，如果允许设定没有期限的债务，将使债务人永远失去人身和交易的自由，这与现代法律精神相违背。债务可因清偿、抵销、提存、免除等原因而消灭。

（3）债务作为义务群具有发展性。债务作为一种义务，首先包括主给付义务和从给付义务，基于诚实信用原则，逐渐发展到其他辅助实现给付利益及维护对方人身和财产上利益的附随义务。随着现代民法的发展，又出现了一方应及时采取措施防止损失扩大的义务。对此，我国《民法典》第591条规定："当事人一方违约后，对方应当采取适当措施防止损失的扩大；没有采取适当措施致使损失扩大的，不得就扩大的损失请求赔偿。当事人因防止损失扩大而支出的合理费用，由违约方负担。"通过这样的形式，债的义务群经历了不断丰富和发展的过程。主给付义务，又称主义务，是指体现债的关系的本质内容，决定债的类型的基本义务。从给付义务，又称从义务，是指不具有独立的意义，仅具有补助主给付义务功能的义务。其存在的目的，不在于决定债的类型，而在于确保债权人利益能够获得最大的满足。所谓随附义务，是指债务人在给付义务之外，以诚实信用原则为依据，根据债的性质、目的和交易习惯而应履行的义务，如妥善保管义务、照顾义务、协助义务、保密义务等。

（三）债的客体

债的客体也称债的标的，是指债的当事人权利义务所指向的对象，即债务人的给付。一般认为，债的标的须具备三要件，即合法、确定和可能，[1] 其才能够成为合适的标的，否则债的关系将因为标的瑕疵而无效。所谓合法，是指以违法行为为给付的，在当事人之间不得发生债。所谓确定，是指给付不能确定的，将使债权债务无法实现，故给付不确定的，债的关系不成立。所谓可能，是指作为给付内容的作为或不作为，必须是在现有的条件下可能做到的行为。如果有的事项根本不可能实现，由于法律不能要求行为人作出不可能之事，所以仍然不能产生有效的债的关系。

给付的形态可以表现为交付财物、支付金钱、转移权利、提供劳务或服务、提交工作成果以及不作为等。

第二节　债的发生原因

债的发生原因，又称债的发生根据，是指引起债产生的法律事实。通常情况下，债是按照合同的约定或者依照法律的规定，在当事人之间产生的特定的权利和义务

---

〔1〕　史尚宽：《债法总论》，中国政法大学出版社2000年版，第231~232页。

关系。据此，债的发生原因有二：①合同；②法律规定。

根据世界各国对债的发生根据的理解及有关法律规范的规定，能引起债的发生的法律事实主要有以下几种：

一、合同

合同是产生债的最常见、最重要的原因。我国《民法典》第 464 条规定："合同是民事主体之间设立、变更、终止民事法律关系的协议。婚姻、收养、监护等有关身份关系的协议，适用有关该身份关系的法律规定；没有规定的，可以根据其性质参照适用本编规定。"

二、侵权行为

侵权行为是指侵害他人的民事权益，依法应承担民事责任的行为。一般认为，如果侵权行为导致他人不法损害，侵权行为人依法应当承担损害赔偿责任时，在侵权人与被侵权人之间就形成了以损害赔偿为内容的债的关系。因侵权行为而产生的损害赔偿之债，是一种典型的法定之债。法律确定侵权行为之债的目的在于：通过债的手段使侵权行为人承担其不法行为所造成的不利后果，给受害人以救济，从而保护民事主体的合法民事权益。因此，侵权之债是合同之债之外的另一种较为常见的债。

三、不当得利

不当得利是指没有合法根据，致使他人受损失而取得的利益。由于受益人所获得的利益缺少法律上的基础和根据，并且其获益是建立在他人受损失的基础上，本着衡平原则，获利人应当将该项利益返还于因此而受损失的人，双方因此形成了以不当得利返还为内容的债的关系，即不当得利之债。我国《民法典》第 985 条规定："得利人没有法律根据取得不当利益的，受损失的人可以请求得利人返还取得的利益，但是有下列情形之一的除外：①为履行道德义务进行的给付；②债务到期之前的清偿；③明知无给付义务而进行的债务清偿。"

不当得利之债不同于合同之债。因为，不当得利之债不是基于当事人的合意产生的，而是基于法律的直接规定产生的，其属于法定之债。

四、无因管理

无因管理是指没有法定的或约定的义务，为避免他人利益受损失而对他人的事务进行管理或者服务的行为。管理他人事务的人叫做管理人，事务被他人管理的人叫做本人。我国《民法典》第 979 条第 1 款规定："管理人没有法定的或者约定的义务，为避免他人利益受损失而管理他人事务的，可以请求受益人偿还因管理事务而支出的必要费用；管理人因管理事务受到损失的，可以请求受益人给予适当补偿。"

无因管理一经成立，在管理人和本人之间即产生债权债务关系，管理人有权请求本人偿还其因管理而支出的必要费用，本人有义务偿还因无因管理而产生的债，这称为无因管理之债。

无因管理之债不同于合同之债和不当得利之债。无因管理之债和合同之债的共同点是都是基于合法行为而产生，但二者的区别在于无因管理之债是法定之债，而合同之债是意定之债。无因管理之债和不当得利之债的共同之处是两者都属于法定之债，但无因管理之债是基于合法行为而产生的，不当得利之债是基于当事人之间利益不当流动的法律事实而产生的。

五、缔约上的过失

缔约上的过失是指当事人一方在缔结合同过程中具有过失，致使合同不成立、无效、被撤销或者不被追认等，从而使他方当事人受到损害的情况。在此种情况下，具有过失的一方当事人应当赔偿对方因此而遭受的损失。这种因缔约过失而产生的债权债务关系，称为缔约过失之债。我国《民法典》第 500 条规定："当事人在订立合同过程中有下列情形之一，造成对方损失的，应当承担赔偿责任：①假借订立合同，恶意进行磋商；②故意隐瞒与订立合同有关的重要事实或者提供虚假情况；③有其他违背诚信原则的行为。"

六、单方允诺

单方允诺，又称为单独行为或单务约束，是指表意人向相对人作出的为自己设定某种义务，使相对人取得某种权利的意思表示。依意思自治原则，当事人基于某种物质（如通过悬赏寻找遗失物）或精神意思上的需要，为自己设定单方性的义务，同时放弃由相对人给付对价的请求。这样，就在允诺人和受允诺人之间产生了债权债务关系。因此，单方允诺可构成债的发生根据。

七、其他

除上述六种原因外，实施救助、抢救公物、抚养、拾得遗失物、发现埋藏物等，也可引起债的发生。

第三节　债的分类

基于不同的分类标准，可将债分为不同的种类。通过对各种类型的债的分析，可以更加深入、具体地了解债的内涵。民法上债的分类主要有以下几种：

一、意定之债和法定之债

按照债的内容是否依据当事人的自主意愿而发生，可将债分为意定之债和法定之债。意定之债，是指债的发生及其内容均由当事人依其自由意愿而决定的债。其中，最常见、最为典型的是合同之债，因此，有人称意定之债为合同之债。法定之债是指债的发生及其内容均由法律加以规定的债，又称为非合同之债。这种类型的债主要包括不当得利之债、无因管理之债和侵权行为之债。

区分意定之债和法定之债的意义在于：两者的法律特征与产生依据不同。意定之债全面贯彻当事人意思自治原则，在债的主体、内容、债的履行方面，均由当事人自由约定，如合同之债。而法定之债，其债的发生及效力均由法律直接规定，如侵权行为之债。

二、特定之债和种类之债

按照债的标的物在债成立时是否特定，可将债分为特定之债和种类之债。特定之债是指在债成立的时候，标的物就已经特定的债，也就是说，在债发生时，其标的物已特定化。种类之债是指在债成立时，以种类物为给付标的物的债。

区分特定之债和种类之债的法律意义在于：①债的履行要求不同。特定之债的履行，除非债权人同意，债务人不得以其他标的物代为履行，而种类之债无此要求。②所有权及意外灭失的风险转移时间不同。在法律规定或当事人约定的情况下，特定之债的标的物所有权及意外灭失的风险可自债的成立时转移；种类之债的标的物所有权及意外灭失的风险只能自交付之日起转移。

三、简单之债和选择之债

根据债的标的有无选择性，可将债分为简单之债和选择之债。简单之债，又称不可选择之债，是指债的履行标的是唯一的，当事人只能按此种标的来履行。例如，在借款合同中当事人约定到期还款，就是不能选择的简单之债。

选择之债，是指债的标的为两种以上，当事人可以从中选择其一来履行。例如，我国《民法典》第515条第1款规定："标的有多项而债务人只需履行其中一项的，债务人享有选择权；但是，法律另有规定、当事人另有约定或者另有交易习惯的除外。"选择之债可以转变为简单之债，此即选择之债的特定。选择之债的特定有以下三种方法：一是在履行时由当事人合意选定一种标的作为履行的标的；二是通过拥有选择权的一方行使选择权来将标的特定化；三是因选择之债中的某一标的发生履行不能，只剩下一种可以履行的标的，这时就发生了事实上的特定。[1]

区分二者的法律意义在于：简单之债的履行无选择性，只能按确定的标的履行；而选择之债则需要在确定履行标的之后才能履行。

四、按份之债和连带之债

按份之债和连带之债都属于多数人之债。所谓多数人之债，是指债的双方主体至少有一方为两人以上的债。如果债的主体双方均为一人，则称为单一之债。根据多数人之债中多数一方当事人所享有的权利和承担的义务不同，可分为按份之债和连带之债。

按份之债是指债的一方主体为多数人，各自按照一定的份额享有权利或承担义务的债。债权主体一方为多数人，各债权人按一定份额分享债权的，为按份债权；债务主体一方为多数人，各债务人按一定份额分担债务的，为按份债务。我国《民法典》第517条规定："债权人为2人以上，标的可分，按照份额各自享有债权的，为按份债权；债务人为二人以上，标的可分，按照份额各自负担债务的，为按份债务。按份债权人或者按份债务人的份额难以确定的，视为份额相同。"在按份债权中，各个债权人只能就自己享有的债权份额请求债务人给付或接受给付，无权请求

---

[1] 张广兴：《债法总论》，法律出版社1997年版，第135页。

或接受债务人的全部给付；在按份债务中，各债务人只应对自己分担的债务额负责清偿，无须向债权人清偿全部债务。

连带之债，是指债的主体一方为多数人，多数人一方的各个当事人之间在行使权利或承担义务方面存在连带关系的债。我国《民法典》第518条规定："债权人为2人以上，部分或者全部债权人均可以请求债务人履行债务的，为连带债权；债务人为2人以上，债权人可以请求部分或者全部债务人履行全部债务的，为连带债务。连带债权或者连带债务，由法律规定或者当事人约定。"

由此可见，连带之债包括连带债权和连带债务。连带债权，是指数人有同一债权，其中每个人都有请求债务人履行全部债务的权利。例如，甲和乙将其共有的一台电视机，以5000元的价格卖给丙，甲和乙各自都有请求丙支付5000元的权利。连带债务，是指数人负同一债务，其中每个人各自都有对债权人履行全部债务的义务。例如，甲将一台电视机以5000元的价格卖给乙和丙，乙和丙各自都有对甲支付5000元的义务。

区分按份之债与连带之债的法律意义在于：二者产生的法律效力不同。在按份之债中，任一债权人接受了其份额内的给付或任一债务人给付了应负担的份额后，与其他债权人和债务人均不发生任何权利义务关系。而在连带之债中，连带债权人接受了任何一人全部义务的给付，或者连带债务人的任何一人给付了全部债务时，原债归于消灭，但在连带债权人和连带债务人之间却产生了新的按份之债。

五、财物之债和劳务之债

根据债务人所给付义务的内容不同，可分为财物之债和劳务之债。财务之债是指债的给付为财物的债，劳务之债是债的给付为提供劳务的债。

区分二者的法律意义在于：债的履行强制力不同。当债务人不履行债务时，财物之债可强制履行，而劳务之债不可强制履行。

六、主债和从债

根据两个债的关联性关系，即两个债所处的不同的法律地位，可将债分为主债和从债。主债是指能独立存在，不以他债的存在为前提的债。从债是指不能独立存在，必须以主债的存在为前提的债。例如，借款合同为主债，而担保借款人履行还款义务的保证之债就属于从债。

区分主债与从债的法律意义在于，二者在效力上的依存关系不同。主债与从债虽各自独立存在，但从债的效力依附于主债。主债是从债发生的根据，没有主债，就不会发生从债。主债的效力决定从债的效力，主债不成立，从债也不成立。主债无效、被撤销或消灭时，从债也随之失去效力、被撤销或消灭。相反，从债不成立、无效或被撤销，对主债的效力不发生影响。

第四节　债的履行

一、债的履行的概念

债的履行是指债务人按照合同的约定或法律的规定履行其义务。我国《民法典》第509条第1款规定："当事人应当按照约定全面履行自己的义务。"由此可见，债的履行是债的最主要的效力。因为只有债务人履行了自己的义务，债权人的债权才能得以实现。此外，当事人在履行合同过程中，应当遵循诚信原则，根据合同的性质、目的和交易习惯履行通知、协助、保密等义务；应当避免浪费资源、污染环境和破坏生态。

履行与给付、清偿这三个概念既有联系又有区别。给付是指债务人应为的特定行为，它作为债的标的，具有抽象的、静态的意义；履行是指债务人实施债的内容所要求的特定行为，具体体现在"实施"上，具有具体的、动态的意义；清偿指因债务人履行而导致债的消灭的效果，具体体现在"给付的效果"上，具有消灭债的意义，通常作为债的一种消灭原因而被论及。

二、债的履行原则

债的履行原则，是指当事人在履行债务时所应遵循的基本准则。这些基本准则，有的是属于民法的基本原则，如诚实信用原则、公平原则、平等原则等；有的是专属于债的履行原则，包括适当履行原则、协作履行原则、经济合理原则、情势变更原则等。对于民法共有的基本原则，在此不再赘述，下面着重介绍专属于债的履行原则。

（一）适当履行原则

适当履行原则，又称全面履行原则或正确履行原则，是指当事人按照法律规定或者合同约定的标的及其质量、数量，由适当的主体在适当的履行期限、履行地点，以适当的履行方式，全面完成债务的履行原则。我国《民法典》第509条第1款规定："当事人应当按照约定全面履行自己的义务。"

适当履行原则是债的履行本旨所在，只有坚持适当履行原则，才能发生债消灭的法律后果。当事人能否全面、正确、适当地履行债是决定其是否承担债的不履行的民事责任的界限。适当履行原则所要求的具体规则，将在本节第三部分"债的履行规则"中介绍。

（二）协作履行原则

协作履行原则，是指当事人不仅应当适当履行自己的债务，而且应基于诚实信用原则的要求，在必要的限度内协助对方当事人履行债务的履行原则。我国《民法典》第509条第2款规定："当事人应当遵循诚信原则，根据合同的性质、目的和交易习惯履行通知、协助、保密等义务。"该条款充分体现了协作履行原则。协作履行原则强调的是债的双方当事人在债的履行过程中的相互配合性和相互协作性，但并不漠视当事人各自的权利义务，也不降低债务人所负债务的力度。如果债务人以协作履行为借口，加重债权人负担，逃避自己的义务，则是与协作履行原则相悖的。

协作履行原则是诚实信用原则在债的履行方面的具体体现。一般认为，协作履行原则包含以下内容：①债务人履行债务，债权人应适当受领给付。②债务人履行债务，时常要求债权人为其创造必要条件，提供方便。③债务人因故不能履行或不能完全履行时，债权人应积极采取措施，避免或减少损失，否则就扩大的损失自负其责。我国《民法典》第591条规定："当事人一方违约后，对方应当采取适当措施防止损失的扩大；没有采取适当措施致使损失扩大的，不得就扩大的损失请求赔偿。当事人因防止损失扩大而支出的合理费用，由违约方负担。"④发生合同纠纷时，各自应主动承担责任，不得推诿。

（三）经济合理原则

经济合理原则是指在债的履行过程中，讲求经济效益，付出最小的成本，取得最佳的效益。

经济合理原则在债的履行中具体表现为：①债务人应选择最经济合理的运输方式。例如，在买卖合同履行中，应在空运、水运、公路运输或铁路运输中选择最便捷、最节省的运输方式。②选择履行期限应体现经济合理原则。③选用设备应体现经济合理原则。④变更合同应体现经济合理原则，我国法律允许变更收货人、到货地点，即为例证。⑤债务履行的费用超过履行获得的收益，不得要求继续履行。⑥违约救济应体现经济合理原则。

（四）情势变更原则

情势变更原则，是指合同依法成立后，因不可归责于双方当事人的原因发生了不可预见的情势变更，致使合同的基础丧失或者动摇，若继续维持合同原有效力则显失公平，而允许当事人变更或解除合同的原则。我国《民法典》第533条第1款规定："合同成立后，合同的基础条件发生了当事人在订立合同时无法预见的、不属于商业风险的重大变化，继续履行合同对于当事人一方明显不公平的，受不利影响的当事人可以与对方重新协商；在合理期限内协商不成的，当事人可以请求人民法院或者仲裁机构变更或者解除合同。"

情势变更原则的适用，须具备以下条件：①有情势变更的事实；②情势变更必须发生在合同成立以后，履行完毕之前；③情势变更的发生不可归责于当事人；④情势变更是当事人无法预见的。例如：2008年1月1日，乙向甲借款100万美元，约定该借款无利息，乙于2010年返还甲1000万卢布。合同订立时，美元与卢布的比率为1:10，临近还款时，卢布大幅贬值，美元与卢布的比率为1:50。在此例中，卢布币值的狂跌，构成情势变更，甲有权请求变更合同。

情势变更不同于商业风险。情势变更是当事人根据主客观因素都很难预见，且发生变更的法律事实动摇或消灭了合同的基础。而商业风险是指法律推定当事人根据经验等可以预见、能预见而未预见，且发生的是一般法律事实的变更。

　　情势变更原则与不可抗力之间的关系在于，不可抗力的发生未影响到合同履行时，不适用情势变更原则；若不可抗力致使合同不能履行时，则导致合同解除，亦不适用情势变更原则；不可抗力导致合同履行十分困难，但尚未达到不能的程度，若按合同规定履行就显失公平时，方可适用情势变更原则。

三、债的履行规则

　　债的履行规则，指债的履行所应遵循的具体标准和要求，是适当履行原则的具体体现。

　　（一）履行主体

　　债的履行主体，不同于债的主体，它包括履行债务的主体和接受债务履行的主体，即履行债务和接受债务履行的人。

　　通常情况下，履行债务的人包括：①履行债务的人主要表现为债务人，包括单独债务人、连带债务人、不可分债务人、保证债务人。债务人履行债务时是否必须有行为能力，依履行行为的性质不同而不同。履行行为是事实行为时，不要求债务人有行为能力；履行行为是法律行为时，需要债务人有行为能力。②履行债务的人还可表现为债务人的代理人。除法律规定、当事人约定或性质上必须由债务人本人履行的债外，履行可由债务人的代理人进行。但代理只有在履行行为是法律行为时方可适用。③履行债务的人，还可表现为当事人以外的第三人，但第三人代替履行义务，必须由法律规定或当事人约定，且债的性质不属当事人亲自履行的债。因此，第三人代替履行时，第三人只是履行主体，而不是债的当事人，仅能由债务人而不是由第三人向债权人负责。我国《民法典》第 523 条规定："当事人约定由第三人向债权人履行债务，第三人不履行债务或者履行债务不符合约定的，债务人应当向债权人承担违约责任。"

　　一般情况下，接受债务履行的人包括：①债权人，包括单独债权人、连带债权人、不可分债权人等。②债权人的代理人，如收据的持有人及具有真实债权表征的债权准占有人。③第三人，当事人约定由第三人受领履行的，接受债务履行的人还可以表现为第三人。但这种约定不得违反法律、行政法规的强制规定。我国《民法典》第 522 条第 1 款规定："当事人约定由债务人向第三人履行债务，债务人未向第三人履行债务或者履行债务不符合约定的，应当向债权人承担违约责任。"另外，法律规定或者当事人约定第三人可以直接请求债务人向其履行债务，第三人未在合理期限内明确拒绝，债务人未向第三人履行债务或者履行债务不符合约定的，第三人可以请求债务人承担违约责任；债务人对债权人的抗辩，可以向第三人主张。

　　（二）履行标的

　　履行标的，是指债务人应为履行的内容，包括交付标的物、移转权利、提供劳务、完成工作等。履行的标的应具体确定。

　　关于履行标的的质量、价款或报酬等要求，我国《民法典》第 510 条规定："合同生效后，当事人就质量、价款或者报酬、履行地点等内容没有约定或者约定不明确的，可以协议补充；不能达成补充协议的，按照合同相关条款或者交易习惯确定。"依据前条规定仍不能确定的，适用下列规定：质量要求不明确的，按照强制性国家标准履行；没有强制性国家标准的，按照推荐性国家标准履行；没有推荐性国家标准的，按照行业标准履行；没有国家标准、行业标准的，按照通常标准或者符合合同目的的特定标准履行。价款或者报酬不明确的，按照订立合同时履行地的市场价格履行；依法应当执行政府定价或者政府指导价的，依照规定履行。

（三）履行期限

履行期限，是指债务人履行债务和债权人接受履行的时间。履行期限一般由当事人约定或者由法律明确规定。有约定的，依其约定；无约定的，当事人可以通过事后协议加以补充；法律法规有规定时，依其规定。履行期限还可由债务的性质确定。例如，在商场订制的圣诞礼品，应在圣诞节之前交付。

依上述方法仍不能确定履行期限的，应按照《民法典》第 511 条第 4 项的规定来处理，即"履行期限不明确的，债务人可以随时履行，债权人也可以随时请求履行，但是应当给对方必要的准备时间。"

关于能否提前履行的问题，《民法典》第 530 条规定："债权人可以拒绝债务人提前履行债务，但是提前履行不损害债权人利益的除外。债务人提前履行债务给债权人增加的费用，由债务人负担。"可见，能否提前履行，主要看履行期限为谁的利益所设。履行期限如为债务人的利益所设，债权人不得在履行期限届满之前请求债务人履行，除非债务人愿意放弃其期限利益而自愿提前履行；履行期限如为债权人利益所设，债权人可以于履行期限前请求债务人履行，但债务人不得强求债权人于期前受领。履行期限如为双方当事人利益所设，双方当事人都无权强求期前履行。

（四）履行地点

履行地点，是指债务人履行债务和债权人接受履行的地点。履行地点可以由当事人约定，也可以由法律、法规明确规定。

当事人对履行地点没有约定或者约定不明确的，可以协议补充；不能达成补充协议的，按照合同有关条款或者交易习惯确定。多数人之债的履行地点可以约定多个不同的履行地点；同一债的数个给付，也可约定数个不同履行地点；在双务合同中，可以分别约定履行地点；即使是同一个债务，也可以约定数个履行地点，供当事人选择。

法律、法规对履行地点有特别规定的，依其规定。当事人如无约定，又无法律明确规定的，可依习惯或债的性质确定履行地点。

按上述规则仍不能确定履行地点时，应依照《民法典》第 511 条第 3 项的规定来处理，即"履行地点不明确，给付货币的，在接受货币一方所在地履行；交付不动产的，在不动产所在地履行；其他标的，在履行义务一方所在地履行。"

（五）履行方式

履行方式是指债务人履行债务的方法。例如，合同的履行方式主要包括运输方式、交货方式、结算方式等。履行方式与当事人的权益有密切关系，履行方式不符合要求，有可能造成标的物缺陷、履行费用增加等。

履行方式有约定的，依其约定；有法律、法规特别规定的，依其规定。既无约定也无法律规定的，可由债的性质来确定。如果依上述规则仍无法确定的，可依《民法典》第511条第5项的规定予以确定，即"履行方式不明确的，按照有利于实现合同目的的方式履行。"例如，当事人约定以邮寄方式给付的，而未规定是否采取挂号信的形式，依诚信原则贵重物品采用挂号邮寄，即为适当履行。

（六）履行费用

履行费用，是指履行债务的必要费用，但是不包括债的标的物本身的价值。在通常情况下，履行费用包括运送费、包装费、汇费、登记费、通知费等。对于履行费用的负担，当事人有约定的，依其约定；如无约定，按照《民法典》第511条第6项 的规定予以确定，即"履行费用的负担不明确的，由履行义务一方负担；因债权人原因增加的履行费用，由债权人负担。"据此，因债权人变更住所或者其他行为而导致债务人一方履行费用增加时，增加的费用应由债权人负担。债务人部分履行债务导致履行费用的增加，应由债务人承担。

四、债的不履行及其法律后果

债的不履行，是指债的主体没有按照债的规定内容，全面正确实施规定的义务。一般认为，不履行债务的形态包括全部不履行和部分不履行。所谓债的全部不履行是指债的履行主体根本未实施任何旨在清偿债务的给付行为，包括拒不履行和履行不能；部分不履行是指履行主体虽然履行了义务，但其履行不符合当事人的约定或者法律规定，包括迟延履行和瑕疵履行。迟延履行是指给付的时间不符合规定的履行；瑕疵履行是指除迟延履行以外的一切不适当履行。其中，如因债务人的不适当履行行为给债权人造成其他损害的，为加害履行，又称加害给付。

债的不履行形态各异，但导致的后果只有一个，即未能充分满足债权，使债的目的不能实现。对此，法律规定了相应的补救措施，要求债的履行主体承担债的不履行的相应法律后果。

（一）履行不能

1. 履行不能的概念。履行不能，是指实现债的内容在客观上根本不可能。这里所讲的不能是依社会观念来判断，凡社会观念认为实现债的内容已绝对不可能，即属履行不能。例如，在特定物之债的履行中，特定物灭失所导致的履行不能。另外，即使尚有履行的可能，但若履行不得不付出不适当的代价或重大的生命危险或因此而违反更大的义务，也应将其认为履行不能。

2. 履行不能的例外：①履行困难；②债务人缺乏资力；③选择之债中尚有可选择的给付；④货币之债和利息之债。

3. 履行不能的法律后果。履行不能的法律后果主要有：①因不可归责于债务人的事由的履行不能，产生以下法律后果：债务人免除其原债务，且不承担不履行债务的责任；产生代位求偿权，即履行不能由第三人造成或标的物已加入保险的，债务人虽可免除履行原债务的义务，但债权人从而获得请求债务人让与对第三人或保险人的损害赔偿权或支付其所受领的赔偿金的权利；在双务合同中，债权人免除对待给付义务，已经完成对待给付的，可依不当得利请求返还。②因可归责于债务人的事由的履行不能，产生以下法律后果：债务人免除履行原债务的义务，但应承担不履行的责任；对于因合同而产生的债务，债权人可解除合同并请求损害赔偿；如经债权人同意，债务人可以请求代物清偿。

（二）拒不履行

1. 拒不履行的概念。拒不履行是指债务人能够履行债务而故意不履行。

2. 拒不履行的构成要件：①须有合法债务存在。②须债务人有拒绝履行的意思表示，这种意思表示，可以明示，也可默示。③须债务人有故意或重大过失。④履行须为可能。⑤拒不履行须为违法。例如，债权已过诉讼时效而被债务人拒绝履行，则不属于拒不履行。

3. 拒不履行的法律后果：①债权人可以解除合同，并请求支付违约金或赔偿损失；或由债权人诉请法院强制执行，并请求支付违约金或赔偿损失。②在双务合同中，债务人丧失同时履行抗辩权，债权人有先为履行义务的，债权人可以拒绝履行。③在担保债权中，债权人可以请求保证人履行保证义务；在物的担保中，债权人可依法行使担保物权。

（三）迟延履行

迟延履行是指合同当事人的履行违反了履行期限的规定，包括债权人迟延和债务人迟延，其中债务人迟延又称为给付迟延，债权人迟延又称为受领迟延。

1. 给付迟延，是指债务人无正当理由在规定的期限未能履行债务的行为。

给付迟延的构成要件：①须有合法的债务存在；②须为履行期已满；③须因可归责于债务人的事由；④履行须为可能；⑤须无法律上的正当理由。

给付迟延的法律后果为：①债权人可诉请法院强制执行；②债务人对因迟延履行所产生的损害进行赔偿；③在迟延履行后，如遇不可抗力而造成的损失，债务人须承担赔偿责任；④当事人一方迟延履行债务，经对方催告后，在合理的期限内仍未履行的，或当事人一方迟延履行债务致使合同目的不能实现的，另一方当事人可以解除合同并请求赔偿。

2. 受领迟延，是指债权人未及时接受债务人的适当履行。

受领迟延的构成要件：①须债权人有协助债务人履行的义务；②须有合法债权存在；③须债务人已向债权人为适当履行；④须债权人未为受领给付，且无正当理由。

受领迟延的法律后果：①债权人应承担因受领迟延而发生的费用，债务人无须承担；②债务人可以通过提存等方式来免除其履行责任；③债权人受领迟延，造成债务人损失的，应支付违约金并赔偿损失。

（四）瑕疵履行

瑕疵履行，是指债务人虽履行，但其履行存在瑕疵，即履行不符合法律规定或当事人的约定，导致减少或丧失履行的价值或效用，造成履行利益的丧失，甚至造成债权人的其他损害。因此，瑕疵履行包括一般的瑕疵履行和加害给付两种，如果履行上的瑕疵仅造成债权人履行利益的丧失，构成一般的瑕疵履行；但若造成债权人的其他损害，就构成了加害给付。

1. 一般的瑕疵履行。作为积极的债务违反，一般的瑕疵履行的构成要件：①须有履行行为；②须为债务人履行不当；③须可归责于债务人，即只有债务人具有故意或过失时才承担责任。

一般的瑕疵履行，因瑕疵的性质能否补正而产生不同的法律后果：①对于尚可补正的瑕疵履行，债权人有权要求债务人进行补正后再受领，但经债权人催告而债务人不为补正的，债权人可诉请法院强制执行。因标的物的补正而造成债务人迟延履行的，债务人应承担迟延履行责任。对于标的物虽能补正但对债权人已无利益的，债权人可解除合同。②瑕疵不能补正的，债权人得拒绝受领，请求全部不履行的损害赔偿，并可解除合同。若债权人愿意受领的，则可免除债务人已履行部分的赔偿责任。

2. 加害给付，是指一方当事人的履行不符合合同约定或法律规定，从而给对方当事人造成了合同利益以外的其他损失。

加害给付的构成要件：①须债务人有履行行为。②须债务的履行不符合法律规定或合同约定，即不当履行。③须因债务人的瑕疵履行而造成债权人的履行利益以外的其他损失。④须债务人有过错。

加害给付的法律后果：因当事人一方的违约行为，侵害对方人身、财产利益的，受损害方有权选择依照本法要求其承担违约责任或依照其他法律要求其承担侵权责任。可见，债务人的加害给付行为，已构成侵权责任与违约责任的竞合，债权人可选择其一来行使请求权。

第五节　债的保全

一、债的保全的概念

债的保全，是指法律为防止因债务人的财产不当减少给债权人的债权带来危害，允许债权人代债务人之位向第三人行使债务人的权利，或者请求法院撤销债务人与第三人的民事行为的法律制度。由此可见，债的保全制度包括债权人代位权制度与债权人撤销权制度。

法律设置债的保全制度的原因在于，债权需要债务的适当履行才能实现，债务的履行多体现为从债务人的总财产中分离出一定的财产给债权人。因此，债务人的总财产状况如何，直接关系到债权人的债权能否得以实现，债务人的总财产，为债务人的责任财产。法律为保证债权人债权的实现，而对责任财产采取了保全手段，即债的保全制度。债的保全制度有两点好处：①保全制度弥补了债法固有救济方式（特殊担保和民事责任）的不足。为更好地维护债权人利益，法律有必要设置保全制度来保障债的实现。②保全制度是对债权的积极保护。代位权的设置目的是为了保持债务人的责任财产，当债务人的财产应增加且能增加，因债务人懈怠而未能增加时，法律赋予债权人代位行使债务人对第三人的合法权利，从而保证债权的实现；撤销权的设置是为了恢复债务人的责任财产，当债务人的财产不应减少，而因债务人的不当处分减少时，法律赋予债权人积极地行使撤销权，从而保障债权的实现。因此，债的保全制度涉及第三人，表现为债权人因与债务人的债权债务关系而产生的与第三人的关系，属于债的对外效力。

二、债权人的代位权

（一）债权人代位权的概念及法律特征

我国《民法典》第535条第1款规定："因债务人怠于行使其债权或者与该债权有关的从权利，影响债权人的到期债权实现的，债权人可以向人民法院请求以自己的名义代位行使债务人对相对人的权利，但是该权利专属于债务人自身的除外。"

债权人代位权属于债的对外效力，作为一种民事权利，其特征如下：①代位权是债权人以自己的名义行使债务人的权利，因此其不同于代理权。②代位权是债权人为保全债权而代债务人行使其权利，而非扣押债务人的财产权利或就其收取的财产享有优先受偿权，因而是实体法上的权利，而非诉讼法上的权利。③代位权是为了保全债权，是指在履行期到来之前，债权人为了保持债务人的财产可以行使代位权，此点不同于债权人对债务人或第三人的请求权。④代位权是债权的一种法定权能，是债权人的固有权利，只要具备代位权成立的法定要件，无需当事人约定，债权人即可享有。

（二）债权人代位权的成立要件

1. 债务人享有对第三人（次债务人）的权利。债务人对第三人享有的权利，为债权人代位权的标的。代位权是涉及第三人的权利，如果债务人享有的权利与第三人无关，则不能作为代位权行使的对象。债务人对第三人的权利，应具备以下几个条件：①债务人对第三人的权利应为合法债权。②债务人对第三人的权利应为到期债权。将来存在或已过诉讼时效的债权，不能成为代位权的标的。③债务人对第三人的权利应是以金钱给付为内容的权利，包括财产权和以财产利益为目的权利。以不作为或劳务为标的的债权，不能成为代位权的标的。④债务人对第三人的权利必须是非专属于债务人本身的权利。专属于债务人本身的权利，是指基于扶养关系、抚养关系、赡养关系、继承关系产生的给付请求权和劳动报酬、退休金、养老金、抚恤金、安置费、人寿保险、人身伤害赔偿请求权等权利，不能由债权人代位行使。

2. 债务人怠于行使其到期债权。所谓怠于行使，是指债务人应行使且能行使却不行使其权利。应行使是指若不及时行使，则该权利将有灭失或者丧失的可能，如请求权将会超过诉讼时效。能行使是指债务人客观上有能力行使权利，不存在权利行使的任何障碍。所谓不行使，即指债务人消极的不作为。

3. 债务人已陷入履行迟延。债务人已陷入履行迟延是指债务人不履行其对债权人的到期债务，又不以诉讼方式或者仲裁方式向次债务人主张其享有的具有金钱给付内容的到期债权，致使债权人的到期债权未能实现。次债务人不认为债务人有怠于行使其到期债权情况的，应当承担举证责任。

4. 须有保全债权的必要。只有因债务人怠于行使到期债权，而使债权人的债权出现难以实现的危险时，债权人才有行使代位权的必要。反之，债务人虽怠于行使对第三人的权利，但其有足够的能力清偿债权人的债务，债权人则无须行使代位权，而只需请求法院对债务人强制执行即可。

（三）债权人代位权的行使

1. 债权人代位权的行使主体。债权人代位权的行使主体是债权人，债务人的各个债权人在符合法律规定的条件下均可以行使代位权。在多数人之债中，多个债权人可以独立行使代位权，也可作为共同原告共同行使代位权。但如果其中一个债权人已就某项债权行使了代位权，或正在进行代位诉讼，其他债权人就不得就该项债权再行使代位权，提起代位权诉讼。不过，其他债权人可以起诉债务人，请求其履行债务。

2. 债权人代位权行使的方式。债权人的代位权必须通过诉讼程序行使，若允许在诉讼外行使，则难以达到保全债权的目的。其主要原因在于：①只有通过裁判方式才能保证某个债权人行使代位权所获得的利益能够在各个债权人之间进行合理分配；②只有通过裁判方式才能有效地防止债权人滥用代位权，如防止随意处分债务人的权利或者将债务人的权利用以充抵自己的债权。

3. 债权人代位权行使的范围。债权人代位权行使的范围，是以保全债权人的债权为限。在必要范围内，可以同时或顺位代位行使债务人的数个债权。我国《民法典》第535条第2款规定："代位权的行使范围以债权人的到期债权为限。"该规定充分说明了代位权的行使范围是以债权人的债权为限。

4. 债权人代位权行使的限制。债权人行使代位权，应尽善良管理人的义务，否则给债务人造成损害的，由债权人赔偿。债权人的代位权行使，限于保存行为与实行行为，原则上不包含处分行为[1]。但处分行为使债务人的财产增值或有效保全，不在此限之列，例如，处理易腐烂的物品。

我国《民法典》第536条规定，具有下列情况之一，债权人代位权的可提前行使：债权人的债权到期前，债务人的债权或者与该债权有关的从权利存在诉讼时效期间即将届满或者未及时申报破产债权等情形，影响债权人的债权实现的，债权人可以代位向债务人的相对人请求其向债务人履行、向破产管理人申报或者作出其他

---

[1] 史尚宽：《债法总论》，中国政法大学出版社2000年版，第452页。

必要的行为。

（四）代位权行使的效力

1. 对债务人的效力。代位权行使的效果应直接归属于债务人，即使在债权人受领交付场合，也是作为对债务人的清偿，而不能将它直接作为对债权人自己债权的清偿。代位权行使的效果必须归入债务人的总体的责任财产之中。

2. 对第三人（次债务人）的效力。代位权的行使对于次债务人的效力如下：①在代位权诉讼中，处于被告地位的次债务人，可以向债权人行使自己对抗债务人的一切抗辩权。②经人民法院审理后认定代位权成立的，由次债务人向债权人清偿，在次债务人履行清偿义务后，使债权人与债务人、债务人与次债务人之间相应的债权债务关系消灭。③在代位权诉讼中，债权人胜诉的，诉讼费用由次债务人承担，从实现的债权中优先支付。

3. 对债权人的效力。债权人行使代位权不得超出债务人的权利范围，也不得超出债权人本人的债权范围。经审理确认代位权成立并经次债务人向债权人履行清偿义务后，债权人与债务人之间相应的债权债务关系消灭。但在实际运作中，行使代位权的债权人可以在获得债务人同意的情况下，直接以其代为受领的次债务人的履行来抵销债务人对自己应当做出的履行，这有助于形成对债权人行使代位权的合理激励。

三、债权人的撤销权

（一）债权人撤销权的概念

债权人的撤销权，又称废罢诉权，是指当债务人减少其财产的行为危害债权实现时，债权人为保全债权而请求法院撤销该行为的权利。作为债的保全制度的一种，撤销权与代位权的不同之处在于：代位权是对因债务人不行使权利的消极行为使财产减少而危及债权的救济，而撤销权是对因债务人的积极行为使财产减少而危及债权的救济。

（二）债权人撤销权的成立要件

债权人撤销权的成立要件，可分为客观要件和主观要件。债权人撤销权的成立要件，因债务人所为行为系无偿行为抑或有偿行为而有不同。在无偿行为情况下，只须具备客观条件；而在有偿行为情况下，则必须同时具备客观要件和主观要件。

1. 客观要件，是指债务人实施了有害于债权的行为，包括三层含义：①须有债务人的行为。这里所说的债务人的行为，是指放弃其债权、放弃债权担保、无偿转让财产、以明显不合理的低价转让财产、以明显不合理的高价受让他人财产或者为他人的债务提供担保等行为。我国《民法典》第538条规定："债务人以放弃其债权、放弃债权担保、无偿转让财产等方式无偿处分财产权益，或者恶意延长其到期债权的履行期限，影响债权人的债权实现的，债权人可以请求人民法院撤销债务人的行为。"我国《民法典》第539条规定："债务人以明显不合理的低价转让财产、以明显不合理的高价受让他人财产或者为他人的债务提供担保，影响债权人的债权实现，债务人的相对人知道或者应当知道该情形的，债权人可以请求人民法院撤销债务人的行为。"对于"明显不合理的低价"，人民法院应当以交易当地一般经营者的判断为基础，并参考交易当时交易地物价部门的指导价或者市场交易价，结合其他相关因素进行综合考虑并予以确认。转让价格达不到交易时交易地的指导价或者市场交易价的70%的，一般可以视为明显不合理的低价；对转让价格高于当地指导价或者市场交易价的30%的，一般可以视为明显不合理的高价。债务人以明显不合理的高价收购他人财产，人民法院可以根据债权人的申请，予以撤销。②债务人的行为必须以财产为标的。债务人的行为，非以财产为标的，不得予以撤销。凡不以财产为标的的行为，例如：基于身份关系而为的行为，如结婚、收养等；以不作为债的发生为目的的民事法律行为；以提供劳务为目的的民事法律行为；财产上利益的拒绝行为；以不得扣押的财产为标的的行为等，均不得作为撤销权的标的。③债务人的行为须有害于债权。所谓有害于债权，是指债务人的行为导致债务人的责任财产的减少，而使债务人无资力来清偿其债务。如果债务人的行为虽减少了其财产但仍不影响其对债权的清偿，则不能认定该行为对债权有害，如支付正常对价的买卖、互易等行为。债务人有害于债权的行为包括：债务人积极减少财产，如让与所有权、设定他物权、免除债务等；债务人增加消极财产，如为他人提供担保或负担新债务。

2. 主观要件。撤销权成立的主观要件是指债务人明知其行为有害于债权而仍然从事有关行为，该行为要求债务人和第三人（受益人）主观上均有恶意。

关于债务人主观恶意的认定，应该结合债务人行为时存在的各种客观外在因素，依据普通人的认识来综合判断其是否存在恶意。债务人的恶意，以行为时为准。债务人行为时不知情，而后为恶意的，不能成立诈害行为。债务人行为时虽有恶意，但事实上并未对债权造成危害结果的，不成立撤销权。

关于受益人的恶意，是指受益人在取得一定财产利益时，已经知道债务人所为的行为有害于债权人的债权，也就是说受益人已经认识到了该行为对债权产生损害的事实。受益人的恶意，以受益时为准。如果受益人在受益后才为恶意的，债权人不得行使撤销权。这一规定是为了保障受益人的合法权益和交易安全。

（三）债权人撤销权的行使

债权人撤销权的行使应注意以下事项：

1. 债权人撤销权的行使主体为债权人。在可以行使撤销权的情况下，债权人中的任何一人均可单独提起，也可作为共同原告共同提起诉讼。但如果其中一个债权人已提起撤销权诉讼，其他共同债权人不得再就该项债务提起撤销权诉讼。

2. 债权人撤销权的行使方式。债权人撤销权的行使方式是以自己的名义提起诉讼。债权人提起撤销权诉讼时只以债务人为被告，未将受益人或者受让人列为第三人的，人民法院可以追加该受益人或者受让人为第三人。如果2个或者2个以上债权人以同一债务人为被告，就同一标的提起撤销权诉讼的，人民法院可以合并审理。

3. 债权人撤销权行使的限制。撤销权在行使范围上，以债权人的债权为限。我国《民法典》第 540 条规定："撤销权的行使范围以债权人的债权为限。债权人行使撤销权的必要费用，由债务人负担"。在行使期限上，撤销权应自债权人知道或应当知道撤销事由之日起 1 年内行使。自债务人的行为发生之日起 5 年内没有行使撤销权的，该撤销权消灭。

（四）债权人撤销权行使的效力

1. 对债务人的效力。债务人的行为，一经撤销，自始无效。我国《民法典》第 542 条规定："债务人影响债权人的债权实现的行为被撤销的，自始没有法律约束力。"尚未依该行为给付的，不再给付。已经依该行为给付的，受领人负有恢复原状的义务。如果有关物的物权需复归于给付人，产生物的返还；在物已不存在的情况下，发生作价返还的效果。

2. 对受益人的效力。受益人已经受领债务人财产的，应负返还义务。原物不能返还的，应当折价返还。受益人已向债务人支付对价的，可以向债务人主张不当得利。

3. 对债权人的效力。行使撤销权的债权人可以请求受益人向自己返还所受利益，并应将所受领的利益加入债务人的责任财产，作为全体一般债权人的共同担保，而无优先受偿权。债权人行使撤销权所支付的律师代理费、差旅费等必要费用，由债务人负担；第三人有过错的，应当适当分担。

第六节　债的担保

一、债的担保概述

（一）债的担保的概念

债的担保是促使债务人履行其债务，保障债权人的债权得以实现的法律措施。这是债的担保的广义概念，它包括债的一般担保和债的特别担保。

债的一般担保，是指债务人必须以其全部财产作为履行债务的总担保。如债的保全，是以债务人的责任财产来担保全体债权人的利益。依据债的平等性和债的一般担保理论，所有债权人不论其债权成立先后，均平等地受到债务人责任财产的担保。对于特定债权人来说，由于债务人责任财产的有限性和债权人地位的平等性，其债权很难依据债的一般担保得以实现。而债的特别担保则可弥补一般担保的局限性，来保障特定债权人利益的实现。

债的特别担保，是指法律为保证特定债权人利益的实现而特别规定以第三人的信用或以特定的财产保障债务人履行义务、债权人实现债权的制度。债的特别担保为狭义的债的担保。本书所指债的担保为狭义的债的担保。

（二）债的担保的形式

债的担保的形式，也就是债的担保的方式、方法。主要包括：人的担保、物的担保、金钱担保。

1. 人的担保。人的担保最重要的形式为保证人担保，也称保证担保。保证担保是基于保证人的信用，担保债务人履行债务的担保形式，即当债务人不履行其债务时，由保证人代债务人履行债务或承担民事责任。

2. 物的担保。物的担保，是指以债务人或第三人的特定财产作为抵偿债权的标的，在债务人不履行其债务时，债权人可以将该财产折价、拍卖或者变卖，从中优先受偿。物的担保包括抵押、质押、留置。抵押、质押、留置作为物的担保，在本书的"物权法律关系"部分中已作介绍。

3. 金钱担保。金钱担保，主要指定金。定金是指当事人在债务之外又交付一定数额的金钱，使债务的履行与金钱的得失相联系，从而促使其积极履行债务、保障债权得以实现的制度。基于本书的体例安排，本章仅介绍保证和定金两种债的担保形式。

二、保证

（一）保证的概念和特征

保证，是指第三人与债权人约定，当债务人不履行债务时，该第三人按照约定履行债务或者承担责任的担保形式。这里的第三人叫做保证人，这里的债权人既是主合同的债权人，又是保证合同的债权人。保证具有以下主要特征：

1. 保证具有从属性。保证债务从属于主债务，其具体表现在：①成立上的从属性。保证以主合同的成立为前提，其存续从属于主合同。保证虽对于将来或附条件的合同也可成立，但这并非是其从属性的例外。②范围和强度上的从属性。依据保证的目的，保证的范围和强度从属于主债务，不得大于或者强于主债务。保证人可以与债权人约定保证的范围，但保证的范围和强度不得大于主债务。如果当事人约定的保证债务的范围和强度大于主债务的，应缩减到主债务的强度。③移转上的从属性。主债权移转时，保证债权也相应随之转移。但根据我国《民法典》第696条第1款规定，债权人转让全部或者部分债权，未通知保证人的，该转让对保证人不发生效力。④变更和消灭上的从属性。主合同债务变更时，保证债务也应随之变更，但不得增加其范围和强度。我国《民法典》第695条第1款规定："债权人和债务人未经保证人书面同意，协商变更主债权债务合同内容，减轻债务的，保证人仍对变更后的债务承担保证责任；加重债务的，保证人对加重的部分不承担保证责任。"另外，保证债务随主合同债务的消灭而消灭。例如，主合同债务因抵销而消灭，保证债务也随之消灭。

2. 保证具有独立性。保证人的保证债务虽具有从属性，但其并不是主债务的一部分，而是独立于主债务的单独债务。保证的独立性表现为：主债务不附条件时，保证债务可以附条件；主债权人与债权人之间的诉讼的判决效力也不当然及于保证人；基于保证合同而发生的抗辩权，债务人不得享有，保证人可以单独行使抗辩权；保证合同无效的，主债务的效力不受影响。

3. 保证具有补充性或连带性。保证分为一般保证和连带保证。在一般保证中，先由主债务人履行其债务，只有在对其财产强制执行而无效果时，才由保证人承担保证责任，这就体现了保证的补充作用；而在连带保证中，不存在上述履行的先后顺序问题，主债务人不履行主合同债务时，债权人可以请求主债务人履行债务，也可以请求保证人在其保证范围内承担保证责任，这就体现了保证的连带性。

（二）保证的种类

1. 一般保证和连带责任保证。依据保证人在保证关系中所处的地位或者说依据保证方式的不同，可以把保证分为一般保证和连带责任保证。一般保证，是指当事人在保证合同中约定，债务人不能履行债务时，由保证人承担保证责任的保证。我国《民法典》第687条第1款规定："当事人在保证合同中约定，债务人不能履行债务时，由保证人承担保证责任的，为一般保证。"连带责任保证，是指当事人在保证合同中约定保证人与债务人对债务承担连带责任的保证。我国《民法典》第688条第1款规定："当事人在保证合同中约定保证人和债务人对债务承担连带责任的，为连带责任保证。"两种保证最大的区别在于保证人是否享有先诉抗辩权。所谓先诉抗辩权，又称检索抗辩权，是指保证人于债权人未就主债务人的财产强制执行而无效果前，对债权人得以拒绝清偿保证债务的权利。一般保证中的保证人享有先诉抗辩权，我国《民法典》第687条第2款规定："一般保证的保证人在主合同纠纷未经审判或者仲裁，并就债务人财产依法强制执行仍不能履行债务前，有权拒绝向债权人承担保证责任，但是有下列情形之一的除外：①债务人下落不明，且无财产可供执行；②人民法院已经受理债务人破产案件；③债权人有证据证明债务人的财产不足以履行全部债务或者丧失履行债务能力；④保证人书面表示放弃本款规定的权利。"而连带责任保证中的保证人则不享有先诉抗辩权。我国《民法典》第688条第2款规定："连带责任保证的债务人不履行到期债务或者发生当事人约定的情形时，债权人可以请求债务人履行债务，也可以请求保证人在其保证范围内承担保证责任。"

由此可见，保证人在不同的保证方式中所处的地位不同，其利益受到法律保护的程度也有差异。一般而言，一般保证中的保证人的地位较优越，其往往并不实际承担任何责任；相反，保证人在连带责任保证中的地位就不太有利，只要债务人不履行其债务，保证人就得满足债权人所提出的承担保证责任的要求。因此，采用何种保证方式就显得十分重要，需在保证合同中明确规定。我国《民法典》第686条第2款规定："当事人在保证合同中对保证方式没有约定或者约定不明确的，按照一般保证承担保证责任。"

2. 单独保证和共同保证。依据保证人的数量不同，可把保证分为单独保证和共同保证。单独保证是指只有一个保证人担保同一债权的保证。除非另有指明，我们通常所说的保证就是指单独保证。共同保证是指数个保证人担保同一债权的保证。具体而言，一是要求保证人为2人以上，二是要求数个保证人担保同一债务。关于共同保证的效力，我国《民法典》第699条规定："同一债务有2个以上保证人的，保证人应当按照保证合同约定的保证份额，承担保证责任；没有约定保证份额的，债权人可以请求任何一个保证人在其保证范围内承担保证责任。"由此可见，共同保证又可分为按份共同保证和连带共同保证，且两者具备不同的效力。

3. 有期保证和无期保证。依据当事人是否约定保证期限，保证可分为有期保证和无期保证。有期保证是指保证人在保证合同中约定保证人承担保证责任的期限，保证人仅于此期限内负其保证责任，债权人未在此期限内对债务人或保证人提起诉讼或者申请仲裁的，保证人即免负其责。无期保证是指当事人在保证合同中未约定保证期限，债权人有权自主在债务履行期限届满之日起 6 个月内请求保证人承担保证责任的保证。可见，无期保证中的无期仅是指当事人在保证合同中未约定保证期限，但法律已经对此规定了法定期限。

4. 有限保证和无限保证。依据当事人是否约定保证担保的范围，保证可分为有限保证和无限保证。有限保证是指当事人自由约定担保范围的保证，但约定的范围不得超出主债务的范围。无限保证是指当事人未特别约定保证担保的范围，而是依据法律的规定确定该范围的保证。我国《民法典》第 691 条规定："保证的范围包括主债权及其利息、违约金、损害赔偿金和实现债权的费用。当事人另有约定的，按照其约定。"可见，有限保证的担保范围，可仅就主债务或者主债务的一部分设定保证；但无限保证的担保范围，却包括全部主债权及利息、违约金、损害赔偿金和实现债权的费用。

5. 既存债务的保证和将来债务的保证。依据被担保的债务是否为既存债务，保证可分为既存债务的保证和将来债务的保证。前者是指为已经存在的债权债务设定的保证，这是保证的常态。后者是为将来存在的债权债务设定的保证，如最高额保证。

（三）保证合同

保证合同是指保证人与债权人订立的，在主债务人不履行其债务时，由保证人承担保证责任的协议。我国《民法典》第 681 条规定："保证合同是为保障债权的实现，保证人和债权人约定，当债务人不履行到期债务或者发生当事人约定的情形时，保证人履行债务或者承担责任的合同。"保证合同为从合同，若主合同无效，则保证合同无效。但保证合同无效并不必然导致主合同无效，当事人另有约定的，依其约定。

1. 当事人。保证合同的当事人为保证人和债权人。债权人是指一切享有债权的人，其可以是自然人、法人或者非法人组织。保证人的问题则较为复杂，下面着重介绍保证人作为合格主体的条件：

（1）保证人必须具备代为清偿能力。关于保证人的资格条件应注意三点：①具有代为清偿能力是保证人的基本条件。②"具有代为清偿能力"的这个条件并非是强制性要求，故不能以保证人不具有代偿能力为由认定保证合同不具有法律效力。③"非法人组织"主要包括：依法登记领取营业执照的独资企业、合伙企业；依法登记领取营业执照的联营企业；依法登记领取营业执照的中外合作经营企业；经民政部门核准登记的社会团体；经核准登记领取营业执照的乡镇、街道、村办企业。

（2）禁止提供保证的主体。①国家机关原则上不得为保证人。我国《民法典》第 683 条第 1 款规定："机关法人不得为保证人，但是经国务院批准为使用外国政府或者国际经济组织贷款进行转贷的除外。"②学校、幼儿园、医院等以公益为目的的非营利法人、非法人组织不得为保证人。③企业法人的分支机构、职能部门，因其主体资格、清偿能力等方面的原因，不得为保证人。例外的是，企业法人的分支机构有法人书面授权的，可以在授权范围内提供保证。

2. 保证合同的内容和形式。我国《民法典》第 684 条规定："保证合同的内容一般包括被保证的主债权的种类、数额，债务人履行债务的期限，保证的方式、范围和期间等条款。"

保证合同应具有以下内容和条款：①被保证的主债权种类、数额；②债务人履行债务的期限；③保证的方式；④保证担保的范围；⑤保证的期间；⑥双方认为需要约定的其他事项。保证合同若不完全具备上述条款，可以补正。

关于保证合同的形式，我国要求保证合同必须采用书面形式。依据有关规定，保证合同的形式可以归纳为：①从合同的形式，即保证人和债权人单独订立保证合同。②条款的形式，即债权人、债务人与保证人共同订立一个合同，作为从合同的保证合同仅作为保证条款出现在主合同中。③以保证人身份在主合同上承保的形式，即保证人在债权人与债务人签订的主合同上以保证人身份或在"保证人"栏下签名或者盖章。④保证人单方面出具保证承诺书的形式，即保证人单方以书面形式向债权人出具担保书，债权人接受且未提出异议。

（四）保证的效力

保证的效力主要体现在两方面：一是保证人与主债权人之间的关系；二是保证人与主债务人之间的关系。

1. 保证人与主债权人之间的关系。保证成立后，债权人对保证人只享有权利而不负担义务，保证人仅享有抗辩权或其他防御性的权利。①债权人的权利。债权人享有请求保证人承担保证责任的权利。债权人请求保证人履行保证债务的，应以主债务人不履行其债务为前提，并且保证人无其他合法的抗辩事由。债权人仅向债务人请求履行债务而未向保证人主张权利的，对保证人不发生效力。债权人在行使请求保证人履行保证债务的权利时，依保证方式的不同而不同。在一般保证中，债权人只有在就主债务人的财产强制执行而仍不能完全受偿时，才得请求保证人承担保证责任，否则保证人得行使先诉抗辩权；在保证人享有先诉抗辩权的法定期间，债权人不得以自己对保证人的债务与保证人的保证债务相抵销。在连带责任保证中，只要主债务人于债务履行期限届满未完全履行债务时，债权人即得请求保证人承担保证责任。②保证人的权利。保证合同为单务、无偿合同，保证人对债权人不享有请求给付的权利，仅享有抗辩权或其他防御性的权利。例如，保证人可享有债务人享有的抗辩权、撤销权、抵销权。

2. 保证人与主债务人之间的关系。保证人与主债务人之间的关系主要表现在保证人的追偿权。追偿权，又称求偿权，是指保证人在承担保证责任后，得请求主债务人偿还的权利。

（五）保证责任的免除与消灭

保证责任的免除，是指对已经存在的保证责任，基于法律的规定或者当事人的约定予以免除，保证人不再承担保证责任的现象。在我国，保证责任的免除事由主要有：

1. 主合同双方当事人恶意串通，骗取保证人提供保证的，保证人不承担保证责任。

2. 主合同债权人采取欺诈、胁迫等手段，使保证人在违背真实意思的情况下提供保证的，保证人不承担保证责任。

3. 主合同债务人采取欺诈、胁迫等手段，使保证人违背真实意思的情况下提供保证的，债权人知道或者应当知道欺诈、胁迫事实的，保证人不承担保证责任。

4. 保证期间，债权人依法将主债权转让给第三人，而保证人与债权人事先约定仅对特定的债权人承担保证责任或者禁止债权转让的，保证人不再承担保证责任。

5. 保证期间，债权人许可债务人转让债务，但未经保证人同意的，保证人对未经其同意转让的债务不再承担保证责任。

6. 债权人与债务人协商变更主合同，但未经保证人同意，如果加重债务人债务的，保证人对加重的部分不承担保证责任；如果减轻债务人债务的，保证人仍应当对变更后的合同承担保证责任。

7. 在一般保证中，债权人于保证期内未对债务人提起诉讼或者申请仲裁的，保证人免除保证责任。在连带责任保证中，债权人于保证期内未要求保证人承担保证责任的，保证人免除保证责任。

8. 一般保证的保证人在主债权履行期间届满后，向债权人提供了债务人可供执行财产的真实情况，债权人放弃或者怠于行使权利致使该财产不能执行的，保证人可以请求人民法院在其提供可供执行财产的实际价值范围内免除保证责任。

9. 在同一债权既有保证又有物的担保的情况下，债权人放弃物的担保时，保证人在债权人放弃权利的范围内免除保证责任。债权人在主合同履行期限届满后怠于行使担保物权，致使担保物的价值减少或者毁损灭失的，视为债权人放弃部分或者全部物的担保，保证人在债权人放弃权利的范围内减轻或者免除保证责任。

10. 主合同双方当事人协议以新贷偿还旧贷，除非保证人知道或者应当知道的外，否则保证人不承担民事责任。但是，新贷与旧贷系同一保证人的除外。

三、定金

（一）定金的概念

定金是指合同当事人为了确保合同的履行，依据法律规定或者当事人双方的约定，由当事人一方在合同订立时或订立后、履行前，按合同标的额的一定比例，预先给付对方当事人的金钱或者其他替代物。

定金和预付款均有预先给付的性质，但定金与预付款不同：①作用不同。定金是一种担保方式，不属于债务的履行范畴；而预付款是价金支付义务的一部分，属于债务的履行。②地位不同。交付定金的协议是从合同，依约定应交付定金而未交付的，并不构成对主合同的违反；而交付预付款的协议为主合同的一部分，依约定应交付预付款而未交付时，构成对主合同义务的违反。③法律后果不同。交付定金和收受定金的双方当事人不履行合同债务时，适用定金罚则，即交付定金的一方不履行债务的，丧失定金；收受定金的一方不履行债务的则应双倍返还定金。而交付和收受预付款的当事人一方不履行合同债务时，不发生丧失或双倍返还预付款的后果，于此情况下预付款仅可抵作损害赔偿金。④交付的方式不同。定金一般为一次性交付，而预付款可以分期交付。

（二）定金的种类

定金主要包括如下类型：

1. 立约定金。立约定金是指为保证正式订立合同而支付的定金。

2. 成约定金。成约定金是指作为合同成立要件的定金，因定金的交付，合同才成立。

3. 证约定金。证约定金是指以定金作为订立合同的证据。这种定金不是合同的成立要件，仅以证明合同成立为目的。

4. 违约定金。违约定金是指交付定金的当事人若不履行债务，接受定金的当事人可以没收定金。

5. 解约定金。解约定金是指为保留合同解除权而付出的定金，即交付定金的一方得以抛弃定金为代价来解除合同；收受定金的一方也得以通过双倍返还定金为代价来解除合同。

我国现行法规定的定金，是合同成立的依据，具有证据的性质和作用，属于证约定金。但定金不是合同成立的要件，其没有成约定金的效力。我国现行法上亦无解约定金。总之，我国现行法上的定金兼有证约定金和违约定金的效力。

（三）定金的成立

在我国现行法上，定金合同为要式合同，定金的成立必须以书面定金合同为基础。除此之外，定金合同还是实践性合同。我国《民法典》第586条第1款规定："当事人可以约定一方向对方给付定金作为债权的担保。定金合同自实际交付定金时成立。"可见，定金合同自实际交付定金之日起生效。从交付定金的时间来说，当事人应当按照约定的时间交付，当事人未在规定的时间交付或者交付的数额不足约定数额的，而另一方当事人又接受该定金的，可以视为当事人双方对定金合同的变更，定金仍从实际交付之日起于交付的实际数额上成立。但若当事人一方于合同履行后才依定金合同约定的数额向对方交付款项的，则不认定为定金。

定金合同是以金钱为标的的合同，在少数情况下，也可以以其他替代物作为标的。定金的数额由当事人约定，但不得超过主合同标的额的 20%。当事人交付的定金超过法律规定的最高限额的，超过的部分，人民法院不予支持。

（四）定金的效力

定金的效力，因定金的种类不同而有所不同。

立约定金的效力表现在：给付定金的一方拒绝订立主合同的，无权要求返还定金；收受定金的一方拒绝订立主合同的，应双倍返还定金。

成约定金的效力表现在：交付定金的一方拒绝交付定金，主合同不成立，但不发生定金罚则的效力。

解约定金的效力表现在：给付定金的一方解除合同的，无权要求返还定金；收受定金的一方解除合同的，应当双倍返还定金。

违约定金的效力表现在：给付定金的一方不履行债务的，无权要求返还定金；收受定金的一方不履行约定的债务，应当双倍返还定金。当合同因不可归责于当事人的事由而不能履行时，任何当事人都不应当受到制裁，定金应当返还。对此，《担保法解释》第 122 条明确规定："因不可抗力、意外事件致使主合同不能履行的，不适用定金罚则。因合同关系以外第三人的过错，致使主合同不能履行的，适用定金罚则。受定金处罚的一方当事人，可以依法向第三人追偿。"

第七节　债的移转

一、债的移转的概念

所谓债的移转，是指在债的内容和客体保持不变的情形下，债的主体发生变更。而主体的变更，包括债权让与、债务承担和债权债务的概括移转三种情形。其中，债权人的变更称为债权让与；债务人的变更称为债务承担；债权债务一并移转给第三人的，称为债的概括承受。

债的移转的发生原因主要有如下几种情况：有的基于法院的裁决而发生；有的基于法律的直接规定而发生；有的基于民事法律行为而发生，如遗嘱人以遗嘱将其合同权利义务转让给继承人或受遗赠人，或转让人与受让人订立转让合同而将合同权利义务予以转让。

二、债权让与

（一）债权让与的概念

债权让与，是指不改变债的关系的内容，债权人将其债权移转于第三人享有的法律行为。其中债权人称为转让人，第三人称为受让人。

债权让与可分为全部让与和部分让与。债权的全部让与是指债权人将债权全部转让给第三人而脱离债的关系，受让人成为债的关系的新债权人。债权的部分让与是指债权人将债权的一部分转让给第三人，原债权人与受让第三人共同成为债权人。

如果转让协议中规定了转让的债权份额，则原债权人与受让第三人按照份额享有债权，成立按份债权；若没有规定让与的债权份额，则原债权人与第三人连带享有债权，成立连带债权。

（二）债权让与的要件

债权让与通常是基于让与人与受让人之间关于转让债权的协议即债权让与合同而发生，须具备以下四个条件方能生效：

1. 须存在有效的债权。债权让与合同的目的是转让债权，因而必须存在有效债权。有效债权的存在，是发生债权让与的根本前提。以不存在或者无效的债权让与他人，或者以已经消灭的债权让与他人，都将因标的的不存在或者标的的不能而导致债权让与合同无效，让与人对受让人因此而产生的损失，应负赔偿责任。

2. 让与人与受让人须就债权的转让达成协议，并且不得违反法律的相关规定。当事人关于债权转让的意思表示，应当建立在自愿、合法的基础上。因一方当事人欺诈、胁迫等行为致使对方当事人陷于意思表示不自由而为债权让与或受让行为时，债权让与合同的效力将会受到影响。此时债权让与合同为可撤销的合同，撤销权人可以行使撤销权。转让合同被撤销后，受让人已经受领的利益，应当向让与人返还。转让合同如果出现法律规定的无效原因时，该合同不发生转让的法律效力。

3. 被让与的债权须具有可让与性。债权为财产权，一般具有可让与性，债权人可将其债权让与他人，但是并非所有的债权都具有可让与性。我国《民法典》第545条明确规定了以下三类债权不得让与：①根据债权性质不得转让的债权。这类债权主要有以下几种：其一，以特定身份为基础的债权，如亲属间的扶养请求权，抚恤金请求权，受遗赠人的给付遗赠请求权等。其二，具有人身属性的债权，如请求他人画肖像画、做家庭教师等。其三，基于当事人间特别信任关系的债权，原则上不得让与。例如，雇佣、委托、借用、租赁等债权，原则上不得让与。其四，属于从权利的债权，不得单独让与。因为从权利随主权利的转移而转移，其在性质上不能与主权利分离而单独让与。②按照当事人约定不得转让的债权。债权人与债务人双方可以约定不得转让债权，但其约定不得违反法律的强行性规定。当事人关于不得让与债权的意思表示，可以在债权成立时为之，也可以在债权成立后为之，但须在债权让与前作出。在债权让与后而为禁止让与债权约定的，其禁止让与的意思表示无效。当事人可以约定禁止向任何人转让债权，也可以约定禁止向特定人或特定范围的人转让债权。③依照法律规定不得转让的债权。例如，最高额抵押的主合同债权不得转让。对于依照法律规定应由国家批准的合同债权，其让与仍应经原批准机关批准，否则不能发生让与的效力。

4. 须通知债务人。我国《民法典》第546条第1款规定："债权人转让债权，未通知债务人的，该转让对债务人不发生效力。"依此规定，债权让与不以债务人的同意为生效要件，但应以通知债务人为对债务人发生效力的要件。我国《民法典》对通知的方式并无限制，采用口头或书面方式都应当允许；但原则上书面合同的债权让与通知应采取书面形式，法律、法规有特别规定的，应当依照其规定。

（三）债权让与的效力

债权让与成立后，即在让与人、受让人和债务人之间发生一定的法律效果。其中，债权让与在让与人和受让人之间的效力，被称为债权让与的内部效力；而债权让与合同的当事人与债务人之间的效力，则被称为债权让与的外部效力。

1. 债权让与的内部效力。债权让与在债权人与受让人之间的法律效力主要包括：①债权及其从权利移转于受让人。债权让与的基本效力是受让人取得受让的债权，即债权从转让人移转于受让人所有，受让人即成为新的债权人。自债权让与合同成立之时，债权转移于受让人，债权的从权利也一并移转，但该权利专属于债务人自身的除外。②让与人应使受让人能够完全行使债权。债权的让与人负有使受让人能够完全行使债权的义务。为此，让与人应将债权证明文件全部交付受让人，如债权证书、合同、债务人出具的账簿、票据、保证书等；让与人还应向受让人告知主张债权所须具备的一切必要情形，如债务人的住所、债务的履行方式等。③让与人对让与的债权负瑕疵担保责任。让与人对其所让与的债权应负瑕疵担保责任，不使受让人的债权因债务人主张得对抗让与人的事由而受损害。除让与合同另有约定外，让与人不对债务人的履行能力负担保责任。受让人在让与合同成立时知道债权有瑕疵而受让的，让与人也不应负瑕疵担保责任。

2. 债权让与的外部效力，是指债权让与对债务人产生的效力。只有在向债务人为债权让与的通知时，债权让与才能对债务人发生效力。债务人收到债权让与的通知后，有异议的，得向对方提出；债务人未提出异议的，债权让与对其即发生效力。这一效力主要体现在以下三方面：①债务人应向受让人履行债务。债权让与对债务人生效后，债务人应向受让人清偿债务，而不得再向让与人清偿债务。债务人仍向让与人清偿的，除构成向第三人履行外，其清偿无效，不能对抗受让人，而只能依不当得利要求受清偿的让与人返还。②债务人接到债权转让通知时，债务人对让与人的抗辩，可以向受让人主张。受让人受让债权，其地位不能优于让与人，其权利不能大于让与人原有的权利。因此，凡债务人得以对抗原债权人即让与人的抗辩权，同样可以对抗受让人。我国《民法典》第548条明确规定，债务人接到债权转让通知后，债务人对让与人的抗辩，可以向受让人主张。例如，受让债权未发生的抗辩、受让债权已消灭的抗辩、受让债权已过诉讼时效的抗辩等，债务人均得向受让人行使。③债务人得主张以其债权与让与的债权抵销。我国《民法典》第549条规定："有下列情形之一的，债务人可以向受让人主张抵销：①债务人接到债权转让通知时，债务人对让与人享有债权，且债务人的债权先于转让的债权到期或者同时到期；②债务人的债权与转让的债权是基于同一合同产生。"

三、债务承担

（一）债务承担的概念

债务承担是指在不改变债的内容的前提下，债权人、债务人通过与第三人订立转让债务的协议，将债务全部或者部分转让给第三人承担的法律事实。

债务承担可因法律的直接规定而发生，也可因法律行为而发生。依当事人之间的合意而发生的债务承担最为常见。因此，一般所说的债务承担，仅指依当事人的合意，将债务人的债务移转于承担人即新债务人承担。当事人之间关于移转债务的合意即为债务承担合同。

债务承担包括免责的债务承担和并存的债务承担。免责的债务承担是指由第三人即承担人代替债务人承担其全部债务，原债务人脱离债的关系，承担人成为新债务人。并存的债务承担是指第三人加入债的关系与债务人共同承担债务，原债务人并不脱离债的关系，而仍为债务人。狭义的债务承担仅指免责的债务承担。

（二）债务承担的要件

我国《民法典》第551条第1款规定："债务人将债务的全部或者部分转移给第三人的，应当经债权人同意。"依此，债务承担须具备以下要件：

1. 存在有效的债务。债务的有效存在是债务承担的前提。债务自始无效或者承担时已经消灭的，即使当事人就此订有债务承担合同，也不发生效力。所移转的债务为将来发生的债务的，债务承担合同应自债有效成立时，方能生效。

2. 所移转的债务具有可移转性。根据法律规定、债务的性质或当事人约定而不得移转的债务不能成为债务承担合同的标的。这与债权移转中的债权有相同之处。不可移转的债务主要如下：①因性质而不能移转的债务，不得移转于他人承担。这种债务一般是以特定债务人的特殊技能或者特别的人身信任关系为基础而产生的。这种债务一般不能发生移转，否则会使债权人的预期目的落空，如演出合同中的演出义务、特定画家作画的义务等。②依法律规定不能移转的债务，如因抚养请求权而发生的债务、保管合同中保管人的债务等。③基于当事人特别约定不得转移的债务。

3. 第三人须与债权人或者债务人就债务的移转达成合意。债务承担要求第三人须就债务的移转与债权人或者债务人意思表示一致，即签订债务承担合同。第三人设立债务承担合同的方式有以下两种：①第三人与债权人订立债务承担合同。我国《民法典》第551条第1款规定："债务人将债务的全部或者部分转移给第三人的，应当经债权人同意。"从该条的字面意义来看，只有债务人才享有移转债务的权利。但由于债权人拥有比债务人更为优越的地位，应当认为既然债务人可以移转债务，债权人当然也可以移转债务。所以，第三人完全可以通过与债权人订立债务承担合同进行债务的移转。第三人与债权人订立债务承担合同，是否需要取得债务人的同意？一般认为，第三人代债务人履行债务，对债务人并无不利，债务人一般不会反对，即使债务人反对，而第三人自愿代其履行，债权人又愿意接受第三人履行的，自然没有使债务承担合同归于无效的必要，所以，第三人与债权人订立的债务承担合同，不必经债务人同意即可生效。但这一原则的适用有以下例外：一是有偿债务的承担须经债务人同意；二是债务人与债权人事先订有禁止转移条款的，须经债务人同意。虽然第三人与债权人订立债务承担合同一般不必经债务人同意即可成立，但应通知债务人，否则对债务人不产生效力，在通知到达之前债务人已向债权人所为的履行有效。②第三人与债务人订立债务承担合同。第三人与债务人订立的债务承担合同，自债务人与第三人达成合意时成立，但须经债权人同意方能生效。

4. 债务承担须经债权人同意。第三人与债权人订立债务承担合同的行为本身即表明已获得债权人同意，不需另外的表示。在债务人与第三人订立债务承担合同时，则必须经债权人同意。因为债的关系是建立在债权人对债务人的履行能力的了解和信任的基础上，债务人的支付能力，对于债权人债权的实现而言至关重要。如果债务人未经债权人同意而将债务移转于第三人，该第三人无足够的资力和信用履行债务时，债权人的利益将毫无保障。为此，为了保护债权人的利益，债务人将债务移转于第三人，必须经债权人同意。

债务承担除须具备上述条件外，在特殊情况下，还应遵守相关法律规定，如法律、行政法规规定应当办理批准、登记手续的，自办理上述手续后方可生效。当事人之间约定须履行特定形式的，也须依法办理才能生效。

（三）债务承担的效力

债务承担合同生效后，产生以下几个方面的法律效果：

1. 免责的债务承担产生效力后，原债务人脱离债务关系，第三人取代原债务人的地位成为新债务人。并存的债务承担产生效力后，第三人加入债，与原债务人共同承担债务。

2. 新债务人取得原债务人基于债权债务关系所产生的抗辩权。我国《民法典》第553条规定，债务人转移债务的，新债务人可以主张原债务人对债权人的抗辩。

3. 从债务一并移转于承担人承担。我国《民法典》第554条规定："债务人转移债务的，新债务人应当承担与主债务有关的从债务，但是该从债务专属于原债务人自身的除外。"例如，附随于主债务的利息债务，随着主债务的移转一并移转给承担人。但是担保债务并不能随主债的移转而移转，第三人为原债务人提供担保的，在债务承担时除担保人同意继续担保者外，债务移转时，担保随之消灭。

四、债的概括承受

债的概括承受是指债的一方主体将其债权债务一并转移给第三人。我国《民法典》第555条规定："当事人一方经对方同意，可以将自己在合同中的权利和义务一并转让给第三人。"债的概括承受是基于当事人之间的民事行为而产生的，称为意定概括承受，即合同承受；基于法律的直接规定而产生的，称为法定概括承受，即企业合并。

（一）合同承受

合同承受是指合同当事人一方将其在合同中的权利义务全部转移于第三人，第三人承受其在合同中的地位，从而享受权利和负担义务。合同承受既可因当事人间的协议发生，也可因法律的直接规定发生。

依据我国《民法典》第 555 条的规定，当事人一方将其合同中的权利义务一并转移于第三人的，须经对方同意，否则不能发生转移的效力。

（二）企业合并

企业合并是指两个以上的企业合并为一个企业。企业的合并不同于企业的破产，为了保证相对人和合并企业的利益，根据主体的承继性原则，企业合并之前的债权、债务应当由合并后的企业承担。对此，我国《民法典》第 67 条规定："法人合并的，其权利和义务由合并后的法人享有和承担。法人分立的，其权利和义务由分立后的法人享有连带债权，承担连带债务，但是债权人和债务人另有约定的除外。"依此规定，债的当事人一方合并的，该当事人的债权债务也就一并由合并后的法人或者其他组织承受。

第八节 债的消灭

一、债的消灭概述

（一）债的消灭的概念

债的消灭，又称为债的终止，是指债的关系在客观上已不复存在，债权债务归于消灭。在理解这一定义时，应当注意以下两点：

1. 债的消灭与债的效力停止不同。债的效力停止，是指在债务人行使抗辩权时，债权人应停止其债权的行使。抗辩权消灭后，债权便恢复其原来的效力。债的消灭则会导致债权的永久消灭。

2. 债的消灭与债的变更不同。债的变更仅指债的客体或内容发生变更，债权债务关系却依然存在，而债的消灭则是使原来的债权债务关系归于消灭。

（二）债的消灭的原因

债的消灭的原因，是指能够引起债的消灭的法律事实。我国《民法典》第 557 条第 1 款规定："有下列情形之一的，债权债务终止：①债务已经履行；②债务相互抵销；③债务人依法将标的物提存；④债权人免除债务；⑤债权债务同归于一人；⑥法律规定或者当事人约定终止的其他情形。"

债消灭后，当事人应当遵循诚实信用原则，根据交易习惯，履行通知、协助、保密、旧物回收等义务。例如，企业某一员工在离职后，其仍应为该企业保守商业秘密。

二、清偿

清偿，是指当事人实现其债权目的的行为。清偿与履行的意义相同，只不过履行是从债的动态、效力方面来讲的，而清偿是从债的消灭的角度来讲的。

债务人清偿债务，债权人的权利实现，债的目的达到，债当然也就消灭。因此，清偿为债的消灭的最正常的、最常见的原因。

三、抵销

（一）抵销的概念

抵销，是指两人互负债务时，各以其债权充当债务之清偿，而使其债务与对方的债务在对等额内互相抵销。它是债务清偿的替代方法。主张抵销的债权，称为主动债权、能动债权；被抵销的债权，称为被动债权、反对债权。

抵销依其产生的依据不同，可分为法定抵销与合意抵销。法定抵销，是指由法律规定其成立要件，当要件具备时，依当事人一方的意思表示即可发生抵销的效力。我国《民法典》第568条第1款规定："当事人互负债务，该债务的标的物种类、品质相同的，任何一方可以将自己的债务与对方的到期债务抵销；但是，根据债务性质、按照当事人约定或者依照法律规定不得抵销的除外。"这里所说的抵销即为法定抵销。合意抵销，是指依当事人双方的合意所为的抵销。合意抵销是由当事人自由约定的，不受法律规定的成立要件的限制。我国《民法典》第569条规定："当事人互负债务，标的物种类、品质不相同的，经协商一致，也可以抵销。"这里规定的就是合意抵销。我们通常所说的是指法定抵销。

（二）抵销的条件

按照《民法典》568条和569条的规定，抵销必须具备以下要件才能生效：

1. 双方当事人互负债务，互享债权。抵销是通过冲抵债务，使双方的债权在同等数额内消灭。因此，抵销必须以当事人双方相互享有合法债权、相互负有合法债务为前提。若当事人一方对另一方仅享有债权而不负债务，或者仅负债务而不享有债权，均不能发生抵销。但债务人的债权先于转让的债权到期或者同时到期的，债务人可以向受让人主张抵销。

抵销人供抵销的债权应为自己享有的具有完全效力的债权。诉讼时效经过的债权人不得以其权利为主动债权而主张抵销，否则无异于强迫对方履行已失去法律拘束力的债务。诉讼时效经过的债权为被动债权时，则可抵销，此可认为抵销权人抛弃了时效利益。抵销人只能以自己的债权来抵销，对于第三人的债权，即使取得该第三人的同意，也不得以之来抵销。但存在以下几种例外：①在连带债务中，若某债务人对债权人享有债权，其他连带债务人可在该债务人应分担的债务范围内，对债权人主张抵销。②债权让与时，债务人对原债权人享有债权的，得向债权受让人主张抵销。③主债务人对债权人享有债权的，保证人得主张抵销。

2. 须双方债务的给付为同一种类，抵销的债务以同种类的给付为必要。因为只有给付的种类相同时，当事人双方的经济目的才一致，通过抵销才可满足双方的利益需要。给付种类不同，不论其客观价值如何都不能抵销，因此抵销限于种类之债，且以金钱之债为主。在种类物之债中，标的物的品质相同的，可以抵销。因此，抵销的债务一般为金钱债务和种类之债。

此外，我国《民法典》第569条规定："当事人互负债务，标的物种类、品质不相同的，经协商一致，也可以抵销。"

3. 须双方的债务均届清偿期。因为抵销具有清偿的效力，因此只有债务已届清偿期时才可抵销。若债务未到清偿期，也允许债权人得以其债权与对方的债权抵销的话，就等于强制债务人提前清偿，牺牲其期限利益，这样的做法明显不合理。反之，若由未到期的债务人主张抵销的，则可以抵销。因为在此情形下，债务人自愿放弃自己的期限利益，法律自无限制的必要。

但是，在当事人一方被宣告破产时，破产债权人的债权不论是否已届清偿期，不论是否附有期限或解除条件，也不论给付种类是否相同，均可以抵销。由此可见，破产中的抵销与民事上的一般抵销不同。

4. 须双方的债务均为可抵销的债务。依法律规定或者依债的性质不得抵销的债务，不能抵销。双方约定不得抵销的债务也不能抵销。例如，相互提供劳务的债务，与人身不可分离的债务（如抚养费、退休金等债务），依其性质不能抵销。法律规定不能抵销的债务主要有：①法院决定扣留、提取被执行人的劳动收入时，应当保留被执行人及其所扶养家属的生活必需费用；②查封、扣押、冻结、拍卖、变卖被执行人的财产，应当保留被执行人及其所扶养家属的生活必需品。当事人之间有禁止抵销的约定时，债务不得抵销，但为保护第三人的清偿利益与交易安全时，这种约定不能对抗善意第三人。例如：

甲租赁乙的房屋，到 2000 年年底，甲欠乙租金 1.5 万元未付，但乙一直未向甲主张该笔租金；2004 年 6 月，乙向甲购买价值 3.5 万元的货物，约定同年 12 月月底前付清货款。到了年底，乙仅支付甲货款 2 万元，称尚欠的 1.5 万元货款抵销甲欠乙的租金 1.5 万元。甲不同意，认为乙对甲所享有的 1.5 万元租金债权已经超过诉讼时效，不能适用法定抵销，便诉至法院，要求乙支付尚欠的 1.5 万元货款。

此案主要涉及超过诉讼时效的债权是否适用法定抵销的问题，在上述列举的案例中，除非甲自愿同意以其受法律保护的 1.5 万元货款与乙已超过诉讼时效的 1.5 万元租金相互抵销，否则乙不得单方行使法定抵销权，即对这两笔债权不能适用法定抵销，最多只能由双方合意抵销。

（三）抵销的效力

抵销可以使双方的债务归于消灭，因而抵销权为形成权。抵销权的行使由抵销权人将其抵销的意思表示通知对方即可发生效力。

我国《民法典》第 568 条第 2 款规定："当事人主张抵销的，应当通知对方。通知自到达对方时生效。抵销不得附条件或者附期限。"抵销的效力主要表现在以下方面：

1. 双方互负的债务在同等数额内消灭。抵销发生后，双方债务数额相等的，双方的债权债务全部消灭；双方的债务数额不等的，仅发生债的部分消灭，对未被抵销的债务数额，债务人仍负清偿义务。

2. 抵销的溯及力。通说认为，抵销权产生后，双方的债权债务关系溯及至抵销权发生之时消灭。抵销权行使的具体法律效果体现在：①自抵销权发生之日起，债务消灭，不再发生支付利息的债务。②自抵销权发生之日起，债务消灭，不再发生迟延责任。但抵销发生之前的已存在的迟延责任并不消灭。③抵销权发生后，一方当事人所产生的损害赔偿责任及违约责任因抵销的溯及力而归于消灭。但抵销发生之前的损害赔偿责任及违约责任并不消灭。

四、提存

（一）提存的概念

提存是指在一定条件下，债务人或其他清偿人将无法给付的标的物提交给有关机关保存，从而消灭债权债务关系的一种法律制度。

债务人履行债务需要债权人予以协助，如债权人不协助债务人的履行，对债务人的履行拒不接受，或者债务人无法向债权人履行，债务人就不能清偿债务。在此情形下，债务人将因债权人不受领而继续承担着清偿责任，这对于债务人而言是不公平的。因此，为使债务人不因债权人的原因而受迟延履行之累，法律设立了提存制度。通过提存，债务人可以将其无法给付给债权人的标的物交给提存机关保存，以代替向债权人的给付，从而免除自己的清偿责任。债务人提存后，债务人的债务即消灭，因而提存亦为债的一种消灭原因。

我国《民法典》第571条第2款规定："提存成立的，视为债务人在其提存范围内已经交付标的物。"这一规定明确提存为债的消灭原因。

（二）提存的要件

根据《民法典》第570条的规定，债务人将标的物提存，须具备如下条件：

1. 须有可以提存的合法原因。提存的合法原因主要有：①债权人无正当理由拒绝受领。债权人对已经提出的给付拒不受领或不能受领时，应负迟延责任，债务人可将给付提存。②债权人不能确定。这是指债务人无法查知债权人，包括债权人下落不明，债权人死亡未确定继承人、遗产管理人，或者丧失民事行为能力未确定监护人等。

2. 须经法定程序。提存的主要程序是：①由提存人提出申请，申请书中应载明提存的原因、提存的标的物、标的物的受领人等（不知受领人的，应说明不知受领人的理由）。②经提存机关同意。提存机关受理提存申请后应予以审查，以决定是否同意提存。提存机关同意提存的，指定提存人将提存物交有关的保管人保管。③由提存机关制作提存证书并交给提存人。提存证书具有与受领证书相同的法律效力。

3. 提存的主体与客体适当。提存的主体为提存人与提存机关。一般情形下，提存人即为债务人，但提存人不以债务人为限。凡债务的清偿人均可为提存人。提存机关是法律规定的有权接受提存物并代为保管的机关。国外的提存机关多设在法院。在我国，按照相关规定，提存机关为债务履行地的公证部门。

提存的客体也就是提存人交付提存机关予以保管的物。提存的标的物，原则上是债务人应给付的标的物。提存物应为适宜提存的物。特定物或种类物均可提存，实践中主要是金钱、物品或有价证券等。易腐易烂物品、家禽或者提存费用过高的物等不适宜提存的，债务人依法可以拍卖或者变卖标的物，提存所得的价款。

（三）提存的效力

提存涉及三方当事人，应分为债务人与债权人之间、提存人与提存部门之间和债权人与提存部门之间的效力三个方面。

1. 债务人与债权人间的效力。自提存之日起，债务人的债务消灭，债权人的债权得以清偿。提存物的所有权如同债务人完成给付一样移转于债权人，标的物毁损、灭失的风险也一并移转于债权人，标的物的孳息归债权人所有，提存费用由债权人负担。但是，为使债权人及时得知提存的事实，除债权人下落不明的以外，提存人应当将提存的事实及时通知债权人或者债权人的继承人、遗产管理人、监护人、财产代管人。

2. 提存人与提存机关间的效力。提存人与提存机关是提存行为的双方当事人。在提存成立后，提存机关有保管提存物的义务。提存人在发现提存错误或提存原因消灭时，可以撤销提存行为，并取回提存物。但是在提存有效成立期间，提存人不得取回提存物。即使债权人放弃或丧失请求权，提存人也不能取回提存物。提存人也不应负担提存物的保管费用。但若提存人取回提存物时，提存人应自行负担提存物的保管费用。

3. 提存机关与债权人间的效力。提存成立后，债权人与提存机关形成一种权利义务关系。对于此种关系的性质，我们认为属于债权债务关系。

我国《民法典》第574条第1款规定："债权人可以随时领取提存物。但是，债权人对债务人负有到期债务的，在债权人未履行债务或者提供担保之前，提存部门根据债务人的要求应当拒绝其领取提存物。"依此规定，债权人有请求提存机关交付提存物的权利。债权人领取提存物的权利应于法律规定的期限内行使。债权人超过法律规定或者提存机关公告的领取时间而不领取提存物的，其权利即行丧失。我国《民法典》第574条第2款规定："债权人领取提存物的权利，自提存之日起5年内不行使而消灭，提存物扣除提存费用后归国家所有。但是，债权人未履行对债务人的到期债务，或者债权人向提存部门书面表示放弃领取提存物权利的，债务人负担提存费用后有权取回提存物。"

五、免除

（一）免除的概念

免除是指债权人以债的消灭为目的而抛弃债权的意思表示。债务人因债权人抛弃债权而免除清偿义务，所以免除也是债消灭的一种原因。我国《民法典》第575条规定："权人免除债务人部分或者全部债务的，债权债务部分或者全部终止，但是债务人在合理期限内拒绝的除外。"

（二）免除的效力

免除发生债的关系绝对消灭的法律效力。具体而言：①债务全部免除的，债的关系全部消灭。②债务部分免除的，仅免除部分消灭。③免除的效力不得损害第三人的合法权益。例如，债权人甲将其对债务人乙所享有的债权质押给了丙，如果甲免除了乙的债务，丙对甲享有的质权也不复存在，这样就有损丙的利益。④主债务因免除而消灭的，从债务也随之消灭。

因免除债务实质上是对债权的抛弃，所以就法律禁止抛弃的债权而免除债务的，其免除行为无效，不发生债的消灭效果。

六、混同

混同是指债权和债务同归于一人，从而使债的关系消灭的事实。

法律上的混同，有广义和狭义之分。广义的混同，包括权利与权利的混同；义务与义务的混同；权利与义务的混同。这里所说的混同仅为狭义上的混同，即权利与义务的混同。混同以债权与债务归于一人而成立，与人的意志无关，因而属于事件。发生混同的原因可分为两种：一是概括承受，即债的关系的一方当事人概括地承受他人的债权债务。例如，企业合并，合并前的两个企业间互有债权债务时，合并后，债权债务同归于合并企业，从而导致债的消灭。概括承受是发生混同的最主要原因。二是特定承受，指因债权让与或债务承担而承受权利义务，即债权人承受债务人对自己的债务，或者债务人受让债权人对自己的债权。此时，因债权债务主体混同，债的关系归于消灭。

我国《民法典》第576条规定："债权和债务同归于一人的，债权债务终止，但是损害第三人利益的除外。"

因此，混同的效力指的是导致债的关系绝对消灭，并且主债消灭，从债也随之消灭。但在涉及第三人利益的情形下，虽发生混同，债也不消灭。

延伸阅读

保证人追偿权行使的困境与问题的解决

基于我国目前的立法现状，保证人在未行使主债务人所享有的对债权人的时效抗辩权而承担保证责任的情况下，能否可以向主债务人行使追偿权呢？如果保证人不能向主债务人行使法定追偿权且保证人又不能要求主债权人返还其偿还的利益，在这种情形下，保证人所承担的责任过大，这明显不利于保证担保法律制度的发展。如果承认保证人此时享有对主债务人的追偿权，那么主债务人的时效利益则丧失殆尽，而且此举明显违背时效制度的设立宗旨。为此，当前学术界与实务界的学者主要有肯定说、否定说两大观点。肯定说认为：保证人在未行使主债之时效抗辩权而承担保证责任的情况下，仍应当享有对主债务人的追偿权。否定说认为：保证人在未行使主债抗辩权而承担保证责任的情况下，不应当享有对主债务人的追偿权。

要解决上述两种相反意见所产生的分歧，有些学者建议，应该参考日本及我国台湾地区的"民法典"的相关规定，对保证人与主债务人之间的关系进一步作出详细的规定，即明确保证人与主债务人之间的法律关系为保证原因关系，并将这些原因区分为两种，即委托关系和无因管理关系，只有这样才能更好地平衡保证人与主债务人之间的利益关系。

综上所述，若不对保证人与主债务人之间的具体法律关系加以区分，在保证人承担保证责任后，一味地承认保证人的追偿权，这明显不利于对相关当事人的利益保护。同时，在保证担保制度设计上也与其他民法制度相冲突，而民法各个制度之间的不和谐，则明显不利于法律制度在司法实践中的运作。一个法律制度的构建，不能只顾着解决当时社会急切需要法律解决的问题，而忽略法律制度之间的协调。

思考题

1. 简述债发生的原因。
2. 债的履行原则有哪些？
3. 何谓债权人代位权制度？债权人行使代位权会产生哪些法律效果？
4. 简述债务承担的构成要件。
5. 简述债消灭的原因。

实务训练

（一）示范案例

案情：甲公司与乙公司达成还款计划书，约定乙公司在 2012 年 7 月 30 日向甲公司归还 200 万元，8 月 30 日归还 300 万元，9 月 30 日归还 400 万元。丙公司对 3 笔还款提供保证，约定保证方式为连带保证，但未约定保证期间。后甲公司同意乙公司将 3 笔还款均顺延 3 个月，丙公司对此不知情。乙公司一直未还款，甲公司仅于 2013 年 3 月 5 日要求丙公司承担保证责任。请问丙公司履行保证担保的主债权数额是多少？

分析：本案涉及保证期间的相关法律问题。根据我国《民法典》第 692 规定，本案的保证期间为主债务履行期届满之日起 6 个月。之后 3 笔还款顺延 3 个月，根据《民法典》695 条，债权人和债务人变更主债权债务合同的履行期限，未经保证人书面同意的，保证期间不受影响，保证期间仍从原债务履行期届满之日起计算。由此可知，3 笔债务的保证期间届满之日分别为：2013 年 1 月 30 日、2 月 28 日、3 月 30 日。故丙公司对前两笔债务的保证责任已免除，仅对第二笔 400 万元的债务须承担保证责任。

（二）习作案例

甲与同学打赌，故意将一台笔记本电脑遗留在某出租车上，看是否有人送还。与此同时，甲通过电台广播进行悬赏，称捡到电脑并归还者，付给奖金 500 元。该出租车司机乙很快将电脑送回，但主张奖金时遭拒。

请问：

（1）甲的电台广播悬赏行为能引起债的发生吗？为什么？

（2）乙的主张能否得法院的支持？理由何在？

第十八章

无因管理之债和不当得利之债

学习目标与工作任务

通过本章的学习，要求大家了解我国法律关于两种准合同——无因管理和不当得利的有关规定；理解无因管理和不当得利的概念、构成条件以及内容；掌握民事活动实践中对无因管理和不当得利的认定和处理。

导入案例

王某在一家银行办理汇款业务时，因疏忽将 3 万元现金误存到江某在中国工商银行的牡丹灵通卡账户上。王某立即与江某取得联系，要求其退还误存的 3 万元，遭江某拒绝，遂引起诉讼。

本案知识点：不当得利的概念；不当得利的构成要件；不当得利之债的内容。

第一节　无因管理

一、无因管理的概念

无因管理是指没有法定或约定的义务，为避免他人利益受到损失而管理他人事务的行为。在这一事实中，自愿管理他人事务的人称为管理人，事务被他人管理的人称为受益人。例如，在台风来临前为出门在外的邻居加固房顶、租车将突然昏迷倒地的路人送往医院救治，都属于无因管理。

根据《民法典》第 979 条的规定，无因管理发生后，管理人有权请求受益人偿还因管理事务而支出的必要费用，受益人也负有偿还该项费用的义务，故而在当事人之间发生债权债务关系，称为无因管理之债。

二、无因管理的构成要件

1. 管理他人事务。他人事务是指与生活有关的各种事项，其中既可以是纯财产利益上的事项，也可以是与财产利益无关的事项。但这种事务必须是能够产生债权债务关系的合法事项。管理他人事务，包括对他人事务进行一般的管理行为，如对财产的保存、利用或处分等，也包括为他人提供服务的行为。

2. 必须有为他人谋利益的意思。有为他人谋利益的意思是指管理人确实有为他人谋取某种利益或避免损失的动机，这是构成无因管理的主观条件。为他人谋利益的意思应从管理人的主观愿望、管理的必要性、事务本身的性质以及管理后果的诸方面来加以判断。为他人谋利益的意思一般是指专为受益人谋利益的意思，但如果管理人有为他人谋利益的目的的同时又有为自己谋利益的意思，这样的管理行为亦成立无因管理。

3. 没有法定或约定义务。无因管理之"无因"就是指没有法定或约定的义务。衡量管理人有无法定或约定义务不以管理人的主观认识为标准，而应当以管理人管理事务时的客观事实为准。如果管理人负有管理义务而主观上误认为自己没有义务，其管理事务的行为不构成无因管理；管理人本没有管理义务而主观上误认为自己有义务的，其管理事务的行为构成无因管理。

三、无因管理之债的内容

无因管理一经成立，管理人与受益人之间就会产生债的关系。根据《民法典》第979条的规定，管理人有权请求受益人偿还由管理而支出的必要费用。需要注意的是，这与不当得利之债不同，在无因管理之债中，管理人不仅是债权人，同时也是债务人。

（一）管理人的义务

1. 适当管理义务。首先，管理人在管理事务的过程中不得违背受益人明示或可以推知的管理意思。其次，管理人应当使用从客观上有利于受益人的方法进行事务管理。中断管理对受益人不利的，无正当理由不得中断。

2. 通知义务。在管理开始时，管理人应当及时将管理的事实通知受益人，管理的事务不需要作紧急处理的，应当等待受益人的指示。

3. 报告和交付义务。在管理结束后，管理人应当向受益人报告管理事务的情况。管理人管理事务取得的财产，应当及时转交给受益人。

（二）管理人的权利

在无因管理成立后，管理人不得向受益人要求支付报酬，但有权请求受益人偿还因管理事务而支出的必要费用。这一权利就是管理人的偿还请求权。具体内容包括：

1. 请求偿还管理人管理事务所支出的必要费用。主要表现为基于管理行为直接支出的费用及其利息。如为受益人修理房屋支出的砖石水泥费用。

2. 请求清偿管理人为受益人负担的必要债务。如为受益人修理汽车欠修理厂的修理费。

3. 管理人因管理事务而受到损失时，可以请求受益人给予适当补偿。如在为受益人灭火过程中导致管理人的西服烧毁，可以向受益人提出损害赔偿请求。

管理人管理事务违背受益人的意思，但管理事务的结果在客观上有利于受益人即受益人享有管理利益的，则受益人偿还义务的范围以其实际所得的利益为限，而不是以管理人实际支付的管理费用为标准。但是，管理人若是以为受益人尽公益的义务或法定的义务作为管理行为的内容时，如代缴税款、支付赡养费等，即便管理行为不符合受益人的真实意思，受益人仍应偿付全部管理费用。

第二节　不当得利

一、不当得利的概念

不当得利，是指没有法律根据使他人受损而自己取得不当利益的行为。在这一事实中，取得利益的人称为得利人，另一方称为受损失的人。不当得利在日常生活中时有发生，如在银行 ATM 机取款时机器发生故障而多吐钞，张家鱼塘中的鱼由于塘水暴涨被冲到了李家的鱼塘，这些情形的发生都属于不当得利。

根据《民法典》第 985 条的规定，在不当得利中，因为得利人获得的利益没有法律根据，所以受损失的人有向得利人请求返还不当利益的权利，故而在当事人之间发生债权债务关系，称为不当得利之债。

二、不当得利的构成要件

1. 一方获得财产利益。一方获得财产利益是指因一定的事实而使得得利人的财产增加。财产的增加包括两种情形：一种是积极的增加，是指得利人的财产因为得利而直接增多，如前例中的取款人因取款机多吐钞而获利；另一种是消极的增加，是指得利人的财产本该减少而没有减少，如商场营业员因看错价格标签少收商品价款，顾客从中获利。

2. 他方受有损失。不当得利之债是基于衡平的价值观念而产生的，所以一方受益而他人并未受有损失，是不构成不当得利的，如捡拾他人的废弃物出售而获利就不是不当得利。这里的损失是指受损失的人的财产减少。财产的减少包括两种情形：一是积极损失，即财产的直接减少，如前例中银行因取款机故障而遭受的损失；二是消极损失，也就是财产应当增加却没有增加，如前例中商场因营业员的疏忽而遭受的损失。

3. 一方获得财产利益与他方受有损失之间具有因果关系。这里所言的一方获得财产利益与他方受有损失之间具有因果关系，是指受损失人的损失是由得利人的获益行为造成的。根据《民法典》第 985 条的规定，只要一方受有损失是由他人没有法律根据的获益行为引起的，即构成不当得利，得利人应当将所得的不当利益返还给受损失的人。如若得利人获取利益与受损失的人受有损失之间不存在这种因果关系，得利人就没有返还利益的义务。

4. 得利人获取利益没有法律根据。不当得利之"不当"即指没有法律根据，具体是指得利人获取利益没有法律上的依据，既其不是基于法律的直接规定，也不是基于当事人的民事法律行为而获得利益。如果一方虽然获得利益致他方受有损失却有法律上的根据，当事人之间的关系就会受到法律的认可和保护，不构成不当得利。没有法律根据包括自始不存在合法根据和嗣后不存在合法根据两种情况。

三、不当得利的基本类型

不当得利情况复杂，类型繁多，但其最基本的类型划分为两类：一是基于给付行为产生的不当得利；二是基于给付行为以外的事实发生的不当得利。

（一）给付不当得利

给付不当得利是指得利人获取他人基于给付行为而移转的财产或利益，因欠缺给付目的而产生的不当得利。其一，非债清偿，所谓的非债清偿是指履行不存在的债务而引起的不当得利，既包括履行根本不存在的债务，也包括履行已经消灭的债务。如甲欠乙 1000 元，却误还给了丙，这就是自始欠缺给付目的的不当得利。其二，附解除条件或终期的法律行为，条件成就或期限届满时，当事人一方因该民事法律行为应受有另一方的给付，此种情况下会因给付目的嗣后不能实现而产生不当得利。其三，预期条件能够成就而履行附条件的债务，结果条件不成就，因而给付目的没有实现也会产生不当得利。

（二）非给付不当得利

非给付不当得利是指基于给付行为以外的事由而产生的不当得利。包括以下几种情况：

1. 因得利人的行为而产生的不当得利。如保管合同中保管人擅自出卖保管物而取得利益。

2. 因受损失的人的行为而产生的不当得利。如将他人的牲畜误以为是自家的牲畜并进行饲养。

3. 因第三人的行为而产生的不当得利。如在债权让与通知到达债务人前，债务人向债权让与人清偿，致使债权受让人受到损失。

4. 因事件而产生的不当得利。如暴雨过后，受损失人家鱼塘中的鱼被冲到得利人家的鱼塘里。

四、不当得利之债的内容

不当得利作为债的发生根据之一，在得利人与受损失的人之间发生返还不当得利的债权债务关系。根据《民法典》第 985 条的规定，不当得利之债的基本内容就是得利人将所受利益返还给受损失的人。不当得利人返还的利益可以是原物、原物的价款或者其他利益。而根据法律规定，得利人的返还义务范围因其主观善意或者恶意而有不同。

（一）善意得利人的返还义务

善意得利人是指在受益时不知道且不应当知道其受益无法律根据的得利人。善意得利人有返还取得的利益的义务。当取得的利益不存在时，如因消费、消耗、出卖、被盗、遗失等不能返还利益时，得利人则不承担返还该利益的义务。善意得利人为取得利益或维持利益所支出的费用，可以在返还现存利益时，要求权利人偿还有关费用或从现存利益中直接予以扣除。这些费用以为取得、保管或增加利益而产生的必要、有益费用为限。

（二）恶意得利人的返还义务

恶意得利人是指知道或者应当知道取得的利益没有法律根据并致他人受损的得利人。得利人在受领时不知晓其受益不具备法律根据，而于之后才知道的，自知道之日起，为恶意得利人。恶意得利人应当返还其取得的利益。若恶意获取的利益不存在，不论其不存在的原因如何，得利人都不得主张免除偿还义务。恶意得利人返还的利益仍不足以弥补受损失人损失时，受损失的人可以请求得利人依法赔偿损失。

此外，根据《民法典》的规定，得利人已经将取得的利益无偿转让给第三人的，受损失的人可以请求第三人在相应范围内承担返还义务。

思考题

1. 简述无因管理的概念及构成要件。
2. 简述无因管理之债的主要内容。
3. 简述不当得利的概念及构成要件。
4. 简述不当得利之债的主要内容。

实务训练

（一）示范案例

案情： 甲在一景区游玩时看见一神情异样的女子乙站在山顶悬崖边，并起身欲向崖下跳去，甲在情急之中迅速扯住了乙的衣服，将其救下。但甲在救人过程中，随身携带的价值 3000 元的手机被摔坏，胳膊被蹭伤；乙的腿部也受了伤，衣服被扯破。随后甲将乙送往医院，为其垫付各种费用 600 元，并为包扎自己的伤口花去 50 元。第二天，乙的家人赶到医院，并向甲表示感谢。

问题：

（1）甲与乙之间存在何种民事法律关系？

（2）对于甲的手机被摔坏的损失以及包扎伤口所支出的费用，乙是否应当偿付？

（3）甲能否就自己的救助行为请求乙给付一定的报酬？

（4）甲是否应当赔偿乙衣服被扯破的损失？

分析：

1. 甲与乙之间存在着无因管理之债关系。甲与乙素不相识，在没有法定和约定的义务情况下，甲为了挽救乙的生命而对其进行救助，符合无因管理的构成要件，因此应当认定甲与乙之间存在无因管理之债的关系。

2. 乙应当对甲进行赔偿。甲与乙之间形成的是无因管理关系，根据法律规定，无因管理中，管理人可以请求受益人偿还因管理事务而支出的必要费用，包括在管理或者服务活动中直接支出的费用，以及在该活动中受到的实际损失。甲手机的损失以及包扎伤口所支出的费用属于在无因管理活动中实际遭受的损失，因此可以要求受益人即乙予以偿付。

3. 甲不能就自己的救助行为请求乙给付一定的报酬。根据法律规定，无因管理人没有向受益人请求支付报酬的权利，只能请求受益人偿付因无因管理行为而支出的必要费用和实际损失。

4. 甲无须赔偿乙的衣服损失。在无因管理中，管理人只对自己故意或重大过失造成的对方当事人的损失承担赔偿责任。本案中，乙的衣服破损是由自己的轻生行为造成的，而并非是因甲的故意或者重大过失造成的，因此，甲无须承担赔偿责任。

（二）习作案例

1. 王某和张某是恋爱关系。某日，在外出旅游的归途中，两人所乘车辆发生车祸，张某受伤住院，住院期间一直由王某照料。待张某出院后，回到王某家中休养。肇事方在车祸发生后支付给张某伤残补助费等各种费用共计 12 000 元，由王某代领，但王某仅向张某交付了 2000 元，另外 10 000 元一直没有交付。之后张某得知此事，请求王某支付余款，王某以该笔款项已为张某支付了各种治疗和生活费用为由拒绝了张某的要求。张某多次索要无果遂向法院提出诉讼，要求王某支付剩余的 10 000 元。

请问：

（1）王某对张某的护理行为是否构成无因管理？张某应向王某支付哪些费用？为什么？

（2）王某拒绝支付张某 10 000 元赔偿金的行为是否属于不当得利？为什么？

2. 陶某与齐某订立了一份房屋买卖合同，约定陶某将其一套拆迁安置的房屋出售给齐某，并由陶某负责办理房屋产权过户手续。合同签订后，齐某按约定向陶某支付了全部购房款，但陶某却迟迟不予办理产权过户手续，并四处躲藏，无法确定其行踪。后齐某从拆迁办处了解情况得知，因陶某尚欠 50 000 元房屋补差款，所以无法为其办理房屋产权。无奈之下，为了顾全自己的权益，齐某只得代陶某补交房屋补差款才得以将房屋产权过户至自己名下。之后齐某向法院提起诉讼，请求判令陶某返还其代交的房屋补差款 50 000 元。

该案是不当得利还是无因管理？请说明理由。

第十九章

合同之债

学习目标与工作任务

通过本章的学习，了解和掌握合同的概念、成立要件、合同的订立和履行、合同的转让和解除、违约责任的性质和承担责任的方式等内容，并能运用相关知识解决具体问题。

导入案例

甲公司与乙工厂订立合同，甲公司向乙工厂订购各式家具，价款为 100 万元。双方约定，甲公司支付乙工厂 5 万元定金，任何一方违约按违约部分价款的 10% 支付违约金。合同订立后，甲公司将定金支付给乙工厂。后因乙工厂设备更新，所有家具均延期交货，并因错过节日旺季给甲公司造成 3 万元的销售损失。甲公司要求乙工厂赔偿，乙工厂认为：自己已尽力履行合同，对甲超市的损失无过错，不应承担责任。

本案知识点：合同的概念；合同的订立和履行；合同的转让和解除；违约责任。

第一节　合同概述

一、合同的概念

合同分为广义的合同和狭义的合同，广义的合同是指一切能发生某种权利义务关系的协议。狭义的合同是指关于物权、知识产权、债权等财产关系的协议。《民法典》464 条规定，合同是民事主体之间设立、变更、终止民事法律关系的协议。婚姻、收养、监护等有关身份关系的协议，适用有关该身份关系的法律规定；没有规定的，可以根据其性质参照适用民法典的规定。

二、合同的特征

（一）合同是一种民事法律行为

民事法律行为是民事主体设立、变更、终止民事权利义务的合法行为。签订合同和履行合同的行为均是民事主体实施的民事行为，只有在其符合民事法律行为成立要件的前提下才能合法、有效。因此，《民法典》未专门规定合同的成立要件，而是直接将民事法律行为的成立要件作为合同的成立要件。

（二）合同是双方当事人意思表示一致的民事法律行为

合同是双方当事人协商一致的产物，需要双方当事人的合意，意思表示一致是合同成立的最重要的标志。合同实际上就是双方当事人对约定事项和权利义务的合意和认同。

"意思"是当事人的内心真实愿望，"表示"是表达于外部为他人获知，意思表示是指当事人将其内心真实愿望表达出来。意思表示一致就是双方当事人的内心真实愿望是共同的（一致的），并将其表达于外部为对方获知。

（三）合同的效果是设立、变更、终止民事权利义务

合同是具有法律意义的行为，所谓"法律意义"，是指合同的成立会对双方当事人产生一定的法律后果，这种后果就是使双方原有的权利义务关系的状态发生变化。例如，两人相约上街，虽然这可以看作是双方意思表示一致的协议，但因上街后他们之间的权利义务关系没有发生变化，所以他们的约定不是合同。

合同所导致的双方原有的权利义务关系的变化，表现为设立、变更或终止他们之间的民事权利义务关系。设立是双方间的民事权利义务关系从无到有；变更是原有的权利义务关系仍然存在，但内容发生了改变；终止是原有的权利义务关系归于消灭。

（四）合同关系是平等的社会关系

民事法律关系是平等主体之间的社会关系，合同关系是民事法律关系的一种，其性质是平等的。

平等主体必须具备意志平等、地位平等、权利平等三要素，这三要素互为因果、相辅相成，又缺一不可。有些法律关系虽然发生在自然人、法人、其他组织之间，但因双方当事人不具备该三要素，所以不是民事法律关系，他们之间产生的协议也不是合同。

三、合同的分类

（一）有名合同和无名合同

这是以法律有无为合同规定专门的名称为标准所作的划分。在法律上规定了专门名称的合同是有名合同，如买卖合同、租赁合同、承揽合同等；在法律上没有规定专门名称的合同是无名合同。对无名合同的要求是：①是平等主体之间的协议；②是关于财产关系的协议；③具备合同成立要件。

（二）要式合同和不要式合同

这是以合同的成立是否需要特定形式为标准所作的划分。要式合同是指具备了特定形式才能成立的合同，不要式合同是当事人随意采用任何形式均可成立的合同。凡是需要具备书面形式，或者除具备书面形式还要办理特定手续（如公证、登记

等）的合同是要式合同；其他的合同是不要式合同。

要式合同不具备应当具备的特定形式的，仍具备成立效力，合同可以成立；但不具备履行效力，合同不能生效。

（三）诺成合同和实践合同

这是以合同的生效是否需要交付标的物为标准所作的划分。诺成合同是当事人意思表示一致即可生效的合同，绝大多数的合同都是诺成合同；实践合同是当事人意思表示一致不能生效，交付标的物后才能生效的合同。赠与合同、借用合同、自然人之间的借贷合同是常见的实践合同。

（四）双务合同和单务合同

这是以合同双方当事人是否均负义务为标准所作的划分。双务合同是指双方当事人均负有义务的合同，单务合同是指仅有一方当事人负有义务的合同。由于合同双方当事人是权利义务对等的，因此，双务合同意味着双方当事人均享有权利，单务合同意味着只有一方当事人享有权利。可见，双务合同是普遍存在的。赠与合同、借用合同、自然人之间的借贷合同是常见的单务合同。

（五）有偿合同和无偿合同

这是以当事人在承担义务后能否得到相应的补偿为标准所作的划分。所谓能否得到相应的补偿是指能否享有相应的权利，即能否与对方当事人实现等价有偿。因此，这种划分与双务合同和单务合同的划分在基本上是重合的。只有自然人之间的借贷合同，有息的为有偿，无息的为无偿。

（六）主合同和从合同

这是以合同能否独立存在为标准所作的划分。凡是能够独立存在的合同是主合同；不能独立存在，依附于主合同的存在而存在的合同是从合同。例如，借款合同是主合同，抵押合同是从合同。

（七）为订约人利益的合同和为第三人利益的合同

这是以当事人是否是为了自己的利益订立合同为标准所作的划分。当事人为自己的利益订立的合同是为订约人利益的合同，当事人为他人的利益订立的合同是为第三人利益的合同。例如，人寿保险合同的投保人必须在合同中指定受益人，即是为第三人利益的合同。

第二节　合同订立

一、合同当事人的资格

一般认为，合同当事人应当具备相应的民事权利能力和民事行为能力。合同当事人可以自己订立合同，也可以委托代理人代为订立合同。

二、合同的形式和内容

(一) 合同的形式

合同可以采用书面形式、口头形式和其他形式。书面形式是指合同书、信件、电报、电传、传真等可以有形地表现所载内容的形式。以电子数据交换、电子邮件等方式有形地表现其所载内容，并可以随时调取查用的数据电文，视为书面形式。

(二) 合同的内容

合同的内容由当事人约定，一般应包括以下条款：①当事人的姓名或者名称和住所；②标的；③数量；④质量；⑤价款或者报酬；⑥履行期限、地点和方式；⑦违约责任；⑧解决争议的方法。

将上述条款全部包含的合同是一个比较完备的合同。在实践中，当事人可以就上述的某些条款不作约定，并不影响合同的效力（详见有关要约的内容）。

当事人可以参照各类合同的示范文本订立合同。

三、合同订立的程序

合同当事人可以通过要约与承诺的程序订立合同，要约一经对方承诺，合同即告成立。当事人也可以通过其他方式订立合同。

(一) 要约

1. 要约的概念。一方向他方发出的希望与其订立合同的意思表示是订约提议。订约提议以其内容为标准，可分为要约邀请（又称要约引诱）和要约。因为要约一经受约人承诺，合同即成立，所以要约中必须包含合同成立的必备条款。否则，受约人即使接受了要约也无法作出承诺，更不可能成立合同。据此，要约是包含了合同成立必备条款的订约提议，要约邀请是未包含合同成立必备条款的订约提议。

依据《民法典》第 472 条的规定，要约是要约人希望与他人订立合同并且内容具体确定，约束要约人本人的意思表示。具体确定说的是要约的内容，要约人受其意思表示约束说的是要约的效力。

2. 要约的内容。如前所述，合同当事人无须就合同的全部条款作事先约定，事实上要求当事人就合同履行中可能需要处理的事务均在订立合同时作事先约定是不可能的，也不符合交易习惯。因此，允许当事人对合同的某些条款不作约定。但是，合同条款的数量又不能少到影响合同成立，所以这里需有一个度，当事人作事先约定的条款必须有一个最低限。这个最低限就是合同必备条款，即要约的内容。

最基本也是最恰当的标准是：当事人不作约定，依照法律规定可以确定的条款可以不包含在要约的内容之中，即不是合同的必备条款；当事人不作约定，依照法律规定也不能确定的条款是合同的必备条款。

依据《民法典》的规定，参照《国际货物买卖合同公约》和《国际商事通则》的规定，合同的必备条款是：标的、数量和价款。值得说明的是，在国际贸易合同中，这三个条款是必不可少的；但在国内贸易中，合同有时也不必须具备价格条款，这是因为国内贸易的价款往往可以参照市场价或政府指导价。由此，就不难理解

《民法典》第 473 条将商品价目表、拍卖公告、招标公告、招股说明书、债券募集办法、基金招募说明书、商业广告和宣传、寄送的价目表等规定为要约邀请。

3. 要约的效力。要约的效力只及于要约人本人，要约对相对人没有约束力，相对人收到要约后可以答复（新要约或承诺），也可以不予答复。

要约以对话的方式作出的，相对人知道其内容时生效。要约以非对话方式作出的，到达相对人时生效。采用数据电文形式作出的要约，相对人指定特定系统接收数据电文的，该数据电文进入该特定系统时生效；未指定特定系统的，相对人知道或者应当知道该数据电文进入其系统时生效。当事人另有约定的，按照其约定。

4. 要约的撤回。要约人在发出要约后，可以撤回要约。为避免受要约人已经作出承诺或已为承诺做准备而使要约的撤回给受要约人造成损害，《民法典》141 条规定要约的撤回通知应当先于要约到达或者与要约同时到达。在这种情形下，受要约人完全明知要约人的真实意思表示是撤回要约，所以不会给受要约人造成损害，要约人亦无赔偿责任。

5. 要约的撤销。要约的撤销是要约人在受要约人收到要约后、作出承诺前，要约人撤销要约。此时，受要约人完全可能为承诺做了必要的准备，因此给受要约人造成损害的，要约人应负赔偿责任。在特定情形下，要约人不可撤销要约：①要约人确定了承诺期限或者以其他形式明示要约不可撤销。②受要约人有理由认为要约是不可撤销的，并已为履行合同作了准备工作。

撤销要约的意思表示以对话方式作出的，该意思表示的内容应当在受要约人作出承诺之前为受要约人所知道；撤销要约的意思表示以非对话方式作出的，应当在受要约人作出承诺之前到达受要约人。

6. 要约的失效。要约失效是指要约生效后，因出现法定情形丧失其效力。①要约被拒绝；②要约被依法撤销；③承诺期限届满，受要约人未作出承诺；④受要约人对要约的内容作出实质性变更。

（二）承诺

1. 承诺的概念。《民法典》第 479 条规定："承诺是受要约人同意要约的意思表示。"承诺的成立应当具备下列条件：

（1）承诺是受要约人本人向要约人发出的。承诺的效力是成立合同，所以应当由受要约人向要约人表达其同意要约的意思表示。

（2）承诺应当以明示的方法作出。《民法典》第 480 条规定："承诺应当以通知的方式作出；但是，根据交易习惯或者要约表明可以通过行为作出承诺的除外。"所谓通知，无论是口头的还是书面的，均是明示的方式。

（3）承诺应当在承诺期限内作出。要约规定有承诺期限的，承诺应当在要约规定的期限内作出；超过期限的关于同意要约内容的答复不具有承诺的效力，而是新要约。

要约以对话方式作出的，应当即时作出承诺；要约以非对话方式作出的，承诺应当在合理期限内到达。

（4）承诺对要约内容未作实质性变更的同意。《民法典》不要求承诺是对要约内容的完全同意，如果受要约人对要约内容作了非实质性变更不影响承诺的效力。受要约人对有关合同标的、数量、质量、价款或报酬、履行期限、履行地点和方式、违约责任和解决争议方法等内容的变更，为实质性变更。

2. 承诺的生效。承诺生效的时间是承诺到达受要约人的时间，承诺生效的地点是承诺到达受要约人的地点。承诺生效的时间和地点，即为合同成立的时间和地点。当然，承诺应当在承诺期限内作出才能发生承诺的效力。参照《民法典》第 137 条规定，以对话方式作出的意思表示，要约人知道其内容时生效。以非对话方式作出的意思表示，到达要约人时生效。

3. 承诺的撤回。承诺的撤回是受要约人作出承诺后，要约人收到承诺前，受要约人阻止承诺生效的行为。参照《民法典》第 141 条规定，受要约人撤回承诺，撤回通知应当在承诺到达要约人前或者与承诺同时到达要约人。

第三节　合同履行

一、合同履行的概念

合同履行是指当事人依照合同约定和法律规定履行其合同义务的行为。合同是当事人意思表示一致的协议，合同对当事人的约束力表现为合同的每一条款对当事人均有约束力，所以当事人应当按照合同约定的期限、方法、标准，将合同约定的全部义务履行完毕。当事人不履行合同义务或者履行义务不符合约定的，应承担违约责任。当事人除应当履行合同约定的义务以外，还应当按照诚实信用原则和公序良俗来履行诚信义务。诚信义务是当事人的附随义务，即使在合同中未作约定，其仍然是当事人的义务，当事人仍应当履行。这表现在当事人应当遵循诚实信用原则，根据合同的性质、目的和交易习惯，履行通知、协助、保密的义务，以及保护和照顾的义务。

当事人在履行合同过程中，应当避免浪费资源、污染环境和破坏生态。

二、合同履行的规则

（一）当事人就合同相关条款约定不明的履行规则

如上一节所述，对于当事人不约定依照法律规定可以确定的内容，当事人可以不在合同条款中约定。《民法典》第 510 条规定："合同生效后，当事人就质量、价款或者报酬、履行地点等内容没有约定或者约定不明的，可以协议补充；不能达成补充协议的，按照合同有关条款或者交易习惯确定。"

所谓按照合同有关条款确定，是根据合同条款之间的相互说明和相互解释的作用予以确定。合同条款具有必然的内在联系，从已有的条款去说明、解释当事人未作约定或者约定不明的内容，符合当事人的意思表示。例如在买卖合同中，当事人约定的价款是二等品的价格，则标的物的质量符合二等品的质量标准应为合格。

交易习惯是指同一行业的当事人约定俗成、普遍遵守的习惯性做法，它显然是不成文的条款。具体的交易习惯虽然未约定在合同条款之中，也未被写入《民法典》之中，但它对当事人具有普遍约束力。实际上，它具有合同条款对当事人的约束力，甚至具有合同法规范的效力。如果当事人未事先约定不按交易习惯履行合同，按照交易习惯来确定当事人未约定或者约定不明的内容的做法显然是适当的。例如到饭店吃饭，先吃饭后付款即为交易习惯，若未作事先约定，饭店无权要求顾客先付款。

如果当事人不能补充协议，按照合同有关条款和交易习惯，对当事人没有约定或者约定不明的内容仍然不能确定的，《民法典》第511条规定了按下列规则予以确定：

1. 质量要求不明确的，按照强制性国家标准履行；没有强制性国家标准的，按照推荐性国家标准履行；没有推荐性国家标准的，按照行业标准履行；没有国家标准、行业标准的，按照通常标准或者符合合同目的的特定标准履行。

2. 价款或者报酬不明确的，按照订立合同时履行地的市场价格履行；依法应当执行政府定价或者政府指导价的，按照规定履行。

3. 履行地点不明确，给付货币的，在接受货币一方所在地履行；交付不动产的，在不动产所在地履行；其他标的，在履行义务一方所在地履行。

4. 履行期限不明确的，债务人可以随时履行，债权人也可以随时请求履行，但是应当给对方必要的准备时间。

5. 履行方式不明确的，按照有利于实现合同目的的方式履行。

6. 履行费用负担不明确的，由履行义务一方负担；因债权人原因增加的履行费用，由债权人负担。

（二）价格变动的履行规则

1. 执行政府定价或者政府指导价的，在合同约定的交付期限内，政府价格作出调整时，按照交付时的价格计价。

2. 逾期交付标的物的，遇价格上涨，按原价格执行；价格下降时，按新价格执行。逾期提取标的物或者逾期付款的，遇价格上涨时，按新价格执行；价格下降时，按原价格执行。这一规定的指导思想是执行对违约方不利的价格。

三、合同履行抗辩权

抗辩权是指在对方当事人主张权利时，以一定的法定事由或约定事由与之对抗，阻止对方当事人权利实现的权利。抗辩权的行使以对方当事人权利的存在和有效为前提，抗辩权行使的目的是使对方的权利归于消灭或使对方的权利延期实现。据此，将抗辩权分为消灭抗辩权和延期抗辩权。《民法典》所规定的合同履行抗辩权的性质是延期抗辩权。

（一）同时履行抗辩权

同时履行抗辩权是合同当事人互负债务，且双方为同时履行，任何一方在对方要求其先履行时，均可依同时履行的事由予以抗辩。

《民法典》第 525 条规定："当事人互负债务，没有先后履行顺序的，应当同时履行。一方在对方履行之前有权拒绝其履行要求。一方在对方履行债务不符合约定时，有权拒绝其相应的履行要求。"

（二）先履行抗辩权

先履行抗辩权是合同当事人互负债务，且有先后顺序，先履行一方未履行而要求后履行一方履行时，后履行一方可以其应当先履行为事由抗辩。

《民法典》第 526 条规定："当事人互负债务，有先后履行顺序，应当先履行债务一方未履行的，后履行一方有权拒绝其履行要求。先履行一方履行债务不符合约定的，后履行一方有权拒绝其相应的履行要求。"

后履行一方在先履行一方不履行而行使抗辩权时，如果后履行一方因行使抗辩权而致迟延履行，后履行的一方的行为不构成违约。

（三）不安抗辩权

1. 不安抗辩权的概念。不安抗辩权是指应当先履行债务的当事人在对方不履行义务或有不履行义务的可能并具有法定情形时，有权以其不安为抗辩事由中止履行。

行使不安抗辩权的当事人实际上是先不履行合同，但其先不履行合同系法律赋予其的权利，不视为违约。因此，行使不安抗辩权必须符合《民法典》规定的条件。

2. 行使不安抗辩权的条件。

（1）当事人之间的合同为双务合同，当事人互负义务。

（2）对方当事人符合下列法定情形之一：①经营状况严重恶化；②转移财产、抽逃资金，以逃避债务；③丧失商业信誉；④有丧失或可能丧失履行债务能力的其他情形。

（3）有证据证明对方当事人符合上述法定情形之一。

行使不安抗辩权中止履行合同的，应当及时通知对方。没有确切证据中止履行的，应当承担违约责任。

3. 行使不安抗辩权的法律后果。

（1）行使不安抗辩权的当事人在对方当事人具备上述法定情形时，有权中止履行合同。所谓"中止"是指暂时停止，即当事人对合同的履行处于停顿状态，等待一段时间后，根据情况的变化再作处理。中止履行后，应当及时通知对方。

（2）在行使不安抗辩权的当事人中止履行后，对方当事人提供适当的担保的，行使不安抗辩权的当事人应当恢复履行。

（3）在行使不安抗辩权的当事人中止履行后，对方当事人在合理的期限内恢复履行合同能力的，行使不安抗辩权的当事人应当恢复履行合同。

（4）在行使不安抗辩权的当事人中止履行后，在合理期限内，对方当事人既不能提供适当担保也未能恢复履行能力的，行使不安抗辩权的当事人有权解除合同。

第四节　合同解除

一、合同解除的概念

合同解除是指在合同生效后，由于法定事由或当事人约定的条件成就，通过一方当事人的行为或双方当事人的合意，消灭合同的权利义务。合同解除是合同终止的一种情形，关于合同终止的其他情形，请详见第十六章第八节债的消灭。

合同解除一般是指具有溯及力的消灭合同效力，即合同效力向前消灭，使已经履行的部分恢复原状，使双方当事人的权利义务关系恢复到合同订立之前的状态。例如在买卖合同解除后，买受人返还标的物，出卖人返还价款，买卖双方的权利义务关系恢复到买卖合同订立之前的状态。

二、合同解除的特征

（一）合同解除是对已经生效的合同的解除

只有对已经生效的合同才能以解除的方式消灭其效力，对于无效合同和被撤销的合同，因其自始无效，无从解除。解除只能发生在合同生效后、履行完毕前，是在法定事由或当事人约定的条件成就时，当事人提前消灭合同的效力。

（二）合同解除应当具备一定的条件

合同解除的条件就是法定事由的发生或当事人约定条件的成就，这是为了防止当事人滥用解除权，从而维护合同的稳定性和严肃性。

（三）合同的解除必须有解除行为

在法定解除时，通过当事人的单方解除行为解除合同；在约定解除时，通过双方当事人的协议解除合同。

（四）合同解除产生溯及地消灭合同权利义务的效力

关于合同解除是否具有溯及效力，各国立法不一，我国现行《合同法》将合同解除规定为具有溯及效力。《民法典》第566条第1款规定："合同解除后，尚未履行的，终止履行；已经履行的，根据履行情况和合同性质，当事人可以请求恢复原状或者采取其他补救措施，并有权要求赔偿损失。"

三、合同解除与合同无效、合同被撤销的区别

（一）合同解除与合同无效的区别

1. 合同无效是合同不符合合同的有效条件，合同中的权利义务关系自始不能成立。合同解除是消灭已经生效的合同。

2. 合同无效，合同中的权利义务关系当然无效，即使当事人不主张无效，法院或仲裁机关也应按无效处理。例如甲乙之间的合同无效，乙违反了约定，甲以乙违约为由起诉，法院不得判决乙承担违约责任，只能按无效合同处理。而合同解除通

常适用当事人自由原则，当事人不行使解除权的，法院或仲裁机关不得主动解除。例如甲将一批货物卖给乙，约定甲逾期交货的，乙有权解除合同。后甲逾期交货，乙以甲违约为由起诉，法院应判决甲承担违约责任，乙的解除权视为放弃。

3. 合同无效由法院或仲裁机关确认，不以当事人的意志为转移；合同解除遵循当事人自由原则，以当事人的意志为转移。

4. 合同因恶意串通而无效的，应当收缴当事人的财产返还给国家、集体或第三人。合同解除，不发生收缴财产的责任。

（二）合同解除与合同被撤销的区别

1. 合同解除的事由可以是法定的，也可以是当事人约定的；合同被撤销的事由是法定的，不允许当事人约定。

2. 合同解除适用当事人自由原则，是否解除由当事人自己决定；撤销合同的权力只能由法院或仲裁机关行使，当事人不得自行撤销。

3. 合同解除发生溯及既往的效力，但当事人有特别约定的除外；合同被撤销均发生溯及既往的效力，不允许当事人另行约定。

四、法定解除

法定解除是指法律对合同解除直接规定的解除事由。《民法典》第563条规定法定解除有以下情形：

（一）因不可抗力不能实现合同目的

不可抗力是指不能预见、不能克服、不能避免的客观情况，并不是发生不可抗力的均可以解除合同，而是不可抗力的影响达到了不能实现合同目的的程度才能解除合同。在发生具有不可抗力的客观情形后，双方当事人均可能不能实现合同目的，所以双方当事人均有权以不可抗力为由主张解除合同。认为只有遭受不可抗力的一方当事人才能解除合同的观点是错误的。

当事人以不可抗力为由主张解除合同的，应当就不可抗力已经发生的事实和不可抗力对其实现合同目的的影响程度负举证责任。

（二）在履行期限届满之前，当事人一方明确表示或以自己的行为表明不履行主要债务

这是关于预期违约的规定，预期违约制度最早规定在英美法中，我国《民法典》予以吸收。明确表示不履行主要债务的为明示的毁约，以自己的行为表明不履行主要债务的为默示的毁约。无论是明示的毁约还是默示的毁约，受害方均可预期其违约。

所谓主要债务，通常将其理解为决定合同的基本内容、类型以及合同性质的债务。例如，买卖合同中，买受人支付价款的义务和出卖人交付标的物的义务；租赁合同中，承租人支付租金的义务和出租人交付租赁物的义务。

在合同履行期限届满之前，一方表明不履行合同债务，此时其已经不再受合同约束，完全置合同约定和对方利益于不顾。对方当事人依合同可能获得的利益实际

上已经无法获得，对方当事人订立合同的目的也实际上不能实现。赋予受害方单方解除合同的权利是对受害方利益的保护，也是公平原则的要求。

因为解除合同是当事人意思自治的权利，受害方可以选择解除合同或主张违约方承担违约责任，要求其继续履行合同。受害方认为其依据合同可能获得的利益已经无法获得的，其可以行使解除权；受害方认为违约方继续履行合同后，其依据合同可能获得的利益仍然可以获得的，有权追究违约方的违约责任，并要求违约方继续履行合同。按照以前的法律规定，在这种情况下，受害方只能等待履行期限届满后，追究其违约责任。《民法典》规定了预期违约制度，这显然比以前的法律规定更先进。赋予受害方选择权，使得对受害方合法权益的保护更加切实有力。

（三）当事人一方迟延履行主要债务，经催告后在合理期限内仍未履行

迟延履行是指因可归责于当事人一方的事由而在履行期限内未能履行合同主要债务。如果迟延履行是由不可归责于当事人的原因造成的，则不得适用迟延履行的法律规定，而应适用不可抗力的法律规定。

催告是债权人要求债务人履行合同义务的行为。债务人迟延履行的，债权人应当给予其一定的宽限期，宽限期应不少于债务人履行债务的必要时间。在宽限期届满后，债务人仍不履行合同主要债务的，债权人享有解除合同的权利。这里所说的催告是迟延履行后的催告，在履行期限内的催告只发生督促债务人履行债务的效力，不发生解除合同的效力。

对于约定有履行期限的合同，债权人经一次催告即发生解除合同的效力，债权人第一次催告所附的期限就是债务人经催告后履行义务的合理期限。对于没有约定履行期限的合同，债权人应当经两次催告才能发生解除合同的效力。第一次催告所附的期限是"债权人也可以随时要求债务人履行"并应当给予被告人的"必要的准备时间"（见《民法典》第511条第4项），这可以理解为债务人履行债务的期限，债务人超过这个期限不履行的，才构成迟延履行。第二次催告所附的期限才是催告后的合理期限，债务人逾期不履行的，才发生解除合同的效力。

（四）当事人一方迟延履行债务或者有其他违约行为致使不能实现合同目的

这里的迟延履行包括合同中的所有债务，其他违约行为是指不履行、不完全履行、不适当履行等。迟延履行和其他违约行为必须构成根本违约，导致当事人订立合同预期的目的无法实现，才能不经催告直接解除合同。考察迟延履行是否会导致合同目的不能实现，应着重考察履行期限对实现合同目的是否至关重要。若履行期限对实现合同目的而言至关重要，债务人迟延履行的，债权人无法采取其他补救措施，只能解除合同。例如甲在乙处预订婚宴，乙不能如期履行，甲除解除合同外无法采取其他措施予以补救。

完全不履行是债务人在履行期限届满后未履行任何合同义务，是严重的违约行为，通常被视为根本违约。不适当履行往往可以通过采取补救措施予以弥补，所以债权人只有在债务人不适当履行并导致其订立合同的目的不能实现时才有权解除合

同。对于不完全履行，要着重考察违约部分价金与合同总价款的关系以及违约部分与实现合同目的的关系，以确定不完全履行是否导致合同目的不能实现。例如甲向乙购买 1000 吨钢材，乙只交付了 30 吨，应视为根本违约；又如出卖人交付成套设备时遗漏了一个小部件，导致整套设备不能运转，也是根本违约。

（五）法律规定的其他情形

这是指《民法典》之外的其他法律规定的当事人有权解除合同的情形。

五、约定解除

约定解除又称协议解除，是指在合同生效后，未履行或未完全履行合同义务之前，双方当事人协议消灭合同权利义务。《民法典》第 562 条规定："当事人协商一致，可以解除合同。当事人可以约定一方解除合同的事由。解除合同的事由发生时，解除权人可以解除合同。"当事人可以在订立合同时约定解除合同的事由，也可以在合同履行过程中协议解除合同，还可以在合同发生纠纷后协商解除。允许当事人约定解除合同是合同自由原则的必然要求。

六、行使解除权的程序

（一）行使解除权的期限

《民法典》第 564 条第 1 款规定："法律规定或者当事人约定解除权行使期限，期限届满当事人不行使的，该权利消灭。"法律规定或当事人约定解除权行使期限的，该期限就是解除权的存续期间，从法定解除事由发生时或约定解除条件成就时开始计算。解除权的行使期限是除斥期间，期限届满，解除权消灭，并且不适用诉讼时效中止、中断、延长的规定。

《民法典》第 564 条第 2 款规定："法律没有规定或者当事人没有约定解除权行使期限，自解除权人知道或者应当知道解除事由之日起 1 年内不行使，或者经对方催告后在合理期限内不行使的，该权利消灭。"

（二）行使解除权的方式

1. 解除权人的通知义务和对方当事人的异议权。《民法典》第 565 条第 1 款规定："当事人一方主张解除合同的，应当通知对方。合同自通知到达对方时解除；通知载明债务人在一定期限内不履行债务则合同自动解除，债务人在该期限内未履行债务的，合同自通知载明的期限届满时解除。对方对解除合同有异议的，任何一方当事人均可以请求人民法院或者仲裁机构确认解除行为的效力。"

解除权人发出的解除通知可以是书面的也可以是口头的，通知的内容应当明确，解除权人应当明确表达解除合同的意思表示。解除权在理论上是形成权，无须经对方同意，通知到达即产生解除合同的效力。对方的异议权在理论上是请求权，不能直接发生阻止合同解除的效力，只能请求人民法院或者仲裁机构确认解除合同的效力。

2. 《民法典》第 565 条第 2 款规定："当事人一方未通知对方，直接以提起诉讼或者申请仲裁的方式依法主张解除合同，人民法院或者仲裁机构确认该主张的，合同自起诉状副本或者仲裁申请书副本送达对方时解除。"

七、合同解除的法律后果

（一）终止合同的权利义务

合同解除后，合同在实质上不复存在，合同各条款对当事人不再有约束力，但合同中清理和结算条款的效力不受影响。

（二）已经履行的部分恢复原状

如前所述，合同解除具有溯及既往的效力，已经履行的部分可以要求恢复原状或者采取其他补救措施，将当事人的权利义务恢复到合同订立前的状态。

（三）赔偿责任产生

《民法典》采用了合同解除与债务不能履行的赔偿责任并存的立法方式，即在合同解除后，不得因此免除当事人的赔偿责任。笔者认为：赔偿损失与合同解除有时是矛盾的，主要表现为：①当事人协议解除合同的，一方免除了对方的赔偿责任，其不得在协议成立后，再主张损害赔偿。②《民法典》第590条将不可抗力规定为违约责任的免责条件，所以因不可抗力解除合同的，双方当事人并不承担损害赔偿责任。因此，合同解除的赔偿责任应当是过错责任，过错方应当赔偿因解除合同给对方造成的损失。

赔偿的范围，根据实际赔偿原则，应当赔偿对方的全部实际损失，包括订立合同的必要费用、因债务不履行而遭受的损失和因返还财产、恢复原状和采取补救措施所支出的费用等。但是非过错方的可得利益不能计算在损失之内。因为可得利益只有在合同履行完毕后才有可能获得，既然非过错方行使了解除权，说明其已不愿将合同履行完毕，其在实际上已不可能获得利益。

第五节　违约责任

合同责任分为违约责任和其他合同责任两种。违约责任是违反有效合同的责任；其他合同责任是除违约责任以外的，依照合同法律规范的规定所产生的法律责任。在现行《民法典》上，其他合同责任主要有缔约过失责任、违反先契约义务的责任、违反后契约义务的责任、行使不安抗辩权不当的责任等。其他合同责任一般都是损害赔偿责任，《民法典》对此无须专门加以规定，除依当事人约定进行处理外，应当根据民法上关于损害赔偿的规定予以处理。

一、违约责任的概念

违约责任是违反合同的民事责任，它是指合同当事人不履行合同义务或者履行合同义务不符合约定所应承担的民事责任。合同的稳定性不仅需要当事人的维护，也需要法律的维护。违约责任制度的作用是保证当事人履行义务和弥补因违约所造成的损失。合同对当事人的约束力集中体现在违约责任上。

违约责任是可以由当事人约定的，由违约方向对方承担的，其性质是补偿性的民事责任。

二、违约责任的分类

（一）单方违约和双方违约

只有一方当事人违约的是单方违约，双方当事人均违约的是双方违约。双方违约的，各自承担其应当承担的违约责任。

（二）预期违约和届期违约

预期违约是指在合同履行期限届满前，当事人一方明确表示或者以自己的行为表明不履行合同义务。届期违约是指当事人没有不履行合同义务的意思表示，但在合同履行期限届满后，没有履行合同或者没有完全履行合同。应当注意的是，《民法典》关于预期违约的规定同时也是合同法定解除事由之一，即当事人此时有权选择追究违约责任（预期违约），也可以选择解除合同，二者只择其一。

（三）根本违约和非根本违约

根本违约是当事人的违约行为在根本上违背了合同目的，致使订立合同的目的完全不能实现。非根本违约是当事人的违约行为导致合同的目的部分不能实现。例如，甲在乙处定做一套西服，乙未按期交付，若甲是为了平时穿而定做西服，乙的行为不构成根本违约；若甲是为了在举行婚礼时穿而定做西服，乙的行为构成根本违约。

（四）不履行合同和不适当履行合同

不履行合同是当事人在履行期限届满后未履行合同义务，包括拒绝履行和履行不能。拒绝履行应承担违约责任，履行不能除不可抗力以外应承担违约责任。不适当履行是指当事人未按合同约定履行，包括一般瑕疵履行和加害履行。

（五）一般瑕疵履行和加害履行

一般瑕疵履行是指当事人未按合同约定履行全部合同义务。加害履行是指当事人不仅未按合同约定履行全部义务，而且给对方当事人造成了人身或财产利益的损害。

三、违约责任的归责原则

归责原则是确定当事人的行为是否应当承担民事责任的依据和标准。《民法典》将违约责任规定为严格责任（无过错责任）为原则，过错责任为例外。

立法上，将违约责任由过错责任转变为严格责任具有深远的意义，主要表现为：

1. 严格责任是现代合同法的发展趋势，是合同自由原则和诚实信用原则的要求。我国《民法典》将违约责任规定为严格责任，表明我国的合同立法已达到世界领先水平，同时又与有关国际公约接轨，为我国的涉外经济活动提供了立法上的方便条件。另外，双方当事人均不可能事先预见到对方将来可能因客观原因不履行合同，若按过错责任予以处理，违约方完全能够以无过错为由逃避违约责任，这显然不利于公平交易，也违反了诚实信用原则。

2. 有利于促使当事人认真履行合同。严格责任较之于过错责任，当事人更容易承担违约责任，唯有认真、谨慎、完全地履行合同方可避免，因而能够促使当事人认真履行合同。

3. 减轻当事人在民事诉讼中的举证负担，提高人民法院的办案效率，降低办案成本。当事人只需举证证明违约事实的存在，无须证明违约方的主观过错。只要存在违约事实，人民法院即可判决违约方承担违约责任。

4. 考虑了当事人之间的利益平衡。在过错责任的情况下，违约方无过错即不承担违约责任，损失实际上是由对方自己承担，而对方作为受害方也无过错，这显然不公平。对严格责任的规定，明确了谁违约即由谁承担责任并赔偿对方损失，这样才能充分保护履行合同的当事人的利益。

四、违约责任的免责事由

《民法典》第 590 条规定，当事人一方因不可抗力不能履行合同的，根据不可抗力的影响，部分或者全部免除责任，但是法律另有规定的除外。当事人迟延履行后发生不可抗力的，不免除其违约责任。

（一）违约责任的法定免责事由

不可抗力是违约责任的法定免责事由，不可抗力是不能预见、不能克服、不能避免的客观情况，通常是指自然灾害，国家法律法规的颁布、修改、废除以及战争、社会动乱等也是不可抗力。

（二）不可抗力的免责效力

不可抗力的免责效力应当根据不可抗力对当事人履行合同能力的影响程度予以确定。不可抗力影响当事人部分履行合同能力的，就对不可抗力影响的部分予以免责；不可抗力导致当事人完全丧失履行合同能力的，全部免责。

（三）不可抗力免责的例外

1. 法律规定不可抗力发生后不能免除当事人应当承担的责任的。投保人就不可抗力等意外事件向保险人投保的，不可抗力发生后，保险人不得免责。

2. 当事人迟延履行后发生不可抗力的，不能免除责任。在这种情况下，当事人遭遇不可抗力完全是由其迟延履行的违约行为造成的，该当事人不仅要承担其自身的损失，还要向对方当事人承担违约责任。

（四）遭受不可抗力的当事人的义务

《民法典》第 590 条规定，当事人一方因不可抗力不能履行合同的，应当及时通知对方，以减轻可能给对方造成的损失，并应当在合理期限内提供证明。

1. 通知的义务。及时通知的作用在于告知对方当事人合同已经不可能按约定履行，从而使对方及时中止为履行合同所做的准备工作，并采取适当的措施防止损失的扩大。因未及时通知造成的损害，遭受不可抗力的当事人承担赔偿责任。

2. 提供证明的义务。遭受不可抗力的当事人应当提供两方面的证明，一是不可抗力确已发生的证明，二是不可抗力对其履行合同能力影响程度的证明。证明应当在合理的期限内提供，证明到达对方之时为对其免责之时。

（五）约定免责事由

关于合同当事人能否在合同中约定免责事由，《民法典》未作规定。笔者认为，根据合同自由原则，当事人关于免责事由的约定的意思表示真实且不违反法律规定的，其约定有效。合同当事人约定免责条款的，应当注意下列问题：

1. 当事人约定的免责事由不包括不可抗力的，遭受不可抗力的当事人仍可依据不可抗力主张免除自己的违约责任。

2. 当事人约定的免责范围与不可抗力范围不一致的，若约定范围大于不可抗力的，从其约定；约定的免责范围小于不可抗力的，免责事由以不可抗力的范围为准。

3. 我国《合同法》规定的不可抗力为强制性规范，当事人不得将不可抗力排除在其约定的免责范围之外。

五、违约责任的构成要件

依照《民法典》的规定，违约责任的构成要件有积极要件和消极要件。积极要件是指当事人有违约行为，包括作为和不作为。消极要件是指当事人不具有法定或约定的免责事由。

《民法典》要求在某些情况下，当事人有过错才承担违约责任，这是《民法典》规定的违约责任的例外，所以不得将当事人过错作为违约责任的构成要件。违约责任中的过错责任是推定过错责任，并且由《民法典》作明确规定，不允许在违约责任中任意适用过错责任。违约责任中的过错责任散见于《民法典》关于典型合同的具体规定。

六、当事人承担违约责任的方式

（一）继续履行

继续履行是合同一方当事人违约时，受害方不愿终止合同，也不愿违约方以金钱赔偿的方式代替履行，要求违约方必须履行合同约定义务的违约责任方式。

违约方是否承担继续履行的违约责任由人民法院或仲裁机构的生效裁判确定，所以继续履行又称强制实际执行。

1. 继续履行的特征。

（1）继续履行是违约方承担违约责任的一种方式，是强制违约方实际履行合同中的约定义务。

（2）继续履行可以与其他违约责任并用。违约方承担继续履行责任的，不得因此免除其支付违约金、赔偿损失等违约责任。

（3）要求违约方继续履行是受害方的权利。受害方认为继续履行有必要时，可以要求违约方继续履行；受害方认为继续履行没有必要时，可以不要求继续履行。

（4）继续履行是实际履行原则在违约责任中的延伸。正因为违约方未按合同约定履行义务，受害方才有权要求其继续履行，完成合同义务。

2. 继续履行的适用条件。

（1）合同当事人有违约行为。

（2）合同当事人实际履行仍有意义。继续履行仍可实现当事人订立合同所预期的目的的，应当继续履行。

（3）受害方要求继续履行。确定继续履行是否有意义，以受害方是否提出继续履行的要求为准。即使违约承担赔偿损失的责任已能全部弥补受害方的损失，受害方提出继续履行的要求的，仍应支持。

（4）违约方有履行能力。违约方有履行能力是继续履行的基础，人民法院或仲裁机构驳回受害方继续履行要求的唯一理由是违约方丧失履行能力，导致继续履行在事实上已不可能。

3. 金钱债务的继续履行。《民法典》第 579 条规定："当事人一方未支付价款、报酬、租金、利息，或者不履行其他金钱债务的，对方可以请求其支付"。金钱是与商品和服务交换的等价物，也可以用作人身损害的赔偿，所以债务最终都可以转化为金钱债务。例如，甲损坏了乙的自行车，甲的债务是修车的行为，甲可以通过支付修理费给乙用于修车，也视为甲履行了债务。

金钱债务不会发生履行不能，只会发生迟延履行。即使债务人经济困难，只要诉讼时效不届满，在债务人困难缓解时仍应履行。所以金钱债务不适用《民法典》关于不可抗力免责的规定，因为不可抗力只有导致当事人丧失或部分丧失履行合同能力时才能免责。

4. 非金钱债务的继续履行。非金钱债务表现为交付一定的实物、实施一定的行为或交付一定的智力成果。在债务人不履行非金钱债务时，债权人有权要求其继续履行。在以下情形下，非金钱债务可以发生履行不能：

（1）法律上或事实上不能履行。

第一，法律上不能履行。法律上的不能履行是指要求债务人继续履行合同与法律的规定相违背，一般表现为三个方面：①按照法律规定，违约方不承担继续履行的责任，只能要求其承担其他的违约责任。例如，甲与乙将一幅名画卖给乙并订立买卖合同，后甲又与丙订立买卖合同并将画交付丙；虽然乙订立合同在前，但丙是善意有偿取得，不负返还义务，且名画为特定物，乙只能要求甲承担支付违约金、赔偿损失等违约责任。②要求违约方继续履行违反了特别法的规定，如债务人被宣告破产。③自然债务，不适用继续履行。自然债务是不受法律保护，不能强制执行的债务，如超过诉讼时效的债务。

第二，事实上不能履行。事实上的不能履行是由于某种原因导致债务人确实无法按合同约定履行义务。这里的原因既可以是客观原因也可以是债务人的主观原因，只要原因的影响达到了使债务人确实无法履行合同义务的程度，债务人就不承担继续履行的责任，如法人合并、企业转产等。

（2）债务的标的不适于强制履行或者履行费用过高。债务的标的不适于强制履行通常有以下两种情形：

第一，基于当事人之间的信赖关系订立的合同。例如，甲泄露乙的商业秘密，无法强制履行甲的保密义务。

第二，提供劳务的合同。这种合同的债务是具有人身属性的债务，不能强制履行。例如演员罢演，不得强制演员上台演出，组织者只能要求赔偿损失。履行费用是否过高，应将履行成本与合同履行后债权人可能获得的利益和债权人订立合同时的预期利益进行比较，予以综合判断。如果履行费用大于或等于合同履行后债权人可能获得的利益，应当认定为履行费用过高。

（3）债权人在合理期限内未请求履行。债权人享有的要求债务人继续履行合同的权利不能永久享有，否则会使双方的权利义务一直处于不确定的状态，也不能最终确定债务人的违约责任。所以债权人应当在合理的期限内要求债务人继续履行。

《民法典》规定了替代履行，即当事人一方不履行债务或者履行债务不符合约定，根据债的性质不得强制履行的，对方可以请求其负担由第三人替代履行的费用。

（二）瑕疵履行违约责任

从广义上说，违约责任都是对违约的补救。这里的补救措施是狭义的补救，是指对当事人履行合同义务缺陷的补救。《民法典》第582条规定："履行不符合约定的，应当按照当事人的约定承担违约责任。对违约责任没有约定或者约定不明确，依照本法第510条的规定仍不能确定的，受损害方根据标的的性质以及损失的大小，可以合理选择要求对方承担修理、重作、更换、退货、减少价款或者报酬等违约责任。"可见，当履行出现瑕疵时，补救措施适用于当事人对违约责任没有约定的情形，能够弥补违约方履行合同义务的缺陷并能实现对方的合同目的是适用采取补救措施的条件。

适用采取补救措施时应当注意两个问题：①《民法典》第582条的规定是选择之债，选择权归受害方。②采取补救措施与其他违约责任可以并用。

（三）赔偿损失

赔偿损失是违约方不履行合同义务或者不完全履行合同义务而应承担的以支付金钱的方式来弥补受害方损失的违约责任。赔偿损失是最基本的违约责任形式，其性质是补偿性责任，同时允许当事人事先约定赔偿损失的方式和损失计算方法。违约方的违约行为与受害方的损失之间有因果关系是适用赔偿损失的必要条件。

1. 赔偿损失范围的确定。《民法典》允许当事人在合同中约定损失计算方法，在当事人没有约定时，应按法律规定确定赔偿损失的范围。《民法典》第584条规定："当事人一方不履行合同义务或者履行合同义务不符合约定，造成对方损失的，损失赔偿额应当相当于因违约所造成的损失，包括合同履行后可以获得的利益；但是，不得超过违约一方订立合同时预见到或者应当预见到的因违约可能造成的损失。"可见，《民法典》规定的赔偿损失的范围包括受害方既得利益的减少和可得利益的减少两个方面。

2. 合理预见原则。合理预见原则是指违约方承担赔偿损失的责任不得超过其在订立合同时的预见范围。即使违约行为给受害方造成的实际损失大于违约方订立合同时的预见范围，违约方也在其预见范围内承担赔偿损失的责任。合理预见原则来源于《联合国国际买卖合同公约》，《民法典》对该原则的借鉴也符合了公平原则和诚实信用原则的要求。在实践中，受害方的可得利益往往难以确定，受害方会以此提出过高的赔偿要求，规定合理预见原则就是为了在立法上排除受害方不合理的赔偿要求。例如，甲乘坐飞机，由于飞机故障不能按时起飞，甲的一笔业务损失 20 万元，这 20 万元航空公司不予赔偿。

3. 约定违约金弥补损失。《民法典》第 585 条第 1 款规定："当事人可以约定一方违约时应当根据违约情况向对方支付一定数额的违约金，也可以约定因违约产生的损失赔偿额的计算方法。"在受害方遭受损失时，违约金就是约定的损失赔偿金，违约金的数额就是违约方订立合同时预见到的损失范围。在违约金的数额不足以弥补损失时，违约方可以不再承担赔偿责任，人民法院或仲裁机构予以增加的除外。当事人约定不履行违约金的，在迟延履行时不得适用；当事人约定迟延履行违约金的，在不履行时不得适用。

《民法典》规定的上述三种确定赔偿损失范围的方法是相互排斥的，不得合并适用。当事人就违约金和损失计算方法只能约定一种；当事人同时约定的，由受害方选择适用其中一种。当事人既未约定违约金也未约定损失计算方法的，按照《民法典》第 584 条的规定确定赔偿范围。

（四）违约金

违约金是合同当事人约定的，在违约后由一方当事人给付另一方当事人以一定数额金钱的违约责任。违约金的主要作用是弥补受害方的损失，所以违约金是具有补偿性的；在受害方没有损失或违约金高于损失时，违约金仍应支付，所以违约金又具有惩罚性。

1. 对违约金的国家干预。《民法典》第 585 条第 2 款规定："约定的违约金低于造成的损失的，人民法院或者仲裁机构可以根据当事人的请求予以增加；约定的违约金过分高于造成的损失的，人民法院或者仲裁机构可以根据当事人的请求予以适当减少。"在当事人约定的违约金不合理时，经当事人请求实行国家干预，对当事人的合同自由进行适当限制是完全必要的。违约金不仅是当事人约定的，同时还是法律规定的承担违约责任的一种方式。围绕违约金的补偿功能，对违约金予以增加或减少，既可以防止当事人利用约定违约金逃避违约责任，也可以防止当事人利用约定违约金牟取不正当利益。在违约金过高时给予适当减少是为了保留违约金的惩罚功能。

2. 迟延履行违约金。《民法典》第 585 条第 3 款规定："当事人就迟延履行约定违约金的，违约方支付违约金后，还应当履行债务。"这说明迟延履行违约金的功能主要是惩罚性的，当事人在承担惩罚性的违约责任即支付违约金后，还要承担补偿性的违约责任，即继续履行。

（五）定金

定金是合同当事人约定的，由一方向另一方交付一定数额的金钱以担保合同的履行，任何一方违约均承受定金罚则制裁的违约责任形式。定金既是违约责任也是担保责任。当合同中既约定违约金又约定了定金时，受害方只能选择适用其中之一，而不能合并适用。

1. 定金的数额。《民法典》586条第2款规定，定金数额由当事人约定，但是不得超过主合同标的额的20%。当事人约定的定金超过合同价款的20%的，超过部分不产生定金的效力。

2. 定金条款的效力。《民法典》第587条规定，债务人履行债务的，定金应当抵作价款或者收回。给付定金的一方不履行债务或者履行债务不符合约定，致使不能实现合同目的的，无权请求返还定金；收受定金的一方不履行债务或者履行债务不符合约定，致使不能实现合同目的的，应当双倍返还定金。定金罚则同时约束给付方和收受方，具有双向调节作用。

本章的导入案例是关于违约责任的性质和各种责任方式的适用问题。乙公司虽然无过错，但因为违约责任是严格责任即无过错责任，所以乙公司未履行合同义务就要承担违约责任。另外，违约金和定金只能选择适用一种，违约金是为了弥补损失的，而定金与赔偿损失可以合并适用。所以，本案若选择定金和赔偿损失，甲超市可以获得8万元补偿；若选择违约金和赔偿损失，甲超市可以获得10万元补偿。

七、其他应当注意的问题

（一）减轻损失规则

减轻损失规则是指合同一方当事人违约后，受害方未采取适当措施防止损失扩大的，就扩大的损失部分丧失赔偿请求权的规则。

减轻损失规则的意义在于：①可以将违约行为造成的损害降低到最小限度。②体现了诚实信用原则的要求，防止因受害方的消极造成不必要的损失，避免受害方损害违约方的利益。③违约方没有义务赔偿受害方可以防止的损失，应当由受害方自己承担减轻损失的责任。

一般说来，受害方采取了下列措施的，认为其采取了适当措施：①停止履行，即受害方停止履行合同或停止履行合同的准备工作。②采取有关可以替代违约方履行的措施。例如，出卖人逾期不交货，买受人从其他途径购买。

（二）对双方违约的处理

《民法典》第592条第1款规定："当事人都违反合同的，应当各自承担相应的责任。"双方违约在理论上又称为责任相抵。双方因违约所应承担的违约责任可以视为双方的到期债务，适用债的抵销的法律规定。

当事人一方违约造成对方损失，对方对损失的发生有过错的，可以减少相应的损失赔偿额。

（三）损益相抵

损益相抵规则在《民法典》中未作规定，但根据立法精神，违约赔偿是对实际损害的赔偿，如果受害方因违约行为获得了比以前更多的财产，显然是违背立法精神的，同时也违反了公平原则和诚实信用原则。

（四）对因第三人原因违约的处理

当事人因第三人的原因违约的，当事人应当先向受害方承担违约责任，再依据法律规定或其与第三人的约定向第三人追偿。一般说来，受害方因与第三人之间不存在权利义务关系，受害方追究第三人责任没有实体法依据。法律规定受害方可以向第三人主张权利（如产品质量不合格致人损害的责任），或者在诉讼中第三人被列为共同被告或被追加为第三人的除外。

（五）对违约责任和侵权责任竞合的处理

原《合同法》第122条规定："因当事人一方的违约行为，侵害对方人身、财产权益的，受损害方有权选择依照本法要求其承担违约责任或者依照其他法律要求其承担侵权责任。"在这种情况下，违约行为既符合违约责任的构成要件也符合侵权责任的构成要件，受害方产生了两个相互重叠的请求权，因而受害方应选择其中一个请求权行使。

《民法典》虽然删除了上述规定，但是无论从法理还是民事实践看，违约责任和侵权责任的竞合是必然发生的，当事人选择追究其一责任以维护自己的合法权利也是其固有的权利。

违约行为是合同当事人不履行合同义务或者履行合同义务不符合约定的行为。根据等价有偿法则，合同一方当事人的义务就是对方当事人的权利，所以违约行为通常都会损害对方当事人的人身权益或财产权益，一般都能导致违约责任和侵权责任的竞合。允许受害方选择追究违约责任和侵权责任，有利于保护受害方的合法权益。这两项请求权是相互排斥的，选择行使其中一项，另一项自然消灭。但是，受害方行使其中一项请求权被驳回或败诉的，可以再行使另一项请求权。

并不是所有的违约行为均能构成违约责任与侵权责任的竞合，笔者认为在下列情况下不发生违约责任与侵权责任的竞合：

1. 合同一方当事人的行为导致受害方死亡、残疾或者精神损害的，因这些损害的赔偿不在违约赔偿范围之内，受害方只能主张侵权赔偿。

2. 恶意串通的合同是无效合同，因而当然不存在违约责任，受害方应以共同侵权为由追究对方和第三人的侵权责任。

3. 当法律规定减轻一方当事人的责任时，该当事人违约的，不承担侵权责任。例如《民法典》第897条规定，无偿保管人只在有重大过失时才承担违约责任，若依侵权责任，其有过错时就应承担赔偿责任，这实际上是加重了保管人的责任。

4. 出现法定或约定免责事由时，违约方不承担责任。因出现免责事由而免除不履行合同的当事人的违约责任的，《合同法》认为这是一种"合法"的状态，对方当然不能依侵权法律规定追究其侵权责任。

5. 当事人事先约定违约后不承担侵权责任的，视为当事人放弃侵权赔偿请求权，受害方不得追究侵权责任。

（六）预期违约责任

《民法典》第578条规定的预期违约的情形与《民法典》第563条第2款规定的解除合同的情形是一致的，即当一方当事人明示或默示地毁约时，受害方可以预期其违约，追究其违约责任，也可以行使合同解除权。但应注意：①追究违约责任和行使合同解除权是相互排斥的，不得并用。②依照《民法典》第566条的规定，受害方解除合同后仍有权要求赔偿损失，此时的赔偿损失是侵权责任，不是违约责任。③当事人被追究预期违约责任的，只承担继续履行和赔偿损失的责任。因为此时履行期限未届满，不可能承担采取补救措施和支付违约金的责任。在预期违约的情况下，也不发生违约责任与侵权责任的竞合。

思考题

甲集团公司欲盖一座20层高的大厦，经招标由乙建筑公司承建，双方签订了《建设工程施工合同》，约定工期为700天。600天后，乙公司还未将基础部分完工，在约定的工期内显然无法完成施工。请依照《合同法》的规定为甲公司设计救济途径。

实务训练

（一）示范案例

案情： 罐头厂需要处理两台闲置的机器设备。果品加工厂听说后，即到罐头厂联系购买事宜。经过两次协商后，罐头厂和果品加工厂签订了合同。合同规定，果品加工厂以15万元的价格购买机器设备，合同生效后10天内果品加工厂到罐头厂付款提货，任何一方违约须承担2%的违法金。冷库也听说罐头厂要处理两台设备，冷库正需要购买设备，且价格便宜，也派人到罐头厂洽谈购买。但某冷库迟了一步，该两台设备已卖给了果品加工厂。冷库考虑若购买新的设备要花上近3倍的价格，其见设备未运走，认为机不可失，就对罐头厂说，其愿以20万元的价格购买该机器。罐头厂见有利可图，便与冷库签了同样的合同，只是价格比原来的合同有所提高，并要求冷库尽快派人来付款提货。第三天，冷库即派车来提货，不巧这一天果品加工厂也来提货。双方互不相让，均以合同为据。罐头厂自觉理亏，对果品加工厂说愿支付违约金，合同就不再履行了。但果品加工厂坚决不同意，一定要机器设备。罐头厂与冷库联合强行让冷库将设备拉走，对果品加工厂所提出的要求置之不理。于是，果品加工厂向法院起诉，要求罐头厂履行合同，并支付违约金。罐头厂表示愿意承担违约责任，支付违约金，但履行合同已不可能，设备已经卖掉。法院受理后，将冷库列为第三人，一同参加法庭审理。请问本案合同当事人能否以支付违约金为由拒绝履行合同？

分析：合同订立后，双方当事人均要及时、正确地履行合同。实际履行原则是合同履行当中应坚持的重要原则。该原则要求合同当事人应当严格按照合同规定的标的来履行义务，不得擅自用其他的标的来代替，也不得采用违约金、赔偿金等方式代替履行，除非法律或者合同另有规定。违约金是法律规定的或双方约定的在一方当事人违约的情况下给予守约方的一定数额的货币。在当事人违约时，其无论是否造成损失，均应支付违约金，但这并不意味着合同违约方在支付违约金后就可不履行合同了。违约金只是对于违反合同的行为所给予的惩罚和对于守约方因违约行为而遭受损失的补偿，不影响原来合同的效力。既然原合同仍然有效，当事人自然还要继续履行合同，以实现合同订立的目的。除非违约方的行为已使合同根本无法履行，或者守约方不再要求违约方履行合同。

本案从表面上看应当支持果品加工厂继续履行合同的诉请，但若支持，就必然需将罐头厂与冷库已经履行的合同恢复原状。笔者认为不应支持果品加工厂继续履行的诉请，但应支持其支付违约金、赔偿损失等诉请。理由如下：其一，合同自由本身就包含了当事人享有签订合同后选择不履行合同的自由；其二，设备已经交付冷库，所有权已经转移，冷库对设备合法享有物权，而果品加工厂对设备享有的是债权，物权优先于债权并具有排他效力。

（二）习作案例

某品牌服装厂的业务员李某持样品到某商厦服装部洽谈业务，并称样品是涤纶，商厦与服装厂签订了1000条男裤的订购合同并封存了样品。数月后，该品牌服装厂交货，商厦经与样品核对无误后销售，在标签上注明"涤纶男裤"。几天后，购买了改裤子的顾客反映裤子的料子不像涤纶，商厦赶紧委托质监局鉴定，结论为尼龙。商厦以服装厂未交付涤纶男裤为由要求退货，商厦认为：该品牌服装厂是专业厂家应能够准确了解衣料的名称。该品牌服装厂承认业务员说错了衣料名称是其工作失误。

请问：

（1）本合同中的行为是欺诈还是重大误解或是意思表示真实？

（2）假如李某是因为当地流行涤纶，故意将尼龙说成涤纶，则双方的意思表示是否真实？

侵权行为之债

学习目标与工作任务

通过本章的学习，重点掌握侵权行为、侵权责任等基本概念；着重理解侵权责任的构成要件及归责原则；熟悉民事法律关于侵权责任的相关类型及其承担责任的方式。通过实务训练的方法，学会运用侵权责任法律规定解决司法实践中所出现的实务问题。

导入案例

2017 年 6 月 15 日，四川省成都市某临街小百货店的老板魏某准备回家吃午饭，刚刚迈出店门，突然就有一个东西砸在自己的头上，疼得他大叫起来。他赶紧用手捂住头部，发现鲜血从手中流了出来。他的妻子和儿子急忙上前扶住，发现其头部砸伤。同时发现，"肇事者"原来是从 4 楼阳台上掉下来的一只花盘。

本案知识点：侵权行为；特殊侵权责任。

第一节　侵权行为概述

一、侵权行为的概念

侵权行为，是指行为人由于其过错侵害他人民事权益，依法应当承担民事责任的不法行为，以及依法律特别规定应当承担民事责任的其他侵害行为。根据我国《民法典》的相关规定，我国法律规定的侵权行为，包括行为人由于过错侵害他人的财产和人身权利而依法应承担民事责任的行为，以及依法律的特别规定应当承担民事责任的其他致害行为等。

二、侵权行为的法律特征

1. 侵权行为，是指违反了民法中关于权利或权益保护规范，侵害了他人合法权益的不法行为。不法行为，是指在客观上违背了法律强制或禁止性规定的行为以及超越法律许可范围的行为。例如，违反了法律关于禁止任何组织或个人侵占、哄抢、私分、截留、破坏或者非法查禁、扣押、冻结、征收集体或公共场所个人合法财产的规定等，即属于违背了法律强制或禁止性规定的行为；权利滥用、违反法律和道德、正当防卫过当、紧急避险过度等行为，即属于超越法律许可范围的行为。

民法以保护民事权利或权益为己任，对任何民事权利或权益的侵害，都是对民法所保护权利或权益的侵害，都是对民法中保护权利或权益规范的违反。该行为违反了民法中权利或权益的保护规范，是构成侵权行为的首要条件。但应注意的是，并非任何违反了民法中权利或权益保护规范的行为都构成侵权行为，一般来说，只有当该行为违反了民法中绝对权利或利益的保护规范时，其才构成侵权行为；如果只是对民法中有关相对权利的保护规范的违反，则该行为构成违约行为。

2. 侵权行为是行为人因主观过错而实施的非法行为，在特定的情况下，行为人没有过错的行为也可以构成侵权行为。法律规定实施侵权行为的行为人应承担侵权责任，除为了补偿受害人所受损失之外，还意味着法律依据社会的价值准则和行为准则对侵权行为所作的否定性评价。因而，侵权行为一般是基于行为人过错而实施的行为。行为人对某一民事权利或权益施加侵害，是完全根据本人的意思而非受他人的指使、强迫或诱惑所致。在特定的情况下，行为人实施的行为造成了某种损害后果，虽然行为人在主观上没有过错，但如果法律明文规定实施此行为应承担相应的民事责任时，亦构成侵权行为。如果无特别规定，则不构成侵权行为。

3. 侵权行为是给他人的合法权益造成了某种实际损害的行为。我国民法规定并保护的民事权利包括财产权、人身权和知识产权等。侵害行为侵害的是他人的合法权利，包括物权、债权、知识产权、人身权、继承权等。侵权行为是对自然人、法人或国家受民事法律规范所保护的各种民事权利或利益的侵犯与损害的行为，但仅有行为而无损害的，不构成侵权行为。这里的损害既包括物质或金钱的损害，也包括人身伤害和死亡以及其他非财产损害。损害的存在表明侵权行为侵害了法律所保护的权利或利益，具有一定的社会危害性。

4. 侵权行为是依法应当承担民事责任的行为。由于侵权行为是违反民法保护规范的行为，因而是一种为法律不允许的行为。行为人实施了侵权行为，应当依法承担一定的民事法律后果。同时，因侵权行为是给他人的合法权益造成损害的行为，法律为求得利益上的平衡，要求行为人承受对其不利的后果，对受害人所受损害予以补偿。因此，侵权行为是依法应当承担民事责任的行为。

三、侵权行为的分类

侵权行为依据不同的标准可作以下划分：

（一）一般侵权行为与特殊侵权行为

根据侵权行为的构成要件不同，可将侵权行为分为一般侵权行为与特殊侵权行为。

一般侵权行为是指行为人基于过错直接造成他人的财产或人身损失，并应由行为人自己承担民事责任的民事违法行为。例如，行为人故意损害他人财物，故意侵害他人身体健康，盗用他人名义、剽窃他人作品等情形，都属此类。一般侵权行为主要适用过错责任原则和对自己行为负责的原则。

特殊侵权行为是相对于一般侵权行为而言的，指行为人主观上虽无过错，但他人的损害确系由与该行为人有关的行为、事件或者特别原因所致，因而适用民法上的特别责任条款或民事特别法的规定，将其视为应负民事责任的行为，此时无须具备一般侵权行为的成立要件。例如，产品瑕疵责任、高度危险作业致人损害等行为，均属此类。特殊侵权行为主要适用民法上的无过错责任原则和公平责任原则。

（二）单独侵权行为和共同侵权行为

根据侵权行为人的人数多寡，可将侵权行为分为单独侵权行为和共同侵权行为。

单独侵权行为是指侵权行为人一人独自实施的并由行为人独自承担民事责任的侵权行为。例如，某自然人甲单独实施窃取他人财物并据为己有的行为。单独侵权行为是最为常见、最为普通的侵权行为。

共同侵权行为是指2人或2人以上基于共同的过错致人损害，由行为人承担连带责任的侵权行为。我国《民法典》第1168条规定，二人以上共同实施侵权行为，造成他人损害的，应当承担连带责任。例如，甲、乙二人通谋共同将丙打伤的行为，则为共同侵权行为。其特征表现为主体的复合性、行为的共同性、结果的单一性，其结果是共同致害人对受害人负连带赔偿责任。

（三）侵害财产权行为和侵害人身权行为

根据侵权行为侵害的对象的不同，可将侵权行为分为侵害财产权的行为和侵害人身权的行为。

侵害财产权行为，是指行为人侵害他人财产所有权、知识产权、继承权的行为。例如，非法侵占或损坏他人财产，剽窃、篡改他人作品，未经许可使用他人商标、专利，抢夺遗产等行为，均属此类。

侵害人身权的行为，是指行为人不法侵害他人的生命健康权、姓名权、肖像权、名誉权、荣誉权的行为。例如，故意伤害他人身体，诽谤他人或公开他人的隐私等行为，均属此类。

（四）作为的侵权行为和不作为的侵权行为

根据侵权行为的性质不同，可将侵权行为分为作为的侵权行为和不作为的侵权行为。

作为的侵权行为，又称为积极的侵权行为，是指行为人以积极的作为方式致人损害的行为。例如，非法占有他人财产，毁坏他人财物，不法伤害他人身体，诽谤，损害他人名誉，假冒商标等行为，均属于作为的侵权行为。

不作为的侵权行为，又称消极的侵权行为，是指行为人违反了某种作为的义务，没有实施或没有正确实施该义务所要求的行为而致人损害的侵权行为。例如，保管人擅离职守致使保管物丢失，代理人不行使代理权致使被代理人的利益受损，施工时没有按照安全要求设置明显标志和采取防范措施从而造成他人损害等行为，均属此类。一般来说，构成不作为的侵权行为，行为人须有法律所规定的作为的义务为前提。

第二节　侵权责任概述

导入案例

石某在王某的摩托车店里购买了一辆摩托车，该车的生产商为某摩托车公司。两个月后，石某在一次正常驾驶时突然发生翻车事故，受伤严重，经治疗花去医疗费 3 万多元。后经鉴定，事故原因为石某所驾驶的摩托车车轮材料不正常疏松所致。石某的经济损失应该由谁负责呢？

本案知识点：特殊侵权责任；产品缺陷。

提示：适用产品责任

一、侵权责任的概念

侵权责任，即侵权行为的民事责任，是指侵权行为人因实施了侵害他人财产权利或人身权利的不法行为或依法律的直接规定而应当承担的民事法律责任。因侵权责任而在侵权行为人与受害人之间产生的一定的债权债务关系，即为侵权行为之债。

二、侵权责任的法律特征

1. 侵权责任是民事主体因违反了法定义务而应承担的法律后果。

2. 侵权责任主要是财产责任。侵权责任主要是因行为人过错致人损害而发生的，因而责任的方式主要表现为用加害人的财产以赔偿受害人的财产损失，侵权责任主要是财产责任，但非限于财产责任。

3. 侵权责任是以国家强制力保障其实施的法律责任，当事人一般不得事先约定免除因故意或重大过失所致的民事责任，且承担赔偿责任的范围也是法定的。

三、侵权责任与合同责任的竞合

（一）民事责任竞合的概念

民事责任竞合是指某个违反民事义务的行为因符合两个或两个以上不同法律规范规定要件而引起两种或两种以上不同性质的民事法律后果，从而导致在法律上出现了多种民事责任的并存和相互冲突，但依法仅能实现其中一种民事责任的法律现象。[1]

（二）民事责任竞合的法律特征

民事责任竞合的法律特征表现为：

1. 因某个违反民事义务的行为所引起，其中数个基于共同的故意或过失而实施同一不法行为，亦视为一个行为。一个违反民事义务的行为产生数个民事责任，是

---

〔1〕 李开国主编：《民法原理与实务》，中国政法大学出版社 2002 年版，第 415 页。

民事责任竞合构成的前提条件。如果行为人实施了数个违反民事义务的行为，分别触犯了不同的民事法律规范，并符合不同民事责任的构成要件，则行为人应承担不同的民事责任，而不能按民事责任竞合来处理。

2. 某个违反民事义务的行为符合两个或两个以上不同法律规范规定的要件。

3. 某个违反民事义务的行为产生两种或两种以上不同性质的民事法律后果，从而导致在法律上多种民事责任的并存和相互冲突，由此行为人所承担的民事责任有所不同且法律后果也不一样。

4. 在并存且互相冲突的两种或两种以上的不同性质的民事法律后果中，依法仅能实现一种民事责任。在民事责任竞合的情况下，尽管存在着多种不同性质的民事责任，权利人有数个请求权，但法律为了公平起见，只允许权利人选择行使并实现其中一个请求权。从行为人的角度来说，行为人最终也只承担一种性质的民事责任，并且在承担一种性质的民事责任之后，其他性质的民事责任也就归于消灭了。

（三）侵权责任与合同责任竞合的原因

侵权责任直接违反的是法定义务的法律后果，而合同责任则是违反了合同当事人约定义务的法律后果，从立法上看，侵权责任与合同责任一般不会发生竞合的问题。但是，由于现实生活的复杂性，对两者的区分也是相对的。有时一个违反民事义务的行为，因符合合同法和侵权法中不同的责任构成要件，其既构成了违约行为，又构成了侵权行为，在这种情况下，就产生了侵权责任与合同责任的竞合问题。

实践中，两者的竞合主要表现为以下三种情况：

1. 合同当事人的违约行为，同时侵犯了法律规定的强行性义务，如保护、照顾、通知等随附义务或其他法定的不作为义务。例如，出售有瑕疵的产品致人损害、违反合同约定的保密义务而致他人的隐私权受到侵害等行为，均属此类。

2. 在某些情况下，侵权行为直接构成违约的原因，如在加工承揽合同中，因承揽方保管不善，致使定作物或定作方所提供的材料遭到毁损、灭失的；同时，违约行为也可能产生侵权后果，如在建设工程承包合同中，因工程质量低劣而致发包方受到损害的。

3. 不法行为人基于故意或重大过失，实施侵害他人权利的行为并造成他人损害的，在加害人与受害人之间事先就已存在着一种合同关系。这种合同关系的存在，使加害人对受害人的损害行为，不仅可以将其视为侵权行为，也可以将其作为违反当事人事先约定义务的违约行为。

（四）侵权责任与合同责任竞合的处理

从我国现行立法和司法实践来看，基本上采取的是禁止竞合的立法模式。我国《民法典》第186条规定："因当事人一方的违约行为，损害对方人身权益、财产权益的，受损害方有权选择请求其承担违约责任或者侵权责任。"《民法典》将侵权责任与违约责任分开加以规定，是从立法的角度进行的分类。另外，对某些损害行为是以侵权行为或违约行为为标准作出具体的界定。在司法实践中，在多重违法行为产生以后，受害人只能按照既定的方式提起诉讼和请求，人民法院在审理民事案件中，对于"侵权性的违约行为"和"违约性的侵权行为"，一般都是按违约行为处理的；而对于一些已经发生责任竞合的案件，都是按侵权行为处理的，如医疗事故、产品责任案件等。[1] 但是，最高人民法院在有关司法解释中，对责任竞合问题已明确给予确认。为正确处理竞合案件，正确适用民事法律和保护当事人的合法权益，对受害人的选择权应作必要限制。

1. 因不法行为造成受害人人身伤亡和精神损害的，当事人之间虽然存在着合同关系，但仍应按侵权责任而不能按合同责任处理。

2. 当事人之间事先存在着某种合同关系，而不法行为仅造成受害人的财产损失，此时按合同纠纷处理对受害人更为有利。当然，若一方当事人故意欺诈，致另一方当事人的权益遭受损害，应根据具体情况，使恶意的不法行为人承担合同无效后的责任或侵权责任。

3. 当事人之间事先并不存在合同关系，虽然不法行为人未给受害人造成人身伤亡和精神损害，但不能按违约责任而只能按侵权责任处理。如果双方当事人事先存在合同关系，但一方当事人与第三人恶意通谋，损害合同另一方当事人的利益，此时由于恶意通谋的一方当事人与第三人构成共同侵权，第三人与受害人之间又无合同关系的存在，因此，应按侵权责任处理，使恶意串通的行为人对受害人负侵权责任。

4. 在责任竞合的情况下，如果当事人事先通过合同特别约定双方仅承担违约责任而不承担侵权责任，那么原则上应依当事人的约定。但如果在合同关系形成以后，一方基于故意或重大过失致使另一方遭受人身伤害或死亡，应承担侵权责任。

5. 如果法律规定在特殊情况下应减轻当事人的注意义务和责任，则应依照法律的规定，合理地确定责任。

第三节　一般侵权责任的构成要件

导入案例

原告王某，被告李某，第三人刘某系原告之母。王某诉称，在 2000 年 11 月，王某和李某解除了婚姻关系之后，李某多次到王某家无理取闹，并公开宣扬其个人隐私，使王某精神受到极大损害，并导致王某的母亲刘某病情恶化。因此，王某请求法院依法判令李某停止宣扬其隐私，赔礼道歉，赔偿王某及刘某精神损害赔偿金 5000 元，并由李某承担本案诉讼费用。

本案知识点：隐私权；侵权行为；一般侵权责任的构成要件。

---

[1]　王利明主编：《民法·侵权行为法》，中国人民大学出版社 1993 年版，第 230 页。

提示：在本案中，我们所要讨论的是侵害隐私权的民事责任之构成要件问题。

侵害隐私权作为民事侵权行为，是一种基于过错责任原则加以认定的一般侵权行为，需要具备四个要件：①侵权行为人有侵害他人隐私权的具体加害行为；②受害人受到损害，即受害人的隐私权受到的损害，其主要后果是精神损害；③在侵权行为人的侵害行为与受害人的损害后果之间存在因果关系；④侵权行为人在主观上存在过错。

一般侵权责任的构成要件，是指行为人承担侵权责任的条件，即行为人的行为构成侵权行为，并依法应承担侵权民事责任所必须具备的条件，这也是判断行为人是否应负责任的根据。

一般侵权责任的构成要件，是对民事相关立法和司法的学理概括，在侵权行为法中具有十分重要的意义和地位。行为人的某一行为只有具备了法律规定的相关要件，才构成侵权行为，行为人才可能承担相应的民事责任；反之，该行为若缺乏任何一个构成要件，则不构成侵权行为，行为人也不承担任何侵权的民事责任。

一、损害事实的客观存在

损害事实是指侵权行为人的行为侵犯他人的财产所有权、人身权而给受害人带来的损害，即利益的减少或丧失，包括财产损失、人身伤害和精神损害。损害是侵害合法权益的结果，合法权益不仅包括法定权利，也包括法定权利以外的合法利益。在民法上，损害具有可补救性和可确定性的特点。

损害事实的客观存在是构成侵权损害民事责任的前提。如果某种行为没有造成损害，当然谈不上侵权，更不会发生侵权损害的民事责任。如果某种行为只有发生损害的可能性，但损害并没有成为客观存在的事实，也不发生侵权责任。

损害事实按照不同的标准可作不同的分类：

（一）财产损害与非财产损害

依损害的后果不同，可将损害分为财产损害与非财产损害。

财产损害，又称物质损害，是指因侵害他人的财产、人身权益而给受害人造成的经济上的损失，其损失一般可用货币来进行估量。根据侵权行为侵害的对象不同，财产损害分为三类：①对财产权益本身造成的损害；②因侵害他人的生命健康权而造成的财产损失；③因侵害他人的姓名、肖像等人格权而造成的财产损失。

非财产损害，又称无形损害，是指财产以外的权益所受的损害，通常不能以货币来加以估量。在侵犯人身权的情况下，包括两种情形：①因侵权行为造成人身伤害所产生的财产上的损失，如被人打伤所花费的医疗费、因住院不能工作而导致工资减少的损失；②因侵权行为而给受害人带来的精神痛苦，如侵犯公民的姓名权、肖像权、名誉权、荣誉权而给受害人造成精神上的创伤等。在第二种情形下，损害并不一定给受害人带来财产上的损失，只要实施了这种侵权行为，存在侵害他人人身权利的事实，即使没有造成经济上的损失，也要承担一定的民事责任。

这种分类的法律意义在于：承担责任的形式不完全相同。财产损害一般适用财产性民事责任的形式；而非财产损害，除法律另有规定者外，一般适用非财产性的民事责任形式，而不适用财产性的民事责任形式。

（二）直接损害与间接损害

依所损害的财产状态不同，可将损害分为直接损害与间接损害。

直接损害是指因侵权行为造成的现有财产的减少或丧失，即既得利益的减少，如财产被毁损、灭失等。

间接损害是指受害人本应得到的但由于损害事实的发生而没有取得的利益，如受伤住院治疗导致工资收入减少等。

二、加害行为的违法性

加害行为的违法性是构成民事责任的又一必要条件。一个人的行为，如果不具有违法性，即便造成损害，也不应承担民事责任。例如，履行职务的行为、正当防卫的行为、紧急避险的行为等，均是法律允许的行为，当事人不承担民事责任。

判断一个人的行为是否具有违法性的标准，就是看行为人的行为是否违反法律规范。因为法律规范是用以确定当事人的权利义务的行为规则。民事主体对权利规范所规定的权利的行使有选择权，但对义务规范所确定的义务的履行无选择权，民事主体必须履行义务，如果民事主体不履行民事义务，就是违法。

违法行为包括作为的违法行为和不作为的违法行为。

1. 作为的违法行为，是指行为人实施了法律禁止实施的行为，也就是违反了法律规定的不作为义务。例如，法律禁止用侮辱、诽谤等方式损害公民、法人的名誉，而行为人则实施了损害公民、法人名誉权的行为，即是作为的违法行为。

2. 不作为的违法行为，是指行为人有义务实施法律所要求实施的行为，却消极地不去实施，违反了法律规定的作为义务。例如，法律要求在公共场所、道旁或者通道上挖坑、修缮、安装地下设施等，应该设置明显标志和采取安全措施，而施工单位却不采取安全措施，因而造成行为人伤亡，就是不作为的违法行为。判断行为人有无不作为的违法行为，有两个最主要的因素：①行为人在法律上是否有作为的义务；②负有一定义务的人在当时是否具备了履行的条件。行为人只有在法律上负有义务，并且具备履行条件而不履行，才能认定其有不作为的违法行为。

三、违法行为与客观损害结果之间有必然的因果关系

因果关系是哲学上的概念，是客观事物与现象之间的前因后果的关联性和内在的必然联系，即一种现象在一定条件下必然引起另一种现象的发生。前一种现象称为原因，后一种现象称为结果，这种原因和结果之间的关系，就是人们所说的因果关系。因果关系具有客观性、时间上的连续性和顺序性等特点。

违法行为与客观损害结果之间的因果关系，是指客观损害事实是由该违法行为所引起的，损害是行为的结果，行为是损害的原因。这种联系是客观存在的，并不以任何人的主观意志为转移。若某一损害事实是由某人的行为引起的，那么这个人的行为就与损害事实之间具有因果关系。损害事实与违法行为之间存在因果关系是

构成侵权责任的必要条件，因为任何人只须对自己行为所造成的损害后果负责。

确定损害事实与违法行为之间的因果关系，对于确定行为人的侵权责任而言具有十分重要的意义。如何确定因果关系，则应根据因果关系的特点来确定。侵权行为与损害事实之间的因果关系，有时简单明了、显而易见，由一个原因产生了一个结果；但在更多的情况下，因果关系错综复杂。例如，某一损害结果的发生可能是由人的行为造成的，也可能是由自然因素造成的，还可能是二者结合所导致的结果。在人的行为中，损害结果可能是由一人的行为造成的，也可能是由数人的行为共同造成的，还可能是由行为人的行为和受害人的行为共同造成的。因此，在确定侵权行为与损害事实之间的因果关系时，一定要深入细致地进行调查研究，并在此基础上，采取辩证唯物主义的科学态度，认真、客观地进行科学的分析和判断，才能得出正确的结论。因果关系的特点表现为：①因果关系具有客观性，即原因和结果的存在以及它们之间的联系是独立于人的主观意识之外，不以人们的意志为转移的，但这种客观存在和客观联系又能够被人们所认识，这就要求我们必须实事求是地分析与损害事实有关的全部事实，客观地找出损害事实与行为之间的因果联系。②因果关系还具有时间上的前后连续性，即原因在前，结果在后。因此，在具体确定损害事实与违法行为之间的因果关系时，应以某一特定的损害事实的结果为起点，即从已发生的损害事实着手，去分析、寻找、查明这一损害结果是由什么原因造成的，是由自然因素造成的，还是由人的行为造成的。如果是人的行为造成的，则要查明是谁的行为，其行为是否合法。凡是对损害事实的发生起作用的客观事实，即为原因，不起作用的就不是原因。如果某一行为是对某一损害事实的发生起作用的原因，那么二者之间即具有因果关系。

在侵权行为中，行为人的加害行为与损害后果之间的因果关系表现为多种不同形态，主要有以下四种：①一因一果。在这种结果下，原因和结果均为单数，因果关系相对明了。②一因多果。在这种情况下，原因单一，而结果为两个或两个以上，每个结果与原因之间都存在因果关系。③多因一果。在这种情况下，原因有两个或两个以上，而结果却只有一个。④多因多果。是指原因和结果均为复数的情况。

考察因果关系只是一种手段，其目的在于通过它来判断损害是由谁的行为造成的，其行为是否合法，并以此为根据进一步确定是否应追究行为人的侵权责任。

四、行为人主观上存在过错

民法上的过错，是指行为人对其实施某种行为和损害结果的发生所持的一种心理状态，包括故意和过失两种形式。

1. 故意是指行为人明知自己的行为可能产生某种损害结果，仍然希望这种结果发生，或放任这种损害结果发生的心理状态。希望结果发生的故意为直接故意，放任结果发生的故意为间接故意。例如，明知毁人财产属违法行为却仍然实施该行为，即属故意的侵权行为。

2. 过失是指行为人对自己的行为的结果应当预见而没有预见，或虽已预见却轻信能够避免的心理状态。应当预见而没有预见的过失为疏忽大意的过失，而虽已预见却轻信能够避免的过失为过于自信的过失。例如，明知汽车刹车不灵，但基于对自己的技术的自信仍然出车，结果因刹车不灵撞伤行人的行为即为过于自信的过失行为。

一般情况下，行为人只有在主观上对自己的行为及其损害结果有过错时，才承担民事责任。可见，行为人主观上有过错是行为人承担民事责任的主观条件。

在司法实践中，判断行为人主观上是否有过失要比判断行为人是否故意更为复杂。一般来说，行为人是否故意，从其行为的性质、程度、损害后果等方面即可判断。而判断行为是否有过失，其标准则很难掌握。一般情况下，判断行为人是否有过失，必须以行为人是否应当预见或者能够预见而未加注意为依据。而确定行为人是否应当预见，则要根据行为人的年龄、教育程度、专业知识、工作经验、技术水平、担负的职务、所负的责任以及所实施的行为的具体情况，实事求是地进行判断。对于业务知识、技术水平不同的人，他们应当预见和能够预见的程度就有所不同。另外，随着客观环境不断发展变化，科学技术不断进步，人们的知识水平也在不断提高，应当预见和能够预见的标准也在不断地发生变化。所以判断的标准也应当以时间、地点、条件为转移，不能一成不变，对于具体情况要进行具体分析。在一般情况下，行为人主观上必须有过错才构成侵权损害民事责任。假如行为人的某种行为造成了损害后果，他既没有预见，也不应当要求他预见，也就是说他主观上没有任何过错。在这种情况下，该行为人一般就不承担民事责任。

由于民事责任的主要功能是补偿因行为造成的损失，因而确定行为人侵权责任的范围仅以过错的有无和损害后果的大小而定，一般与行为人的过错程度无关，故意造成他人伤害与过失造成他人伤害在民事责任的承担上是完全一样的，并不因损害是由过失造成的就能减轻或免除行为人的民事责任。但这并不意味着在民法上区分过错的程度没有任何意义。在下列特殊情况下，行为人过错程度的大小却是确定民事责任范围的重要依据：

1. 混合过错。所谓混合过错，是指侵权行为由当事人双方过错所引起，即双方都有过错。在混合过错的情况下，由于损害结果是行为人和受害人的行为共同造成的，这就要根据过错的大小和过错的程度，确定行为人和受害人各自应承担的责任。我国《民法典》第1173条规定了过失相抵的原则，即被侵权人对同一损害的发生或者扩大有过错的，可以减轻侵权人的责任。也就是说，双方都有过错的，应当分别承担各自应负的责任，各自应负责任的大小依各自的过错程度而定。属于受害人自己的行为造成的损害，由受害人自己承担责任，不能由行为人承担。所以，在混合过错的情况下，区分行为人双方的过错大小，对于确定民事责任的承担而言具有决定性意义。

2. 共同过错。所谓共同过错，又称共同致人损害，是指2人以上共同实施违法行为造成他人损害。我国《民法典》第1168条规定："2人以上共同实施侵权行为，造成他人损害的，应当承担连带责任。"第 1169 条第 1 款规定："教唆、帮助他人实施侵权行为的，应当与行为人承担连带责任。"共同过错造成他人损害的特点是，2个以上的行为人必须都具有行为能力，主观上有共同故意或共同过失，同时各个行为人的违法行为在客观上是造成损害的原因。由于损害结果是他们的行为共同造成的，因而他们对受害人的损失应当承担连带责任。如果应当承担赔偿损失的责任，其中的任何一个行为人都负有全部赔偿的义务，受害人也可以要求其中的任何一人全部赔偿。如果共同侵权人之一对受害人进行了全部赔偿以后，则在共同侵权人内部应根据各自的过错程度，分别按比例承担各自相应的赔偿责任。在这种情况下，区分行为人的过错程度，对于其内部责任的承担而言就具有重要意义。故意实施侵权行为的人，其责任程度就比过失实施这一行为的行为人要大。共同侵权人对外承担连带责任和对内按过错程度分担责任的性质是不同的，不能混淆。

3. 受害人的故意或重大过失。我国《民法典》第 1174 条规定："损害是因受害人故意造成的，行为人不承担责任。"受害人的故意或重大过失，是指损害的发生是由于受害人的故意或重大过失造成的，行为人只有轻微的或者一般的过错。在这种情形下，则可免除行为人的民事责任，或者根据其过错的程度，适当分担一定的民事责任。

第四节　侵权责任的归责原则

导入案例

张某家在一小区的一楼，家门前有 100 多平方米的私家花园。一天，邻居 4 岁的小华在没有监护人照看的情况下，到张某家玩耍。期间张某家养的狗将正在玩耍的小华咬伤。究竟谁应承担小华因被狗咬伤的人身损害赔偿责任呢？

本案知识点：特殊侵权民事责任；无过错责任。

提示：我国《民法典》第 1245 条规定："饲养的动物造成他人损害的，动物饲养人或者管理人应当承担侵权责任；但是，能够证明损害是因被侵权人故意或者重大过失造成的，可以不承担或者减轻责任。"动物侵权属于特殊的侵权，适用无过错责任原则，动物饲养人或者管理人都可以成为责任主体。

侵权责任的归责原则，即承担民事责任的原则，是指确定侵权人承担民事责任的根据和标准。

侵权责任的归责原则受民法基本原则的指导，体现着民法平等、公平、诚信的原则和精神，又具有自身的特点。

侵权责任的归责原则与侵权责任的构成要件，是既有联系又有区别的两个概念，二者相辅相成，不可相互替代。①归责原则是立法者根据社会实际需要而确定的责任由谁承担的标准；而构成要件则是在归责原则的指导下而产生的认定侵权行为的条件。因此，归责原则是构成要件的基础和前提，构成要件是归责原则的具体体现，其目的在于实现归责原则的功能和价值。②归责原则是抽象的、普遍的法律规则，是对侵权行为法基本规范的高度概括，因而它只是认定行为人责任的一般性规则；而构成要件是明确的、具体的法律规范，是审判人员在具体案件中确定行为人责任是否成立的直接法律依据。③归责原则决定了构成要件的内容，归责原则不同，其构成要件也不同。

一、过错责任原则

所谓过错责任原则，又称过失责任原则，是指以行为人主观上的过错作为承担民事责任的根据和最终要件，即行为人仅在有过错的情况下，才承担民事责任，没有过错，就不承担民事责任。这里的过错不包括受害人的过错和第三人的过错。我国《民法典》第1165条第1款规定："行为人因过错侵害他人民事权益造成损害的，应当承担侵权责任。"第2款规定："依照法律规定推定行为人有过错，其不能证明自己没有过错的，应当承担侵权责任。"

上述规定，是我国从立法上对过错责任原则的确立。之所以规定行为人根据其过错承担相应的民事责任，是因为其主观上具有可以归责的事由，即故意或过失的心理状态。如果行为人在主观上不存在过错，就当然不承担民事责任；如果行为人主观上有过错，就可能承担民事责任。因此，过错责任原则以过错为责任的构成要件，以过错作为决定行为人承担民事责任的理由、标准或最终决定性的根本因素。同时，行为人的过错程度与其应承担的民事责任相一致，过错程度决定着责任的形式、范围和减免等。

过错责任原则适用于一般的侵权责任，适用范围及其广泛。我国《民法典》规定的侵害他人财产所有权、生命健康权、知识产权、名誉权、肖像权等以及法律没有作出特别规定的其他侵权行为，均应适用过错责任原则。

在适用过错责任原则时，应贯彻"谁主张权利，谁提供证据"的原则。受害人在请求行为人承担民事责任时，应对侵权行为人在实施侵权行为时主观上有过错的事实负举证责任。如果不能举出证据证明行为人在实施侵权行为时主观上有过错，行为人就可以不承担民事责任。当然，根据法律的特殊规定采取举证责任倒置的，侵权行为人就其没有过错应作出反证，即行为人如果不能证明其没有过错，则推定其应有过错。这就是民法中的推定过错责任的规定。其特点是，仍以行为人主观上有过错作为其责任的构成要件，且为最终决定性的根本要件。同时，推定过错责任采取"举证责任倒置"的原则。因此，"推定过错责任"实际上仍然属于过错责任范畴，只是在无法判明过错的情况下，为保护受害人的合法权益，根据有关人与造成损害的人或物的管属关系和对之应尽的注意义务或享有的利益，在其不能证明没有过错的情况下，认定为有过错。推定过错责任，只能适用于法律有特别规定的情形，即某些特殊的侵权行为。

二、无过错责任原则

所谓"无过错责任原则"，又称"无过失责任原则"，是指没有过错造成他人损害的，依照法律的特别规定应由与造成损害原因有关的人承担民事责任的原则，即不问行为人主观上有无过错，只要行为人的行为和所管理的人或物与造成的损害结果之间有因果关系，就应当承担一定的民事责任。我国《民法典》第1166条规定："行为人造成他人民事权益损害，不论行为人有无过错，法律规定应当承担侵权责任的，依照其规定。"执行无过错责任原则，主要不是以责任人的过错为判断要件，而是基于损害的客观存在，由法律规定的特别加重责任。所以无过错责任又可称之为"客观责任"、"严格责任"或"危险责任"。

无过错责任原则主要有以下特点：

1. 无过错责任不以行为人主观上有过错为责任承担的构成要件。加害人主观上既可能有过错也可能无过错，但无论其是否有过错，都要承担侵权责任。

2. 受害人在主张权利时，对加害人主观上有无过错不负举证责任。加害人也不能以自己没有过错为由而主张抗辩。

3. 在无过错责任原则中，责任的确定主要从受害人一方的损害程度来考虑，并且对这种责任往往规定有最高赔偿限额或限制赔偿范围。法律作出这种规定的目的，在于适当限制无过失责任承担者的责任程度，减轻他们的负担。

4. 无过错责任原则的适用范围由法律作出特别规定，即只有法律明文规定的情况下才能适用。

无过错责任原则与过错责任原则，虽然都是侵权行为的归则原则，但二者之间存在着明显的区别：

1. 无过错责任原则是以行为与损害结果之间的因果关系作为行为人承担民事责任的理由或根据，不以行为人主观上有过错作为其承担民事责任的最终决定性的根本要件；而过错原则是以行为人主观上有过错作为其承担民事责任的理由或根据。

2. 无过错责任原则通常适用于特殊侵权行为，即只有在法律有明文规定的情况下，才能予以适用；而过错责任原则则通常适用于一般侵权行为和违反合同的行为，适用于法律没有规定的各种情形。

3. 无过错责任原则不以行为人的过错为责任承担的构成要件，并不要求该侵权行为符合一般侵权民事责任的全部要件；而过错责任原则要求承担民事责任必须完全具备一般民事责任的全部构成要件，特别是以具备主观过错为必要条件。

4. 在适用无过错责任原则时，责任的确定是从受害人一方的损害程度来考虑的，大都是进行限额赔偿；而在适用过错责任原则时，责任的确定应考虑行为人的过错程度，且在一般情形下对财产损害予以全额赔偿。

5. 在适用无过错原则时，受害人对侵权行为人主观上有无过错不负举证责任，除了因法定抗辩事由而主张抗辩的，同时行为人不能以自己无过错为由而主张抗辩权；而在适用过错责任原则时，受害人应对侵权行为人主观上有过错的事实负举证责任。

我国《民法典》对无过错责任原则在我国的适用范围作了规定，主要有：产品责任、环境污染致人损害的民事责任、饲养的动物致人损害的民事责任、地面施工致人损害的民事责任等。

三、公平责任原则

公平责任原则，又称衡平责任原则，是指在当事人对造成损害都无过错，法律又无特别规定适用无过错责任原则时，由人民法院根据实际情况，避免使受害人遭受的重大损害得不到补偿、显失公平的情况下，在考虑当事人双方的财产状况及其他情况的基础上，由双方当事人公平合理地分担损失的一种归责原则。

（一）公平责任原则的特点

1. 公平责任原则适用于当事人均无过错的情况。所谓均无过错是指加害人和受害人对损害均无过错。如果一方有过错或第三人有过错，都不能适用公平责任原则。

2. 公平责任原则只有在法律上没有特别规定须适用无过错责任原则，而按过错原则处理有关案件又显失公平的情况下才能够予以适用。

3. 公平责任原则主要适用于侵害财产权案件。由于公平责任原则的目的在于平衡当事人之间的财产状况和财产损失，并将损失在当事人之间进行合理分配，因此，它主要适用于侵害财产权的案件，且限于直接财产损失赔偿。

4. 公平责任原则是以公平观念作为价值判断标准来确定责任的归属。所谓公平概念绝非平均，而是要根据案件的具体情况、受害人所受损害的程度、当事人的经济状况等，由当事人合情合理地分担民事责任。

（二）公平责任原则的适用范围

我国《民法典》第1186条规定："受害人和行为人对损害的发生都没有过错的，依照法律的规定由双方分担损失。"公平责任原则主要适用于无行为能力人、限制行为能力人致人损害、正当防卫、紧急避险三种情况。

公平责任原则是英美普通法通行的一项原则。我国《民法典》第1186条的规定，是我国以立法的形式确立公平责任原则为侵权行为的一种独立归责原则。公平责任原则与无过错原则都不是以惩罚过错为主而是以补偿损失为归责的目的，但二者的区别是非常明显的，主要表现在以下几个方面：

1. 公平责任原则的适用主要是由人民法院根据实际情况予以酌情裁量，并不限于法律规定的情况；而无过错责任原则是基于法律的特别规定，其适用应当严格依照法律规定的适用范围和条件，且常常有最高赔偿额的规定。

2. 公平责任原则是公平观念作为价值判断标准来确定责任的归属；而无过错责任原则是以行为与损害结果之间的因果关系作为决定责任归属的根据。

3. 公平责任原则只有在双方当事人均没有过错的情况下才能予以适用，双方当事人都应举证证明自己没有过错，人民法院在处理有关纠纷时也应对此予以认定；而无过错责任原则的适用与加害人主观上有无过错无关，即加害人主观上既有可能有过错，也有可能无过错，但都不影响其承担责任。受害人对加害人主观上有无过错不负举证责任，加害人除法定抗辩事由外也不能以自己无过错为由而主张抗辩，人民法院处理有关纠纷时对此也无须质证。

4. 公平责任原则侧重于保护受害人的合法权益，并且是根据实际情况，从社会公平负担的原则出发，在受害人自己并无过错而受损害的情况下，才由受害人分担损失；无过错责任原则侧重于损害后果。虽然加害人在没有过错的情况下造成他人损害，也要承担责任，但如果能够证明损害是由于不可抗力或受害人的过错或第三人的过错造成时，可以免责。

5. 公平责任原则只适用于既不能适用过错责任原则，又不能适用无过错责任的情况；无过错责任原则主要适用于高度危害作业和动物等造成的特别损害。

6. 公平责任原则主要适用于侵害财产权案件；而无过错责任原则的适用范围则无此限制。

公平责任原则是道德观念与法律知识结合的产物，它把道德观念升华为法律规范，以法律来维护社会的公共道德，在更高的水准上要求人们承担互济互助的社会责任，约束人们的行为。然而，公平并不是抽象的，不同的社会制度下有不同的内容。因而，在社会制度不同的国家中，其民法所确立的公平责任原则有着不同的出发点和目的。在社会主义条件下，公平责任原则清除了人与人之间在经济利益上的不平等现象，使国家利益、集体利益和个人利益在根本上是一致的。因此，确立公平责任原则的目的不是缓和阶级对立和矛盾，而是弘扬社会主义公平和道德观念，增进公民之间的团结。我国《民法典》确立公平责任原则，对于合理弥补受害人的损失，弘扬社会主义道德风尚，维护社会安定团结，稳定社会市场经济秩序等方面都具有重要作用。

第五节　侵权责任的抗辩事由

一、侵权责任抗辩事由的概述

侵权责任抗辩事由，是指在民事诉讼中，被告针对原告所提出的诉讼请求而提出的对方当事人之诉讼请求不成立或者不完全成立的事实。由于一个有效的抗辩事由可能导致侵权民事责任的减免，故侵权责任的抗辩事由，又称侵权责任免责事由。

侵权责任的抗辩事由，具有以下特征：

1. 一定的抗辩事由是以一定的归责原则和责任构成要件为前提的。特殊的归责原则和责任构成要件，总是要求提出特殊的抗辩事由。由于归责原则的多样化，因此在侵权法中的抗辩事由根据不同的归责原则而确定。

2. 侵权责任的抗辩事由，是向对方当事人行使请求权进行抗辩的客观事实。抗辩事由的提出，要能够导致对方的诉讼请求在法律上不成立或者不完全成立。仅仅证明自己具有可以谅解的但不足以对抗对方当事人请求的情况，不能成立抗辩事由。

3. 侵权责任的抗辩事由，必须是客观存在的、已经发生的事实，主观臆断或尚未发生的情况不构成抗辩事由，仅仅表明损害未发生或单纯否认对方请求的存在，不能成为抗辩事由。

根据学理及司法实践，抗辩事由主要有：依法执行公务、正当防卫、紧急避险、自助行为、受害人的同意、不可抗力、意外事件、受害人或第三人的过错等。但是，这些抗辩事由并非在任何侵权行为中均能够成立，在法律规定排除抗辩的情况下，就不能成为抗辩事由。例如，在高度危害作业致人损害的侵权行为中，不可抗力就不是抗辩事由。

二、侵权责任抗辩事由的具体情形

（一）依法执行职务

依法执行职务，是指根据法律规定行使职权或履行法定义务而损害了他人财产或人身利益的行为，如公安人员依法将嫌疑犯逮捕或开枪打伤逃犯；外科医生对患者做截肢手术等行为。从表面上看，这些行为也具有侵权行为的某些特征，但由于其具有合法的根据，故具有阻却成为侵权行为的效力。

依法执行职务必须具备以下几个条件：

1. 必须有合法的授权。依法执行职务的行为属于合法授权，即使对他人造成损害，亦免除责任。

2. 执行职务的程序和方式必须合法。执行职务的人必须依据法定程序和方式执行职务，如果程序和方式不合法而致人损害，即构成侵权行为。

3. 执行职务的活动是必要的。因为执行职务的行为是为了保护社会公共利益和公民合法权益的行为，因此，只有在不造成损害就不能执行职务的情形下，执行职务的行为才是合法的。例如，公安人员只有在不开枪打伤逃犯不足以制止其逃跑的情况下才可以开枪，如果不开枪即可制止逃犯逃跑，就不能够开枪打伤逃犯，否则，向逃犯开枪则构成侵权行为。

（二）正当防卫

正当防卫是指为避免本人或他人的合法利益遭受现实的不法侵害而实施的防卫措施。正当防卫是排除他人违法行为的一种保护手段，是法律赋予公民的一种正当利益的保护权。但从性质上说，是一种自力救济，各国民法均承认正当防卫是抗辩事由。我国《民法典》第181条第1款规定，因正当防卫造成损害的，不承担民事责任。

正当防卫必须具备以下条件：

1. 必须是为保护合法权益而实施的。防卫行为的实施必须是为了保护本人或他人的合法权益以及社会公共利益。如果行为人不是为了保护合法权益，而是出于对不法行为人实施不正当的惩罚或者保护非法利益的目的而实施防卫行为，均不构成正当防卫。

2. 必须是针对现实的不法行为实施正当防卫。对于已经结束或者尚未发生的侵权行为以及合法行为，不能实施防卫。

3. 必须是针对不法行为本人实施正当防卫。

4. 防卫不得超过必要的限度。所谓必要的限度，是指防卫行为的程度与侵害程度相当，即防卫手段应以制止不法侵害行为为限。正当防卫超过必要限度，造成不应有的损害的，应当承担超过部分的民事责任。

（三）紧急避险

紧急避险是指行为人为了使公共利益、本人或他人的合法权益免受正在发生的紧迫的危险的侵害，不得已而采取的牺牲较少的利益而救护较大的合法权益的行为。紧急避险行为是合法行为，其虽致人损害，也不承担民事责任。

紧急避险必须具备以下条件：

1. 须有紧迫的危险发生。所谓紧迫的危险是指正在发生的、实际存在的，如不采取措施将会造成更大损害的危险。例如，大火正在蔓延，如不截断火路，将会损失更多财产。如果危险已经消除或者尚未发生，或者已发生但不会造成对合法权益的侵害，则不应采取紧急避险。

2. 必须在迫不得已的情况下采取紧急避险行为。所谓迫不得已的情况，是指不采取紧急避险措施，就不能保全更大的利益。如果有其他更好的措施可以用以避险，那么所采取的损害行为即不构成紧急避险。

3. 必须避险措施得当或在必要限度内。所谓措施得当，是指避险行为是在当时情况下所能够采取的造成损害最小的措施，或采取的措施为排除险情所必需的。所谓在必要的限度内，是指因紧急避险所损害的利益小于被保全的利益。如果避险人采取措施不当或者超过必要限度的，避险人就应承担相应的民事责任。

我国《民法典》第 182 条规定，因紧急避险造成损害的，由引起险情发生的人承担民事责任。危险由自然原因引起的，紧急避险人不承担民事责任，可以给予适当补偿。紧急避险采取措施不当或者超过必要的限度，造成不应有的损害的，紧急避险人应当承担适当的民事责任。根据此规定，在确定紧急避险致人损害的民事责任时，首先应查明造成险情发生的原因，然后根据引起险情发生的原因来确定责任承担者。如果引起险情发生的是人的原因或者人所管理的物件，则应由该行为人或管理人承担民事责任。引起险情发生的人可以是避险人、受害人、受益人或其他人。如果引起险情发生的是自然原因，如雷电引起火灾，避险人原则上不负责任，只有在避险人是受益人的情况下，才由紧急避险人承担适当的民事责任。其承担的责任是否适当，应根据受害人和紧急避险人的具体情况而定。紧急避险人如果采取措施不当或超过必要限度的，紧急避险人应承担适当的民事责任。这里所谓的适当民事责任，是指紧急避险人仅对因采取措施不当而扩大的或超出必要限度的损害部分承担民事责任。

（四）自助行为

自助行为是指权利人保护自己的权利，在情况紧急而又无法请求公力救济的情况下，对于他人的财产或自由施加扣押、约束等措施，而为法律或社会公德所认可的行为。例如，对于在酒楼吃饭不付款而欲逃跑的顾客，酒楼有权扣留其随身携带的财物，以便请求付款。

我国《民法典》第1177条第1款规定："合法权益受到侵害，情况紧迫且不能及时获得国家机关保护，不立即采取措施将使其合法权益受到难以弥补的损害的，受害人可以在保护自己合法权益的必要范围内采取扣留侵权人的财物等合理措施；但是，应当立即请求有关国家机关处理。"自助行为是在现代社会在公力救济之外，作为自力救济的一种典型方式，与正当防卫、紧急避险行为均属于私力救济，它们都是在情况紧迫，来不及请求国家机关保护时，而迫不得已采取的措施。行为人实施自助行为，其目的在于保护某种合法权利不受侵犯，因而，许多国家都将自助行为作为免除民事责任的有效条件。在我国，自助行为虽然没有得到法律上的明文规定，但是在日常生活中却广泛存在，并为习惯及舆论所认可。

自助行为应具备以下条件：

1. 必须是为了保护自己的合法权益而实施，这是认定自助行为的前提。

2. 必须是在合法权益受到侵害或妨碍的情况下实施。

3. 必须是在情况紧迫而又来不及请求国家机关予以救助的情况下实施，非紧急不构成自助行为。

4. 自助行为不得超过必要限度。如果是对财产实施扣押，以足以保护债权人的利益为限；如果是针对人身实行约束，以足以控制债务人使其无法逃避为限。

自助行为的控制措施只是临时的，行为人在实施自助行为以后，还应积极寻求纠纷的解决办法，既可以在新的条件下与债务人协商解决，也可以直接请求司法部门予以解决。

（五）紧急救助行为

我国《民法典》第184条规定，因自愿实施紧急救助行为造成受助人损害的，救助人不承担民事责任。

（六）受害人同意

受害人同意是指受害人事前以明示的方式作出自愿承担某种损害后果的意思表示。

受害人同意作为抗辩事由，应具备以下条件：①受害人同意的意思表示必须由受害人以明示的方式作出；②受害人同意的意思表示必须在自愿的基础上作出；③受害人同意的内容必须是愿意承担某种损害后果；④受害人同意的意思表示必须在损害前作出；⑤受害人同意不得违反法律、社会道德及善良风俗。

受害人同意承担某种损害后果，表明受害人放弃了要求他人对任何由过错引起的损害予以补偿的请求权。基于此原因，受害人的同意能否作为抗辩事由，在各国立法和司法上有所不同。在我国司法实践中，一般应分别不同的情况作不同的处理：

1. 如果对纯粹财产性的侵害，受害人的事先同意可以为抗辩事由。因此，同意他人对自己的财产进行侵害，无非是放弃财产权利，而对放弃财产权利的行为，在道德和法律上一般人能够为人们所接受。

2. 被害人对其人身侵害的事先同意，一般不能作为抗辩事由，除非该伤害是为被害人的利益而为。因此，受害人同意他人对其身体加以伤害，往往不被法律或社会道德所接受，如为偿还债务而同意他人伤害自己的身体。但如果侵害是为了被害人的利益的，如同意医生给自己或亲属手术等，可以作为抗辩事由。

3. 对受害人的同意的审查应同免责条件相联系。由于各人经济实力及其他力量的悬殊，有优势的一方往往利用自己的优越地位强迫他人接受不平等条件，使自己免除侵权责任。各国法律一般均有对免责条款加以限制的规定，即免责条款显失公平的不具有法律效力，无论是受害人对于财产性侵害的同意，还是对于人身性侵害的同意，均应与免责条款的规章制度相联系。

（七）不可抗力

不可抗力是指不能预见、不能避免并不能克服的客观情况，包括某些自然现象和某些社会现象，如地震、台风、洪水、战争等。

我国《民法典》第180条第1款规定："因不可抗力不能履行民事义务的，不承担民事责任。法律另有规定的，依照其规定。"可见，在一般情况下，不可抗力可以是抗辩事由，但在法律规定不能作为抗辩事由的情况下，即不能作为抗辩事由。

不可抗力作为抗辩事由必须具备以下条件：

1. 不可抗力必须是客观的、外在的自然现象和某些社会现象，不是由人的意志决定的。

2. 不可抗力的实施必须是构成损害结果发生的原因。

3. 不可抗力的实施必须具有人力不可抗拒的性质。

不可抗力虽然是抗辩事由，但如果当事人对不可抗力所致损害的发生或扩大有过错，则其不能依不可抗力而免除责任。例如，粮库保管员在得知洪水即将来临的消息后不将外面的粮食搬进库房，致使粮食被洪水冲走，在这种情况下，就不能免除保管员的责任。又如债务人迟延履行，在迟延期间发生不可抗力造成损害的，行为人不能免责。

（八）意外事件

意外事件，是指当事人不能够预见的偶然发生的事故。例如，在对危险病人进行抢救时，突然停电而导致病人死亡。

意外事件能否成为抗辩事由，各国法律规定不一。但在我国，学理和司法对此是予以普遍承认的。

（九）受害人或第三人的过错

如果受害人对损害的发生也有过错的，应当免除或减轻加害人的责任。如果受害人的过错是损害发生的唯一原因的，则应由其对损害负责。我国《民法典》第1174条规定：损害是因受害人故意造成的，行为人不承担责任。

第三人的过错是指第三人对损害的发生具有过错。我国《民法典》第 1175 条规定：损害是因第三人造成的，第三人应当承担侵权责任。

第六节　侵权责任方式

一、侵权责任方式的概念

侵权责任方式是指行为人实施侵权行为，依法应承担民事责任的具体方式或者形式。侵权责任方式是民事责任制度的重要组成部分。民法关于承担侵权民事责任方式的法律规定，是侵权责任方式的具体化，其具有可操作性。只有在法律明文规定具体的侵权责任方式的情况下，侵权行为的受害人才能依据所受侵害的实情提出明确的请求或主张，审判机关才能依法作出恰当的判决，以维护正常的社会秩序。

二、侵权责任方式及其适用

根据《民法典》第 179 条第 1 款的规定，侵权责任的方式主要有以下 8 种：

（一）停止侵害

当行为人所实施的侵害他人合法财产和人身权利之行为仍处于持续状态时，受害人可以依法请求人民法院判令侵权行为人停止其非法侵害行为。这种责任方式广泛适用于正在实施的侵害公民、法人的合法财产权、人身权及知识产权的不法行为。

（二）排除妨碍

行为人实施非法侵害行为致使受害人无法行使或者不能正常行使其财产和人身权利时，受害人有权请求排除妨碍。其主要适用于对经营权、所有权及使用权等物权的保护。

（三）消除危险

消除危险是指行为人的行为对他人人身和财产安全构成威胁，或者可能侵害他人人身或财产权益时，他人有权请求行为人采取有效措施消除危险。这种责任方式，主要用于对他人财产权和人身权可能造成损害的情形。

（四）返还财产

返还财产是指权利人依法请求不法行为人将其不法占有的属于权利人所有的财物，依法返还给权利人的行为。通常是原物的所有人针对非法占有人的行为主张返还原物；另外，当合法占有人非法转让给第三人，第三人为恶意取得的，原物所有人也可以主张返还原物。

（五）恢复原状

恢复原状是指将权利恢复到被侵害之前的状态，或者将被损害的财产修复。但必须建立在财物有修复的可能和必要的基础上，否则，就无恢复的必要，按折价赔偿即可。

（六）赔偿损失

赔偿损失是指不法行为人因侵权行为给他人造成人身或财产损害，依法应以其财产赔偿受害人所受的损失。这是承担民事责任方式中最普遍、最典型的一种方式。

（七）赔礼道歉

赔礼道歉是指责令不法行为人向受害人公开认错并表示歉意。通常用于对人身权侵害。赔礼道歉可采用口头方式，也可以采用书面方式。

（八）消除影响、恢复名誉

消除影响是指不法行为人因侵害了他人人格权应承担在影响所及的范围内消除不良后果的责任。恢复名誉是指行为人因不法行为侵害了他人名誉在影响所及之范围内将受害人的名誉恢复到未侵害时的状态。通常，侵权人在什么范围内侵权，就要在什么范围内消除影响、恢复名誉。

根据《民法典》第179条第3款的规定，以上承担侵权责任的方式，可以单独适用，也可以合并适用。

第七节　侵权损害赔偿责任

一、财产损害赔偿

财产损害赔偿是指行为人应当对自己给他人造成的财产损害所承担的赔偿责任。财产损害包括受害人因其财产或者人身权利受到不法侵害所造成的经济损失，它是可以用金钱加以计量的实际物质财富的损失。

加害人给受害人造成财产损失的赔偿范围，应当是受害人因此所遭受的直接损失和间接损失。直接损失一般是指由于加害人的侵权行为直接作用于受害人的财产权的客体所造成的损失。它在客观上表现为受害人已有合法财产的减少。对于直接的财产损失，原则上应当全部赔偿。间接损失通常是指因加害人的非法侵害，受害人丧失依法可以获得的财产利益。间接损失有三个明显的特征：①损失的是一种未来的可得利益，在侵害行为实施时，它只具有一种财产取得的可能性，尚不是一种现实的财产利益。②这种丧失的未来利益是具有实际意义的，而非抽象或假想的。③这种可得利益必须是在一定范围内的，即损害该项财产产生的直接影响所及的范围，超出这个范围，就不能认定为间接损失。对间接损失加害人也应当依法合理赔偿。

二、人身伤害赔偿

人身伤害赔偿是指行为人对他人身体不法侵害时，引起的财产损失应承担的赔偿责任。人身伤害包括致人一般伤害、致人残废和致人死亡三种情形。我国《民法典》第1179条规定："侵害他人造成人身损害的，应当赔偿医疗费、护理费、交通费、营养费、住院伙食补助费等为治疗和康复支出的合理费用，以及因误工减少的收入。造成残疾的，还应当赔偿辅助器具费和残疾赔偿金；造成死亡的，还应当赔偿丧葬费和死亡赔偿金。"

人身伤害赔偿范围因伤害程度不同而各异。

（一）一般伤害的赔偿

一般伤害是指经过治疗可以恢复健康、不会致人残疾的人身伤害。造成公民身体一般伤害的，应当赔偿医疗费、住院费、住院期间必要的伙食补助费、必要的营养费、护理费、治疗期间的交通费和因误工减少的收入。医药治疗费的赔偿，一般应以所在地治疗医院的诊断证明和医药费、住院费的单据为凭。应当经医务部门批准而未获批准擅自另找医院治疗的费用，如擅自购买与损害无关的药品或治疗疾病的，其费用则不予赔偿。对于经医护批准负责专业护理的人，其误工补助费可以按收入的实际损失计算。应得奖金原则上应予赔偿。本人没有工资收入的，其补偿标准应以当地的一般时工的工资标准为限。受害人的误工天数，应当按实际损害程度、恢复状况并参照治疗医院出具的证明或者法医鉴定等加以认定。赔偿费用的标准，可以按照受害人的工资标准或者实际收入的数额计算，受害人是承包经营户或个体业主的，其误工费的计算标准，可参照受害人一定期限内的平均收入或同行收入情况予以酌定。若受害人承包的种植、养殖业季节性很强，不及时经营会造成重大损失的，除受害人应当采取措施防止损失扩大外，还可以裁定加害人采取措施防止扩大损失。

（二）致人残废的赔偿

致人残废是指受害人身体遭受重伤，经过治疗不能恢复健康，致使全部丧失或部分丧失劳动能力的伤害。关于残废的认定，国家有专门的法律、法规规定标准。造成残疾的，还应当赔偿残疾生活辅助器具费和残疾赔偿金。

对于一些在伤害之初难以确定是否残废的，可以先作一般伤害处理，待伤情稳定后确已残废的，再作致残处理。处理致人残废的伤害，应当根据其劳动能力丧失的程度、有无可能减少收入、是否享有劳保待遇等情况，确定加害人应当赔偿的数额，行为人除应当承担受害人的医疗费、误工费损失等全部损失外，还要赔偿残废者的生活补助费和依靠受害人抚养者的必要生活费。根据相关司法解释的规定，侵害他人身体使其丧失全部或部分劳动能力的，赔偿生活补助费一般应补足到不低于当地居民基本生活费的标准；依靠受害人实际抚养而又没有其他生活来源的人要求加害人支付必要的生活费的，应当予以支持，其数额可根据实际情况予以酌定。受害人因残疾需要安装必要的器具如假肢、假眼等以及毁容后需要整容的费用，应由加害人承担；日后需要更换或再度整容的，其所需费用，理当由加害人承担。

（三）致人死亡的赔偿

造成死亡的，还应当赔偿丧葬费和死亡赔偿金。对于造成公民死亡的，如果公民死亡之前曾被抢救，加害人除赔偿医疗费、因误工减少的收入等费用外，还应赔偿丧葬费、死者生前实际抚养的人必要的生活费等费用。死者生前实际抚养而又没有其他生活来源的人要求支付必要生活费的，应予支持，其数额可根据实际情况确定。

此外，在具体确定赔偿数额时，应当充分考虑当事人的经济状况。如果加害人经济状况良好，有赔偿能力，就应当赔偿受害人的全部损失；如果加害人经济状况不佳，就应当认真做好双方当事人的思想工作，在取得受害人的谅解的前提下，根据具体情况适当减轻加害人的赔偿责任。在赔偿的付款方式上，可以一次性支付，必要时也可以分期支付。

三、精神损害的赔偿

精神损害是指公民的姓名权、肖像权、荣誉权、名誉权受到不法侵害，给受害人造成精神上的痛苦和肉体上的疼痛。精神损害有三个特征：①精神损害通常产生在人格权受到侵害的场合，既包括当姓名（名称）权、肖像权、名（荣）誉权、隐私权等人格权遭受侵害时产生的精神损害，又包括间接作用于受害人身体的某些情景所引起的精神损害。②精神损害属于非财产损害，但并非所有的非财产损害都会产生精神损害。③精神损害与财产损失无直接关联。精神损害是受害者生理、心理（或精神）上的痛苦，它与财产的增减并无直接关联，并不体现为财产的增加或者减少。所谓精神损害赔偿是指民事主体因人身权利遭受不法侵害，使其人格利益或身份利益遭受损害或遭受精神痛苦，要求加害人通过财产赔偿等方式进行救济和保护的民事法律制度。

对于民事主体的精神利益受到损害，可否予以金钱抚慰的问题，即"精神损害赔偿"，早期在我国的民法学理上，一直持否定态度。但《民法通则》及其之后的一系列判例，确认了"精神损害赔偿"。我国《民法典》第 1183 条第 1 款规定："侵害自然人人身权益造成严重精神损害的，被侵权人有权请求精神损害赔偿。"

在司法实践中，确认精神损害赔偿时应注意如下几点：

1. 关于侵害他人民事权利产生的精神损害。侵害他人人格权利，给他人造成精神损害的，可以给予适当精神损害赔偿。

2. 精神损害的救济方式多种多样，并不只是能够采用金钱方式予以救济，要根据具体情况选择适当方式予以救济。

3. 对精神损害不能简单地用金钱抚慰方式一赔了之，还应根据具体案情作必要的制裁。精神损害赔偿的性质只是对受害人精神的一种抚慰，目的在于让其从极度的精神痛苦中解脱出来，并非对精神损害进行等量的价值补偿，事实上其也无法做到等量的价值补偿。因此，对于精神损害造成严重后果的情形，除了承担民事责任外，还可以依法追究加害人刑事或者行政法律责任。

第八节　特殊侵权责任

导入案例

陆某承包鱼塘进行养殖，但近来发现塘内饲养的鱼、虾大量死亡，一查原来是某公司将污水排放到自己的鱼塘，致使鱼塘的水体遭受污染。于是，陆某将某公司告上法庭，要求其赔偿因此造成的经济损失。但某公司辩称流入鱼塘的污水并不是自己一家，另外还有其他生活污水，而自己排放的污水是沿着污水沟排放的，当日流入是因为有大雨所致，属于不可抗力，原告陆某也应当对此负有责任。那么，陆某的损失该由谁承担责任呢？

本案知识点：侵权责任；环境污染和生态破坏责任；举证责任。

提示：我国《民法典》第1229条所规定的环境污染和生态破坏责任是适用无过错责任原则的特殊侵权责任。第1230条规定："因污染环境、破坏生态发生纠纷，行为人应当就法律规定的不承担责任或者减轻责任的情形及其行为与损害之间不存在因果关系承担举证责任。"也就是说，在环境污染纠纷中，实行举证责任倒置。本案中，被告某公司提出流入原告鱼塘的污水并不是被告一家，另外还有生活污水，否认被告鱼塘内鱼、虾的死亡系其排放污水造成，这些都应由被告举证证明，但被告某公司并没有证据证明其排污行为与原告鱼塘内鱼、虾死亡不存在因果关系，因此，应认定原告鱼塘内鱼、虾死亡的损害后果系由被告某公司排污行为造成，被告某公司应当承担赔偿责任。

前述的侵权责任的四个构成要件，在一般情况下应同时具备，缺一不可，否则，就不能正确确定行为人对损害的民事责任。但是，在某些特殊情形之下，即使上述四个要件不同时具备，根据法律规定有关当事人也必须要承担民事责任，或者还要求附加其他条件，才能负担民事责任。这就是特殊侵权民事责任。

根据我国《民法典》的规定，特殊侵权民事责任主要有以下几种：

一、产品责任

产品责任是指产品生产者和销售者因生产或者销售的产品有瑕疵，造成他人的人身或财产损害所应承担的赔偿损失、排除妨碍、消除危险等责任的特殊侵权责任。这里的产品是指经过加工、制作，用于销售的产品，未经过加工制作的自然物，不是产品；产品未进入流通的，生产者不承担赔偿责任。所谓的瑕疵是指产品存在危及他人人身、财产安全的不合理的危险；产品有保障人体健康、人身、财产安全的国家标准、行业标准的，是指不符合该标准。

我国《民法典》第1202条规定："因产品存在缺陷造成他人损害的，生产者应当承担侵权责任。"第1203条第1款规定："因产品存在缺陷造成他人损害的，被侵权人可以向产品的生产者请求赔偿，也可以向产品的销售者请求赔偿。"第2款规定："产品缺陷由生产者造成的，销售者赔偿后，有权向生产者追偿。因销售者的过错使产品存在缺陷的，生产者赔偿后，有权向销售者追偿。"这些规定完善了我国产品责任制度。

产品责任的构成要件如下：

1. 产品确有瑕疵。产品确有瑕疵是指产品确实存在缺陷，即存在危及人身和财产安全的不合理的危险。判断产品是否有缺陷的标准有两个：①法定标准，即国家和行业对产品制定的标准。②一般标准，即在没有法定标准的情况下，人们对产品的安全期望值。关于产品的缺陷,《产品质量法》第46条作了专门的规定。

2. 存在人身、财产遭受损害的事实。产品瑕疵致人损害的事实包括人身、财产损失和精神损害等情形。人身损害包括致人伤残和致人死亡。财产损失不是瑕疵产品自身的损失,而是指瑕疵产品以外的其他财产损失,既包括直接损失,也包括间接损失。如果仅仅是产品本身损害,而未引起其他财产或者人身损害,通常只产生违约责任,而不存在产品瑕疵损害赔偿责任。精神损害是指瑕疵产品致人损害,给受害人所造成的精神痛苦和感情创伤。

3. 须有因果关系。只有损害的发生是由瑕疵的产品所致,产品的制造者、销售者才可能承担赔偿责任,即产品瑕疵是原因,损害事实是结果。当损害结果发生之后,受害人只要证明产品瑕疵是造成损害的直接原因即可,不必证明其他事实。但是,若损害不是直接由产品瑕疵所致,而是他人把产品作为实施其侵权的工具造成的,产品的制造者、销售者就不必承担赔偿责任。

根据《产品质量法》及相关规定,因产品瑕疵致人损害的,加害人应当赔偿受害人医疗费、治疗期间的护理费、因误工减少的收入等费用;造成残疾的,还应当支付残疾者生活自助具费、生活补助费、残疾赔偿金以及由其扶养的人所必需的生活费等费用;致人死亡的,并应支付丧葬费、死亡赔偿金、死者生前实际抚养者必要的生活费等费用。因产品缺陷致人财产损失的,加害人应当恢复原状或折价赔偿,受害人因此遭受重大损失的,加害人应当赔偿损失。另外,我国《民法典》第1207条规定:"明知产品存在缺陷仍然生产、销售,或者没有依据前条规定采取有效补救措施,造成他人死亡或者健康严重损害的,被侵权人有权请求相应的惩罚性赔偿。"

二、机动车交通事故责任

机动车交通事故责任,是指机动车所有人、使用人以及与道路交通事故有直接关系的责任人因道路交通事故造成了受害人人身伤亡或财产损失,对受害人依法应当承担的侵权损害赔偿责任。

我国《民法典》第1208~1217条对机动车交通事故责任作了明确规定。

1. 关于机动车交通事故责任的一般规则。我国《民法典》第1208条规定:"机动车发生交通事故造成损害的,依照道路交通安全法律和本法的有关规定承担赔偿责任。"这条规定确定了机动车交通事故责任的一般规则。

机动车交通事故责任的构成要件如下:

(1) 道路交通事故的违法行为。即道路交通事故致害人的行为在客观上与法律规定不相符。我国《道路交通安全法》中规定了很多机动车应当遵守的道路交通规则,比如《道路交通安全法》中规定机动车应处于适驾状态、驾驶人应当依法取得机动车驾驶证、机动车应当遵循通行规则等。这些规则是为了避免产生交通事故,保护他人的安全,若在道路交通事故中机动车违反了这些规定,即可认定为产生道路交通事故的行为违法。

（2）道路交通事故的损害事实。即由于道路交通参与人的过失行为，造成了权利主体的人身和财产权利受到了侵害，包括人身损害、精神损害和财产损害。人身损害表现为自然人的身体、健康损伤和生命的丧失等有形损害；精神损害表现为受害人因道路交通事故所引起的精神痛苦和精神利益的丧失或减损；财产损害表现为财产损失，包括直接损失和间接损失。

（3）道路交通事故的因果关系。即以道路交通参与人的违法行为作为原因，引起了受害人人身或财产的损害事实的后果，两者之间具有必然的客观联系。

（4）机动车交通事故责任的主观过错。《道路交通安全法》第76条第1款规定，机动车发生交通事故造成人身伤亡、财产损失的，由保险公司在机动车第三者责任强制保险责任限额范围内予以赔偿；不足的部分，按照下列规定承担赔偿责任：①机动车之间发生交通事故的，由有过错的一方承担赔偿责任；双方都有过错的，按照各自过错的比例分担责任。②机动车与非机动车驾驶人、行人之间发生交通事故，非机动车驾驶人、行人没有过错的，由机动车一方承担赔偿责任；有证据证明非机动车驾驶人、行人有过错的，根据过错程度适当减轻机动车一方的赔偿责任；机动车一方没有过错的，承担不超过10%的赔偿责任。因此，依照《道路交通安全法》第76条之规定，对于机动车交通事故责任人的主观过错的确定，采用过错责任原则和过错推定责任原则。在机动车交通事故责任中，在一般情况下，责任人的主观过错都表现为过失；只有在受害人故意引起道路交通事故损害的时候，才表现为故意，即交通事故的损失是由非机动车驾驶人、行人故意碰撞机动车造成的，机动车一方不承担赔偿责任。

2. 关于道路交通事故损害赔偿特殊责任主体。我国《民法典》第1209~1215条规定了机动车交通事故特殊责任主体的责任制度。

（1）确定因租赁、借用机动车发生交通事故致人损害的责任主体。我国《民法典》第1209条规定："因租赁、借用等情形机动车所有人、管理人与使用人不是同一人时，发生交通事故造成损害，属于该机动车一方责任的，由机动车使用人承担赔偿责任；机动车所有人、管理人对损害的发生有过错的，承担相应的赔偿责任。"

（2）确定因买卖机动车但未过户时发生交通事故致人损害的责任主体。我国《民法典》第1210条规定："当事人之间已经以买卖或者其他方式转让并交付机动车但是未办理登记，发生交通事故造成损害，属于该机动车一方责任的，由受让人承担赔偿责任。"

（3）确定因挂靠机动车发生交通事故致人损害的责任主体。我国《民法典》第1211条规定："以挂靠形式从事道路运输经营活动的机动车，发生交通事故造成损害，属于该机动车一方责任的，由挂靠人和被挂靠人承担连带责任。"

（4）确定因未经允许驾驶他人机动车发生交通事故致人损害的责任主体。我国《民法典》第1212条规定："未经允许驾驶他人机动车，发生交通事故造成损害，属于该机动车一方责任的，由机动车使用人承担赔偿责任；机动车所有人、管理人对损害的发生有过错的，承担相应的赔偿责任，但是本章另有规定的除外。"

（5）确定因非法买卖拼装或报废的机动车发生交通事故致人损害的责任主体。我国《民法典》第1214条规定："以买卖或者其他方式转让拼装或者已经达到报废标准的机动车，发生交通事故造成损害的，由转让人和受让人承担连带责任。"

（6）确定因盗窃、抢劫或者抢夺的机动车发生交通事故致人损害的责任主体。我国《民法典》第1215条第1款规定："盗窃、抢劫或者抢夺的机动车发生交通事故造成损害的，由盗窃人、抢劫人或者抢夺人承担赔偿责任。盗窃人、抢劫人或者抢夺人与机动车使用人不是同一人，发生交通事故造成损害，属于该机动车一方责任的，由盗窃人、抢劫人或者抢夺人与机动车使用人承担连带责任。"

3. 机动车驾驶人肇事逃逸的责任负担。我国《民法典》第1216条规定："机动车驾驶人发生交通事故后逃逸，该机动车参加强制保险的，由保险人在机动车强制保险责任限额范围内予以赔偿；机动车不明、该机动车未参加强制保险或者抢救费用超过机动车强制保险责任限额，需要支付被侵权人人身伤亡的抢救、丧葬等费用的，由道路交通事故社会救助基金垫付。道路交通事故社会救助基金垫付后，其管理机构有权向交通事故责任人追偿。"这是对机动车驾驶人肇事逃逸的责任承担的明确规定。

三、医疗损害责任

我国《民法典》第1218~1228条全面规定了医疗损害责任。根据《民法典》所规定的医疗损害责任的具体情形以及所适用的法律规则的不同，医疗损害责任可分为医疗技术损害责任、医疗伦理损害责任和医疗产品损害责任三种基本类型[1]。

1. 医疗技术损害责任。医疗技术损害责任，是指医疗机构及其医务人员在诊疗活动中，违反医疗技术上的高度注意义务，未尽到与当时的医疗水平相应的诊疗义务，造成了患者的人身损害所应当承担的医疗损害赔偿责任。我国《民法典》第1221条规定："医务人员在诊疗活动中未尽到与当时的医疗水平相应的诊疗义务，造成患者损害的，医疗机构应当承担赔偿责任。"

医疗技术损害责任的构成要件如下：

（1）医疗机构及其医务人员在诊疗活动中的违法行为。这种行为的违法性，表现为医疗机构及其医务人员没有尽到高度注意义务，违反了对患者的生命权、健康权、身体权不得侵害的法定义务。

（2）医疗技术损害责任构成中的损害事实。损害事实包括三个方面：①造成了患者生命的丧失或者人身健康和身体的损害；②因受害者的生命权、健康权、身体权受到损害之后所造成的财产利益损失，包括直接损失和间接损失；③因人身损害所造成的受害人及其近亲属的精神利益的损害。

（3）医疗技术损害责任的因果关系，即医疗违法行为与患者的人身损害后果之

---

〔1〕　杨立新主编：《侵权责任法》，法律出版社2010年版，第417页。

间具有必然的因果关系。医疗机构只有在二者存在因果关系的情况下，才就其过失行为承担赔偿责任。

（4）医疗机构及其医务人员在诊疗活动中的主观过错。《民法典》第1218条规定："患者在诊疗活动中受到损害，医疗机构或者其医务人员有过错的，由医疗机构承担赔偿责任。"这里的过错，表现为医疗机构及其医务人员在诊疗活动中的过失行为，即未尽到与当时的医疗水平相应的诊疗义务，否则不承担医疗技术损害责任。

2. 医疗伦理损害责任。医疗伦理损害责任，是指医疗机构及其医务人员违背医疗良知和医疗伦理的要求，违背医疗机构及其医务人员的告知或保密义务，具有医疗伦理过失，造成患者人身损害及其他合法权益受损所应当承担的医疗损害责任。

医疗伦理损害责任的构成要件如下：

（1）医疗伦理损害的违法行为。构成医疗伦理损害的违法行为，表现为违反了法定告知或保密的义务。我国《民法典》第1219条："医务人员在诊疗活动中应当向患者说明病情和医疗措施。需要实施手术、特殊检查、特殊治疗的，医务人员应当及时向患者具体说明医疗风险、替代医疗方案等情况，并取得其明确同意；不能或者不宜向患者说明的，应当向患者的近亲属说明，并取得其明确同意。医务人员未尽到前款义务，造成患者损害的，医疗机构应当承担赔偿责任。"第1226条规定："医疗机构及其医务人员应当对患者的隐私和个人信息保密。泄露患者的隐私和个人信息，或者未经患者同意公开其病历资料的，应当承担侵权责任。"

（2）构成医疗伦理损害责任的损害事实。主要表现为侵害了患者的知情权、自我决定权、隐私权和身份权等情形，并因此造成了患者的人身损害、精神损害和财产损失。

（3）医疗伦理损害责任的因果关系。这种因果关系主要表现为医疗机构及其医务人员未尽善良告知和保密义务的行为与患者知情权、自我决定权、隐私权和身份权以及相关利益受到损害的事实之间是引起与被引起的关系。

（4）医疗机构及其医务人员主观上具有过失。只要存在未尽告知义务的情形，即可推定医疗机构及其医务人员具有过失。

3. 医疗产品损害责任。医疗产品损害责任，是指医疗机构在医疗过程中使用有缺陷的药品、消毒药剂、医疗器械以及血液及制品等医疗产品，造成患者的人身伤害，医疗机构或医疗产品生产者、销售者应当承担的医疗损害赔偿责任。我国《民法典》第1223条规定："因药品、消毒产品、医疗器械的缺陷，或者输入不合格的血液造成患者损害的，患者可以向药品上市许可持有人、生产者、血液提供机构请求赔偿，也可以向医疗机构请求赔偿。患者向医疗机构请求赔偿的，医疗机构赔偿后，有权向负有责任的药品上市许可持有人、生产者、血液提供机构追偿。"

医疗产品损害责任的构成要件如下：

（1）医疗产品有缺陷。这里的医疗产品主要包括药品、消毒药剂、医疗器械、血液及血液制品，缺陷是指上述产品在医疗使用过程中具有一种不合理的危险并可能危及患者人身和财产安全。如果是一种合理的危险，则不能称其为缺陷。

（2）须有患者人身损害事实。即将医疗产品应用于患者，由于医疗产品存在缺陷，造成了患者的人身损害。这里的人身损害事实，包括致人死亡、致人伤残和精神损害。有些后果在遭受损害当时即可发现，有的则要在遭受损害之后的很长时间内才能出现后果，特别是由医疗器械造成的损害，通常都是经过一段时间才发生。

（3）须有因果关系。即医疗产品的缺陷与受害人的损害事实之间是引起与被引起的关系，前者是原因，后者是结果；

（4）医疗机构和销售者主观上应当具有过失。

四、环境污染和生态破坏责任

环境污染和生态破坏是指由于人为的原因，致使人类赖以生存和发展的空间和资源发生化学、物理、生物特征上的不良变化，以致影响人类健康的生产活动或生物生存的现象。环境污染和生态破坏侵权责任是指行为人因违反国家环境保护法规，污染环境致人损害所应承担的民事法律责任。

我国《民法典》第1229~1235条对环境污染和生态破坏责任作了完整的规定。环境污染和生态破坏侵权责任适用无过错责任原则，即只要有违反法律污染环境致人损害之事实的存在，不论行为人主观上是否有过错，均要依法承担民事责任。

环境污染和生态破坏侵权责任的构成要件如下：

1. 具有超出标准违法排放污染物的行为。行为人超出标准违法排放了污染物以及制造了噪声、振动、电磁波辐射等污染，使人类生存环境受到一定程度的危害，这是其承担侵权民事责任的首要条件。

2. 必须存在客观的损害结果。损害结果是指受害人因接触或暴露于被污染的环境，而受到的人身损害、死亡以及财产损失等后果。损害包括直接损害结果和间接损害结果两种。

3. 有因果关系。只要受害人的损害结果是由行为人超出标准排放的有害物质或者其他有害因素所致，这就说明排污行为和损害结果之间存在因果关系，因此，行为人应承担民事责任。

五、高度危险责任

高度危险作业是指从事对周围环境具有高度危险性的高空、高压、易燃、易爆、剧毒、放射性、高速运输工具等方面的业务操作活动。因从事高度危险作业而致人损害的民事责任，就是高度危险责任。我国《民法典》第1236~1244条对高度危险责任作了明确的规定。

高度危险作业致人损害的民事责任适用无过错责任原则。高度危险作业侵权责任构成要件如下：

1. 责任主体须从事了对周围环境有高度危险的作业或产生了危险物并损害周围环境的行为。责任主体在客观上从事了对周围环境有高度危险的高空、高压、易燃、易爆、剧毒、放射性、高速运输工具等方面的作业。需要注意的是，这里的危险作业是一种合法行为，至少是不为法律所禁止的行为，一般是指生产经营活动，也包括科研活动和自然勘探活动，但不包括国家机关的公务活动和军队的军事活动。如果责任主体所从事的是一种非法的危险活动，其所造成的损害则不适用《民法典》关于高度危险责任的规定，而应适用一般规定，并且不受最高赔偿数额的限制。

2. 必须有高度危险作业致人损害的事实。这里的损害包括人身损害和财产损害两种情况。

3. 损害事实与高度危险作业之间有因果关系。只有在损害事实与高度危险作业有因果关系的情况下，责任主体才承担民事责任。但是，若行为人能够证明损害是由受害人故意所致，则其不承担民事责任。对此，行为人在诉讼中要承担举证责任。

六、饲养动物损害责任

饲养动物损害责任是指饲养的动物造成他人财产、人身损害的，动物饲养人或者管理人应当承担赔偿责任的特殊侵权责任。我国《民法典》第 1245～1251 条对此作了明确的规定。

饲养的动物侵权责任的构成要件如下：

1. 须为人所饲养的动物实施了加害行为，即饲养的动物施加了损害他人的行为，是指人对于其所管领的动物的管束不妥因而致人损害的间接行为。

2. 须有饲养的动物致人损害的事实，包括对他人的人身损害和财产损害。前者包括动物造成被侵权人死亡、残疾和一般伤害。后者包括动物造成被侵权人的所有财产损失。

3. 饲养的动物的加害行为与损害事实之间有因果关系。只有动物加害行为与被侵权人的损害之间存在因果关系，饲养动物损害责任才能成立，否则不构成饲养动物损害责任。

饲养的动物致人损害的，其所有人或者管理人应承担民事责任。但有如下情形之一的，可以免除饲养人或管理人的民事责任：①受害人有过错的；②第三人有过错的；③受害人自愿接受动物危险致害的。

七、建筑物和物件损害责任

建筑物和物件损害责任是指所有人或者管理人对自己管领下的建筑物和物件造成他人损害的事实应当承担侵权责任的特殊侵权责任。我国《民法典》第 1252～1258 条对此作了明确的规定。

建筑物和物件损害责任的构成要件如下：

1. 发生了物件致害行为。法律规定了构成物件致害责任的物件致害行为，如建筑物、构筑物或者其他设施及其搁置物、悬挂物发生脱落、坠落、倒塌、抛掷以及林木折断、在公共场所或者道路上挖坑、修缮安装地下设施等，没有设置明显标志和采取安全措施而造成他人损害等主要方式，但并非全部。物件只要具有以上致害危险行为之一的，即构成此要件。

2. 存在受害人遭受损害的客观事实，包括人身损害和财产损失。

3. 损害事实与物件致害行为之间具有因果关系。即物件倒塌、脱落、坠落等行为，直接造成了受害人的人身伤害和财产损失。

4. 物件所有人或管理人主观上存在过错。对于物件损害责任构成要件的主观过错，如设置或管理、管束不当，或设计、施工缺陷，或使用方法不当，均为过失方式，即指违反注意义务的过失，表现为疏忽和懈怠。如果是故意以物件致人损害，则是犯罪行为。

八、侵害英雄烈士等的姓名、肖像、名誉、荣誉责任

侵害英雄烈士等姓名、肖像、名誉、荣誉责任是指行为人侵害英雄烈士等姓名、肖像、名誉、荣誉，损害社会公共利益的，应当承担侵权责任的特殊侵权责任。我国《民法典》第185条规定："侵害英雄烈士等的姓名、肖像、名誉、荣誉，损害社会公共利益的，应当承担民事责任。"

思考题

1. 简述侵权责任的概念及特征。
2. 简述一般侵权责任的构成要件。
3. 简述侵权责任的归责原则。

实务训练

（一）示范案例

案情： 一天下午，胡某（21岁）与王某（19岁）在集市上闲逛，胡某发现一头猪在路边，就跟王某说："去逗逗它。"王某便拾起一块石头向猪砸去。猪被砸中后猛往前冲。这时，有一个60岁老太正在街上行走，见猪冲过来急忙躲闪，将路边一陶瓷瓶碰翻，瓷瓶价值1400元。老太太被猪撞翻在地，摔伤右腿，花去医药费、住院费共计2000元。

分析： 本案需要分析老太碰翻瓷瓶的行为和胡某、王某的行为的性质。

1. 老太太推翻瓷瓶是属于紧急避险的行为，其无须承担民事责任。所谓紧急避险，就是当国家利益、公共利益、本人或者他人的人身财产和其他权利发生危险时，为了避免危险的进一步扩大而不得不采取的损害较小利益并以此来保全较大利益的行为。显然，老太太是面对突如其来的危险而不得不及时避险，否则可能造成自身的人身安全受到损害。而法律规定，由于紧急避险而造成他人损害的，侵权人可以因此而免责。

2. 胡某、王某对于逗猪造成老太太受伤、瓷瓶被打坏的后果，存在主观过错。构成民事侵权的条件是损害事实的存在、行为的违法性、存在因果关系和主观过错。从该事件可知，胡某、王某符合上述条件，所以2人的行为构成侵权。在此需要强调一点，主观过错包括故意和过失两种具体表现形式。区别在于行为人是否实际预见了其行为后果和对此后果的态度。胡某、王某作为完全民事行为人，明知在街上

逗猪可能会引起猪的不适而满街跑，从而会引起一些安全事故的发生，他们放任这种损害后果的发生，其行为可以定性为故意。胡某、王某应该承担侵权行为责任。

（二）习作案例

陆某是某小学三年级学生（9岁），一日其趁体育课自由活动时，溜出学校大门，到附近书店看书。陆某在过马路时被王某驾驶的机动车撞倒，王某随之逃逸，一直未归案。陆某受重伤被路人送去医院抢救，共花费上万元医疗费。经查，该机动车属肖某所有，该车于事故发生当日被王某盗取。后陆某的父母向法院起诉，要求某小学和肖某共同承担侵权责任，赔偿陆某的医疗费并承担精神损害赔偿责任。

结合我国《民法典》关于侵权责任的规定对该案进行分析：

1. 肖某是否需要承担侵权责任？

2. 某小学是否需要承担侵权责任？

3. 两被告是否需要承担精神损害赔偿责任？

第二十一章

知识产权概述

通过本章学习，要求大家了解知识产权的范畴以及与其他财产权的区别；理解知识产权法的概念、体系与渊源；掌握知识产权的基本特征。

自 1957 年至今，商务印书馆有限公司（以下简称商务印书馆）连续出版《新华字典》通行版本至第 11 版。2010~2015 年，商务印书馆出版的《新华字典》在字典类图书市场的平均占有率超过 50%。截至 2016 年，商务印书馆出版的《新华字典》全球发行量超过 5.67 亿册，获得"最受欢迎的字典"与"最畅销的书（定期修订）"的吉尼斯世界纪录等多项荣誉。商务印书馆诉称华语教学出版社有限责任公司（以下简称华语出版社）生产、销售"新华字典"辞书的行为侵害了商务印书馆"新华字典"未注册驰名商标，且华语出版社使用商务印书馆《新华字典》（第 11 版）的知名商品特有包装装潢的行为已构成不正当竞争，请求法院判令其立即停止侵害商标权及不正当竞争行为，消除影响并赔偿经济损失。一审法院认为，"新华字典"具有特定的历史起源、发展过程和长期唯一的提供主体以及客观的市场格局，保持着产品和品牌混合属性的商品名称，已经在相关消费者群体中形成了稳定的认知联系，具有指示商品来源的意义和作用，具备商标的显著特征。"新华字典"已经在全国范围内被相关公众知晓，已经获得较大的影响力和较高的知名度，可以认定"新华字典"为未注册驰名商标。华语出版社在字典上使用"新华字典"的行为，构成复制他人未注册驰名商标的侵权行为。《新华字典》（第 11 版）所使用的装潢所体现的文字、图案、色彩及其排列组合具有识别和区分商品来源的作用，具备特有性。华语出版社在辞典商品上使用相近似的装潢设计，足以使相关公众对商品来源产生混淆、误认，构成反不正当竞争法第 6 条第 1 项规定的不正当竞争行为。一审法院遂判决华语出版社立即停止侵权行为，消除影响并赔偿商务印书馆经济损失 300 万元及合理支出 27 万余元。

本案是涉及未注册驰名商标保护的典型案例，涉及事实认定、法律适用及利益平衡等复杂问题。本案确立了对"新华字典"这类兼具产品和品牌混合属性的商品名称是否具备商标显著特征的裁判标准。通过考虑相关公众对"新华字典"的知晓程度、"新华字典"的使用持续时间、销售数量、宣传范围及受保护记录等多方面因素，认定原告商务印书馆的"新华字典"构成未注册驰名商标。在保护"新华字典"未注册驰名商标的同时，注重平衡其与出版行业正常的经营管理秩序、促进知识文化传播之间的关系。判决明确指出，《商标法》对商标独占使用权利的保护的是商标本身而非商标附着的商品，赋予商务印书馆独占使用"新华字典"商标的权利但并不是给予其出版字典类辞书的专有权，这不会造成辞书行业的垄断。通过给予商标保护的方式，促使商标权利人更好地承担商品质量保障的法定义务和传播知识的社会责任，有利于促进出版行业规范有序发展。

本案知识点：知识产权；商标权；驰名商标；侵犯知识产权的法律责任。

第一节　知识产权的概念、范围和类别

人类文明的进步，文化财富的积累，源于生生不息的知识创造。一方面，知识创造活动带动了文学艺术创作的繁荣、社会财富的迅速增长、人类生活条件的不断改善；另一方面，在商品经济发展到一定阶段产生的知识产权制度，又像催化剂一样，更进一步激励着人类的智力创造活动。

随着科学技术日新月异的进步、知识经济的兴起和经济全球化进程的加快，知识产权的重要性在世界范围内得到历史性的提升。世界贸易组织把知识产权和世界贸易的发展联系在一起，使知识产权不仅对推动科技和经济发展具有极度重要的意义，还成为决定一个国家经济和社会发展的关键性因素，成为维护国家利益和经济安全的战略性武器。

在人类文明史的进程中，在农业文明时期，人们对财富的依赖主要基于对以土地为核心的资源的依赖；到了工业文明时期，人们对于财富的依赖主要针对石油等工业资源的开发与利用；时至今日的知识经济、信息社会，人类在对知识、信息的积累、处理、分析的基础上，把自身推向了一个以数据知识的聚变与裂变为特征的数据时代，数据时代的核心就是人们对知识的创造性使用，这如源源不断的石油喷涌而出，越采越多。

这种人们智慧的结晶和财富的源泉，就是知识产权。知识产权制度是人类的一大发明，它以荣誉、社会地位和财富为杠杆，发掘每个人生命中最为可贵的创造本能，为生生不息的创造之火添加利益的柴薪，激励人们奉献出更多、更好的精神产品，以推进人类的进步。

一、知识产权的概念

知识产权是指人们就其智力劳动成果所依法享有的专有权利，通常是国家赋予创造者对其智力成果在一定时期内享有的专有权或独占权（exclusive right）。

知识产权从本质上说是一种无形财产权，它的客体是智力成果或者知识产品，是一种无形财产或者一种没有形体的精神财富，是创造性的智力劳动所创造的劳动成果。它与房屋、汽车等有形财产一样，都受到国家法律的保护，都具有价值和使用价值。有些重大专利、驰名商标或作品的价值甚至远远高于房屋、汽车等有形财产。

根据《民法典》的规定，知识产权属于民事权利，是基于创造性智力成果和工商业标记而依法产生的权利的统称。

知识产权作为法律所确认的智力成果所有人的权利，具有以下特征：

1. 知识产权的专有性。一是独占性，即知识产权为权利人所独占，权利人垄断这种专有权利并受到严格保护，没有法律规定或未经权利人许可，任何人不得使用权利人的知识产品。二是排他性，即对同一项知识产品，不允许有两个或两个以上同一属性的知识产权并存。

2. 知识产权的地域性。知识产权作为一种专有权，其在空间上的效力并不是无限的，而要受到地域的限制，即具有严格的领土性，其效力只限于本国境内。

3. 知识产权的时间性。知识产权有一定的有效期限，它不能永远存续。在法律规定的有效期限内，知识产权受到保护；超过法定期间，知识产权自行消失。相关的智力成果就不再是受保护的权利客体了，而成为社会的共同财富，为人们自由使用。

二、知识产权的分类

知识产权的基本分类是指著作权和工业产权。著作权是作品的创作者及作品的传播者所享有的权利，其保护对象是以满足精神需求为目的的智力成果，包括文学、艺术和科学作品以及它们的传播媒介。工业产权是指著作权以外的知识产权，其保护对象概括了工商业领域内以满足物质需求为目的的发明创造或识别性标记，主要有专利权和商标权；还包括同一领域内制止不正当竞争行为的某些规则，即禁止不正当竞争的权利。

知识产权还可划分为创造性成果权和识别性标记权。其中，前者包括著作权、专利权以及商业秘密权、植物新品种权、集成电路布图设计权等。这类权利针对的是智力活动创造的成果，一般产生于文化艺术和科学技术领域。后者包括商标权以及商号权、地理标记权等，其保护对象为识别商品或服务来源和厂商特定人格的特定标记，主要适用于工商业经营活动。

第二节　知识产权法的概念、体系和渊源

一、知识产权法的概念

知识产权法是指因调整智力成果的归属、利用和保护而产生的各种社会关系的

法律规范的总称。知识产权法属于民法的特别法，民法的基本原则、制度和法律规范都适用于知识产权。但是鉴于智力劳动成果这一无形财产及其所产生社会关系的特殊性，因此其又分为著作权法、专利法、商标法等专门法。知识产权法作为一个相对独立的法律规范体系，一方面是财产法领域内有形财产法律规范和无形财产法律规范的分立，另一方面又是知识财产领域内私法规范与公法规范、实体法规范与程序法规范的综合。

二、我国知识产权法律体系

目前我国的知识产权法法律体系包括以下几种法律制度：

1. 著作权法律制度。以保护作者和传播者的专有权利为宗旨，客体范围除文学、艺术、科学作品外，还涉及计算机软件。

2. 专利权法律制度。针对工业技术领域的发明创造成果，保护创造者的发明专利权、实用新型专利权和外观设计专利权。

3. 商标权法律制度。针对工商业活动中的商品商标和服务商标，保护注册商标所有人对标记的独占性权利。

4. 其他知识产权的保护。商号、地理标记、商业秘密等尚未形成特定权利，未被纳入专门法予以保护的智力成果或者识别标记的范畴，其通常适用反不正当竞争法、合同法给予必要的保护。

5. 我国从1992年起，先后加入《保护文学艺术作品伯尔尼公约》、《世界版权公约》、《保护录音制品制作者防止未经许可复制其录音制品公约》、世界贸易组织的《与贸易有关的知识产权协定》等重要国际公约。2007年，中国又加入了《世界知识产权组织版权条约》和《世界知识产权组织表演和录音制品条约》。

我国不仅制定了一整套的知识产权法律法规，还建立了较完备的知识产权保护的司法和行政执法体系。鉴于知识产权案件专业性强、技术含量高的特点，我国在一些省份和直辖市的人民法院、省级人民政府所在地、各经济特区的中级人民法院设立了知识产权审判庭或者在有关审判庭里设立了专门审理知识产权案件的合议庭。集中审理知识产权案件，有利于提高知识产权案件的司法水平。

除采取司法保护之外，各单行知识产权法律中都规定了负责知识产权保护的行政管理机构。根据《著作权法》的规定，我国设立了国家版权局和地方人民政府的著作权行政管理机关。根据《专利法》的规定，国家知识产权局是国务院专利行政部门，负责管理全国的专利工作和统筹协调涉外知识产权事宜。国务院有关主管部门和地方各级人民政府管理专利工作的部门负责本部门或本行政区域内的专利管理工作。根据《商标法》的规定，商标管理实行中央统一注册、地方分级管理的原则，县级以上的工商行政管理局都内设商标管理机构。上述知识产权行政管理部门依据法律规定，行使行政执法的职权，维护知识产权法律秩序，调解纠纷，查处知识产权的侵权案件。

三、我国知识产权法的渊源

知识产权法的渊源及其表现形式，是指由国家机关制定的用于表示知识产权法律规范的各种法律文件形式。在我国，知识产权法的渊源主要有以下几个层次：

（一）宪法

宪法是国家的根本大法，是一个国家的总章程。一个国家的宪法是调整整个社会基本社会关系的法律部门，具有最高的法律效力，是制定其他一切法律、法规的根本依据。因而我国宪法也当然构成我国知识产权法的重要法律渊源。我国《宪法》第 20 条规定："国家发展自然科学和社会科学事业，普及科学和技术知识，奖励科学研究成果和技术发明创造。"第 47 条规定："中华人民共和国公民有进行科学研究、文学艺术创作和其他文艺活动的自由。国家对于从事教育、科学、技术、文学、艺术和其他文化事业的公民的有益于人民的创造性工作，给以鼓励和帮助。"这两条规定既表明了我国鼓励知识产品创造的态度，又构成了我国知识产权立法的重要渊源。当然，除了这两条规定，更重要的是我国宪法的基本原则和精神，是我国制定和实施具体的知识产权法律制度的基本依据、基本原则和根本准绳。

（二）法律、法规、行政规章

1. 《民法典》中关于知识产权的规定分布在总则及各编的第 123、444、501、600 条，第 843 条~887 条，第 1062、1185 条等条文中，共计 51 条涉知识产权条款。

我国第一部《民法典》的出台及提出了"民事主体依法享有知识产权"的宣言，逐一列明了知识产权新老客体，明确对情节严重的恶意侵犯知识产权行为依法予以惩罚性赔偿，设置了 45 条规范技术类知识产权运用与转移的技术合同法制"组合拳"等内容，这些做法对我国知识产权法律制度的发展和完善，具有厚积薄发、继往开来和高屋建瓴、提纲挈领的重大意义和显著影响，对我国知识产权法律制度的发展和完善影响深远。

《民法典》第 123 条明确规定："民事主体依法享有知识产权。知识产权是权利人依法就下列客体享有的专有的权利：①作品；②发明、实用新型、外观设计；③商标；④地理标志；⑤商业秘密；⑥集成电路布图设计；⑦植物新品种；⑧法律规定的其他客体。"早在 1986 年颁布的《民法通则》第五章"民事权利"之第三节，就率先提出了由著作权（版权）、专利权、商标权、发现权、发明权等组成的"知识产权"。《民法通则》第 118 条又规定了"公民、法人的著作权（版权）、专利权、商标专用权、发现权、发明权和其他科技成果权受到剽窃、篡改、假冒等侵害的，有权要求停止侵害，消除影响，赔偿损失"的民事责任。2017 年进一步发展形成了《民法总则》第 123 条，这次又原封不动移植为《民法典》之总则的第 123 条。《民法典》成为知识产权法律法规的主要源头。

《民法典》对恶意知识产权侵权行为规定了惩罚性赔偿的法律责任，第 1185 条明确规定："故意侵害他人的知识产权，情节严重的，被侵权人有权请求相应的惩罚性赔偿。"对恶意知识产权侵权行为施行惩罚性赔偿，是我国近年来知识产权司法与立法实践中愈演愈烈的焦点。2013 年，《商标法》第三次修改中已植入惩罚性赔偿规范；2019 年，《反不正当竞争法》在修改时也增加了惩罚性赔偿规范；正在"修法进行时"的《专利法》与《著作权法》的修正草案中也都含有惩罚性赔偿规范条款。《民法典》第 1185 条的这一创设性规范，对威慑知识产权侵权行为、强化我国知识产权保护具有重要意义。

《民法典》增强拓宽技术类知识产权合同规范，第 843～887 条是因应技术类知识产权之运用与转移的技术合同法律规范，共 45 条条文，其是对原合同法第 322～364 条（共 43 条）的"删一增三"，即删除原第 334 条，在《民法典》中增加第862、876、886 条。新增加的主要是第 862 条的技术许可合同及其与技术转让合同的区别、第 876 的明确扩大适用至"集成电路布图设计专有权、植物新品种权、计算机软件著作权"等其他技术类知识产权的转让与许可。从上世纪 80 年代末颁布的《技术合同法》（7 章 55 条）加上《技术合同法实施条例》（9 章 134 条）共 189 条条文，浓缩至《合同法》第十八章共 43 条条文，再转为《民法典》第二十章共 45条条文，有效增强拓宽了技术类知识产权合同优化运用的法律。

《民法典》将商业秘密列为知识产权客体。各国多在竞争法构架下保护商业秘密，我国目前也主要在反不正当竞争法中保护商业秘密权益。而这次《民法典》第123 条直接将商业秘密列入包括作品、发明、实用新型、外观设计、商标、集成电路布图设计、植物新品种等知识产权客体中，表明了《民法典》实施任务之一应是如何整合民法与反不正当竞争法对商业秘密的法律保护。

2. 著作权法律规范。例如《中华人民共和国著作权法》《中华人民共和国著作权法实施条例》等。

3. 专利法律规范。例如《中华人民共和国专利法》《中华人民共和国专利法实施细则》等。

4. 商标法律规范。例如《中华人民共和国商标法》《中华人民共和国商标法实施条例》《商标印制管理办法》等。

5. 计算机软件法律规范。例如《计算机软件保护条例》等。

6. 植物新品种保护法律规范。例如《中华人民共和国植物新品种保护条例》。

7. 反不正当竞争法律规范。例如《中华人民共和国反不正当竞争法》《关于禁止侵犯商业秘密行为的若干规定》等。

8. 发明、发现奖励规范。例如《国家科学技术奖励条例》等。

9. 科技成果保护法律规范。例如《合理化建议和技术改进条例》。

10. 其他基本法中有关知识产权实体和程序方面内容的法律规范。例如《刑法》中关于侵犯知识产权罪的规定，《民事诉讼法》和《行政诉讼法》中关于知识产权纠纷审理的有关规定等。

（三）司法解释

司法解释是指最高人民法院依据有关知识产权方面的法律、法规和行政规章，结合审判工作的实践，所发布的关于法律、法规和行政规章实际适用的通知、意见或批复等。最高人民法院在知识产权方面所作的司法解释，各级人民法院审理有关知识产权的案件具有遵照执行的效力，因而也构成了我国知识产权法的渊源之一。例如，《最高人民法院关于深入贯彻执行〈中华人民共和国著作权法〉的几个问题的通知》《最高人民法院关于开展专利审判工作的几个问题的通知》《最高人民法院关于审理专利申请权纠纷案件若干问题的通知》《最高人民法院关于审理专利权纠纷案件的若干问题的解答》《最高人民法院关于侵犯商标专用权如何计算损失赔偿额和侵权期间问题的批复》等。

（四）国际公约、条约

我国参加的知识产权国际公约、与他国签订的双边条约中有关知识产权的条款，也构成了我国知识产权法的渊源，也是我国知识产权法体系中的重要组成部分。例如《建立世界知识产权组织公约》、《保护文学艺术作品伯尔尼公约》（以下简称《伯尔尼公约》）、《世界版权公约》、《保护工业产权巴黎公约》、《专利合作条约》等。

思考题

1. 简述知识产权的概念。
2. 简述知识产权的特征与分类。
3. 试分析知识产权的性质。
4. 简述知识产权法的概念与渊源。

实务训练

（一）示范案例

案情： 2000 年 10 月，原告刘某某在网上访问被告搜狐公司的搜狐网站时，发现通过点击该网站"文学"栏目下的"小说"，即进入搜索引擎页面。根据页面提示顺序点击"外国小说@（5064）"、"经典作品（86）"、"堂吉诃德——［西班牙］塞万提斯"、"译本序言"后，可在页面上看到其翻译作品《堂吉诃德》。于是，原告刘某某向北京市第二中级人民法院提起诉讼，明确要求被告断开上载其翻译作品的网站的链接。而被告以搜狐网站只是与相关网站有链接关系，并未上载原告翻译作品，法律未规定链接属于侵权行为为由予以拒绝。被告搜狐公司于一周后断开链接。搜狐公司的行为是否构成侵权？本案涉及网络链接是否构成对原作者或译者的侵权问题。

分析： 原告对《堂吉诃德》享有翻译作品著作权，应当受到法律保护。未经著作权人许可使用其作品，是对著作权的侵害。当得知侵权行为发生或可能发生时，任何与该侵权行为或结果有一定关系的人，都应当采取积极的措施，防止侵权结果扩大。被告向公众提供搜索引擎服务，通过搜索引擎与侵权网站发生了临时链接，其虽然难以控制搜索引擎的特定搜索结果及其附带的临时链接，但完全有能力控制对特定网站或网页的链接。被告在收到起诉书后，没有及时断开链接，使侵权结果得以扩大，属于帮助侵权人实施侵权的情形，应当承担侵权法律责任。

上网者通过链接获取的网上信息存在侵权问题时，一般应当追究上载该信息的网站的法律责任，提供搜索引擎链接服务的网络经营者不承担侵权责任，因为网站经营者无法对搜索引擎所搜索到的信息进行先行判断，即判断该网上信息是否存在侵权问题。但是，如果该网站经营者明知其他网站网页上含有侵权内容的信息，还继续提供该种服务，则应承担侵权责任。

（二）习作案例

中医名师王某欲将自己的传奇人生记录下来，请著名作家贾某执笔，由王某的助手张某整理素材。贾某以王某的人生经历为素材完成了自传体小说《我的中医人生》。王某向贾某支付了 5 万元，但是未约定著作权的归属。

请问：该小说著作权应该归谁所有？请说明理由。

著作权

通过本章的学习，要求大家了解我国现行《著作权法》中关于著作权及相关权利的法律规定；理解著作权的概念及法律特征；掌握我国《著作权法》对各类作品著作权的法律保护；并能灵活运用我国著作权的相关法律规定去解决司法实践中存在的因侵犯著作权而产生的各类民事纠纷。

由甲作曲、乙填词，两人合作创作了歌曲《春风来》。甲拟将该歌曲授权给歌星丙进行演唱，乙坚决反对。甲不顾反对，重新填词并改名为《秋风起》，仍与丙签订许可使用合同，并获报酬 10 万元。现乙就以下四个问题提出异议，并诉至法院要求解决：一是乙与甲合作创作的歌曲《春风来》的著作权归属？二是歌曲《秋风起》的著作权归属？三是甲、丙签订的著作权许可使用合同的效力如何？四是甲获得的 10 万元报酬应否合理分配给乙？

本案知识点：合作作品；著作权归属；著作权许可使用合同。

第一节　著作权和著作权法概述

一、著作权

（一）著作权的概念和特征

著作权是指基于文学、艺术和科学作品的创作而依法产生的一种专有民事权利。文学、艺术和科学作品是著作权产生的前提和基础，是著作权法律关系得以发生的法律事实构成。

著作权，在我国也称之为版权。著作权通常有狭义和广义之分。狭义的著作权，是指各类作品的作者依法享有的权利，其内容包括人身方面的权利和财产方面的权利；广义的著作权是指除了狭义著作权以外，还包括艺术表演者、录音录像制品制作者和广播电视节目的制作者依法享有的权利。在法律称谓上，这些权利通常叫做著作邻接权或者与著作权有关的权利。

在我国，按照我国民法的规定，著作权属于民事权利，是知识产权的重要组成部分。它与其他民事权利相比，具有独特的法律特征：

1. 专有性。著作权人对于自己享有权利的作品享有独占的、排他的使用权，未经著作权人许可，任何人不得违法使用其作品，否则构成侵权。

2. 时间性。著作权中除署名权、修改权、保护作品完整权不受保护期限制外，其他权利都有一定的有效期限，且仅在法定期限内受法律保护。超出保护期限，著作权人便丧失了对作品专有使用的权利。

3. 地域性。著作权基于对作品的创作而依法取得，而一国法律的效力只及于该国领土范围，没有域外效力。但由于知识产权国际公约和双边协定的签订，使得著作权受保护的地域范围扩大，也使得著作权的地域性逐渐减弱。

4. 自动性。作品一经创作完成即获得著作权，不需要经过具体的国家行政授权，也无须履行任何登记、注册手续。

5. 丰富性。著作权既包括人身权又包括财产权。对著作权人的人身权保护是从各方面保护作者的发表权、署名权、修改权和维护作品的完整权，并对人身权的大部分权利未规定保护期限制。著作财产权的使用方式也较为丰富，包括复制权、发行权、表演权、播放权、展示权、改编权等一系列使用作品的权利。

（二）著作权与工业产权的区别

著作权作为一种财产权，其内容和特征既不同于作为其他财产权的物权和债权，又与作为知识产权另一部分内容的工业产权有所区别。著作权和工业产权的主要共同之处是，两者的标的或对象都是表现形式，即各类作品和各种发明创造和产品设计以及工商业标记都是表现形式。两者的区别如下：

1. 两者的表现形式及所反映的领域和作用不同。工业产权的标的是以一定的产品和工艺方法以及标记为表现形式，主要是在物质生产和生活的实用性以及商品流通方面发挥作用，用以满足人类的物质需求，改善人们的衣食住行等生产和生活条件。著作权的标的，是以作品为表现形式，其作用则主要反映在文学艺术和科学范围之内，用以丰富人类的精神生活，帮助人们提高文学艺术素养并进一步认识和理解人与自然。

2. 两者的独占性和排他性程度不同。与工业产权相比，著作权的独占性和排他性程度更弱些。著作权的效力只排斥那些对自己独创性的表现形式未经许可的利用，但不能排斥他人独立完成的与之相近似和相同的作品也取得同样的权利。所以，只要是独立完成而非抄袭他人之作，仅具备同样表现形式的作品，允许两个以上的著作权存在。工业产权的保护对象，除商业秘密之外，其独占性和排他性远较著作权强。不管有多少相同构思的表现产生，法律只保护其中的一个，赋予它以独占排他的权利，并排除其他表现形式再享有同样权利的可能。

3. 两者产生的方式不同。由于著作权制度赋予独立完成同样或相似作品的作者均享有著作权，所以著作权通常可以自动产生。工业产权的排他性导致其必须由特定的机构、法律机制完成必要的技术和法律上的鉴别、审查及授权。所以，通常由政府设立主管部门完成该项工作，并通过法定程序来确定将专利权或工商业标记权授予合法的申请人。

二、著作权法

著作权法是调整文学、艺术和科学领域内因作品的创作、传播、使用、管理和保护而产生的各种社会关系的法律规范的总称。广义的著作权法包括著作权法、邻接权法和各种相关的法律规范，以及调整国家与国家之间就相互提供著作权保护而缔结的国际条约。

我国著作权法律规范主要见于《中华人民共和国宪法》《中华人民共和国民法典》《中华人民共和国著作权法》《中华人民共和国刑法》，国务院制定的《中华人民共和国著作权法实施条例》《计算机软件保护条例》《著作权集体管理条例》《信息网络传播权保护条例》等单行法规、行政条例，以及最高院出台的司法解释《最高人民法院关于审理侵害信息网络传播权民事纠纷案件适用法律若干问题的规定》等文件中。我国参加的与著作权有关的知识产权国际条约和我国与其他国家签订的有关著作权保护的双边条约，通过立法程序，也可以转化为我国著作权法的法源。

三、我国的著作权立法

我国著作权立法始于清朝末年，1910 年颁布的《大清著作权律》是我国历史上第一部著作权的立法。《大清著作权律》的颁行，对在 20 世纪初变革中的我国树立著作权观念、增强公民的著作权法律意识起了不可磨灭的作用。其后，北洋政府和国民党政府也相继于 1915 年和 1928 年分别颁布过著作权法。

新中国成立以后，特别是建国初期，国家虽然曾注意过对作者权益的保护问题，但实际上并未正式颁布过法律，承认和保护著作权。1978 年以后，改革开放政策为知识产权制度的萌发提供了良好的社会、经济和政治条件。20 世纪 80 年代，我国相继颁布实施了《中华人民共和国商标法》《中华人民共和国专利法》，特别是 1986 年 4 月 12 日通过的《中华人民共和国民法通则》第一次把知识产权列为民事权利的重要组成部分，从立法的角度明确规定了公民、法人的著作权受法律保护，从而为我国的著作权立法奠定了坚实的基础。此后，经过长期艰苦的努力，于 1990 年 9 月 7 日第七届全国人民代表大会常务委员会第十五次会议通过了《中华人民共和国著作权法》（以下简称《著作权法》），并于 1991 年 6 月 1 日起实施。随着著作权国际交流的扩大，我国于 1992 年同时参加了《伯尔尼公约》和《世界版权公约》。这两个著作权国际公约分别于 1992 年 10 月 15 日和 1992 年 10 月 30 日对我国生效。我国 2020 年 5 月 28 日第十三届全国人民代表大会第三次会议通过的《中华人民共和国民法典》的第 123 条规定："民事主体依法享有知识产权。知识产权是权利人依法就下列客体享有的专有的权利：①作品；②发明、实用新型、外观设计；③商标；

④地理标志；⑤商业秘密；⑥集成电路布图设计；⑦植物新品种；⑧法律规定的其他客体。"

《著作权法》自实施以来，对我国的经济文化和社会生活产生了深刻的影响，也促进了我国与世界各国的科学技术、文化、教育等领域的交流。经过多年的社会生活与国际交往的实践，尤其是我国加入世界贸易组织之后，更是对著作权法提出了新的要求。我国曾于 2001 年和 2010 年对现行的《著作权法》进行过两次修订，均与世界贸易组织有关。2001 年进行的第一次修订是为了满足中国加入世界贸易组织的需要，对《著作权法》与世界贸易组织《与贸易有关的知识产权协议》不一致的地方进行了修改或补充；2010 年进行的第二次修订是为了执行世界贸易组织关于中美知识产权争端案的裁决，对《著作权法》进行了只涉及两个条文的小修改。通过不断修改完善《著作权法》，使我国著作权法律制度向国际化迈出了重要的一步。目前，第三次《著作权法》修改已启动。2012 年 3 月 31 日，中华人民共和国国家版权局公开《中华人民共和国著作权法》（修改草案）文本和关于草案的简要说明，向社会公开征求意见，此次修订被视为是中国对《著作权法》的首次主动修改。

此次的修改草案在体例、具体条款上有较大的修改，共有八章八十八条（现行《著作权法》有六章六十七条）。此次的草案中增加了作者的出租权和表演者出租权，表演者和录音制品制作者的播放权等内容，完善了技术保护措施和权利管理信息等制度，增加了实用艺术作品和"三步检验法"等内容，完善了信息网络传播权与广播权的界定，明确了视听作品、职务作品的归属，构建了著作权纠纷的行政调解，以及提高了侵权赔偿的标准（法定赔偿的上限从 50 万扩大到 100 万；针对反复侵权者，赔偿额将增长 1~3 倍）等。

第二节　著作权的对象

一、作品的概念和法律特征

著作权是基于文学、艺术和科学作品依法产生的权利。我国 2002 年颁布的《中华人民共和国著作权法实施条例》（于 2002 年 8 月 2 日以中华人民共和国国务院令第 359 号公布，根据 2011 年 1 月 8 日《国务院关于废止和修改部分行政法规的决定》进行第一次修订，根据 2013 年 1 月 30 日《国务院关于修改〈中华人民共和国著作权法实施条例〉的决定》进行次修订，以下简称《著作权法实施条例》）第 2 条的表述方法是："著作权法所称作品，是指文学、艺术和科学领域内具有独创性并能以某种有形形式复制的智力成果。"我国《著作权法》所保护的作品应当具备以下几方面的法律特征：

1. 作品应当具有可感知性。作品是作者思想或情感的客观表现形式。若没有以文字、言语、符号、声音、动作、色彩等一定的客观形式来表现人的思想、观点、方案等，就无法让人感知，著作权法也就无法保护。

2. 作品应当具有独创性或原创性。也就是说，一件作品的完成是该作者自己进行选择、取舍、安排、设计、综合的结果，即作品必须是由作者独立构思，以独特的风格、结构或表现形式而创作完成的智力成果，而不是通过抄袭、剽窃、篡改他人的作品形成的。

3. 作品应当具有可复制性。复制是指以印刷、复印、拓印、录音、录像、翻录、翻拍等方式将作品制成一份或多份的行为。可复制性既要求能以各种方式将作品加以客观再现，同时又要使作品的内容并不发生变化。可复制性是著作权的一项重要内容，而且复制也是作品传播的重要途径。

4. 作品应当具有合法性。作品不得违反法律、法规及社会公共利益。

二、受我国著作权法保护的作品

著作权的保护对象是文学艺术作品。因此，只要具备了一定的文学艺术形式，就有可能成为著作权法的保护对象。也就是说，世界上具备多少种文学艺术形式，就有可能有多少种著作权的保护对象。根据《著作权法》第 3 条和《著作权法实施条例》第 4 条的规定，受我国著作权保护的作品类型包括下列形式：

（一）文字作品

《著作权法实施条例》第 4 条第 1 项规定："文字作品，是指小说、诗词、散文、论文等以文字形式表现的作品。"其范围极为广泛。这些作品无论附着在什么载体之上，只要该文字形式得以显示其存在，就属于文字作品。各国著作权法都把文字作品列为首要的和基本的作品形式予以保护。

（二）口述作品

《著作权法实施条例》第 4 条第 2 项规定："口述作品，是指即兴的演说、授课、法庭辩论等以口头语言形式表现的作品。"口述作品应当是基于口述即兴创作产生，对预先已有的文字作品加以口头表演，诗歌或散文的朗诵则不属于口述作品。我国《著作权法》保护口述作品的著作权。

（三）音乐、戏剧、曲艺、舞蹈、杂技艺术作品

1. 音乐作品。《著作权法实施条例》第 4 条第 3 项规定："音乐作品，是指歌曲、交响乐等能够演唱或者演奏的带词或者不带词的作品。"音乐作品还可以和其他艺术门类相结合产生新的艺术形式。例如，音乐和语言结合产生歌曲；音乐和戏剧表演相结合可以产生歌剧、戏曲；音乐和舞蹈相结合可以产生舞剧；音乐和电影艺术相结合可以形成电影音乐，等等。

2. 戏剧作品。《著作权法实施条例》第 4 条第 4 项规定："戏剧作品，是指话剧、歌剧、地方戏等供舞台演出的作品。"戏剧作为一类作品，是一种表演的艺术形式。应该指出的是，戏剧作品指的是属于文字作品的戏剧剧本，而不是戏剧演员的舞台表演，也不是剧本与表演二者的结合。

3. 曲艺作品。《著作权法实施条例》第 4 条第 5 项规定："曲艺作品，是指相声、快书、大鼓、评书等以说唱为主要形式表演的作品。"曲艺亦称说唱艺术，是以

带有表演动作的说唱形式来叙述故事、塑造人物、反映社会生活、表达思想感情的一种艺术形式。曲艺是我国独有的艺术形式。

4. 舞蹈作品。《著作权法实施条例》第 4 条第 6 项规定："舞蹈作品，是指通过连续的动作、姿势、表情等表现思想情感的作品。"可见舞蹈是人体动作表演的艺术。其中，舞蹈表演的物质材料是演员的身体，舞蹈表演的基本手段是由舞蹈动作所组成的舞蹈语言。将用文字或其他符号形式表现的舞蹈设计等同于舞蹈艺术作品，是不确切的。

5. 杂技艺术作品。《著作权法实施条例》第 4 条第 7 项规定："杂技艺术作品，是指杂技、魔术、马戏等通过形体动作和技巧表现的作品。"这是我国《著作权法》修改以后新增加的一类保护对象。杂技是表演艺术的一种，包括蹬技，手技、顶技、踩技、口技、车技、武术、爬竿、走索以及各种民间杂耍等，是我国一个重要的艺术门类。

（四）美术、建筑作品

1. 美术作品。《著作权法实施条例》第 4 条第 8 项规定："美术作品，是指绘画、书法、雕塑等以线条、色彩或者其他方式构成的有审美意义的平面或者立体的造型艺术作品。"美术作品是通过一定形状、色彩来表达作者的思想感情。绘画是美术作品最普遍的形式。书法与篆刻是我国传统的造型艺术。雕塑是雕刻和塑造的总称，是以可塑或者可雕刻的材料制作出各种具有实在体积的形象的空间艺术。

2. 建筑作品。《著作权法实施条例》第 4 条第 9 项规定："建筑作品，是指以建筑物或者构筑物形式表现的有审美意义的作品。"建筑作品是一种实用的社会物质产品，也是一种具有审美功能的造型艺术，它是通过各种建筑的实体和空间，与周围的自然环境、人文环境所作出的统一组织和处理，使建筑物既具有实用功能，又能达到人们审美要求的一种综合性的艺术形式。

（五）摄影作品

《著作权法实施条例》第 4 条第 10 项规定："摄影作品，是指借助器械在感光材料或者其他介质上记录客观物体形象的艺术作品。"摄影技术作为一种表现手段，可以创作出科学和艺术作品。所以，无论是表现人的活动的摄影作品，还是表现自然界事物的摄影作品，都受著作权法的保护。

（六）电影作品和以类似摄制电影的方法创作的作品

《著作权法实施条例》第 4 条第 11 项规定："电影作品和以类似摄制电影的方法创作的作品，是指摄制在一定介质上，由一系列有伴音或者无伴音的画面组成，并且借助适当装置放映或者以其他方式传播的作品。"电影作品是以电影技术为表现手段，以画面和音响为媒介，在银幕上运动的时间和空间里创造形象和艺术情节，再现和反映生活的艺术形式。《著作权法》中所称的电影作品，是摄制完成的影片，而不是其中的阶段性成果，也不是电影艺术中的构成要素。以类似摄制电影的方法创作的电视、录像等视听作品，只是其载体不同于电影胶片，但其形式符合电影作品的一般条件，因此其也当然成为著作权法保护的对象。

（七）工程设计图、产品设计图、地图、示意图等图形作品和模型作品

《著作权法实施条例》第4条第12项规定："图形作品，是指为施工、生产绘制的工程设计图、产品设计图，以及反映地理现象、说明事物原理或者结构的地图、示意图等作品。"第4条第13项规定："模型作品，是指为展示、试验或者观测等用途，根据物体的形状和结构，按照一定的比例制成的立体作品。"图形作品和模型作品作为一种独立的形式或结构，只要其具备独创性就可以成为著作权法的保护对象。

（八）计算机软件

《计算机软件保护条例》第2条："本条例所称的计算机软件（以下简称软件），是指计算机程序及其有关文档。"即计算机软件是指为使电子计算机发挥功能并可运算出结果而由指令构成的集合体。

（九）法律、行政法规规定的其他作品

本规定旨在对未规定在上述类别的作品予以补充，如民间文学艺术作品等。根据我国《著作权法》第6条的规定，民间文学艺术作品在我国享有著作权法保护，但具体保护内容和保护方式由国务院另行规定。

三、不受著作权法保护的对象

著作权法的保护对象是广泛的。但是，很多国家也把某些对象排除在外。我国《著作权法》第4条、第5条分别规定了两类不受著作权法保护的对象。

（一）依法禁止出版、传播的作品

《著作权法》第4条规定："著作权人和与著作权有关的权利人行使权利，不得违反宪法和法律，不得损害公共利益。国家对作品的出版、传播依法进行监督管理。"我国《著作权法》这一规定，体现了主权国家的立法自主权，也符合国际惯例。

（二）不适用于著作权法保护的对象

有些对象具备了作品的条件，但是为了国家或公众的利益，不给予著作权法保护。我国《著作权法》第5条规定了三种情况：

1. 法律、法规及官方文件。法律、法规、国家机关的决议、决定、命令和其他具有立法、行政、司法性质的文件，及其官方正式译文都是作品。但是，这些文件体现的是国家和政府的意志，涉及社会公众和国家整体利益，属于国家和相关社会成员的共有的信息资源，不应为任何人专有而限制它们的传播和被人们利用，故不享有著作权。这一规定和《伯尔尼公约》第2条第4款的规定是一致的，因而也符合国际公约的精神。

2. 时事新闻。《著作权法实施条例》第5条第1项的规定："时事新闻，是指通过报纸、期刊、广播电台、电视台等媒体报道的单纯事实消息。"这种新闻用简单的文字或机械记录手段将客观现象或事实记录下来，其价值就在于其是一种崭新的信息。这类信息直接涉及国家、社会公众、国际社会乃至全人类的经济、政治、文化

和社会生活，因而要求这类信息能被广泛而迅速地传播，不应受到控制。故法律不给予其著作权保护。

3. 历法、通用数表、通用表格和公式。历法指用年、月、日计算时间或节气的方法，主要为阳历、阴历；通用数表、通用表格已为人们普遍运用，进入公有领域；公式是指用数字符号表示几个量之间关系的式子。这些对象虽具备了作品形式条件，但因其不具备独创性而不予以著作权法保护。

第三节　著作权的主体

著作权主体是指依法对文学、艺术和科学作品享有著作权的人，也称为著作权人。《著作权法》第9条规定，著作权人包括作者及其他依照本法享有著作权的公民、法人或者其他组织。

一、作者与著作权人

（一）作者

作者是指文学、艺术或科学作品的创作者。关于如何认定作者，法律通常以署名为准。《著作权法》第12条规定，如无相反证明，在作品上署名的公民、法人或者其他组织为作者。作者应具备以下法律特征：①具有创作能力；②进行了创作劳动；③完成了符合法律规定意义上的创作成果。

客观上，只有自然人是唯一的文学艺术和科学作品的事实作者。但是，在特定情况下，为了满足某种利益需求，在法律上也可以把自然人以外的其他民事主体视为作者，赋予他们以作者的法律资格。我们可以把这种作者称作"法定作者"。[1]《著作权法》第11条第3款规定，由法人或者其他组织主持，代表法人或者其他组织意志创作，并由法人或者其他组织承担责任的作品，法人或者其他组织视为作者。

（二）著作权人

作者是最常见的也是最主要的著作权主体。但作者并非唯一的著作权主体。根据《著作权法》第9条第2项的规定，作者以外的"其他依照本法享有著作权的自然人、法人或者非法人组织"依法也可以成为著作权人。著作权人和作者是两个概念，这种情况在世界各国普遍存在。按照我国著作权法规定，作者以外的其他人成为著作权人的情况包括：电影、电视、录像作品中除导演、编剧、作词、作曲、摄影等作者享有署名权以外，著作权的其他权利属于电影、电视和录像作品的制片人；职务作品由作者享有署名权，法人或非法人单位享有其他著作权；受委托创作的作品，根据委托合同约定，委托人可成为著作权人；公民著作权人去世或法人、非法人单位著作权终止以后，著作权财产权可被继承，即继承人成为著作权人；另外通过

---

〔1〕　刘春田主编：《知识产权法》，高等教育出版社、北京大学出版社2003年版，第80页。

转让著作财产权的行为，受让人、受遗赠人、国家也都可成为著作权人。

此外，由于著作权这一民事权利是基于创作出文学、艺术作品这一事实而依法产生的，所以未成年的作者也可以成为著作权人。但是，著作权的行使则要符合民事行为的合法条件，所以未成年作者的著作权通常要由未成年作者的法定代理人来完成。

二、著作权主体的种类

根据不同的标准，著作权主体可以分为如下几类：

1. 按照主体取得著作权的途径，可分为原始著作权人和继受著作权人。原始著作权人指一旦作品创作完成，即直接享有著作权的人，包括作者及其他依照法律规定直接取得著作权的人。继受著作权人指通过转让、继承等关系而取代原始著作权人成为新著作权人的人。继受著作权主体一般只享有著作财产权。

2. 按照主体是否参加作品创作，可分为作者著作权人和非作者著作权人。作者著作权人指基于对作品的创作而享有著作权的人。非作者著作权人指未对作品付出创造性劳动，但依照法律规定或通过其他民事法律行为而享有著作权的人。

3. 按照主体的自然属性，可分为自然人著作权人，法人、非法人单位著作权人和国家著作权人。著作权属于法人或非法人单位的，法人或非法人单位终止后，没有承受其权利义务的法人或非法人单位的，国家成为著作权人。

4. 按照主体享有权利的完整性，可分为完整著作权人和不完整著作权人。完整著作权人享有完整的著作权，即享有完整的著作人身权和财产权。一般情况下，原始著作权人、作者著作权人都是完整著作权人。不完整著作权人所享有的权利不完整，其只享有人身权或财产权，或只享有著作权中的某几项内容。继受著作权人一般都属于不完整著作权人。

5. 按照主体的国籍，可分为本国著作权人和外国著作权人。本国著作权人包括中国公民、法人或其他组织，外国著作权人包括外国人和无国籍人。由于著作权的地域性，本国著作权人和外国著作权人在著作权的保护上有所不同。中国作者和其他著作权人在作品创作完成后，依据著作权法即可取得保护。外国著作权人的作品若首先在中国境内出版，其著作权自首次出版之日起受保护。对于外国著作权人在中国境外出版的作品，外国著作权人则根据其所属国或者经常居住国与中国签订的协议或者共同参加的国际条约享有著作权，受我国法律保护。未与中国签订协议或者共同参加国际条约的国家的作者以及无国籍人的作品首次在中国参加的国际条约的成员国出版的，或者在成员国和非成员国同时出版的，也受我国著作权法的保护。

6. 按照主体人数，可分为单一主体和复数主体。单一主体是指独自创作作品而取得著作权的人。复数主体则是指作品为两人或者两人以上共同从事创作完成作品而取得著作权的人。复数主体一般有两种情形：①共同主体，即数人共同创作完成一部无法将各人创作部分予以分割而个别利用的单一作品，通常称为"整体合著"。②结合主体，即数人为共同利用之目的，将各人单一著作相互予以结合而产生的一部作品，通常称为"组合合著"。

三、著作权主体的确认

作品的性质不同，其著作权归属也不同。一般情况下，作品著作权归属于作者，即直接创作作品的人。根据《著作权法》第 12 条的规定，如无相反证明，在作品上署名的公民、法人或者其他社会组织为作者。这是我国确认著作权主体的基本原则。

（一）原始著作权主体的确认

1. 合作作品著作权主体的确认。两人以上合作创作的作品是合作作品。合作作品是产生著作权共有关系的前提，共同创作作品的事实则是确认合作作品和合作作者的前提。确认合作作品应该具备如下一些条件：①合作作者之间应有共同创作某一作品的意思表示；②在创作过程中，合作作者之间始终贯彻合作创作的意图，有意识地调整各自的创作风格和习惯，以便使他们的创作成果能够相互照应、衔接、协调和统一，达到整体的和谐；③每个合作作品所完成的文学艺术形式，应当达到著作权法所要求的作品的标准。也就是说，合作作者所完成的作品，应是作品整体构成的有机组成部分。上述确认合作作品的三个条件之间互相约束，互为补充，需要对此进行全面衡量，缺一不可。根据《著作权法》第 14 条的规定，两人以上合作创作的作品，著作权由合作作者共同享有。没有参加创作的人，不能成为合作作者。合作作品可以分割使用的，作者对各自创作的部分可以单独享有著作权，但行使著作权时不得侵犯合作作品整体的著作权。对无法分割的合作作品之著作权，则适用财产共同共有原则，由合作作者共同共有。

2. 职务作品著作权主体的确认。根据《著作权法》第 18 条的规定，职务作品是指公民为完成法人或者其他组织工作任务所创作的作品。根据上述定义，职务作品应具备以下几个特征：①作者与所在工作机构应具有劳动关系；②创作的作品应当属于作者的职责范围；③对作品的使用应当属于作者所在单位的正常工作或业务范围之内。

我国现行著作权法对职务作品的著作权分别规定了三种情况：

（1）通常情况下，职务作品的著作权属于事实作者，即自然人作者。受劳动关系的制约，职务作品在完成以后，其著作权关系也受到劳动关系的影响。因此，《著作权法》第 18 条规定：除本条第 2 款的规定以外，著作权由作者享有。但法人或者其他组织有权在其业务范围内优先使用。作品完成 2 年内，未经单位同意，作者不得许可第三人以与单位使用的相同方式使用该作品。《著作权法实施条例》第 12 条规定："职务作品完成 2 年内，经单位同意，作者许可第三人以与单位使用的相同方式使用作品所获报酬，由作者与单位按约定的比例分配。作品完成两年的期限，自作者向单位交付作品之日起计算。"

（2）作者享有署名权，其他权利由法人或其他组织享有，法人或其他组织可以给予作者适当奖励。这种情形主要是指作者利用法人或其他组织的物质技术条件所创作的，并由法人或其他组织承担责任的工程设计图、产品设计图、计算机软件、地图等职务作品，以及法律、行政法规规定或者合同约定著作权由法人或其他组织享有的职务作品。

（3）根据劳动合同，由法人或其他组织主持，根据法人或其他组织的意志创作，并由该法人或其他组织承担责任的职务作品，法人或其他组织被视为其作者。著作权由法人或其他组织享有。事实作者只享有依劳动关系而产生的劳动报酬请求权，而不享有著作权中的任何权利。

3. 汇编作品著作权主体的确认。汇编是一种演绎创作行为，是将已有的文学艺术和科学作品或其他材料等汇集起来，经过选择、取舍、设计编排形成汇编作品。根据《著作权法》第15条规定："汇编若干作品、作品的片段或者不构成作品的数据或者其他材料，对其内容的选择或者编排体现独创性的作品，为汇编作品，其著作权由汇编人享有，但行使著作权时，不得侵犯原作品的著作权。"由于被汇编的作品的著作权状况不同，汇编作品的著作权关系也不相同。

（1）对有著作权的作品进行汇编，要受到著作权人汇编权的制约，即汇编他人作品须取得著作权人的许可，否则要承担侵权的责任。

（2）汇编不受著作权法保护的作品而形成的汇编作品，汇编人仅就其设计和编排的结构或形式享有著作权。

（3）汇编不构成作品的数据或者其他材料，其对内容的选择或者编排体现为具有独创性的作品的，也被归为汇编作品，该类作品的著作权由汇编人享有。

4. 委托作品著作权主体的确认。委托作品是指委托人向作者支付约定的创作报酬，由作者按照委托人的意志和具体要求而创作的特定作品。委托作品与职务作品的不同在于：委托作品的创作是作者根据委托合同而履行其义务；职务作品的创作则是作者在履行法律或劳动合同所规定的义务，这种义务往往与作者的本职工作有关。《著作权法》第19条规定："受委托创作的作品，著作权的归属由委托人和受托人通过合同约定。合同未作明确约定或者没有订立合同的，著作权属于受托人。"这一规定既维护了作者合法权益，又尊重了当事人的意志。

5. 视听作品著作权主体的确认。以电影、电视和录像等作为艺术形式的作品都表现为视听作品。视听作品是利用技术手段将众多作者和表演者与其他创作活动凝结在一起的复合体，视听作品是一种综合艺术，由集体创作完成。《著作权法》第17条规定，电影作品和以类似摄制电影的方法创作的作品的著作权由制片者享有，但编剧、导演、摄影、作词、作曲等作者享有署名权，并有权按照与制片者签订的合同获得报酬。电影作品和以类似摄制电影的方法创作的作品中的剧本、音乐等可以单独使用的作品的作者有权单独行使其著作权。

6. 演绎作品著作权主体的确认。演绎作品是对已有作品进行改编、翻译、注释、整理而产生的作品。演绎作品的独创性在于：一方面其对原作品进行了改编、翻译、注释、整理；另一方面其又在原作品的基础上有所创新，对原作品作了形式上的变动。因此，演绎作品和原作品一样，都是独立的受保护的作品。我国《著作权法》第 13 条规定："改编、翻译、注释、整理已有作品而产生的作品，其著作权由改编、翻译、注释、整理人享有，但行使著作权时不得侵犯原作品的著作权。"即演绎作品的著作权由演绎者享有。如果第三人使用演绎作品，必须征得原作作者和演绎作品作者的双重同意。

7. 美术作品著作权主体的确认。就美术作品而言，它涉及两类权利，一类是美术作品原件所有人对美术作品原件享有的所有权，即占有、使用、收益、处分美术作品原件的权利；另一类是美术作品的创作人对美术作品享有的著作权。这是两类不同的权利，美术作品原件所有权的转移，不视为作品著作权的转移，这样则必然会导致原件持有人与创作人之间就展览权与著作权发生冲突。为了解决这一矛盾，《著作权法》第 20 条规定，美术等作品原件所有权的转移，不视为作品著作权的转移，但美术作品原件的展览权由原件所有人享有。这说明，即使创作人想要展览美术作品原件，也应取得原件所有人的许可。

8. 匿名作品著作权主体的确认。匿名作品，是指作者不具名或不写明其真实姓名的作品，亦称作者身份不明的作品。我国《著作权法》对匿名作品实行与其他作品一样的保护。《著作权法》第 10 条第 2 项规定了作者有在作品上署名，表明身份的权利。《著作权法实施条例》第 13 条规定："作者身份不明的作品，由作品原件的所有人行使除署名权以外的著作权。作者身份确定后，由作者或者其继承人行使著作权。"如果匿名作品为公民所作，作者死亡后，其继承人或者受遗赠人有义务保护其著作人身权。

（二）继受著作权主体的确认

继受著作权，是指通过合同或继承等方式从原始著作权主体处获得的著作权。我国《著作权法》规定人身权不能转让，故继受著作权人主要是著作财产权人。

1. 继承。我国《著作权法》第 21 条规定，著作权属于公民的，公民死亡后，其作品的使用权和获得报酬权在本法规定的保护期内，依照继承法的规定转移。即作者去世后，在法定保护期内，其继承人可以通过法定继承或遗嘱继承方式成为著作权人，但其继承的内容只能是著作财产权。同时，继承人还需对署名权、修改权和保护作品完整权进行保护。

2. 转让。著作权中的财产权可以转让，转让方式包括买卖、互易、赠与、遗赠等。受让人根据转让合同，成为继受著作权人，即新的著作财产权人。

第四节　著作权的内容、取得和期间

一、著作权的内容

著作权的内容是指著作权人根据法律的规定对其作品有权进行控制、利用、支配的具体行为方式，反映了法律赋予作者对其所创作作品而享有的人格利益和财产利益。我国《著作权法》规定的著作权包括著作人身权和著作财产权，这种做法与我国民事立法的习惯做法是一致的。

（一）著作人身权

著作人身权是作者基于作品依法享有的以人身利益为内容的权利，是与著作财产权相对应的人身权。著作人身权具有一定的专属性，通常不得转让、继承和放弃。著作人身权也不同于民事权利中的其他人身权，具有永久性、不可分割性和不可剥夺性的特点。在我国，著作人身权包括发表权、署名权、修改权和保护作品完整权等内容。

1. 发表权。《著作权法》第 10 条第 1 款第 1 项规定，发表权，即决定作品是否公之于众的权利。《著作权法》规定这项权利专属于作者，其他任何人不得擅自行使这项权利，否则，属于侵权行为。发表权只能行使一次，并且不能单独行使。通常情况下，作者不可能在将其他财产权转让出去时，自己还保留着发表权。发表权通常不能转移，也不可能被继承。如果因作品而产生的权利涉及第三人的，发表权往往还受到第三人权利的制约。

2. 署名权。《著作权法》第 10 条第 1 款第 2 项规定，署名权，即表明作者身份，在作品上署名的权利。署名权只能是真正的作者和被视同作者的法人和非法人团体才有资格享有，其他任何个人和组织不得行使此项权利。所以，署名权还隐含着另一种权利，即作者资格权。法律保护署名权，意味着法律禁止任何未参加创作的人在他人创作的作品上署名。此外，作者无论出于何种动机，在自己创作的作品上署以非作者的姓名，都是无效民事行为。署名权在许多国家都受到永久性的保护，著作权人死亡或终止后，其署名权依然存在。

3. 修改权。《著作权法》第 10 条第 1 款第 3 项规定，修改权，即修改或授权他人修改作品的权利。修改权不受时间的限制，能得到永久性的保护。著作权人死亡或终止后，由其继承人或国家有关部门代为保护。在下列情况下，他人可对作品行使修改权：①报社、杂志社对作品进行文字性修改、删节，可不经作者许可；②著作权人许可他人将其作品摄制成电影、电视、录像的，视为其已同意对其作品作必要的改动。

4. 保护作品完整权。《著作权法》第 10 条第 1 款第 4 项规定，保护作品完整权，即保护作品不受歪曲、篡改的权利。《著作权法》保护作品完整权是修改权的延伸。保护作品的完整性，并非保护作品形式上的完整，而是保护作者创作的原意不受歪曲和篡改。保护作品完整权不受时间限制，也不能被继承。著作权人死亡或终止后，由其继承人或国家有关部门代为保护。

（二）著作财产权

著作财产权是指著作权人自己使用或者授权他人以一定方式使用作品而获取物质利益的权利。著作财产权不同于著作人身权，它可以转让、继承或放弃。著作财产权也明显不同于一般的财产权，受地域、时间等因素的限制。我国著作财产权包括：

1. 复制权。复制权是著作财产权的一项最基本的权利。复制，是对作品的最初始、最基本的，也是最重要和最普遍的传播利用方式。《著作权法》第 10 条第 1 款第 5 项规定，复制权，即以印刷、复印、拓印、录音、录像、翻录、翻拍等方式将作品制作一份或者多份的权利。

2. 发行权。发行权是著作权法赋予著作权人的一项法定权利，是一项重要的传播权。若作品只复制而不发行，作者的权益就难以实现，复制也就失去了意义。《著作权法》第 10 条第 1 款第 6 项规定，发行权，即以出售或者赠与方式向公众提供作品的原件或者复制件的权利。该规定没有概括发行行为的全部内容。只要提供的方式合法，作品原件或复制件所有权发生了转移，都属于发行行为，如出售、出租、散发、粘贴、赠送等具体行为。发行与复制通常是连在一起的，复制的目的是发行，发行是复制的必然结果，因此，人们把复制与发行两者统称为出版。

3. 出租权。出租权作为著作权人所享有的一项独立的财产权利。修改后的《著作权法》第 10 条第 1 款第 7 项规定，出租权，即有偿许可他人临时使用电影作品和以类似摄制电影的方法创作的作品、计算机软件的权利，计算机软件不是出租的主要标的的除外。出租与出售或散发等行为的本质目的是一致的，都是为了满足公众欣赏文学艺术作品的需求。不同的是，出售和散发行为的后果是作品的原件或复制件的买受人或获得人拥有了该物的所有权；而出租关系中的承租人则是在约定的期间内，通过租赁物权而对载于该物之上的作品享有非商业性的利用权，在期限届满之后，应将租赁物返还出租人。

4. 展览权。展览权也称展示权，《著作权法》第 10 条第 1 款第 8 项规定，展览权，即公开陈列美术作品、摄影作品的原件或者复制件的权利。其内容主要是指作者或其他著作权人许可或禁止他人公开陈列、展览或在公共场所放置其享有著作权的作品。需要注意的是，展览权和发表权有重要的联系，尤其当未曾发表过的作品用于展览时，是两种权利同时行使的。但是客观上，作品只可能发表一次，作者无论选择何种方式发表了作品，都意味着发表权行使完毕。作为著作财产权的展览权则不受时间、地域、场所的限制，只要条件适当，公众对作品的展示有社会需求，就可以多次行使，反复行使。

5. 表演权。表演权亦称公演权、上演权，是指著作权人依法享有的对其作品公开表演的权利。表演既可以由著作权人自己行使，也可以许可他人行使，或将表演权转让给他人。《著作权法》第 10 条第 1 款第 9 项规定，表演权，即公开表演作品，以及用各种手段公开播送作品的表演的权利。因此，《著作权法》所说的表演，既包括现场表演，也包括机械表演。所谓现场表演，是指演出者运用演技，向现场观众表现作品的行为，包括诗歌、戏剧、音乐、舞蹈、曲艺等表演形式。所谓机械表演，是指以物质载体的形式，如利用唱片、影片、激光唱片、激光视盘等载体，向公众传播被记录下来的表演的方式。机械表演可以打破时间、地域的限制来再现表演。近年来，随着传播技术的发展，还出现了远距离传送表演，以及通过计算机网络，由使用人自由选取和互动式传输的方式来再现表演。

6. 放映权。放映权是修改后的《著作权法》新增加的内容，关于放映权的规定可以使美术、摄影作品，尤其是电影和类似摄制电影的方法创作的作品的著作权得到更为充分、有效的保护。《著作权法》第 10 条第 1 款第 10 项规定，放映权，即通过放映机、幻灯机等技术设备公开再现美术、摄影、电影和以类似摄制电影的方法创作的作品等的权利。这里所说的公开再现，是指个人或家庭以外的放映，这种放映是面向公众的，并且不问是否营利，只要是公开放映，就应属于著作权人的放映权范围之内。

7. 广播权。《著作权法》第 10 条第 1 款第 11 项规定，广播权，即以无线方式公开广播或者传播作品，以有线传播或者转播的方式向公众传播广播的作品，以及通过扩音器或者其他传送符号、声音、图像的类似工具向公众传播广播的作品的权利。按照《著作权法》的原则，广播电台、电视台在向外传送的节目当中，只要使用了受著作权法保护的作品，无论电台和电视台的节目用户是直接接收，还是间接接收这些节目信号，无论他们是否接收或能否接收到该节目信号，也不问传送这些节目信号的广播电台、电视台是否以此营利，均应取得著作权人的授权，并应支付报酬，授权的具体方法和付酬标准与办法，可由法律规定或合同约定。否则，该行为就是侵犯著作权人广播权的行为。

8. 信息网络传播权。信息网络传播权是《著作权法》修改后增加的一项新的著作权内容。这是信息技术的发展进步给著作权制度提出的一个新问题。我国《著作权法》第 10 条第 1 款第 12 项规定，信息网络传播权，即以有线或者无线方式向公众提供作品，使公众可以在其个人选定的时间和地点获得作品的权利。由于计算机互联网络系统技术的兴起，丰富了作品的传输手段和创作手段。因而，这种存储和传输手段的出现，也对传统意义上的复制、传播、合理使用等行为的法律界限提出了挑战，需要作出新的界定。《著作权法》第 64 条规定："计算机软件、信息网络传播权的保护办法由国务院另行规定。"目前，《计算机软件保护条例》和《信息网络传播权保护条例》都先后进行了重新修订。

9. 摄制权。摄制也称拍摄，是指通过新的创作和相应的技术加工，将原作品演绎表现为视听作品的行为。我国修改前的《著作权法》未单独规定摄制权，只是在改编权中保护摄制权。修改后的《著作权法》第 10 条第 1 款第 13 项规定，摄制权，即以摄制电影或者以类似摄制电影的方法将作品固定在载体上的权利。这对于完善和保护作者的权利是有益的。

10. 改编权。改编是指以原作品为基础，对原有形式进行解剖和重组，创作新的作品形式的行为。《著作权法》第 10 条第 1 款第 14 项规定，改编权，即改变作品，创作出具有独创性的新作品的权利。顾名思义，改编必然以原作品为前提，是对原著作权的一种利用。改编权不同于改编者权。改编权是著作权人对原作进行二度创作的权利。改编者权是改编者经过二度创作后基于新的作品而产生的权利。改编者经再度创作赋予原作品新的形式，改编者对这种新的形式享有新的著作权。

11. 翻译权。《著作权法》第 10 条第 1 款第 15 项规定，翻译权，即将作品从一种语言文字转换成另一种语言文字的权利。由于翻译毕竟是对已有作品的再创作，新作中凝聚的是原作与二度创作的双重劳动，在权利上理应也含着原作者与翻译者的双重利益。所以，在保护翻译作者利益的同时，也要保障原作者的著作权。如果被翻译的作品已经超过著作权保护期，著作权中的翻译权也就不存在了。任何人都可以自由地对著作权已消灭的作品进行翻译。

12. 汇编权。《著作权法》第 10 条第 1 款第 16 项规定，汇编权，即将作品或者作品的片段通过选择或者编排，汇集成新作品的权利。作者汇编自己的作品，就会享有基于原作品和基于汇编作品而产生的双重的著作权。前者是原创作品的著作权；后者的汇编作品属于演绎作品，也享有著作权。如果汇编他人的作品，则应取得原作者即汇编权人的许可，汇编者可因此对汇编作品产生新的著作权。那些超过著作权保护期的作品，汇编权也不复存在。但是，如果对这些作品进行汇编，而这种汇编形式能体现汇编人独特的取舍、选择、组合、编排与设计，汇编人也可就其汇编形式产生新的著作权。

13. 应当由著作权人享有的其他权利。随着社会的发展，可能会出现一些新的作品利用形式，因此修改后的《著作权法》第 10 条第 1 款第 17 项规定了这一弹性条款，如果今后出现的新的作品利用方式与著作权人的权利相关，则这些权利也应当由著作权人享有。

二、著作权的取得

著作权基于作品的创作而产生。对于作品创作完成后，作者是否立即无条件取得著作权，还是附加一定的条件或是再履行一定的法律手续才能获得著作权，各国由于历史传统不一样，对其的法律要求也不相同。概括而言，国际上著作权产生的原则主要有以下几种：

1. 自动取得原则。即著作权的产生以作者创作的作品为基础，作品创作完成后，作者即自动取得著作权，不需要履行任何手续。对外国人或同一国际公约缔约国之外的人来说，著作权可因作品在该国出版或以其他形式被使用而自动取得。这种做法通常被称为著作权自动取得原则，也称无手续原则。

2. 注册登记产生原则。即作品除了被创作出来以外，还须履行登记手续才能获得著作权。但是，登记的时间点和办法，实行登记制的国家又各有区别。《伯尔尼公约》和《世界版权公约》都没有关于作品登记才能获得著作权的规定。所以，这两个公约中的某些成员国实行作品登记制，其中有关要求登记的规定，其法律效力只及于本国作者；对公约其他成员国的作者的著作权保护，不得要求以登记为前提条件。

3. 加注标记产生原则。即著作权的取得以发表作品时加注著作权标记为取得著作权的条件，此外无须再向任何机关履行其他手续。这是一种有条件的自动保护办法。比如，美国法律就要求本国作者在作品的复制件上加注著作权标记。《世界版权公约》也认可这种办法。加注标记的方法简便易行，故这种办法被广泛采用。

我国著作权法采用自动保护原则。作品一经产生，不论整体还是局部，只要具备了作品的属性即产生著作权，既不要求登记，也不要求发表，也无须在复制物上加注著作权标记。但是，由于我国已经加入《世界版权公约》，目前在不少出版物中都标有著作权标记，然而这对是否受著作权法保护没有影响。

三、著作权的保护期间

著作权的保护期间是著作权受法律保护的时间。著作权是一种有时间限制的权利，一旦保护期间届满，著作权即终止，作品进入公有领域，成为人类共同的精神财富。著作权既包括人身权又包括财产权，但因著作人身权和著作财产权所要维护的利益的性质不同，二者的保护期间也有区别。

（一）著作人身权的保护期间

《著作权法》第 22 条规定，作者的署名权、修改权、保护作品完整权的保护期不受限制。即发表权的保护期间与著作财产权的保护期间相同。可见，我国采用的是有限保护和永久保护相结合的制度。

（二）著作财产权的保护期间

著作财产权反映了权利人通过对作品采取不同方式的利用所能带来经济收入的可能性。各国著作权制度对著作财产权都规定了一定时间界限。通常做法是将著作财产权的保护期延至作者去世后的若干年，但各国规定的年限长短不一。目前，包括我国在内的大多数国家都将著作权的保护期延至作者去世后 50 年。《伯尔尼公约》采用的也是这个标准。此外，对于法人作品、合作作品以及某些特殊作品，通常规定了特别的保护期。我国《著作权法》对著作财产权保护期间的计算方式，分别采用死亡起算主义和发表起算主义。

根据《著作权法》第 23 条的规定，公民的作品，其发表权和著作财产权的保护期为作者终生及其死亡后 50 年，截止于作者死亡后第 50 年的 12 月 31 日。如果是合作作品，截止到最后死亡的作者死亡后的第 50 年的 12 月 31 日。法人或其他社会组织的作品，著作权（署名权除外）由法人或其他社会组织享有的职务作品，其发表权、著作财产权的保护期为 50 年，截止于作品首次发表后第 50 年的 12 月 31 日，但作品自创作完成后 50 年内未发表的，著作权法不再提供保护。

电影作品和以类似摄制电影的方法创作的作品、摄影作品的发表权、著作财产权的保护期为 50 年。截止于作品首次发表后的第 50 年的 12 月 31 日，但作品自创作完成后 50 年内未发表的，著作权法不再保护。

第五节　邻接权

一、邻接权的概念

邻接权，原意是指相邻、相近或者相联系的权利，在著作权法上是对表演艺术家、录音制品的制作人和广播电视组织所享有权利的称谓。邻接权是指与著作权有关的权利，即作品传播者所享有的专有权利。它包括表演者权、录音录像制作者权、广播组织权。这种权利是以他人之创作为基础而衍生的一种传播权，虽其不同于著作权，但与之相关，故称邻接权。

我国《著作权法》确立了完整的邻接权保护制度。国务院及其主管部门针对国内图书、音像制品盗版猖獗的现象，积极加强立法规制，加大执法力度，先后出台了《关于加强音像版权管理的通知》《音像制品管理条例》《音像制品出版管理办法》《音像制品复制管理办法》《电子出版物管理暂行规定》等一系列法律文件，这些文件成为邻接权执法保护的法律依据。

二、邻接权与著作权的关系

邻接权与著作权的关系密切，两者既有联系，又有区别。

（一）邻接权与著作权的联系

1. 两者都与作品相联系。著作权与作品存在直接联系，作品之创作是著作权产生的前提。邻接权则与作品存在间接联系。表演者表演的对象是作品，录制者是对作品表演的录制，广播组织者是对作品表演的广播。脱离了作品，这些邻接权就会荡然无存。

2. 两者都具有严格的地域性。著作权与邻接权都只有在法律承认这些权利的国家中才受到保护。

3. 两者都是法律规定的权利。著作权与邻接权的主体、客体及内容均来自于法律的直接规定。

（二）邻接权与著作权的区别

1. 两者主体不同。著作权的主体多是自然人作者，即是作品的创作者或依法取得著作权的人。邻接权的主体通常是法人，即是以表演、录音录像或广播方式帮助作者传播作品的人。

2. 两者客体不同。著作权的客体是具有独创性的文学艺术作品。邻接权的客体是在传播作品过程中产生的成果。

3. 两者权利内容不同。著作权的内容包括人身权和财产权。著作权人享有发表权、署名权、修改权、保护作品完整权、使用权和获得报酬权等。邻接权除表演者的权利外，一般不具备人身权的内容。

4. 两者保护期限不同。著作权作者的署名权、修改权、保护作品完整权的保护期不受限制。公民的作品，其发表权、使用权和获得报酬权等权利的保护期为作者终身及其死后 50 年。在法人或者非法人单位的作品中，著作权（署名权除外）由法人或其他组织享有的职务作品，其发表权、使用权和获得报酬权等权利的保护期为 50 年。影视作品等作品的发表权、使用权和获得报酬权的保护期为 50 年。邻接权的保护期从表演发生后、录音录像制品首次制作完成时起计算，享受为期 50 年的保护。

三、邻接权的种类

（一）表演者权

1. 表演者的定义。表演者，是指演员、歌唱家、音乐家、舞蹈家或表演、演唱、演讲、朗诵、演奏文学艺术作品以及指挥这种表演的人。严格地讲，表演是一种在已有作品的基础上进行再创作的行为。表演与其说是传播，不如说是演绎创作。《著作权法》第 40 条规定，表演者包括演员和演出单位。也就是说，自然人、法人或其他组织都可成为表演者权的主体。

2. 表演者的义务。《著作权法》第 38 条规定，表演者在使用他人作品时，应履行一定的义务，具体包括以下情形：

（1）表演者使用他人作品演出的，应当取得著作权人许可，并支付报酬；演出组织者组织演出的，应当由该组织者取得著作权人许可，并支付报酬。

（2）表演者使用改编、翻译、注释、整理已有作品而产生的作品进行演出的，应当取得改编、翻译、注释、整理作品的著作权人和原作品的著作权人许可，并支付报酬。

（3）表演者依照著作权法使用他人作品的，不得侵犯作者的署名权、修改权、保护作品完整权和获得报酬的权利。

3. 表演者的权利。根据《著作权法》第 39 条的规定，表演者对其表演享有下列权利：

（1）表演者的人身权利。首先，表明表演者身份。表演者对其表演所享有的表明其姓名的权利，类似于著作权人所享有的署名权。其次，保护表演形象不受歪曲。表演形象是指表演者所表现的艺术作品中的人物形象，不同于表演者的本来形象。前者是著作邻接权，即表演者权的问题；后者属于表演者的个人肖像权问题。前者由著作权法加以保护，后者则是民法的保护对象。

（2）表演者的财产权利。首先，许可他人从现场直播和公开传送其现场表演并获得报酬。其次，许可他人录音录像并获取报酬。再次，许可他人复制、发行录有其表演的录音录像制品并获得报酬。最后，许可他人通过信息网络向公众传播其表演并获得报酬。

对于表演者财产权利的保护期限，根据《著作权法》第 39 条的规定，表演者所享有的从现场直播和公开传送其现场表演；对其表演录音录像；复制、发行录有其表演的录音录像制品；通过计算机信息网络向公众传播其表演等四项财产权利的保护期为 50 年，截止于该表演发生后第 50 年的 12 月 31 日。

另外，《著作权法实施条例》第 33 条规定："外国人、无国籍人在中国境内的表演，受著作权法的保护。外国人、无国籍人根据中国参加的国际条约对其表演享有的权利，受著作权法保护。"

（二）音像制作者的权利

1. 音像制作者的定义。音像制作者是指将声音、形象或两者的结合首次固定于物质载体上的人。大多数国家都承认自然人与法人均可以成为音像制作者，并对录音制作者与录像制作者作了区分。前者是指将声音首次固定在物质载体上的人，后者是指将声音和形象首次固定在物质载体上的人。日本、德国的著作权法只规定了录音制作者的权利，而未规定录像制作者的权利。法国及我国的著作权法，则对这两者的权利都作了规定。

2. 音像制作者的义务。《著作权法》第 42 条、第 43 条规定，音像制作者使用他人作品制作音像制品时，应履行以下义务：

（1）音像制作者使用他人作品制作音像制品，不再区分他人作品是否发表，均规定应当取得著作权人许可，并支付报酬。

（2）音像制作者使用改编、翻译、注释、整理已有作品而产生的作品，应当取得改编、翻译、注释、整理作品的著作权人和原作品著作权人许可，并支付报酬。

（3）录音制作者使用他人已经合法录制为录音制品的音乐作品制作录音制品，可以不经著作权人许可，但应当按照规定支付报酬；著作权人声明不许使用的不得使用。

（4）音像制作者制作音像制品，应当同表演者订立合同，并约定双方的权利义务及音像制作者向表演者支付报酬的标准和方法。

3. 音像制作者的权利。《著作权法》第 44 条规定，音像制作者享有下列权利：

（1）音像制作者对其制作的录音录像作品享有许可他人复制、发行并获得报酬的权利。非经权利人许可，任何人不得复制、发行该音像制品。

（2）音像制作者对其制作的录音录像作品享有许可他人出租、通过信息网络向公众传播，并获得报酬的权利。

目前，保护音像制作者的权利已成为绝大多数国家的著作权法的重要内容。不仅如此，著作权法还强化了对录音制品中作品的著作权人和作品的表演人的利益保护。根据《著作权法》第 44 条第 2 款的规定，当录音录像制品制作者将其录音录像制品的复制、发行等权利许可他人行使时，被许可人复制，发行和通过信息网络向公众传播录音录像制品的，还应当取得著作权人、表演者许可，并支付报酬。

根据《著作权法》第 44 条的规定，音像制作者的权利保护期为 50 年，截止于音像制品首次制作完成后第 50 年的 12 月 31 日。

（三）广播组织的权利

1. 广播组织的定义。广播组织是指通过无线电波传播由声音或图像或由二者构成的实况或录音制品的人。在我国《著作权法》中，其特指广播电台、电视台。这里的广播电台、电视台仅指那些依法核准，专门从事广播电视节目的制作，并向其覆盖范围内不特定的公众播发图文、声像信息的单位。企事业单位内部和乡镇地方组织为了宣传需要而设立的广播站、电视台则不包括在内。

2. 广播组织的义务。根据《著作权法》第40条、第48条的规定，广播组织在使用他人作品时应履行如下义务：

（1）播放他人未发表的作品，应当取得著作权人许可，并支付报酬。

（2）播放他人已经发表的作品，可以不经著作权人许可，但应当支付报酬。

（3）电视台播放他人的电影作品和以类似摄制电影的方法创作的作品、录像制品，应当取得制片者或者录像制作者许可，并支付报酬。播放他人的录像制品，还应当取得著作权人许可，并支付报酬

（4）广播电台、电视台播放已经出版的录音制品，可以不经著作权人许可，但应当支付报酬。当事人另有约定的除外。具体办法由国务院规定。

3. 广播组织的权利。广播组织的权利，即广播组织依法对其制作的广播节目所享有的专有权利。根据《著作权法》第47条的规定，广播电台、电视台享有如下权利：

（1）许可他人播放的权利。广播电台、电视台对其播放的广播、电视节目有控制权，未经其许可，他人不得转播。

（2）许可他人将其制作的广播、电视录制在音像载体上以及复制音像载体的权利。《著作权法》第47条第3款规定，广播电台、电视台的这种控制权为50年，截止于该广播、电视节目首次播放后的第50年的12月31日。

第六节 著作权的利用和转移

著作权的内容既有人身权，又有财产权。作为财产权，著作权人可以通过对其权利内容的行使获得财产收益，也可以通过转让、继承等方式转移著作财产权。

一、著作权的许可使用

（一）著作权许可使用的概念

著作权许可使用是指著作权人授权他人以一定的方式、在一定的时期和一定的地域范围内对其作品进行商业性使用的行为。著作权的许可使用是一种重要的法律行为，可以在许可人和被许可人之间产生权利义务关系。许可使用的方式通常表现为许可使用合同。著作权人利用许可使用合同可以将著作财产权中的一项或多项内容许可他人使用，同时向被许可人收取一定数额的著作权使用费，以保障实现著作财产权益。著作权许可使用合同有如下几个特点：

1. 通过著作权许可使用合同，被许可人所获得的仅是在一定的期间和约定的范围内以一定方式使用作品的权利，著作权仍然全部属于著作权人。

2. 著作权许可使用合同中的被许可人对作品的使用，不能超出合同约定的范围。此处有两层含义：①被许可人不得以未被许可使用的方式使用作品；②被许可人不得将这项权利转移给第三人，否则也属于超出了许可使用范围的行为。

3. 被许可人对第三人侵犯自己权益的行为，有权根据著作权许可使用合同，以自己的名义向侵权行为人提起诉讼。但要求保护的权利仅限于许可使用合同中被许可人所享有权利的范围。

4. 著作权许可使用合同同样保障演绎作品中的原始著作权人的权利。

（二）著作权许可使用合同的主要条款

《著作权法》第26条根据著作权许可使用合同的性质和特点，规定合同的主要条款应当包括以下几个方面的内容：

1. 许可使用的权利种类，也就是许可使用作品的方式。著作权许可使用合同必须明确规定著作权人授权被许可人以何种方式使用其作品。比如，著作权人授权翻译的，应当明确授权何种文字的翻译使用权。使用方式可以是一种，也可以是几种，但对其要进行明确约定。在我国大陆和港澳台地区，还应当将汉字的简体字和繁体字版本明确分别予以授权。

2. 许可使用的权利是专有使用权或者非专有使用权。专有使用权是一种独占和排他的权利，是指被许可人取得使用权后，许可人在合同的有效期内，既不能再将上述权利授权给第三人使用，也不能自己使用。非专有使用权是指被许可人取得作品使用权后，许可人在合同的有效期内，还可以将同样的权利再许可给第三人使用。专有使用权和非专有使用权有很大的区别，如果在合同中未明确约定许可使用权的性质，倘若双方发生争议，通常认为被许可人取得的是非专有使用权。正如《著作权法》第29条规定："许可使用合同和转让合同中著作权人未明确许可、转让的权利，未经著作权人同意，另一方当事人不得行使。"

3. 许可使用的地域范围、期间。许可使用的范围是指被许可的著作权在地域上的效力。通常表现在作品的复制、发行范围、表演权或播放权以及翻译权的范围等。许可使用的期间，是指被许可使用的著作权在时间上的效力。这些内容都应当在合同中明确约定。

4. 付酬标准和办法。根据《著作权法》第30条的规定，使用作品的付酬标准可以由当事人约定，也可以按照国务院著作权行政管理部门会同有关部门制定的付酬标准支付报酬。当事人约定不明确的，按照国务院著作权行政管理部门会同有关部门制定的付酬标准支付报酬。付酬办法是支付报酬的具体方式，如果有具体要求，均应在合同中明确约定。

5. 违约责任。著作权许可使用合同是对双方当事人有约束力的法律文件。双方在合同中确立的权利义务关系受法律保护，应当认真履行。但是，双方可在合同中约定，如果发生违约行为，应当按照我国民法总则和合同法的有关规定承担民事责任。

6. 双方认为需要约定的其他内容。除去上述五个方面的内容之外，还可以就双方认为必须列入的内容作出约定。比如，有关纠纷解决的办法，双方可以约定有关仲裁的条款。也就是说，双方约定或一方要求必须订立而被另一方接受的条款，都可以成为该项合同的主要条款。

（三）著作权许可使用合同的普通条款

合同的普通条款亦称一般条款，是指合同主要条款以外的条款。只要约定了主要条款，一经双方当事人签字或盖章，合同即可成立。普通条款的有无，对合同成立及其效力不发生影响。合同的普通条款有两类：一类普通条款是有关法律、法规明确要在合同中必须履行的内容，无须合同特别约定也要履行。当事人可根据有关法律、法规的要求，对该合同应当履行的义务作出更为明确、具体的约定。另一类普通条款是指双方当事人在合同成立后约定的其他条款，如出版合同中向作者赠送样书的数量以及作者购书的优惠办法等。普通条款虽对合同的成立及其效力不发生影响，但对维护交易安全、减少合同纠纷等方面也具有重要的作用。

二、著作权的转让

著作权的转让，是指著作权人将其作品财产权部分或全部从一个民事主体合法地转移给另一个民事主体所有的法律行为。著作权一经转让，其法律后果便是出让人丧失了该权利。我国著作权法从来不禁止转让著作权。著作权的转让有以下几方面的特点：

1. 著作权的转让，是指著作权人将作品著作财产权的一项或几项或全部转让给受让人，从而使受让人成为该作品的一项或几项或全部著作财产权的新权利人的法律行为。

2. 著作权的转让，并非指作品原件物权的转让。如果转让行为涉及对作品原件的使用，在使用完毕后，应当将该作品原件返还原著作权人或原件的合法所有人。

3. 著作权的转让与著作权许可使用有严格的区别。著作权许可使用不改变著作权的主体归属，著作权转让则发生著作权主体的变更；著作权被许可使用人必须依赖于许可人权利的存在才能对抗第三人，著作权受让人则可以独立地以自己的著作权对抗第三人的侵犯行为。

4. 著作权转让的权利内容可以有多种选择。比如，就一部小说而言，著作权人可以将其不同艺术形式的改编权转让给不同的人，也可以将其不同文字的翻译权转让给不同的人，还可以把其在某一地区复制发行作品的权利转让给他人。此外，目前法律也不禁止著作权人卖绝自己的著作权。

5. 转让著作财产权的行为，应当视为著作人身权同时行使完毕。著作人身权通常是不能转让的，但在实践中，作者以外的著作权人行使著作财产权时总是遇到著作人身权问题的困扰。在这种情况下，应当认为在著作财产权被转让以后，与行使该项著作财产权有关的著作人身权，已经由原著作权人用尽。

6. 著作权的转让是一种重要的民事行为，涉及双方当事人多方面的权利和义务问题。为保障转让的公平与真实合法，我国《著作权法》第 27 条规定，转让著作财产权，应当订立书面合同，并指明作品的名称，转让的权利种类，地域范围，转让价金，交付转让价金的日期和方式，违约责任，以及双方认为需要约定的其他内容等款项。

7. 著作财产权转让究竟是全部转让，还是部分转让，以及转让的地域范围，应当依照当事人之间的合同加以约定。如果著作财产权转让合同约定不明确的，法律应当推定未转让著作财产权，以避免发生争议。

三、著作权的继承

按照《民法典》继承编和《著作权法》的规定，著作人身权不能作为继承的标的，但著作权法又同时规定作者的署名权、修改权和保护作品完整权的保护期不受时间限制。根据《著作权法实施条例》第 15 条的规定："作者死亡后，其著作权中的署名权、修改权和保护作品完整权由作者的继承人或者受遗赠人保护。著作权无人继承又无人受遗赠的，其署名权、修改权和保护作品完整权由著作权行政管理部门保护。"

关于著作人身权中的发表权，《著作权法实施条例》第 17 条规定："作者生前未发表的作品，如果作者未明确表示不发表，作者死亡后 50 年内，其发表权可由继承人或者受遗赠人行使；没有继承人又无人受遗赠的，由作品原件的所有人行使。"

关于著作财产权的继承，根据《著作权法》第 21 条的规定，著作权属于公民的，公民死亡后，其著作财产权在本法规定的保护期内，依照《民法典》继承编的规定转移。著作权属于法人或者其他社会组织的，法人或者其他社会组织变更、终止后，其作品的著作财产权在著作权法规定的保护期内，应由承受其权利义务的法人或者其他社会组织享有；没有承受其权利义务的法人或者其他社会组织的，由国家享有。根据《著作权法实施条例》第 16 条的规定："国家享有著作权的作品的使用，由国务院著作权行政管理部门管理。"

关于合作作品的继承，按照《著作权法实施条例》第 14 条的规定，合作作者之一死亡后，其对合作作品享有的使用权和获得报酬权无人继承又无人接受遗赠的，由其他合作作者享有。

此外，根据《著作权法》第 20 条的规定，美术等作品原件所有权的转移，不视为作品著作权的转移，但美术作品原件的展览权由原件所有人享有。故如果在作者生前已将美术等作品原件所有权转让给他人，那么除展览权以外的著作权依法仍属于作者。作者去世以后，这种作品的著作权也是继承的内容。

第七节　著作权的限制

著作权的限制，是指法律明确规定著作权人对某部作品享有充分权利的同时，在作品的利用方面必须对社会履行一些义务。这种限制，主要是针对著作权中的财产权。任何权利的行使都要受到国家利益、社会公平正义与公序良俗的限制，这是一个普通原则，作为民事权利的著作权也不例外。这里所说的著作权的限制，是指除上述一般原则以外，法律明确具体规定的对著作权人可行使权利的限制。作为一项法律制度，是指著作权法普遍规定的对著作权的"合理使用"、"法定许可"和"强制许可"制度。

一、著作权的"合理使用"

合理使用，是指在特定的条件下，法律允许他人自由使用享有著作权的作品，而不必征得权利人的许可，不向其支付报酬，但应当指明作者的姓名、作品名称，并且不得侵犯著作权人的其他权利的合法行为。合理使用是国际上的通用术语，我国《著作权法》第 24 条对著作权合理使用的范围和具体方式也作了明文规定：

1. 为个人学习、研究或者欣赏，使用他人已经发表的作品。

2. 为介绍、评论某一作品或者说明某一问题，在作品中适当引用他人已经发表的作品。

3. 为报道时事新闻，在报纸、期刊、广播电台、电视台等媒体中不可避免地再现或者引用已经发表的作品。

4. 报纸、期刊、广播电台、电视台等媒体刊登或者播放其他报纸、期刊、广播电台、电视台等媒体已经发表的关于政治、经济、宗教问题的时事性文章，但作者声明不许刊登、播放的除外。

5. 报纸、期刊、广播电台、电视台等媒体刊登或者播放在公众集会上发表的讲话，但作者声明不许刊登、播放的除外。

6. 为学校课堂教学或者科学研究，翻译或者少量复制已经发表的作品，供教学或者科研人员使用，但不得出版发行。

7. 国家机关为执行公务在合理范围内使用已经发表的作品。

8. 图书馆、档案馆、纪念馆、博物馆、美术馆等为陈列或者保存版本的需要，复制本馆收藏的作品。

9. 免费表演已经发表的作品，该表演未向公众收取费用，也未向表演者支付报酬。

10. 对设置或者陈列在室外公共场所的艺术作品进行临摹、绘画、摄影、录像。

11. 将中国公民、法人或者其他社会组织已经发表的以汉语言文字创作的作品翻译成少数民族语言文字作品在国内出版发行。

12. 将已经发表的作品改成盲文出版。

上述对著作权人权利的 12 个方面的限制规定，同样适用于对出版者、表演者、录音录像制作者、广播电台、电视台的权利的限制。

二、著作权的法定许可使用

法定许可使用是各国著作权法普遍采用的一项制度，又称"法定许可证"制度，是指根据法律的直接规定，可以不经著作权人的许可，以特定的方式使用他人已经发表的作品，但应当向著作权人支付使用费，并尊重著作权人的其他各项人身权和财产权利的制度。各国适用法定许可使用的作品范围有所区别，但普遍限于已发表的作品。而且，对于著作权人特别声明不许使用的，也将其排除在法定许可的范围之外。我国《著作权法》关于法定许可使用制度的内容，具体体现在如下条文中：

1. 《著作权法》第 25 条第 1 款规定，为实施九年制义务教育和国家教育规划而编写出版教科书，除作者事先声明不许使用的外，可以不经著作权人许可，在教科书中汇编已经发表的作品片段或者短小的文字作品、音乐作品或者单幅的美术作品、摄影作品，但应当按照规定支付报酬、指明作者姓名、作品名称，并且不侵犯著作权人依照本法享有的其他权利。上述规定还适用于对出版者、表演者、录音录像制作者、广播电台、电视台的权利的限制。

2. 《著作权法》第 35 条第 2 款规定，作品刊登后，除著作权人声明不得转载、摘编的外，其他报刊可以转载或者作为文摘、资料刊登，但应当按照规定向著作权人支付报酬。

3. 《著作权法》第 42 条第 2 款规定，录音制作者使用他人已经合法录制为录音制品的音乐作品制作录音制品，可以不经著作权人许可，但应当按照规定向其支付报酬；著作权人声明不许使用的不得使用。

4. 《著作权法》第 46 条第 2 款规定，广播电台、电视台播放他人已发表的作品，可以不经著作权人许可，但应当支付报酬。但是，电影作品和以类似摄制电影的方法创作的作品、录像作品除外。

5. 《著作权法》第 40 条第 2 款规定，广播电台、电视台播放已经出版的录音制品，可以不经著作权人许可，但应当支付报酬。当事人另有约定的除外。具体办法由国务院规定。

合理使用和法定许可作为对著作权的限制措施，有共同之处，也各有区别。其相同点表现为：①使用者的目的均侧重于社会公共利益；②使用作品均是他人已发表的作品；③使用他人作品均无须征得权利人的许可。两者的区别表现为：①法定许可的使用者只能是录音录像制作者、广播电台、电视台和报刊等，而合理使用的使用者则无主体范围的限制；②法定许可使用须向权利人支付报酬，而合理使用则无须支付报酬；③适用法定许可使用时，若权利人声明不许使用的则不得使用，而合理使用则无此条件的限制。

三、著作权的强制许可使用

强制许可是指在特定的条件下，由著作权主管机关根据情况，将对已经发表作品进行特殊使用的权利授予申请获得此项使用权的人，并把授权的依据称为"强制许可证"，故该制度又称为"强制许可证"制度。强制许可与法定许可的区别是，法定许可是由法律直接规定允许使用的方式，凡符合条件的均可自行使用，使用人并无特定的范围；强制许可则需经使用人事先申请，由主管机关授权后方可使用，并向著作权人支付报酬，未获主管机关授权的不得使用。

强制许可的对象限于已经发表的作品。申请获得使用权的人应当首先向著作权人请求许可使用。在著作权人拒绝授权许可使用后，才能向政府主管部门申请强制许可。两个基本的著作权国际公约，即《伯尔尼公约》和《世界版权公约》的现行文本都规定了强制许可制度。我国《著作权法》中没有规定强制许可制度，但是由于我国已加入了两个基本的著作权国际公约，故也同样可以适用公约中关于强制许可的规定。

第八节　著作权的法律保护

各国著作权法为了有效地保护著作权，对侵犯著作权的行为规定了法律责任制度。这里所说的著作权，包括著作邻接权。侵犯著作权，是指公民、法人等主体，未经著作权人许可，擅自使用其著作权的行为。根据《著作权法》的规定，实施侵犯著作权的行为应当承担相应的法律责任。我国法律对侵犯著作权行为规定了民事责任、行政责任和刑事责任制度。

一、侵犯著作权的民事责任

（一）侵犯著作权的行为

《著作权法》第52条规定，有下列侵权行为的，应当根据情况，承担停止侵害、消除影响、赔礼道歉、赔偿损失等民事责任：

1. 未经著作权人许可，发表其作品的。

2. 未经合作作者许可，将与他人合作创作的作品当作自己单独创作的作品发表的。

3. 没有参加创作，为谋取个人名利，在他人作品上署名的。

4. 歪曲、篡改他人作品的。

5. 剽窃他人作品的。

6. 未经著作权人许可，以展览、摄制电影和类似摄制电影的方法使用作品，或者以改编、翻译、注释等方式使用作品的，本法另有规定的除外。

7. 使用他人作品，应当支付报酬而未支付的。

8. 未经电影作品和以类似摄制电影的方法创作的作品、计算机软件、录音录像制品的著作权人或者与著作权有关的权利人许可，出租其作品或者录音录像制品的行为，本法另有规定的除外。

9. 未经出版者许可，使用其出版的图书、期刊的版式设计的。

10. 未经表演者许可，从现场直播或者公开传送其现场表演，或者录制其表演的。

11. 其他侵犯著作权以及与著作权有关的权益的行为。

根据最高人民法院、最高人民检察院、公安部《关于办理侵犯知识产权刑事案件适用法律若干问题的意见》（法发〔2011〕3 号），关于侵犯著作权犯罪案件"未经著作权人许可"的认定问题，其规定了"未经著作权人许可"一般应当依据著作权人或者其授权的代理人、著作权集体管理组织、国家著作权行政管理部门指定的著作权认证机构出具的涉案作品版权认证文书，或者证明出版者、复制发行者伪造、涂改授权许可文件或者超出授权许可范围的证据，结合其他证据综合予以认定。

在涉案作品种类众多且权利人分散的案件中，上述证据确实难以一一取得，但有证据证明涉案复制品系非法出版、复制发行的，且出版者、复制发行者不能提供获得著作权人许可的相关证明材料的，可以认定为"未经著作权人许可"。但是，有证据证明权利人放弃权利、涉案作品的著作权不受我国著作权法保护，或者著作权保护期限已经届满的除外。

实践中，当事人之间发生侵犯著作权、与著作权有关的权利纠纷的，可以适用调解、仲裁和诉讼程序予以解决。

（二）侵犯著作权行为的民事责任

侵犯著作权，应承担民事责任。侵权行为的民事责任，是民法中的一项独立制度，是保护民事权利不受侵犯的重要方法。它具有以下特征：

1. 侵权行为所侵犯的民事权利的性质与违反合同造成损害所侵犯的权利的性质不同，前者所侵犯的客体一般是财产所有权、人身权和知识产权等绝对权利。行为人违反的是法律禁止性规范所规定的义务，因而其法律后果即侵权的民事责任性质也不同于违反合同的责任。

2. 侵权行为的民事责任是一种民事制裁措施。由于侵权行为性质和程度不同，有的行为可能同时触犯行政法规范。在很多国家，严重侵犯著作权的行为还可能触犯刑律。但是，不论行为人应负几种法律责任，只要违反了民法中的禁止性规范，就要承担侵权的民事责任，且各种法律责任不能相互取代。承担侵犯著作权民事责任的归责原则为过错责任原则，其中包括过错推定。

根据《著作权法》第 53 条的规定，侵犯著作权的行为应当根据具体情况承担下列民事责任：①停止侵害。②消除影响和赔礼道歉。③赔偿损失。其中赔偿损失的责任方式，在实践中的应用广泛，既适用于侵权行为，也适用于违反合同行为。赔偿损失是承担侵权损害民事责任尤其是财产责任的主要方式。

二、侵犯著作权的行政责任

根据《著作权法》第 53 条的规定，对于那些既侵害著作权人的合法权益，同时又损害公共利益的侵犯著作权的行为，除了依法要承担民事责任以外，可以由著作权行政管理部门责令停止侵权行为，没收违法所得，没收、销毁侵权复制品，并可处以罚款；情节严重的、著作权行政管理部门还可以没收主要用于制作侵权复制品的材料、工具、设备等。该条列举了八种适用行政责任的侵权行为：

1. 未经著作权人许可，复制、发行、表演、放映、广播、汇编、通过信息网络向公众传播其作品的，本法另有规定的除外。

2. 出版他人享有专有出版权的图书的。

3. 未经表演者许可，复制、发行录有其表演的录音录像制品，或者通过信息网络向公众传播其表演的，本法另有规定的除外。

4. 未经录音录像制作者许可，复制、发行、通过信息网络向公众传播其制作的录音录像制品的，本法另有规定的除外。

5. 未经许可，播放或者复制广播、电视的，本法另有规定的除外。

6. 未经著作权人或者与著作权有关的权利人许可，故意避开或者破坏权利人为其作品、录音录像制品等采取的保护著作权或者与著作权有关的权利的技术措施的，法律、行政法规另有规定的除外。

7. 未经著作权人或者与著作权有关的权利人的许可，故意删除或者改变作品、录音录像制品等的权利管理电子信息的，法律、行政法规另有规定者除外。

8. 制作、出售假冒他人署名的作品的。

对上述比较严重的侵权行为，著作权行政管理部门可视其情节轻重给予行为人不同的行政处罚。

《著作权法实施条例》第36条规定，有著作权法第48条所列侵权行为，同时损害社会公共利益，非法经营额5万元以上的，著作权行政管理部门可处非法经营额1倍以上5倍以下的罚款；没有非法经营额或者非法经营额5万元以下的，著作权行政管理部门根据情节轻重，可处25万元以下的罚款。"行政处罚的决定一经作出就具有一定的强制力。

《著作权法》第54条规定，侵犯著作权或者与著作权有关的权利的，侵权人应当按照权利人的实际损失给予赔偿；实际损失难以计算的，可以按照侵权人的违法所得给予赔偿。赔偿数额还应当包括权利人为制止侵权行为所支付的合理开支。权利人的实际损失或者侵权人的违法所得不能确定的，由人民法院根据侵权行为的情节，判决给予50万元以下的赔偿。

三、侵犯著作权的刑事责任

各国的司法实践证明，用刑罚手段对付严重的侵犯著作权的犯罪行为，是保护著作权权益的行之有效的手段之一。

1994年7月5日，第八届全国人大常务委员会第八次会议作出了《关于惩治侵犯著作权的犯罪的决定》（已失效，以下简称《决定》）。这个《决定》是对刑法的补充规定，也是对著作权保护制度的有效完善。该《决定》对强化著作权保护，遏制"海盗"行为，体现了及时性和有益性。

我国《刑法》第217条规定，以营利为目的，有下列侵犯著作权情形之一，违法所得数额较大或者有其他严重情节的，处3年以下有期徒刑或者拘役，并处或者单处罚金；违法所得数额巨大或者有其他特别严重情节的，处3年以上7年以下有期徒刑，并处罚金：①未经著作权人许可，复制发行其文字作品、音乐、电影、电视、录像作品、计算机软件及其他作品的；②出版他人享有专有出版权的图书的；③未经录音录像制作者许可，复制发行其制作的录音录像的；④制作、出售假冒他人署名的美术作品的。《刑法》第 218 条规定，以营利为目的，销售明知是本法第 217 条规定的侵权复制品，违法所得数额巨大的，处 3 年以下有期徒刑或拘役，并处或者单处罚金。《著作权法》第 53 条也规定，有该条列举的 8 种侵权行为，构成犯罪的，依法追究刑事责任。

根据最高人民法院、最高人民检察院、公安部《关于办理侵犯知识产权刑事案件适用法律若干问题的意见》（法发〔2011〕3 号），关于侵犯著作权犯罪案件"以营利为目的"的认定问题如下：

除销售外，具有下列情形之一的，可以认定为"以营利为目的"：①以在他人作品中刊登收费广告、捆绑第三方作品等方式直接或者间接收取费用的；②通过信息网络传播他人作品，或者利用他人上传的侵权作品，在网站或者网页上提供刊登收费广告服务，直接或者间接收取费用的；③以会员制方式通过信息网络传播他人作品，收取会员注册费或者其他费用的；④其他利用他人作品牟利的情形。

关于刑法第 217 条规定的"发行"的认定及相关问题。"发行"，包括总发行、批发、零售、通过信息网络传播以及出租、展销等活动。非法出版、复制、发行他人作品，侵犯著作权构成犯罪的，按照侵犯著作权罪定罪处罚，不认定为非法经营罪等其他犯罪。

关于通过信息网络传播侵权作品行为的定罪处罚标准问题。以营利为目的，未经著作权人许可，通过信息网络向公众传播他人文字作品、音乐、电影、电视、美术、摄影、录像作品、录音录像制品、计算机软件及其他作品，具有下列情形之一的，属于刑法第 217 条规定的"其他严重情节"：①非法经营数额在 5 万元以上的；②传播他人作品的数量合计在 500 件（部）以上的；③传播他人作品的实际被点击数达到 5 万次以上的；④以会员制方式传播他人作品，注册会员达到 1000 人以上的；⑤数额或者数量虽未达到第 1 项至第 4 项规定标准，但分别达到其中两项以上标准一半以上的；⑥其他严重情节的情形。前款规定的行为，数额或者数量达到前款第 1 项至第 5 项规定标准 5 倍以上的，属于刑法第 217 条规定的"其他特别严重情节"。

延伸阅读

"潜侵权"随处可见，音著协诉某超市背景音乐侵权获支持
北京市汉卓律师事务所知识产权部　2012 年 2 月 29 日发布

"潜客户""潜意识"，这些在未明确成为实质性内容却极有可能发生或存在的人或事被我们用"潜"字做前辍，"潜侵权"这个词的由来便堂而皇之的产生了。这里我必须要先做声明澄清，"潜侵权"这个词产生于与同事的一次开会讨论中。介于隐私权，对于参会同事的名字，此处省略，但是我明确表示这个词不是由我原

创，以此免去我潜侵害此等同事的权利而被告上法庭的麻烦。

　　之所以对此事如此小心谨慎，是因为在宁波发生的一起诉讼案件：一家超市连锁店（以下简称某超市）因在商场内擅自将歌曲《恰似你的温柔》作为背景音乐公开播放，被中国音乐著作权协会（以下简称音著协）以侵犯著作权为由将其告上法庭。要求法院判令某超市立即停止公开播放该音乐作品，同时赔偿原告经济损失及相关费用。最终，经法院多次调解，双方达成协议：超市立即停止在公共场所播放《恰似你的温柔》乐曲，并且赔偿音著协经济损失及其它费用共计 7500 元。

　　这个案件的结果好像让人有些难以接受，也许有人会问，如果这些卡带或是碟片是通过正规渠道购买得到的正版产品，播放也会存在侵权问题吗？笔者认为，即使如此，侵权行为亦会存在。因为录音制品是凝聚着原作者、表演者和录音制作者三方的创造性劳动的智力成果，其中包含着多重著作权。我国《著作权法》对录音制品制作者和表演者权利有着专门的规定。

　　《著作权法》（2010）第 42 条规定："录音录像制作者对其制作的录音录像制品，享有许可他人复制、发行、出租、通过信息网络向公众传播并获得报酬的权利；权利的保护期为 50 年，截止于该制品首次制作完成后第 50 年的 12 月 31 日。被许可人复制、发行、通过信息网络向公众传播录音录像制品，还应当取得著作权人、表演者许可，并支付报酬。"《著作权法》（2010）第 43 条第 2 款规定："广播电台、电视台播放已经出版的录音制品，可以不经著作权人许可，但应当支付报酬。"由此可见，使用录音制品，不仅要经过著作权人的许可，还要向录音制品制作者、表演者及原作者支付报酬。幸运的是，著作权法中对使用者提供"免费使用"的机会，其前提条件是如果符合"合理使用"的规定。判断"合理使用"的范围标准，首先要看有关使用行为的目的，是否为商业目的而使用，即如果并非商业目的，并且符合"合理使用"的范围，使用者可以在此"合理使用"范围内享受免费午餐，否则未经许可将构成侵权。

　　本案虽然最终以调解结案，但是从结果看，某超市的行为显然并未被认为对《恰似你的温柔》的"合理使用"。本案的审理法官认为：某超市在其经营场所播放背影音乐，表面上看是非商业目的的使用，但是音乐营造的氛围可以增强消费者在购物过程中的愉悦感，从而对商家的销售起到促进的作用，所以播放背景音乐是一种间接获利的商业行为。

　　本案的结果可能触动了很多人的神经，仔细想想，商场、餐厅、咖啡、酒吧，随意行走在或安静或繁华的街头巷尾，耳边无处不充斥着各种音乐或声音。这些声音大多来自于卡带，光盘或是其它录音制品，这么随处可见的一种行为，竟然就那么不经意地侵犯着某些人的著作权。也许你的某次年终大会的随意即兴表演便侵犯了某个人的著作权，或是某人不经意的说学逗唱便剽窃了你那不可多得的原创艺术。在这个精神世界极度膨胀、信息传送如此飞速的年代，时时都有创新，一句话、一个动作、一句感叹都将会在网络上掀起几层浪，而我们的这些原创话语、原创动作、原创感叹却未经许可地被人任意转载着，我们随时随地都有可能在潜侵权他人与被他人潜侵权着。仔细想想：今天你被潜侵权了吗？（樊云茸 撰稿）

思考题

1. 什么是著作权？简述著作权与工业产权之异同。
2. 比较在各类不同情况下，完成作品的著作权归属关系。
3. 简述著作人身权与其他人身权的区别。
4. 如何理解著作财产权的本质与内容？
5. 著作权与邻接权相区别的根据是什么？
6. 简述著作权转让的概念以及与许可使用的区别。
7. 如何准确理解著作权的"合理使用"、"法定许可使用"和"强制许可使用"的概念？
8. 试论侵犯著作权行为的民事责任、行政责任和刑事责任。

实务训练

（一）示范案例

【案例一】

央视国际网络有限公司与上海全土豆文化传播有限公司侵害作品信息网络传播权纠纷案

基本案情：

《舌尖上的中国》是中央电视台摄制的一部大型美食类纪录片，播出后引起强烈的社会影响，享有较高的知名度。中央电视台此后将该节目的著作权授予原告央视国际网络有限公司。2012 年 5 月 23 日，上海市静安公证处应原告申请，对被告上海全土豆文化传播有限公司（以下简称全土豆公司）在其经营的网站"土豆网"（网址 www. tudou. com）上提供涉案节目的在线点播服务的行为进行了公证。原告认为，土豆网未经许可，在涉案节目热播期内提供在线点播服务，严重侵犯其合法权益，给原告造成了重大经济损失，故将其诉至法院，请求判令被告赔偿经济损失 80 万元及为调查取证所支付的合理费用 5 万元。

裁判结果：

上海市闵行区人民法院和上海市第一中级人民法院经审理认为：涉案作品是我国著作权法规定的类似电影摄制方法创作的作品，应受著作权法保护。全土豆公司未经授权于作品热播期内在其经营的网站上提供涉案作品的在线点播服务，是典型的侵犯作品信息网络传播权的行为，应该承担相应的侵权责任。全土豆公司辩称其提供存储空间服务，涉案作品系由网友上传，但就该主张未提供证据证明；且有关实际上传者的信息属于其自行掌控和管理范围之内，理应由其举证，其自行删除原始数据导致该节事实无法查明，应对此承担不利后果。据此判决全土豆公司赔偿央视网络公司经济损失 24 万元，合理费用 8000 元。

典型意义：

该案是典型的互联网领域内侵犯作品信息网络传播权纠纷的案例。涉案作品体现了较高程度的独创性，享有较高的社会知名度。作为专业视频分享网站的土豆网是影响力较大的专业网络服务提供者，其在涉案作品热播期内擅自传播涉案作品，且侵权行为持续的时间较长，给权利人造成了较大的经济损失。在确定法定赔偿金额的时候，法院充分考虑了涉案作品的类型、社会知名度、侵权行为的性质以及侵权网站的经营规模、经营模式、影响力等因素，判决了共计 248 000 元的赔偿金额，不仅有利于弥补权利人的经济损失，并促使各互联网视频提供者加强自律和行业管理，也顺应了依法加强互联网知识产权保护的趋势，对日益多发的互联网视频侵权的案件有警示作用。（作者：贾柱团队律师，发布日期：2014-06-24）

【案例二】

案情：某市文联组织作家张甲、王乙二人创作长篇小说《思梦》。其间，文联主席李丙曾帮助收集过一些资料，并为张甲、王乙创作提供物质保障。初稿完成后，文联邀请画家赵丁为该书作了插图。小说在出版后，深受读者欢迎。剧作家刘羽看后，未经作者的同意，就将小说改编成话剧《追梦》。与此同时，某大学教授高强也在未经作者同意的情况下，将小说译成藏文并在国内出版发行，但指明了原作名称、作者姓名。此后，电影导演贾平眼见原著和改编的剧本在社会上反响强烈，于是也未征求作者意见，将该小说拍成了电影，票房颇高。刘羽得知后，以导演贾平为被告向法院提起诉讼，指控贾平侵犯了他的著作权。

问题：

（1）小说《思梦》是否属职务作品？应由谁享有著作权？

（2）若李丙也主张其享有著作权，其要求合理吗？为什么？

（3）刘羽的改编行为是否构成著作权的侵权行为？其是否享有著作权？

（4）高强的翻译行为是否侵犯了小说原著者的著作权？

（5）贾平导演侵犯了哪些人的著作权？

分析：

1. 小说属职务作品。其文字部分著作权由张甲和王乙共同享有，插图由画家赵丁享有著作权。《著作权法》第 18 条规定："自然人为完成法人或者非法人组织工作任务所创作的作品是职务作品，除本条第 2 款的规定以外，著作权由作者享有……"

2. 李内的要求不合理，因为他并未参加作品创作。《著作权法》第 14 条第 1 款规定："两人以上合作创作的作品，著作权由合作作者共同享有。没有参加创作的人，不能成为合作作者。"

3. 剧作家刘羽未经作者的同意，就将小说改编成话剧，侵犯了原著者的著作权，构成侵权行为。《著作权法》第 13 条规定："改编、翻译、注释、整理已有作品而产生的作品，其著作权由改编、翻译、注释、整理人享有，但行使著作权时不得侵犯原作品的著作权。"

4. 某大学教授高强虽未经作者同意，翻译出版了原作品，但由于指明了原作名称、作者姓名，因而未侵犯小说原著者的著作权。《著作权法》第24条规定："在下列情况下使用作品，可以不经著作权人许可，不向其支付报酬，但应当指明作者姓名或者名称、作品名称，并且不得影响该作品的正常使用，也不得不合理地损害著作权人的合法权益：……将中国公民、法人或者非法人组织已经发表的以国家通用语言文字创作的作品翻译成少数民族语言文字作品在国内出版发行……"

5. 导演贾平眼见原著和改编的剧本在社会上反响强烈，于是也未征求作者意见，将该小说拍成了电影，因而侵犯了张甲、王乙和刘羽的著作权。《著作权法》第52条规定："有下列侵权行为的，应当根据情况，承担停止侵害、消除影响、赔礼道歉、赔偿损失等民事责任：……⑥未经著作权人许可，以展览、摄制视听作品的方法使用作品，或者以改编、翻译、注释等方式使用作品的，本法另有规定的除外……"

（二）习作案例

1. 清风艺术馆将其收藏的一批古代名家画作扫描成高仿品，举办了"古代名画精品展"，并在入场券上以醒目方式提示"不得拍照、摄影"。唐某在购票观展时趁人不备拍摄了展品，郑某则购买了该批绘画的纸质高仿版，扫描后将其中"清风艺术馆珍藏、复制必究"的标记清除。事后，唐某、郑某均在某电商网站出售各自制作的该批绘画的高仿品，也均未注明该高仿品来源于艺术馆。艺术馆发现后，向电商发出通知，要求立即将两人销售的高仿品下架。

问题：

（1）唐某、郑某出售高仿品的行为是否对艺术馆构成侵权？

（2）唐某未经许可拍摄的行为是否构成违约？

（3）郑某的行为是否构成删除权利管理信息的违法行为？

（4）某电商网站在收到通知后如不采取措施阻止唐某、郑某销售该高仿品，是否构成侵权？是否应向艺术馆承担赔偿责任？

2. 某电影公司委托张某创作电影剧本，但未约定该剧本著作权的归属，并据此拍摄电影。下列未经该电影公司和张某许可的行为，对二者是否构成了著作权侵权行为？

问题：

（1）某音像出版社制作并出版该电影的 DVD 的行为？

（2）某动漫公司根据该电影的情节和画面绘制一整套漫画，并在网络上传播的行为？

（3）某学生将该电影中的对话用方言进行配音，以产生滑稽效果，并将配音后的电影上传网络的行为？

（4）某电视台在"电影经典对话"专题片中播放 30 分钟该部电影中带有经典对话的画面的行为？

3. 甲是美国的一位著名记者，一直在中国从事创作活动，为中美文化交流作出了贡献。甲与一中国籍女子乙结为夫妇，并生育一子丙。2013 年，甲因病去世。2015 年，为了纪念甲为中美文化交流所作出的贡献。某出版社将甲所写的文章整理成专辑予以出版。丙知道后，即向出版社索要稿酬。但出版社认为，专辑中所收录的文章是甲以前未发表的作品，是出版社派专人专门整理出来的，其著作权应当归出版社享有，不应当向丙支付稿酬。双方由此产生分歧，并诉到法院。法院经过审理查明：专辑中有 2 篇文章是甲、乙合著的作品，有 3 篇文章是在中国首先发表的作品，有 4 篇文章是在美国首先发表过的作品，有 5 篇文章是甲从未发表的作品。其中还有一篇文章根本不是甲所写的作品。出版社发行此专辑共计 10 万册，获利 100 万元。

问题：

（1）专辑中甲、乙合著的 2 篇作品的著作权，应当由谁享有？

（2）对于专辑中在中国首先发表的 3 篇作品，美国作家甲是否享有著作权？对于在美国首先发表的 4 篇文章，甲在中国是否享有著作权？

（3）假设甲的 4 篇用英文写作的文章是由其子翻译后在中国首先发表的作品，甲、丙二人中谁享有著作权？

（4）对于专辑中的 5 篇甲从未发表的作品，出版社是否可以将其发表？如不可以，谁有权发表？

（5）丙是否可以继承甲的著作权？是否可以要求出版社给付稿酬？

（6）出版社的行为是否构成侵权？如果出版社的行为构成侵权，其赔偿数额应当如何计算？

第二十三章

专利法

学习目标与工作任务

通过本章学习，要求大家了解专利权的主体、客体；理解专利权的内容与限制；掌握授予专利权的条件以及专利权的保护。

导入案例

苹果与高通专利大战

2017 年，苹果和高通这两家公司联手上演了一出关于专利的合作、纷争、背叛以及反目成仇的戏码。2017 年 1 月，苹果在中国、美国、英国正式起诉高通滥用市场支配地位、打击芯片产业、芯片的专利技术费用不合理，并且表示暂不向高通支付专利授权费。紧接着，高通向美国国际贸易委员会申请禁止 iPhone 进口美国的禁令，之后找到富士康等苹果代工厂，以拒绝为其制造的苹果公司向高通支付专利许可费为由提起诉讼。

2017 年 7 月，高通指控苹果侵犯了数项与帮助手机获得更长电池续航时间有关的专利。之后，苹果对高通提起反诉，指控高通的 Snapdragon 手机芯片侵犯了苹果的专利权，这进一步扩大了两家公司旷日持久的专利诉讼大战的覆盖面。随后，高通再次予以还击，又对苹果提起了新的诉讼，高通认为苹果在 iPhone 8 和 iPhone X 两款最新的智能手机中侵犯了自己五项专利，包括无线射频通信、移动 CPU 能效、设备电源管理和深度数据的图像增强技术等方面。

本案知识点：专利权　专利合作　专利授权。

第一节　专利制度概述

一、专利的基本概念

"专利"一词，译自英文"patent"一词，原意是指由国王亲自签署的带有御玺印鉴的独占权利证书。因该证书没有封口，可以任意打开阅读，由此构成专利的两个最基本特征："垄断"和"公开"。

二、专利权的概念和特征

专利权（Patent Right），简称"专利"，是发明创造人或其权利受让人对特定的发明创造在一定期限内依法享有的独占实施权，是知识产权的一种。

作为知识产权的一个重要组成部分，专利权除了具有知识产权的地域性、时间性、独占性特征外，还具有以下特征：

1. 专利权客体的公开性。

2. 专利权必须由国家专利主管机关授予。

3. 专利权具有较强的排他性。

三、专利法

我国于 1984 年公布了《中华人民共和国专利法》，1985 年公布《中华人民共和国专利法实施细则》，并于 2008 年 12 月 27 日第十一届全国人大委员会第六次会议修正了《中华人民共和国专利法》，2010 年 2 月 1 日开始实施国务院修订的《中华人民共和国专利法实施细则》。

专利法，是指由国家制定、调整因确认发明创造的专有权和因发明创造的利用而产生的各种社会关系的法律规范的总和。专利法所调整的社会关系，主要是围绕着因发明创造这种特定的智力成果而引起的几类法律关系，一般包括以下四种：

1. 因确认发明创造所有权而产生的社会关系。

2. 因授予发明创造专利权而产生的社会关系。

3. 因利用发明创造专利而产生的社会关系。

4. 因保护专利权而产生的社会关系。

四、专利制度

专利制度是国际上通行的运用法律和经济手段，保障发明创造人的利益，保护和鼓励发明创造，从而推动技术进步和经济发展的法律制度。

（一）专利制度的特征

专利制度是一种国际上通行的，运用法律和经济手段来保障发明创造人的利益，保护和鼓励发明创造，推动技术进步和经济发展的法律制度。专利法与专利制度密切相联，是专利制度的核心部分。

（二）专利制度的作用

《中华人民共和国专利法》（以下简称《专利法》）第 1 条规定："为了保护专利权人的合法权益，鼓励发明创造，推动发明创造的应用，提高创新能力，促进科学技术进步和经济社会发展，制定本法。"

1. 激励作用。我国的专利制度的主要作用就是要有效地鼓励发明人、设计人的创造积极性，推动科技发展。

2. 及时推广、应用新技术，避免重复劳动。

3. 保障技术交流的有序化与国际化。

第二节 专利权的对象

发明创造作为专利法的保护对象，其种类繁多。最为常见的有发明、实用新型、外观设计、植物专利等。《专利法》第2条规定："本法所称的发明创造是指发明、实用新型和外观设计。发明，是指对产品、方法或者其改进所提出的新的技术方案。实用新型，是指对产品的形状、构造或者其结合所提出的适于实用的新的技术方案。外观设计，是指对产品的形状、图案或者其结合以及色彩与形状、图案的结合所作出的富有美感并适于工业应用的新设计。"

本节将以我国《专利法》为基础，着重介绍发明专利、实用新型专利和外观设计专利。

一、发明专利

（一）发明的概念

发明是指人类在利用自然、改造自然的过程中所创造出的具有积极意义并表现为技术形式的新的智力成果。

（二）发明的分类

根据不同的分类标准，发明可以有多种分类。按发明的完成状况，可分为已完成发明和未完成发明。未完成发明是不能被授予专利的，因为它不具备专利法要求的实用性。无论在哪个国家和地区，专利都只能被授予已经完成的发明。

在专利法上，发明可分为产品发明和方法发明。

二、实用新型专利

实用新型专利是我国专利法保护技术方案的又一种方式。与发明专利制度相比，尽管实用新型制度的普及范围尚不够广泛，但因其有自身的特点，故而具备特别意义，尤其是对于一些发展中国家来说更是如此。

在我国，实用新型与发明一样，是被作为专利的一种并规定在《专利法》中。所谓实用新型，是指对产品的形状、构造或者形状和构造的结合所提出的适于实用的新的技术方案。与发明相比，它们最大的共同之处在于二者都属于技术方案，因此在保护方式上，二者完全相同。但在许多具体问题上，二者间仍然存在着较大的差异。

三、外观设计专利

外观设计也称工业品外观设计，或者简称为工业设计。它是指关于产品的形状、图案、色彩或者其结合所提出的富有美感并适于工业上应用的新设计。

外观设计保护制度是在工业革命使大量工业品进入市场后应运而生的。在我国，由于我国现行的商标法尚不保护立体商标，作为一种补救措施，一些立体的、在理论上原可作为商标申请的设计，可以转而申请外观设计专利。湖北某厂就曾以编钟造型设计了一种酒瓶，并申请了外观设计专利。在外观设计的保护范围方面，采用以交存的照片或图片为准的方式，而不像发明或实用新型专利一样采用文字说明方式，这也是与外观设计的特点相符的。

第三节　专利权的主体

专利权的主体即专利权人。但在本章中所涉及的不仅是在专利权产生之后所确定的权利人的法律地位，还包括在专利权及发明创造产生的整个过程中所出现的发明人、专利申请人的法律地位。

一、发明人

发明人即完成发明创造的人。在发明创造活动中，发明人处于核心地位，因为他是一切发明创造的源泉，是这一无形财产的创造者。

发明创造行为是一种具有探索性的智力劳动，需要采取创造性思维。这种行为具有一定的人身属性，故而发明人只能是自然人。需要特别指出的是，发明人的这种资格，作为一种权利，并不属于专利权的内容。专利权在内容上只有财产权，而并不包含人身权。这一点不同于著作权。

当一项发明创造为两人或两人以上共同完成时，这些完成发明创造的人即为合作发明人，其所完成的发明创造被称为合作发明，或共同发明。通常情况下，发明创造为合作发明人所共有。判断是否成为合作发明的人的标准依然为是否对发明创造的实质性特点作出创造性贡献。

二、申请人

专利申请人是专利申请权的主体。专利申请权是公民、法人或其他组织依法享有的就发明创造向国务院专利行政部门提出专利申请的权利。

一般而言，专利申请权人主要包括以下几类：

（一）发明人或者设计人

1. 非职务发明创造的专利申请人及专利权人。根据我国《专利法实施细则》，"发明人"与"设计人"是指"对发明创造的实质性特点作出创造性贡献的人"。

2. 共同发明人或共同设计人。由两个或两个以上的自然人共同完成的某一项发明创造，称为共同发明创造。完成共同发明创造的人为共同发明人或者共同设计人。共同发明人或者共同设计人共同享有专利申请权。

3. 合作或受委托完成发明创造的单位。由两个或两个以上单位共同研究或者设计出的发明创造，称为合作或委托完成的发明创造。对合作或委托完成的发明创造，合作或委托单位可在协作前后以协议的方式约定申请权由谁享有，或者是在委托协议中约定申请权的归属。如果没有协议约定合作发明创造的申请权的归属，申请权则属于完成或者共同完成研究、设计任务的单位；而如果是一个单位接受其他单位委托的研究、设计任务所完成的发明创造，除非另有协议，申请专利的权利属于完成的单位。

（二）发明人或者设计人单位

职务发明的专利申请权属于发明人、设计人所属单位。所谓职务发明，指的是单位工作人员是在执行本单位的任务过程中所完成的发明创造，或主要是利用本单位物质技术条件所完成的发明创造。

根据我国《专利法》及《专利法实施细则》的有关规定，职务发明创造的具体含义应包含以下几点：

1. 发明人或设计人是本单位的工作人员。

2. 是在执行本单位的任务时所完成的发明创造，它包括三种情况：①在本职工作中作出的发明创造。②履行本单位交付的本职工作之外的任务所作出的发明创造。③退职、退休或者调动工作后 1 年内作出的，与其在原单位承担的分配任务有关的发明创造。

3. 主要是利用本单位的物质条件所完成的发明创造。

（三）专利申请权受让人

专利申请权可以转让，即一些并非发明人、设计人，也并非发明人、设计人所属的单位的主体，可通过继受而取得专利申请权。继受方式主要有以下几种：

1. 在非职务发明创造中，由于发明人、设计人死亡，根据法定继承程序或者遗嘱继承程序或遗赠程序，由继承人或受遗赠人取得死亡的发明人或设计人的专利申请权或专利权。

2. 在职务发明创造中，享有专利申请权的单位，出现分立、合并或者其他重要事项的变更，其专利申请权或专利权由变更后的单位享有。

3. 无论单位或个人都可以依法转让自己享有的专利申请权或专利权，受让人即可获得专利申请权或专利权。

（四）外国人

外国人，是指具有外国国籍的自然人和依照外国法律成立并在外国登记注册的法人。我国《专利法》在参照国际惯例的基础上，对外国人的申请权及专利权以不同情况作了相应的规定。

三、专利权人

专利权人亦即专利权的主体，是指依法获得专利权，并承担与此相应的义务的自然人或社会组织。根据《专利法》规定，下列人员可以成为专利权人。

（一）发明人或者设计人

1. 发明人或者设计人本人，即对发明创造的实质性特点作出创造性贡献的人。

2. 共同发明人或者设计人，即两个或两个以上的人对同一发明创造共同构思，并对其实质性特点作出创造性贡献的人。

《专利法》第 9 条规定："同样的发明创造只能授予一项专利权。但是，同一申请人同日对同样的发明创造既申请实用新型专利又申请发明专利，先获得的实用新型专利权尚未终止，且申请人声明放弃该实用新型专利权的，可以授予发明专利权。

两个以上的申请人分别就同样的发明创造申请专利的，专利权授予最先申请的人。"

此项发明创造为共同发明创造。在完成发明创造过程中，负责组织工作的人、为物质条件利用提供方便的人或从事其他辅助工作的人员，不是共同发明人或设计人。共同非职务发明创造的专利申请权和获得专利的权利属于共同发明人或者共同设计人所有。

（二）发明人或设计人所在的工作单位

这种情形主要适用于职务发明。申请职务发明专利的权利属于发明人或者设计人所在单位。

（三）外国人

外国人是指不具有中华人民共和国国籍的人，包括外国的自然人和法人。《专利法》遵循国际惯例，在一定的条件下，承认外国自然人、外国企业或者外国其他组织的申请专利权和获得的专利权受我国专利法的保护。

（四）发明人或设计人的合法受让人

专利权是一种财产权。发明人或设计人可以将该权利有偿或无偿地转让给他人，其合法受让人可以享有申请专利和获得专利的权利。

四、先发明人和先申请人

专利权是一种独占权，一项发明创造只能被授予一项专利权，这是为各国所认同的"一发明一专利"或"排除重复专利"的原则。但在现实中，可能会发生两个不同的人分别独立完成了相同的发明创造，并且都向专利局递交专利申请的情况。如何在专利法上解决这种申请上的抵触是一个十分重要的问题。从世界各国的立法状况看，解决这一问题有两种办法：一是先发明制，二是先申请制。

（一）先发明制

先发明制作为专利法的一条原则，也被称为先发明原则。其含义是当存在两个或两个以上的申请人就同一发明主题申请专利时，专利局将按完成发明创造构思的时间来决定专利权授予何人。

（二）先申请制

采用先申请制可以克服先发明制的诸多弊端，既避免了为确定谁是先发明人而进行的繁琐的取证调查，大大地简化了抵触程序；同时又可以促使发明人尽早、尽快地将发明创造申请专利，从而达到使先进技术尽早公之于众的目的。正因为如此，一些原先采用先发明制的国家在 21 世纪初大都改为先申请制。

（三）优先权原则——先申请原则的例外

优先权原则是《巴黎公约》的基本原则之一，它为国际的专利申请提供了便利。

优先权制度的建立为国际专利申请提供了便利，但仅就一国内部而言，其设立优先权制度似乎仅仅是为外国人提供了方便，并未给本国国民带来任何直接利益。为此，在这种国际优先权制度的基础上，不少国家的专利法又建立了本国优先权制度。所谓本国优先权制度，就是指在本国首次提出专利申请后，又就相同的主题再次向专利局提出申请的，可以在优先权期内享有优先权。这种规定初看上去似乎多此一举，但实际上它对保护本国国民的利益是有益的。比如，外国人依照《巴黎公约》在公约成员国提出专利申请后，可在优先权期内将改进后的技术方案一并在另一成员国申请专利，并可享受部分或多项优先权；引入本国优先权制度后，本国人同样也可以在本国就改进方案的专利申请享受同样的待遇。同时，本国优先权制度还为本国人实现不同专利种类间的转换创造了条件。世界上不少国家都设立了本国优先权制度，我国《专利法》在本国优先权制度上也作出具体规定，如优先权的产生、优先权期、部分或多项优先权等方面均与国际优先权的规定相同。

五、职务发明人

职务发明人，顾名思义，即完成职务发明的人。职务发明人与其所在单位的关系是一种劳动合同关系。在专利法中，这种关系集中体现为职工完成的发明创造的权利归属问题。这一问题的解决应当遵从"合同优先于法律"的原则，即应当按照劳动合同中的约定来决定权属。

职务发明创造是指执行本单位的任务或者主要是利用本单位的物质技术条件所完成的发明创造。职务发明创造申请专利的权利属于该单位；申请被批准后，该单位为专利权人。

非职务发明创造，申请专利的权利属于发明人或者设计人；申请被批准后，该发明人或者设计人为专利权人。

利用本单位的物质技术条件所完成的发明创造，单位与发明人或者设计人之间订有合同，且对申请专利的权利和专利权的归属已作出约定的，从其约定。职务发明创造应当包含两部分，即履行单位所交付的任务时所完成的发明创造或者主要利用单位物质条件所完成的发明创造。

第四节 专利权的内容

一、专利权人的权利和义务

某项发明创造经过专利申请人的申请和国家专利局的审查、批准、公告，并在规定时间内领取专利证书后，专利权自公告之日起生效，专利申请人便成为专利权人，对其发明创造享有专有权利。依我国《专利法》的规定，专利权的持有人和所有人统称为专利权人。专利权人在专利有效期间内享有法律赋予的权利，承担法律规定的义务。

（一）专利权人的权利

专利权人在一定时间、一定范围内对获得专利权的发明创造享有独占权。我国《专利法》规定，专利权人主要享有以下权利：

1. 自己实施并禁止他人实施专利的权利。这项权利包括两方面的内容：①专利权人有权按照自己的意愿，实施自己的专利；②有权禁止他人实施其专利，即未经权利人许可，任何人都不得擅自利用其专利。

2. 许可他人实施其专利的权利。许可他人实施专利，指专利权人准许他人制造、使用、销售、进口其专利产品或者使用其专利方法。这是专利权人得到经济回报的重要方式。

3. 转让专利的权利。转让专利申请权、专利权的，当事人必须订立实施许可合同，经专利局登记和公告后生效。专利权的转让是法律赋予专利权人的一种权利。专利权的转让可以采取多种法律形式，如买卖、交换、赠与以及继承等，但较为常见的形式是买卖。

专利权的转让，是专利权人对其享有的专利行使处分权的一种表现。专利权依法转让后，专利的权利主体便随之发生了变更。这与许可他人实施其专利是不同的，因为被许可方得到的只是专利使用权，并非专利权，专利权人的主体地位并没有因许可协议而变更。

专利权的转让在原则上是自由的。但单位所持有的专利权转让的，必须经上级主管部门批准；向外国人转让专利权的，不管是单位还是个人，都必须经国务院对外经济贸易主管部门和科学技术行政部门批准。

《专利法》第10条规定专利申请权和专利权可以转让。中国单位或者个人向外国人、外国企业或者外国其他组织转让专利申请权或者专利权的，应当依照有关法律、行政法规的规定办理手续。转让专利申请权或者专利权的，当事人应当订立书面合同，并向国务院专利行政部门登记，由国务院专利行政部门予以公告。专利申请权或者专利权的转让自登记之日起生效。

4. 专利标记的权利。专利标记权是指专利权人有权在专利商品或者产品的包装上标明专利标记和专利号的权利。

5. 署名权。无论是职务发明创造还是非职务发明创造，发明人或设计人都有在专利申请文件和专利文件中写明自己是发明人或设计人的权利。署名权是一项人格权，与发明人或设计人的人身不可分离。无论专利权以何种方式由他人取得，署名权永远属于发明人和设计人。

6. 放弃专利的权利。放弃专利权，是指某项发明创造的专利权在法定的保护期限内，权利人以作为或不作为的方式，不再主张其独占权利的行为。专利权人放弃专利后，该专利技术进入公有领域，任何个人和单位都可以无偿使用。

（二）专利权人的义务

1. 缴纳年费的义务。年费又叫专利维持费，是专利权人为维持专利权的有效性，按照法律规定，向专利局逐年缴纳的费用。

2. 按国家计划推广应用专利的义务。专利权人按国家计划推广应用专利的义务，是指中国专利权人有义务按照国家计划同指定单位签订许可实施合同的义务。根据《专利法》的规定，只有专利权人为国有所有制单位，才承担这项义务。外国专利权人不承担此项义务。

3. 职务发明创造权利人对发明人或者设计人给予奖励和支付报酬的义务。《专利法》第16条规定，"被授予专利权的单位应当对职务发明创造的发明人或设计人给予奖励；发明创造专利实施后，根据其推广应用的范围和取得的经济效益，对发明人或设计人给予合理的报酬"。

4. 正确行使专利权，不滥用专利权的义务。专利权人不得损害国家利益、社会公共利益；不得向受让人或被许可人提出限制技术竞争的交易条件；不得垄断技术、妨碍技术进步。

二、不视为侵犯专利权的情形

专利权是一种具有排他性的权利。这一权利的实质在于，除法律另有规定的以外，非经专利权人本人同意，任何单位或者个人均不得利用该专利发明创造，否则即构成对专利权的侵犯。但是，为了防止专利权人滥用其权利，以维护国家和社会的整体利益，我国《专利法》对专利权人所享有的权利作了一些限制性规定。具体而言，以下行为不视为侵犯专利权：

（一）专利权人制造、进口或者经专利权人许可制造、进口的专利产品或者依照专利方法直接获得的产品售出后，使用、许诺销售或者销售该产品的情形

这项规定被称之为"专利权穷竭"原则。换言之，专利权人制造、进口或者经专利权人许可而制造、进口的专利产品第一次售出后，再许诺销售、销售或使用该专利产品，不需征得专利权人同意，更不需向其交纳使用费。

（二）在先使用人（先用人）对专利权的限制

根据《专利法》的规定，"在专利申请日已经制造相同产品、使用相同方法或者已经作好制造、使用的必要准备，并且仅在原有范围内继续制造、使用的"人，为在先使用人。

专利权是一种知识产权，不能自动获得。如果发明人对自己的发明技术非常自信，认为只有他自己才能完成这种发明创造，因而不申请专利，并采取自己保密的方式以获取更大的利益，这种积极准备实施或已经实施的情况是存在的。

（三）外国运输工具使用专利对专利权的限制

临时通过我国领土、领水、领空的外国交通工具，为其自身需要在其装置或设备中使用有关专利的，无须得到我国专利权人的许可。

（四）非商业目的的利用对专利权的限制

《专利法》规定，"专为科学研究和实验而使用有关专利的"行为不属于侵权行为。因为：①它不具有营利性；②有利于科学研究、技术进步。

（五）善意使用或销售对专利权的限制

所谓善意，是指使用或者销售不知道是未经专利权人许可而制造并售出的专利产品或者依照专利方法直接获得的产品的行为。此处强调的是作出了侵权行为的人的心理状态，如果其是善意，且能证明其产品合法来源的，则不视为侵权；如果是

故意或有重大过失的，则构成侵权。

对于不视为侵权的善意行为，我国《专利法》只限于使用或销售专利产品的两种行为，即行为人不知道该专利产品是非法进入流通领域的情形。如果是制造专利产品，则无论行为人是否知道，都属于侵权行为。另外，如果事先不知道而使用或销售他人的专利产品，事后已被告知该产品是非法的而又继续使用或销售的，则为侵权。

三、专利权的期限、终止和无效

（一）专利权的期限

专利权的期限，即专利权的保护期限，指专利主管机关授予的专利权发生法律效力到失效之间的期限。

我国《专利法》第 42 条第 1 款规定："发明专利权的期限为 20 年，实用新型专利权的期限为 10 年，外观设计专利权的期限为 15 年，均自申请日起计算。"期满不予续展。

（二）专利权的无效

专利权的无效是指被授予的专利权因其不符合专利法规定，而由专利复审委员会根据有关单位或个人的申请，通过行政审查程序宣告为无效。

专利复审委员会宣告专利权无效或者维持专利权的决定不是终局决定。当事人不服的，可以在收到通知之日起 3 个月内向人民法院起诉。

宣告无效的专利权视为自始不存在。

然而，专利复审委员会关于宣告专利权无效的决定，对在宣告专利权无效前人民法院作出并已执行的专利侵权的判决、裁定，已经履行或者强制执行的专利侵权纠纷处理决定，以及已经履行的专利实施许可合同和专利转让合同，不具有追溯力。但是因专利权人的恶意给他人造成损失的，应给予赔偿。

（三）专利权的终止

专利权的终止是指专利权因某种事由而停止其效力。包括自然终止和提前终止。

第五节　授予专利权的条件

发明创造能否被授予专利，取决于它是否满足专利法的有关规定。通说认为，授予专利的条件可以分为形式要件和实质要件。

一、形式要件

形式要件是指国务院专利行政部门对专利申请进行初步审查、实质审查以及授予专利权所必需的文件格式和应履行的必要手续。

二、实质要件

实质要件是指申请专利的发明创造必须具备的条件。实质要件可以确定申请专利保护的发明创造有无专利性，它是确定专利申请能否授予专利权的关键。

（一）发明与实用新型授予专利的实质性条件

《专利法》第 22 条第 1 款规定："授予专利权的发明和实用新型，应当具备新颖性、创造性和实用性。"据此，发明与实用新型要取得专利权，必须同时具备新颖性、创造性和实用性三个实质性条件。这三个实质性条件既相互独立，又相互联系，缺一不可。

（二）外观设计授予专利的条件

外观设计不同于发明或实用新型，是指工业品的外表式样，它成为专利权客体的实质条件与发明和实用新型相比，存在不同之处。

外观设计成为专利权客体的实质条件有以下四点：①新颖性；②不得与他人的合法权益相冲突；③富有美感；④适于工业应用。

三、不能被授予专利的实质条件

（一）违背法律和社会公共秩序的发明创造不能被授予专利

《专利法》第 5 条规定："对违反法律、社会公德或者妨害公共利益的发明创造，不授予专利权。对违反法律、行政法规的规定获取或者利用遗传资源，并依赖该遗传资源完成的发明创造，不授予专利权。"

对于"公共秩序""善良风俗"等概念，各国法律均有不同的理解；同一国家在不同时期，对这些概念的外延认定也存在差异。在某些国家，赌具是可以申请专利的，如法国等国；但在有的国家则不允许对赌具申请专利，如日本等国。在我国，赌博是一种违法行为，因而生产赌具不仅违背了公共秩序，同时也违背了法律。由于公共秩序本身因国情不同而不同，故在许多具体问题的认定上各国有自己的一套做法，但在专利法中，各国仍有共同的原则性规定。

（二）科学发现不能被授予专利

科学发现本身不是专利法意义上的发明，因此不能对其授予专利。

（三）智力活动的规则和方法不能被授予专利

专利法所保护的技术方案（外观设计除外）均需利用自然规律，对于那些不利用自然规律的创造，专利法是不予保护的。而智力活动的规则和方法正是没有利用自然规律，自然也就不能成为专利法意义上的发明创造，不能被授予专利。

另外，数学上的算法是不能被授予专利的，因为算法仅仅是数学规则的应用，是思维规则，故算法不是专利上的发明。但随着计算机软件在人类生活中的影响越来越大，人们开始重视软件的专利保护问题了。尽管以著作权法保护计算机软件的做法已成为趋势，为多数国家所接受，但软件毕竟是一个具有技术功能的产品，其在许多方面与著作权法并不相容。从发展趋势看，计算机软件，尤其是程序部分，与专利法的关系可能会越来越密切。

（四）疾病诊断和治疗方法不能被授予专利

专利法属于工业产权法的组成部分，其保护的内容之一是在产业上可以应用并且有积极效果的技术方法。疾病诊断和治疗方法不属于产业上的技术方法，因此也就不属于专利法所保护的发明创造的范围。疾病的诊断和治疗是一个复杂而多变的过程，其中充满了人为的主观因素。同样的疾病对于不同的患者可能有不同的疗法；不同的医生对同一病人可能提出完全不同的治疗方案。若对这种存在着众多不确定因素的对象采用专利法来进行保护，的确存在着一定困难，因为它难以满足产业上的再现性的要求。如果对某种疾病诊断和治疗方法授予了专利，那么其他人非经专利权人许可则不得使用该专利方法，否则便构成对专利权的侵害，这显然无益于社会的进步和人类的健康。

需要注意的是，我国专利法所规定的不授予专利的范围仅限于疾病诊断和治疗方法，为诊断和治疗疾病而发明的各种仪器、设备是可以被授予专利的。比如，一种新型的血压仪，从原理到设计都与传统的血压仪有所不同，这种产品就可以申请专利。

（五）动物和植物品种不能被授予专利

在我国现行专利法中，动物和植物新品种本身尚不能被授予专利，但对培育或生产动植物新品种的方法，则可依法授予专利。这一规定是与我国现阶段的技术发展水平相适应的。

从发展的角度看，对动物、植物品种的保护是必然趋势。现在已有不少国家的专利法开始授予植物专利，或者在专利法之外专门制定单行的特别法以保护植物品种。我国已建立起一套自己的植物品种保护制度。

（六）用原子核变换方法获得的物质不能被授予专利

所谓原子核变换包括原子的自然衰变（就放射性元素而言）和人工核反应。放射性元素的自然衰变不是人力所控制，故不属专利法保护范围也是理所当然。而人工核反应所获物质不能被授予专利，其原因有二：①考虑到国家和公众的安全而不对其授予专利；②为保护本国核工业而不对其授予专利。我国的核工业尚不发达，故在专利法上对这一领域的技术作出限制也有这方面的考虑。目前，世界上绝大多数国家均不对此授予专利，只有美国和日本对此采取了相对宽松的做法。

第六节　专利权的申请与审查

一、专利权的申请

专利是保护发明创造的一种有效方式。发明人既可以自己申请，也可以委托专利代理人申请。

二、专利权的审查

我国专利法针对不同的专利类型分别采用了不同的审查制度。对于发明专利采用了早期公开延迟审查制，而对于实用新型和外观设计专利则基本采用了登记制。下面介绍一下我国专利的审查制度。

（一）初步审查

初步审查，是指国务院专利行政部门在受理专利申请案后对其所作的形式审查，因此，初步审查又称"形式审查"。其主要目的在于查明该申请是否符合专利法关于形式要求的规定。初步审查的期限为"自申请日起满18个月"。

（二）早期公布申请

我国《专利法》第34条规定："国务院专利行政部门收到专利申请后，经初步审查认为符合本法要求的，自申请日起满18个月，即行公布。国务院专利行政部门可以根据申请人的请求早日公布其申请。"实行早期公布，可以加快最新科技信息的交流传播，也有利于公众对专利申请案的协助审查。

由于实用新型专利和外观设计专利的批准不需经过实质审查，一般在1年之内即能批准其申请。因此，不存在早期公布申请。

（三）请求实质审查

所谓请求实质审查，是指申请人提出专利申请后，在法律规定的期限内，请求国务院专利行政部门对其申请专利的发明是否具有专利性进行审查。实质审查的请求应当自申请日起3年内提出。如果申请人无正当理由在上述3年期限内不提出实质审查请求，则该申请即被视为撤回。依我国《专利法》规定，只有申请人才能请求实质审查，同时，在国务院专利行政部门认为必要的时候，也可以自行对发明专利申请进行实质审查。

（四）实质审查

实质审查是发明专利申请审批程序必须经过的重要阶段。所谓实质审查，是指国务院专利行政部门审查申请专利的发明是否具有专利性，即对发明是否符合专利法规定的新颖性、创造性和实用性等作实质性审查。

（五）批准专利、登记发证和公告

对于发明专利申请，国务院专利行政部门在完成实质审查后进入批准授权程序；对于实用新型和外观设计专利申请，国务院专利行政部门在完成初步审查后进入批准授权程序。国务院专利行政部门将在《发明专利公报》《实用新型专利公报》《外观设计专利公报》上刊登所授予的专利权，以示公告。专利权在授予和进行公告后，专利申请人即取得了相应的法律权利。

（六）专利申请的复审

专利申请的复审，是指申请人对国务院专利行政部门驳回申请的决定不服，向国务院专利行政部门提出要求重新进行的审查。

国务院专利行政部门设立专利复审委员会。专利复审委员会由国务院专利行政部门指定有经验的技术专家和法律专家组成。

无论复审结果如何，专利复审委员会都应以书面形式通知请求人。专利申请人如对复审委员会的复审决定不服的，可以自收到通知之日起3个月内向人民法院起诉。

第七节　专利权的保护

一、专利权的保护范围

专利权的保护范围是指法律所保护的专利权的效力范围，即专利所覆盖的技术幅度。就发明和实用新型而言，就是符合专利性的技术构造或技术方案；就外观设计而言，就是具有可视性的外观美感。

（一）发明和实用新型专利的保护范围

1. 确定保护范围的原则。对于发明和实用新型专利的保护范围，世界各国的立法和学说都主张依据权利要求书来加以确定。而在解释权利要求的时候，主要依据以下原则：中心限定原则、周边限定原则和折衷主义原则。

大部分国家采用的是折衷主义的做法，在确立专利权的保护范围时既着重考虑权利要求书中所反映的实质性内容，又不忽视说明书和附图对权利要求的解释作用。我国《专利法》也采纳了这一原则。

2. 产品发明专利和方法发明专利的保护范围。产品发明专利的保护范围及于一切具有同样特征、同样结构和同样性能的产品，而不论其是否通过不同的方法制造、也不论其用途如何。但是，为了鼓励技术创新和技术尽可能地转化成生产力，对于专利产品中一些出人意料的新用途或效果极其显著的新用途，如果对所属技术领域的普通技术人员而言不是显而易见的，则不在该产品专利的保护范围以内，应当允许以将该专利产品转化成这种新用途为主要技术内容的新发明获得专利保护。

（二）外观设计专利的保护范围

一般来说，由于外观设计专利申请文件中没有权利要求书和说明书，而只有图片或照片等文件，因而外观设计专利的保护范围应由表示该外观设计的图片或照片来确定。外观设计专利权的保护范围为：

1. 保护范围以表示在图片或者照片中的该专利产品的外观设计为准。

2. 外观设计专利权应限定在申请时指定使用该设计的产品的范围内。

3. 确立外观设计专利的保护范围，不应受到产品制造方法或所用材料、尺寸及内部结构的限制。只要采用了已获得专利的外观设计中具有新颖性的部分，足以使一般人认为是相近或相似的设计，不管行为人采用什么样的方式伪造，都是侵犯专利权的行为。

二、专利侵权行为及其法律责任

（一）专利侵权行为的概念

专利侵权行为，又称侵犯专利权的行为，是指在专利权的有效期限内，未经专利权人许可，以法律禁止的方式实施其专利或妨害其行使专利权的行为。按照侵权的行为方式不同，专利侵权行为可以分为直接侵权行为和间接侵权行为。

1. 直接侵权行为，即在专利权的有效期限内，任何人在未经专利权人许可也没有其他法定事由的情况下，擅自以营利为目的而实施专利的行为。

另外，还有一种特殊的直接侵权行为——专利假冒行为，是指未经专利权人许可，非专利权人以自己营利为目的而制造、许诺销售、销售、使用擅自标注他人专利标记和专利号的产品的行为。

2. 间接侵权行为，即行为人并不亲自实施直接侵犯专利权的行为，但却故意诱导、怂恿、教唆或以其他方法促使他人实施直接侵权行为的行为。间接侵权可以表现为提供、出售或者进口用于制造该项专利产品的原料或者零部件；或者表现为提供、出售或者进口用于该专利方法的材料、器件或者专用设备。

（二）专利侵权行为的认定

1. 构成专利侵权行为，必须具备以下条件：①被侵犯的专利权必须是合法有效的；②有侵害行为存在；③未经专利权人许可而实施；④以生产经营为目的；⑤不属于法律不视为侵害专利权的行为。

2. 发明和实用新型专利侵权行为的认定。在认定发明和实用新型专利侵权行为的时候，应当将被控侵权物的技术特征与专利权利要求书中记载的技术特征进行比较，一般不将专利产品与侵权的技术方案进行直接比较。

3. 外观设计专利权侵权行为的认定。首先，审查被控侵权产品是否与专利产品属于同类产品，不属于同类产品的，一般不存在专利侵权问题；在有些特殊情况下，类似产品也有可能侵犯外观设计专利权。其次，将外观设计专利与被控侵权产品的形状、图案或者其结合及色彩与形态、图案的结合进行对比，看两者是否属于"相同"或"近似"的情形。

（三）专利侵权行为的法律责任

对于专利侵权行为的法律责任，国际上一般采用民事责任和刑事责任两种形式。我国的立法有所不同，采用了民事责任、行政责任、刑事责任并行，民事责任为主的模式。

1. 专利侵权行为的民事责任。①停止侵害。责令侵权人停止侵权行为是民事救济中一项适用非常广泛的责任形式。法院审理确认专利侵权行为成立的，应作出责令停止侵害的裁判；情况紧急的，也可以将其作为诉前的预防性措施予以采用。②赔偿损失。这是专利侵权人对专利权人造成损失时所采取的责任形式。这里的"损失"一般只限于直接的物质损失，而不具备惩罚性赔偿的意思。③消除影响。当侵权人的侵权行为使专利权人的信誉受到损害时，仅仅赔偿专利权人的金钱损失是不够的，专利权人还可以要求侵权人采取措施消除公众对其形成的误解，恢复其商业信誉，如公开赔礼道歉。

2. 专利侵权行为的行政责任。①停止侵害。责令侵权人停止侵权行为是专利行政管理机关通过行政程序对侵权人采取的制裁措施之一，除了执行机关和执行程序有所区别之外，这一责任形式基本上与民事责任中的"停止侵害"相同。②赔偿损失。具体理解为：其一，专利行政管理机关只能以一个中间人的身份对赔偿数额进行调解，无权强制侵权人赔偿。其二，当事人可以基于平等和自愿原则，在行政机关的主持下对侵权赔偿及数额进行调解；调解不成，可以就该民事争议向人民法院提起民事诉讼。③没收违法所得、罚款。

3. 专利侵权行为的刑事责任。《专利法》第68条规定："假冒专利的……构成犯罪的，依法追究刑事责任。"可见，只有从事假冒他人专利行为的侵权人，才有可能承担刑事责任，而对于其他专利侵权行为，由于我国《刑法》没有规定相应的罪名和刑事处罚，因而不会构成刑事犯罪。

三、其他违反专利法的行为及其法律责任

（一）泄露国家机密

涉及国家机密的专利需要特殊保护。许多国家的法律在承认专利权人的专有权的同时，还把那些具有重大意义或者涉及国家安全的发明创造纳入国家保密范围之内，并对其进行特别的法律保护。我国《专利法》第4条规定："申请专利的发明创造涉及国家安全或者重大利益需保密的，按照国家有关规定办理。"第19条第1款规定："任何单位或者个人将在中国完成的发明或者实用新型向外国申请专利的，应当事先报经国务院专利行政部门进行保密审查。保密审查的程序、期限等按照国务院的规定执行。"

我国《专利法》对于违反规定擅自向外国申请专利透露国家机密的行为，具有以下两种追究法律责任的方式：

1. 由所在单位或者上级主管机关给予行政处分，包括警告、记过、记大过、降级、撤职、开除。

2. 构成犯罪的，依法追究刑事责任。

（二）徇私舞弊

我国《专利法》第80条规定："从事专利管理工作的国家机关工作人员以及其他有关国家机关工作人员玩忽职守、滥用职权、徇私舞弊，构成犯罪的，依法追究刑事责任；尚不构成犯罪的，依法给予行政处分。"

徇私舞弊行为损害了专利申请人的合法权益，甚至有可能损害国家和集体的利益。一般情况下，对责任人给予行政处分；情节严重的，应比照刑法予以定罪处罚，即按国家机关工作人员滥用职权罪、玩忽职守罪定罪处罚。

思考题

1. 什么是专利？专利权有什么特征？

2. 什么是职务发明？简述职务发明的专利归属情况。

3. 什么是共同发明人？简述我国专利法对共同发明人专利归属情况的规定。

4. 简述实用新型与发明二者的区别与联系。

5. 不授予专利权的发明创造有哪些？

6. 什么是先申请原则？

7. 发明与实用新型被授予专利的实质性条件是什么？

8. 什么是专利侵权行为？根据我国《专利法》的规定，哪些行为构成专利侵权行为？

实务训练

（一）示范案例

案情：

原告：耿建民、CGG（泰国）有限公司（以下简称 CGG 公司）

被告：重庆鲍尔成科技有限公司（以下简称鲍尔成公司）

2006 年 2 月 10 日，原告与被告签订了《PCT 国际专利在泰国转让合同》，合同中记载了如下内容："……本合同转让方拥有型材螺旋缠绕管专利……鉴于本合同受让方对上述专利的了解，希望在泰国获得该专利的申请权并成为专利权人……鉴于转让方同意将其所拥有的前述专利在泰国的专利申请权及专利权转让给受让方。合同内容约定：转让方在收到受让方支付的第一笔转让费后的 7 日内向受让方交付包括向国际局（中国专利局）递交的全部 PCT 专利申请文件的复印件、国际局（中国专利局）出具的有关证明文件、指定局（泰国国家专利局）的授权文件在内的全部专利资料；双方在资料交付后的 20 日内到泰国专利局办理著录事项变更……"合同还约定了转让费的支付方式。同年 5 月 16 日，双方对原合同条款作出了修订和补充，签订了两份补充协议书，其中约定：由转让方向受让方无偿提供缠绕机样机一台，该设备出口及在中国境内产生的费用由转让方承担，在泰国境内的进口及运输等费用由受让方承担等条款。后 CGG 公司在泰国成立。2006 年 1 月 25 日，耿建民向被告鲍尔成公司支付了第一笔专利转让费 12 000 美元。但合同签订至今，被告鲍尔成公司除向原告交付了缠绕机样机一台外，未向原告交付合同约定的任何专利相关资料。庭审中双方共同认可，由于泰国不是 PCT 成员国，双方变更了合同，由被告鲍尔成公司配合原告在泰国直接以 CGG 公司的名义申请专利。但关于合同变更后的履行情况，被告鲍尔成公司称已协助 CGG 公司进行了申请并且该专利在泰国正处于公告期；原告称由于被告提供的手续不全等原因，该专利申请在泰国已被驳回，由于合同已无法履行，原告遂诉至法院。

原告耿建民、CGG 公司共同诉称，型材螺旋缠绕管专利的专利权人系陈某某而非被告，被告与原告签订合同的行为系无权处分行为，合同应当归于无效。并且，按照《专利法》及其实施细则的相关规定，中国单位或者个人向外国人转让专利申请权或者专利权的，必须经国务院主管部门批准。被告从未履行相关批准手续，合同因违反法律法规的强制性规定也应当归于无效。被告应当对合同无效给原告造成的损失，即 CGG 公司创办至今所产生的营运费用承担全部责任。原告请求判令：①确认双方签订的《PCT 国际专利在泰国转让合同》及两份补充协议无效；②被告返还专利转让费 12 000 美元，折合人民币 99 600 元；③被告赔偿原告经济损失

4 394 120 泰铢，折合人民币 976 471 元，两项合计 1 076 071 元人民币；④被告承担本案全部诉讼费用。

被告鲍尔成公司辩称：①合同系其与原告 CGG 公司签订。耿建民是作为 CGG 公司的代表人在合同上签字，并非合同相对方，不是本案的适格原告。②合同所涉专利的原申请人系鲍尔成公司的股东陈某某，但陈某某同意将其专利转给鲍尔成公司，合同应属有效。合同未履行的原因在于泰国非 PCT 成员国，但被告已配合原告 CGG 公司在泰国直接申请专利，原告 CGG 公司亦已在泰国实施该专利技术获利。③合同约定专利转让费首期应当支付 15 000 美元，但原告仅支付了 12 000 美元，应属违约行为。④原告 CGG 公司的营运费用与合同无关，更与被告方无关，不应当由被告方承担。被告鲍尔成公司请求驳回原告的诉讼请求。

本案应如何裁判？

裁判结果：

法院经审查认为，原告耿建民并非合同相对方，不享有合同实体权利义务；双方在签订合同时，对于无权处分的状态均无异议，且不构成《合同法》第 52 条第 2 项所称"恶意串通，损害国家、集体或者第三人利益"的行为，因此，被告鲍尔成公司的无权处分行为不影响双方专利转让协议的效力。但对于变更前后的专利转让协议，双方至今均未办理相关批准手续，应当认定该协议未生效；原告要求解除合同的诉讼请求可以允许。据此，法院依据《民法典》第 115 条，《合同法》第 8 条、第 44 条、第 94 条、第 97 条，《合同法解释（一）》第 9 条，《民事诉讼法》第 108 条、第 128 条之规定，判决如下：①《PCT 国际专利在泰国转让合同》（包括双方协议变更后的合同）及两份补充协议自本判决生效之日起解除。②被告鲍尔成公司于本判决生效之日起 5 日内返还原告 CGG 公司 12 000 美元（按照原告向被告交付该款项当日的人民币对美元汇率折算人民币予以返还）。③驳回原告耿建民的全部诉讼请求。④驳回原告 CGG 公司的其他诉讼请求。

本案案件受理费 14 484.20 元，由被告鲍尔成公司负担。

案例评析：

本案系因专利转让合同的履行而引起的纠纷，法庭审理主要围绕着该合同的主体、合同效力如何以及相应责任如何承担的判定而展开，因此在分析该案件时也需要从这几个方面来梳理线索：

（一）对于"关于《PCT 国际专利在泰国转让合同》（包括双方协议变更后的合同）及两份补充协议的主体问题"的判定

所谓民事诉讼主体资格，是指在民事诉讼中作为原告或者被告以及第三人的资格。对于合同纠纷，合同的当事人以及与合同有直接利害关系的第三人可以对合同的相关权利提起诉讼。判断当事人是否适格需要从如下几个方面入手：首先，需判断当事人是否具备诉讼权利能力，这是基本前提；其次，判断当事人是否具有诉讼实施权；最后，根据原告起诉时的主张和声明判断，判断起诉者是否与系争标的存在直接的利害关系。

在本案中，根据双方当事人签订的合同内容来看，专利转让合同的当事人为：鲍尔成公司和 CGG 公司，耿建民是作为 CGG 公司的代表人而存在，其行为应当归属于其所代表的 CGG 公司的行为，其在协议上的受让方处的签字以及向鲍尔成公司支付首笔专利转让款的行为，均系代表 CGG 公司所为。因此，专利转让的法律关系主体为鲍尔成公司和 CGG 公司。根据合同的相对性，耿建民作为合同之外的第三人，行为归属于公司行为，其不享有合同的实体权利义务，因而不具备合法的原告主体资格，法院受理后判决驳回其诉讼请求是适当的。

（二）对于"涉案专利转让合同的效力"的判定

所谓无权处分，是指无权处分的人处分他人财产，并与相对人订立转让财产的合同。无处分权的人处分他人财产，经权利人追认或者无处分权的人订立合同后取得处分权的，该合同有效。未取得追认的无权处分合同并不当然无效，要视第三人的善意与恶意而分别作出评判。

在本案中，由于《PCT 国际专利在泰国转让合同》首页已明确载明专利权人为陈某某，由此可知双方签订合同时的真实意思应是由陈某某将其所拥有的涉案专利申请权及专利权转让给鲍尔成公司，再由鲍尔成公司转让给 CGG 公司。双方在签订合同时对该无权处分的状态并无异议，因此，被告的无权处分行为不影响双方专利转让协议的效力。但是根据我国法律中有关专利转让的规定可知，中国单位或者个人向外国人转让专利申请权或者专利权的，必须经国务院有关主管部门批准。对于需要办理相关手续的合同而言，手续的办理是合同生效的必要条件，故不具备相关要件的合同就是无效合同。本案所涉及的合同及补充协议直至法院审理时仍未办理相关手续，故该合同虽然成立，但尚未生效。

（三）对于"合同是否应当解除以及由此的法律后果"的判定

由上述描述所知，双方当事人之间签订的合同直至审理期间仍未办理相应的审批手续，因而其效力仍然无法得到认可，因此，原告要求解除合同的请求能够得到支持。合同解除后，可以采取恢复原状、赔偿损失等措施。

在本案中，原告已经支付被告的专利转让费 12 000 美元，理应由被告返还原告，这是恢复原状的表现；对于原告提出的赔偿损失的要求，由于无足够证据支持，因而法院无法支持其相关诉请。

（二）习作案例

2008 年，甲公司获得一项手机外观设计专利，乙公司未经甲公司许可，以生产经营为目的制造同样外观设计的手机。丙公司未经甲公司许可，以生产经营为目的，分别实施了以下四种行为：①丙公司使用乙公司制造的该手机产品；②丙公司销售乙公司制造的该手机产品；③丙公司许诺销售乙公司制造的该手机产品；④丙公司使用甲公司制造的该手机产品。

上述四种行为是否构成专利侵权行为？

第二十四章

商标法

学习目标与工作任务

通过本章学习，要求大家了解商标的种类及构成，商标注册的申请、审查、核准程序；理解注册商标的转让、许可使用；掌握商标使用的管理，注册商标专用权的法律保护。

导入案例

中国商标第一案——"王老吉"商标权之争

一、凉茶"王老吉"的由来

王老吉的发展历程和可口可乐非常相似，其原本是一种功能型药物，自清朝1828 年王老吉凉茶创始人王泽邦开第一家门店起，人们一直冠名王老吉为凉茶始祖。王老吉已经有 180 多年的历史了。

王老吉从只在岭南地区有着名气的凉茶，到如今红遍大江南北的中国凉茶第一罐，其经历了快速的发展。尤其在 2002 年以后，加多宝集团正式确立凉茶"王老吉"这一定位后，其才走上了高速的发展道路，销售额从 1 亿元到 2011 年的 160 亿元，赢得了巨大成功。

二、广药与加多宝之间的关系

在红罐王老吉成功以后，是非变多。先是广药集团不断推出王老吉的新品类，使加多宝集团倍感压力，再是"王老吉"商标权到 2010 年使用期限等，再到广药集团发布价值 1080 亿元的"王老吉品牌"，加多宝撇清与广药集团的关系，使两家矛盾公开化，到最后的商标权之争。

2000 年，加多宝与广药集团签署主商标合同（时限至 2010 年）。

2002 年 11 月，加多宝与广药集团签署第一份补充协议（时限延长至 2013 年），此前广药集团原老总李益民收受香港鸿道集团董事长陈鸿道港币 200 万元。

2003 年 6 月，加多宝与广药集团签署第二份补充协议（时限再延长至 2020

年），李益民收受陈鸿道港币 100 万元，随后李益民落马。

2011 年 4 月，广药集团递交"王老吉商标"仲裁申请。

2012 年 5 月 11 日，广药集团收到中国国际经济贸易仲裁委员会日期为 2012 年 5 月 9 日的裁决书，广药胜诉。

2012 年 5 月 15 日，广药集团赢得王老吉商标。

三、后续竞争问题

谁是正宗好凉茶？红罐包装专利权归谁？

本案知识点：商标权；商标权的转让。

第一节　商标概述

一、商标的概念

"商标"一词是外来语，英文称为"Trademark"，在我国俗称为"牌子"，是指由文字、图形或其组合等构成，使用于商品，用以区别不同商品生产者或经营者所生产或者经营的同一和类似商品的专用标记。商标可由文字、图形、字母、数字、三维标志和颜色组合，以及前述要素的组合。

二、商标的特征

1. 商标是在商品上使用的标记。

2. 商标是区别商品的标识，这是商标的本质特征。

3. 商标是由文字、图形等要素组合构成，具有显著的识别特征。

4. 商标还是一种文化象征。由于商标是以文字、图形等作为外在的表现形式，因此，这一形式除了显示其商业标志外，还能传达一定的文化信号。

5. 商标是一种无形财富。商标标识本身只不过是一种符号，但是一个享有盛誉的商标，体现了该商品的知名度和市场占有率。因此，商标是企业的无形财富。

三、商标的构成

（一）商标的构成要素

根据《中华人民共和国商标法》（以下简称《商标法》）的规定，商标必须具备法定的构成要素，包括文字、图形以及组合商标。作为商标的文字可以是汉字、外文、少数民族的文字，也可以是汉语拼音，还可是数字、人名等；作为商标的图形，可以是各种各样的图形，包括具体图形或抽象图形，也可以是三维标志，只要其特征显著，都可以作为商标。

（二）商标的构成要件

商标的构成要件是指商标所必须具备的条件，包括积极要件和消极要件。

1. 积极要件，是指商标必须具备的条件，即商标文字、图形、字母、数字、三维标志、颜色组合和声音等以及上述要素的组合要有显著特征，便于识别。

2. 消极要件，即商标不得具备的条件。根据《商标法》第 10 条的规定（我们习惯上称之为"禁用条款"），商标不得使用下列文字、图形：

（1）同中华人民共和国的国家名称、国旗、国徽、国歌、军旗、军徽、军歌、勋章等相同或者近似的，以及同中央国家机关的名称、标志、所在地特定地点的名称或者标志性建筑物的名称、图形相同的。

（2）同外国的国家名称、国旗、国徽、军旗相同或者近似的，但经该国政府同意的除外。

（3）同政府间国际组织的名称、旗帜、徽记相同或者近似的，但经该组织同意或者不易误导公众的除外。

（4）同"红十字"、"红新月"的名称、标志相同或者近似的。

（5）与表明实施控制、予以保证的官方标志、检验印记相同或者近似的，但经授权的除外。

（6）带有民族歧视性。

（7）带有欺骗性，容易使公众对商品的质量等特点或者产地产生误认的。

（8）有害于社会主义道德风尚或者有其他不良影响的。

在我国，禁用条款不仅是审查的标准，也是适用于对未注册商标的管理。商标禁止使用上述文字、图形，目的是保护社会的公众利益不受损害。这些规定既符合我国实际，也符合国际惯例。

第二节　商标权

一、商标权概念

商标权，指注册商标权人对其注册商标所享有的专有权。商标权的主体是注册商标权人，客体是注册商标，内容包括商标的专有使用权、禁用权、续展权、转让权、许可使用权等。

二、商标权主体

注册商标权人又称商标权人，我国《商标法》将其称为商标专用权人。商标注册人指商标权的主体，即注册商标的所有人。符合商标注册申请人资格的，经法定程序取得商标注册证，即成为商标权的原始主体。注册商标的转让经核准后，受让人即成为商标权的继受主体。

（一）自然人

自然人对其制作、加工、拣选或者经销的商品，都可以以其名义申请商标注册，取得商标权。

（二）法人

现行《商标法》所称的法人指的是中国的企业、事业单位。

企业必须是依法登记并能够独立承担民事责任的工商企业，它包括国有企业、集体所有制企业、私营企业、外资企业、中外合资经营企业等。企业应就其经营范围内的商品申请商标注册。

（三）其他组织

这是指不具备法人资格的一些组织，如个人独资企业，合伙企业等，因为他们也要参与到市场经济中，所以这些组织对其生产、制造、加工、拣选或者经销的商品，可申请取得注册商标。

（四）外国人

现行《商标法》所称的外国人或者外国企业，在大多数情况下指的是外国企业。在中国境内依中国法设立的外资企业、中外合资经营企业是中国法人，不以外国人对待。

（五）商标权继承人

原商标权由自然人享有的，在其死亡后，按照《继承法》的规定，商标权由其合法的继承人继承。继承人依法定程序取得商标权后，应当保证使用注册商标的商品的质量。外国个人的商标权也可以继承。

上述商标权人可以转让注册商标，由受让人取得商标权。

三、商标权的内容

商标权的权利内容包括注册商标专有使用权、转让权等。其中专有使用权是基本的、核心的权利，其他权利都是从专有使用权中派生或引申而出的。这里着重介绍的是商标权的专有性权利内容。

（一）专有使用权

注册商标专有使用权指商标权人对其注册商标所享有的进行专有专用的权利。商标权的精髓在于它是无形财产权，商标权人对其注册商标享有所有权，即享有排他性的支配权，该注册商标可以被继承，可以转让，可以独占使用，也可以许可他人使用以获取利益。

（二）转让权

注册商标是一种工业产权，它与其他财产一样，可以进行转让。由商标所有人按照一定的条件，根据自己的意愿，依法将其商标专用权转让给他人所有，称为注册商标的转让。注册商标转让权是商标权的一项重要内容。

四、商标权范围

商标权由注册产生，受法律保护。商标权以核准注册的商标和核定使用的商品为限。他人未经商标人许可，在核定的同一或者类似的商品上使用与核准注册的商标相同或近似的商标，即构成侵权。商标权人不得任意扩大或改变保护范围，如果要变更注册人名义、地址，扩大核定适用的商品范围，改变注册商标的文字、图形或其组合的，均应依法办理相应的手续，得到法律的认可。

五、商标权期限

商标权的期限指注册商标具有法律效力的期限。《商标法》第 39 条规定："注册商标的有效期为 10 年，自核准注册之日起计算。"

六、商标权的限制

商标权的限制是指当注册商标所有人的商标权与社会公共利益或他人的合法利益产生冲突时，法律为协调这种冲突而对商标权人和权利所进行的限制。

商标权的限制主要表现为商标权用尽。这主要是指在国际贸易中，当享有商标权的产品投入外国市场以后，商标权人则无权控制该产品在外国的使用和销售。商标权用尽的作用主要是为了促进国际商事交往，防止商标权人滥用其权利，阻碍商品的流通。

第三节 商标权的取得制度

商标保护制度以保护商标所有人对其商标的支配权利为核心。根据目前各国立法的不同规定，商标权的取得制度可分为使用制度、注册制度以及使用与注册混合的制度。

一、根据使用取得商标权

这是一种最早出现的，至今仍为个别普通法国家如美国所采用的商标权的取得制度。其特点是注重商标的功能。而商标的使用恰是实现商标功能的唯一途径。在商标保护制度产生的初期，以商标的使用作为保护的基础有其历史必然性。当时，商品的种类及商品生产者的数量稀少，并且，商品只在有限的区域内销售，商标所有人与其他商品生产者及用户具有密切的联系。因此，一方面，避免使用与他人的商标相同或近似的标记的可能性；另一方面，商标的使用人容易在贸易活动中建立起信誉。早期的英国判例法及衡平法对商标所提供的保护正是建立在商标所有人所拥有的信誉之上的。

二、根据注册取得商标权

根据商标注册制度，商标权因注册而产生，新的商标权的取得制度由此出现。目前，绝大多数国家的商标立法都规定了商标权经由注册取得这一制度。我国现行《商标法》也规定了商标权的注册取得制度。这一制度具有使用制度所不具备的优点，在这一制度下产生的商标权相对于在使用制度下取得的商标权，其具有较强确定性；在发生侵权纠纷时，也易于取证。但是"注册只是一种行政手续，而非市场行为"。从理论上讲，因注册而生的权利还不是实体意义上的商标权。"实体商标权由实际使用产生，而非注册产生"。因此，使用制度对强调商标使用而言，也有其公平、合理的一面。

第四节 商标权的使用许可和转让

一、商标权的使用许可

许可他人使用注册商标，是商标权人享有的一项重要的权利内容。许可他人使用注册商标，即许可他人行使商标权中的使用权，商标权本身仍然由许可人自己拥有。

（一）使用许可的形式

实践中，商标使用许可的形式主要有三种：一般使用许可、排他使用许可与独占使用许可。一般使用许可，即许可人授权被许可人在一定期限、地域内，在指定的商品上使用其注册商标；与此同时，许可人还可以许可第三人使用该注册商标。排他使用许可，即许可人授权被许可人在一定期限、地域内，在指定的商品上独家使用其注册商标的同时，承担在该期限和地域内，在相同的商品上不再许可第三人使用该注册商标的义务。独占使用许可，即许可人授权被许可人在一定期限、地域内，在指定的商品上独家使用其注册商标的同时，承担在该期限和地域内，在相同的商品上不允许包括注册人自己在内的任何人使用该注册商标的义务。

（二）许可人与被许可人的权利和义务

许可人与被许可人的权利与义务由双方在合同中予以约定。一般来说，在合同所约定的权利义务中，许可人最主要的权利是获取许可使用费，主要的义务是允许被许可人使用注册商标。被许可人的主要权利义务相对应，即权利为使用许可人的注册商标，义务为向许可人支付使用费。

与一般合同当事人的义务不同的是，一般合同当事人的义务由双方在合同中自行约定，而商标许可使用合同的双方当事人均须履行由法律规定的法定义务。根据《商标法》第43条的规定，商标注册人可以通过签订商标使用许可合同，许可他人使用其注册商标。许可人应当监督被许可人使用其注册商标的商品质量。被许可人应当保证使用该注册商标的商品质量。经许可使用他人注册商标的，必须在使用该注册商标的商品上标明被许可人的名称和商品产地。许可他人使用其注册商标的，许可人应当将其商标使用许可报商标局备案，由商标局公告。商标使用许可未经备案不得对抗善意第三人。

二、商标权的转让

转让商标权是权利人对其商标权的一种最重要的处分方式。通过转让商标权，转让人得到了转让费，但不再拥有商标权；受让人获得商标权，但必须支付转让费。

与许可的情形一样，转让商标权也涉及在核定的全部或者部分商品或服务上转让的问题，通常这两种不同的转让方式都被允许。转让注册商标的商标注册人在同一种或者类似商品上注册的相同或者近似的商标，必须一并转让。

第五节　商标注册

一、商标注册的概念

商标注册是指商标的使用人为了取得商标专用权，将其使用或准备使用的商标，依照法定的条件和程序，向国家商标主管机关提出申请，经主管机关审核予以注册的制度。在我国，取得商标权的唯一途径是商标注册。

二、商标注册的条件

商标注册的条件包括商标注册申请人和申请注册的商标应当具备的条件。

根据我国《商标法》的有关规定，商标注册申请人应当具备的条件具体包括两个方面：

1. 申请人必须符合法定的主体资格。依据商标注册申请人的国籍不同，可将其分为本国申请人和外国申请人。我国商标法对商标注册的本国申请人和外国申请人的主体资格作了不同的规定。

（1）本国申请人。商标注册的本国申请人包括自然人、法人和其他组织。在我国，商标注册的申请人范围是十分广泛的。

（2）外国申请人。包括外国人和外国企业。外国人是指具有外国国籍的自然人；外国企业是指依据外国法律成立的并在外国登记的企业。

2. 申请人所从事的事业必须是属于营业性质的事业。商标的一个功能是广告功能，一般来说，只有从事生产、制造、加工、拣选或经销等营业活动的生产经营者或服务提供者，才需要使用商标。

申请注册的商标必须符合以下条件：

1. 商标的构成要素要符合规定，即由商标法规定的"文字、图形、字母、数字、三维标志、颜色组合和声音等"元素单一或组合组成。

2. 商标的基本功能是识别作用，所以由以上元素构成的商标须具备自己的显著性特征，不能和其他商标产生混淆。

三、商标注册的申请

依据现行《商标法》的规定，商标注册申请的原则主要包括以下几项：

1. 一件商标一份申请的原则。即一份申请只能请求注册一件商标，不能在一份申请中提出注册两件或两件以上的商标。

2. 优先权原则。优先权原则是知识产权保护的一项基本原则。《商标法》第25条对此作了明确规定："商标注册申请人自其商标在外国第一次提出商标注册申请之日起6个月内，又在中国就相同商品的同一商标提出商标注册申请的，依照该外国同中国签订的协议或者共同参加的国际条约，或者按照承认优先权的原则，可以享有优先权。依照前款要求优先权的，应当在提出商标注册申请的时候提出书面声明，并且在3个月内提交第一次提出的商标注册申请文件的副本；未提出书面声明或者逾期未提交商标注册申请文件副本的，视为未要求优先权。"

3. 申请在先为主、使用在先为辅原则。申请在先是指谁先申请注册，谁获得商标专用权，驳回申请在后的商标注册申请。《商标法》第31条规定："两个或两个以上的商标注册申请人，在同一种商品或者类似商品上，以相同或者近似的商标申请注册的，初步审定并公告申请在先的商标；同一天申请的，初步审定并公告使用在先的商标，驳回其他人的申请，不予公告。"采用该原则既有利于明确商标权的归属，又能顾及在先使用人的利益，较为公平合理。

使用为辅是指若两份商标注册申请的申请日为同一天的，则需辅之以使用在先的办法来判定先审查和注册哪一件商标。判定属于使用在先或在后的情形，需要商标注册申请人进行举证。因此，申请日为同一天时，申请人应当提供使用该商标日期的证明。

四、商标注册申请的审查和受理

我国商标注册申请的审理在审查实务中有形式审查和实质审查之分，即商标局在正式受理前，应对申请文件和应办手续进行形式审查，受理后再对商标的实体内容进行实质审查。

五、商标注册的公告和异议

商标局对已经受理的商标注册申请，经审查符合商标法规定的，予以初步审定，并予以公告。经初步审定的商标，应当在《商标公告》刊物中进行公告。《商标公告》是商标局编辑出版的定期刊物，用以公告有关商标注册事项和其他需要公之于众的文件。

《商标法》第 33 条规定："对初步审定公告的商标，自公告之日起 3 个月内，在先权利人、利害关系人认为违反本法第 13 条第 2 款和第 3 款、第 15 条、第 16 条第 1 款、第 30 条、第 31 条、第 32 条规定的，或者任何人认为违反本法第 4 条、第 10 条、第 11 条、第 12 条、第 19 条第 4 款规定的，可以向商标局提出异议。公告期满无异议的，予以核准注册，发给商标注册证，并予公告。"

所谓异议，是指对于在法定期限内对某一经过初步审定并予以公告的商标，申请人以外的任何人依据商标法向商标局提出的关于该商标不应予以注册的反对意见。

当事人不服异议裁定的，可以自收到通知之日起 15 日内向商标评审委员会申请复审，由商标评审委员会作出裁定，并书面通知异议人和被异议人。商标评审委员会作出的裁决不是终局性裁决。当事人若对商标评审委员会作出的裁定不服的，可以自收到通知之日起 30 日内向人民法院起诉。

六、商标注册申请的驳回

《商标法》第 30 条规定："申请注册的商标，凡不符合本法有关规定或者同他人在同一种商品或者类似的商品上已经注册的或者初步审定的商标相同或近似的，由商标局驳回申请，不予公告。"对驳回申请、不予公告的商标，商标局应当书面通知商标注册申请人。商标注册申请人不服的，可以自收到通知之日起 15 日内向商标评审委员会申请复审。经复审，商标评审委员会认为商标局驳回理由成立的，将作出维持商标局的驳回决定；认为申请人的复审理由成立的，将作出对申请商标应予以初步审定的决定，保留其申请日期，由商标评审委员会移送商标局办理初步审定事宜。商标评审委员会作出的决定，应以书面形式通知申请人。

商标评审委员会作出的决定不是终局性的裁定。当事人不服商标评审委员会作出的决定的，可以自收到通知之日起 30 日内向人民法院起诉。

七、商标注册申请的核准

对于初步审定并公告的商标，公告期满无异议的，予以核准注册，发给注册证并予以公告。当事人在法定期限内对商标局作出的裁定不申请复审或者对商标评审委员会作出的裁定不向人民法院起诉的，裁定生效。经裁定，异议不能成立的，予以核准注册，发给商标注册证，并予以公告；异议成立的，不予核准注册。经裁定异议不能成立而核准注册的，确定商标注册申请人取得商标专用权的时间，自初审公告3个月期满之日起计算。核准注册是商标申请人取得商标专用权的决定性环节。

两个"采蝶轩"商标案例

历时近4年的中山市采蝶轩食品有限公司（以下简称"中山采蝶轩公司"）诉安徽采蝶轩蛋糕集团有限公司（以下简称"安徽采蝶轩公司"）商标侵权、不正当竞争案尘埃落定。7月12日，中山采蝶轩公司收到了最高人民法院的再审判决书，该判决书撤销了此前的一审、二审判决，判处安徽采蝶轩公司立即停止侵权，在安徽日报登载声明以消除影响，并赔偿中山两位商标所有权人梁某、卢某某544 511元（包含合理费用）。

维权之路：一审二审都输了官司

在中山市的大街小巷，标明"采蝶轩"字样的蛋糕店随处可见。然而，中山采蝶轩的经营者发现，合肥也有了一个"采蝶轩"蛋糕店。"采蝶轩不是我们的注册商标吗？怎么合肥也有一个采蝶轩呢？"中山采蝶轩公司决定对此讨个说法。

2012年9月4日，受中山采蝶轩公司董事长梁某、总经理卢某某的委托，广东华鼎商标代理有限公司总经理谢某某来到了合肥市，对安徽采蝶轩公司的三间店铺外观分别进行拍照，并进入店铺内分别购买了十种食品，取得了购物发票和销售单。安徽省合肥市衡正公证处对上述过程进行了监督，并分别出具了公证书。同年9月7日，梁某、卢某某又向中山市石岐公证处申请对安徽采蝶轩公司网站（http：//www.cakeking.cn/）上发布的信息进行证据保全，相关页面显示：合肥采蝶轩慕斯蛋糕上有"采蝶轩及蝴蝶"标识。石岐公证处也出具了公证书。

当年9月底，中山采蝶轩公司向合肥市中级人民法院提起诉讼，称采蝶轩是该公司的商标，安徽采蝶轩公司无权使用该商标，安徽采蝶轩公司涉嫌商标侵权，诉请索赔1500万元。

合肥中院进行审理后认为，安徽采蝶轩公司将"采蝶轩"标识作为商品商标使用，并没有造成相关公众的混淆和误认，没有侵犯原告涉案注册商标的专用权。一审驳回了原告的诉讼请求。

中山采蝶轩公司不服一审判决，向安徽省高级人民法院提起上诉。安徽省高院二审判决：驳回上诉，维持原判。

依法再审：中山采蝶轩商标专用权获支持

中山采蝶轩公司又向最高院申请再审，最高院认为，原审判决认定事实基本清楚，但是适用法律错误，部分申请再审理由成立。

最高院认为，本案中，其一，安徽采蝶轩公司所使用的"采蝶轩"标识与中山采蝶轩的"采蝶轩"注册商标在文字、读音、含义上相同，仅是字体不同，二者在视觉上基本无差别，构成相同商标；其二，安徽采蝶轩公司使用的"采蝶轩及蝴蝶"标识与中山采蝶轩的注册商标在文字、读音和含义以及图案上基本无差别，构成相同商标。安徽采蝶轩公司在生产、销售的被控侵权产品和提供的服务上使用六个与涉案注册商标相同或近似的标识，侵犯了涉案的六个注册商标专用权，依法应承担相应的民事责任。

最高院没有支持梁某与卢某某提出的安徽采蝶轩公司的行为构成不正当竞争的诉求。

对于本案的损害赔偿数额，最高院根据安徽采蝶轩公司实施侵权行为的性质、期间、后果以及涉案商标的声誉等情况，酌情确定其赔偿梁某、卢某某50万元。梁谋、卢某某为制止侵权行为，支出公证费、差旅费、律师费等合计44 511元，该合理开支由安徽采蝶轩公司承担。

最高院作出了前述终审判决。

第六节　商标代理

一、商标代理的概念

商标代理，是指商标代理组织接受商标注册申请人或商标权人的委托，委托指定商标代理人为委托人向商标局办理有关商标事务的制度。商标代理具有以下两个特征：

1. 商标代理是一种特殊的委托代理。委托人是需要办理商标事务的商标注册申请人和商标权人；代理人一般是商标代理组织，而且商标代理组织要开展商标代理业务，必须经国家工商行政管理局的指定或者认可。它属于非官方性质的法人组织，其不是工商行政管理机关的附属机关，但在业务上仍要接受工商行政管理机关的指导和行政监督。

2. 商标代理具有极强的专业性。商标的使用、注册问题首先是一个法律问题，而且还涉及其他相关的专业知识，所以，商标代理是一项具有极强的专业性的工作。

二、出口商品的商标代理

我国《商标法》对出口商品的商标注册实行代理和直接办理并用的体制，即申请人可以自由选择是由商标代理组织办理还是直接办理申请。在我国，代理注册申请事项的组织主要是中国国际贸易促进委员会下设的商标代理处。其他如中国专利代理有限公司、中国商标事务所、永新专利商标代理有限公司、上海专利代理事务所等组织，也办理对外商标事务。

三、进口商品的商标代理

根据《商标法》第18条第2款的规定，外国人或者外国企业在中国申请商标注册和办理其他商标事宜的，应当委托依法设立的商标代理机构办理。根据该规定，我国对进口商品实行强制代理制，外国商标申请人一律不得变相地或直接地向我国的商标局申请办理商标注册。在我国进口商品的注册申请，统一由国家工商行政管理局指定的贸易促进委员会办理，其他任何组织非经指定，一律没有代理权。

第七节　商标管理

一、商标管理的概念

商标管理是指商标行政管理部门为维护社会经济秩序，保护商标权人的合法权益和消费者的利益，依法对商标注册、商标使用、商标印制等行为所进行的监督、检查等管理活动的总称。

二、注册商标的管理

我国对注册商标的管理主要有以下一些内容：

1. 使用注册商标应当标明"注册商标"字样或者标明注册标记"TM"或"©"，不得擅自改变注册标志。

2. 注册商标专用权只有用于核定的商品上才具有法律效力。

3. 使用注册商标不得自行改变注册商标的标志；不得自行改变注册人的名称、地址或者其他注册事项；不得自行转让注册商标。使用人有上述行为之一的，由商标局责令其限期改正或者撤销其注册商标。

4. 加强对已被注销或撤销的商标的管理。《商标法》第50条规定："注册商标被撤销、被宣告无效或者期满不再续展的，自撤销、宣告无效或注销之日起1年内，商标局对与该商标相同或相近似的商标注册申请，不予核准。"

5. 《商标注册证》遗失或者破损的，必须申请补发。《商标注册证》遗失的，应当在《商标公告》上刊登遗失声明；破损的《商标注册证》应当交回商标局。

6. 使用人不得连续3年停止使用注册商标。使用人连续3年停止使用注册商标的，任何人可以向商标局申请撤销其注册商标，并说明有关情况。商标局应通知商标注册人提供该商标使用证明或不使用的正当理由，逾期不提供使用证明或证明无效的，撤销其注册商标。

7. 许可他人使用其注册商标的，应当签订使用许可合同，并送商标局备案。

三、未注册商标的管理

未注册商标是指未经申报商标局核准注册而直接投放市场使用的商标。我国《商标法》规定，除药品、卷烟和雪茄烟必须使用注册商标外，其余商品是否使用注册商标，采取自愿原则，但未注册商标不享有专用权。由于未注册商标在市场上的使用范围极其广泛，只有加强对其管理才能维护商标注册人和消费者的合法权益。根据我国《商标法》的有关规定，对未注册商标的管理主要包括以下几方面：

1. 未注册商标必须具有显著特征，便于识别，不得使用禁用标志。

2. 未注册商标的使用人应当在商品上或包装上标明企业名称和地址。

3. 使用未注册商标必须保证商品质量。

第八节　驰名商标及其保护

一、驰名商标的概念

驰名商标通常是指那些在市场享有较高声誉、为相关公众所熟悉，并且有较强竞争力的商标。《商标法》第 13 条规定："为相关公众所熟知的商标，持有人认为其权利受到侵害时，可以依照本法规定请求驰名商标保护。就相同或者类似商品申请注册的商标是复制、摹仿或者翻译他人未在中国注册的驰名商标，容易导致混淆的，不予注册并禁止使用。就不相同或者不相类似商品申请注册的商标是复制、摹仿或者翻译他人已经在中国注册的驰名商标，误导公众，致使该驰名商标注册人的利益可能受到损害的，不予注册并禁止使用。"

驰名商标是否为注册商标，可分为注册的驰名商标和未注册的驰名商标。《巴黎公约》对驰名商标保护的重点之一就是驰名商标在未注册之前就被他人在先注册，则在 5 年之内，驰名商标所有人有权提出撤销该注册的请求，而且若在先注册是恶意的，则不受 5 年的限制。可见，《巴黎公约》对驰名商标的保护并不以其是注册商标为前提条件。我国是《巴黎公约》缔约国，负有履行该公约的义务，国家工商行政管理总局制定了《驰名商标认定和保护规定》，自 2003 年 6 月 1 日起施行。

二、驰名商标的认定

驰名商标的认定标准，决定着一国保护驰名商标的范围。各国法律对驰名商标认定标准的规定不尽相同。世界知识产权组织在 1998 年 7 月召开的专家会议上提出：为了确定某商标是否为驰名商标，任何影响驰名商标判定的因素都应考虑，这些应考虑的因素包括：①商标以任何方式使用的时间长短、使用程度及范围；②对商标所作宣传的时间长短、宣传程度及宣传所及的范围；③商标的注册时间长短、注册的地域范围；④对商标强制保护的成功案例，特别是在多大范围内该商标曾经被法院或其他权威机构认定为驰名商标；⑤商标所含的经济价值。

当然，世界知识产权组织专家的意见尚未形成正式的驰名商标保护条例，不过专家会议对驰名商标认定所持的观点基本上反映了当今世界对驰名商标认定标准的趋势。

我国对驰名商标认定的标准与世界各国认定驰名商标的标准大体上是一致的，但要求驰名商标的认定必须以注册商标为前提条件，则是我国不同于大多数国家，也不同于《巴黎公约》有关规定的最主要区别。要求驰名商标必须首先是注册商标，并将驰名商标严格限定于注册商标的范围内，是我国商标法只保护注册商标而不保护未注册商标的延伸。

三、驰名商标的保护

自《巴黎公约》在21世纪初修订时增加了保护驰名商标的规定之后，世界各国逐渐在自己的立法中保护驰名商标。尤其在近10多年来，保护驰名商标的呼声日渐高涨，TRIPS协议扩大了保护驰名商标的范围。我国于2003年4月17日公布了《驰名商标认定和保护规定》，其中所规定的驰名商标保护范围基本与TRIPS保持了一致。

按照商标法的一般规定，在后注册的商标与在先注册的商标发生冲突时，应认定在后注册的商标无效。但对注册在后连续正当善意使用的驰名商标，为了不使其所有人经过使用而建立起的声誉蒙受损失，许多国家的法律都允许其驰名商标能够继续使用。

第九节 商标权的法律保护

一、我国商标法规定的侵犯商标权的行为

（一）未经商标注册人的许可，在同一种或者类似的商品或服务上使用与注册商标相同或近似的商标

这类行为直接侵犯了商标权人的禁止权，是一类典型的侵犯商标权的行为。对这类行为应注意以下几个问题：

1. 对"使用"的理解。侵权人对商标的使用与商标权人对商标的使用有着相同的方式和范围。也就是说，凡是对商标权人来说构成商标使用的方式，都可构成这里的"使用"。

2. 行为违法性的根据是"未经注册商标人的许可"，这是商标的许可使用行为与这类侵权行为的本质区别。《商标法》规定使用他人商标必须经过权利人的许可，并且，这种许可必须签订书面的使用许可合同。根据《商标法》的规定，商标权人所享有的禁止权的范围大于专用权的范围。因此，虽然商标权人只能在其专用权范围（即核定使用的商品与核准注册的商标）内许可他人使用其注册商标，但是可以在禁止权范围内制止他人的侵害行为。

3. 有关类似商品与近似商标的判断。《商标法》规定的这一款侵权行为实际上有四种不同的具体表现：在同一种商品或者服务上使用与注册商标相同的商标；在同一种商品或者服务上使用与注册商标近似的商标；在类似的商品或者服务上使用与注册商标相同的商标；在类似的商品或者服务上使用与注册商标近似的商标。在这四类表现中，涉及对商品（或服务）与商标这两个方面的判断。对于商品或服务，涉及的是关于相同或类似的判断；而对于商标，涉及的是相同或近似的判断。这里的判断标准与商标注册程序以及商标确权程序中所适用的标准相一致。在上述四种侵权行为中，第一种最直观，易于确定，这类行为通常被称为假冒商标行为。后三种或者涉及类似商品（服务），或者涉及近似商标，因而对侵权行为的认定增

加了难度。如何认定这类行为一直是司法实践中的难点。有些国家在这方面积累了不少经验，并以此丰富了有关侵害商标权的理论。

在普通法国家，混淆的可能性是商标侵权判断中的一个重要的概念。混淆的可能性，是指被告的行为使消费者对商品或服务的来源认识造成混淆的可能性，原告只要能证明这种可能性的存在，被告的行为即被判为侵权行为。

与由数字技术带来的新的商标的使用方式相对应，如今，侵犯商标权的形式也包括了在电脑软件中使用他人注册商标。在其他国家，尤其是在数字技术高度发达的美国，这类侵犯商标权的案件时有发生。我国也有这类案件出现。例如 1996 年 8 月，北京市清华文通信息技术公司诉清华紫光（集团）总公司侵犯其"TH-OCR"注册商标专用权。

如前所述，当注册商标具有一定的知名度或者成为驰名商标时，禁止权的范围与一般的注册商标相比，得到了进一步扩大。相应地，侵犯商标权的范围也得到了扩展，即所谓驰名商标的扩大保护。

（二）销售侵犯他人注册商标权的商品

假冒注册商标行为属于一种侵犯注册商标权的行为，只是由于行为的性质极端恶劣才被加以强调。因此，销售假冒注册商标商品的行为实际也属于侵犯他人注册商标专用权的行为。

（三）擅自制造他人注册商标标识或者销售擅自制造的注册商标标识

商标标识是商标的物质实体。其有多种形式，如服装上的商标织带、电视机上的商标铭牌等。根据《商标印制管理办法》的规定，由指定印刷商标单位承印商标印制委托人依法委托印制的商标标识。虽然这一类行为本身不是对商标的使用，但是它与商标的非法使用有着直接的关系，它往往是上述第一类行为发生的条件。因此，这种行为侵害了商标权人的商标权。

（四）在同一种或者类似商品上，将与他人注册商标相同或者近似的文字、图形作为商品名称或者商品装潢使用，并足以造成误认

这类行为与典型的侵犯商标权的行为不同，行为的方式从"作为商标使用"变为"作为商品名称或商品装潢使用"，其目的是利用他人注册商标的信誉进行不正当竞争。商品名称与商品装潢均为商品的标志，它们与商标一同出现在商品或其包装之上，并共同构成商品的外观。这是在相同或类似的商品上，将与他人注册商标相同或者近似的文字、图形作为商品的名称或装潢使用而导致消费者混淆的原因。所谓足以造成误认，是指会使消费者对商品的来源以及行为人与注册之间的关系所得出错误的认识。这将损害权利人的注册商标信誉。同时，这种行为还会给某些权利人带来另外一种损害后果，即淡化注册商标的识别作用，使注册商标演变为商品的通用名称。

（五）故意为侵犯他人注册商标专用权行为提供仓储、运输、邮寄、隐匿等便利条件

这类行为的行为人也不是直接使用商标，但该行为造成了侵害商标权人权利的后果。

二、侵犯商标权的法律责任

与知识产权的其他领域一样，对商标权的保护也是实行行政保护与司法保护双轨制。《商标法》第 60 条第 1 款规定："有本法第 57 条所列侵犯注册商标专用权行为之一，引起纠纷的，由当事人协商解决；不愿协商或者协商不成的，商标注册人或者利害关系人可以向人民法院起诉，也可以请求工商行政管理部门处理。"我国现行《商标法》规定了侵犯商标权行为的民事责任、行政责任及刑事责任。

（一）侵犯商标权行为的行政责任

通过行政程序制裁侵权人来保护商标权是我国现行的一项行之有效的制度。实践中，许多侵犯商标权的行为既侵犯了商标权人的权利，又损害了消费者的利益。因此，由行政机关追究侵权人的行政责任的案件，除了由被侵权人向其提起的以外，也有少数属于行政机关主动查处的，还有的是由第三人提起的。

侵犯商标权的行政责任是行为人违反行政法律、法规或规章所应承担的法律后果。侵犯商标权行为的行政责任的责任方式有如下几类：①责令立即停止侵权行为；②责令立即停止销售；③收缴并销毁侵权商标标识；④消除现存商品上的商标；⑤收缴直接专门用于商标侵权的模具、印版和其他作案工具；⑥采取前几项措施不足以制止侵权行为的，或侵权商标与商品难以分离的，责令并监督销毁侵权物品。

对侵犯注册商标专用权，尚未构成犯罪的，根据《商标法》第 60 条的规定，有该法第 57 条所列侵犯注册商标专用权行为之一，引起纠纷的，由当事人协商解决；不愿协商或者协商不成的，商标注册人或者利害关系人可以向人民法院起诉，也可以请求工商行政管理部门处理。

工商行政管理部门进行处理时，认定侵权行为成立的，责令立即停止侵权行为，没收、销毁侵权商品和主要用于制造侵权商品、伪造注册商标标识的工具，违法经营额 5 万元以上的，可以处违法经营额 5 倍以下的罚款；没有违法经营额或者违法经营额不足 5 万元的，可以处 25 万元以下的罚款。对 5 年内实施 2 次以上商标侵权行为或者有其他严重情节的，应当从重处罚。销售不知道是侵犯注册商标专用权的商品，能证明该商品是自己合法取得并说明提供者的，由工商行政管理部门责令停止销售。

对侵犯商标专用权的赔偿数额的争议，当事人可以请求进行处理的工商行政管理部门予以调解，也可以依照《中华人民共和国民事诉讼法》向人民法院起诉。经工商行政管理部门调解，当事人未达成协议或者调解书生效后不履行的，当事人可以依照《中华人民共和国民事诉讼法》向人民法院起诉。

（二）侵犯商标权的民事责任

侵犯商标权是一种民事侵权行为，侵权行为人须对其侵权行为承担民事法律责任。根据《民法典》第179条的规定，侵犯商标权行为承担民事责任的方式主要有如下几种：停止侵害；消除影响；赔偿损失等。这几种方式可以单独适用，也可以合并适用。除了上述方式以外，人民法院还可以予以训诫、责令具结悔过、收缴进行非法活动的财物和非法所得，并可以依照法律规定处以罚款、拘留。

损害赔偿是一种重要的责任方式。这涉及损害赔偿的范围、损害赔偿额的计算等关键问题。现行《商标法》对此未作具体规定。目前，赔偿额一般为被侵权人在被侵权期间因被侵权所受到的损失，或者侵权人在侵权期间因侵权所获得的利益。

（三）侵犯商标权的刑事责任

我国刑法规定，侵犯商标权行为，情节严重的，构成侵犯知识产权罪。《刑法》第213条规定："未经注册商标所有人许可，在同一种商品上使用与其注册商标相同的商标，情节严重的，处3年以下有期徒刑或者拘役，并处或者单处罚金；情节特别严重的，处3年以上7年以下有期徒刑，并处罚金。"该条规定的是假冒注册商标罪。《刑法》第214条规定："销售明知是假冒注册商标的商品，销售金额数额较大的，处3年以下有期徒刑或者拘役，并处或者单处罚金；销售金额数额巨大的，处3年以上7年以下有期徒刑，并处罚金。"《刑法》第215条规定："伪造、擅自制造他人注册商标标识或者销售伪造、擅自制造的注册商标标识，情节严重的，处3年以下有期徒刑、拘役或者管理，并处或者单处罚金；情节特别严重的，处3年以上7年以下有期徒刑，并处罚金。"

思考题

1. 什么是商标？商标的构成要件有哪些？
2. 商标权的主体有哪些？
3. 简述商标权的内容。
4. 什么是商标注册？商标注册申请人应当具备什么条件？
5. 什么是优先权原则？简述我国商标法关于优先权的规定。
6. 简述我国商标注册申请的原则。
7. 什么叫驰名商标？我国对驰名商标如何认定？
8. 简述驰名商标的保护方式。

实务训练

（一）示范案例

案情：

原告：福建七匹狼集团有限公司

被告：国家工商总局商标评审委员会

第三人：四川省大邑县大庄园酿酒总厂

原告因不服被告于 2008 年 6 月 4 日作出的《关于第 1408898 号"七色狼"商标异议复审裁定书》（其中维持了对四川省大邑县大庄园酿酒总厂提出的"七色狼"商标核准注册），向北京市第一中级人民法院起提起诉讼。

原告认为，"七匹狼"与"七色狼"构成近似商标；二者核定的商品构成同类商品，并至少是类似商品，故"七色狼"商标的申请侵犯了七匹狼公司及关联企业的"七匹狼"中国驰名商标注册商标专用权，依法应不予核准注册；而且"七色狼"用作商标伤害了七匹狼公司的企业和品牌形象，有悖于社会主义道德风尚，请求法院撤销该决定。

被告辩称，二者在读音、外观、含义等方面存在明显差别，不构成近似商标。七匹狼公司在评审过程中并未提及"七匹狼"商标于 2002 年被商标局认定为驰名商标的事实，并且这一认定时间晚于"七色狼"商标申请日 3 年多，并不能证明其商标于"七色狼"商标申请日之前已经驰名。同时，"七色狼"商标的含义与"色狼"一词有明显区别，因此不能认为其使用有悖于社会主义道德风尚或有不良影响。

裁判结果：

北京市第一中级人民法院经审理作出一审判决：维持被告国家工商行政管理总局商标评审委员会于 2008 年 6 月 4 日作出的《关于第 1408898 号"七色狼"商标异议复审裁定书》。

案例评析：

该案件首先需要梳理以下线索：

（一）前提认定：近似商标的认定

所谓近似商标，是指两个商标相比较，文字的字形、读音、含义，或者图形的构图及颜色，或者文字与图形的整体结构相似，易使消费者对商品或者服务的来源产生混淆。就文字商标而言，一般需要结合音、形、义三个方面来考察。一般说来，商标的音、形、义有一项近似即可判定两商标近似，但还需结合商标使用情况，以市场实际赋予三者的权重进行具体分析。

在本案中，原告认为两个商标均为三个字，首尾两个汉字相同，中间的"色"与"匹"都呈半包围结构，二者极为类似。而法院经审理认为，"七色狼"是单纯的文字商标，其与由"七匹狼"、"SEPTWOLVES"和"飞奔的狼图形"构成的组合商标在读音、外形和含义上截然不同，二者不可能构成公众的混淆和误认，因而二者不构成法律意义上的近似商标。

（二）核心认定：驰名商标的认定

在庭审中，原告提出驰名商标的界定，要求扩大保护，因而必须明确驰名商标的概念、法律对其的特殊保护及其适用条件。

所谓驰名商标是指经过有权机关（国家工商总局商标局、商标评审委员会或人民法院）依照法律程序认定的，在中国为相关公众广为知晓并享有较高声誉的商标。

我国法律对于驰名商标的特殊保护,具体表现为驰名商标可以因其显著性来获得不同程度的跨类保护,如可以对抗他人的恶意注册,禁止他人以驰名商标作为域名或者公司名称注册等。相关法律法规除了《驰名商标认定和保护规定》的单行条例外,在《商标法》和《中华人民共和国商标法实施条例》中均涉及了对驰名商标的特殊保护。

在本案中,"七匹狼"确实已于 2002 年 2 月 8 日被商标局认定为驰名商标,但上述时间晚于"七色狼"商标申请注册的日期(即 1998 年 12 月 11 日),故不可能存在侵犯驰名商标的故意与事实。此外,原告所提出的二者核定的商品为同类商品的主张因为缺乏证据佐证而不能成立。

(三)性质认定:公序良俗原则的适用

商标注册时需要遵循公序良俗原则,主要是指有害于社会主义道德风尚或者其他不良影响的标志不能作为商标注册。公序良俗原则是对商标注册时提出的道德标准,要求商标的选取不得违背社会公德,对社会认知和人民的是非观念等产生误导,否则不予注册。

本案中,第三人申请注册的"七色狼"商标,于消费者而言,一般地理解为"七种色彩的狼",并不会必然联想到"色狼"的贬义含义。因而对于广大公众来说,该商标并不会引起社会道德的背离,原告的解释过于牵强,缺乏支持依据。

综上所述,原告的请求缺乏强有力的说服依据,"七匹狼"与"七色狼"不构成法律意义上的近似商标,且后者并未侵犯前者作为驰名商标应得的利益保护,其作为普通商标,完全符合商标注册申请的要件,可以核准注册。

(二)习作案例

"长城葡萄酒及图案设计"是中国粮食集团使用在其葡萄酒产品上的注册商标并被国家工商局认定为驰名商标。原告中粮集团认为被告使用"嘉裕长城"商标制造和销售各种葡萄酒,侵犯其商标权并给其造成极大的经济损失,故向法院提起诉讼,索赔 1 亿元人民币。

法院经审理认为,原告"长城"商标中的文字具有识别原告葡萄酒产品的显著性,构成其主要部分。被告的"嘉裕长城"商标虽由文字和图形组合而成,但足以使相关公众将含有"长城"文字的"嘉裕长城"商标的葡萄酒产品与原告产品相混淆,或认为两者在来源上具有特定联系。被告的"嘉裕长城"商标使用了原告"长城"商标最具显著性的文字构成要素,侵犯了原告的"长城"商标专用权。

被告侵犯了原告什么权利?其应承担什么样的法律责任?

第二十五章

继承权概述

学习目标与工作任务

通过本章的学习，要求大家能够了解我国继承权的概念及法律特征，并熟练运用我国民法典继承编的有关内容调整因继承产生的民事关系，从而达到国家保护自然人的继承权的基本要求。

导入案例

李某（女）与张某（男）系夫妻关系，2013 年 2 月 16 日晚，张某将李某杀害在家中，案发后，公安机关给予了立案侦查，张某经过三次司法鉴定后被确认为精神病患者，公安机关以不负刑事责任为由将张某释放。李某与张某 1989 年结婚，婚后育有一儿一女。近几十年来家里生活富裕，两人有存款百余万元，并且有楼一幢和汽车一辆。家中现金和存款被张某兄长（现为其法定监护人）掌握。事后，李某父母向法院提起民事诉讼，要求对李某财产进行继承，请求法院判决剥夺张某对李某遗产的继承权。

本案知识点：行为能力；法定监护；遗产范围；继承权的丧失。

第一节　继承权的概念和特征

一、继承权的概念

（一）继承的概念

继承是指将死者生前所有的、于死亡时遗留的财产依法移转给他人所有的制度。"继承"一词有两种含义：一种是广义的，泛指后人对前人的科学、文化、艺术、思想、财产、事业等的承袭；另一种是狭义的，仅指财产承受，即依照民法典继承编把死者生前的财产移转给他人的法律制度。我们这里所说的"继承"是指后者。按照这种法律制度，遗留财产的死者为被继承人；取得死者遗留财产的人为继承人；死者遗留的个人财产叫做遗产。

（二）继承权的概念

继承权是指继承人依照法律的直接规定或者被继承人生前所立的合法有效的遗嘱所取得的继承被继承人遗产的权利。我国《民法典》第124条规定："自然人依法享有继承权。自然人合法的私有财产，可以继承。"继承权的涵义有两层：一是客观意义上的继承权，二是主观意义上的继承权。

1. 客观意义上的继承权，是指自然人依照法律的规定或者遗嘱的指定而接受被继承人遗产的资格，即权利能力。这是一种不依继承人的主观意志为转移的、客观存在的，并具有实现可能性的权利。因此，有些学者将客观意义上的可能性继承权称为"继承期待权"。

2. 主观意义上的继承权，是指当一定的条件具备时，原来享有客观意义上的可能性继承权的继承人对被继承人留下的遗产已经拥有的事实上的权利，即已经属于继承人并给他带来实际财产利益的继承权。这种继承权同继承人的主观意志相联系，是可以行使的现实性的权利。有些学者将这种继承权称为"继承既得权"。

从客观意义上的可能性继承权向主观意义上的现实性继承权转化，必须具备两个条件：①被继承人已经死亡并留有遗产；②继承人没有丧失继承权。

（三）继承编的调整范围

《民法典》第1119条规定："本编调整因继承产生的民事关系。"此处所指的民事关系，即自然人死亡时遗留的个人财产移转给其继承人承受的财产关系。这种财产关系是基于自然人之间既有的婚姻、血缘和家庭方面的人身关系而产生的，因而，它与我国婚姻家庭关系存在着内在的必然联系。

二、继承权的特征

1. 继承权与一定的财产所有权相联系。继承权的标的是遗产。继承权的实现是财产权的转移，即继承人以继受取得的方式取得被继承人遗产所有权。因此，个人财产所有权是继承权的前提和基础，继承权是个人财产所有权的合理延伸。

2. 继承权与一定的身份关系相联系。继承权的主体是与被继承人有特定身份关系的自然人。继承权是自然人基于一定的身份关系享有的权利。国家、法人以及与被继承人没有特定身份联系的自然人，不能作为继承人。

3. 继承权的实现与一定的法律事实相联系。继承权是继承人于被继承人死亡时依照法律的直接规定或者合法有效的遗嘱而享有的权利。继承权的实现必须以被继承人死亡和留有遗产等法律事实的存在为前提。如果是遗嘱继承，继承人还必须以被继承人生前立有合法有效的遗嘱为根据来享有继承权。

4. 继承权的接受和放弃与继承人的意志相联系。继承开始后，继承人就已经取得了主观意义上的现实性继承权，因此，从继承开始到遗产分割前，继承人可以根据自己的意志决定接受继承权或放弃继承权，其他人不得干涉。

三、继承制度存在的本质和特征

财产继承作为一项法律制度，不是自古就存在的，它是私有制的派生物，是私有财产权的延伸和继续。继承制度存在的主要依据是：

1. 个人私有财产所有权的存在，是财产继承制度存在的根本前提。
2. 家庭职能的存在，是财产继承制度存在的重要原因。
3. 继承作为一项法律制度，既由一定的社会经济基础所决定，同时又对经济基础起着很大的反作用。
4. 继承受到一定的社会上层建筑的其他组成部分，尤其是婚姻家庭制度和宗教制度的影响。

第二节　继承权的接受、放弃、丧失和保护

继承开始时，按照继承顺序能够实际参加继承的法定继承人和遗嘱继承人，一般都有权接受被继承人的遗产。但是在各个继承人中，有的可能接受继承，有的可能放弃继承，有的可能因丧失继承权而不能继承。因此，继承权的保护问题至关重要。

一、继承权的接受

（一）继承权接受的概念

继承权的接受是指享有继承权的继承人参与继承、接受被继承人遗产的意思表示。

（二）继承权接受的意思表示方式

接受继承权的意思表示方式可以有两种：①明示，即书面或口头形式向其他继承人、遗嘱执行人或人民法院表示接受继承。②默示，即推定。推定可分两种：一是以实际行动参加分配或诉讼的，即可推定为接受，这是作为的默示。二是不参加分配或诉讼的，也推定为接受，这是不作为的默示。《民法典》第1124条第1款规定："继承开始后，继承人放弃继承的，应当在遗产处理前，以书面形式作出放弃继承的表示；没有表示的，视为接受继承。"可见，只要继承人不以书面形式表示放弃的，即使继承人不来参加实际遗产的分配或诉讼，也应当视为其接受继承。

二、继承权的放弃

（一）继承权放弃的含义

继承权的放弃即继承的放弃，是指继承人于继承开始后所作出的放弃其继承被继承人遗产的权利的意思表示。

（二）继承权放弃的时间条件

继承人放弃继承的意思表示，应当在继承开始后遗产处理前作出。继承开始前，继承人享有的只是客观意义上的继承权，是一种期待权，因此不存在放弃继承的问题。遗产分割后，继承人再表示放弃继承就没有意义了，这时放弃的已不再是继承权，而是对遗产享有的所有权。

（三）继承权放弃的意思表示方式

继承权放弃的意思表示只能用明示的方式作出，而不能采用默示的方式。根据《民法典》第 1124 条规定："继承开始后，继承人放弃继承的，应当在遗产处理前，以书面形式作出放弃继承的表示；没有表示的，视为接受继承。受遗赠人应当在知道受遗赠后六十日内，作出接受或者放弃受遗赠的表示；到期没有表示的，视为放弃受遗赠。"由此可知，继承人放弃继承的意思表示方式，只能以书面形式明示作出。而受遗赠人放弃受遗赠的表示，则可以明示的方式作出，也可采用默示的方式。

（四）继承权放弃的效力

放弃继承是一种单方的法律行为，只要继承人本人作出关于放弃继承的意思表示，就能够产生法律上的效力。继承权放弃的效力，追溯到继承开始时。放弃继承的意思表示是无条件的，继承人不得附带任何条件。如果继承人因放弃继承权，致其不能履行法定义务的，其放弃继承权的行为无效。继承人作出放弃继承的意思表示后，对放弃继承反悔的，由人民法院根据其提出的具体理由，决定是否承认。一般来说，如果继承人没有提供相反的证据，应确认其放弃继承的行为有效，不得反悔。

三、继承权的丧失

（一）继承权丧失的概念

继承权的丧失，又称为继承权的剥夺，是指依照法律规定在发生一定法定事由时，取消继承人继承被继承人遗产的权利。我国《民法典》第 1125 条第 1 款规定："继承人有下列行为之一的，丧失继承权：①故意杀害被继承人；②为争夺遗产而杀害其他继承人；③遗弃被继承人，或者虐待被继承人情节严重；④伪造、篡改、隐匿或者销毁遗嘱，情节严重；⑤以欺诈、胁迫手段迫使或者妨碍被继承人设立、变更或者撤回遗嘱，情节严重。"

（二）继承权丧失的法定事由

1. 故意杀害被继承人。对于故意杀害被继承人的认定，应当注意以下几点：①主观上必须是故意。过失杀害被继承人的，不丧失继承权。②只要故意杀害被继承人的，不论其动机和目的如何，均丧失继承权。③继承人故意杀害被继承人的，不论是既遂还是未遂，均应确认其丧失继承权。④故意杀害被继承人的，不论是由其亲自实施杀害行为，还是在共同犯罪中教唆或辅助他人杀害被继承人，均丧失继承权。⑤继承人故意杀害被继承人的，而被继承人通过遗嘱将遗产指定由该继承人继承的，可确认该遗嘱无效。

2. 为争夺遗产而杀害其他继承人。对于为争夺遗产而杀害其他继承人的认定，应当注意以下几点：①必须具有为争夺遗产的特定目的。②具有争夺遗产的目的而杀害其他继承人的，主观上必然为故意。③为争夺遗产而杀害其他继承人的，不论是由其亲自杀害，还是在共同犯罪中起教唆、辅助作用，不论是既遂还是未遂，均丧失继承权。④继承人为争夺遗产而杀害其他继承人，而被继承人通过遗嘱将遗产指定由该继承人继承的，可以确认该遗嘱无效。

3. 遗弃被继承人的，或者虐待被继承人情节严重。对于遗弃被继承人的，或者虐待被继承人情节严重的认定，应当注意以下几点：①遗弃是指负有扶养义务的人拒绝扶养年老、年幼、患病或者其他没有独立生活能力而需要扶养的人的行为。对遗弃行为的认定，无须再附情节严重的条件，因为遗弃本身已经包含了情节严重的因素。②虐待是指对家庭成员经常以打骂、捆绑、冻饿、有病不给医治、强迫超体力劳作、限制自由等方式，从肉体或精神上对其进行摧残、折磨的违法行为。应当注意，虐待被继承人，须情节严重的，才丧失继承权。情节是否严重，可以从实施虐待行为的时间、手段、后果和社会影响等方面加以认定。③继承人虐待被继承人，情节严重的，或者遗弃被继承人的，若以后其确有悔改表现，而且被虐待人、被遗弃人生前又表示宽恕的，可不确认其丧失继承权。

4. 伪造、篡改、隐匿或者销毁遗嘱，情节严重。根据最高人民法院相关司法解释的规定：继承人伪造、篡改、隐匿或者销毁遗嘱，侵害了缺乏劳动能力又无生活来源的继承人的利益，并造成其生活困难的，应认定其行为情节严重。

5. 以欺诈、胁迫手段迫使或者妨碍被继承人设立、变更或者撤回遗嘱，情节严重的，丧失继承权。

《民法典》第1125条第2款规定："继承人有前款第3项至第5项行为，确有悔改表现，被继承人表示宽恕或者事后在遗嘱中将其列为继承人的，该继承人不丧失继承权。"第3款规定："受遗赠人有本条第1款规定行为的，丧失受遗赠权。"该条是对于丧失继承权的宽恕的规定，填补了我国在继承法律方面的空白，体现了被继承人支配自己身后遗产的自主意愿，符合民法意思自治的基本原则。

四、继承权的保护

（一）继承权保护的概念

继承权的保护，又称继承恢复请求权的保护，是指继承人的继承权受到侵害时，继承人有请求人民法院通过诉讼程序予以保护，以恢复其继承遗产的权利。我国《民法典》第1120条规定："国家保护自然人的继承权"。继承权保护包括三方面的含义：

1. 继承权恢复请求权是在继承权受到侵害时继承人所享有的权利，继承权未受侵害的，则继承人不享有此项权利。

2. 继承权恢复请求权是继承人要求法院通过诉讼程序保护其继承权的请求权，因而是一种实体诉权，即胜诉权，而不是诉讼法上的诉权。

3. 继承权恢复请求权的行使目的是恢复继承人继承遗产的权利，而不是恢复继承人的其他权利。

（二）继承权恢复请求权的行使

继承权恢复请求权是一种财产权利。继承人可以自己亲自行使，也可以由代理人代理行使。无民事行为能力和限制民事行为能力的继承人，需由其法定代理人代为行使继承权恢复请求权。尽管侵害继承权的形式是多种多样的，但总的来说，侵害继承权实际上表现为侵害人没有合法根据地部分或全部占有被继承人的遗产。因此，在发生侵害继承权的客观事实时，继承人可以向侵害人直接提出恢复的请求，或者向人民调解委员会或有关单位提出其请求，也可以直接向有管辖权的人民法院提起诉讼，请求人民法院通过民事审判程序予以裁决。

（三）继承权恢复请求权的诉讼时效

继承权恢复请求权的诉讼时效，是指继承人于法定期间内不行使其权利即丧失请求人民法院依审判程序予以保护的权利。我国《民法典》第 188 条规定："向人民法院请求保护民事权利的诉讼时效期间为 3 年。法律另有规定的，依照其规定。诉讼时效期间自权利人知道或者应当知道权利受到损害以及义务人之日起计算。法律另有规定的，依照其规定。但是，自权利受到损害之日起超过 20 年的，人民法院不予保护，有特殊情况的，人民法院可以根据权利人的申请决定延长。"我国《民法典》第 113 条规定："民事主体的财产权利受法律平等保护。"故对继承权的诉讼时效的保护，当然也不例外。

第三节　我国民法典继承编中所体现的原则

我国民法典继承编中所体现的原则是研究、解释和执行我国继承问题的基本依据，它贯穿于我国有关继承的法律规范和相关司法解释之中。但这些原则性规定，都不得违反我国民法典的基本原则。

一、保护个人合法财产继承权的原则

（一）立法根据

《中华人民共和国宪法》第 13 条规定："公民的合法的私有财产不受侵犯。国家依照法律规定保护公民的私有财产权和继承权。国家为了公共利益的需要，可以依照法律规定对公民的私有财产实行征收或者征用并给予补偿。"宪法作为国家的根本大法，它所确立的关于保护公民私有财产继承权的原则，无疑是我国社会主义民事立法中有关继承问题的法律根据。

（二）原则体现

1. 个人死亡时遗留的个人合法财产，均为遗产，都可以继承。根据我国《民法典》第 1122 条第 1 款规定："遗产是自然人死亡时遗留的个人合法财产。"既包括个人的生活资料，也包括个人的生产资料；既包括个人的有形财产，也包括个人的无形财产。

2. 个人的继承权非依法定事由、非经法定程序不得被限制或剥夺。《民法典》第 1125 条明确规定了继承人丧失继承权的法定事由。除法律规定的丧失继承权的法定情形外，继承人的继承权不能丧失，任何单位或个人也不得非法剥夺继承人的继承权。继承开始后，继承人没有以书面形式明确表示放弃继承权的，视为接受继承，而不能作为放弃继承权处理。

3. 强调保护无民事行为能力或限制民事行为能力人的继承权。无民事行为能力人的继承权、受遗赠权，由其法定代理人代为行使；限制民事行为能力人的继承权、受遗赠权，由其法定代理人代为行使，或者征得法定代理人同意后行使。

4. 公民的继承权受到非法侵害时，在法定期限内可请求人民法院给予保护。对此可援用《民法典》第 188 条第 1 款，其规定了向人民法院请求保护民事权利的诉讼时效期间为 3 年。诉讼时效期间自权利人知道或者应当知道权利受到损害以及义务人之日起开始计算。

5. 强调被继承人的遗产尽可能地由继承人或受遗赠人取得。对继承人以外的依靠被继承人扶养的缺乏劳动能力又没有生活来源的人，或者继承人以外的对被继承人扶养较多的人，可以将适当的遗产分配给他们。没有继承人又没有受遗赠人时，则可依法收归国家或所在集体所有制组织所有。

二、继承权男女平等原则

《中华人民共和国宪法》第 48 条第 1 款规定：“中华人民共和国妇女在政治的、经济的、文化的、社会的和家庭的生活等各个方面享有同男子平等的权利。”这一规定是继承权男女平等原则的宪法依据。继承权男女平等原则在继承法中主要体现在以下几方面：

1. 继承人的范围和顺序平等。同一顺序的继承人继承遗产的权利平等。非婚生子女与婚生子女继承权平等。养子女与亲生子女继承权平等。

2. 男女的代位继承权平等。代位继承既适用于父系也适用于母系。先于被继承人死亡的继承人既可以是男性也可以是女性。代位继承人可以是男性也可以是女性。

3. 男女的遗嘱处分遗产权平等。无论男女均可通过立遗嘱的形式处分个人财产，也可以作为遗嘱继承人或受遗赠人。

4. 男女的遗产继承份额平等。继承遗产份额的数额和范围不以性别为决定条件。

5. 夫妻一方死亡的继承权平等。夫妻一方发生死亡时，首先应将遗产从夫妻共有财产中分割出来，然后再由合法继承人继承。

6. 丧偶儿媳和丧偶女婿继承权平等。对公婆尽了主要赡养义务的丧偶儿媳，以及对岳父母尽了主要赡养义务的丧偶女婿，都能作为第一顺序继承人，享有平等的继承权。

三、养老育幼、互助互济原则

养老育幼，即赡养老人、抚育未成年子女及照顾病残者。养老育幼是指特别保护缺乏劳动能力又没有生活来源的人的利益的原则。养老育幼既是社会主义的道德规范，也是社会主义精神文明建设的要求。尊重、赡养老人，关心、爱护儿童，长幼有序，互帮互助，是我国劳动人民的传统美德。在社会主义条件下，这种优良传统已成为社会主义的道德风尚而得到更深入的发扬光大。我国在继承问题上将养老育幼原则贯穿在以下方面：

1. 根据养老育幼的需要，确定法定继承人的范围和顺序以及代位继承。

2. 遗产的分配应有利于养老育幼。遗产分割时，对没有劳动能力又缺乏生活来源的继承人应予以照顾。

3. 在遗嘱继承和遗赠中，保护老、幼、残疾人的利益。在遗嘱中应为缺乏劳动能力又无生活来源的继承人保留必要的遗产份额。

4. 遗产分割不能侵害未出生的胎儿的利益。遗产分割时，应保留胎儿必要的继承份额。

5. 承认遗赠扶养协议的效力。双方可通过签订遗赠扶养协议，使老人生养死葬有保障。

四、互谅互让、团结和睦原则

互谅互让、团结和睦，是社会主义道德所要求的内容，现将其上升为法律原则，这既是发扬社会主义道德风尚的需要，又是建设社会主义精神文明的要求。继承人应当本着互谅互让、团结和睦的精神，协商处理继承问题。其表现主要有：

1. 继承人的继承权受法律平等的保护。如果继承人严重违反社会公德，实施有害于被继承人、其他继承人，破坏社会主义家庭关系的违法行为，则会依法丧失继承权。

2. 法定继承人有平等的继承权。但是在法定继承时，也并不要求继承人必须平均分配遗产。经继承人协商同意的，遗产的分配也可不均等，而且在确定继承份额和分割遗产时，应当考虑继承人对被继承人所尽的义务、各继承人的生活需要、遗产效益的发挥以及照顾缺乏劳动能力又无生活来源的人等情况。

3. 继承人协商处理继承问题。继承从被继承人死亡开始，但遗产的分割不必在继承开始时进行。继承人可以在协商后才进行遗产分割。继承人应当本着互谅互让、和睦团结的精神，协商处理继承问题。遗产分割的时间、办法和份额，由继承人协商确定。协商不成的，可以由人民调解委员会调解或者向人民法院提起诉讼。

五、权利和义务相一致原则

权利和义务相一致，是我国宪法的一项原则，也是我国公民处理家庭关系和遗产继承问题以及人民法院审理继承案件的经验总结，体现了我国社会主义继承制度的重要特点。解决继承问题时所遵循的权利义务相一致的原则，主要体现在以下方面：

1. 在遗产分配上，对被继承人尽了主要扶养义务的，可以多分遗产；有扶养能力和扶养条件的继承人，不尽扶养义务的，应当不分或少分遗产。

2. 对公婆或岳父母尽了主要赡养义务的丧偶儿媳或丧偶女婿有权继承公婆或岳父母的遗产。反之，则无继承权。

3. 在订有遗赠扶养协议的情形下，扶养人按照协议尽了扶养义务的，享有受遗赠的权利；不履行协议，不尽抚养义务的，不能享有受遗赠的权利。

4. 对被继承人生前不负有任何法定的扶养义务而对被继承人扶养较多的人，有权取得适当的遗产。反之，法定继承人虐待、遗弃、故意杀害被继承人的，则丧失继承权。

5. 继承人继承被继承人的财产权利的，应当在遗产的实际价值内偿还被继承人生前所欠的债务和应缴纳的税款。

6. 遗嘱继承或者遗赠附有义务的，继承人或者受遗赠人应当履行义务。没有正当理由不履行义务的，人民法院可以取消他接受遗产的权利。

第四节　遗　产

一、遗产的概念和法律特征

（一）遗产的概念

遗产是公民死亡时遗留的个人所有的合法财产和法律规定可以继承的其他财产权益。我国《民法典》第 1122 条规定："遗产是自然人死亡时遗留的个人合法财产。依照法律规定或者根据其性质不得继承的遗产，不得继承。"

（二）遗产的法律特征

1. 遗产是被继承人死亡时遗留的财产，具有特定的时间性和财产性。

2. 遗产是被继承人遗留的个人合法财产，具有专属性和合法性。

3. 遗产是被继承人遗留的依法能够转移给他人的财产，具有限定性。

4. 遗产是被继承人的一定财产权利和财产义务的统一体，具有总体性。

二、遗产的范围

《民法典》第 1122 条对遗产范围采取了概括式规定，改变了现行《继承法》第 3 条采取"列举+概况"规定。这一遗产范围的立法方式，纠正了对遗产列举无论达到何等详细程度，在财产类型日益增加和财产形式不断丰富的情形下，也无法涵盖遗产的全部范围，甚至可能发生法律属性争议的弊病。但是，结合当前司法实践及相关法律规定，我们仍可以将以下财产列入遗产的主要范围。

1. 个人的合法收入。在法律许可范围内，个人通过劳动或其他形式取得的货币或实物，都是个人的收入。

2. 个人的房屋、储蓄和生活用品。个人的私有房屋可以作为遗产，但宅基地的所有权不属于自然人个人，因此不是遗产。个人的生活用品指满足公民消费需要的物质资料，既包括普通生活用品，也包括高档消费品。

3. 个人的林木、牲畜与家禽。按照国家政策，依法占有、使用公有土地和荒山植树造林的，允许继承。

4. 个人的文物、图书资料。根据《中华人民共和国文物保护法》规定，文物允许私人收藏、个人收藏的文物不论是否珍贵，都可作为遗产继承。个人在生产、工作和学习时积累收藏的图书资料，所有权归个人，可作为遗产。

5. 法律允许个人所有的生产资料。依照我国现行法律规定，除国家专有财产和依法只能归国家所有或集体所有的土地外，其他生产资料都可以依法归个人所有，可依法继承。

6. 个人的知识产权中的财产权利。知识产权包括人身权利与财产权利两部分内容，其中人身权利与权利人的人身不可分离，不能作为遗产继承。但财产权利可与权利人的人身相分离，可以转让或许可使用。因此，在法定保护期限内可作为遗产继承。

7. 个人的其他合法财产。

总之，根据民法典的规定，只要是自然人死亡时遗留的个人合法财产，即便上述各项中没有明确列出，只要其符合遗产的法律特征，都可以作为遗产继承。例如，有价证券、履行标的为财物的债权等。

三、认定遗产时应注意的几个问题

（一）不能作为遗产继承的权利和义务

1. 个人的人身权不得继承。

2. 与特定人身不可分离的财产权利和财产义务，以及履行标的为行为的债权和债务不得继承。

3. 死者生前已经灭失或者转移了所有权的财产不得继承。

4. 自然人死亡时终止的具有身份性的财产权利不得继承。

5. 非死者的财产不得继承。

6. 非法财产不得继承。

（二）把被继承人的遗产与公有财产区分开

自然人死亡后，其生前承包的土地、荒山、鱼塘、果园、小企业等，是全民所有或集体所有的公有财产，不能作为遗产。同时，承包经营权也不能作为遗产。如果法律允许死者的继承人继续承包，应办理承包权转移手续。但是，自然人生前以承包合同所取得的收益，属于个人的合法收入，可以作为遗产继承。

（三）把被继承人的遗产与共有财产中其他共有人的份额区分开

共有财产包括夫妻共有财产、家庭共有财产和合伙共有财产，个人只对其在共有财产中的份额享有所有权。因此，个人死亡时，应从共有财产中分出其遗产部分，方可予以继承。

（四）把被继承人的财产与赠与财产区分开

赠与是个人生前处理自己财产的法律行为。只要赠与有效，赠与财产就应从个人的遗产中分离出来，且不会成为遗产。

（五）被继承人的遗产与抚恤金、保险金的区别

伤残抚恤金属于个人财产，死亡时可以继承。死亡抚恤金是给死者家属的物质帮助和精神抚慰，不属于个人财产，不能作为遗产继承。财产保险金属于被保险人死亡后的遗产，可以继承。人身保险，如果指定了受益人的，人身保险金归受益人

所有，不能作为遗产；未指定受益人的，被保险人死亡后，人身保险金应作为遗产进行处理。

延伸阅读

关于保险金的认定与继承问题

保险一般可分为财产保险和人身保险。财产保险是指以财产及其有关利益为保险标的的保险；人身保险是指以人的寿命和身体为保险标的的保险。被保险人是指其财产或者人身受保险合同保障，并享有保险金请求权的人。投保人可以为被保险人。保险利益是指投保人或者被保险人对保险标的具有的法律上承认的利益。当发生保险合同中约定的保险事故时，保险公司应当给付保险金。

财产保险和人身保险不同，人身保险的保险金能否作为被保险人的遗产予以继承，取决于投保人或被保险人是否在保险合同中指定了受益人。而财产保险不存在指定受益人的问题。当保险合同约定的保险事故发生时，保险公司应将保险金支付给被保险人。当被保险人死亡后，保险金就应作为被保险人的遗产，由其继承人继承。

在人身保险合同中，保险金应按不同的情形予以认定：

1. 保单没填写受益人的，保险金直接支付给被保险人。被保险人死亡的，保险金由被保险人的法定继承人继承。

2. 受益人与被保险人在同一事件中死亡，且不能确定死亡先后顺序的，推定受益人死亡在先。我国《中华人民共和国保险法》（以下简称《保险法》）第42条规定："被保险人死亡后，有下列情形之一的，保险金作为被保险人的遗产，由保险人依照《中华人民共和国继承法》的规定履行给付保险金的义务：①没有指定受益人，或者受益人指定不明无法确定的；②受益人先于被保险人死亡，没有其他受益人的；③受益人依法丧失受益权或者放弃受益权，没有其他受益人的。受益人与被保险人在同一事件中死亡，且不能确定死亡先后顺序的，推定受益人死亡在先。"

3. 保险金的数额应由保险人根据合同确认。在此要注意的是，保险金与保险金额是两个不同的概念。保险金是保险人在保险合同约定的事由发生后，依据合同的约定应向受益人支付的金额。而保险金额是指保险人承担赔偿或者给付保险金的最高限额。保险金小于或等于保险金额，但不会大于保险金额。保险金的多少由保险人依合同约定确定。受益人对此有争议的，可通过诉讼或仲裁解决。

4. 保险金请求权的期限。我国《保险法》第26条明确规定："人寿保险以外的其他保险的被保险人或者受益人，向保险人请求赔偿或者给付保险金的诉讼时效期间为2年，自其知道或者应当知道保险事故发生之日起计算。人寿保险的被保险人或者受益人向保险人请求给付保险金的诉讼时效期间为5年，自其知道或者应当知道保险事故发生之日起计算。"《民法典》第188条第1款规定："向人民法院请求保护民事权利的诉讼时效期间为3年。法律另有规定的，依照其规定。"根据"特别法优于一般法"的规定，有关保险金请求权的期限应适用《保险法》的相关规定。

思考题

1. 试述继承权的概念及其法律特征。
2. 简述我国继承法的基本原则。
3. 丧失继承权的法定原因有哪些？
4. 如何确定遗产的范围？遗产与非遗产的界限是什么？

实务训练

（一）示范案例

案情： 2015 年 8 月 15 日晚，陈芳与何强夫妇因离婚的财产分割问题发生争执。次日凌晨，陈芳故意将何强杀害。2017 年，儿子何兵意外得知，父亲何强曾购买过一份人身意外保险，保额为 30 万元。何兵向保险公司提出理赔申请，但遭到拒绝。何兵与奶奶何爱萍一起将保险公司告上法庭。庭审中，保险公司提出，保险合同中约定，受益人故意杀害被保险人的保险公司不应当赔偿。对此，原告方律师认为，何兵与何爱萍并没有参与杀害被保险人的行为，我国《保险法》中也没有规定某一个受益人造成被保险人死亡的，其他所有受益人都不能理赔。

试问：

（1）本案中，对何兵向保险公司提出的理赔申请，应否支持？

（2）本案中 30 万元保险金能否作为遗产进行分配？说明理由

解析：

1. 对何兵向保险公司提出的理赔申请，保险公司应予支持。根据《保险法》第 43 条第 2 款规定："受益人故意造成被保险人死亡、伤残、疾病的，或者故意杀害被保险人未遂的，该受益人丧失受益权。"由此可知，本案中，妻子陈芳因杀害何强将被认定丧失受益权。但儿子何兵和奶奶何爱萍作为法定继承人，其受益权应受到法律保护。

2. 30 万元保险金可以作为遗产进行分配。《保险法》第 42 条规定，被保险人死亡后，没有指定受益人，或者受益人指定不明无法确定的；保险金作为被保险人的遗产，由保险人依照《中华人民共和国继承法》的规定履行给付保险金的义务。因此，何兵与何爱萍作为被保险人的第一顺序法定继承人，依法享有继承被保险人何强遗产（保险金）的权利。陈芳因有故意杀害被继承人何强的行为。依据《继承法》第 7 条的规定，应当丧失继承权。

（二）习作案例

1. 张山、张林两人为亲兄弟，父母于 1996 年初去世，留有房屋 10 间，一直为张山所占。2016 年初，张林起诉张山，要求"分割"遗产。

问题：

（1）本案中，张山侵害的是张林的遗产的继承权，还是遗产的共同所有权？

（2）本案中，张林的张山诉讼请求是否超过诉讼时效？

2. 李铁早年丧偶，2016 年退休后，其开了个小超市，由于超市地处闹市区，生意相当红火，几年下来攒了不少钱。小儿子李强因吸毒经常到超市拿钱，李铁不给即抢，并多次打伤李铁。一次李强因犯毒瘾又来抢钱，李铁没给，李强拿刀就砍，李铁当场死亡。二儿子李刚恰巧看见父亲惨死，当即将李强打死，并因此被判刑 12 年。大儿子李建在办理父亲丧事时，无意中发现父亲的遗嘱，由三个儿子平分他的遗产。于是，李建偷偷修改了遗嘱，增加了 1 万元应继承份额。

问题：

（1）本案中谁享有继承权？为什么？

（2）本案中谁丧失继承权？为什么？

第二十六章

法定继承

学习目标与工作任务

通过本章的学习，要求大家能够了解我国法定继承的概念及其法律特征；掌握我国民法典继承编规定的法定继承的范围和顺序；并能正确分析、判断和运用代位继承与转继承制度，去解决司法实践中的法定继承权纠纷。

导入案例

李老先生与前妻生有阿英、阿田两个孩子。他与张女士再婚后，又生有阿扬、阿湘、阿楠三个子女。阿英从小由张女士抚养。李老先生、阿英早年去世。前不久，张女士也因病逝世。张女士生前一直居住在阿楠家，由她赡养。她的另两个亲生子女阿扬、阿湘经常去看望她，并为她支付了部分医药费。张女士去世后，阿扬、阿湘起诉阿楠，要求继承张女士的遗产。小磊是阿英的儿子，他认为，张女士的遗产中应有自己母亲阿英的份额，所以，他加入到诉讼中，要求代位继承遗产的1/3，阿田则放弃了继承权。

本案知识点：法定继承；代位继承；继承权的放弃与丧失。

第一节　法定继承的概念和适用范围

一、法定继承的概念和特征

（一）法定继承的概念

法定继承又称为无遗嘱继承，是指根据法律直接规定的继承人范围、继承人继承的先后顺序、继承人继承遗产的份额及遗产的分配原则，继承被继承人遗产的一项法律制度。

法定继承的概念包含以下四层含义：①法定继承是一种继承方式。②法定继承是由法律直接规定的继承人继承遗产的继承方式。③法定继承是由法律直接规定继承人遗产分配原则的继承方式。④法定继承是不直接体现被继承人意志的继承方式。

（二）法定继承的特征

1. 法定继承是遗嘱继承的补充。在我国，法定继承虽然是一种主要的继承方式，但是在效力上，它低于遗嘱继承，只有在不适用遗嘱继承时才适用法定继承。因此，法定继承具有对遗嘱继承补充的特点。

2. 法定继承是对遗嘱继承的限制。从某种意义上讲，法定继承并不体现被继承人的意志，而遗嘱继承则直接体现着被继承人的意愿。因为遗嘱是被继承人的直接的意思表示，而在法定继承中，基于法律的规定只可以说是出于对被继承人意思的推定。但是，在遗嘱继承中，遗嘱人不能违反法律的规定，如遗嘱人在遗嘱中必须为缺乏劳动能力又没有生活来源的人保留必要的遗产份额。因此，法定继承具有限制遗嘱继承的特点。

3. 法定继承中的继承人是法律基于继承人与被继承人间的亲属关系规定的，而不是由被继承人指定的。法定继承权的取得根据，是被继承人与继承人之间存在婚姻关系、血缘关系或扶养关系。因此，法定继承具有以身份关系为基础的特点。

4. 法定继承人的范围、继承顺序、继承份额和遗产分配原则等都由法律明确规定，法定继承属于强行性规范。除被继承人通过依法设立遗嘱这种方式加以改变外，其他任何单位组织和个人均无权改变。继承人在继承遗产时须按照法律规定的应继份额及遗产分配原则来分配遗产。因此，法定继承具有强行性的特点。

二、法定继承的适用范围

法定继承的适用范围，是指在何种情况下适用法定继承。《民法典》第 1123 条规定：“继承开始后，按照法定继承办理；有遗嘱的，按照遗嘱继承或者遗赠办理；有遗赠扶养协议的，按照协议办理。”因此，一般来说，法定继承只有在没有遗赠扶养协议和遗嘱继承的情况下才适用。所以，有下列情形之一的，遗产适用法定继承：①被继承人生前未与他人订立遗赠扶养协议，或已订立的遗赠扶养协议无效的；②被继承人生前未立遗嘱的；③遗嘱继承人放弃继承权、丧失继承权或者受遗赠人放弃受遗赠权的；④遗嘱继承人、受遗赠人先于遗嘱人死亡的；⑤遗嘱无效部分所涉及的遗产，以及遗嘱未处分的遗产。

第二节　法定继承人的范围和继承顺序

一、法定继承人的范围

（一）法定继承人的概念

法定继承人是指由法律直接规定的可以依法继承被继承人遗产的人。

（二）法定继承人范围

法定继承人范围是指哪些人属于法定继承人。我国民法是以婚姻、血缘而产生的亲属关系为基础来确定法定继承人的范围。根据《民法典》第 1127 条的规定可知，法定继承人的范围包括配偶、子女、父母、兄弟姐妹、祖父母、外祖父母。

1. 配偶。《民法典》第 1061 规定："夫妻有相互继承遗产的权利"。因此配偶是法定继承人。但是只有存在合法婚姻关系的夫妻，其才能享有配偶继承权。如果男女双方系非法同居、重婚等违法的两性关系，则不具有婚姻的合法效力，此时，双方当事人之间不具有配偶身份，不享有配偶继承权。

2. 子女。《民法典》第 1127 条第 3 款的规定："本编所称子女，包括婚生子女、非婚生子女、养子女和有扶养关系的继子女。"具体包括：①被继承人的亲生子女。不管是婚生的还是非婚生的，都享有相同的继承权。亲生子女不仅包括被继承人死亡前出生的，也包括在被继承人死亡时尚未出生的胎儿。《民法典》第 1155 条规定："遗产分割时，应当保留胎儿的继承份额。胎儿娩出时是死体的，保留的份额按照法定继承办理。"②养子女。养父母和养子女间的权利义务，适用关于父母子女关系的规定。养子女与生父母及其他近亲属的权利义务，因收养关系的成立而解除。因此，收养关系成立后，养子女在享有对养父母的遗产继承权的同时，对其生父母及其他近亲属的遗产继承权随之消灭。但是，如果养子女对养父母尽了赡养义务，同时又对生父母扶养较多的，除可依法继承养父母的遗产外，其还可依法分得生父母的适当遗产。③有扶养关系的继子女。《民法典》第 1072 条第 2 款规定："继父或继母和受其抚养教育的继子女间的权利义务，适用本法关于父母子女关系的规定。"即继父母和继子女之间形成扶养关系的，就当然具有父母子女间的权利和义务，当然也就包括有相互继承遗产的权利。

3. 父母。《民法典》第 1127 条第 4 款的规定："本编所称父母，包括生父母、养父母和有扶养关系的继父母。"我国《民法典》第 1070 规定："父母和子女有相互继承遗产的权利"。

4. 兄弟姐妹。《民法典》第 1127 条第 5 款的规定："本编所称兄弟姐妹，包括同父母的兄弟姐妹、同父异母或者同母异父的兄弟姐妹、养兄弟姐妹、有扶养关系的继兄弟姐妹。"兄弟姐妹是最近的旁系血亲，互相之间有继承遗产的权利，互为法定继承人。

5. 祖父母、外祖父母。祖父母、外祖父母与孙子女、外孙子女之间为直系血亲关系，祖父母、外祖父母享有继承孙子女、外孙子女遗产的权利。

上述继承人中，养子女不得继承其生父母的遗产，生父母也不得继承已被他人收养的子女的遗产。被收养人与其亲兄弟姐妹之间的权利义务因收养关系的成立而解除，不能互为继承人。继子女继承了继父母遗产的，不影响其继承生父母的遗产；继父母继承了继子女遗产的，不影响其继承生子女的遗产；继兄弟姐妹之间相互继承了遗产的，不影响其继承亲兄弟姐妹的遗产。《民法典》第 1129 条规定："丧偶儿媳对公婆，丧偶女婿对岳父母，尽了主要赡养义务的，作为第一顺序继承人。"此处认定是否"尽了主要赡养义务"，一般可以从以下两方面综合考虑：一是对公婆或岳父母生活提供了主要经济来源，或者对公婆或岳父母在生活上提供了主要帮助；二是对公婆或岳父母所履行的赡养义务具有长期性、经常性。具备以上两个条件的，不论丧偶儿媳、女婿是否再婚，均为第一顺序的法定继承人。

二、法定继承人的继承顺序

（一）法定继承人继承顺序的概念

法定继承人的继承顺序，是指法律直接规定的法定继承人参加继承的先后次序。我国《民法典》第 1127 条第 1 款的规定："遗产按照下列顺序继承：①第一顺序：配偶、子女、父母；②第二顺序：兄弟姐妹、祖父母、外祖父母。"《民法典》第 1127 条第 2 款规定："继承开始后，由第一顺序继承人继承，第二顺序继承人不继承；没有第一顺序继承人继承的，由第二顺序继承人继承。"

（二）法定继承人继承顺序的特征

1. 法定性。法定继承人的继承顺序是由法律根据继承人与被继承人之间关系的亲疏远近程度直接规定的，而不是由当事人自行决定的。

2. 强制性。对于法律规定的继承顺序，任何人、任何机关都不得以任何理由改变。也就是说，继承人只可以放弃继承权但不能放弃自己的继承顺序。

3. 排他性。在法定继承中，继承人只能依法定的继承顺序依次参加继承，前一顺序的继承人总是排斥后一顺序的继承人继承。

4. 限定性。法定继承人的继承顺序只限定在法定继承中适用，不适用于遗嘱继承。

（三）法定继承人继承顺序的理解

1. 第一顺序的法定继承人为：配偶、子女、父母。此外，代位继承人及对公婆或岳父母尽了主要赡养义务的丧偶儿媳或丧偶女婿也可以参与第一顺序的继承。

2. 第二顺序的法定继承人为：兄弟姐妹、祖父母、外祖父母。

继承开始后，由第一顺序继承人继承，第二顺序继承人不继承。只有在没有第一顺序继承人继承时或第一顺序的继承人都放弃了继承权或第一顺序的继承人都丧失了继承权时，才由第二顺序继承人继承。

第三节 代位继承

一、代位继承的概念和特征

（一）代位继承的概念

代位继承又称间接继承，是指被继承人的子女或者兄弟姐妹先于被继承人死亡时，由被继承人的子女的直系晚辈血亲或者被继承人的兄弟姐妹的子女代替被代位继承人继承其有权继承的遗产份额的法律制度。我国《民法典》第 1128 条规定："被继承人的子女先于被继承人死亡的，由被继承人的子女的直系晚辈血亲代位继承。被继承人的兄弟姐妹先于被继承人死亡的，由被继承人的兄弟姐妹的子女代位继承。代位继承人一般只能继承被代位继承人有权继承的遗产份额。"在代位继承中，先于被继承人死亡的继承人，称为被代位继承人或被代位人；代替被代位继人继承遗产的人称为代位继承人，代位人代替被代位继承人继承遗产的权利，叫代位继承权。

代位继承制度源于罗马法，近现代各国立法都对此作出了规定，并将其视为法定继承的必要补充。我国《民法典》也确立了代位继承制度，并增加了被继承人的兄弟姐妹的子女适用代位继承制度，扩大了法定继承人的范围，使被继承人的侄、甥也进入了代位继承人的范围。

（二）代位继承的法律特征

1. 被代位继承人必须先于被继承人死亡。这是适用代位继承的先决条件。只有出现继承人在继承开始前死亡的情形，才能发生代位继承。如果继承人的死亡发生在被继承人死亡之后，遗产尚未分割完毕之前，则只能发生转继承的问题。

2. 被代位继承人可以是被继承人的子女，也可以是被继承人的兄弟姐妹。被继承人的其他继承人，包括长辈直系血亲（即被继承人的父母、祖父母、外祖父母）、姻亲（配偶），则不能成为被代位继承人。

3. 被代位继承人必须未丧失继承权。如果被代位继承人生前丧失了继承权，则不发生代位继承问题。因为代位继承是代位继承人代替已死亡的父亲或母亲的法律地位去继承被继承人的遗产，被代位继承人丧失了继承权，代位继承人便丧失了代替的位置，无权也无位可代。但是，如果被代位继承人没有劳动能力又无生活来源的，或对被继承人尽赡养义务较多的，可以适当分给遗产。

4. 代位继承人可以是被继承人的子女的直系晚辈血亲；也可以是被继承人的兄弟姐妹的子女。被继承人的子女的直系晚辈血亲代位继承时，可以不受辈分的限制。即被继承人的孙子女、外孙子女、曾孙子女、外曾孙子女等都可以代位继承。但是，被代位继承人的配偶、直系长辈血亲、被继承人子女的直系晚辈血亲的配偶，则都不能成为代位继承人。

5. 代位继承人一般只能继承被代位继承人有权继承的遗产份额。代位继承人作为第一顺序继承人参加继承，无论人数多少，一般都只能继承被代位继承人有权继承的遗产份额，无权与其他同一顺序法定继承人平分遗产。丧偶儿媳、丧偶女婿作为第一顺序继承人时，不影响其子女代位继承。

6. 代位继承只适用于法定继承，不适用于遗嘱继承。遗嘱继承人先于被继承人死亡的，遗嘱无效，遗嘱继承人的子女及其直系晚辈血亲不得依遗嘱主张代位继承。

二、代位继承与转继承的区别

（一）转继承的概念

转继承，又称第二次继承、再继承、连续继承，是指继承人在继承开始后、遗产分割前死亡的，其有权接受的遗产转由其法定继承人继承的制度。实际接受遗产的死亡继承人的继承人称为转继承人。《民法典》第1152条规定："继承开始后，继承人于遗产分割前死亡，并没有放弃继承的，该继承人应当继承的遗产转给其继承人，但是遗嘱另有安排的除外。"

（二）转继承发生的条件

1. 继承人于继承开始后、遗产分割前死亡。

2. 死亡的继承人在被继承人死亡后未放弃继承权。

3. 遗嘱另有安排的除外。

（三）转继承与代位继承的区别

1. 继承发生的根据不同。代位继承是基于继承人先于被继承人死亡的事实而产生，它属于间接继承、一次继承；转继承则是基于继承人后于被继承人死亡的事实而产生，它是就同一项财产发生的两次连续的直接继承。

2. 继承人死亡的时间不同。代位继承中的被代位继承人在继承开始前死亡。而转继承中的继承人在继承开始后并且是在分割被继承人遗产前死亡。

3. 继承的主体不同。代位继承人可以是被代位继承人的直系晚辈血亲或被继承人的兄弟姐妹的子女，而转继承人则是原继承人的所有合法继承人，既可以是原继承人的直系晚辈血亲，也可以是原继承人的其他合法继承人。

4. 继承适用的范围不同。代位继承只适用于法定继承，是法定继承的特别补充。而转继承既可适用于法定继承，又可适用于遗嘱继承，如果遗嘱继承人在继承开始后遗产分割前未放弃继承权而死亡的，其应继承的遗产份额则转由其法定继承人继承。

第四节 法定继承中的遗产分配

一、法定继承的遗产分配原则

（一）法定继承的遗产分配原则的含义

法定继承的遗产分配原则，是指在法定继承中，数个同一顺序的继承人共同继承被继承人的遗产时，应如何确定各个继承人应继承的遗产份额（以下简称为应继份）。

关于法定继承的遗产分配原则，各国法上一般有两种立法例：①由法律直接规定各继承人的应继份。②规定同一顺序的法定继承人均分遗产。

（二）《民法典》规定的法定继承中遗产分配的原则

我国《民法典》第1130条规定："同一顺序继承人继承遗产的份额，一般应当均等。对生活有特殊困难又缺乏劳动能力的继承人，分配遗产时，应当予以照顾。对被继承人尽了主要扶养义务或者与被继承人共同生活的继承人，分配遗产时，可以多分。有扶养能力和有扶养条件的继承人，不尽扶养义务的，分配遗产时，应当不分或者少分。继承人协商同意的，也可以不均等。"据此，法定继承中遗产分配的原则可做以下理解：

1. 同一顺序继承人继承遗产的份额，一般应当均等。一般情况下，如果同一顺序继承人的条件大致相同，则每个继承人的继承份额应是相同的。这是遗产分配的一般原则。它不仅体现了法定继承权是基于血缘关系、婚姻关系而产生的，具备公平、合理的特点，在一定程度上能够减少纠纷；而且使继承份额的确定简单明了，易于执行。但是，"一般应当均等"的规定本身就意味着在特殊情况下的不均等，因此，继承份额均等必须是在同一顺序继承人的条件大致相同的情况下才能遵循的原则。

2. 特殊情况下继承人的继承份额，可以不均等。①对生活有特殊困难的、缺乏劳动能力的继承人分配遗产，应当予以照顾。这一遗产分配原则要求继承人必须同时具备生活困难和缺乏劳动能力两个条件，即主要是指无生活来源的未成年人、老人、病残人。②对被继承人尽了主要扶养义务或者与被继承人共同生活的继承人，分配遗产时，可以多分。有扶养能力和扶养条件的继承人，不尽扶养义务的，分配遗产时，应当不分或者少分。但此处有两点需注意：一是继承人具有扶养能力和扶养条件，愿意尽扶养义务，但被继承人因有固定收入和劳动能力，明确表示不要求其扶养的，分配遗产时，不应因此影响继承人的继承份额。二是继承人具有扶养能力和扶养条件，虽然与被继承人共同生活，但对需要扶养的被继承人不尽扶养义务的，分配遗产时，可以少分或不分。③继承人协商同意时，可以不均分。在同一顺序继承人的条件大致相同的情况下，经全体继承人协商同意，也可以使每个继承人的继承份额有所不同。但是，应当明确，引起这种继承份额不均等结果的原因，必须是非法定的原因，否则，就不必经全体继承人的协商同意，直接按照法律规定使某一继承人多分或少分遗产即可。

二、非继承人的遗产取得权

在法定继承中，除法定继承人得参加继承外，具备法定条件的其他人也有权适当分得遗产。因此，这些非继承人的酌情分得遗产权不容忽视。《民法典》第1131条："对继承人以外的依靠被继承人扶养的人，或者继承人以外的对被继承人扶养较多的人，可以分给适当的遗产。"

（一）可以分得适当遗产的人的范围

根据《民法典》第1131条的规定，可以分得适当遗产的人包括以下两种：

1. 继承人以外的依靠被继承人扶养的人。

2. 继承人以外的对被继承人扶养较多的人。

这里的扶养既包括经济上、劳务上的扶助，也包括精神上的慰藉。但若对被继承人只是给予一次性或临时性的扶养，或者所给予的物质扶助数额并不多，则不认定为扶养较多。

需要说明的是，这里所指的继承人以外的人，是指能够参加继承的继承人以外的人，并非指法定继承人范围以外的人。可分得适当遗产的人之所以有权取得适当的遗产，并非基于继承权，而是基于法律规定的可分给适当遗产的特别条件。

（二）非继承人分得遗产的份额的确定

对于可分得适当遗产的人，分给他们遗产时，按具体情况可多于或少于继承人的应继承的遗产份额；在其依法取得被继承人遗产的权利受到侵犯时，本人有权以独立的诉讼主体资格向人民法院提起诉讼，请求保护。

我国《民法典》第1132条规定："继承人应当本着互谅互让、和睦团结的精神，协商处理继承问题。遗产分割的时间、办法和份额，由继承人协商确定；协商不成的，可以由人民调解委员会调解或者向人民法院提起诉讼。"

延伸阅读

"中国继承法修改热点难点问题研讨会"会议综述

时间：2012年6月16日~17日。

来源：西南政法大学外国家庭法及妇女理论研究中心官方网站。

从研讨会的讨论情况来看，在我国继承法修改过程中主要涉及以下五个方面的问题。

第一个方面：遗产的范围。关于遗产的范围主要涉及两个方面的内容。第一个问题是技术层面的问题，就是如何对继承范围作出规定。目前为止有三种看法：一是概括式；二是列举加兜底；三是概括加排除。第二个问题是大家提出经济适用房、限价商品房、廉租房、公租房、宅基地使用权、网络财产等财产能不能作为遗产继承，在实践中是具有不同看法的。

第二个方面：继承人的范围和顺序问题。第一个问题是范围是否需要扩大，有的观点认为应当扩大，基于独生子女政策的考量，两个顺序的经过并不能保证可以避免遗产最后落到国家手中。关于如何进一步扩大继承人范围，存在不同意见。另一种观点认为不应当扩大，因为法院和有些公证机关的同志认为，现在的继承顺序已经基本满足要求了，没有必要扩大继承人范围，真正落在国家手中的财产实际上非常少。关于继承人的顺序问题，也是具有不同意见的：第一种意见认为应当该修改现有规定，第一顺序是子女、父母，第二顺序是兄弟姐妹，第三顺序是祖父母、外祖父母，配偶不在固定顺序之内；第二种意见认为第一顺序是配偶、子女，第二顺序是父母，第三顺序是兄弟姐妹、祖父母、外祖父母。也有观点认为，在现有基础上把孙子女、外孙子女列入第二顺序。也有观点不主张修改现有的继承顺序，主要理由是现实中尚未发生问题。还有一种意见认为取消尽了主要赡养义务的丧偶媳、婿第一顺序继承权的规定，丧偶媳、婿可以通过遗赠抚养协议来取得财产。

第三个方面：继承权的丧失和放弃问题。①继承权的丧失。关于是否需要增加规定丧失继承权的情形，有人建议增加规定故意伤害被继承人的，应当丧失继承权。但是也有人反对，认为故意伤害被继承人的可以包含在我们现在规定的虐待被继承人情节严重这一情形中。也有人说虐待不能完全涵盖伤害。另有意见主张增加以欺诈、胁迫手段迫使或者妨害被继承人设立、变更和撤销遗嘱情节严重的，应当丧失继承权。关于继承权的丧失到底是绝对丧失还是相对丧失的问题，大家仍主张应当相对丧失，设置一个宽恕制度。而关于代位继承是不是采用固有权说的问题，代位继承主要争论的就是关于绝对丧失继承权的，比如杀害被继承人或者为了遗产杀害继承人的情况。②继承权的放弃。一是放弃继承权要不要规定期限。有的人认为应当规定。我看大部分学者主张应当规定。但是，也有人认为，规定期限没有任何意义。二是继承开始前表示放弃继承权的，继承开始后可不可以反悔。三是放弃继承权要不要采用特定的形式，比如书面的形式、登记，特别是实际接收遗产后还能不能表示放弃。那么实际接受遗产后就不是放弃继承权的问题，而是涉及其所有权的处分问题。四是被继承人死亡后，没有进行遗产分割的，放弃的是继承权还是所有权？大部分人认为，实际上放弃的是所有权，当然也有不同的意见。五是继承人放弃继承权损害配偶、其他人的权益的，利害关系人可不可以申请法院撤销放弃继承的行为。

　　第四个方面：遗嘱继承。①遗嘱继承的形式问题。一是自书遗嘱可否采用打印后签名的方式，现在计算机普及了，有人认为应当适应形势的需要，允许这种方式。但是，还有一种意见认为这种东西太容易伪造，还是应该由他本人全部自书遗嘱，最后自己签上名字，写上年、月、日。这样才可以认定为是自书遗嘱。二是应否修改代书人必须是见证人的规定。三是需不需要增加密封遗嘱、电子数据遗嘱。②遗嘱的效力问题。一是公证遗嘱是否具有最高效力和是否能够以其他形式变更公证遗嘱，以最后作出的遗嘱作为有效遗嘱是否合理，还有就是某些遗嘱是不是需要进行强制公证。二是紧急情况下的口头遗嘱是不是需要规定一个过渡期，若超过过渡期，这个遗嘱就无效了。三是遗嘱的限制问题，是不是需要增加规定特留份。四是有无必要在继承法中明确规定共同遗嘱。实践中是不是存在共同遗嘱的情况；主要内容是什么；在订立遗嘱后，双方都还生存的情况下，一方可否变更、撤销共同遗嘱；一方去世以后，生存的一方可否撤销、变更遗嘱；一方通过行为处分财产以后，是否影响共同遗嘱的效力等问题都是需要研究的。

　　第五个方面：关于遗产管理的问题。①如何规定管理人和执行人的问题。②是否需要规定遗产管理人或遗嘱执行人的选任资格、权利义务、辞任、撤销等问题。如果需要规定的话，应如何规定。③遗产是否需要强制造册。因为我们现在实行的是限定继承，在遗产范围内继承。那么，遗产范围到底如何确定，要不要强制造册，如果强制造册以后，这个册子应当放在哪里。④要不要建立归口制度。⑤遗产债务的清偿顺序。因为遗产债务可能涉及工资、生活费、国家税收、担保物权，甚至遗赠扶养协议、遗赠、遗产费用，等等。哪些应当在先，哪些应当在后，是否需要在法律中明确规定，还是直接适用现行法律的规定。

　　本次会议的主题，既涉及继承法律制度的结构建构的宏观问题，也涉及对具体制度修改建议的微观内容。主要针对遗嘱继承、法定继承、遗嘱公证及遗嘱执行、遗产范围与遗产管理、遗产债务清偿等五个方面专题的热点难点问题进行研讨。

　　值得一提的是，2020 年 5 月 28 日第十三届全国人民代表大会第三次会议通过了《中华人民共和国民法典》。通过学习对照可知，本次研讨会上专家学者们探讨关注的几个继承方面的热点难点问题，大多在《民法典》继承编中得到了明确的规定。这为今后司法实践中解决因继承问题引发的各种纠纷，提供了重要的法律依据。

思考题

1. 试述法定继承的概念、特征及适用的场合。
2. 什么是代位继承？什么是转继承？两者有何区别？
3. 法定继承的遗产应该如何分配？

实务训练

（一）示范案例

案情： 2009 年 5 月 11 日，李某、庞某之子李兴因中枢性呼吸循环衰竭病逝，因李某、庞某身体有病，行动不便，由其女李玉、李兰、儿子李帮等人到某市处理李兴的后事，共支付丧葬费和交通费 1.5 万元。在李兴住院期间，李某、庞某为李兴垫付治疗费 5000 元。李兴生前与其妻赵某共同拥有位于某区的房屋一套，建筑面积 80 平方米。李兴有中国工商银行存款 5 万元，病逝后，其生前单位应退其养老金 5 万元、住房公积金 10 万元，共计 20 万元。其中，李兴遗留的遗产为 10 万元。李兴病逝前，已两次在某区法院起诉要求与其妻赵某离婚，在第二次诉讼过程中，李兴不幸因病去世。李兴与其妻赵某正处于离婚诉讼中。

试问：

（1）赵某是否有权继承李兴的遗产？

（2）李兴的遗产应如何分配？

（3）李玉、李兰、李帮是否有继承李兴遗产的权利？

分析：

（1）赵某有权继承李兴的遗产。根据法律规定，夫妻在婚姻关系存续期间所得的财产，归夫妻共同所有，双方另有约定的除外。本案的所涉房屋是李兴与被告赵某在婚姻关系存续期间购买的，银行存款、养老金、住房公积金等也属于婚后所得的财产，应属夫妻共同财产。虽然，李兴已向法院提起诉讼请求与赵某离婚，但法院还未判决双方离婚，双方的婚姻关系仍然存在，因此，赵某仍然可以第一顺序继承人的身份参与李兴的遗产分配。

（2）李兴死亡后，应首先对李兴与赵某的夫妻共同财产包括住房一套、存款、养老金、住房公积金等进行分割，夫妻共同财产的一半是李兴的遗产，其第一顺序继承人是李某、庞某、赵某，他们有权继承李兴的遗产。李兴的遗产应先支付为其看病垫付的治疗费、交通费、办理丧事的丧葬费等，剩余的遗产才能由其法定继承人来平均继承。李玉、李兰、李帮作为第二顺序继承人无权继承李兴的遗产。

（二）习作案例

1. 王某有一女王乙，二子王甲、王丙，配偶、父母均已逝世。王某长期与王乙共同生活，后王乙因病去世。王某与女婿及一外孙女共同生活。王甲有一子。王丙婚后尚无子女。2017 年王某去世，留下遗产 20 万元。在王某去世后，王丙伤心过度亦相继病故。

问题：

（1）本案应适用何种方式继承？

（2）哪些人有资格继承？说明理由

（3）对王某的遗产应如何分配？法律依据是什么？

2. 张述是一位个体经营者，因患病医治无效死亡。生前并未立遗嘱。其死后留下一套房屋、一批字画和 30 万元存款的遗产。张述生有三子一女。长子张军早年病故，留下妻子柏晗和一子一女。就在两个儿子和一个女儿办理完丧事协商如何处理遗产时，小儿子张森因交通事故意外身亡，留下妻子欧阳和刚满周岁的女儿。

问题：

（1）本案主要涉及哪些法律问题？

（2）对张述所留的遗产应如何继承？

第二十七章

遗嘱继承

学习目标与工作任务

通过本章的学习，要求大家能够了解我国遗嘱继承的概念及法律特征；掌握我国民法典继承编规定的遗嘱继承的有效条件；能达到灵活运用遗嘱的方式去妥善处分自己的财产，更好地实现自己的遗愿，避免身后不必要的遗产继承纠纷的发生。

导入案例

林甲有一子林乙、一女林丙。林甲妻子、林乙妻子均过世，林乙有孩子林丁。林丙结婚后另过。2015年，林甲向林乙、林丙宣读了一份经公证的遗嘱，指定林乙继承自己的全部遗产。2016年3月份，林乙患病住院，情况危急，在住院期间也订立了一份遗嘱，将自己现有的全部财产由儿子林丁继承；从林甲处继承遗产由林丙继承。林甲看到遗嘱后，在遗嘱上补充写道：如果林乙在林甲之前死去，林丁继承林甲财产中的5万元，其余由林丙继承；2016年5月，林乙死亡。两个月后，林甲死亡。

本案知识点：遗嘱效力；公证遗嘱；自书遗嘱；代位继承；法定继承。

第一节 遗嘱继承的概念和特征

一、遗嘱继承的概念和特征

（一）遗嘱继承的概念

遗嘱继承又称"指定继承"，是指继承开始后，继承人按照被继承人生前所立的合法有效的遗嘱继承被继承人遗产的一种继承制度。订立遗嘱的被继承人为遗嘱人，由遗嘱指定为继承人的人为遗嘱继承人。

（二）遗嘱继承的特征

遗嘱继承作为与法定继承并存的一种继承方式，具有以下特征：

1. 被继承人生前立有合法有效的遗嘱和立遗嘱人死亡是遗嘱继承的事实构成。

遗嘱继承的发生必须同时存在被继承人生前立有合法有效的遗嘱和立遗嘱人死亡的法律事实。被继承人死亡的单一法律事实，不能引起遗嘱继承。因此，无遗嘱、遗嘱无效或被撤销，不发生遗嘱继承的问题。

2. 遗嘱继承直接体现被继承人的遗愿。被继承人可以通过生前立遗嘱来指定其继承人及继承遗产的种类、数额等。

3. 遗嘱继承人和法定继承人的范围相同，但遗嘱继承不受法定继承顺序和应继份额的限制。被继承人可以在所立的遗嘱中依自己生前的意愿决定各遗嘱继承人的继承份额，而不受法定继承顺序和法定继承份额的限制。但是，遗嘱必须保留缺乏劳动能力又无生活来源的继承人的遗产份额。

4. 遗嘱继承的效力优于法定继承的效力。在遗嘱继承的事实构成出现时，不发生法定继承的问题。因为遗嘱的内容直接体现了被继承人的意愿及其生前对个人财产的处分，应当受到法律的尊重。因此，只要遗嘱合法有效，便适用遗嘱继承。只有在无遗嘱继承的条件下或者遗嘱处分的遗产有剩余时，才适用法定继承。

二、遗嘱继承的适用条件

1. 被继承人生前立有遗嘱，并且遗嘱合法有效。

2. 立遗嘱人死亡。

3. 被继承人生前没有签订遗赠扶养协议。

4. 遗嘱中指定的继承人未丧失继承权，也未放弃继承权，同时也未先于被继承人死亡。

第二节　遗嘱的设立

一、遗嘱的概念和特征

（一）遗嘱的概念

遗嘱是遗嘱人生前按照法律的规定处分自己的财产，以及安排与此有关事务并于死亡后发生法律效力的单方民事行为。我国《民法典》第 1133 条规定："自然人可以依照本法规定立遗嘱处分个人财产，并可以指定遗嘱执行人。自然人可以立遗嘱将个人财产指定由法定继承人中的一人或者数人继承。自然人可以立遗嘱将个人财产赠与国家、集体或者法定继承人以外的组织、个人。自然人可以依法设立遗嘱信托。"

（二）遗嘱的法律特征

1. 遗嘱是一种单方的民事行为。只要有遗嘱人单方的意思表示，遗嘱便能成立。

2. 遗嘱是由遗嘱人生前亲自独立实施的民事行为。

3. 遗嘱是遗嘱人死后才生效的民事行为。遗嘱完成后只发生设立效力，而未发生执行效力。只有当立遗嘱人死亡，才发生遗嘱的执行效力。

4. 遗嘱是一种要式民事行为。法律对遗嘱的形式作了明确的规定，遗嘱形式未符合法律要求的，无法律效力。

5. 遗嘱是依法律规定处分财产的民事行为。

二、遗嘱的内容

1. 指定遗嘱继承人、受遗赠人。

2. 指明遗产的名称、数量、特征。

3. 指明遗嘱继承人继承遗产的份额或遗产分配方法。

4. 指明某项遗产的用途或使用目的，以及对继承人的要求。

5. 必须写明设立遗嘱的时间、地点，也可指定遗嘱执行人或遗产管理人。

6. 其他事项。

第三节　遗嘱的有效要件

根据我国继承法的有关规定，合法有效的遗嘱必须同时具备法定的实质要件和形式要件两个方面：

一、遗嘱有效的实质要件

我国《民法典》第 1143 条规定："无民事行为能力人或者限制民事行为能力人所立的遗嘱无效。遗嘱必须表示遗嘱人的真实意思，受欺诈、胁迫所立的遗嘱无效。伪造的遗嘱无效。遗嘱被篡改的，篡改的内容无效。"

1. 遗嘱人必须具有遗嘱能力。遗嘱能力是指法律赋予遗嘱人设立遗嘱的资格。具有遗嘱能力的人所立的遗嘱才能产生预期的法律后果，否则无效。根据继承法规定，理解遗嘱能力时应注意以下几点：①无民事行为能力人或者限制民事行为能力人所立的遗嘱无效。②遗嘱人设立遗嘱时必须具有完全的民事行为能力。遗嘱人是否具备遗嘱能力，应以其立遗嘱时的状态为准。如果遗嘱人立遗嘱时有完全的民事行为能力，后来丧失了民事行为能力，不影响遗嘱的效力。反之，如果遗嘱人立遗嘱时是无民事行为能力人和限制民事行为能力人，所立的遗嘱无效，即使该遗嘱人后来有了完全的民事行为能力，该遗嘱仍属无效。③患有聋、哑、盲等疾病的成年人，同样具有遗嘱能力。根据我国《民法典》的规定，成年的聋哑盲人属于完全民事行为能力人，他们虽然由于生理上的疾病使其正常表达自己的意愿时有一定的困难，但这不是意识上的障碍，他们完全可以借助他人或者一定的工具，准确表达自己的真实意思。因此，对这些人的遗嘱应当从设立的可能性上判断真假，绝不能否认其具有遗嘱能力。

2. 遗嘱必须是遗嘱人的真实意思表示。遗嘱的内容必须与遗嘱人的内在意思相一致，出自遗嘱人本人的意愿。受胁迫、欺骗所立的遗嘱无效，伪造的遗嘱无效，遗嘱被篡改的，篡改的内容无效。

3. 遗嘱的内容不得违反法律和损害社会公共利益，违反法律或损害社会公共利益的遗嘱无效。在实际生活中，遗嘱无效大致有以下两种情况：①遗嘱中处分了属于国家、集体或他人所有的财产；②遗嘱中没有为缺乏劳动能力又无生活来源的继承人保留必要的份额。我国《民法典》第1141条规定："遗嘱应当为缺乏劳动能力又没有生活来源的继承人保留必要的遗产份额。"遗产处理后所剩余的部分，才可参照遗嘱确定的分配原则处理。继承人是否缺乏劳动能力又没有生活来源，应按遗嘱生效时即继承开始时的该继承人的具体情况予以确定。

二、遗嘱有效的形式要件

遗嘱的形式是遗嘱人依法进行处分其遗产的意思表示的方式。根据我国《民法典》的规定，设立遗嘱可以采取下列法定形式中的任何一种形式：

1. 公证遗嘱。《民法典》第1139条规定："公证遗嘱由遗嘱人经公证机构办理"。公证遗嘱必须由遗嘱人亲自与公证员一同办理。公证机构对遗嘱人和遗嘱内容审查合格后，应制作遗嘱证明书。遗嘱人、公证员、公证机构应在遗嘱证明书上签字、盖章。

2. 自书遗嘱。《民法典》第1134条规定："自书遗嘱由遗嘱人亲笔书写，签名，注明年、月、日"。自书遗嘱简便易行，无须公证人或见证人在场，有利于遗嘱内容的保密。此外，如果自然人的遗书中涉及处分死后个人财产的内容，遗书内容确为死者真实意思表示，有本人签名并注明了年、月、日，又无相反证据的，可按自书遗嘱对待。

3. 代书遗嘱。代书遗嘱是指由遗嘱人口述，委托他人代为书写的遗嘱，是遗嘱人在无书写能力或因故不能亲自书写的情况下，请他人代笔书写的情形。《民法典》第1135条规定："代书遗嘱应当有2个以上见证人在场见证，由其中一人代书，并由遗嘱人、代书人和其他见证人签名，注明年、月、日"。

4. 打印遗嘱。《民法典》第1136条规定："打印遗嘱应当有2个以上见证人在场见证。遗嘱人和见证人应当在遗嘱每一页签名，注明年、月、日。"打印遗嘱是我国《民法典》新增的一种法定遗嘱形式。

5. 录音录像遗嘱。录音录像遗嘱是指遗嘱人通过录音磁带、录像视频作出意思表示，记载遗嘱内容的遗嘱。《民法典》第1137条规定："以录音录像形式立的遗嘱，应当有2个以上见证人在场见证。遗嘱人和见证人应当在录音录像中记录其姓名或者肖像，以及年、月、日。"其中，录像遗嘱也是我国《民法典》新增的一种法定遗嘱形式。

6. 口头遗嘱。口头遗嘱是指遗嘱人在生命处于危急情况下，用口头表达遗嘱内容的形式。《民法典》第1138条规定："遗嘱人在危急情况下，可以立口头遗嘱。口头遗嘱应当有2个以上见证人在场见证。危急情况消除后，遗嘱人能够以书面或者录音录像形式立遗嘱的，所立的口头遗嘱无效。"

在上述几种遗嘱形式中，代书遗嘱、打印遗嘱、录音录像遗嘱、口头遗嘱的见证人必须具备以下条件：①具有完全民事行为能力；②与继承人无利害关系。

依据我国《民法典》第 1140 条规定："下列人员不能作为遗嘱见证人：①无民事行为能力人、限制民事行为能力人以及其他不具有见证能力的人；②继承人、受遗赠人；③与继承人、受遗赠人有利害关系的人。"根据现有相关司法解释规定，具体包括继承人、受遗赠人的父母、子女、配偶等近亲属，以及继承人或受遗赠人的债权人、债务人、共同经营的合伙人等。

第四节　遗嘱的撤回、变更和执行

一、遗嘱的撤回与变更

《民法典》第 1142 条规定："遗嘱人可以撤回、变更自己所立的遗嘱。立遗嘱后，遗嘱人实施与遗嘱内容相反的民事法律行为的，视为对遗嘱相关内容的撤回。立有数份遗嘱，内容相抵触的，以最后的遗嘱为准。"

（一）遗嘱的撤回、变更的概念

1. 遗嘱的撤回是指遗嘱人依法取消原先所立遗嘱内容的单方民事行为。

2. 遗嘱的变更是指遗嘱人依法改变原先所立遗嘱内容的单方民事行为。

（二）遗嘱撤回、变更的途径及效力

遗嘱撤回或变更有两种途径：一是遗嘱人实施与遗嘱内容相反的民事法律行为的，视为对遗嘱相关内容的撤回。如遗嘱人生前的行为与遗嘱的意思表示相反，而使遗嘱处分的财产在继承开始前灭失、部分灭失或所有权转移、部分转移的，应视为对遗嘱相关内容的撤回。

二是遗嘱人立有数份遗嘱，内容相抵触的，以最后的遗嘱为准。这是从法律上推定遗嘱人撤回或变更遗嘱的情形。

二、遗嘱的执行

（一）遗嘱执行的概念

遗嘱的执行是指遗嘱执行人于遗嘱生效后按照遗嘱人生前的意愿，实现遗嘱内容的行为。

（二）遗嘱执行人产生的方式

1. 遗嘱人在遗嘱中指定遗嘱执行人。

2. 法定继承人为遗嘱执行人。

3. 遗嘱人所在单位或最后居住地的基层组织为遗嘱执行人。

（三）遗嘱执行人的权利和职责

遗嘱执行人必须是具有完全民事行为能力的人。遗嘱执行人在执行遗嘱时，应当遵守法律规定，办事公正，并能真正体现遗嘱人的意志，任何人不得加以妨碍和干涉。如果遗嘱继承人和受遗赠人发现遗嘱执行人在执行遗嘱时违背了法律规定和遗嘱内容，可依法向人民法院起诉，要求解除其职务，造成财产损失的，应承担赔偿责任。遗嘱执行人应认真做好遗产清理、编制造册、妥善保管、合理分割、债务清偿等多项工作。

延伸阅读

遗嘱公证程序须知

遗嘱是遗嘱人生前在法律允许的范围内，按照法律规定的方式处分个人财产或处理其他事务，并在死亡时发生效力的单方法律行为。遗嘱公证是公证机构依照法定程序证明遗嘱人设立遗嘱行为真实、合法的活动。

一、公证遗嘱的申请

当事人办理遗嘱公证应当亲自到公证处提出申请，不得委托他人代为申请。遗嘱人立遗嘱时必须有行为能力。遗嘱人因身体原因（如腿脚不便，但神志清晰）不能亲自到公证处办理的，可以以书面或口头形式请求公证处指派公证人员到其所在地办理。

申办遗嘱公证要提交的材料：

1. 立遗嘱人的居民身份证、户口簿或护照、台湾居民来往大陆通行证、香港居民来往内地通行证、澳门居民来往内地通行证等身份证件材料。

2. 遗嘱受益人的身份信息。

3. 遗嘱涉及的不动产、交通工具或者其他有产权凭证的财产的产权证明。

4. 遗嘱草稿（如无也可由公证人员根据立遗嘱人的意思，现场代为起草）

申办遗嘱公证首先要填写公证申请表，遗嘱人填写申请表有困难的，由公证人员代写，遗嘱人应在申请表上签名或按手印。

二、遗嘱的内容

1. 遗嘱人的姓名、性别、出生日期、公民身份号码（证件号码）、住址等身份信息。

2. 遗嘱处分的财产情况（名称、数量、所在地点以及是否共有、抵押等）。

3. 对财产和其他事务的具体处理意见。

4. 有遗嘱执行人的，应写明执行人的姓名、性别、年龄、住址等。

5. 遗嘱制作的日期和遗嘱人的签名。

三、办理过程

遗嘱公证应由两名公证人员共同办理，由其中一名公证员在公证书上署名。因特殊情况由一名公证员办理时，应当有一名见证人在场，见证人要在遗嘱和询问笔录上签名。

公证人员询问遗嘱人时，除了见证人、翻译人员外，其他人员一般不得在场。遗嘱人属于年满70周岁、危重病人、聋哑盲人、间歇性精神病患者、弱智者等情形的，办理公证时应当录音或录像。未满70周岁，公证人员认为有录音、录像需要的，应当录音或者录像。公证遗嘱采用打印形式，公证人员对遗嘱草稿进行审查后打印，遗嘱人核对后在打印的遗嘱上签名。遗嘱人不会签名或签名有困难的，可以按手印的方式代替签名。上述情形，公证人员应在笔录中注明。以按手印代替签名的，公证人员还要提取遗嘱人的指纹进行存档。

四、注意事项

1. 遗嘱应当对缺乏劳动能力又没有生活来源的继承人保留必要的遗产份额。否则，可能导致遗嘱部分无效或全部无效。

2. 遗嘱人可以撤回、变更自己所立的遗嘱。

3. 遗嘱可以附加义务，如遗嘱受益人不履行该义务的，其遗嘱受益权可能被剥夺。

4. 公民可以立遗嘱将个人财产赠给国家、集体或者法定继承人以外的人，称为遗赠。遗赠也是遗嘱法律行为的表现形式。受遗赠人应当在知道受遗赠后60日内，作出接受或者放弃受遗赠的表示；到期没有表示的，视为放弃接受遗赠。

思考题

1. 试述遗嘱继承的概念和特征。
2. 遗嘱应具备哪些法定形式和内容？其有效条件是什么？
3. 简述遗嘱执行人的概念和法律地位。

实务训练

（一）示范案例

案情：被继承人刘山于2011年5月病故。其有二子一女，长子刘甲，次子刘乙，女儿刘丙。刘甲在其父病故一个月后，遗产还尚未分割时也相继去世。刘甲有妻夏兰，子刘川。刘丙于2009年8月去世，有丈夫马伟，女儿马花。刘山于2008年10月立有一份遗嘱，言明：次子刘乙一向拒绝赡养自己，不能继承其遗产。邻居张大叔与自己是故交，可分给他房屋1间，现金1万；女儿刘丙生活困难，可分得房屋3间，现金3万。另外，多年好友赵大伯对他有恩，现其家境不好，可得现金3万。经查明，刘山有遗产房间17间，现金11万。赵大伯于2011年1月病故，有妻子张桂花、儿子赵大海。

试问：

（1）本案中哪些是继承人？哪些是受遗赠人？

（2）刘山的遗嘱应作何处理？

（3）剩余的遗产应如何分配？

分析：

1. 本案的法定继承人有刘甲；代位继承人有马花；刘乙被遗嘱取消了继承权，不能作为继承人；刘丙在被继承人病故之前已死亡，也不能作为继承人。受遗赠人有张大叔、赵大伯。

2. 刘山的遗嘱应作如下处理：

（1）刘乙因被遗嘱取消继承权，不能继承遗产。

（2）张大叔可依遗嘱分得遗房1间，现金1万。

（3）刘丙依遗嘱本来可分得遗房3间和现金3万，但她于被继承人之前死亡，所以，遗嘱中为其指定继承的遗产转为法定继承，由刘山的法定继承人继承。

（4）赵大伯作为受赠人在被继承人之前死亡，依继承法规定，赵大伯的法定继承人不能继承遗赠人的遗产。

3. 本案遗产除去被张大叔依遗嘱受赠分得的1间遗房和1万现金外，其余遗产房16间和现金10万，应由刘甲（转由妻夏兰和子刘川继承）与马花（代位继承）二人平均分割。

（二）习作案例

1. 甲与其妻乙婚后生一子丙，2009年3月，甲去海南省海口市打工，2010年春节时，给乙来信，并寄回4000元钱。此后，甲一连4年没有任何消息，乙痛苦不堪，无奈向法律申请宣告某甲死亡。法院在全国性报刊上发出寻找失踪人甲的公告，1年后仍无任何消息，法院于2015年5月判决宣告失踪人甲死亡。乙及丙继承甲的遗产后，乙携丙与丁结婚。2015年12月，甲的一位老乡戊从海口回家探亲，说甲在来的路上得了重病，经抢救无效身亡，并带回甲临终时的一份自书遗嘱，上面说："请戊把我这几年挣得的5万元钱带给你们。在我死后，家产的一半及现金2万分给哥嫂，以报答对我的养育之恩。"遗嘱的时间是2005年11月25日。甲的哥嫂以此遗嘱为由要求乙执行，被乙拒绝，拒绝的理由是：该遗嘱是甲被宣告死亡半年后立的。双方诉至法院。

问题：

（1）甲的妻子乙申请宣告甲死亡是否合法？

（2）甲被宣告死亡后所立的遗嘱是否有效？

2. 刘某与肖某于1965年结婚，婚后生有甲、乙、丙三子。刘某与肖某有房屋2间。1985年，刘某去世，肖某独自将三个儿子抚养长大，并工作成家，由于肖某操劳过度，疾病缠身需要照顾，肖某与长子甲一起生活。2011年，肖某立下遗嘱，将她与刘某共有财产2间房屋留给长子甲，并且亲自到公证处办理了公证。4个月后，肖某死亡。乙和丙提出要继承肖某留下的遗产，甲以公证遗嘱中将遗产留给自己为由不同意分割。

问题：

（1）本案中，对刘某和肖某留下的遗产应如何处理？

（2）本案中，公证遗嘱的效力如何？

遗赠和遗赠扶养协议

学习目标与工作任务

通过本章的学习，要求大家能够了解我国遗赠和遗赠扶养协议的概念及法律特征；掌握遗嘱继承与遗赠，以及其与遗赠扶养协议的区别；充分认识遗赠扶养协议作为我国独特的一项继承制度的社会意义；能够正确运用所学知识，妥善处理各种遗嘱继承纠纷。

导入案例

曹国终生未娶，小有积蓄，并收养了一子曹东。2012年，曹东赴美留学，从此很少与曹国联系。2013年5月，曹国便与村委会订立遗赠扶养协议，双方商定：村委会负责曹国的生养死葬，曹国的全部财产在其死后归村委会所有。同年8月，曹国觉得自己的财产较多，不想全部给村委会，于是，自书遗嘱一份，将遗产的一半赠给恩人牛老汉。2016年，曹国死亡。在村委会办完丧事后，牛老汉拿着遗嘱要求接受曹国的遗产。曹东也回家要求继承养父的遗产，村委会对牛老汉和曹东的要求均予以拒绝。

本案知识点：遗赠扶养协议；自书遗嘱；收养关系。

第一节 遗 赠

一、遗赠的概念和特征

（一）遗赠的概念

遗赠是指自然人以遗嘱的方式将其个人财产赠与国家、集体或者法定继承人以外的人，并于其死亡后发生法律效力的民事行为。立遗嘱的人为遗赠人，被指定赠与财产的人为受遗赠人，遗嘱中指定赠与的财产为遗赠财产或遗赠物。

（二）遗赠的特征

1. 遗赠是一种单方的民事行为。遗赠是遗赠人以遗嘱的方式将财产赠与他人，由于遗嘱是一种单方民事行为，因而，遗赠也是一种单方民事行为，只需有遗赠人一方的意思表示就可以成立。因此，在遗嘱生效前，遗赠人能够随时改变自己赠与的意思，任何人不得干涉。

2. 遗赠是于遗赠人死亡后发生效力的行为。遗赠虽是遗赠人生前作出的意思表示，但只有在遗赠人死亡后才能发生法律效力。因此，遗赠人能够随时依法定程序变更、撤销遗赠。

3. 受遗赠人是法定继承人以外的人。如果立遗嘱人在遗嘱中指定某财产由法定继承人中的某人承受，则为遗嘱继承，而不是遗赠。

4. 遗赠是无偿地给予受遗赠人以财产利益的行为。这种财产利益可以是给予财产权利，也可以是免除他人的财产债务。但遗赠人必须给予他人以直接的财产利益，而不能给予间接的财产利益。

5. 遗赠是只能由受遗赠人自己接受的行为。遗赠是以特定的受遗赠人为受益主体的。受遗赠的主体具有不可替代性。

6. 受遗赠人应为接受遗赠时的生存之人。但是，于被继承人死亡时已受孕的胎儿可作为受遗赠人。受遗赠的人先于遗赠人死亡时或者受遗赠的单位于遗赠人死亡前撤销的，遗赠即不能发生效力；受遗赠人在作出接受遗赠的意思表示前死亡的，也不能发生遗赠。受遗赠人的受遗赠权只能由受遗赠人自己亲自享有，而不得转让。当然，如受遗赠人为无民事行为能力或限制民事行为能力人，其受遗赠权的行使得由法定代理人代理。

二、遗赠与遗嘱继承的异同

（一）遗赠与遗嘱继承的相同点

遗赠与遗嘱继承的相同的包括：①都是自然人用遗嘱处分其遗产的行为；②都可以附有义务；③都是遗产所有权转移的方式；④都是在遗嘱人死亡时开始生效的行为。

（二）遗赠与遗嘱继承的主要区别

1. 接受权利的主体范围不同。受遗赠人可以是法定继承人范围以外的任何自然人，也可以是国家和集体，即不限于自然人。遗而嘱继承人则只能是法定继承人范围之内的一人或数人，且属于自然人。

2. 表示接受、放弃权利的法律规定不同。受遗赠人接受遗赠的，应于法定期间内作出接受遗赠的明示的意思表示。《民法典》第 1124 条第 2 款规定："受遗赠人应当在知道受遗赠后 60 日内，作出接受或者放弃受遗赠的表示；到期没有表示的，视为放弃受遗赠。"而遗嘱继承人自继承开始至遗产分割前未明确表示放弃继承的，即视为接受继承；放弃继承权的，必须于此期间内以书面形式作出明确的意思表示。

3. 是否承担清偿死者债务的义务不同。受遗赠权的客体只是遗产中的财产权利，而不包括财产义务。受遗赠人接受遗赠时，只承受遗产中的权利而不承受遗产中的债务。如果遗赠人将其全部遗产都遗赠给国家、集体或某自然人，而他生前又负有债务时，则受遗赠人只能接受清偿债务后剩余的财产。而遗嘱继承权的客体是遗产，既包括被继承人生前的财产权利，也包括被继承人生前的财产义务。我国《民法典》第1144条规定："遗嘱继承或者遗赠附有义务的，继承人或者受遗赠人应当履行义务。没有正当理由不履行义务的，经利害关系人或者有关组织请求，人民法院可以取消其接受附义务部分遗产的权利。"

4. 取得遗产的方式不同。受遗赠人取得受遗赠财产，必须通过遗嘱执行人或法定继承人执行遗嘱而实现；遗嘱继承人则可根据生效的遗嘱直接参与遗产的继承而取得遗产。

三、遗赠与赠与的区别

遗赠与赠与都是无偿地将自己的财产给予他人的民事行为，但二者有着原则性的区别，主要表现在以下三方面：

1. 行为的性质不同。遗赠是单方民事行为，不须征得他人的同意；而赠与是双方民事行为，赠与行为的成立以双方当事人意思表示一致为前提。

2. 采取的方式不同。遗赠必须采取遗嘱的形式；而赠与可以采取多种形式。

3. 生效的时间不同。遗赠在遗嘱人死亡后才发生法律效力；而赠与则在赠与人生前即可发生法律效力。

四、遗赠的有效条件

遗赠虽是遗赠人单方的意思表示，也须具备一定的条件才能发生效力。

1. 遗赠人须有遗嘱能力。无遗嘱能力的无民事行为能力人、限制民事行为能力人不能作出遗赠。遗赠人有无遗嘱能力应以遗嘱设立的当时情况为准。

2. 遗赠人行使遗赠权不得违背法律规定。遗赠人须为缺乏劳动能力又没有生活来源的继承人保留必要的遗产份额。否则，涉及这一必要份额的遗赠无效。在继承人范围内有无缺乏劳动能力又没有生活来源的人，以遗赠人死亡时继承人的状况为准。此外，遗赠人所立的遗嘱必须符合法律规定的形式，否则，该遗赠无效。

3. 受遗赠人须为在遗赠人的遗嘱生效时生存之人。先于遗赠人死亡或者与遗赠人同时死亡的公民，不能成为受遗赠人，因为其此时已不具有民事权利能力。遗赠人死亡时已受孕的胎儿可以作为受遗赠人，但必须以胎儿活着出生为限。若胎儿出生时为死体的，则遗赠自始无效。

4. 须受遗赠人未丧失受遗赠权。关于丧失受遗赠权的事由，在民法典继承编中没有明文规定，一般认为应当适用关于丧失继承权的规定。

5. 遗赠的财产须为遗产，且在遗赠人死亡时执行遗赠为可能的和合法的。如果遗赠的财产不属于遗产，或者于遗赠人死亡时该项财产已不存在或因其他原因不能执行或执行是不合法的，则该遗赠无效。

五、遗赠的执行

遗赠的执行，是指在受遗赠人接受遗赠后按照遗赠人的指示将遗赠的遗赠物移交给受遗赠人。遗赠执行的义务人为遗嘱执行人。遗赠执行的权利人为受遗赠人。

受遗赠人在知道受遗赠后 60 日内，向遗嘱执行人作出接受遗赠的意思表示的，即享有请求遗嘱执行人依遗赠人的遗嘱将遗赠物交付其所有的请求权。遗嘱执行人应依受遗赠人的请求交付遗赠物。但是，受遗赠权并不是一种债权，受遗赠人并不是遗赠人的债权人，也不是遗嘱执行人的债权人。因此，遗嘱执行人不能先以遗产用于执行遗赠。执行遗赠不得妨碍清偿遗赠人依法应当缴纳的税款和债务。遗嘱执行人应在清偿完被继承人生前所欠的税款和债务后，再在遗产剩余的部分中执行遗赠。如果在清偿被继承人生前所欠的税款和债务后没有剩余的遗产，则遗赠不能执行，受遗赠人的权利也就因此消灭，遗嘱执行人也就没有执行遗赠的义务。如果遗赠人是以特定物为遗赠物的，而该物又已不存在时，则因遗赠失去效力，遗嘱执行人当然无执行的义务。

第二节　遗赠扶养协议

一、遗赠扶养协议的概念和特征

（一）遗赠扶养协议的概念

遗赠扶养协议是指遗赠人（亦称受扶养人）与受遗赠人（亦称扶养人）之间订立的关于扶养人承担遗赠人生养死葬的义务，遗赠人死后将其遗产遗赠给扶养人所有的协议。我国《民法典》第 1158 条规定："自然人可以与继承人以外的组织或者个人签订遗赠扶养协议。按照协议，该组织或者个人承担该自然人生养死葬的义务，享有受遗赠的权利。"

（二）遗赠扶养协议的特征

1. 遗赠扶养协议是双方民事行为。遗赠扶养协议须有双方的意思表示一致才能成立。遗赠扶养协议中的遗赠人也就是受扶养人，只能是自然人；而另一方为扶养方，可以是自然人，也可以为继承人以外的组织。但个人作为扶养人时，因为法定继承人与被继承人之间本来就有法定的扶养权利和义务，扶养人不能是法定继承人范围内的一人或数人。遗赠扶养协议既然是一种双方的民事行为，其订立就必须依照合同的订立程序。任何一方不经法定程序和法定事由不得擅自单方变更或解除协议。

2. 遗赠扶养协议是诺成性的要式民事行为。遗赠扶养协议是诺成性的行为，因而，自双方意思表示达成一致时起即发生效力。当然，遗赠扶养协议于受扶养人死亡后才发生遗赠的效力，但这属于对遗赠扶养协议的履行，而并非遗赠扶养协议于受扶养人死亡时才得以成立生效。遗赠扶养协议是要式民事行为，须以特定方式订立才能发生效力。关于遗赠扶养协议的形式，一般认为，遗赠扶养协议应采用书面形式，而不能用口头形式。至于是否经过公证或是否有无利害关系的见证人在场见证，则应不影响遗赠扶养协议的效力。

3. 遗赠扶养协议是双务、有偿的民事行为。遗赠扶养协议是当事人双方都负有一定义务的法律行为。扶养人承担负责受扶养人的生养死葬的义务，受扶养人也有将自己的财产遗赠给扶养人的义务。但双方义务发生的时间不同。扶养人的义务是自协议签订之日起即生效，而受扶养人的义务则是于其死亡后才发生效力，在受扶养人死亡前，扶养人不得要求受扶养人将其财产归己所有。遗赠扶养协议是一种有偿的民事行为，任何一方享受权利都是以履行一定的义务为对价的。扶养人不履行对受扶养人的生养死葬义务，则不能享有受遗赠的权利；受扶养人不将自己的财产遗赠给扶养人，也不享有要求扶养人对其扶养的权利。

4. 遗赠扶养协议在适用上具有优先性。即继承开始时，按照法定继承办理；有遗嘱的，按照遗嘱继承或者遗赠办理；有遗赠扶养协议的，按照协议办理。遗嘱与遗赠扶养协议的内容抵触的，遗嘱无效。

二、遗赠扶养协议双方当事人的主要权利义务

遗赠扶养协议由双方协商订立，实际上具有合同性质。遗赠扶养协议一经签订即具有法律效力，当事人双方必须认真履行协议中约定的各种事项。

（一）扶养人的权利和义务

扶养人应当负责被扶养人生前的衣食住行、医疗和死后的丧葬，不得有虐待、遗弃或其他不利于被扶养人的行为。扶养人按照协议履行了全部义务，便有权在被扶养人死亡后取得约定遗赠的那部分遗产。

（二）被扶养人的权利和义务

被扶养人既然享受了扶养人的照顾，就应当认真遵守协议，不得对协议已赠给对方的财产再作出不利于扶养人的处分，如出租、出卖、拆除或立遗嘱将该部分财产另给他人等。

应当指出，遗赠扶养协议与收养协议不同。因遗赠扶养协议的签订而对受扶养人承担生养死葬义务的扶养人与受扶养人之间并不形成拟制的血亲关系，与其自己的亲属之间也并不因此而解除法律上的权利义务关系。因此，扶养人取得受遗赠的财产不能影响其继承父母及其他亲属的遗产，扶养人继承了其父母或其他亲属的遗产也不影响其依遗赠扶养协议取得受遗赠的财产。

三、遗赠扶养协议的变更和解除

遗赠扶养协议签订后，在某些情况下经过一定的时间，由于双方的感情关系、财产状况等因素的变化，经过双方协商同意或一方无正当理由不履行协议时，可能产生变更或解除协议的问题。

1. 对于遗赠扶养协议的变更，原则上必须协商一致，达成新的协议。任何一方无权单方擅自改变原协议。例如，遗赠方无权任意减少原约定遗赠的财物，扶养方则无权无故降低原约定的扶养条件。

2. 对于遗赠扶养协议的解除，原则上应当允许。因为这种协议是具有人身性和感情关系的，如果出现双方感情恶化或扶养人失去扶养条件等情况，则此种关系便将无法强制维持。但根据现有相关司法解释的规定，扶养人或集体组织与个人订有遗赠扶养协议，扶养人或集体组织无正当理由不履行而导致协议解除的，不能享有受遗赠的权利，其支付的供养费用一般不予补偿。遗赠人无正当理由不履行，导致协议解除的，则应偿还扶养人或集体组织已支付的供养费用。

四、遗赠扶养协议与遗赠的区别

遗赠扶养协议与遗赠具有一些相同之处，如两者都是财产所有人对自己的财产在生前作出处分而于死后转移给法定继承人以外的其他公民或集体组织的民事行为，以及受遗赠人的受遗赠权都是在遗赠人死亡后才能实现。但是，遗赠扶养协议与遗赠实质上仍为两种不同的法律制度，两者在诸多方面存在着区别。具体表现在：

1. 遗赠为单方民事行为，遗赠扶养协议则为双方民事行为。遗赠的意思表示采用遗嘱形式，遗赠扶养协议则采用合同形式。

2. 遗赠为无偿的财产让与，遗赠扶养协议则为有偿的财产让与。

3. 遗赠于遗赠人死亡时生效，遗赠扶养协议则是死后生效的行为与生前生效行为的结合。

4. 遗赠的受遗赠人可以是完全民事行为能力人，也可以是无民事行为能力人或限制民事行为能力人。遗赠扶养协议中的扶养人必须是具有完全民事行为能力的成年人或集体组织。

5. 遗赠中的受遗赠人必须在法定期间内作出接受遗赠的明确意思表示，否则，视为放弃受遗赠权。遗赠扶养协议中的扶养人无须在遗赠人死亡后作出接受遗赠的意思表示，便可以直接依协议取得遗产。

延伸阅读

"泸州遗赠案"——"第三者"诉求遗产案讨论

案情简介：四川省泸州市某公司职工黄永彬和蒋伦芳于 1963 年 5 月登记结婚，婚后夫妻关系一直较好，但是妻子蒋伦芳一直没有生育，后来只得抱养了一个儿子，由此给家庭笼罩上了一层阴影。1994 年，黄永彬认识了一个名叫张学英的女子，并且在与张学英认识后的第二年，两人同居。黄永彬的妻子蒋伦芳发现这一事实以后，对黄永彬进行劝告但是没有效果。1996 年底，黄永彬和张学英租房公开同居，以"夫妻"名义生活，依靠黄永彬的工资（退休金）及奖金生活，并曾经共同经营。

2001 年 2 月，黄永彬到医院检查，确认自己已经是晚期肝癌。在黄永彬即将离开人世的这段日子里，张学英不顾旁人的嘲讽，以妻子的身份守候在黄永彬的病床边。黄永彬在 2001 年 4 月 18 日立下遗嘱："我决定，将依法所得的住房补贴金、公积金、抚恤金和卖泸州市江阳区一套住房售价的一半（即 4 万元），以及手机一部遗留给我的朋友张学英一人所有。我去世后骨灰盒由张学英负责安葬。"4 月 20 日，黄永彬的这份遗嘱在泸州市纳溪区公证处得到公证。

4 月 22 日，黄永彬去世，张学英根据遗嘱向蒋伦芳索要财产和骨灰盒，但遭到蒋伦芳的拒绝。张学英遂向纳溪区人民法院起诉，请求依据继承法的有关规定，判令被告蒋伦芳按遗嘱履行，同时对遗产申请诉前保全。从 5 月 17 日起，纳溪区人民法院经过 4 次开庭之后（其间曾一度中止，因 2001 年 7 月 13 日，纳溪区司法局对该公证遗嘱的"遗赠抚恤金"部分予以撤销，依然维持了住房补贴和公积金中属于黄永彬部分的公证，此后审理恢复），于 10 月 11 日进行公开宣判。法院认为：尽管继承法中有明确的法律条文，而且本案中的遗赠也是真实的，但是黄永彬将遗产赠送给"第三者"的这种民事行为违反了民法通则第 7 条"民事活动应当尊重社会公德，不得损害社会公共利益，破坏国家经济计划，扰乱社会经济秩序"的规定，因此法院驳回原告张学英的诉讼请求。

一审败诉后，张学英不服又提起上诉。2001 年 12 月 28 日上午，泸州市中院开庭审理了此案，并以与一审法院同样的理由，当庭驳回张学英的上诉，泸州市中院认为，按有关政策规定，抚恤金是死者单位对死者直系亲属的抚慰，黄永彬死后的抚恤金不是他的个人财产，不属于遗赠财产的范围；黄永彬的住房补助金、公积金属于夫妻共同财产，而黄永彬未经蒋伦芳同意，单独对夫妻共同财产进行处理，侵犯了蒋伦芳的合法权益。故法院依法驳回张学英的上诉，维持原审的终审判决。

【案情分析】

本案引发的思考主要集中表现在对以下几个具体问题进行探讨，这几个具体问题分别为：

1. 根据一夫一妻制原则的相关规定以及相关规定对黄永彬、张学英行为的认定。即黄永彬的行为是否构成了重婚罪，张学英的行为是否违法？

2. 根据夫妻财产制的相关规定以及相关规定对于黄永彬遗嘱中涉及的财产的所有者划分。即黄永彬是否有权处理其在遗嘱中涉及的全部财产？

3. 根据遗赠的相关规定对于黄永彬遗赠行为的合法性定性。即黄永彬的遗赠行为是否有效？

4. 当公序良俗原则与公民个人意思自治原则即遗嘱自由原则发生冲突时，该如何处理？何者优先的问题。

上述问题是该案之所以在我国司法、法律界引起如此巨大的影响的主要原因和讨论焦点。此外，由于涉及"第三者"的问题。"第三者"这个名词触动了社会的敏感神经，社会舆论对此案给予了高度关注，从而给司法活动带来了巨大的压力。尽管本案有可能产生意见分歧的地方很多，但从讨论情况来看，关注的焦点无一例外集中在：遗嘱是否违反公序良俗原则，从而是否应当被认定为无效。虽然，无论从历史角度来看还是从世界范围来看，都不存在绝对的遗嘱自由，而我国关于遗嘱自由限制的第 1 条就是遗嘱不得违背公序良俗。然而，当出现了无论将遗产判给任何一方，都是判给了违背了公序良俗的人的情况下，又该作何处理呢？

（本文摘自 wenku. baidu. com/view/8985bbd2240c84... -百度文库）

思考题

1. 试析遗赠的概念及其法律特征。
2. 试论遗赠与遗嘱继承、赠与之间的区别。
3. 试析遗赠扶养协议的概念、特征及意义。

实务训练

（一）示范案例

案情：李虎自幼父母双亡，无人照料，后被好心邻居李佳、马丽夫妇收养。少年时期的李虎乖巧听话，学习认真。在上中学后，因养父母忙于工作，疏于管教，李虎便结交不良朋友，经常逃课，夜不归宿，以致被学校开除，浪迹社会。养父李佳因病去世后，李虎更加放肆，恶习不改。养母马丽患癌症住院治疗，李虎也对其不闻不问。多亏好友张悦帮忙照顾，养母马丽才得以维持正常生活，直至去世。马丽去世前留下遗嘱，将2间房屋和家中物品留给李虎，银行存款2万元则赠与张悦。李虎得知后对该遗嘱表示不同意，张悦遂起诉到法院。

试问：

（1）本案中，马丽所立的遗嘱是否有效？

（2）张悦是否有权取得遗嘱指定的遗产所有权？

（3）本案的性质是遗赠还是遗赠扶养协议？

分析：

1. 本案中，马丽所立的遗嘱符合继承法遗嘱的有效要件，是有效遗嘱。

2. 马丽所立的遗嘱有效，张悦有权取得遗嘱指定的遗产银行存款2万元的所有权。

3. 本案的性质是遗赠，不是遗赠扶养协议。因为遗赠是单方行为，而遗赠扶养协议是双方行为。

（二）习作案例

1. 甲有父母（均系农民）、配偶（图书管理员）和儿子（工程师）、女儿（歌唱演员）各一人。甲去世后，留有住房（私房）4间，存款20万元，古字画10件和钢琴一架。甲生前立有遗嘱，房产归妻子和儿女所有，古字画赠给文物部门。另有20万元存款和钢琴遗嘱未作处理，由法定继承人继承。现甲的女儿提出要将钢琴留给自己，其他继承人亦对继承份额发生争议，诉至法院。甲的父母皆年迈丧失劳动能力，且无生活来源。审理中，法院发现甲还有2万元债务未还。诉讼开始时，甲的儿子未表示放弃继承权，但却以不愿伤害亲属感情为由，不愿参加诉讼。

问题：

（1）甲的遗嘱是否有效？

（2）甲的女儿的要求有无法律依据？

（3）甲的债务应由接受遗赠人、遗嘱继承人还是法定继承人来清偿？

（4）本案中甲的父母能否实际分得遗产？

（5）针对甲的儿子表现，人民法院应当怎样处理？

2. 张某中年丧妻，无子女。2010 年 1 月，张某与村民委员会订立协议，由村民委员会负担张某的生养死葬，而张某则在死后，将自己的五间住房和一幅宋朝字画交与村委会。李某和张某是有多年交情的老朋友。为了表达友情，2012 年 6 月，张某亲笔立下遗嘱，表示要将自己所有的一幅宋朝字画赠与李某。2016 年 2 月，张某去世。李某拿着张某的遗嘱请求交付字画，但被村委会拒绝。

问题：

（1）如何理解遗赠扶养协议与遗嘱的适用效力？

（2）本案中，李某有权取得该字画的所有权吗？

第二十九章

遗产的处理

学习目标与工作任务

通过本章学习，要求学生掌握继承开始的时间及其法律意义；明确遗产的范围及遗产分割的原则和方法，认真对待被继承人债务的清偿及无人继承遗产的处理问题，能够充分运用所学知识去妥善解决社会生活中各类遗产继承纠纷。

导入案例

张啸与李琳为夫妻，双方均无父母子女。张啸有一妹妹张音，李琳有一哥哥李闪。张音和李闪均独自生活，平时与张啸和李琳来往较少。2017 年国庆期间，张啸与李琳自驾车出游，途中因遭遇车祸，张啸当场死亡，李琳在被送往医院途中死亡。经查，张啸与李琳生前共有房屋 2 套、存款 40 万元。张音和李闪对房屋和存款的继承发生争议。

本案知识点：继承开始时间；法定继承顺序；遗产处理。

第一节　继承的开始

一、继承开始的时间和法律意义

（一）继承开始的时间

继承开始的时间是引起继承法律关系产生的法律事实出现的时间。我国《民法典》第 1121 条第 1 款规定："继承从被继承人死亡时开始。"因此，继承开始的时间就是公民死亡的时间。如何确定继承开始的时间，对于继承人而言意义甚大。

1. 关于生理死亡的时间的确定，在我国司法实践中，一般以呼吸停止和心脏搏动停止为生理死亡的时间。

2. 关于宣告死亡的时间的确定。根据《民法典》第 48 条规定："被宣告死亡的人，人民法院宣告死亡的判决作出之日视为其死亡的日期；因意外事件下落不明宣告死亡的，意外事件发生之日视为其死亡的日期。"

3. 当互有继承权的继承人在同一事故中死亡时，对其死亡时间的确定。我国《民法典》第1121条第2款规定："相互有继承关系的数人在同一事件中死亡，难以确定死亡时间的，推定没有其他继承人的人先死亡。都有其他继承人，辈份不同的，推定长辈先死亡；辈份相同的，推定同时死亡，相互不发生继承。"由此可见，《民法典》的规定体现了两个原则：保护继承人利益原则和遵循自然法则原则。

（二）确定继承开始的时间的法律意义

正确确定继承开始的时间，具有以下重要的法律意义：

1. 继承开始的时间是继承权从期待权转变为既得权的时间界限。继承开始后，继承人才可以要求继承；在继承开始后表示放弃继承权的，才发生放弃的效力。

2. 继承开始的时间是具体确定遗产内容的时间界限。继承开始前已处分的财产权不能作为遗产；继承开始后增加的财产，如活着的夫妻一方的收入，也不能作为遗产。

3. 继承开始的时间是确定继承人范围的时间界限。继承开始前，已死亡的继承人不能继承；被继承人的子女或兄弟姐妹在继承开始前死亡的，可能发生代位继承；继承人在继承开始后相继死亡的，可能会发生转继承问题；继承开始前受孕的胎儿活着出生的，享有取得遗产的权利；等等。

4. 继承开始的时间是确定遗嘱是否有执行效力的时间界限。有效的遗嘱，只能在继承开始后才有执行效力。

5. 继承开始的时间是确定继承权取得、抛弃的时间界限，也是当继承权受到损害时，有关诉讼时效20年的起算点。

二、继承开始的地点

继承开始的地点，是继承人参与继承法律关系、行使继承权、接受遗产的地点。确定适当的继承开始的地点，对继承人而言有很大影响，具有重大的法律意义。

1. 有利于调查被继承人的遗产。继承开始的地点为被继承人的生前最后住所地或者主要遗产所在地。一般而言，被继承人的生前最后住所地与主要遗产所在地是一致的。所以，继承开始的地点往往也就是遗产的集中地。这样，对于调查被继承人的遗产的范围、数额等而言，都是十分有利的。

2. 有利于继承人参加继承、接受遗产。继承人、受遗赠人一般是以继承开始的地点作为行使继承权和接受遗产的地点。因为继承开始的地点多为遗产集中地，继承人可以集中到继承开始的地点清点被继承人的遗产，协商处理继承的有关问题。

3. 有利于分清继承人之间的责任。继承开始后，继承人负有通知、保管遗产的责任。但因继承人所处地点的不同，他们的责任不可能相同。因此，确定继承开始的地点便于确定各个继承人应负的责任。一般来说，位于继承开始地点的继承人负有通知其他继承人、保管遗产的责任。

4. 有利于继承人参加诉讼。当继承人之间或继承人与其他人之间因遗产继承、清偿债务、执行遗赠等问题发生纠纷时，如果经相互协商或调解仍无结果时，就需要通过诉讼程序加以解决。这就涉及继承纠纷的诉讼地问题。对此，我国《民事诉讼法》第 33 条第 3 项规定："因继承遗产纠纷提起的诉讼，由被继承人死亡时住所地或者主要遗产所在地人民法院管辖。"由此可见，以继承开始的地点作为诉讼地，便于纠纷的解决。

三、继承开始的通知

继承开始后，由于种种原因，有的继承人可能不知道继承开始的事实。因此，继承开始后，应当发出继承开始的通知，即将被继承人死亡的事实通知继承人或遗嘱执行人，以便继承人及时地处理有关继承问题。这是继承开始的一个必要环节，也是继承人行使继承权的一个前提条件。

《民法典》第 1150 条规定："继承开始后，知道被继承人死亡的继承人应当及时通知其他继承人和遗嘱执行人。继承人中无人知道被继承人死亡或者知道被继承人死亡而不能通知的，由被继承人生前所在单位或者住所地的居民委员会、村民委员会负责通知。"

关于通知继承开始的具体时间和方式，我国继承法没有明确规定。一般认为，负有通知义务的继承人或单位，应当及时发出通知，是否及时应当视具体情况确定。通知的方式应以将继承开始的事项传达给对方为原则，可采取口头方式，也可采取书面方式，还可以采取公告方式。

第二节　遗产的管理

我国《民法典》继承编新增了关于遗产管理人的规定。这对于妥善管理、顺利分割遗产，更好保护相关当事人利益，有十分重要的意义。

一、遗产管理人的选任与指定

1. 遗产管理人的选任。我国《民法典》第 1145 条规定："继承开始后，遗嘱执行人为遗产管理人；没有遗嘱执行人的，继承人应当及时推选遗产管理人；继承人未推选的，由继承人共同担任遗产管理人；没有继承人或者继承人均放弃继承的，由被继承人生前住所地的民政部门或者村民委员会担任遗产管理人。"

2. 遗产管理人的指定。我国《民法典》第 1146 条规定："对遗产管理人的确定有争议的，利害关系人可以向人民法院申请指定遗产管理人。"根据《民法典》第 194 条第 3 项规定，在诉讼时效期间的最后 6 个月内，如果出现继承开始后未确定继承人或者遗产管理人的障碍，不能行使请求权的，则诉讼时效中止。自中止时效的原因消除之日起满 6 个月，诉讼时效期间届满。

二、遗产管理人的职责与责任

1. 遗产管理人的职责。我国《民法典》第 1147 条规定："遗产管理人应当履行下列职责：①清理遗产并制作遗产清单；②向继承人报告遗产情况；③采取必要措施防止遗产毁损、灭失；④处理被继承人的债权债务；⑤按照遗嘱或者依照法律规定分割遗产；⑥实施与管理遗产有关的其他必要行为。"

2. 遗产管理人未尽职责的责任。我国《民法典》第1148条规定："遗产管理人应当依法履行职责，因故意或者重大过失造成继承人、受遗赠人、债权人损害的，应当承担民事责任。"

3. 遗产管理人的报酬。我国《民法典》第1149条规定："遗产管理人可以依照法律规定或者按照约定获得报酬。"

第三节　遗产的分割和债务的清偿

一、遗产的分割

（一）遗产分割的概念

遗产的分割，是指共同继承人之间按照各继承人的应继承份额分配遗产的行为。

（二）分割遗产时应注意的问题

分割遗产时，应当首先确定遗产的范围，把遗产与他人的财产区分开。只有这样，才能保证遗产分割的正确性，保护继承人和其他财产所有人的合法权益。

1. 遗产与夫妻共同财产的区分。夫妻共同财产是指夫妻在婚姻关系存续期间共同所得的财产。根据《民法典》第1062条的规定：夫妻在婚姻关系存续期间所得的财产，为夫妻的共同财产，归夫妻共同所有。夫妻对共同所有的财产，有平等的处理权。《民法典》第1153条第1款规定："夫妻共同所有的财产，除有约定的外，遗产分割时，应当先将共同所有的财产的一半分出为配偶所有，其余的为被继承人的遗产。"可见，在存在夫妻共同财产的情况下，分割遗产时，必须首先从共同财产中分出一半归生存的配偶所有的财产，另外一半才能作为被继承人的遗产。

2. 遗产与家庭共同财产的区分。家庭共同财产主要包括：家庭成员共同劳动积累的财产；家庭成员共同购置的财产；家庭成员共同继承、受赠的财产等。家庭成员在家庭共同财产中的份额，应当按照家庭成员的贡献大小、出资多少、应继承的份额等因素加以确定。《民法典》第1153条第2款规定："遗产在家庭共同财产之中的，遗产分割时，应当先分出他人的财产。"在确定家庭共同财产时，应当注意不能将家庭成员的个人财产当作家庭共同财产。家庭成员的个人财产主要包括：家庭成员没有投入到家庭共同生活的财产；约定家庭成员个人所有的财产；基于家庭成员的赠与而获得的财产；未成年子女于继承、受赠与、知识产权所获得的财产；等等。这些财产都属个人财产，当其所有人死亡时，可以作为遗产。

3. 遗产与其他共有财产的区分。财产共有关系，除夫妻共同财产、家庭共同财产之外，还存在着其他形式的财产共有，如合伙共有财产等。我国《民法典》规定：合伙人投入的财产，由合伙人统一管理和使用。合伙经营积累的财产，归合伙人共有。当合伙人之一死亡时，应当将被继承人在合伙中的财产份额分出，列入其遗产的范围。被继承人在合伙财产中的份额，应当按出资比例或者协议约定的比例确定。当然，如果继承人愿意加入合伙，并且其他合伙人亦同意其加入的，则不必对合伙财产进行分割，只需确定继承人作为新合伙人的合伙财产份额即可。

此外，在实际生活中，由于对遗产与共有财产的关系会发生认识上的错误，往往导致人们将继承遗产与分家析产相混淆。继承遗产，是将公民死亡时遗留的个人财产依法移转给继承人。分家析产，是家庭成员基于某种原因而将家庭共有财产分割为个人所有。继承遗产与分家析产虽然都发生财产所有权的变化，但二者是有区别的：①两者的主体不同。继承遗产是享有继承权的继承人依照继承法规范取得被继承人的遗产；而分家析产则是家庭财产共有人依照民法中共有关系的法律规范分割家庭共有财产。②两者的标的不同。继承遗产的标的，是被继承人死亡时遗留下来的个人合法财产，即遗产；而分家析产的标的，则是家庭成员共有的财产。③两者发生的法律事实不同。继承遗产的发生根据是被继承人死亡并留有遗产的事实；而分家析产的发生根据则是家庭财产共有人关于分割家庭共有财产的合意。

（三）遗产分割的原则

遗产分割是指继承开始后，依法在各继承人之间进行遗产分配，从而使遗产实际转归各个继承人所有的法律行为。遗产分割是财产继承的必经阶段，应当互谅互让、协商进行。具体来讲，遗产分割的原则主要有：

1. 有利生产，方便生活。《民法典》第 1156 条第 1 款规定："遗产分割应当有利于生产和生活的需要，不损害遗产的效用。"对生产资料的分割要从有利于生产的目的出发，要考虑生产的需要和财产的实际用途，将生产资料尽量分配给具有生产经营能力的人。对生活资料，也要考虑继承人的实际需要，尽量将生产资料分给有特殊需要的人，然后可以由接受该项遗产的人采取折价付款的方式予以补偿。

2. 应当对胎儿利益进行特殊保护。根据《民法典》第 16 条规定："涉及遗产继承、接受赠与等胎儿利益保护的，胎儿视为具有民事权利能力。但是，胎儿娩出时为死体的，其民事权利能力自始不存在。"《民法典》第 1155 条规定："遗产分割时，应当保留胎儿的继承份额。胎儿娩出时是死体的，保留的份额按照法定继承办理。"

3. 不损害遗产的效用。《民法典》第 1156 条第 2 款规定："不宜分割的遗产，可以采取折价、适当补偿或者共有等方法处理。"

（四）遗产分割的方式

对遗产进行分割，除根据以上原则外，还应按照遗产的性质、种类、使用价值等不同情况，采取以下遗产分割方式：

1. 实物分割。如果遗产为可分物，可根据各个继承人应得的份额，对遗产做实际分割，使各继承人取得其应得的部分。

2. 折价分割、适当补偿。为了不损害遗产的经济效用和保持不宜进行实物分割的遗产的完整性和统一性，应采取折价分割、适当补偿的方法来分割遗产。

3. 保留共有的分割。有些遗产既不能实物分割，又无法作价补偿，可采取共有的形式，由数个继承人共同继承这一遗产，共同对遗产享有权利。

（五）遗产分割的效力

我国继承法没有明文规定遗产分割的效力，但是为了保护继承人的利益，基于我国的国情，应对遗产分割的效力作以下理解：①遗产分割的效力始于继承开始之时；②各共同继承人之间对遗产负有相互担保的责任。

二、被继承人的债务的清偿

（一）被继承人债务的确定

被继承人的债务，是指对于被继承人死亡时遗留的债务，应由被继承人清偿的财产义务。

（二）被继承人的税款、债务的清偿原则

继承人清偿被继承人的税款、债务，应以接受继承为前提条件。如果继承人放弃了继承，则对税款、债务没有清偿责任。我国《民法典》第 1161 条第 2 款规定："继承人放弃继承的，对被继承人依法应当缴纳的税款和债务可以不负清偿责任。"因此，继承人在清偿遗产债务时，应当坚持如下原则：

1. 限定继承原则。我国《民法典》第 1161 条 1 款规定："继承人以所得遗产实际价值为限清偿被继承人依法应当缴纳的税款和债务。超过遗产实际价值部分，继承人自愿偿还的不在此限。"这表明，我国《民法典》在被继承人税款、债务的清偿问题上，采用了限定继承原则。

2. 保留必留份原则。《民法典》第 1141 条规定："遗嘱应当为缺乏劳动能力又没有生活来源的继承人保留必要的遗产份额。"这是在立遗嘱时贯彻养老育幼原则的一个具体体现。在清偿税款债务时，也应当坚持这一原则。

3. 优先执行遗赠原则。遗赠是遗嘱人利用遗嘱的方式将其财产于其死后赠给国家、集体或者法定继承人以外的自然人的法律行为。为防止遗赠人通过遗赠逃避对其债权人的债务，保护债权人的合法权益，对遗赠行为加以限制是必要的。《民法典》第 1162 条规定："执行遗赠不得妨碍清偿遗赠人依法应当缴纳的税款和债务。"按照这一规定，在执行遗赠和清偿税款、债务的顺序上，清偿遗赠人的税款、债务的行为优先于执行遗赠的行为。

（三）被继承人税款、债务的清偿时间和方式

清偿被继承人的税款、债务一般应于遗产分割前进行，即继承人应于清偿被继承人应缴纳的税款和债务后才分割遗产。若遗产已被分割而未清偿税款、债务时，根据《民法典》第 1163 条规定："既有法定继承又有遗嘱继承、遗赠的，由法定继承人清偿被继承人依法应当缴纳的税款和债务；超过法定继承遗产实际价值部分，由遗嘱继承人和受遗赠人按比例以所得遗产清偿。"

第四节　无人继承又无人受遗赠的财产

一、无人继承又无人受遗赠的遗产的概念和范围

（一）无人继承又无人受遗赠的遗产的概念

无人继承又无人受遗赠的遗产，亦称"绝产"，是指被继承人死亡后，既没有法定继承人，又无遗嘱继承人和遗赠受领人，而且生前又未订立遗赠扶养协议或全体继承人、受遗赠人都放弃或丧失继承权或受遗赠权的，其遗产即为无人继承又无人受遗赠的遗产。

（二）无人继承又无人受遗赠的遗产的范围

被继承人死亡后，出现下列情况之一时，便成为无人继承又无人受遗赠的遗产：①被继承人没有任何法定继承人，也未用遗嘱指定受遗赠人，也没有签订遗赠扶养协议；②被继承人用遗嘱取消了一切继承人的继承权；③所有继承人或受遗赠人都放弃或者丧失了继承权或受遗赠权；④被继承人只用遗嘱处分了一部分遗产，在没有法定继承人的情况下，未予以处分的那一部分遗产也属于无人继承又无人受遗赠的遗产。

二、无人继承又无人受遗赠的遗产的处理

1. 收归国家或集体所有制组织所有。《民法典》第 1160 条规定："无人继承又无人受遗赠的遗产，归国家所有，用于公益事业；死者生前是集体所有制组织成员的，归所在集体所有制组织所有。"无人继承遗产的处理原则，与民法上无主财产的取得是不同的。无人继承遗产的取得，依据的是原财产所有人的身份，有的归属于国家，用于公益事业；有的归属于集体所有制组织。而无主财产的取得，有的是因所有人不明而归国家取得，有的则适用先占原则。

2. 清偿被继承人的税款、债务。无人继承又无人受遗赠的遗产无论是收归国家还是归集体所有制组织所有，均应在遗产价值范围内先予清偿死者生前未缴的税款和债务。

3. 对酌情分配遗产权人分给适当的遗产。遗产因无人继承又无人受遗赠而收归国有或集体所有制组织所有时，人民法院应视情况对"继承人以外的依靠被继承人扶养的缺乏劳动能力又没有生活来源的人"和"继承人以外对被继承人扶养较多的人"适当分给遗产。这也是《民法典》继承编中与照顾老幼病残和权利义务相一致原则的具体体现。

延伸阅读

有关遗产税的几点说明

一、遗产税含义

遗产税，又称继承税，专指在财产所有人死亡之后，对其遗留的将要转移给他

人的财产按一定程序所课征的税，国外有时将其称为"死亡税"。从理论上讲，遗产税如果征收得当，对于调节社会成员的财富分配、增加政府和社会公益事业的财力有一定的意义。

二、遗产税起源

遗产税最早产生于 4000 多年前的古埃及，出于筹措军费的需要，埃及法老胡夫开征了遗产税。近代遗产税，始征于 1598 年的荷兰，其后英国、法国、德国、日本、美国等相继有 100 多个国家和地区开征了遗产税。

中国早在 1940 年 7 月 1 日就正式开征过遗产税。新中国成立后，1950 年通过的《中国税政实施要则》将遗产税作为拟开征的税种之一，但限于当时的条件并未予开征。1994 年的新税制改革将遗产税列为国家可能开征的税种之一。1996 年全国人大批准了《国民经济和社会发展"九五"计划和 2010 年远景目标纲要》，纲要中提出了"逐步开征遗产税和赠与税"。目前，我国仍尚未征收遗产税，但已将遗产税列入税制改革议事日程，我国于 2004 年 9 月 21 日颁布了《中华人民共和国遗产税暂行条例（草案）》。2013 年 09 月 28 日，征收遗产税被写入十八届三中全会文件草稿这一消息引发了广泛热议。2016 年 12 月 19 日，中国社科院 2017 年《经济蓝皮书》发布暨中国经济形势报告会在京召开。蓝皮书呼吁尽快实施房地产税和遗产税，积极推进个人所得税改革等措施。

三、遗产税的主要分类

世界上已有 100 多个国家开征了遗产税，但是各国具体执行的遗产税制度有较大差别。总体来看，遗产税制度大体可以分为三种类型：

第一，总遗产税制。总遗产税是对财产所有人死亡后遗留的财产总额进行综合课征。其纳税人是遗嘱的执行人或遗产管理人。规定遗产税的起征点，采用超额累进税率，不考虑继承人与被继承人的亲疏关系和继承人的个人情况。其在表现形式上是"先税后分"。美国、英国、新西兰、新加坡、台湾地区等国家和地区都实行该遗产税制，香港地区也曾使用过该税制。

第二，分遗产税制。其又称继承税制，是对各个继承人分得的遗产份额分别进行课征的税制，其纳税人为遗产继承人，其在形式上表现为"先分后税"，多采用超额累进税率，日本、法国、德国、韩国、波兰等国家实行分遗产税制

第三，总分遗产税。总分遗产税，也称混合遗产税，是将前面两种税制相结合的一种遗产税制，是对被继承人的遗产先征收总遗产税，再对继承人所得的继承份额征收分遗产税，其表现形式是"先总税后分再税"，两税合征，互补长短。总分遗产税兼蓄了总遗产税和分遗产税两种遗产税的优点，先对遗产总额征税，使国家税收收入有了基本的保证；再视不同情况，有区别地对各继承人征税，使税收公平得到落实。但是，总分遗产税也存在缺点，即对同一遗产征收两次税收，有重复征税之嫌，使遗产税制复杂化。

四、在我国开征遗产税的必要性及意义

随着社会主义市场经济模式的确立和发展，人民生活水平正在逐步提高，公民私有财产量无论在个体形式上，还是在整体规模上，都将有较大的增长，很多学者认为《继承法》自 1985 年 10 月 1 日施行以来，以其在民事上的重要地位在社会精神文明建设中发挥了巨大的作用，但随着经济的发展，应该对《继承法》予以补充和完善，应在继承法的原则中增加继承纳税这一原则。虽然目前很多人对遗产税的意识还较淡薄，没有真正理解遗产税。但为了保护公民的合法收益不受侵犯，为了实现建立和谐社会这一目标，为了更好地对社会财富进行再分配，国家必须制定相应法规予以引导和调控。基于此，对于制定遗产税法，开征遗产税，加强对遗产继承分配的国家干预和社会调节，已具迫切的现实意义和长远的历史意义。

1. 部分专家观点：2013 年 09 月 28 日，中南财经政法大学税务系主任薛刚教授指出：征收遗产税存在一定的必要性，有利于社会公平的实现。从完善税收体系方面，到 2013 年为止，百余个国家通过征收遗产税，可调节收入分配，完善税收体。武汉大学经济与管理学院财政与税收系教授王德祥则表示：征收遗产税是完善税制，防止偷逃税收，弥补税制不足的需要。通过征收遗产税，一方面运用税收的调节功能，鼓励纳税人积极为社会多作贡献；另一方面向纳税人征收遗产税，可以防止遗产在死者生前发生转移逃税，这是对财产税和个人所有税的一种有效补充。王德祥教授指出，到 2013 年为止，中国尚未实行统一的个人财产登记制度，纳税人所拥有的房产、股票、机动车数量等数据，税务机关很难对其进行准确掌握。这对遗产税的开征产生了很大阻力。遗产税的起征点及税率高低等核心要素，还需要根据各地区实际差异化进行弹性规划。遗产税的征收需设置专门的机构，避免重复征收。

2. 相关部门态度：国家税务总局局长肖捷表示，个人所得税免征额，应综合考虑各方面的情况而定，因为税收不仅具有筹集财政收入的功能，同时也具有调节收入分配的功能。在研究、制定任何一项税收政策的时候，都应当综合考虑可能会影响的各种因素，权衡利弊之后再作决定。关于遗产税，他认为，最重要是解决三个问题：一是统一认识，全社会对开征遗产税要形成一个共识。二是在调查研究、听取意见的基础上，要有一个科学的方案设计。提出遗产税的时间尚短，所以还没有形成"时间表"。三是要解决税收征管可能会遇到的难题。遗产税是世界各国普遍认为的征收难度很大的税种之一。要对遗产实施征收，首先要能够了解个人有多少遗产，遗产在哪里，是不是属于应税的遗产等情况。

思考题

1. 如何确定继承开始的时间？确定继承开始的时间有何法律意义？
2. 遗产分割的原则和方法有哪些？
3. 如何清偿被继承人生前的债务和税款？
4. 何谓无人继承的遗产？怎样处理无人继承的遗产？

实务训练

（一）示范案例

案情：李树纲以打鱼为生，家有两层楼房一幢，共 12 间房。其女李玲出嫁多年，常有来往。长子李全喜，用自己经商收入建房 4 间，自成家庭；李全喜前妻早丧，遗子李山；后妻任平，生子李林。李山是复员军人，为了成立小家庭，也用复员费购置新房 2 间，其妻何慧，生女李洁。李树纲的次子李全兴已病故，妻子李王氏带儿子李明星另嫁。李树纲有一好友，名叫宋建，曾帮助过李树纲一次，李树纲想赠与宋建一笔钱，但其未接受。李树纲即写下字据将自己房屋 2 间待自己死后赠给宋建的儿子宋明。

今年初，李树纲、李全喜、李山 3 人出海打鱼，遇台风船毁人亡，但各人死亡时间不能确定。丧事完毕，死者亲属们为房产分割发生纠纷。李玲认为，其兄已死，她是李树纲的唯一子女，要求继承李树纲的房屋 12 间。任平认为，李玲是出嫁女，不能回娘家分房子，她系李树纲的丧偶儿媳，因此房屋应由她和李林继承；另外她还认为，李山也系其子，他亦有权继承李山房产。何慧不同意他们的意见，她和李洁均请求分割遗产，李明星也要求继承遗产。宋明得知受遗赠后 3 个月来一直未表明态度，但在发生纠纷时也提出分割遗产要求。

问题：

（1）请指明本案的被继承人和遗产，并说明被继承人死亡的先后顺序及认定理由。

（2）本案当事人李玲、任平、李林、何慧、李洁、李明星、宋明能否分割遗产，并分别说明理由。

（3）请说明该案的遗产分割继承情况。

解析：

1. 李树纲、李全喜、李山为被继承人，遗产为 3 人所造，房屋共 18 间。根据《民法典》第 1121 条规定："继承从被继承人死亡时开始。相互有继承关系的数人在同一事件中死亡，难以确定死亡时间的，推定没有其他继承人的人先死亡。都有其他继承人，辈份不同的，推定长辈先死亡；辈份相同的，推定同时死亡，相互不发生继承，由他们各自的继承人分别继承。"基于此，本案推定长辈先死，因此应认定，李树纲先于李全喜死亡，李全喜先于李山死亡，所以三人之间发生继承与被继承的关系。

2. 根据《民法典》第 1070 条规定："父母和子女有相互继承遗产的权利"。所以，李玲享有对李树纲遗产的继承权。任平与何慧不属于李树纲的法定继承人范围，也不属丈夫早丧、与公公一起生活并尽主要赡养义务的人，所以其不能继承李树纲的房产。李明星之父李全兴先于李树纲死亡，李明星对李树纲的遗产享有代位继承权。李全喜即李树纲的继承人，其死后，其本人遗产以及继承李树纲的一份房产均转归李山、李林和任平共同继承。因李山也死亡，其本人遗产以及继承李全喜的那份遗产，均应转归何慧和李洁共同继承。任平是李山的继母，但与李山未形成实际扶养关系，依法不能继承李山的遗产。宋明在知情后 2 个月内未表示接受李树纲的遗赠，应视为放弃遗赠。根据《民法典》第 1124 条第 2 款规定："受遗赠人应当在知道受遗赠后 60 日内，作出接受或者放弃受遗赠的表示；到期没有表示的，视为放弃受遗赠。"宋明的主张不予支持。

3. 本案中，李树纲的遗产为楼房 12 间。根据《民法典》第 1127 条第 1、2 款规定："遗产按照下列顺序继承：①第一顺序：配偶、子女、父母。②第二顺序：兄弟姐妹、祖父母、外祖父母。继承开始后，由第一顺序继承人继承，第二顺序继承人不继承；没有第一顺序继承人继承的，由第二顺序继承人继承。"《民法典》第 1130 条第 1 款规定："同一顺序继承人继承遗产的份额，一般应当均等。"《民法典》第 1128 条第 1、3 款规定："被继承人的子女先于被继承人死亡的，由被继承人的子女的直系晚辈血亲代位继承。""代位继承人一般只能继承被代位继承人有权继承的遗产份额"。因此，李树纲的 12 间房屋由其子李全喜、其女李玲和其孙子李明星三人平均继承，各 4 间。李全喜的遗产为房屋 8 间，应由其子李林和李山平均继承，各 4 间。李山的遗产为房屋 6 间，应由其妻何慧、其女李洁平均继承，各 3 间。

（二）习作案例

1. 葛桦早年丧夫，2018 年 10 月，葛桦在女儿宋冰陪同下到马尔代夫度假，家中只留下儿子和女婿。出乎意料的是，旅途中因飞机失事，葛桦与女儿不幸同时遇难身亡。经事后了解，葛桦和女儿宋冰各有遗产 50 万元。

问题：

（1）本案中，葛桦与女儿同时遇难身亡，死亡时间应如何确定？

（2）葛桦的儿子和女婿应继承的遗产各为多少？

2. 韩磊于 2013 年 9 月 6 日立下一份公证遗嘱，其内容为：个人所有的房屋一套（价值 120 万元）由其妹妹韩虹继承；个人存款 60 万元中的 50 万元由其弟弟韩明继承，另外 10 万元给其女友乔珊。2014 年 12 月 8 日，韩磊又立自书遗嘱一份，改变了原公证遗嘱的内容，指定将其房屋给乔珊。2017 年 7 月 8 日，韩磊因车祸死亡。除已成年并独立生活的妹妹韩虹和弟弟韩明外，韩磊没有其他继承人。韩磊的遗产包括个人所有的房屋一套，存款 60 万元，债券 20 万元。另外，韩磊尚欠某装修公司老板钱卫装修款 15 万元。

问题：

（1）在韩磊所立的两份遗嘱中，哪一份是有效的？

（2）对韩磊的遗产应当如何分割？并说明理由。

（3）如果韩磊的遗产已被分割，对其所欠钱卫的装修款应当如何清偿？并说明理由。